CORTE
y CONFECCIÓN
PRENDAS DE VESTIR A MEDIDA

CORTE
y CONFECCIÓN
PRENDAS DE VESTIR A MEDIDA

Alison Smith

Contenido

Introducción

¡Bienvenido a *Corte y confección. Prendas de vestir a medida*! Soy una apasionada de la costura y me encanta confeccionar prendas sastre. Para mí, un buen fondo de armario sastre es una colección de prendas elegantes, estructuradas y con buena caída. Este libro presenta las prendas esenciales de un buen fondo de armario, algunas sencillas, como una falda lápiz o unos pantalones clásicos, y otras algo más complejas, como chaquetas de línea princesa o con pinzas. Mi intención no es que abras una sastrería en la londinense Savile Row, sino que adquieras la confianza necesaria para confeccionar bonitas prendas sastre y a medida en casa. Si ya confeccionas faldas, permíteme que amplíe tu abanico de posibilidades y te enseñe a hacer una chaqueta forrada con entretela de sastre o un abrigo cámel largo.

Son las mismas técnicas que enseño semanalmente en mis clases de costura las que estoy encantada de compartir contigo ahora. Con este libro descubrirás nuevos tejidos (sobre todo en lo que a forros y entretelas se refiere) y ampliarás los conocimientos que ya aplicas cuando coses. En él hallarás las instrucciones para descargar los patrones de diez prendas, una de las cuales es un *blazer* masculino totalmente entretelado con entretela de sastre, en cuya confección se utilizan desde técnicas de sastrería rápida e híbrida que se usan en prendas *prêt-à-porter* hasta las tradicionales de la sastrería artesanal. Todas ellas se presentan con instrucciones completas paso a paso y una lista de los materiales que necesitarás. Así que saca tus utensilios y tus telas y… ¡comencemos!

Alison Smith

¿Qué es la sastrería?

El arte de la sastrería se remonta a muchos siglos atrás, cuando las prendas de ropa llevaban una capa interior de relleno y no seguían la silueta del cuerpo. Llegado el siglo XVI, los creadores de prendas masculinas tradicionales (los sastres) habían desarrollado técnicas de costura bastante distintas de las que se usaban en la confección de vestidos. En el siglo XIX, el principal criterio que definía la calidad de una prenda sastre era que se ajustara bien al cuerpo, y la estructura interna de las chaquetas contaba con múltiples y finas capas de entretela que no solo daban cuerpo a la prenda, sino que también moldeaban sutilmente solapas y cuellos. Hoy, la entretela de sastre, o de picar, se usa en la alta sastrería (piensa en los maestros londinenses de Savile Row o en los grandes modistos de París). Las entretelas termoadhesivas aparecieron en la década de 1950 y se empezaron a usar muy pronto en trajes *prêt-à-porter*. En la década de 1960 ya habían llegado a la costura doméstica. Las diez prendas de este libro te ayudarán a explorar tres métodos de sastrería distintos: la sastrería con entretela termoadhesiva, o «rápida», la sastrería híbrida y la sastrería tradicional, con entretela de sastre picada a mano.

Falda lápiz Esta falda totalmente forrada y con elegantes bolsillos de cadera de estilo vaquero es ideal para iniciarse en la sastrería. Invierte tiempo en la glasilla para lograr un ajuste perfecto (pp. 222–227).
Pantalón recto Con bragueta, cinturilla moldeada y bolsillos, este pantalón tiene todos los elementos de un pantalón sastre clásico (pp. 228–235).

Pantalón ancho Este pantalón fluido evoca el estilo de las décadas de 1920 y 1930, y sigue estando de moda (pp. 236–239).

Camisa clásica Confeccionar una camisa a medida es maravilloso una vez se sabe cómo hacerlo. Con costuras sobrecargadas, puños con tapeta y cuello con tirilla, las técnicas son las mismas que las que se usarían en una camisa masculina (pp. 240–245).

Chaleco de cinco botones Esta prenda tradicionalmente masculina que pone el toque final a una chaqueta a medida se ha confeccionado con técnicas termoadhesivas modernas (pp. 246–251).

Chaqueta de línea princesa Esta chaqueta completamente forrada se ha confeccionado con métodos de sastrería rápida, aunque las técnicas son fieles a la sastrería tradicional (pp. 252–259).

Chaqueta de verano sin forro Una versión deconstruida de la chaqueta de línea princesa, excelente para iniciarse en la sastrería (pp. 260–265).

***Blazer* con pinzas** Si ya has probado la sastrería rápida, ha llegado el momento de dar un paso más allá con esta clásica chaqueta masculina, en la que utilizarás entretela de sastre picada para dar forma a la prenda (pp. 266–275).

Abrigo cámel Un abrigo cámel es una prenda atemporal llevable en cualquier ocasión. Este modelo requiere métodos de sastrería híbrida, que combina entretelas termoadhesivas y de sastre (pp. 276–283).

Abrigo hasta la rodilla Esta versión más corta del abrigo cámel con bolsillos de parche y cuello de terciopelo también requiere técnicas de sastrería híbrida (pp. 284–291).

Cómo usar este libro

Este libro te ofrece toda la información necesaria para crear tus propias prendas. Contiene patrones e instrucciones paso a paso para confeccionar diez prendas básicas. Si precisas ayuda adicional, la encontrarás en las secciones sobre técnicas y útiles de costura, telas y modificación de patrones.

LAS PRENDAS

PRESENTACIÓN DE LAS PRENDAS

La presentación de cada prenda comprende la descripción de las técnicas clave que se usarán en su confección y que figuran en las secciones de técnicas y métodos de sastrería. Asimismo proporciona información sobre el nivel de dificultad, los materiales necesarios y los elementos esenciales para su confección, además de consejos para la elección de las telas junto con imágenes de muestras de tejidos. En la parte superior de la página verás el nombre del patrón descargable correspondiente (consulta las instrucciones para descargar patrones en las pp. 12–13).

INSTRUCCIONES PASO A PASO

El primer paso para confeccionar toda prenda clásica es hacer una glasilla. Esto es el punto de partida esencial para la confección a medida con un ajuste perfecto.

Las claras instrucciones paso a paso acompañadas de fotografías anotadas te guiarán a lo largo del proceso de confección de tu prenda sastre, de principio a fin.

OTRAS SECCIONES ÚTILES

ÚTILES Y MATERIALES

Al principio del libro, una sección muestra las herramientas y materiales esenciales con fotografías en color y un texto breve y claro que explica para qué sirve cada uno.

TELAS

Los muestrarios abarcan más de 40 tejidos para sastrería, junto con forros, vistas y cintas, con explicaciones sobre el uso adecuado de cada uno. Utilízalos para obtener información sobre las telas sugeridas para la prenda elegida o como inspiración para confeccionar otra.

TÉCNICAS DE SASTRERÍA

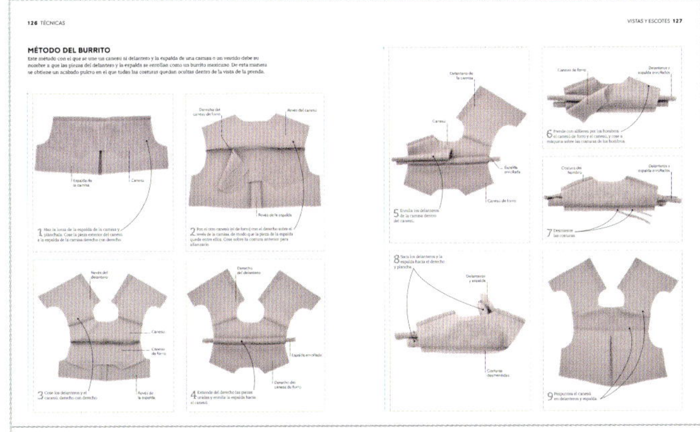

Todas las técnicas de sastrería esenciales se muestran y explican paso a paso en una sección propia y en otra sobre los principales métodos de sastrería. Vuelve a estas páginas si necesitas ayuda para completar una prenda o como referencia general para aclarar dudas.

MODIFICACIÓN DE PATRONES

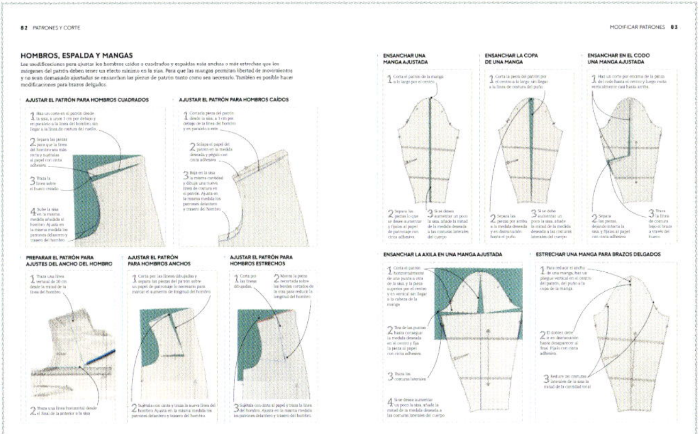

Este capítulo muestra cómo rectificar los patrones para adaptarlos a tu figura y estilo. Las técnicas que se explican pueden utilizarse tanto con los patrones de este libro como con los patrones comerciales.

Descargar el patrón

Para confeccionar cualquiera de las prendas de este libro necesitarás en primer lugar descargar y preparar el patrón correspondiente. Entra en nuestra página go.dk.com/corte-y-confeccion para escoger entre una selección de diez patrones clásicos, todos ellos en una serie de tallas que podrás adaptar posteriormente a tu propia talla y silueta.

CÓMO HALLAR LA TALLA

Mide el contorno de pecho, cintura y cadera, y busca el conjunto de medidas más parecido en la tabla de abajo. Si te encuentras entre dos tallas, escoge la más grande.

TALLA (MUJER)	34–36 (6–8)	36–38 (8–10)	38–40 (10–12)	40–42 (12–14)	42–44 (14–16)	44–46 (16–18)	46–48 (18–20)	48–50 (20–22)	50–52 (22–24)
PECHO	82 cm	84,5 cm	87 cm	92 cm	97 cm	102 cm	107 cm	112 cm	117 cm
CINTURA	62 cm	64,5 cm	67 cm	72 cm	77 cm	82 cm	87 cm	92 cm	97 cm
CADERA	87 cm	89,5 cm	92 cm	97 cm	102 cm	107 cm	112 cm	117 cm	122 cm

El chaleco de cinco botones (pp. 246–251) y el *blazer* con pinzas (pp. 266–275) son patrones masculinos. Para estos patrones mide el contorno de pecho, cintura y cadera.

TALLA (HOMBRE)	38	40	42	44	46	48	50	52	54
PECHO	97 cm	102 cm	107 cm	112 cm	117 cm	122 cm	127 cm	132 cm	137 cm
CINTURA	81 cm	87 cm	92 cm	99 cm	107 cm	112 cm	117 cm	122 cm	127 cm
CADERA	99 cm	104 cm	109 cm	114 cm	119 cm	124 cm	130 cm	135 cm	140 cm

MARGEN DE COSTURA

El margen de costura es la cantidad de tela que absorbe una costura. Se suele dar como la distancia entre la línea de corte y la de costura.

Los patrones de esta sección incluyen un margen de 1,5 cm. Esto significa que para confeccionar una prenda de la talla y la forma correctas, tendrás que cortar a lo largo de la línea del patrón y coser a 1,5 cm de esta línea. Una manera fácil de recordar esto es marcar una línea de costura en las piezas del patrón antes de comenzar.

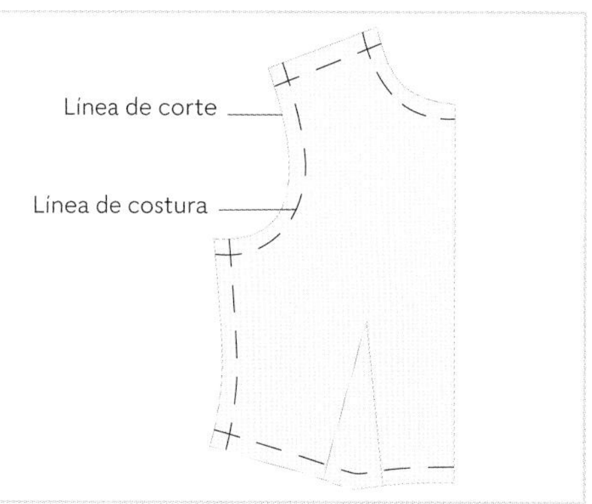

VARIACIÓN DE LAS TALLAS

Te habrás percatado de que tu talla, en la tabla, difiere de la que adquirirías en una tienda. Por lo general, las tallas de confección a mano tienden a ser más pequeñas que las comerciales. Conviene confeccionar primero una glasilla (pp. 78–79) para asegurarte de que la talla es correcta y que la prenda te queda bien. Ten en cuenta que la cantidad de tela que necesitas variará en función del tallaje de la prenda.

LA PÁGINA WEB DE ESTE LIBRO

Todas las prendas que figuran en este libro pueden confeccionarse con patrones descargados de **go.dk.com/corte-y-confeccion**.

LOS PATRONES

La página web contiene diez patrones que corresponden a las prendas que se proponen en este libro. Son las siguientes:

Falda lápiz (pp. 222–227)
Pantalón recto (pp. 228–235)
Pantalón ancho (pp. 236–239)
Camisa clásica (pp. 240–245)
Chaleco de cinco botones (pp. 246–251)
Chaqueta de línea princesa (pp. 252–259)
Chaqueta de verano sin forro (pp. 260–265)
***Blazer* con pinzas** (pp. 266–275)
Abrigo cámel (pp. 276–283)
Abrigo hasta la rodilla (pp. 284–291)

Para confeccionar estas prendas, descarga el patrón correspondiente a la prenda clásica y sigue los pasos indicados en cada caso.

Abrigo cámel

Este abrigo de lana de botonadura simple, con una larga abertura posterior y bolsillos interiores con solapa, es el epítome de la elegancia por su sencillez de líneas. Enteramente forrado, está confeccionado con técnicas de sastrería híbrida, que combina métodos termoadhesivos y picado a máquina.

Chaqueta de línea princesa

Esta chaqueta entallada clásica lleva entretela termoadhesiva, bolsillos interiores ribeteados y cuello con solapas con un acabado curvo contemporáneo. Las mangas de dos piezas tienen una falsa abertura a juego con el bajo acabado en curva.

Este pantalón tobillero resulta favorecedor y versátil gracias a sus pinzas delanteras y traseras, cinturilla ajustada, bolsillos de cadera, bragueta con vista y bolsillos traseros ribeteados que realzan su impecable simetría.

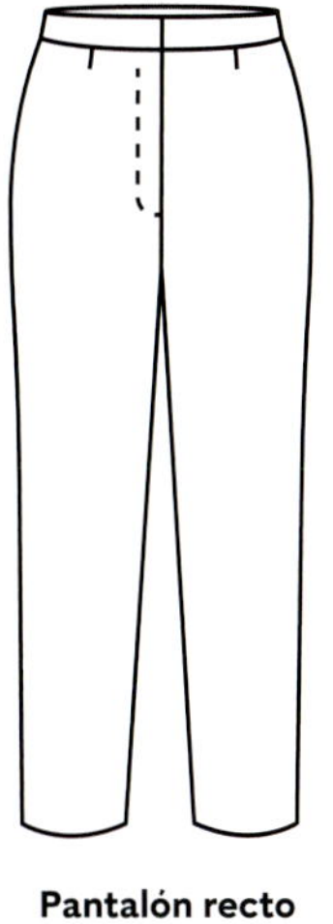

Pantalón recto

CÓMO DESCARGAR EL PATRÓN DE INTERNET

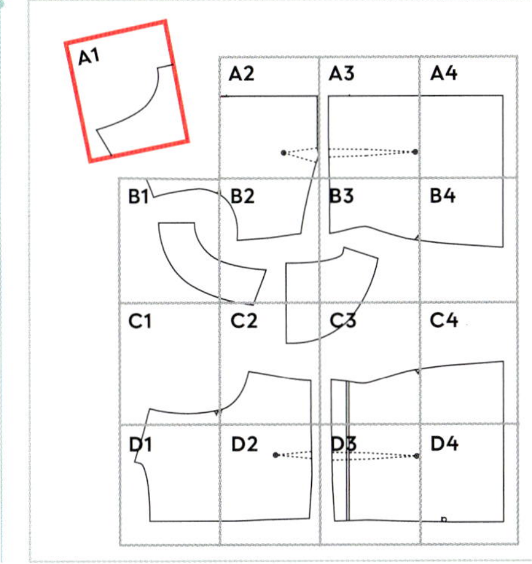

1 Comprueba qué patrón necesitas para la prenda. El nombre del patrón se especifica en la primera página de instrucciones de cada prenda.

2 Ve a la página **go.dk.com/corte-y-confeccion**. Busca el documento PDF correspondiente a la prenda y tu talla. Descarga el documento en tu ordenador e imprímelo. Las páginas van numeradas en el orden adecuado para que encajen.

3 Recorta los márgenes en blanco y une las páginas con cinta adhesiva, con las letras y la cuadrícula como guía. Recorta las piezas del patrón.

MARCAS DEL PATRÓN

En los patrones se emplean las siguientes marcas:

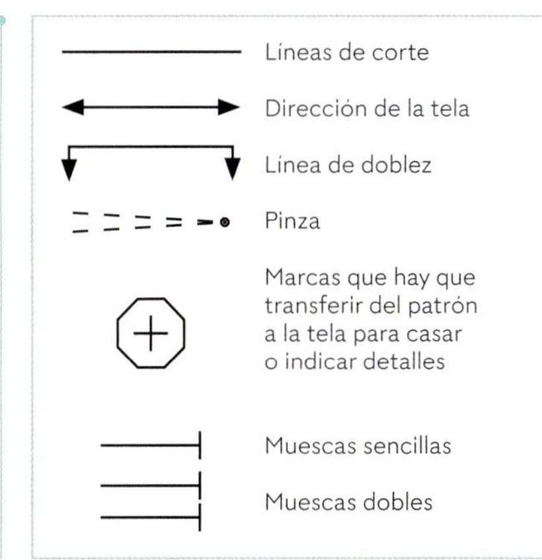

Útiles y materiales

Además del equipo básico de costura (cina métrica, tijeras afiladas, alfileres, agujas, hilos y descosedor), el equipo de costura de un sastre debería incluir una máquina de coser sólida, una plancha de calidad y, si es posible, una remalladora. No obstante, existen muchos otros útiles prácticos que complementan a los imprescindibles y te ayudarán a confeccionar prendas impecables.

Costurero básico

Un equipo de sastrería bien provisto no solo contiene los elementos propios de un costurero básico, sino también muchos artículos especializados esenciales. Guarda tus utensilios en una caja o un contenedor adecuados para tenerlos siempre a mano.

Descosedor
Este utensilio no solo permite deshacer costuras, sino también cortar puntadas fuera de sitio. Los hay de varios tamaños. Se guarda con la parte punzante tapada con la funda para evitar accidentes y debe cambiarse cada año si se desafila. **Véase p. 18**

Tijeras para recortar
Más pequeñas, con hojas de 10 cm de largo, se usan para desmentir costuras y hacer piquetes. **Véase p. 19**

Tijeras de corte
Necesarias para cortar las telas. Elige las que te resulten cómodas en la mano y que no pesen demasiado. **Véase p. 19**

Jaboncillo
También llamado jabón de sastre, es un trozo de tiza que se utiliza para marcar las líneas de colocación. Estas marcas de tiza se eliminan fácilmente del tejido. **Véase p. 21**

Pan de cera de abeja
Al coser a mano, pasa el hilo por la cera e imprégnalo bien. Así evitarás que el hilo se enrede. **Véase p. 22**

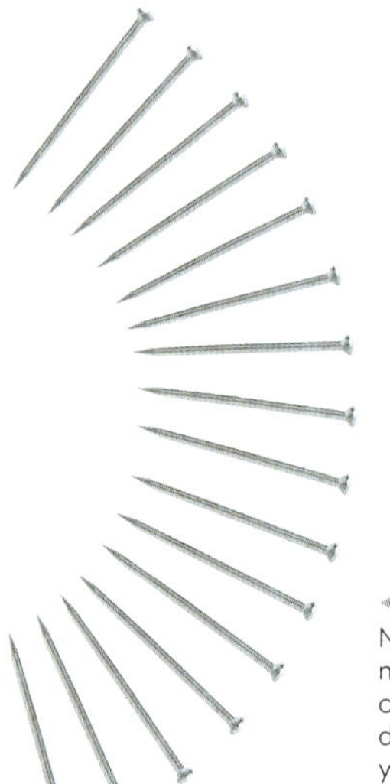

Dedal de sastre
Sirve para proteger el extremo del dedo al coser a mano. Está abierto en la punta para no perder tacto y agilidad al coser. **Véase p. 23**

Alfileres
Necesarios para todo sastre para mantener las telas unidas antes de coserlas definitivamente. La elección de unos u otros depende del tejido y de la prenda. **Véase p. 25**

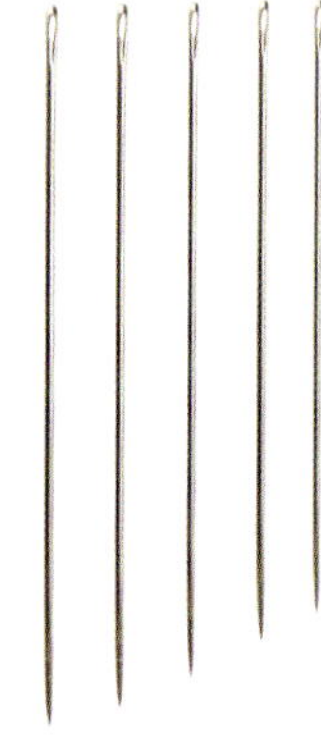

Agujas de modistilla
Además de las *sharps* y las *betweens*, las agujas *straws* son esenciales para coser a mano e hilvanar, ya que son muy largas, finas y afiladas, y no estropean la tela. **Véase p. 24**

Agujas
Una buena selección de agujas para coser a mano, con las que podrás realizar cualquier labor de costura. Guárdalas en un tubo giratorio por seguridad. **Véase p. 24**

◀ **Cremalleras**
Conviene tener siempre un par de cremalleras en el costurero. Los colores más habituales son negro, crema y azul marino. Tanto las invisibles y como las de metal se usan en prendas de sastrería.

▲ **Botones**
Tu costurero debería contener una selección de botones, desde los más simples y funcionales hasta los más decorativos. Véase p. 29

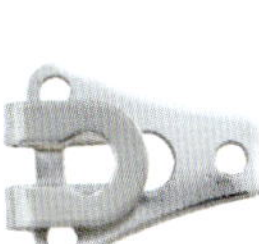
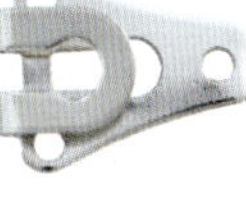

◀ **Corchetes para pantalón/falda**
Para cerrar la cinturilla de pantalones y faldas se usan corchetes metálicos de ganchos y presillas planos, diseñados para no abultar, o apenas. Véase p. 29

Cinta métrica ▶
Una cinta métrica flexible, graduada en los sistemas métrico e imperial, es un elemento fundamental. Véase p. 20

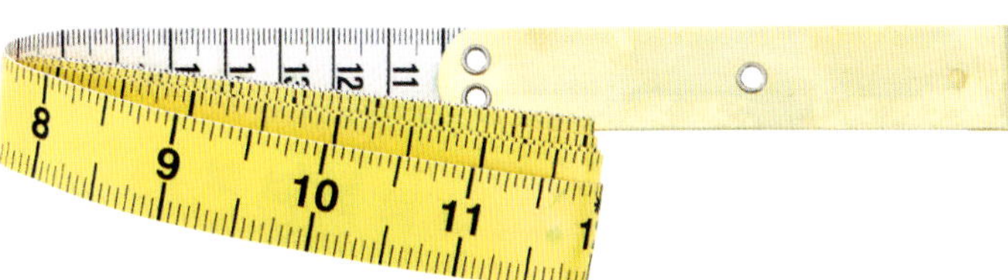

▲ **Cinta métrica de sastre**
Esta cinta flexible se amolda al cuerpo para tomar medidas con precisión y tiene un extremo de metal largo para ayudar a medir el largo de pierna interior. Véase p. 20

Hilos ▶
Una selección de hilos para coser a mano y a máquina en diferentes colores. El hilo para embastar o hilvanar es esencial en sastrería. Véanse pp. 26–27

EQUIPO DE COSTURA

ÚTILES DE CORTE, PP. 18–19
Abridor de ojales
Cortahílos
Tijeras de bordar
Tijeras de sastre
Tijeras dentadas
Tijeras para aplicaciones
Tijeras para papel

INSTRUMENTOS DE MEDICIÓN, P. 20
Calibre de costura
Cinta métrica
Cinta métrica autoenrollable
Cinta métrica de sastre
Regla cuadriculada
Regla flexible

INSTRUMENTOS DE MARCADO, P. 21
Bolígrafo termosensible
Lápiz de sastre
Papel carbón
Plantilla de curvas
Portaminas de tiza
Regla de curva francesa
Rotulador no permanente
Ruleta de marcar

OTROS ÚTILES, PP. 22–23
Barra de pegamento
Costurero de viaje
Líquido antideshilachado
Maniquí
Pan de cera de abeja
Papel de patronaje
Pinzas
Plegadora de bies
Puntímetro
Punzón
Vuelvepuntas para cuellos

AGUJAS Y ENHEBRADORES, P. 24
Aguja de bordar
Aguja de doble ojo
Betweens
Enhebrador automático
Enhebrador metálico
Sharps
Straw o aguja de modistilla

ALFILERES, P. 25
Alfiletero
Cabeza de cristal
Cabeza de flor
Cabeza de perla
De modista
Imperdibles
Universales

HILOS, PP. 26–27
Agremán
Hilo de algodón
Hilo de embastar
Hilo de poliéster multiusos
Hilo de seda
Hilo para remalladora
Torzal
Torzal para ojales

MERCERÍA, PP. 28–29
Bies o tira de bies
Botones
Chorizo
Cinta para cinturilla
Cinta para costuras
Cinta talonera
Corchetes de pantalón
Hebillas de chaleco
Hombreras de sastre
Vivo con cordón

EQUIPO DE PLANCHA, PP. 30–31
Alfombrilla de plancha
Badajo de sastre
Manopla de planchar
Medio queso
Muletón
Paño de planchar
Plancha y tabla de planchar
Prensacosturas
Rodillo de planchar
Tabla para mangas

Útiles de corte

Pese a la variedad de utensilios de corte, hay una regla que se aplica a todos: comprar productos de calidad que puedan volver a afilarse. Las tijeras de corte deben poder sujetarse bien con la mano para poder abrirlas del todo sin dificultad, lo cual es importante a la hora de hacer cortes limpios y exactos. Un descosedor también es clave para quitar puntadas o descoser costuras.

▼ **Cortahilos**
Guárdalo con tu máquina de coser para recortar cabos sueltos mientras coses.

Tijeras para aplicaciones ▲
Sirven para recortar una capa de tela superior sin cortar la inferior, gracias al pico de pato.

Tijeras para papel ▼
Se utilizan para cortar el patrón, ya que las hojas de las tijeras de corte y de sastre dejan de estar bien afiladas si se usan para cortar papel.

Descosedor ▶
El gancho, puntiagudo y afilado, se desliza por debajo de la puntada y corta el hilo con una pequeña cuchilla. Los hay de varios tamaños para deshacer costuras en tejidos ligeros o gruesos.

Abridor de ojales ▶
Pequeña cuchilla, similar al escoplo de carpintero, para cortar de forma limpia y precisa los ojales. Muy afilado, no debe usarse sin una alfombrilla de corte debajo.

▲ **Tijeras para bordar**
Pequeñas y muy afiladas, permiten llegar a los rincones difíciles y cortar puntadas muy apretadas.

▼ **Tijeras para recortar**
Tienen una hoja de 10 cm y se usan para recortar la tela sobrante y los hilos sueltos cosidos a máquina.

Tijeras dentadas ▶
Unas tijeras con filo serrado te ayudarán a recortar y pulir esquinas y forros.

◀ **Tijeras de sastre**
Gracias al ángulo que forman las hojas con el mango, este tipo de tijeras se pueden apoyar sobre la mesa mientras se corta. Se utilizan para cortar bordes largos y rectos.

▼ **Tijeras de corte**
Las más populares, se utilizan para cortar piezas largas de tejido. La longitud de la hoja mide entre 20 y 30 cm.

Instrumentos de medición y marcado

Una serie de utensilios de medida y marcado te ayudará a medir con precisión para conseguir un ajuste perfecto. Algunos de ellos también son adecuados para modificar patrones.

INSTRUMENTOS DE MEDICIÓN

Son muchos los instrumentos disponibles en el mercado para tomar las medidas del cuerpo y de cualquier otro elemento, desde el ancho de una costura o un dobladillo hasta el área de una ventana. Uno de los más básicos y valiosos es la cinta métrica. Debe mantenerse en buen estado: si cede o se cuartea en los bordes, perderá precisión y se tendrá que cambiar. Varias reglas y plantillas de curvas te serán útiles a la hora de marcar y modificar patrones.

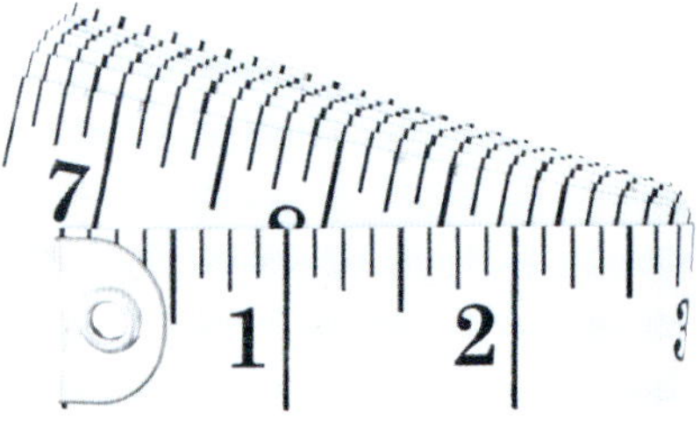

▲ **Cinta métrica**
Disponible en varios colores y anchos. Será sumamente útil una que tenga el mismo ancho que los márgenes de costura estándar (1,5 cm).

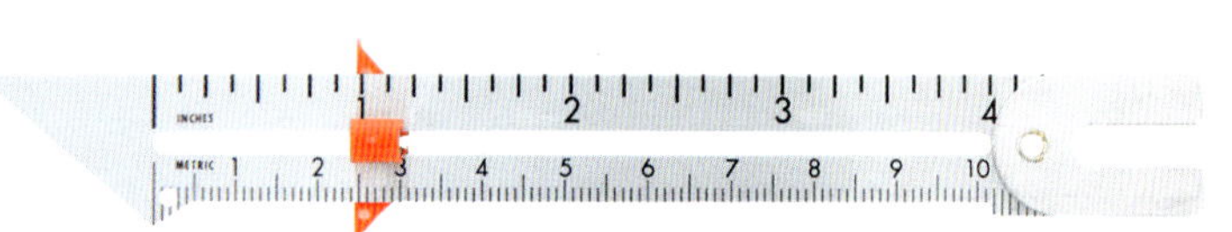

▲ **Calibre de costura**
Es una regla graduada de unos 15 cm de largo, provista de una regleta deslizable. Sirve para realizar con precisión medidas pequeñas, como el doblez de un dobladillo.

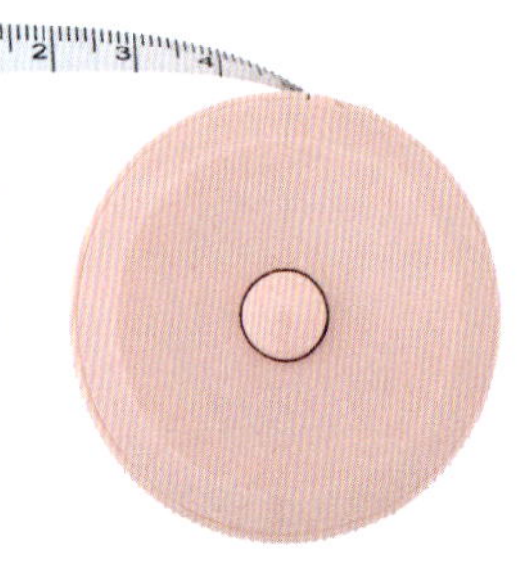

Cinta métrica autoenrollable ▶
Un práctico elemento de tu equipo de medida, en especial para comprobar el ancho de la tela al ir a comprarla.

▲ **Cinta métrica de sastre**
Es flexible y maleable y permite medir curvas con precisión. La larga placa metálica del extremo facilita la medición de la costura interior de un pantalón.

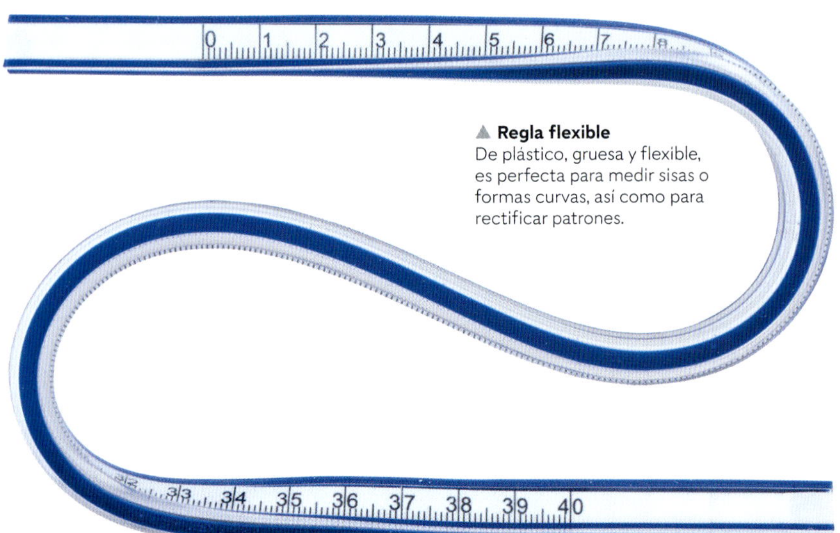

▲ **Regla flexible**
De plástico, gruesa y flexible, es perfecta para medir sisas o formas curvas, así como para rectificar patrones.

▼ **Regla cuadriculada**
Existe en distintos tamaños y anchuras. Sirve para medir tiras de bies y modificaciones del patrón, así como para determinar la dirección del hilo.

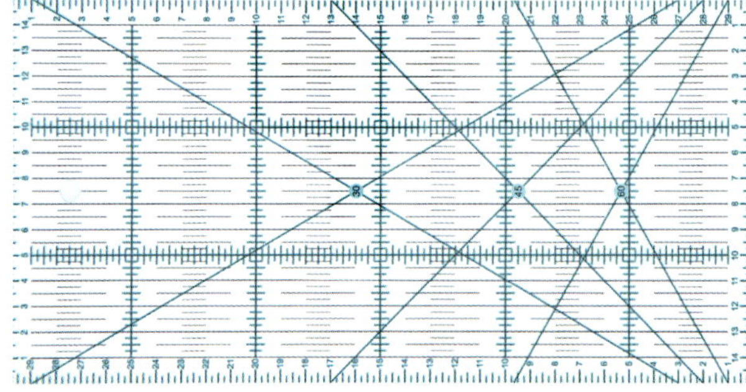

INSTRUMENTOS DE MARCADO

Para garantizar que elementos como los bolsillos y las pinzas estén bien situados y que las líneas de costura sean rectas, como indica el patrón, es esencial marcarlos bien. Antes de usar algunos de estos útiles, como rotuladores, ruletas de calco y papel carbón, conviene probarlos en un retal para asegurarse de que las marcas no sean permanentes.

▼ **Portaminas de tiza**
Un instrumento de marcado muy versátil, ya que se le pueden insertar minas de tiza de diferentes colores y sacarles punta.

▲ **Plantilla de curvas y regla de curva francesa**
Útiles para modificar patrones, permiten trazar curvas suaves y marcar márgenes de costura. Son especialmente adecuadas para dar forma a sisas, cuellos y escotes.

◀ **Jaboncillo**
También llamado jabón de sastre, es un trozo de tiza cuadrado o triangular que se puede conseguir en varios colores. Las marcas se eliminan fácilmente con un cepillo.

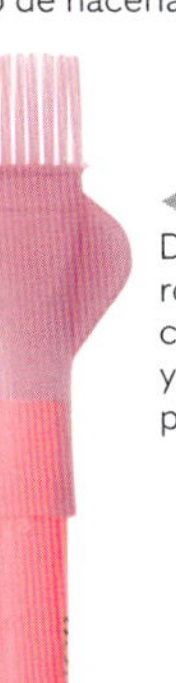

◀ **Rotulador no permanente**
Es parecido a un rotulador de fieltro normal, pero las marcas se eliminan rociándolas con agua o dejándolas secar al aire. Hay que tener cuidado al planchar, porque si se plancha encima de las marcas se corre el riesgo de hacerlas permanentes.

◀ **Lápiz de sastre**
Disponible en azul, rosa y blanco. Se afila como un lápiz normal y permite trazar líneas precisas en la tela.

Bolígrafo termosensible ▶
Traza finas líneas en la tela que se borran con el calor al planchar. Antes de utilizarlo hay que comprobar que la tinta no reaparezca en frío.

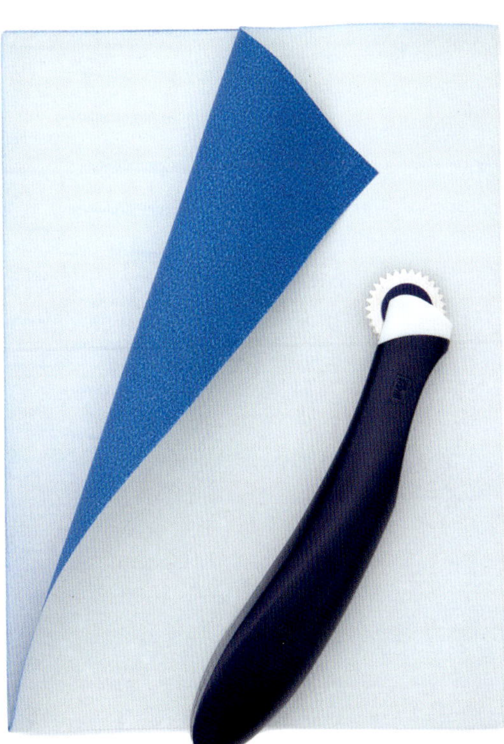

◀ **Ruleta de marcar y papel carbón**
Se utilizan juntos para marcar la tela y especialmente una glasilla (pp. 86–87), pero hay que tener cuidado al utilizarlos en telas finas o de colores claros, ya que las marcas podrían transparentarse y no son fáciles de borrar.

Otros útiles

Son muchos los accesorios que pueden hacer más fácil la costura, pero saber cuáles elegir y para qué sirven puede resultar problemático. Los que se muestran a continuación serán de gran ayuda, pero tal vez no todos sean necesarios.

◀ **Pan de cera de abeja**
La cera endurece el hilo y evita que se enrede cuando se cose a mano. Pasa el hilo por la cera y luego imprégnalo bien, presionando con los dedos a lo largo de la hebra.

▲ **Punzón**
Con este accesorio puntiagudo se agujerea la tela para insertar ojetes o abrir el extremo redondeado de un ojal en ojo de cerradura.

◀ **Plegadora de bies**
Disponible en anchos de 12, 18 y 25 mm, sirve para doblar uniformemente los cantos de una tira de tela cortada al bies o de una cinta, que luego se pueden planchar.

▼ **Pinzas**
Son útiles para quitar los hilvanes que se resisten y que han quedado enredados en las costuras a máquina. Imprescindibles para enhebrar la remalladora.

Barra de pegamento ▶
Similar a las que se utilizan para el papel, se usa para mantener unidos telas y ribetes de forma provisional. No daña la tela ni mancha la aguja.

▼ **Costurero de viaje**
Incluye todos los utensilios esenciales para coser a mano, desde un botón suelto a un dobladillo descosido. Imprescindible en los viajes y para una emergencia.

◀ **Líquido antideshilachado**
Se utiliza para sellar los bordes cortados de cintas y galones, y para pegar los extremos del sobrehilado a máquina.

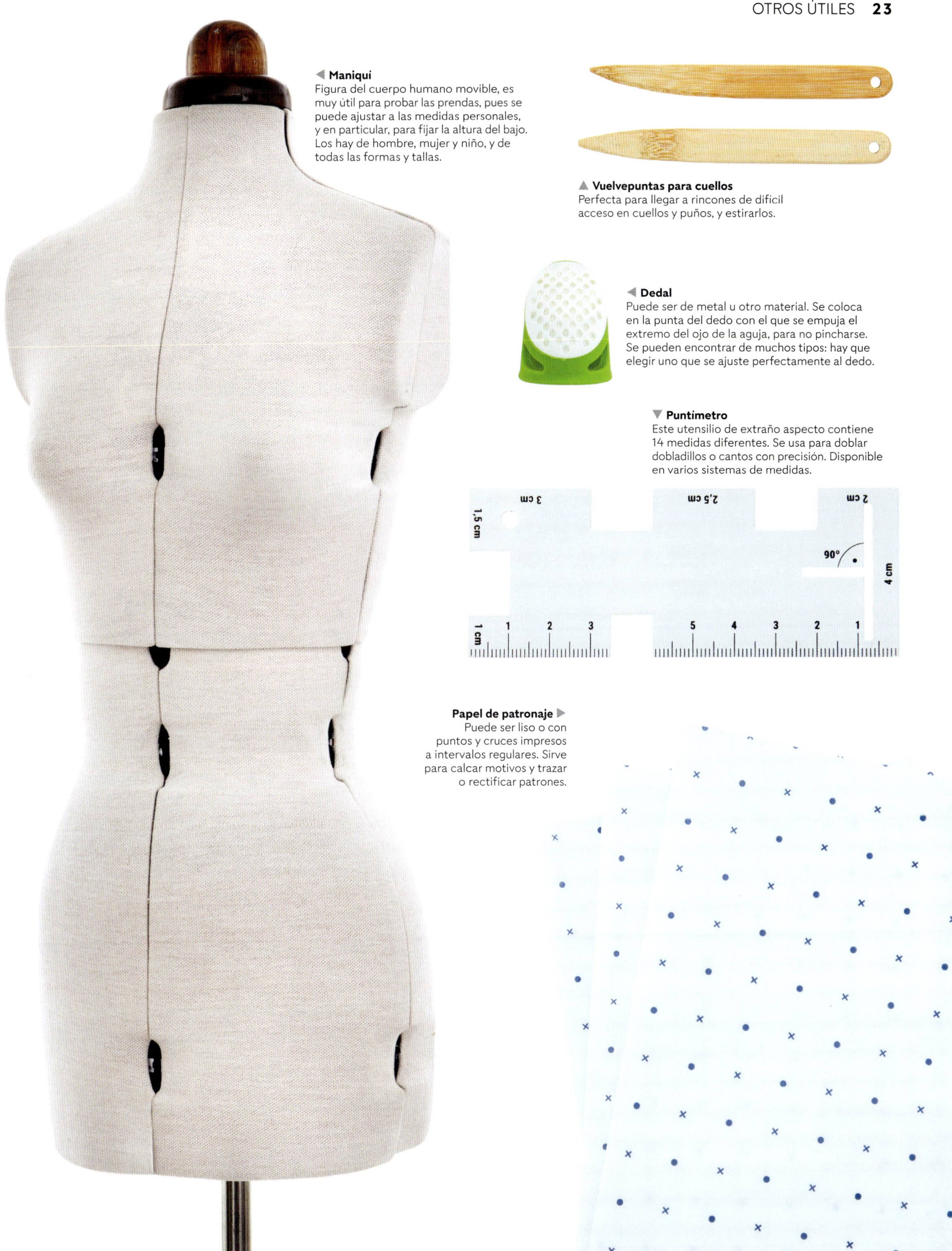

◀ **Maniquí**
Figura del cuerpo humano movible, es muy útil para probar las prendas, pues se puede ajustar a las medidas personales, y en particular, para fijar la altura del bajo. Los hay de hombre, mujer y niño, y de todas las formas y tallas.

▲ **Vuelvepuntas para cuellos**
Perfecta para llegar a rincones de difícil acceso en cuellos y puños, y estirarlos.

◀ **Dedal**
Puede ser de metal u otro material. Se coloca en la punta del dedo con el que se empuja el extremo del ojo de la aguja, para no pincharse. Se pueden encontrar de muchos tipos: hay que elegir uno que se ajuste perfectamente al dedo.

▼ **Puntímetro**
Este utensilio de extraño aspecto contiene 14 medidas diferentes. Se usa para doblar dobladillos o cantos con precisión. Disponible en varios sistemas de medidas.

Papel de patronaje ▶
Puede ser liso o con puntos y cruces impresos a intervalos regulares. Sirve para calcar motivos y trazar o rectificar patrones.

Agujas y alfileres

Es muy importante elegir las agujas o los alfileres adecuados para no arriesgarse a estropear la tela o dejar pequeños agujeros. Las agujas y los alfileres son de acero, aunque también hay alfileres de latón. Para mantenerlos en buen estado, deben guardarse los alfileres en un alfiletero y las agujas en un estuche o una caja, no muy pequeña, para que no se rayen ni se despunten.

AGUJAS Y ENHEBRADORES

Hay agujas para todo tipo de tejidos y labores. Es recomendable tener siempre a mano una buena selección de agujas, ya sea para hacer una reparación de urgencia, coser un botón o añadir un fleco a una prenda para una ocasión especial. Con un enhebrador de agujas, pasar el hilo por el ojo de la aguja resulta mucho más fácil.

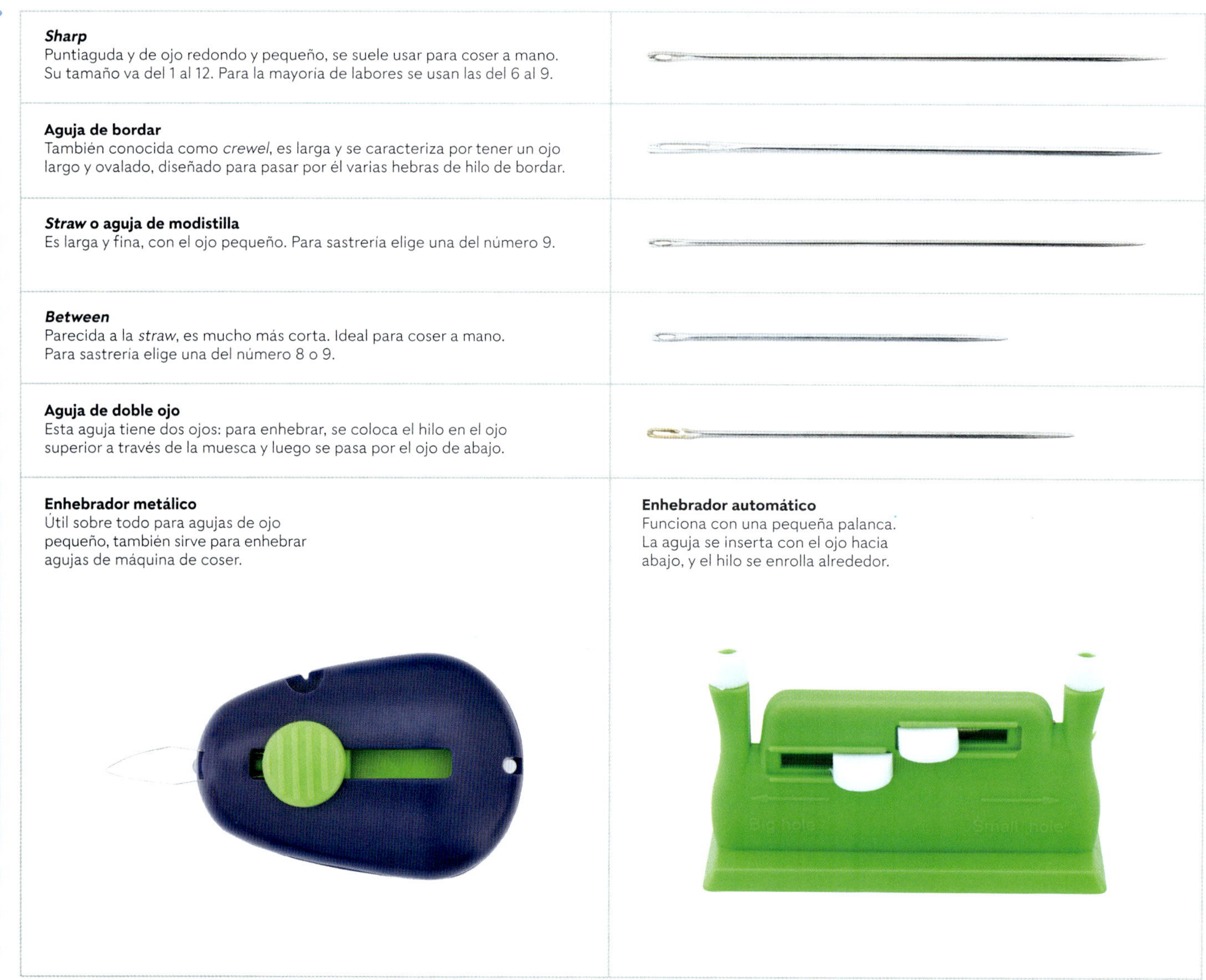

Sharp
Puntiaguda y de ojo redondo y pequeño, se suele usar para coser a mano. Su tamaño va del 1 al 12. Para la mayoría de labores se usan las del 6 al 9.

Aguja de bordar
También conocida como *crewel*, es larga y se caracteriza por tener un ojo largo y ovalado, diseñado para pasar por él varias hebras de hilo de bordar.

Straw o aguja de modistilla
Es larga y fina, con el ojo pequeño. Para sastrería elige una del número 9.

Between
Parecida a la *straw*, es mucho más corta. Ideal para coser a mano. Para sastrería elige una del número 8 o 9.

Aguja de doble ojo
Esta aguja tiene dos ojos: para enhebrar, se coloca el hilo en el ojo superior a través de la muesca y luego se pasa por el ojo de abajo.

Enhebrador metálico
Útil sobre todo para agujas de ojo pequeño, también sirve para enhebrar agujas de máquina de coser.

Enhebrador automático
Funciona con una pequeña palanca. La aguja se inserta con el ojo hacia abajo, y el hilo se enrolla alrededor.

ALFILERES

Es importante disponer de distintos alfileres. Los sastres suelen tener sus favoritos, pero los finos y estrechos son los mejores para sedas y telas finas de camisería, y los más largos y con cabeza grande, para tejidos gruesos de lana.

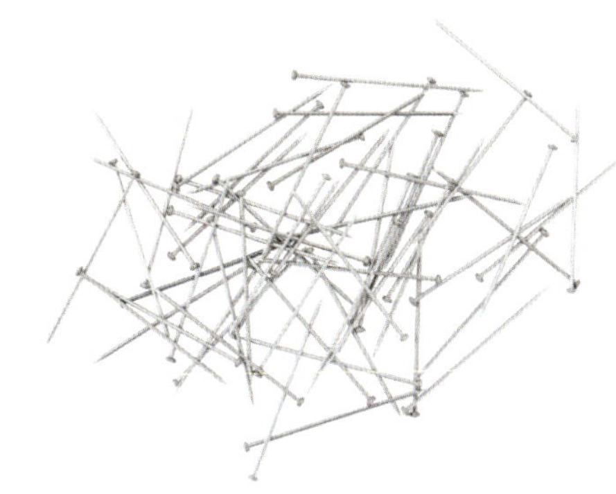

Universales
Son alfileres multiusos, de longitud y grosor medios. Se pueden utilizar en todo tipo de labores de costura.

Cabeza de flor
Largos y de grosor medio, tienen la cabeza plana con forma de flor, diseñada para poder planchar por encima, pues descansa sobre la tela.

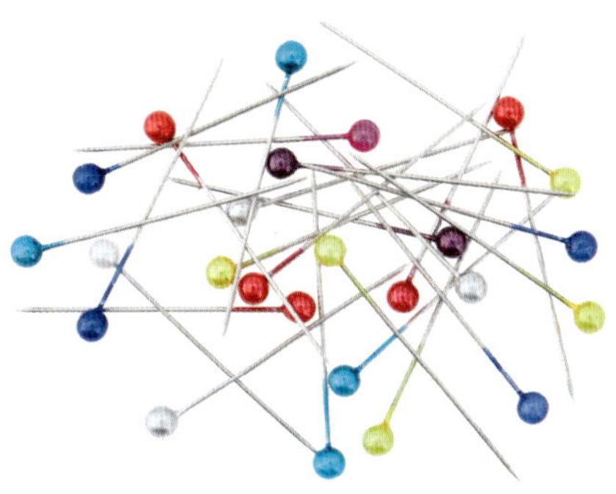

Cabeza de perla
Más largos, tienen una bolita nacarada de colores en la cabeza y son fáciles de usar.

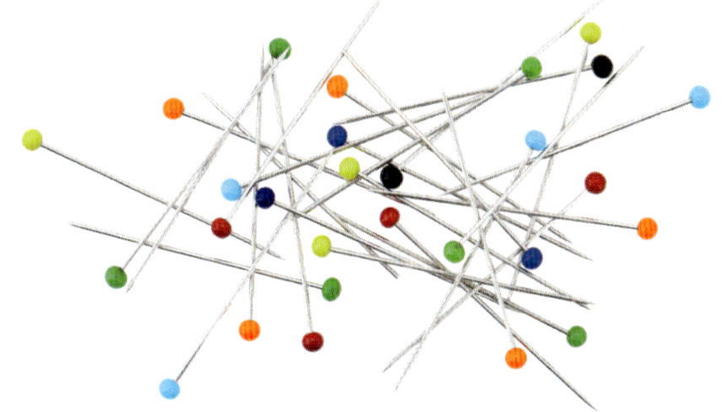

Cabeza de cristal
Similares a los de cabeza de perla, pero más cortos. Tienen la ventaja de que se pueden planchar sin que el calor los funda.

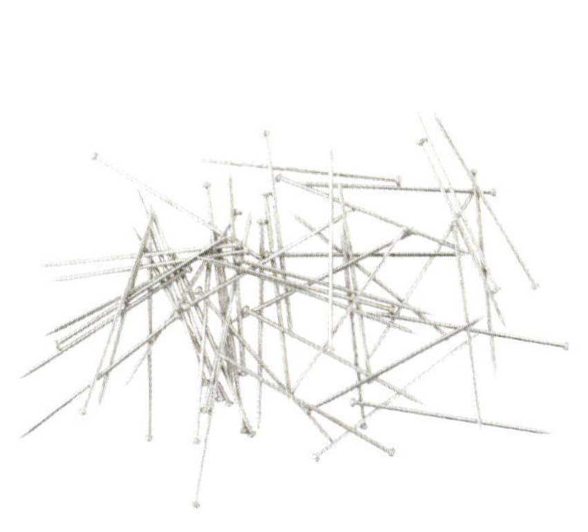

De modista
Parecidos a los alfiles multiusos en la forma y el grosor, pero un poco más largos. Son los preferibles para principiantes.

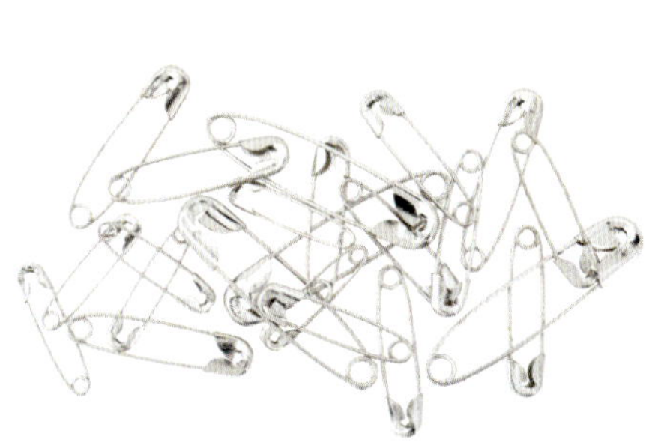

Imperdibles
Se fabrican de acero inoxidable o de latón, en una gran variedad de tamaños. Se emplean para prender dos o más capas de tela.

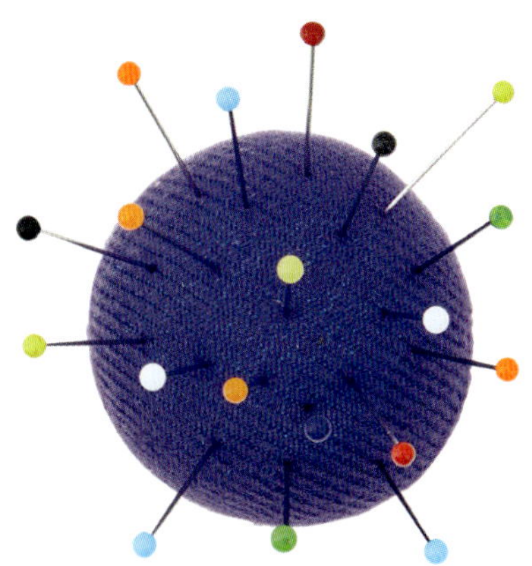

Alfiletero
Elegir uno de tela: la espuma despunta los alfileres. Si es magnético, no debe dejarse sobre una máquina de coser electrónica.

Hilos

Dada la gran variedad de hilos que existen, conviene saber cuáles son los necesarios para sastrería. Es esencial un hilo multiusos, así como uno para embastar (hilvanar). También varían según su contenido en fibra, desde algodón puro hasta rayón o poliéster. Los hay muy finos, mientras que otros son más gruesos y bastos. Elegir un hilo inapropiado puede arruinar una labor y afectar a la calidad de la puntada de la máquina de coser.

Hilo de algodón
El hilo de algodón 100 %, suave y resistente, se utiliza para coser tejidos de algodón.

Hilo de poliéster multiusos
Un hilo de poliéster de buena calidad «cede» ligeramente, por lo que es adecuado para todo tipo de tejidos y prendas. Es el tipo de hilo más utilizado.

Hilo de seda
El hilo de seda al 100 % se usa para coser a máquina prendas delicadas de seda y también para hilvanes o puntadas no permanentes en áreas que vayan a plancharse, como los cuellos de chaqueta, ya que se puede quitar sin dejar huella.

Agremán
Este hilo se usa para perfilar ojales. Se cose por encima de él con torzal para ojales para hacer un ojal a mano y también se puede insertar en un ojal cosido a máquina para darle un acabado artesanal.

Torzal para ojales
Es un hilo fuerte utilizado para coser ojales a mano. Puede ser de seda o de poliéster y con un diámetro unas tres veces superior al de un hilo de coser de seda normal.

Torzal
Hilo de poliéster, fuerte y grueso, que se usa para costuras decorativas y ojales, y también para coser botones a mano en tejidos gruesos.

Hilo para remalladora
Es un hilo mate en un rollo más largo, diseñado para la remalladora. No suele ser lo bastante fuerte como para usarlo en una máquina de coser.

Hilo de embastar
En sastrería, el hilo de embastar, o hilvanar, de algodón se puede usar para mantener unidas temporalmente varias capas de tela.

Artículos de mercería

La sastrería puede requerir artículos de mercería bastante específicos que, con frecuencia, se asocian a prendas concretas. Te será útil contar con estos elementos en tu costurero, aunque algunos de ellos no se usan habitualmente en la costura general. Deberías encontrar todos ellos en cualquier mercería de calidad.

Vivo con cordón (prefabricado) ▶
Cordón de algodón o de poliéster cubierto con tela al bies. El reborde permite coserlo a la costura.

▲ **Cinta talonera**
Cinta de tela con borde reforzado que se cose en el borde interior del bajo del pantalón para reforzarlo y protegerlo del desgaste.

◀ **Cinta para costuras**
Cinta estable tejida en algodón o en algodón y poliéster, que se usa para evitar el estiramiento de las costuras. Existe en varios anchos.

◀ **Bies o tira de bies**
Tira de tela de algodón o de poliéster cortada al bies. Existe en varios anchos y viene ya plegada, con los bordes doblados hacia el centro.

▲ **Hebillas de chaleco**
Son hebillas diseñadas para ceñir el chaleco a la espalda y darle forma. Sujetan solas el cinturón.

Corchetes de pantalón ▶
Compuestos por ganchos y presillas planos, sujetan la cinturilla de faldas y pantalones sin añadir volumen.

▲ **Botones**
Son esenciales en chaquetas y abrigos, y los hay de multitud de tamaños, materiales y colores. Elige juegos de botones grandes y pequeños para los puños y el centro del delantero.

◀ **Hombreras de sastre**
Hombreras con forma de media luna confeccionadas con lana fieltrada y relleno de algodón. Disponibles en gris y en marfil. Las hay de distintos grosores.

◀ **Cinta antideslizante para cinturilla**
Cinta especial con una tira de goma o silicona que mantiene la camisa en su sitio. Se usa sobre todo en la cinturilla de pantalones de vestir y de esmoquin.

◀ **Chorizo**
Tira de fieltro gris o marrón doblada sobre una tira de entretela o de esponja en un borde. Se inserta en la corona de la manga para elevar el hombro y darle un aspecto redondeado.

Equipo de plancha

Planchando tus prendas de sastrería no solo eliminarás las arrugas; también realzarás la nitidez de sus líneas y conseguirás darles un acabado pulido y profesional.

▲ **Prensacosturas**
Este utensilio de madera también puede utilizarse como un badajo, pero el «asa» estrecha y puntiaguda es esencial para acabar puntas de cuellos.

▲ **Plancha**
Una plancha de vapor de calidad es una buena inversión. Las planchas de sastre con generador de vapor también se venden para uso doméstico.

Badajo de sastre ▶
Pieza pesada de madera que se utiliza tras aplicar vapor para mantenerlo en la tela y obtener un borde bien definido.

◀ **Alfombrilla de plancha**
Muy práctica, pues proporciona una superficie plana y resistente al calor, es ideal para planchar piezas pequeñas.

◀ **Muletón**
Paño de plancha con una cara velluda o afelpada, perfecto para planchar tejidos con pelo, como el terciopelo.

◀ **Paño de planchar**
Escoge una organza de seda, que permite ver a través lo que se plancha y evita arrugas en la tela.

◀ **Rodillo de planchar**
Cojín alargado para planchar perneras de pantalón y mangas de camisa, también usado para planchar costuras rectas sin que se marquen en la tela.

◀ **Medio queso**
Cojín cuya forma facilita el planchado de pinzas y curvas princesa.

Manopla de planchar ▶
Permite planchar con la mano todo lo que estorba en las esquinas internas y protege la mano del calor al planchar o aplicar vapor a las prendas.

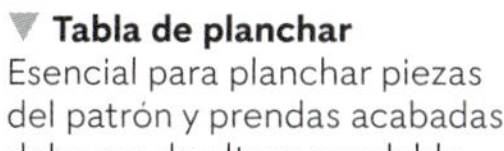

▼ **Tabla de planchar**
Esencial para planchar piezas del patrón y prendas acabadas, debe ser de altura regulable.

▲ **Tabla para mangas**
Útil para planchar mangas y perneras de pantalón, así como piezas de tela pequeñas, por ejemplo, cuellos.

Máquina de coser

Una máquina de coser simplificará y avanzará cualquier labor, ya sea un arreglo rápido o un proyecto más complejo. La mayoría de las máquinas de coser actuales están informatizadas, lo cual mejora la calidad de la costura y facilita su uso. Si es posible, antes de comprar una, pruébala para asegurarte de que es la que te conviene.

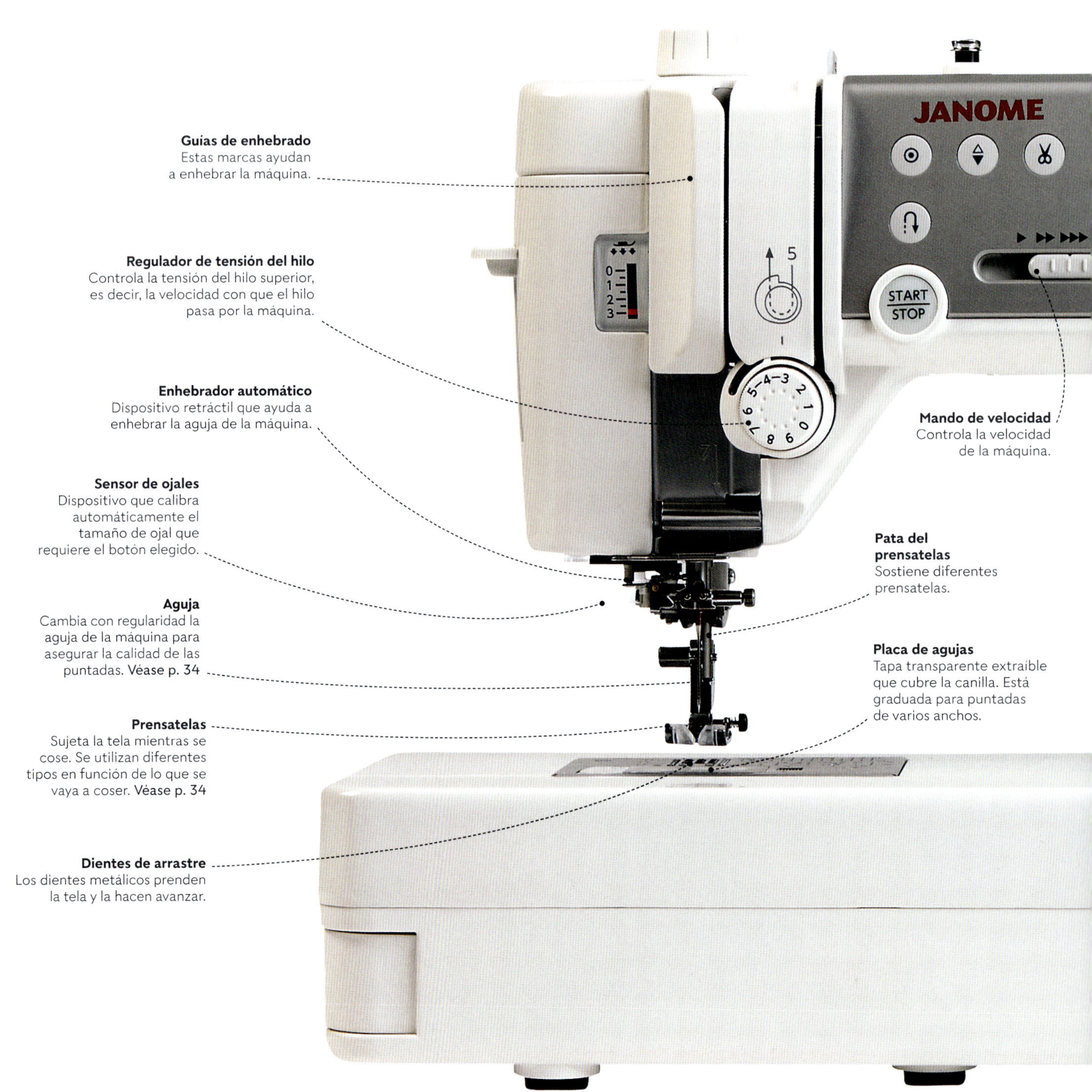

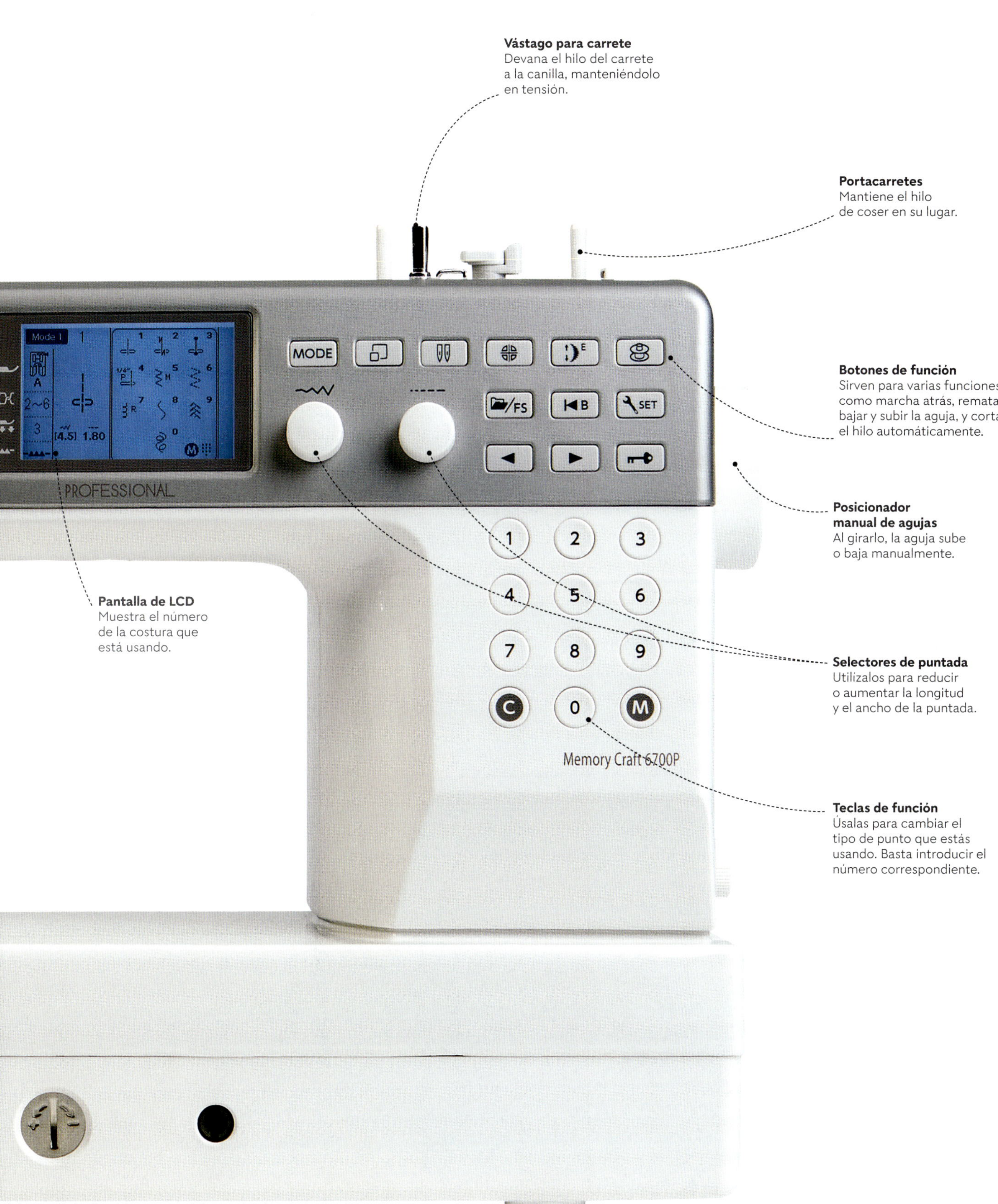
Vástago para carrete
Devana el hilo del carrete a la canilla, manteniéndolo en tensión.
Portacarretes
Mantiene el hilo de coser en su lugar.
Botones de función
Sirven para varias funciones, como marcha atrás, rematar, bajar y subir la aguja, y cortar el hilo automáticamente.
Posicionador manual de agujas
Al girarlo, la aguja sube o baja manualmente.
Pantalla de LCD
Muestra el número de la costura que está usando.
Selectores de puntada
Utilízalos para reducir o aumentar la longitud y el ancho de la puntada.
Teclas de función
Úsalas para cambiar el tipo de punto que estás usando. Basta introducir el número correspondiente.
MODE
SET
PROFESSIONAL
Memory Craft 6700P

ACCESORIOS DE MÁQUINA DE COSER

Son muchos los accesorios que pueden hacer más fácil la costura. Existen agujas de máquina diferentes, no solo para tejidos distintos sino también para diferentes tipos de hilo, así como un gran número de prensatelas, a los que hay que añadir nuevos modelos que llegan constantemente al mercado. Los que se muestran aquí son algunos de los más utilizados.

Canilla de plástico
La canilla es el carrete en el que se devana el segundo hilo. En algunas máquinas es de plástico y en otras de metal. Se debe comprobar siempre cuál es la que utiliza la máquina, para evitar problemas con las puntadas.

Canilla de metal
Llamada también universal, se usa en muchos tipos de máquinas de coser. Asegúrate de que la máquina necesita una canilla metálica antes de comprarla.

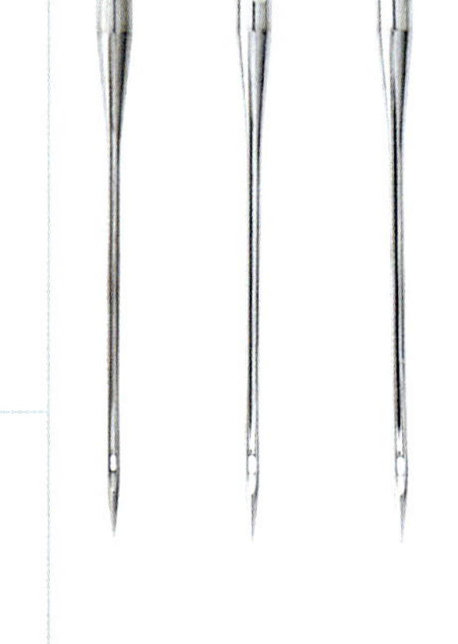

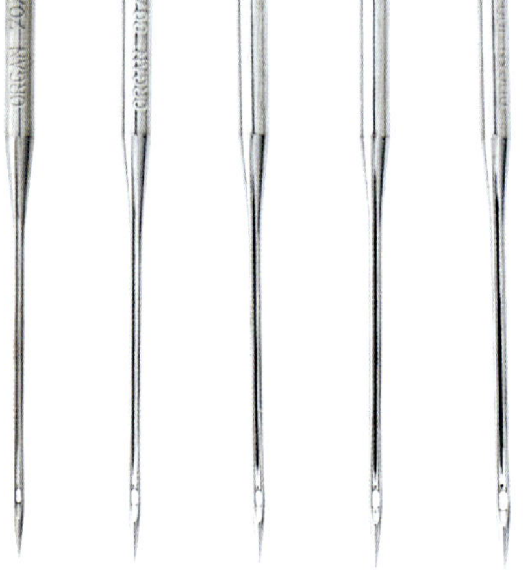

Agujas de máquina
Se fabrican en distintos tamaños y grosores para coser tejidos diferentes. El tamaño de las agujas varia de 60 a 100: la de 60 es una aguja muy fina.

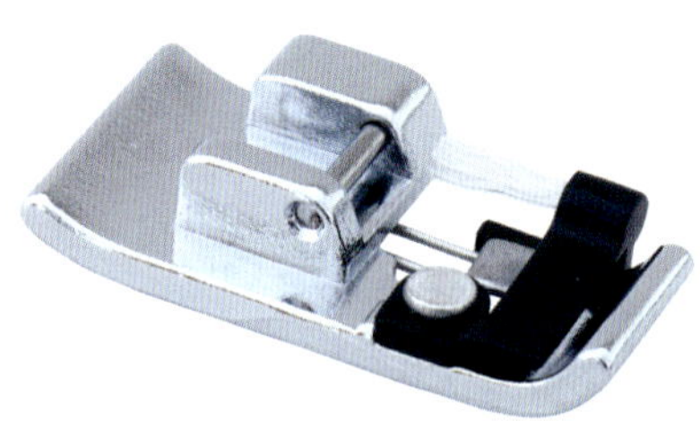

Prensatelas para sobrehilar
Sujeta la tela mientras la aguja avanza por el canto e impide que este se enrolle al sobrehilar.

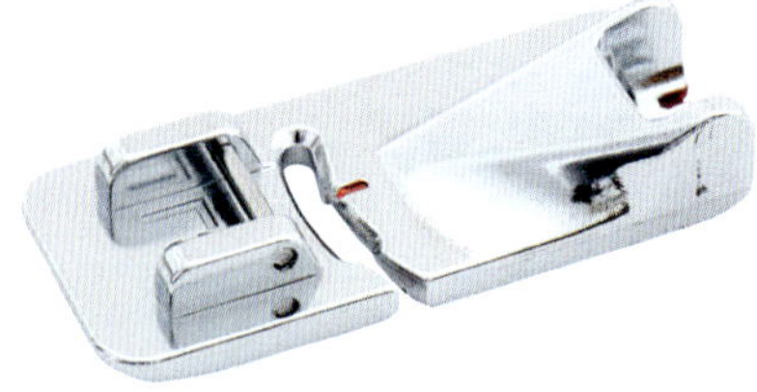

Prensatelas para costura sobrecargada
Este práctico prensatelas sujeta la tela por debajo mientras se cose para que la costura quede perfectamente plana.

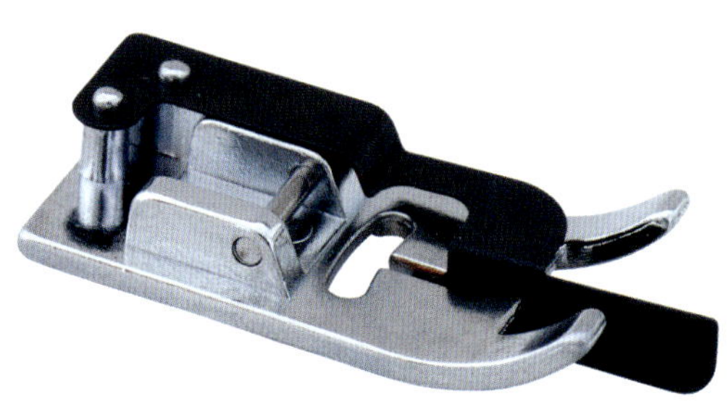

Prensatelas para costura en canal
Guía la aguja a lo largo de la línea del canal y es útil para asegurar forros de cinturilla.

Prensatelas para ojales
Es extensible: el botón se coloca en la parte posterior, y la máquina coserá un ojal a la medida gracias al sensor de ojales.

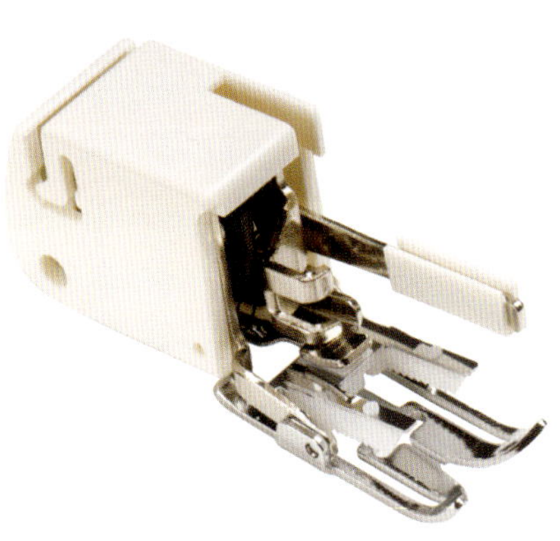

Prensatelas andador
Los «dedos» de este prensatelas se mueven como si caminara, evitando así que al coser dos capas de tela, la de arriba se desplace hacia delante. Perfecto para casar cuadros o rayas, y para telas difíciles.

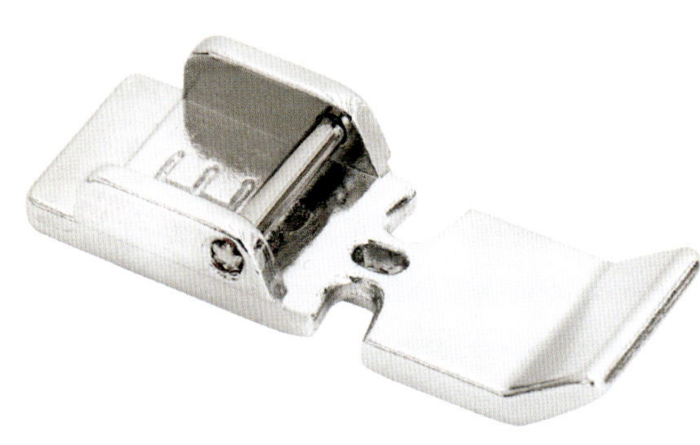

Prensatelas para cremalleras
Se puede situar a derecha o izquierda de la aguja, y permite coser junto a la cremallera.

Prensatelas para cremallera invisible
Se usa para poner cremalleras escondidas: mantiene abiertos los dientes de la cremallera para poder coser detrás de ellos.

Prensatelas para lorzas finas
Tiene unas ranuras por debajo que permiten coser múltiples nervios o lorzas muy estrechas.

Prensatelas para ribetes con cordón
Tiene una ranura donde encaja el cordón y deja coser la tira de tela muy cerca de este para hacer un vivo.

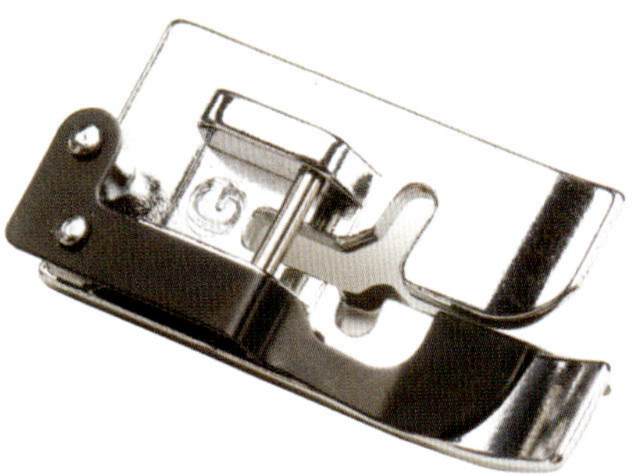

Prensatelas para dobladillo invisible
Se usa junto con el punto de dobladillo invisible para obtener una costura de dobladillo pulida.

Remalladora

La remalladora o máquina *overlocker* suele utilizarse en combinación con la máquina de coser convencional porque da un acabado muy profesional a la ropa. Trabaja con dos hilos superiores y dos inferiores (áncoras), y una cuchilla que recorta la tela sobrante. Se usa sobre todo para rematar bordes de tela, pero también para el género de punto elástico.

COSTURAS CON REMALLADORA

La remalladora corta la tela al mismo tiempo que hace una costura en el borde y lo sobrehíla para darle un acabado profesional. El sobrehilado de tres hilos se usa sobre todo para rematar cantos. El de cuatro hilos, al emplear un hilo más, es una costura más fuerte y se usa para coser y rematar.

SOBREHILADO DE 3 HILOS

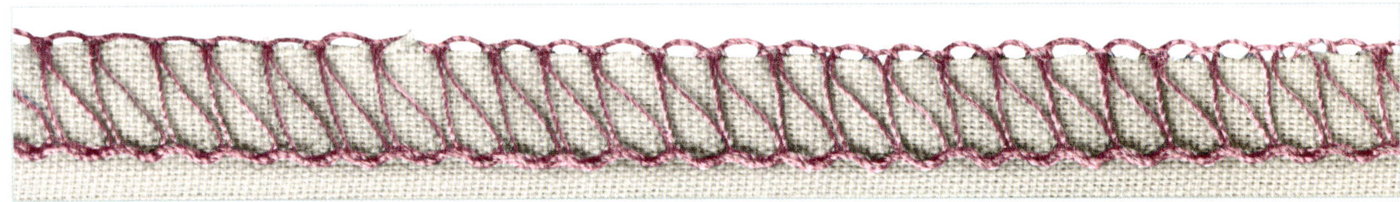

SOBREHILADO DE 4 HILOS

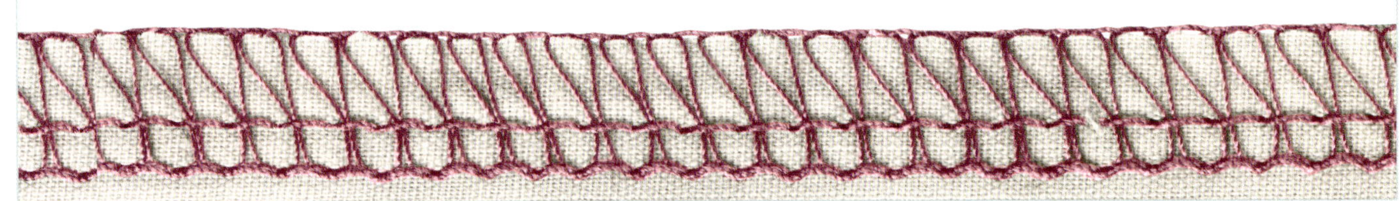

ACCESORIOS DE REMALLADORA

También se pueden comprar prensatelas adicionales, utilizados en técnicas decorativas, como uno para vivo con cordón.

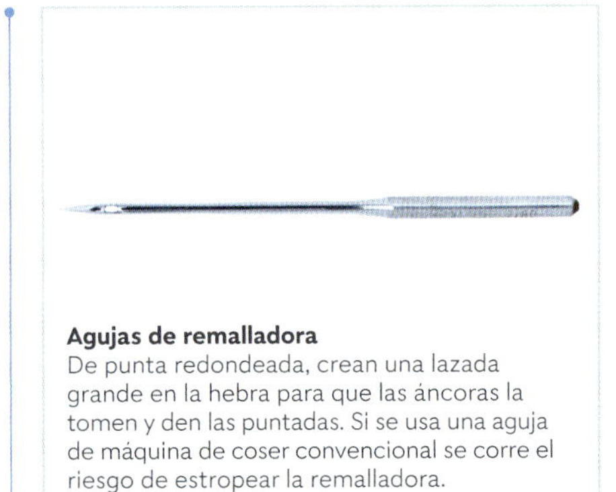

Agujas de remalladora
De punta redondeada, crean una lazada grande en la hebra para que las áncoras la tomen y den las puntadas. Si se usa una aguja de máquina de coser convencional se corre el riesgo de estropear la remalladora.

Prensatelas estándar
Es el que se usa en la mayoría de los casos.

Prensatelas para vivo con cordón
Lleva una guía a un lado por la que pasa un cordoncillo. Se usa con un accesorio para dobladillo enrollado para crear vivos decorativos.

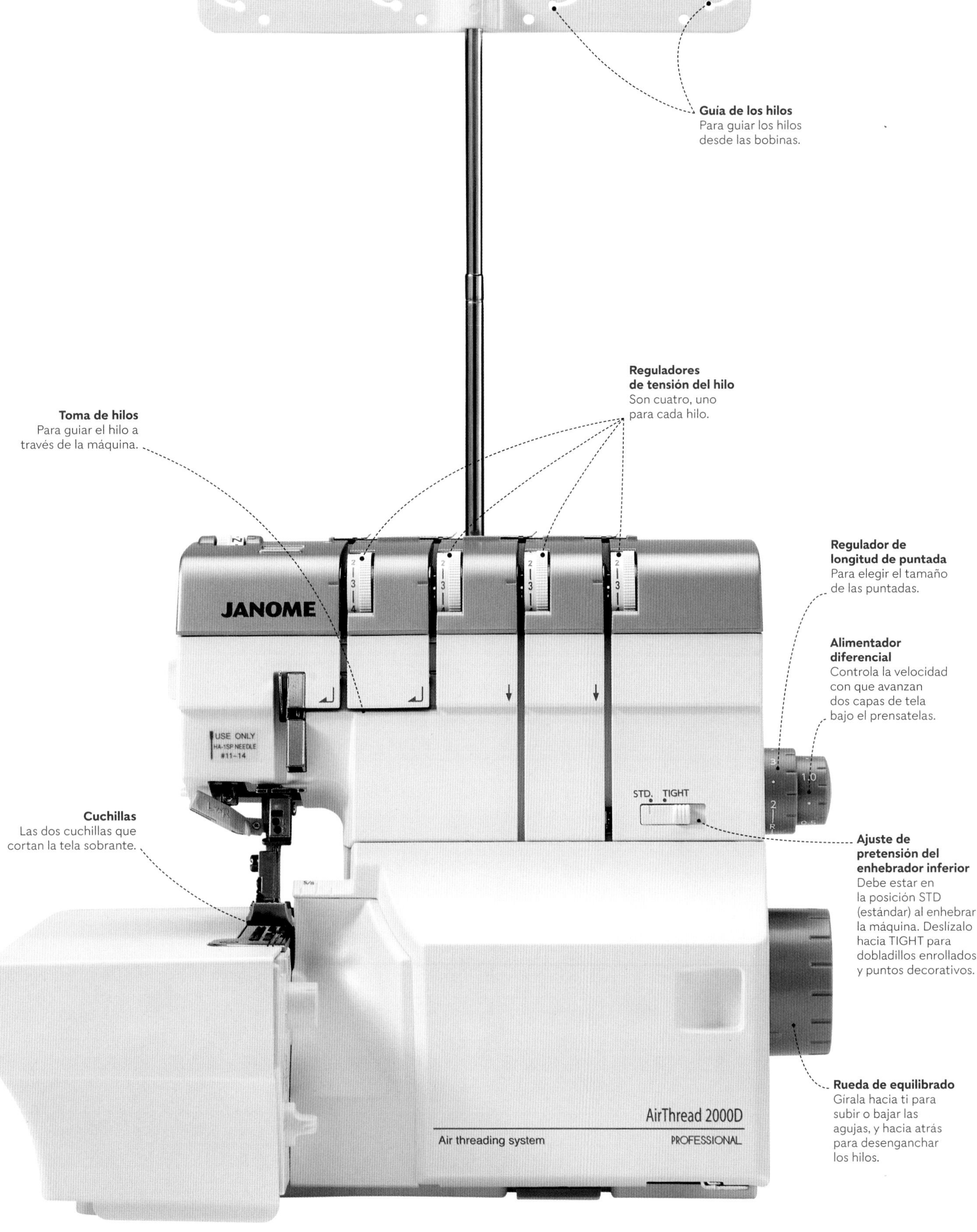

Guía de los hilos
Para guiar los hilos desde las bobinas.

Reguladores de tensión del hilo
Son cuatro, uno para cada hilo.

Toma de hilos
Para guiar el hilo a través de la máquina.

Regulador de longitud de puntada
Para elegir el tamaño de las puntadas.

Alimentador diferencial
Controla la velocidad con que avanzan dos capas de tela bajo el prensatelas.

Cuchillas
Las dos cuchillas que cortan la tela sobrante.

Ajuste de pretensión del enhebrador inferior
Debe estar en la posición STD (estándar) al enhebrar la máquina. Deslízalo hacia TIGHT para dobladillos enrollados y puntos decorativos.

Rueda de equilibrado
Gírala hacia ti para subir o bajar las agujas, y hacia atrás para desenganchar los hilos.

Telas

La elección de la tela determina la calidad de una prenda sastre, ya que influirá en la caída, el ajuste, su aspecto general y su funcionalidad. Busca tejidos de fibras naturales, que resultarán cálidos en invierno y frescos en verano, y ten en cuenta también los cuidados que precisen, ya que ciertas telas para trajes y sedas solo pueden limpiarse en seco.

LANA

La lana es una fibra natural que procede generalmente de la oveja: la merina australiana se considera la de mejor calidad. Sin embargo, hay fibras naturales similares de pelo de cabra (angora, mohair y cachemir), camello (pelo de camello), alpaca y vicuña. El hilo de lana puede ser de fibras cortas y con volumen (lana cardada), o largas, resistentes y suaves (lana peinada), en cuyo caso se llama estambre. La denominación «lana virgen» indica que las fibras se utilizan por primera vez. La lana se puede reprocesar o reutilizar, y con frecuencia se mezcla con otras fibras.

PROPIEDADES DE LA LANA

- **Cómoda de llevar en todo tipo de climas**, ya que se fabrica en muchos pesos y tipos de tejido
- **Cálida en invierno** y fresca en verano, pues «respira» con el cuerpo
- **Absorbe la humedad** mejor que cualquier otra fibra natural: hasta un 30% de su peso antes de comenzar a notarse húmeda
- **Resistente al fuego**
- **Relativamente resistente a las arrugas**
- **Es ideal para sastrería**, pues se moldea fácilmente al vapor
- **Se suele mezclar** con otras fibras para reducir su precio
- **Se fieltra** si se expone a calor, presión o humedad excesivos
- **Se decolora** con la exposición prolongada a la luz solar
- **Las polillas** la pueden atacar

LANA HERVIDA

Tejido de lana o de mezcla de lana tratado mediante calor que no se arruga ni se deforma. Es apreciada por su calidez y durabilidad, pero también puede encoger (a menos que se compre ya preencogida), por lo que hay que probar primero poniéndola a secar a baja temperatura con una toalla húmeda.

Corte: no es necesario seguir el sentido del pelo

Costuras: con prensatelas andador; no requieren rematar los cantos, pero puede ser necesario desmentir para reducir el grosor

Hilo: de seda o de lana 100%; polialgodón multiusos para mezclas de lana

Agujas: de máquina con punta de bola, números 14/16, según el grosor del tejido; *sharps* para coser a mano

Planchado: en la posición de lana con paño de planchar; con vapor, sosteniendo la plancha a 2,5 cm por encima durante unos 5 segundos

Se usa para: abrigos, chaquetas, capas y prendas más pequeñas, como boinas

CACHEMIR

Tejido de pelo de la cabra de Cachemira, la lana más lujosa. Es suave y resistente, y está disponible en varios pesos.

Corte: como suele tener un ligero vello, es necesario seguir el sentido del pelo

Costuras: sencillas, rematadas con sobrehilado a máquina o con tijeras dentadas (el punto de zigzag enrollaría el canto de los márgenes)

Hilo: el ideal es el de seda, o uno de poliéster multiusos

Agujas: de máquina, números 12 a 14, según el grosor de la tela; *sharps* para coser a mano

Planchado: en posición «vapor», con paño de planchar y rodillo

Se usa para: chaquetas, abrigos, prendas masculinas; en tejido de punto, para suéteres, cárdigans, ropa interior

CHALÍ

Tejido fino de lana hecho con un hilo retorcido y que presenta una superficie uniforme. Suele ser estampado.

Corte: en el sentido del pelo solo si es estampado

Costuras: sencillas, rematadas con un sobrehilado a máquina o a punto de zigzag; también se pueden usar costuras sobrecargadas

Hilo: de poliéster multiusos

Agujas: de máquina, números 11/12; *sharps* para coser a mano

Planchado: con vapor, con paño de planchar; hay que tener cuidado porque esta tela encoge con el calor

Se usa para: vestidos, chaquetas y prendas con detalles plisados o drapeados

CREPÉ

Tejido fino hecho con una hebra retorcida que crea una superficie irregular. Como se habrá estirado en el rollo y es una tela propensa a encoger, es importante preencogerla con vapor antes de utilizarla.

Corte: no es necesario seguir el sentido del pelo

Costuras: sencillas, rematadas a máquina con un sobrehilado (el punto de zigzag enrollaría el canto de los márgenes)

Hilo: de poliéster multiusos

Agujas: de máquina, número 12; de modistilla *(straws)* o *sharps* para coser a mano

Planchado: con vapor, en posición «lana»; no siempre necesitará paño de planchar

Se usa para: todo tipo de prendas

LANA FIELTRADA

Tejido de lana lavada y secada a alta temperatura. Durante este proceso, la lana se encoge y se apelmaza y adquiere una textura abultada que le da un tacto suave y esponjoso.

Corte: la de color liso no requiere seguir el sentido del pelo, pero tal vez sí la estampada

Costuras: sencillas; puede no ser necesario rematar los cantos, pero quizá haya que desmentir para reducir el grosor

Hilo: de seda o algodón

Agujas: de máquina con punta de bola, números 14/16, según el grosor de la tela; *sharps*, números 14/16, para coser a mano

Planchado: en la posición de lana con paño de planchar

Se usa para: abrigos, chaquetas, chalecos y prendas más pequeñas, como zapatillas y sombreros

FRANELA

Tela de lana de tejido de ligamento simple o de sarga, con la superficie ligeramente cepillada.

Corte: en el sentido del pelo

Costuras: sencillas, rematadas a máquina con un sobrehilado o a punto de zigzag, o con remate Hong Kong

Hilo: de poliéster multiusos

Agujas: de máquina, número 14; *sharps* para coser a mano

Planchado: con vapor, en posición «lana» y con rodillo de planchar, ya que tiende a quedar marcada

Se usa para: abrigos, chaquetas, faldas, pantalones

GABARDINA

Tela resistente con un característico acanalado en diagonal. Suele tener lustre y tiende a brillar. Este tipo de lana puede resultar difícil de manejar porque es algo elástica y se deshilacha con facilidad.

Corte: en el sentido del pelo, debido al lustre

Costuras: sencillas, rematadas a máquina con un sobrehilado o a punto de zigzag

Hilo: de poliéster multiusos o de algodón 100%

Agujas: de máquina, número 14; *sharps* para coser a mano

Planchado: con vapor, en posición «lana»; apoya únicamente la punta de la plancha y usa un paño de planchar de organza de seda, pues la tela puede quedar marcada o formar brillos

Se usa para: chaquetas, pantalones

MOHAIR

Procede del pelo de la cabra de Angora. Es una fibra larga, recta y muy fuerte que produce un tejido y una lana para tricotar velludos.

Corte: en el sentido del pelo, con las fibras cepilladas hacia abajo en el mismo sentido, del cuello al dobladillo

Costuras: sencillas, rematadas con un sobrehilado a máquina o con tijeras dentadas

Hilo: de poliéster multiusos

Agujas: de máquina, número 14; *sharps* para coser a mano

Planchado: con vapor, en posición «lana»; realiza toques y pasadas con la plancha en la dirección del pelo

Se usa para: chaquetas, abrigos, como lana de tricotar, para suéteres

TARTÁN

Un tartán auténtico es el que pertenece a un clan escocés: cada clan tiene su propio diseño y solo sus miembros pueden usarlo. También llamado tela escocesa, es un tejido de sarga realizado con hilos retorcidos.

Corte: comprueba el diseño para que los cuadros sean regulares; puede ser necesario colocar los patrones en una sola dirección e incluso en la tela sin doblar

Costuras: sencillas, casando el diseño y rematadas a máquina con un sobrehilado o a punto de zigzag

Hilo: de poliéster multiusos

Agujas: de máquina, número 14; *sharps* para coser a mano

Planchado: con vapor, en posición «lana»; puede requerir paño de planchar: conviene hacer una prueba previa

Se usa para: tradicionalmente, *kilts* (faldas masculinas escocesas); hoy día, faldas, pantalones, chaquetas

TWEED MODERNO

Tejido de hilos gruesos y nudosos, a menudo en combinaciones de color atrevidas, o bien de un solo color, e incluso con fibras llamativas, de metal y papel, en la trama. Muy apreciado por los diseñadores de moda.

Corte: en el sentido del pelo

Costuras: sencillas, rematadas con sobrehilado a máquina o punto de zigzag; tiende a deshilacharse

Hilo: de poliéster multiusos

Agujas: de máquina, número 14; *sharps* para coser a mano

Planchado: plancha de vapor en posición de lana; se necesita paño de planchar

Se usa para: chaquetas, abrigos; también faldas y vestidos

TWEED TRADICIONAL

Tejido resistente, con trama y urdimbre características, a menudo de colores diferentes. Se asocia tradicionalmente con la campiña inglesa.

Corte: no requiere colocar los patrones en una sola dirección, a menos que tenga cuadros

Costuras: sencillas, rematadas a máquina con un sobrehilado o a punto de zigzag; también se pueden acabar con tijeras dentadas

Hilo: de poliéster multiusos o de algodón 100 %

Agujas: de máquina, número 14; *sharps* para coser a mano

Planchado: en posición «vapor»; no siempre requiere paño de planchar

Se usa para: chaquetas, abrigos, faldas

ESTAMBRE

Tejido de lana fuerte y ligero, hecho con fibras finas y fuertes de alta calidad. Debe plancharse siempre al vapor, ya que podría encoger ligeramente después de haberse dado de sí en el rollo.

Corte: en el sentido del pelo

Costuras: sencillas, rematadas con sobrehilado a máquina o punto de zigzag, o con remate Hong Kong

Hilo: de poliéster multiusos

Agujas: de máquina, números 12/14; *sharps* o *straws* para coser a mano

Planchado: plancha de vapor en posición de lana y paño de planchar; usa un rodillo de planchar para las costuras para evitar que se noten

Se usa para: faldas, chaquetas, abrigos, pantalones

LANA PARA TRAJES

Tejido de lana tradicionalmente utilizado para trajes. Es de ligamento simple, pero puede tener rayas o cuadros.

Corte: la de rayas o cuadros puede requerir seguir el sentido del pelo

Costuras: sencillas, rematadas con un sobrehilado de 3 hilos

Hilo: de poliéster multiusos

Agujas: de máquina, número 12 o 14, según el grosor de la tela; una *straw* o una *between* para coser a mano

Planchado: con una plancha de vapor de calidad, paño de planchar y los accesorios de planchado necesarios

Se usa para: pantalones, chaquetas y chalecos

VENECIANA

Tela de lana de ligamento de raso, cara y de gran calidad.

Corte: en el sentido del pelo

Costuras: sencillas, rematadas con sobrehilado a máquina o punto de zigzag

Hilo: poliéster multiusos o algodón 100 %

Agujas: de máquina, número 14; *sharps* para coser a mano

Planchado: plancha de vapor en posición de lana y paño de organza de seda para evitar brillos; utiliza un rodillo de planchar para las costuras a fin de evitar que se noten

Se usa para: chaquetas, abrigos

ALGODÓN

El algodón, una de las telas más versátiles y populares, se fabrica desde la antigüedad con una fibra natural procedente de la borra de las cápsulas de semillas de la planta del algodón. Hoy día, los mayores productores de algodón son Estados Unidos, India y algunos países de Oriente Medio. Las fibras de algodón pueden ser largas o cortas. Las más largas y finas se emplean para lencería y ropa de cama y mesa de primera calidad. La ropa de algodón se lleva mucho en los climas cálidos, pues resulta muy fresca.

PROPIEDADES DEL ALGODÓN

- **Absorbe bien la humedad** y disipa el calor corporal
- **Es más resistente húmedo** que seco
- **No acumula electricidad estática**
- **Es fácil de teñir**
- **Suele encoger** a menos que esté tratado
- **El moho** y la exposición prolongada al sol lo deterioran
- **Se arruga** fácilmente
- **Se ensucia con facilidad**, pero se lava sin problemas

PERCAL

Tejido simple, por lo general de fibras sin blanquear. Se fabrica en diferentes grosores, desde muy fino a muy fuerte.

Corte: no es necesario seguir el sentido del pelo

Costuras: sencillas, rematadas con sobrehilado a máquina o punto de zigzag

Hilo: de poliéster multiusos

Agujas: de máquina, números 11/14, según el grosor del hilo; *sharps* para coser a mano

Planchado: plancha de vapor en posición de vapor constante; no necesita paño de planchar

Se usa para: prendas de prueba

CHAMBRAY

Tejido ligero de algodón con trama blanca y urdimbre de color. También se fabrica con cuadros y rayas.

Corte: no es necesario seguir el sentido del pelo

Costuras: sencillas, rematadas con sobrehilado a máquina o punto de zigzag

Hilo: de poliéster multiusos

Agujas: de máquina, número 11; *sharps* para coser a mano

Planchado: plancha de vapor en posición de vapor constante; no necesita paño de planchar

Se usa para: blusas, camisas, ropa de niño

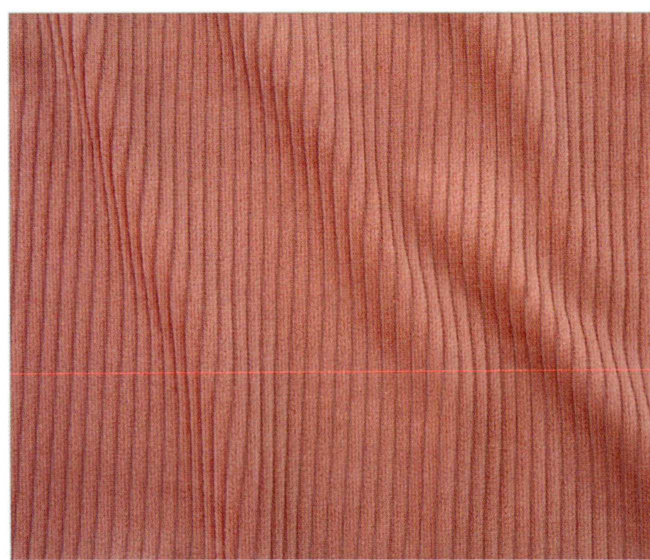

PANA

Tejido con pelo suave que forma unos cordoncillos característicos (llamados bordones), en el sentido de la urdimbre, que pueden ser de distinto tamaño. En la micropana son extremadamente finos; la pana normal tiene entre 10–12 por cada 2,5 cm, y la pana de bordón real es la que los tiene más anchos y gruesos.

Corte: coloca todas las piezas del patrón en el sentido del pelo, del bajo al cuello, para obtener una tonalidad más oscura

Costuras: sencillas, con prensatelas andador y rematadas con sobrehilado a máquina o a punto de zigzag

Hilo: de poliéster multiusos

Agujas: de máquina, números 12/16; *sharps* o *straws* para coser a mano

Planchado: plancha de vapor en posición algodón; para las costuras, rodillo y paño de planchar

Se usa para: pantalones, faldas

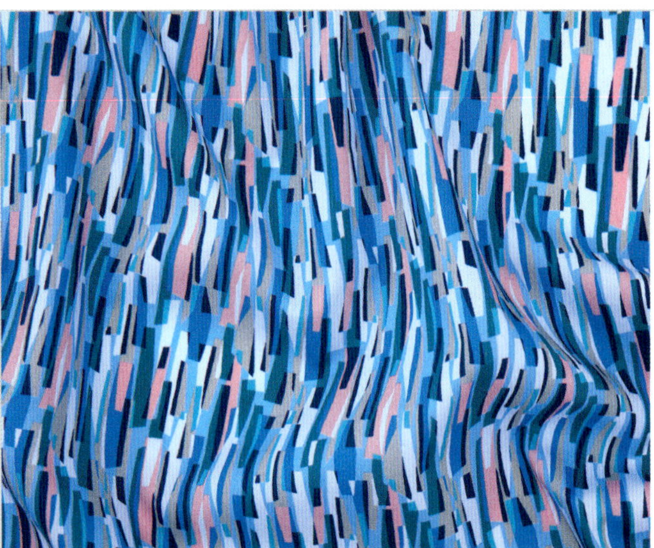

BATISTA DE ALGODÓN

Tela de tejido simple hecho con hilos finos de alta densidad que le dan un aspecto suave y sedoso.

Corte: en el sentido del pelo solo si tiene estampado unidireccional

Costuras: sencillas, rematadas con un sobrehilado o un zigzag menudo

Hilo: algodón puro o poliéster multiusos

Agujas: número 11; *straws* para coser a mano

Planchado: plancha de vapor en posición de algodón; no necesita paño de planchar

Se usa para: blusas, camisas, vestidos, ropa infantil, forros

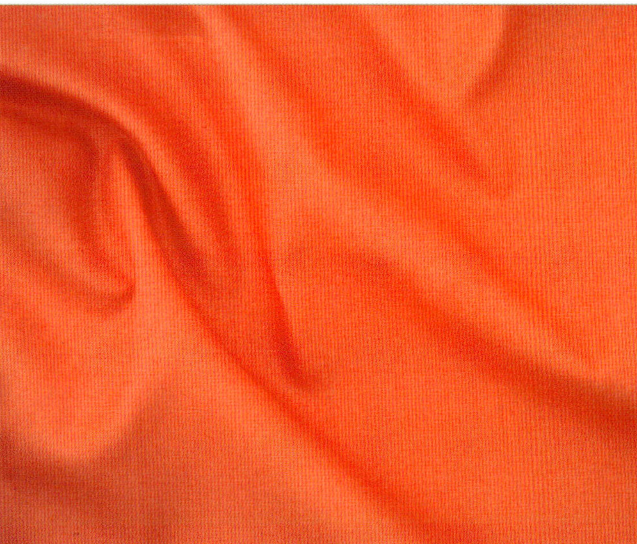

DRILL

Tejido resistente simple o asargado, con urdimbre y trama del mismo color, muy propenso a deshilacharse en los cantos.

Corte: no es necesario seguir el sentido del pelo

Costuras: sobrecargadas; o sencillas y rematadas con sobrehilado a máquina o a punto de zigzag

Hilo: poliéster multiusos con un hilo para los detalles pespunteados

Agujas: de máquina, número 14; *sharps* para coser a mano

Planchado: plancha de vapor en posición de algodón; no necesita paño de planchar

Se usa para: chaquetas informales, pantalones

VICHY

Tela fresca de algodón con cuadritos de dos colores y diferentes tamaños. Es un tejido de ligamento simple en el que el dibujo se forma agrupando hilos blancos y de color en la trama y la urdimbre.

Corte: si los cuadros son regulares, no es preciso colocar todos los patrones en el sentido del pelo, pero se recomienda casar el patrón

Costuras: sencillas, rematadas con sobrehilado a máquina o a punto de zigzag

Hilo: de poliéster multiusos

Agujas: de máquina, números 11/12; *sharps* para coser a mano

Planchado: plancha de vapor en posición de algodón; no necesita paño de planchar

Se usa para: ropa de niño, vestidos, faldas

MADRÁS

Tela de algodón de cuadros irregulares y colores vivos, originaria de India. Su precio es muy económico.

Corte: en el sentido del pelo y casando los cuadros

Costuras: sencillas, rematadas con sobrehilado a máquina o a punto de zigzag

Hilo: de poliéster multiusos

Agujas: de máquina, números 12/14; *sharps* para coser a mano

Planchado: plancha de vapor en posición de algodón; no necesita paño de planchar

Se usa para: blusas, faldas

MUSELINA

Tela de algodón fina, de tejido simple poco tupido. Se puede encontrar en diversos colores, pero por lo general se vende en crudo o natural (sin blanquear) o blanco. Ideal para paños de planchar y entretelas. Se recomienda lavarla antes de usarla.

Corte: no es necesario seguir el sentido del pelo

Costuras: sobrehilado de 4 hilos o costura sencilla, rematada a máquina con un sobrehilado o a punto de zigzag; también se puede usar la costura francesa

Hilo: de poliéster multiusos

Agujas: de máquina, número 11; *straws* o agujas de modistilla para coser a mano

Planchado: con vapor, en posición «algodón»; no requiere paño de planchar

Se usa para: visillos y otros usos domésticos

SIRSACA

Tejido de algodón con rayas fruncidas que le dan aspecto abullonado. Debe plancharse ligeramente, o la superficie perderá el relieve.

Corte: en el sentido del pelo, debido al efecto de fruncido

Costuras: sencillas, rematadas con un sobrehilado o a punto de zigzag

Hilo: de poliéster multiusos

Agujas: de máquina, números 11/12; *straws* para coser a mano

Planchado: plancha de vapor en la posición de lana (con cuidado para no aplanar la superficie)

Se usa para: ropa de verano, faldas, camisas y prendas infantiles

TELA DE CAMISERÍA

Tejido de algodón fino y tupido con hilos de colores en urdimbre y trama, a rayas o cuadros.

Corte: con los patrones en una sola dirección si tiene rayas irregulares

Costuras: sencillas, rematadas a máquina con un sobrehilado o a punto de zigzag; se pueden emplear también costuras sobrecargadas

Hilo: de poliéster multiusos

Agujas: de máquina, número 12; *straws* o agujas de modistilla para coser a mano

Planchado: con vapor, en posición «algodón»; no requiere paño de planchar

Se usa para: camisas

TERCIOPELO

Tejido velludo, realizado con una hebra adicional que después se corta para obtener el pelo. Es difícil de manejar y puede deteriorarse al deshacer costuras.

Corte: con los patrones en la dirección del pelo, cepillando del bajo al cuello para darle profundidad de color

Costuras: sencillas, con prensatelas andador (cosiendo del bajo al cuello), y rematadas a máquina con un sobrehilado o a punto de zigzag

Hilo: de poliéster multiusos

Agujas: de máquina, número 14; *straws* o agujas de modistilla para coser a mano

Planchado: solo si es necesario; con una tabla para terciopelo, aplicando poco vapor y la punta de la plancha, y con paño de planchar de organza de seda

Se usa para: chaquetas, abrigos

LINO

El lino es una fibra natural que se obtiene del tallo de la planta del mismo nombre. Los tejidos de lino, también llamado hilo, se fabrican en una gran variedad de calidades y pesos, desde los muy finos hasta los más gruesos para trajes. Más áspero que el algodón, el lino a veces se combina con este o se mezcla con seda.

PROPIEDADES DEL LINO

- **Es fresco y cómodo** de llevar
- **Absorbe bien la humedad**
- **Encoge** con el lavado
- **No se frunce bien**
- **Se arruga** con facilidad
- **Tiende a deshilacharse**
- **Resiste a las polillas**, pero no al moho

MEZCLA DE LINO Y ALGODÓN

Puede fabricarse con un hilo compuesto por las dos fibras o combinando hilos de ambas en la urdimbre y la trama. Es un tejido con mucha textura.

Corte: no es necesario seguir el sentido del pelo

Costuras: sencillas, rematadas a máquina con un sobrehilado o a punto de zigzag

Hilo: de poliéster multiusos

Agujas: de máquina, número 14; *sharps* para coser a mano

Planchado: con vapor, en posición «algodón» y con un paño de planchar de organza de seda

Se usa para: chaquetas de verano, vestidos estructurados

LINO DE FANTASÍA

Tejido de lino con hilos decorativos entremezclados, como los de lúrex o metálicos.

Corte: no es necesario seguir el sentido del pelo

Costuras: sencillas, rematadas a máquina con un sobrehilado o a punto de zigzag

Hilo: de poliéster multiuso y torzal para pespuntes decorativos

Agujas: de máquina, número 14; *sharps* para coser a mano

Planchado: plánchalo con cuidado, ya que los hilos decorativos podrían fundirse; usa paño de planchar

Se usa para: vestidos, chaquetas

LINO PARA TRAJES

El lino apto para confeccionar trajes masculinos y femeninos se teje con un hilo más grueso. El tejido puede ser más o menos tupido y firme.

Corte: no es necesario seguir el sentido del pelo

Costuras: sencillas, rematadas a máquina con un sobrehilado o a punto de zigzag

Hilo: de poliéster multiuso y torzal para pespuntes decorativos

Agujas: de máquina, número 14; *sharps* para coser a mano

Planchado: con vapor, en posición «algodón» (hay que aplicar vapor para eliminar las arrugas)

Se usa para: trajes, pantalones, abrigos

SEDA

La seda, considerada la reina de las telas, se hace con las fibras devanadas del capullo del gusano de seda. Este tejido lujoso y resistente se empezó a usar hace miles de años en China, donde se guardó celosamente el secreto de su producción hasta el siglo IV. Los tejidos de seda pueden ser muy finos o gruesos e irregulares. Requieren un manejo cuidadoso, pues algunos se deterioran con facilidad.

PROPIEDADES DE LA SEDA

- **Conserva el calor** en invierno y es fresca en verano
- **Absorbe la humedad** y se seca con rapidez
- **Se tiñe bien**, en colores fuertes y ricos
- **Acumula electricidad** estática y se pega al cuerpo
- **Se decolora** con la exposición prolongada a la luz solar
- **Tiende a encoger**
- **Es mejor limpiarla en seco**
- **Es más frágil húmeda** que seca
- **El agua puede dejarle manchas**

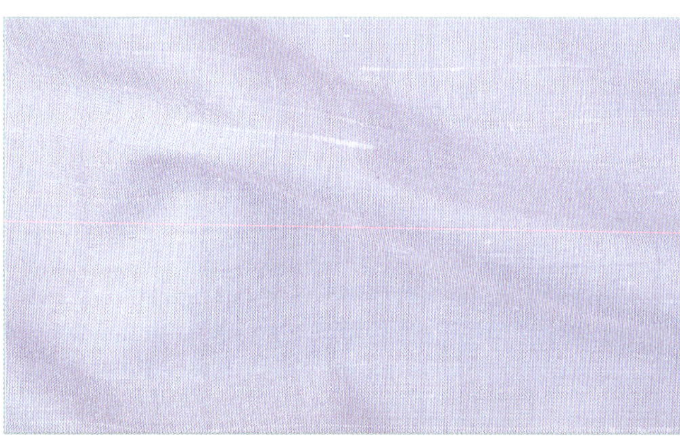

DUPIÓN

Tela tejida con un hilo con mucha textura que crea irregularidades en la superficie.

Corte: con los patrones en la misma dirección para evitar sombras
Costuras: sencillas, rematadas a máquina con un sobrehilado o a punto de zigzag
Hilo: de poliéster multiusos
Agujas: de máquina, número 12; *straws* o agujas de modistilla para coser a mano
Planchado: con vapor, en posición «lana» y con paño de planchar
Se usa para: vestidos, chaquetas, faldas, ropa para ocasiones especiales

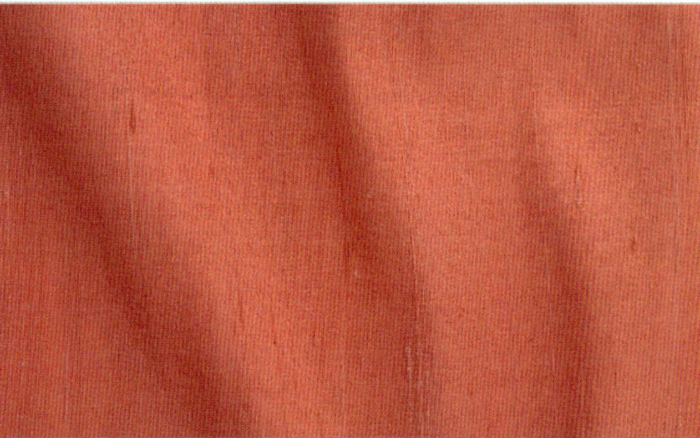

DUPIÓN TEJIDO A MANO

Seda salvaje que se distingue por su trama con abundantes hilos gruesos. Se fabrica en una amplia gama de colores y se maneja bien, pero se deshilacha con facilidad.

Corte: en el sentido del pelo, para evitar sombras
Costuras: sencillas, rematadas a máquina con un sobrehilado o a punto de zigzag
Hilo: de poliéster multiusos
Agujas: de máquina, número 12; *straws* para coser a mano
Planchado: plancha de vapor en posición de lana, con paño de planchar
Se usa para: vestidos, ropa para ocasiones especiales, chaquetas

HABUTAI

Seda fina y suave originaria de Japón, de tejido simple o de sarga, usada a menudo para la pintura sobre seda.

Corte: no es necesario seguir el sentido del pelo
Costuras: francesas
Hilo: de poliéster multiusos
Agujas: de máquina, números 9/11; *straws* o *betweens* para coser a mano
Planchado: plancha de vapor en posición de lana
Se usa para: forros, camisas, blusas

SEDA CRUDA

Tejido de seda para trajes, con hilos irregulares, que a veces se confunde con el lino.

Corte: en el sentido del pelo, para evitar sombras

Costuras: sencillas, rematadas con sobrehilado a máquina o a punto de zigzag, o con remate Hong Kong

Hilo: de poliéster multiusos

Agujas: de máquina, números 12/14; *straws* o agujas de modistilla para coser a mano

Planchado: plancha de vapor en posición de lana, con paño de planchar; usa un rodillo de planchar para que no se marquen las costuras

Se usa para: vestidos, chaquetas, pantalones

ORGANZA

Tejido fino y transparente con aspecto crujiente, que se arruga fácilmente.

Corte: no es necesario seguir el sentido del pelo

Costuras: francesas o para tejidos difíciles

Hilo: de poliéster multiusos

Agujas: de máquina, número 11; *straws* o *betweens* para coser a mano

Planchado: plancha de vapor en posición de lana; no debería necesitar paño de planchar

Se usa para: blusas transparentes, boleros, visos y entretelas

SATÉN

Tejido con ligamento de raso que puede ser desde muy ligero a muy pesado.

Corte: con los patrones en la misma dirección y en una sola capa, por ser una tela resbaladiza

Costuras: francesas; en los satenes más gruesos, cualquier costura para telas difíciles

Hilo: de poliéster multiuso (no use hilo de seda: se desgasta con el uso)

Agujas: de máquina, números 11/12; *straws* o *betweens* para coser a mano

Planchado: con vapor, en posición «lana» y con paño de planchar: el agua puede dejar manchas

Se usa para: blusas, vestidos, ropa para ocasiones especiales

MEZCLA DE LANA Y SEDA

El tejido puede ser de fibras de lana y seda mezcladas, o hecho con hilos de lana y seda. Son telas finas y de alta calidad, o gruesas, utilizadas en prendas de abrigo.

Corte: en el sentido del pelo

Costuras: sencillas, rematadas a máquina con un sobrehilado o a punto de zigzag

Hilo: de poliéster multiusos

Agujas: de máquina, números 11/14, según el grosor del tejido; *straws* para coser a mano

Planchado: plancha de vapor en posición de lana; el vapor será necesario para aplanar las costuras

Se usa para: trajes, faldas, pantalones, abrigos

TEJIDOS SINTÉTICOS

Se denomina sintético o artificial cualquier tejido que no sea de una fibra 100 % natural. En los últimos cien años se han desarrollado muchas fibras textiles sintéticas que han permitido crear telas nuevas. Algunas están compuestas por elementos naturales y sustancias químicas y otras únicamente por sustancias no naturales. Sus propiedades varían en función de su composición.

PROPIEDADES DE LOS TEJIDOS SINTÉTICOS

- **Son duraderos** y, en general, fáciles de lavar
- **Tienden a acumular electricidad** estática y se pegan al cuerpo
- **Se tiñen bien**; a menudo el estampado se hace digitalmente
- **Fáciles de mezclar con fibras naturales**

ACETATO

El acetato, aparecido en 1924, se compone de celulosa y sustancias químicas. Tiene un brillo sutil y se utiliza mucho para forros. También se fabrican tafetán, satén y punto de acetato.

Propiedades: • Es fácil de teñir • Se lava con facilidad • Se puede plisar aplicando calor

Corte: con los patrones en una sola dirección, debido al brillo de la tela

Costuras: sencillas, rematadas a máquina con un sobrehilado o a punto de zigzag; también puede usar el sobrehilado de 4 hilos

Hilo: de poliéster multiusos

Agujas: de máquina, número 11; *straws* para coser a mano

Planchado: con vapor, en posición «frío» (el calor puede fundir la tela)

Se usa para: ropa para ocasiones especiales, forros

POLIÉSTER

El poliéster, una de las fibras artificiales más populares, empezó a usarse en 1951 para trajes masculinos lavables. Se fabrica con derivados del petróleo y es apto para todo tipo de tejidos, desde finos y translúcidos hasta los gruesos y pesados usados en sastrería.

Propiedades: • No es absorbente • No se arruga • Puede acumular electricidad estática • Puede formar bolitas

Corte: con los patrones en la misma dirección solo si es estampado

Costuras: costura francesa; sencillas o sobrehilado de 4 hilos, según el peso de la tela

Hilo: de poliéster multiusos

Agujas: de máquina, números 11/14; *straws* para coser a mano

Planchado: con vapor, en posición «lana»

Se usa para: ropa de trabajo y escolar, camisas, pantalones, chaquetas

RAYÓN

También llamada viscosa y, a veces, seda artificial, esta fibra apareció en 1889. Está hecha de pulpa de madera o borra de algodón mezcladas con sustancias químicas y puede ser tricotada o tejida para crear una amplia variedad de telas. A menudo se mezcla con otras fibras.

Propiedades: • No es absorbente • Se tiñe bien • Es antiestático • Se deshilacha fácilmente

Corte: con los patrones en una sola dirección solo si la tela es estampada

Costuras: sencillas, rematadas a máquina con sobrehilado o a punto de zigzag

Hilo: de poliéster multiusos

Agujas: de máquina, números 12/14; *straws* para coser a mano

Planchado: con vapor, en posición «seda»

Se usa para: vestidos, blusas, chaquetas

TEJIDOS ECOLÓGICOS

Los métodos de producción textil tradicionales pueden tener un impacto negativo en el medio ambiente debido al uso de productos químicos nocivos y de grandes cantidades de agua. Hoy en día se venden cada vez más tejidos respetuosos con el medio ambiente, fabricados con ingredientes producidos sin pesticidas, abonos sintéticos o productos químicos que dañan el medio natural, la flora y la fauna. También se utilizan fibras procedentes de fuentes sostenibles y renovables, como el cáñamo y el bambú, y más fáciles de reciclar.

¿QUÉ HACE QUE UN TEJIDO SEA ECOLÓGICO?

- **Los tejidos ecológicos** son aquellos producidos con materias primas biodegradables, de origen vegetal y mediante métodos sostenibles desde el punto de vista ético y medioambiental. Al contrario que la industria textil tradicional, la ecológica no utiliza productos químicos nocivos para la naturaleza.
- **No todas las fibras naturales** son forzosamente ecológicas: depende de la manera en que se procesen. Por ejemplo, buena parte de la viscosa de bambú se fabrica de un modo perjudicial para los trabajadores y para el medio ambiente. Sin embargo, también se fabrican tejidos de bambú mediante un sistema de ciclo cerrado que permite reutilizar los productos químicos en vez de desecharlos. Aún mejores son los fabricados utilizando enzimas naturales, un proceso con el que se obtiene un hilo fino empleado para hacer un tejido de lino y bambú.
- **Algunos tejidos ecológicos** se fabrican exclusivamente a partir de tejidos reciclados, contribuyendo así a la reutilización de parte de los 13 millones de toneladas de ropa que se tira cada año.

LINO ECOLÓGICO

Se obtiene de la planta del lino, que requiere menos agua durante la etapa de crecimiento que el algodón. Es absorbente y transpirable, por lo que resulta fresco en verano, pero crea una capa aislante durante los meses fríos. En el proceso de lavado se utilizan bioenzimas, en vez de sustancias químicas, para suavizarlo.

Corte: en una sola dirección solo si es estampado

Costuras: sencillas, rematadas con un sobrehilado de 3 hilos o a punto de zigzag; también puedes usar costuras sobrecargadas

Hilo: de poliéster multiusos

Agujas: de máquina, números 11/12; *sharps* para coser a mano

Planchado: con plancha de vapor en la posición de algodón; no requiere paño de planchar

Se usa para: faldas, camisas, túnicas, pantalones largos y cortos, vestidos

LYOCELL

Es un tejido relativamente nuevo hecho de pulpa de madera de árboles como el eucalipto, el roble, el abedul y el bambú. Es 100 % reciclable y compostable.

Propiedades:
- Sostenible
- Suave al tacto
- Fuerte y duradero
- Absorbe la humedad del cuerpo
- No se arruga fácilmente

Desventajas:
- Es más caro que la viscosa, ya que se trata de una fibra nueva que requiere procesos de fabricación específicos

Corte: en la dirección del pelo, si es posible; usa alfileres finos

Costuras: en una tela tejida, sencillas rematadas con remalladora o costuras francesas; en una tela de punto, un sobrehilado de 4 hilos

Hilo: de poliéster multiusos

Agujas: de máquina, número 14; para coser a mano, una *straw* del número 9

Planchado: con vapor y paño de planchar de organza de seda

Se usa para: prendas deportivas, ropa de cama, pantalones, camisas

VISCOSA ECOLÓGICA

Se obtiene de celulosa de la madera de árboles regenerativos de crecimiento rápido. Absorbe bien la humedad, pero puede encoger con el lavado, por lo que se recomienda lavarla antes de cortar.

Corte: en una sola dirección solo si es estampada; tiende a resbalar, por lo que es mejor usar un cúter rotatorio en vez de tijeras

Costuras: sencillas, rematadas con un sobrehilado de 3 hilos o a punto de zigzag

Hilo: de poliéster multiusos

Agujas: de máquina, números 10/11, y con prensatelas andador para facilitar la costura; para coser a mano, una *sharp*

Planchado: a temperatura media y con paño de planchar

Se usa para: blusas, vestidos, faldas, chaquetas

RAMIO

Es un tejido resistente hecho de fibras de una variedad de ortiga, a menudo mezcladas con otras fibras como algodón, lana y seda. Es transpirable, de aspecto similar al lino y fresco. Resiste al encogido, pero se arruga con facilidad. También es resistente a las bacterias.

Corte: con los patrones en la misma dirección

Costuras: sencillas, rematadas con un sobrehilado de 3 hilos o a punto de zigzag

Hilo: de poliéster multiusos

Agujas: de máquina, número 14; para coser a mano, una *sharp*

Planchado: a alta temperatura y con paño de planchar

Se usa para: todo tipo de prendas

SATÉN DE POLIÉSTER RECICLADO

Aunque no está hecho de fibras naturales, el poliéster reciclado es una alternativa ecológica y menos derrochadora a los tejidos de poliéster puro. Se obtiene a partir de botellas de plástico recicladas, por lo que su fabricación requiere menos energía que la del poliéster puro. Tiene brillo por una cara y un acabado mate en la otra. De tacto suave y con una bonita caída, es duradero, pero menos que el poliéster puro.

Corte: en la misma dirección solo si es estampado

Costuras: sencillas, rematadas con un sobrehilado de 3 hilos o a punto de zigzag

Hilo: de poliéster multiusos

Agujas: de máquina, número 14; para coser a mano, una *sharp*

Planchado: con la plancha fría; se recomienda probar antes con un retal

Se usa para: blusas, vestidos, faldas, abrigos, chaquetas

CONSTRUCCIÓN DEL TEJIDO

La mayoría de las telas son tejidos de punto o de calada. Los de punto se construyen entrelazando hilos en mallas. Los de calada se obtienen entrecruzando en el telar dos series de hilos verticales, que forman la urdimbre, y horizontales, que constituyen la trama: la forma en que se cruzan unos con otros se llama ligamento y define los distintos dibujos que formará el hilo de la tela. También hay telas no tejidas, como el fieltro, compuesto por fibras minúsculas mezcladas y retorcidas, que después se conglomeran.

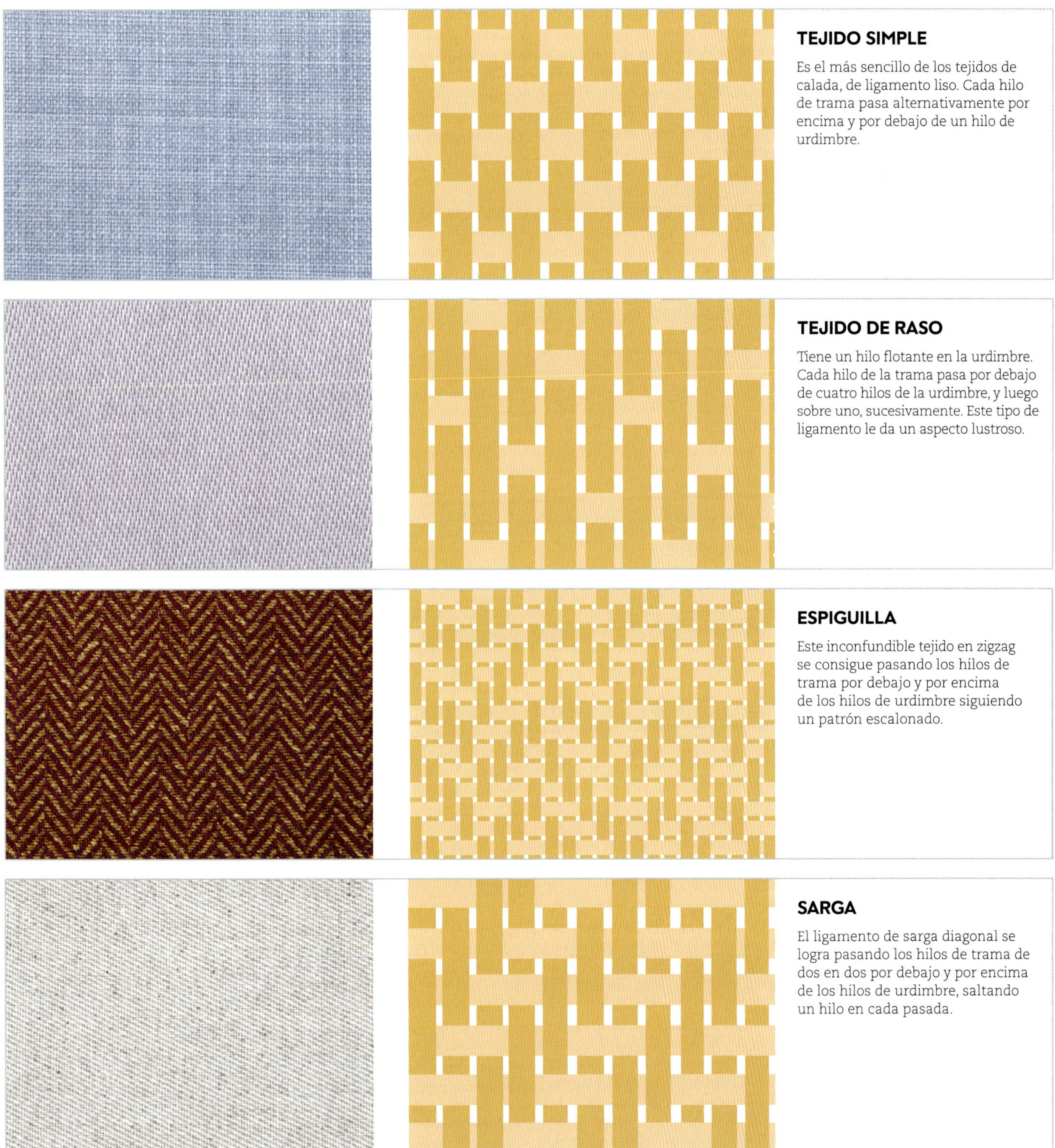

TEJIDO SIMPLE

Es el más sencillo de los tejidos de calada, de ligamento liso. Cada hilo de trama pasa alternativamente por encima y por debajo de un hilo de urdimbre.

TEJIDO DE RASO

Tiene un hilo flotante en la urdimbre. Cada hilo de la trama pasa por debajo de cuatro hilos de la urdimbre, y luego sobre uno, sucesivamente. Este tipo de ligamento le da un aspecto lustroso.

ESPIGUILLA

Este inconfundible tejido en zigzag se consigue pasando los hilos de trama por debajo y por encima de los hilos de urdimbre siguiendo un patrón escalonado.

SARGA

El ligamento de sarga diagonal se logra pasando los hilos de trama de dos en dos por debajo y por encima de los hilos de urdimbre, saltando un hilo en cada pasada.

Visos, entretelas, cintas y forros

Aunque visos, entretelas y forros se parecen, desempeñan funciones específicas distintas en la sastrería. A veces se combinan para crear la estructura necesaria para una prenda sastre, y es importante que entiendas la función de cada tejido y sepas cómo aplicarlos. Prueba siempre la entretela o el viso sobre algún retal de la tela elegida para la prenda antes de aplicarlos.

VISOS

Los visos son tejidos que se cosen al interior de la tela principal de una prenda antes de confeccionarla. Luego, las dos capas se tratan como si fuera una sola. El propósito del viso es estabilizar telas frágiles, ocultar los detalles internos de la confección o proporcionar estructura, y puede desempeñar una función vital en determinadas prendas de sastrería. Todas las telas que se muestran a continuación son ideales para visos y están hechas de fibras naturales.

CÓMO APLICAR VISOS

1 Coloca el viso sobre la tela.

2 Préndelo con alfileres en los bordes y plancha las dos capas juntas para alisar las telas.

3 Hilvana alrededor de los cantos, manteniendo las capas planas sobre la mesa en todo momento.

4 Si se trata de piezas grandes, es aconsejable añadir hilvanes oblicuos verticales.

MUSELINA

Es una tela de algodón 100 % de trama abierta. Lávala antes de usarla, porque puede encoger un poco. Es una buena base para las técnicas con entretelas de sastre.

Corte: al hilo; no es preciso colocar los patrones en la misma dirección

Costuras: como esta tela se monta sobre la tela principal, usa las costuras indicadas para esta última, pero normalmente usarás una costura sencilla planchada abierta; el remate dependerá de la prenda

Hilo: de poliéster multiusos

Aguja: de máquina, número 14; para coser a mano, una *straw* del número 9

Planchado: con plancha de vapor

Se usa para: viso de lanas, algodones y lino en faldas, chaquetas y vestidos ligeros

ORGANZA DE SEDA

La organza de seda (seda pura) es un viso excelente para dar forma y estructura sin añadir peso.

Corte: al hilo; no es preciso colocar los patrones en la misma dirección

Costuras: dependerán de la tela principal y del tipo de prenda, pero normalmente usarás una costura sencilla planchada abierta

Hilo: de poliéster multiusos

Aguja: de máquina, número 14; para coser a mano, una *straw* del número 9

Planchado: con plancha de vapor; puede que necesites un paño de planchar

Se usa para: viso de sedas o mezclas de seda, lana, *tweed* y lino en faldas, chaquetas y prendas para ocasiones especiales

BATISTA DE ALGODÓN

Tejido de algodón 100% con hilos finos de alta densidad, suave y duradero.

Corte: al hilo, no es preciso colocar los patrones en la misma dirección

Costuras: dependerán de la tela principal y del tipo de prenda, pero normalmente usarás una costura sencilla planchada abierta

Hilo: de poliéster multiusos

Aguja: de máquina, números 12/14; para coser a mano, una *straw* del número 9

Planchado: con plancha de vapor; puede que necesites un paño de planchar

Se usa para: viso de algodones y lino en prendas para ocasiones especiales, faldas, cuerpos y chaquetas

ENTRETELAS TERMOADHESIVAS

Las entretelas termoadhesivas son extraordinariamente útiles en algunas técnicas de sastrería y se usan para reforzar o dar cuerpo a la prenda. Córtalas siempre al hilo, porque todas ceden un poco de orillo a orillo. Hay tres tipos de entretela termoadhesiva: tejida, de punto y no tejida.

CÓMO APLICAR UNA ENTRETELA TERMOADHESIVA

1 Pon la tela sobre la superficie de planchado con el revés hacia arriba, estirada y sin arrugas.

2 Coloca encima la entretela con la parte que se pega (es algo áspera) hacia abajo.

3 Cúbrela con un paño de planchar seco y humedece este con un poco de agua vaporizada.

4 A continuación, coloca sobre el paño la plancha en una posición de vapor.

5 Apoya la plancha durante al menos 10 segundos antes de pasarla a otra parte de la entretela.

6 Enrolla la tela para comprobar si la entretela se ha pegado. Si sigue suelta en algunos sitios, repite el proceso de planchado.

7 El proceso de pegado habrá terminado una vez que la tela se haya enfriado. Entonces, vuelve a prender con alfileres los patrones a la tela y transfiere las marcas del patrón de la manera indicada.

ENTRETELAS TERMOADHESIVAS TEJIDAS

TERMOADHESIVA CON INSERCIÓN DE TRAMA

Es una entretela con un hilo de trama dominante que se usa específicamente en sastrería. Elimina todos los márgenes de costura antes de aplicarla.

Corte: córtala siempre en la misma dirección del hilo que la pieza del patrón y elimina los márgenes de costura y las pinzas

Planchado: apoya la plancha durante 12 segundos para que se adhiera

Se usa para: delanteros de abrigos y chaquetas, solapas y cinturillas

TERMOADHESIVA DE TELA LIGERA

Es una entretela muy fina, hecha con poliéster.

Corte: córtala siempre en la misma dirección del hilo que la pieza del patrón y elimina los márgenes de costura y las pinzas

Planchado: apoya la plancha en una posición de vapor y sobre un paño de planchar durante 8–10 segundos para que se adhiera

Se usa para: telas finas como chifón, *georgette*, viscosa o batista, a las que reforzará sin añadir apenas peso; se puede usar para reforzar *tweeds* de trama abierta; también se usa en chaquetas y abrigos sastre

TERMOADHESIVA DE ALGODÓN LIGERA

Es una entretela muy liviana.

Corte: córtala siempre en la misma dirección del hilo que la pieza del patrón y elimina los márgenes de costura y las pinzas

Planchado: apoya la plancha en una posición de vapor y sobre un paño de planchar durante 10–12 segundos para que se adhiera

Se usa para: dar más cuerpo y refuerzo donde sea necesario, porque pesa algo más que la de tela ligera, así como en piezas pequeñas, como cuellos y puños; úsala con algodón, lino y poliéster; se usa mucho en prendas para ocasiones especiales

TERMOADHESIVA DE ALGODÓN INTERMEDIA

Es una entretela más pesada que la anterior. Puede ser aterciopelada al tacto.

Corte: córtala siempre en la misma dirección del hilo que la pieza del patrón y elimina los márgenes de costura y las pinzas

Planchado: apoya la plancha en una posición de vapor y sobre un paño de planchar durante 12 segundos para que se adhiera

Se usa para: piezas pequeñas, como puños, así como en chaquetas y abrigos; aplícala sobre telas intermedias o pesadas, como la lana para trajes o el *tweed*

TERMOADHESIVA DE TELA DE POLIÉSTER PESADA

Es una entretela termoadhesiva de poliéster con una trama muy característica.

Corte: córtala siempre en la misma dirección del hilo que la pieza del patrón y elimina los márgenes de costura y las pinzas

Planchado: apoya la plancha en una posición de vapor y sobre un paño de planchar durante 8 segundos para que se adhiera

Se usa para: zonas pequeñas y delanteros de chaquetas sastre; aplícala sobre lana, *tweed*, telas gruesas para trajes, telas acrílicas y poliéster; se usa mucho en prendas *prêt-à-porter*

ENTRETELA DE SASTRE TERMOADHESIVA

Es la versión termoadhesiva de la entretela de sastre de picar. El contenido de fibras incluirá algo de lana o de algodón.

Corte: al hilo o como la chaqueta requiera

Planchado: apoya la plancha en una posición de vapor y sobre un paño de planchar durante 12 segundos para que se adhiera

Se usa para: delanteros de chaqueta; se usa mucho en prendas *prêt-à-porter*

ENTRETELAS TERMOADHESIVAS DE PUNTO

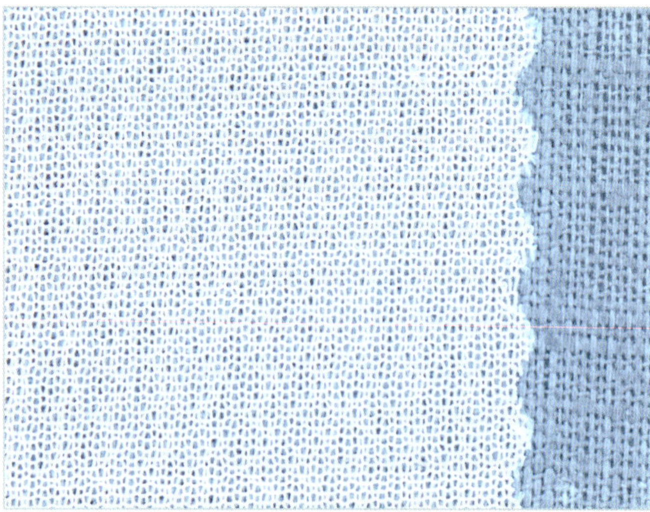

TERMOADHESIVA DE PUNTO ELÁSTICA

Es una entretela de tejido de punto fina, muy elástica de orillo a orillo.

Corte: córtala siempre al hilo, de modo que se estire envolviendo al cuerpo

Planchado: apoya la plancha en una posición de vapor y sobre un paño de planchar durante 8–10 segundos para que se adhiera

Se usa para: es ideal para tejidos elásticos; úsala también en *tweeds* de trama abierta y para reforzar áreas grandes en chaquetas y abrigos

ENTRETELAS TERMOADHESIVAS NO TEJIDAS

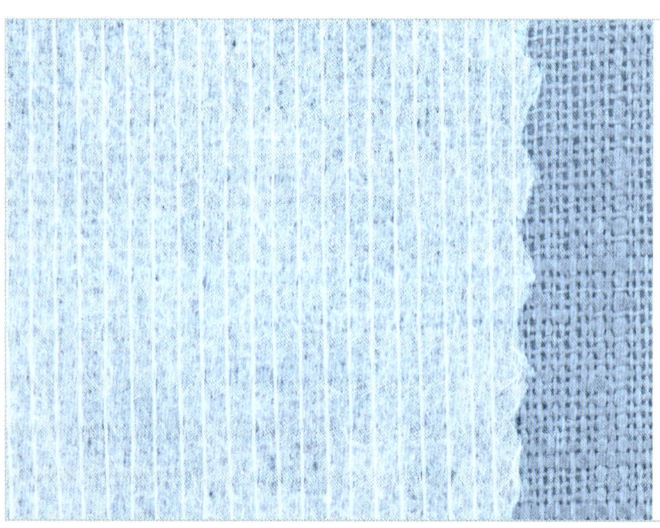

CON COSTURAS DE REFUERZO

Es una entretela no tejida con costuras longitudinales paralelas al orillo.

Corte: al hilo o como requiera el patrón; elimina los márgenes de costura y las pinzas para reducir el volumen en las costuras

Planchado: apoya la plancha en una posición de vapor y sobre un paño de planchar durante 12 segundos para que se adhiera

Se usa para: está específicamente diseñada para la sastrería: úsala con cualquier tela adecuada para chaquetas o abrigos

LIGERA

Es una entretela no tejida liviana y semitransparente.

Corte: al hilo

Planchado: apoya la plancha en una posición de vapor y sobre un paño de planchar durante 8–10 segundos para que se adhiera

Se usa para: piezas pequeñas, como cinturillas ajustadas, centros de delantero y puños, y en telas ligeras, como batista de algodón, viscosa, seda y poliéster

INTERMEDIA

Es una entretela no tejida algo más densa que la ligera.

Corte: al hilo

Planchado: apoya la plancha en una posición de vapor y sobre un paño de planchar durante 8–10 segundos para que se adhiera

Se usa para: áreas pequeñas, como cuellos, puños y cinturillas, y en telas de algodón, de algodón y poliéster, tejidos de sarga, lana ligera y lino

PESADA

Es una entretela no tejida más gruesa, en la que los puntos adhesivos son más visibles.

Corte: al hilo

Planchado: apoya la plancha en una posición de vapor y sobre un paño de planchar durante 10–12 segundos para que se adhiera

Se usa para: áreas pequeñas, como cuellos, puños, cinturillas y dobladillos de pantalón, y en lana, *tweed* y lino

FIELTRO TERMOADHESIVO PARA PLASTRÓN

Es un tejido de fieltro punzonado, fabricado con una combinación de fibras.

Corte: al hilo o según las instrucciones del patrón

Planchado: apoya la plancha en una posición de vapor y sobre un paño de planchar durante 12 segundos para que se adhiera

Se usa para: delanteros de chaquetas y abrigos para formar el plastrón

ENTRETELAS NO ADHESIVAS

En sastrería se utilizan entretelas que se cosen a la tela principal mediante la técnica del picado. Contienen fibras naturales, por lo que se pueden moldear para conseguir la forma deseada.

CÓMO APLICAR UNA ENTRETELA NO ADHESIVA

1 Pon la entretela sobre el revés del tejido, alineando los cantos.

2 Préndela con alfileres.

3 Une la entretela a la tela o a una vista con un hilván a 1 cm del canto, dentro del margen de costura.

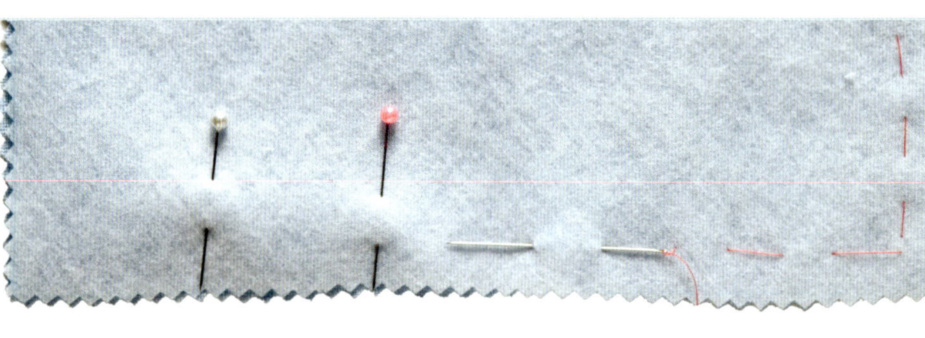

ENTRETELA DE SASTRE LIGERA/INTERMEDIA/PESADA

La entretela de sastre, o de picar, existe en distintos grosores, que se adaptan a cualquier tejido o estilo de trajes o abrigos. Elige siempre una entretela más ligera que la tela principal.

Corte: al hilo o como indique el patrón

Costuras: costuras solapadas

Hilo: de poliéster multiusos

Aguja: una *straw* o una *between*

Planchado: moldéala con la plancha en posición de vapor sobre un medio queso

Se usa para: moldear, dar estructura y reforzar chaquetas y abrigos sastre; se usa en plastrones y en hombros flotantes; también se puede usar en bajos y cinturillas

GUATA PARA PLASTRÓN

Tela tejida cepillada y suave, hecha con varias fibras, también llamada *domette*.

Corte: en la misma dirección del hilo que la pieza del patrón

Hilo: de poliéster multiusos

Aguja: de máquina, número 14; para coser a mano, una *straw* o una *between*

Planchado: con plancha de vapor

Se usa para: plastrones de chaquetas y abrigos; también se puede usar en la corona de las mangas

GUATA DE PUNTO

También conocida como «lana de hielo», es un tejido de punto muy abierto.

Corte: en la misma dirección del hilo que la pieza del patrón

Planchado: con mucho cuidado, para no estirarla

Se usa para: sobre todo para plastrones y coronas de mangas; también se puede usar como viso, para abrigar

CINTAS

En sastrería se usan muchas cintas para lograr bordes pulcros. Algunas son termoadhesivas y otras no. Son imprescindibles en dobladillos y para reforzar costuras. También dotan de estabilidad a la prenda y evitan que dé de sí.

CINTAS TERMOADHESIVAS

CINTA AL HILO

Cinta cortada al hilo de 2 cm de ancho. Aplícala sobre los cantos de delanteros y hombros, para evitar que se estiren. Para aplicarla en bordes curvos, haz una serie de cortes transversales y pequeños pliegues.

CINTA AL BIES

Cinta cortada al bies de 12 mm de ancho, con una costura de refuerzo a punto de cadeneta a 8 mm del canto. Aplícala con una plancha de vapor y un paño de planchar durante 8 segundos, de modo que la costura quede sobre la línea de costura de la prenda y la parte de 8 mm de la cinta esté en el margen de costura.

CINTA PARA CINTURILLA

Cinta termoadhesiva con cortes que permite montar una cinturilla de 2,5 cm. Aplícala durante 10 segundos con una plancha de vapor y un paño de planchar de modo que el centro de la cinta coincida con el centro de la tela de la cinturilla.

CINTAS NO ADHESIVAS

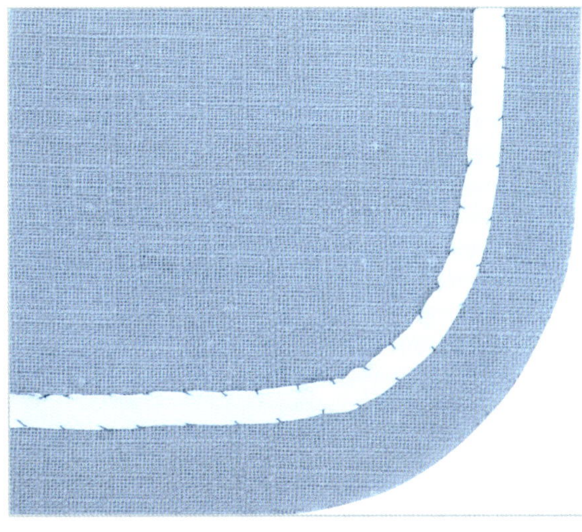

CINTA DE ALGODÓN

Cinta de algodón de 6 mm que no se estira. Cósela a mano por ambos lados junto a la línea de costura para conseguir un borde limpio y definido, y evitar que la tela se estire. Moldea con la plancha la cinta en torno a las curvas antes de aplicarla.

CINTA TALONERA

Cinta tejida de poliéster con un borde acabado estrecho. Se cose en el borde del dobladillo de los pantalones para evitar el desgaste por el roce con el calzado.

FORROS

El forro se añade a las prendas para ocultar los detalles de confección internos. También hace que resulte más fácil ponerse una prenda, aumenta su durabilidad y ayuda a evitar las arrugas. La mayoría de los forros son satinados, por lo que se deslizan sobre el cuerpo. Elige un forro que contenga fibras naturales, porque será más cómodo.

FORRO DE ACETATO

Un forro de tafetán de acetato será transpirable, ya que está fabricado con una fibra derivada de la celulosa.

Corte: al hilo

Costuras: costura sencilla rematada con remalladora

Hilo: de poliéster multiusos

Aguja: de máquina, números 12/14; para coser a mano, una *sharp* o una *straw*

Planchado: con cuidado y con la plancha en la posición de 2 puntos, porque el calor puede arrugar la tela

Se usa para: forrar faldas, vestidos, chaquetas y abrigos

FORROS PARA CHAQUETAS O ABRIGOS

Existen forros específicamente concebidos para abrigos y chaquetas sastre. Con frecuencia son de un tejido de sarga con un hilo más grueso.

Corte: al hilo

Costuras: costura sencilla rematada con remalladora

Hilo: de poliéster multiusos

Aguja: de máquina, número 14; para coser a mano, una *sharp* o una *between*

Planchado: con cuidado y con la plancha en la posición de 2 puntos, porque el calor puede arrugar la tela

Se usa para: forrar chaquetas y abrigos; suelen ser demasiado pesados para las faldas

FORRO DE JACQUARD

Es un forro decorativo, ya que se trata de un tejido con dibujo, que suele ser floral o de cachemir. Puede tener hilos de distintos colores.

Corte: al hilo, prestando atención a todas las direcciones de la tela

Costuras: costura sencilla rematada con remalladora

Hilo: de poliéster multiusos

Aguja: de máquina, número 14; para coser a mano, una *sharp* o una *between*

Planchado: con cuidado y con la plancha en la posición de 2 puntos, porque el calor puede arrugar la tela

Se usa para: forrar chaquetas y abrigos

Patrones y corte

Hoy en día se pueden obtener patrones de muchas maneras, descargándolos directamente de internet o comprándolos en tiendas físicas. Prueba siempre el patrón elegido confeccionando una prenda, llamada glasilla, en percal. Perfeccionar las técnicas de corte te garantizará que las piezas del patrón se ajusten correctamente y que la prenda siente bien.

Leer los patrones

Los patrones de papel comerciales para confeccionar prendas concretas constan de tres partes: el sobre, las láminas con el dibujo de las piezas impreso y las instrucciones. El sobre suele llevar una ilustración del modelo que se puede realizar con su contenido, así como sugerencias de telas y otros requisitos. Las láminas se suelen imprimir en papel de seda y contienen mucha información, mientras que las instrucciones explican cómo confeccionar la prenda.

LEER EL SOBRE DEL PATRÓN

En la parte anterior del sobre figura una ilustración, que puede ser un sencillo dibujo o una fotografía, de la prenda que puedes confeccionar con el patrón y, a veces, de diferentes versiones. En el dorso del sobre aparece otra ilustración de la prenda vista también de espaldas, junto con una tabla de las medidas estándar del cuerpo para las tallas del patrón y otra tabla que te ayudará a calcular la cantidad exacta de tela que deberás comprar para cada versión. Aquí hallarás también sugerencias de telas apropiadas, así como las guarniciones (artículos de mercería o fornituras), es decir, todos los complementos y detalles que necesitarás para completar la prenda.

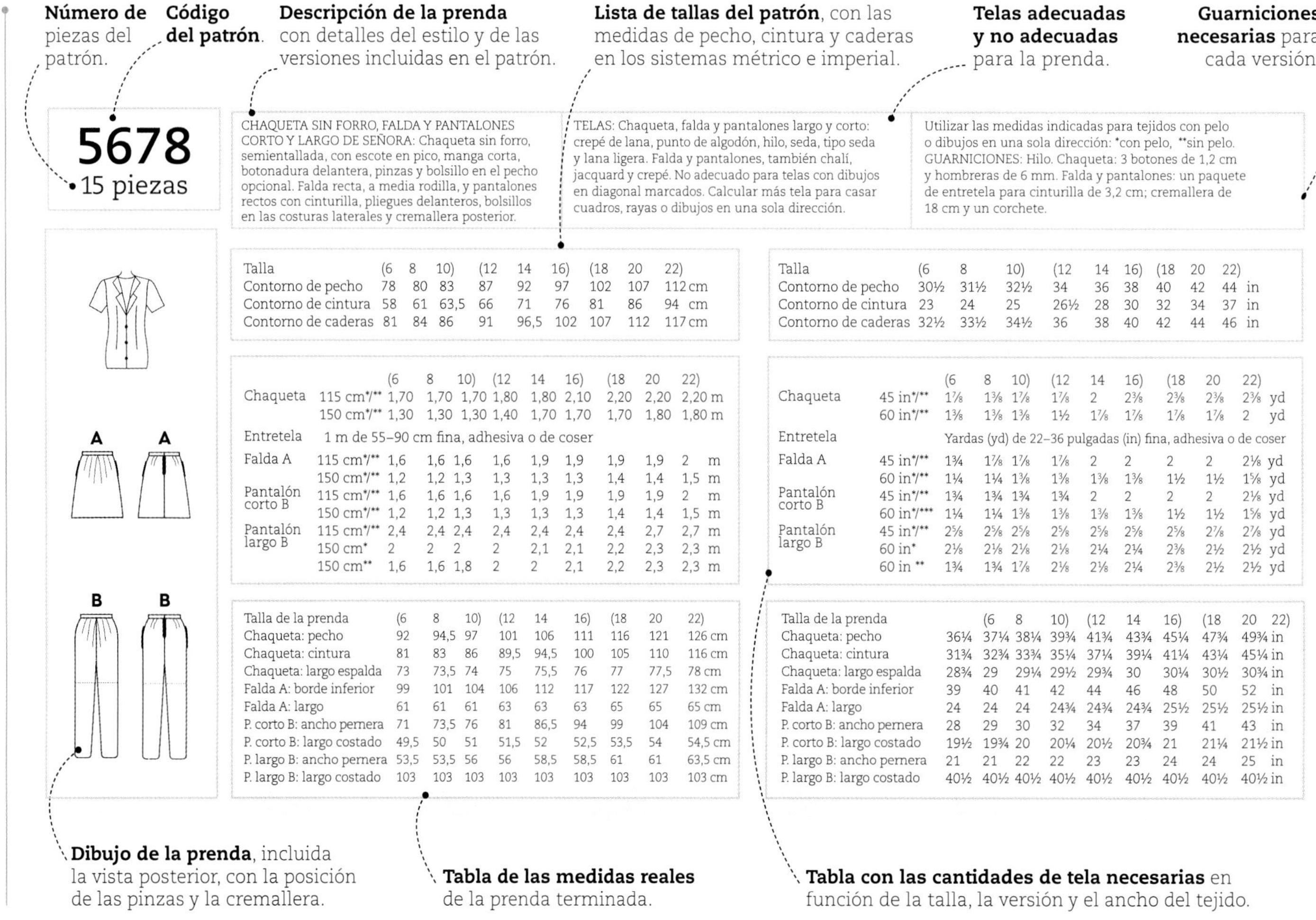

CHAQUETA SIN FORRO, FALDA Y PANTALONES CORTO Y LARGO DE SEÑORA: Chaqueta sin forro, semientallada, con escote en pico, manga corta, botonadura delantera, pinzas y bolsillo en el pecho opcional. Falda recta, a media rodilla, y pantalones rectos con cinturilla, pliegues delanteros, bolsillos en las costuras laterales y cremallera posterior.

TELAS: Chaqueta, falda y pantalones largo y corto: crepé de lana, punto de algodón, hilo, seda, tipo seda y lana ligera. Falda y pantalones, también chalí, jacquard y crepé. No adecuado para telas con dibujos en diagonal marcados. Calcular más tela para casar cuadros, rayas o dibujos en una sola dirección.

Utilizar las medidas indicadas para tejidos con pelo o dibujos en una sola dirección: *con pelo, **sin pelo. GUARNICIONES: Hilo. Chaqueta: 3 botones de 1,2 cm y hombreras de 6 mm. Falda y pantalones: un paquete de entretela para cinturilla de 3,2 cm; cremallera de 18 cm y un corchete.

Talla	(6	8	10)	(12	14	16)	(18	20	22)	
Contorno de pecho	78	80	83	87	92	97	102	107	112	cm
Contorno de cintura	58	61	63,5	66	71	76	81	86	94	cm
Contorno de caderas	81	84	86	91	96,5	102	107	112	117	cm

Talla	(6	8	10)	(12	14	16)	(18	20	22)	
Contorno de pecho	30½	31½	32½	34	36	38	40	42	44	in
Contorno de cintura	23	24	25	26½	28	30	32	34	37	in
Contorno de caderas	32½	33½	34½	36	38	40	42	44	46	in

		(6	8	10)	(12	14	16)	(18	20	22)	
Chaqueta	115 cm*/**	1,70	1,70	1,70	1,80	1,80	2,10	2,20	2,20	2,20	m
	150 cm*/**	1,30	1,30	1,30	1,40	1,70	1,70	1,70	1,80	1,80	m
Entretela	1 m de 55–90 cm fina, adhesiva o de coser										
Falda A	115 cm*/**	1,6	1,6	1,6	1,6	1,9	1,9	1,9	1,9	2	m
	150 cm*/**	1,2	1,2	1,3	1,3	1,3	1,3	1,4	1,4	1,5	m
Pantalón corto B	115 cm*/**	1,6	1,6	1,6	1,6	1,9	1,9	1,9	1,9	2	m
	150 cm*/**	1,2	1,2	1,3	1,3	1,3	1,3	1,4	1,4	1,5	m
Pantalón largo B	115 cm*/**	2,4	2,4	2,4	2,4	2,4	2,4	2,4	2,7	2,7	m
	150 cm*	2	2	2	2	2,1	2,1	2,2	2,3	2,3	m
	150 cm**	1,6	1,6	1,8	2	2	2,1	2,2	2,3	2,3	m

		(6	8	10)	(12	14	16)	(18	20	22)	
Chaqueta	45 in*/**	1⅞	1⅜	1⅞	1⅞	2	2⅜	2⅜	2⅜	2⅜	yd
	60 in*/**	1⅜	1⅜	1⅜	1½	1⅞	1⅞	1⅞	1⅞	2	yd
Entretela	Yardas (yd) de 22–36 pulgadas (in) fina, adhesiva o de coser										
Falda A	45 in*/**	1¾	1⅞	1⅞	1⅞	2	2	2	2	2⅛	yd
	60 in*/**	1¼	1¼	1⅜	1⅜	1⅜	1⅜	1½	1½	1⅝	yd
Pantalón corto B	45 in*/**	1¾	1¾	1¾	1¾	2	2	2	2	2⅛	yd
	60 in*/***	1¼	1¼	1⅜	1⅜	1⅜	1⅜	1½	1½	1⅝	yd
Pantalón largo B	45 in*/**	2⅝	2⅝	2⅝	2⅝	2⅝	2⅝	2⅝	2⅞	2⅞	yd
	60 in*	2⅛	2⅛	2⅛	2⅛	2¼	2¼	2⅜	2½	2½	yd
	60 in **	1¾	1¾	1⅞	2⅛	2⅛	2¼	2⅜	2½	2½	yd

Talla de la prenda	(6	8	10)	(12	14	16)	(18	20	22)	
Chaqueta: pecho	92	94,5	97	101	106	111	116	121	126	cm
Chaqueta: cintura	81	83	86	89,5	94,5	100	105	110	116	cm
Chaqueta: largo espalda	73	73,5	74	75	75,5	76	77	77,5	78	cm
Falda A: borde inferior	99	101	104	106	112	117	122	127	132	cm
Falda A: largo	61	61	61	63	63	63	65	65	65	cm
P. corto B: ancho pernera	71	73,5	76	81	86,5	94	99	104	109	cm
P. corto B: largo costado	49,5	50	51	51,5	52	52,5	53,5	54	54,5	cm
P. largo B: ancho pernera	53,5	53,5	56	56	58,5	58,5	61	61	63,5	cm
P. largo B: largo costado	103	103	103	103	103	103	103	103	103	cm

Talla de la prenda	(6	8	10)	(12	14	16)	(18	20	22)	
Chaqueta: pecho	36¼	37¼	38¼	39¾	41¾	43¾	45¼	47¾	49¾	in
Chaqueta: cintura	31¾	32¾	33¾	35¼	37¼	39¼	41¼	43¼	45¼	in
Chaqueta: largo espalda	28¾	29	29¼	29½	29¾	30	30¼	30½	30¾	in
Falda A: borde inferior	39	40	41	42	44	46	48	50	52	in
Falda A: largo	24	24	24	24¾	24¾	24¾	25½	25½	25½	in
P. corto B: ancho pernera	28	29	30	32	34	37	39	41	43	in
P. corto B: largo costado	19½	19¾	20	20¼	20½	20¾	21	21¼	21½	in
P. largo B: ancho pernera	21	21	22	22	23	23	24	24	25	in
P. largo B: largo costado	40½	40½	40½	40½	40½	40½	40½	40½	40½	in

PATRONES DE UNA TALLA

Si usa un patrón que solo sirve para confeccionar una prenda de una talla concreta, corte el papel por la línea negra gruesa antes de hacer alguna modificación.

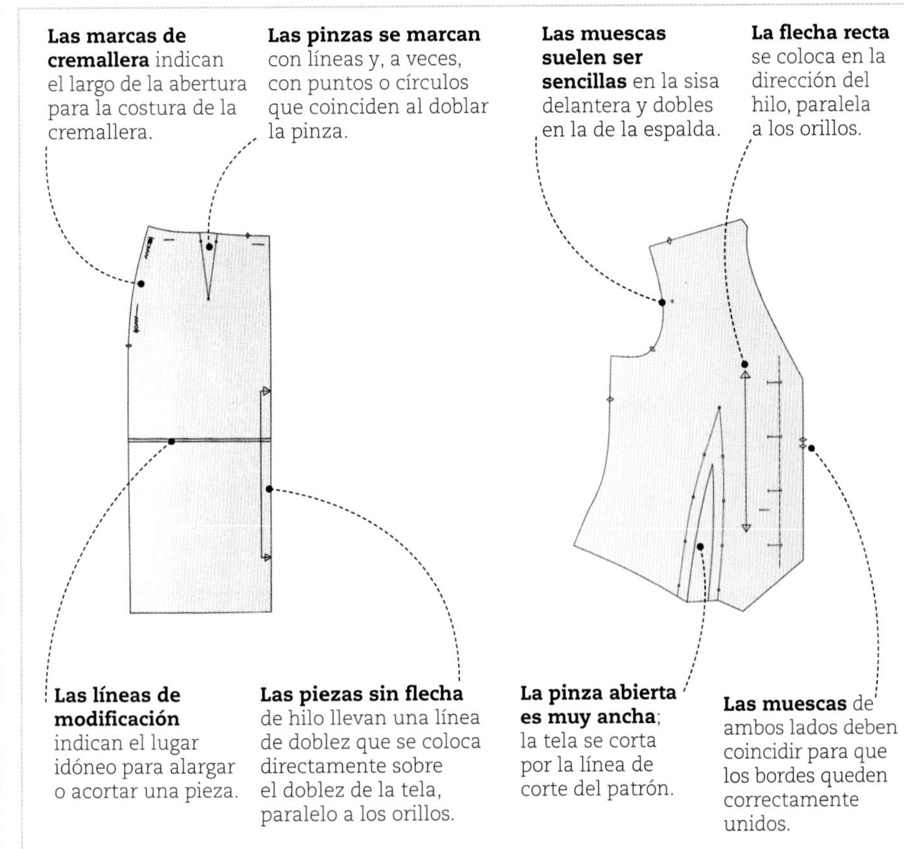

PATRONES MULTITALLA

Hoy muchos patrones llevan impresas varias tallas. Cada talla va etiquetada y las líneas de corte correspondientes están dibujadas con distintos tipos de trazo en cada pieza.

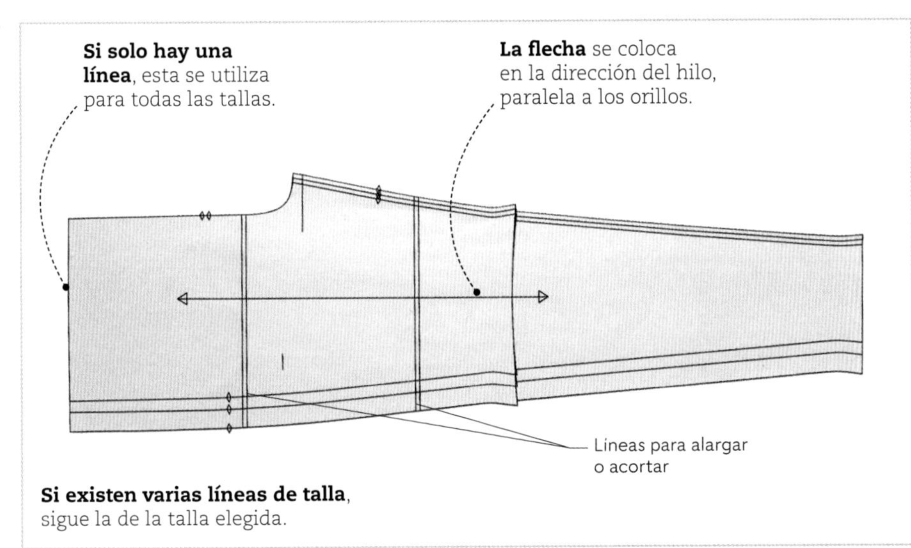

MARCAS DEL PATRÓN

Las líneas, puntos y otros símbolos impresos en el patrón ayudan a modificar y a unir las diferentes piezas. Estas marcas son universales y se utilizan en la mayoría de los patrones de papel.

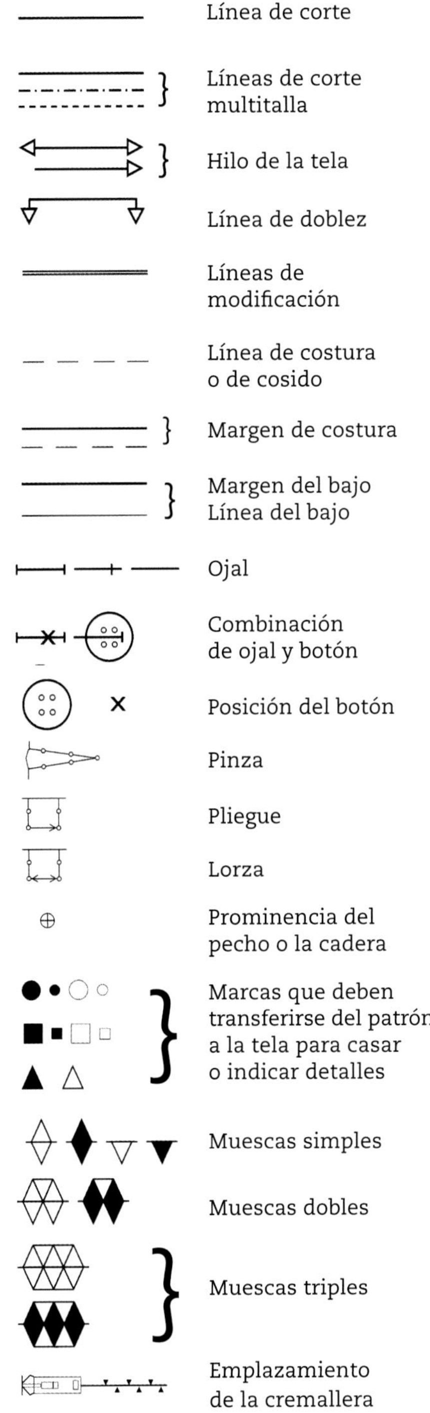

Tomar las medidas

Para elegir la talla adecuada y saber si necesita hacer alguna modificación es fundamental tomar las medidas del cuerpo correctamente y compararlas con las del patrón. Las tallas de los patrones se escogen habitualmente en función de las medidas de contorno de pecho (para las prendas superiores) y de caderas (para las prendas inferiores). Si se trata de un vestido, la referencia debe ser la medida mayor.

CÓMO TOMAR LAS MEDIDAS

- Se necesita una cinta métrica y una regla, y para algunas medidas, un ayudante y una silla o un taburete rígido y estable.
- Hay que llevar ropa ajustada, como leotardos o mallas.
- La persona debe estar descalza.

CÓMO MEDIR LA ALTURA

La mayoría de los patrones de papel están diseñados para una estatura media o estándar, de unos 1,65 m de altura para las mujeres y de unos 1,78 m de altura para los hombres. Si la persona es más baja o más alta, es probable que haya que modificar el patrón antes de cortar la tela.

1 Quítate los zapatos.

2 En pie, apóyate en la pared con la espalda bien recta.

3 Coloca una regla plana sobre la cabeza, tocando la pared, y haz una marca en esta en el punto exacto en que la toque.

4 Sepárate de la pared y mide la distancia desde el suelo hasta la marca.

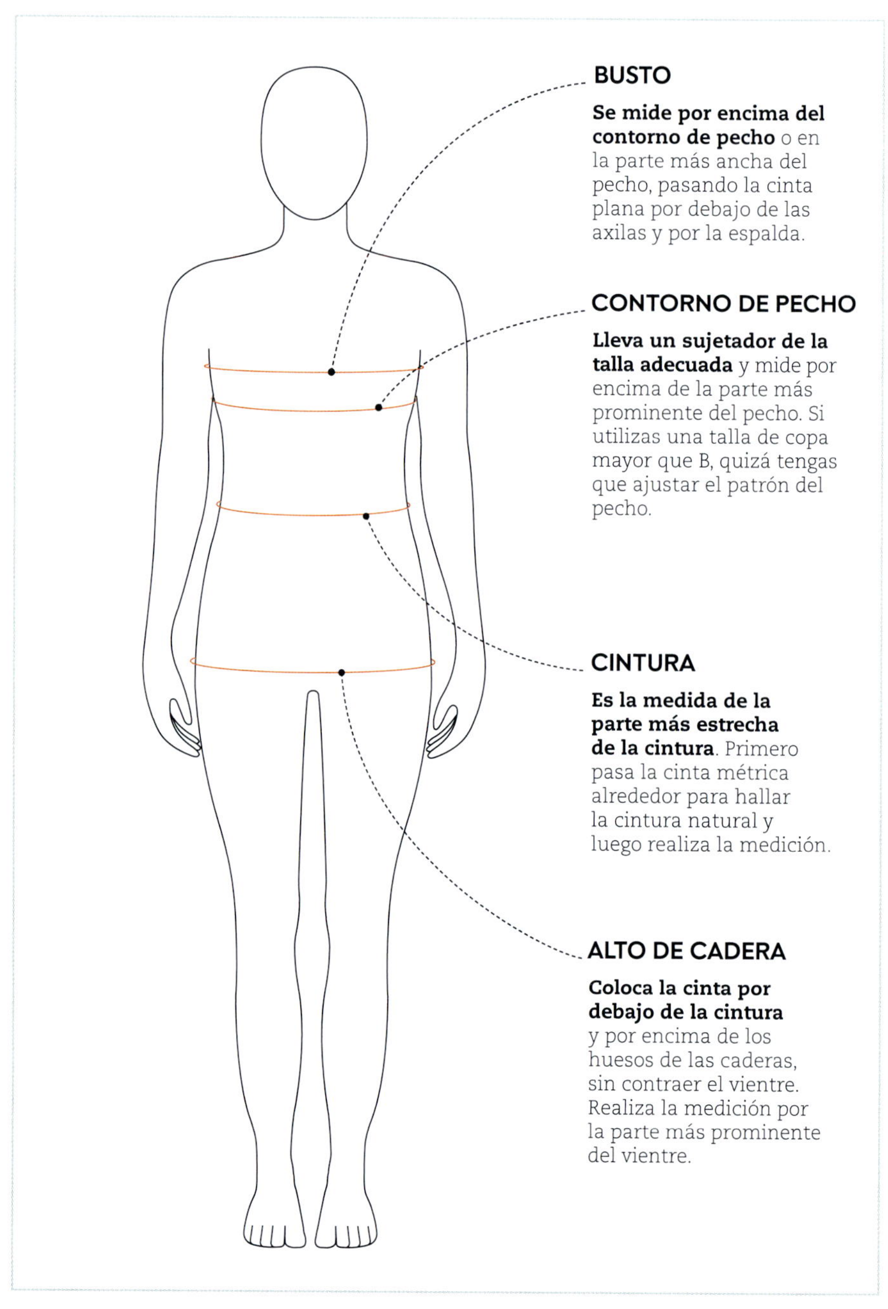

BUSTO

Se mide por encima del contorno de pecho o en la parte más ancha del pecho, pasando la cinta plana por debajo de las axilas y por la espalda.

CONTORNO DE PECHO

Lleva un sujetador de la talla adecuada y mide por encima de la parte más prominente del pecho. Si utilizas una talla de copa mayor que B, quizá tengas que ajustar el patrón del pecho.

CINTURA

Es la medida de la parte más estrecha de la cintura. Primero pasa la cinta métrica alrededor para hallar la cintura natural y luego realiza la medición.

ALTO DE CADERA

Coloca la cinta por debajo de la cintura y por encima de los huesos de las caderas, sin contraer el vientre. Realiza la medición por la parte más prominente del vientre.

ANCHO DE HOMBRO

Sujeta el extremo de la cinta sobre la base del cuello y mide hasta el borde del hombro, en el punto en que se forma un hoyito al levantar ligeramente el brazo.

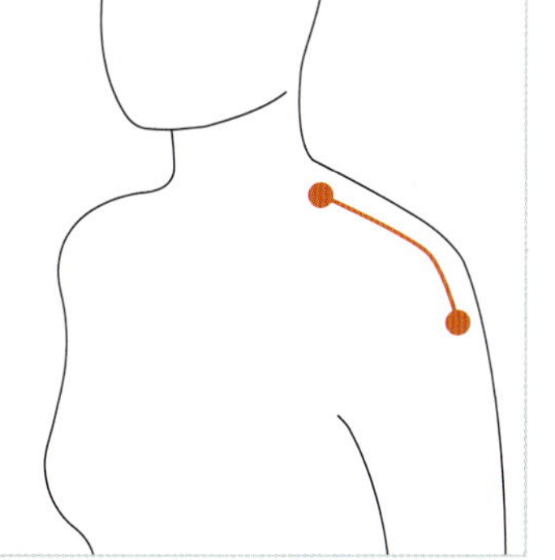

CUELLO

Mide alrededor de la base del cuello (ciñéndolo, pero no demasiado) para determinar la talla de cuello.

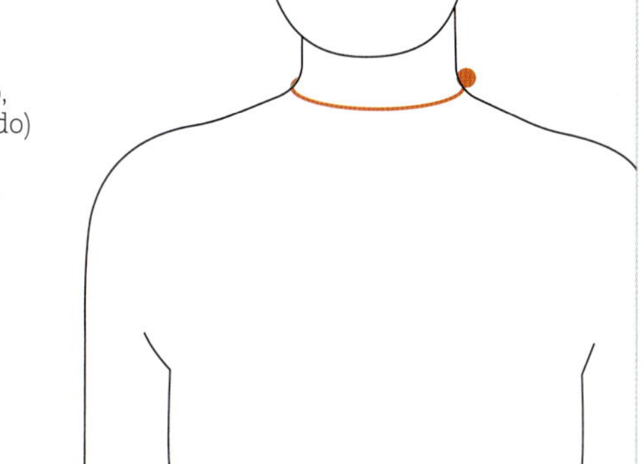

BRAZO

Dobla el codo y apoya la mano en la cadera. Mide desde el final del hombro hasta la muñeca, pasando por encima del codo.

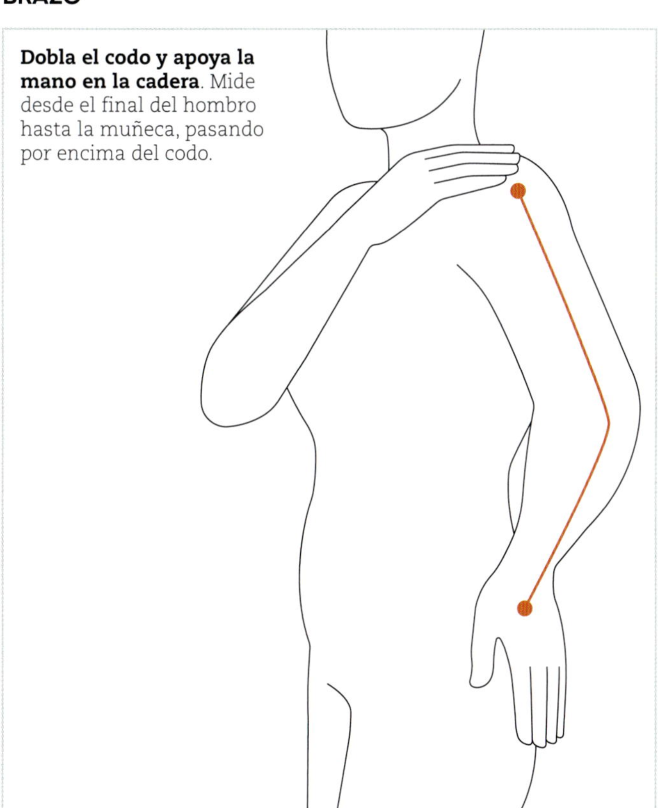

LARGO DE ESPALDA

Mide por el centro de la espalda, desde la vértebra prominente de la parte superior de la columna, en línea con los hombros, hasta la cintura.

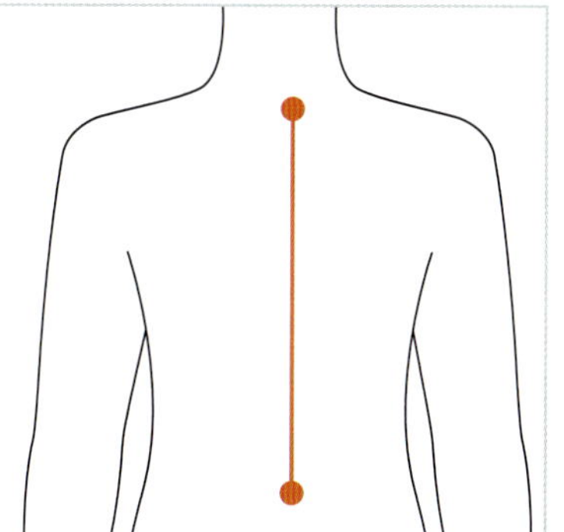

PIERNA (EXTERIOR)

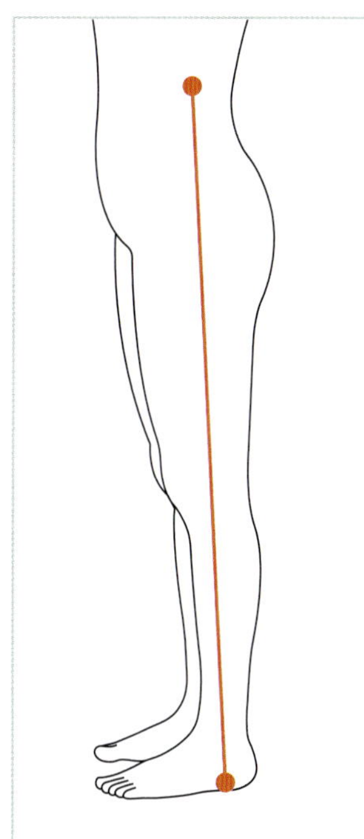

Mide el lado exterior de la pierna desde la cintura hasta el hueso del tobillo, por encima de la cadera.

PIERNA (INTERIOR)

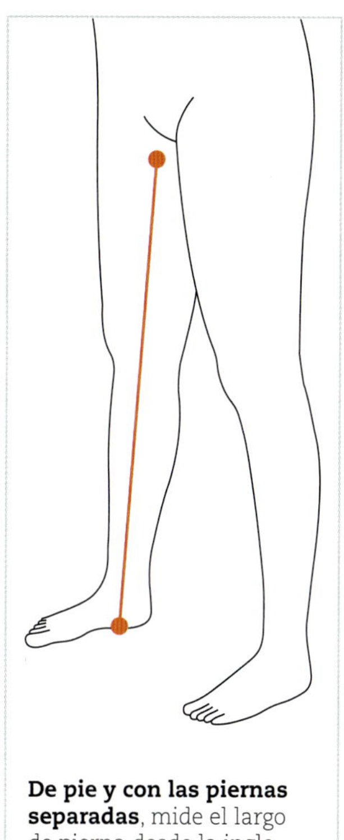

De pie y con las piernas separadas, mide el largo de pierna desde la ingle hasta el hueso del tobillo.

ALTURA DE TIRO

Siéntate con la espalda recta en una silla o un taburete estables y de asiento rígido, y mide verticalmente de la cintura al asiento.

Modificar patrones

Lo más probable es que las medidas no coincidan exactamente con las de la talla escogida, por lo que se deberá rectificar el patrón para adaptarlo a la figura. Aquí se muestra cómo alargar y acortar los patrones, y hacer modificaciones específicas en pecho, cintura y caderas, hombros y espalda, y mangas y pantalones.

EQUIPO

- **Además de tijeras, alfileres y cinta adhesiva**, se necesita lápiz, goma de borrar, una regla graduada y, quizá, una escuadra. Para algunas modificaciones, también se requiere papel de patronaje.
- **Una vez sujeto el papel al patrón con alfileres o cinta adhesiva**, se vuelven a trazar las líneas. Recortar el sobrante antes de prender al tejido las piezas del patrón modificadas y cortarlas.

ADAPTACIONES DE PATRONES MULTITALLA

Los patrones multitalla tienen muchas ventajas, ya que se pueden cortar por diferentes líneas de talla según las medidas de distintas partes del cuerpo. Por ejemplo, se pueden combinar tallas para ajustarse a unas caderas más anchas o a una cintura más estrecha.

AJUSTAR UN PATRÓN INDIVIDUAL

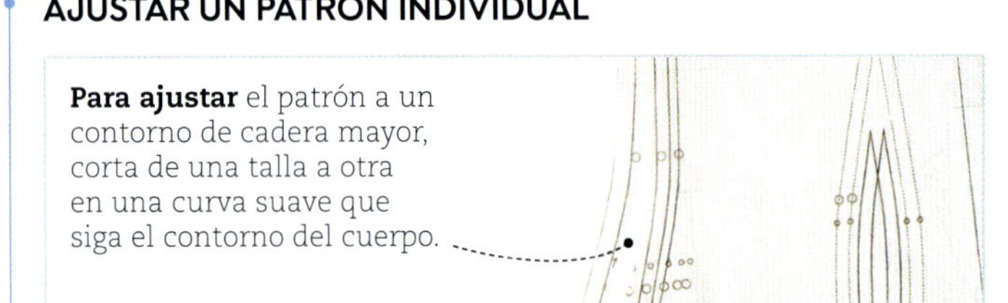

ENTRE DOS TALLAS

ALARGAR Y ACORTAR PATRONES

Si la estatura es mayor o menor, o las medidas de los brazos o piernas no coinciden con las del patrón, se deben hacer modificaciones antes de cortar la tela. Para ello, las piezas del patrón llevan unas líneas impresas que indican los mejores sitios para hacer los ajustes. No obstante, se debe comparar la forma de su cuerpo con el patrón. Hay que modificar en la misma medida y en los mismos puntos el delantero y la espalda, y comprobar el largo final.

MANGA AJUSTADA

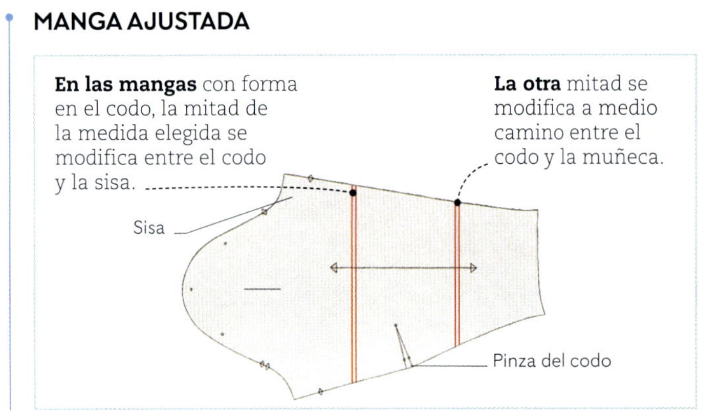

MANGA RECTA

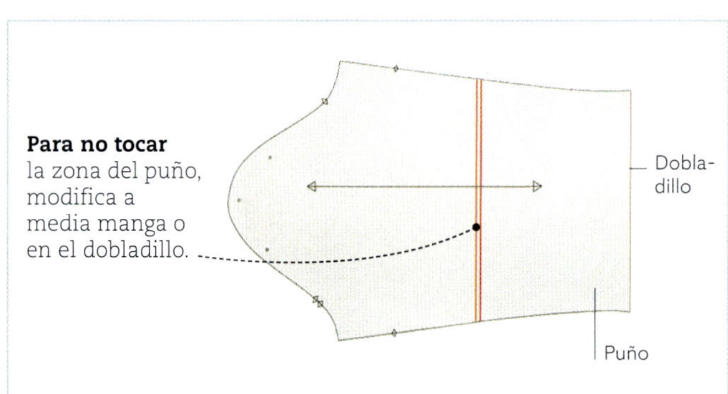

CUERPO

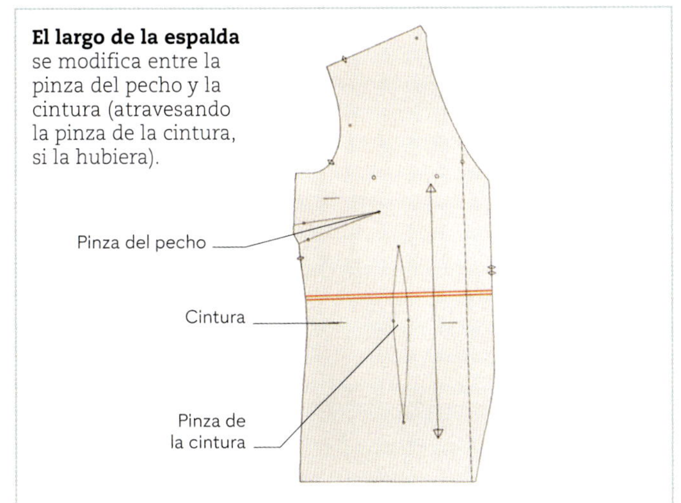

FALDA RECTA

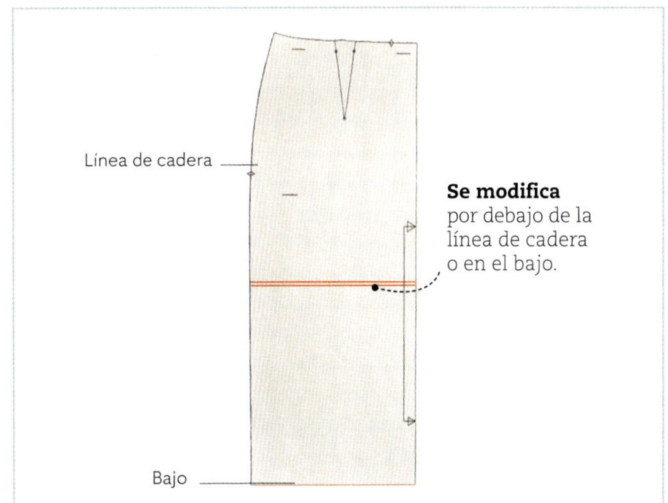

PANTALÓN LARGO AJUSTADO

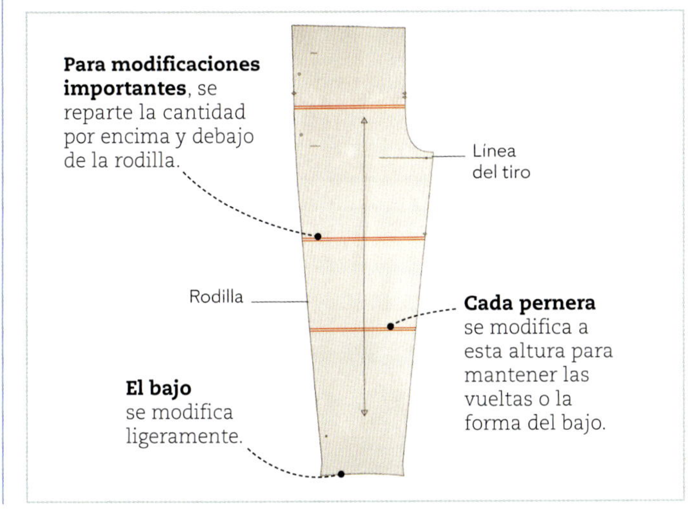

PANTALÓN LARGO RECTO

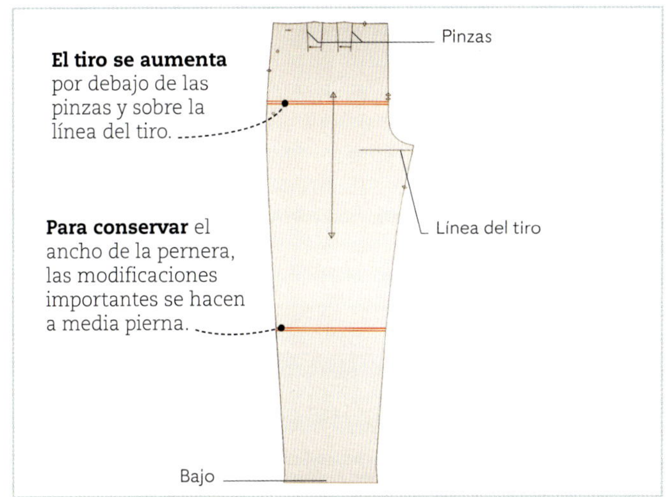

CÓMO ALARGAR UNA PIEZA DEL PATRÓN

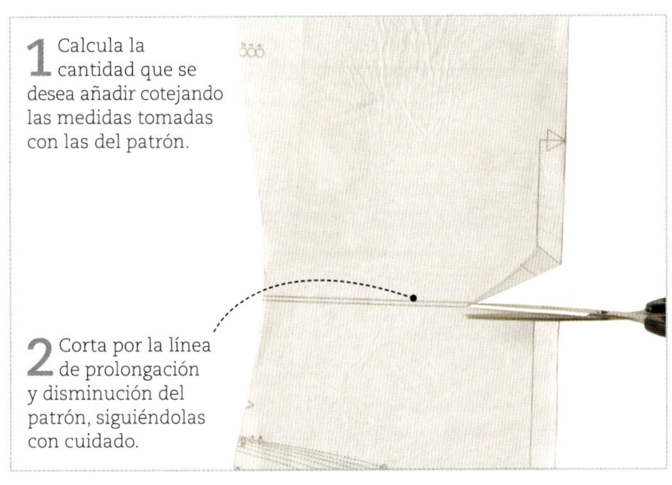

1 Calcula la cantidad que se desea añadir cotejando las medidas tomadas con las del patrón.

2 Corta por la línea de prolongación y disminución del patrón, siguiéndolas con cuidado.

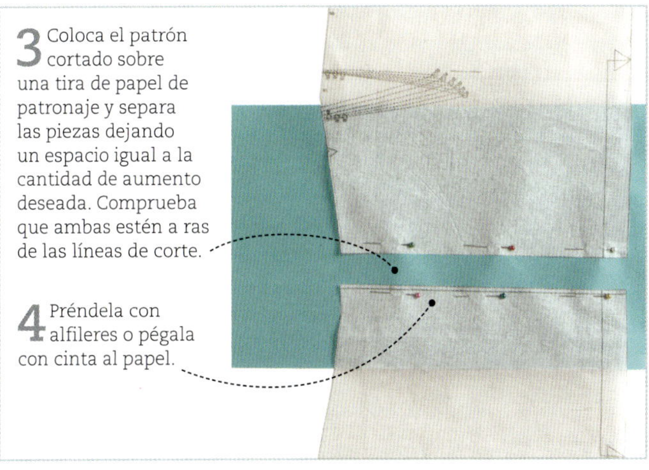

3 Coloca el patrón cortado sobre una tira de papel de patronaje y separa las piezas dejando un espacio igual a la cantidad de aumento deseada. Comprueba que ambas estén a ras de las líneas de corte.

4 Préndela con alfileres o pégala con cinta al papel.

ACORTAR UNA PIEZA DEL PATRÓN

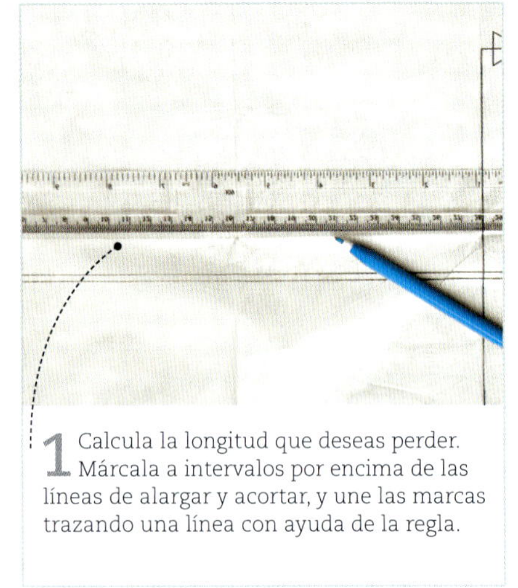

1 Calcula la longitud que deseas perder. Márcala a intervalos por encima de las líneas de alargar y acortar, y une las marcas trazando una línea con ayuda de la regla.

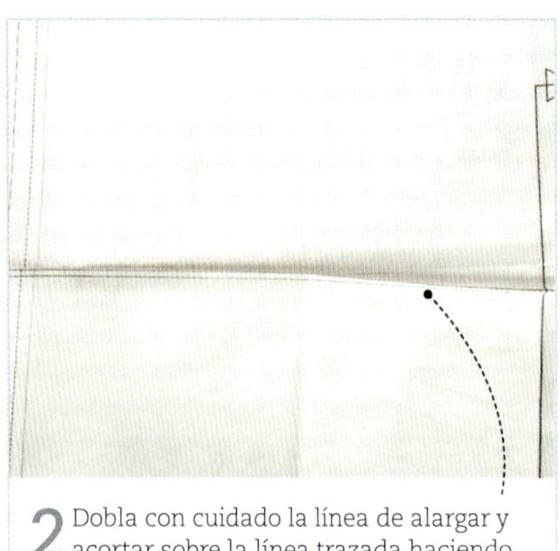

2 Dobla con cuidado la línea de alargar y acortar sobre la línea trazada haciendo que ambas coincidan exactamente.

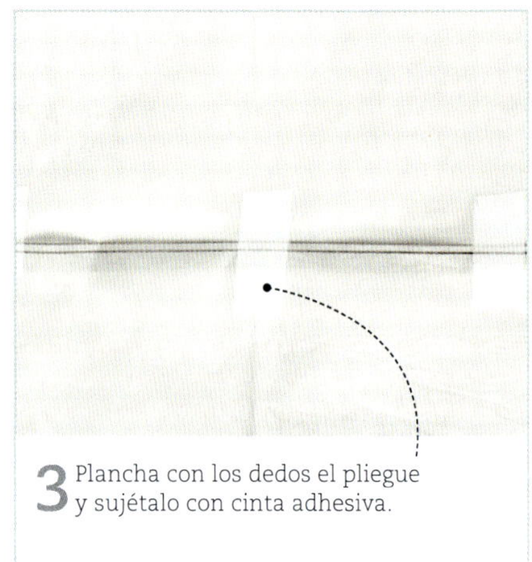

3 Plancha con los dedos el pliegue y sujétalo con cinta adhesiva.

ALARGAR A TRAVÉS DE PINZAS

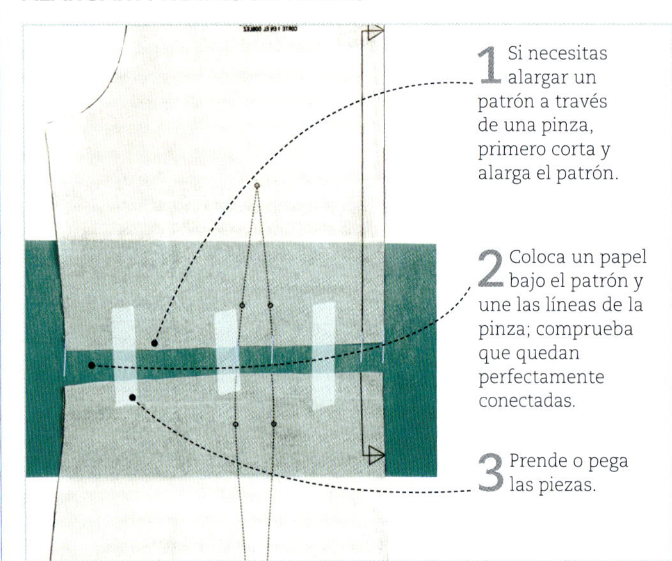

1 Si necesitas alargar un patrón a través de una pinza, primero corta y alarga el patrón.

2 Coloca un papel bajo el patrón y une las líneas de la pinza; comprueba que quedan perfectamente conectadas.

3 Prende o pega las piezas.

ACORTAR A TRAVÉS DE PINZAS

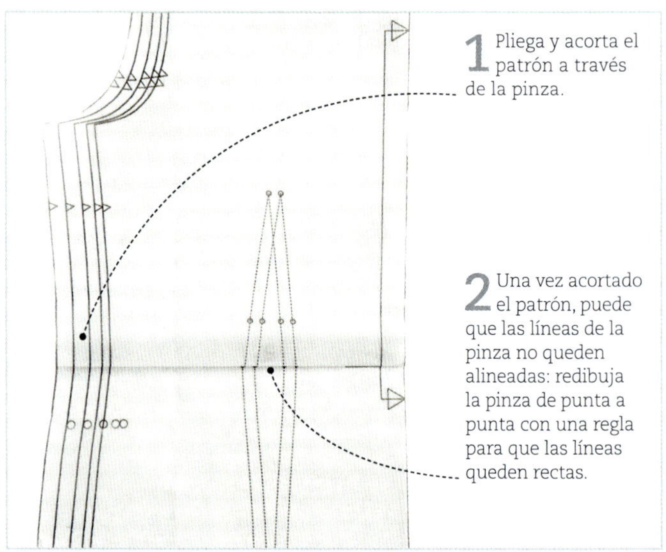

1 Pliega y acorta el patrón a través de la pinza.

2 Una vez acortado el patrón, puede que las líneas de la pinza no queden alineadas: redibuja la pinza de punta a punta con una regla para que las líneas queden rectas.

ALARGAR UN BAJO

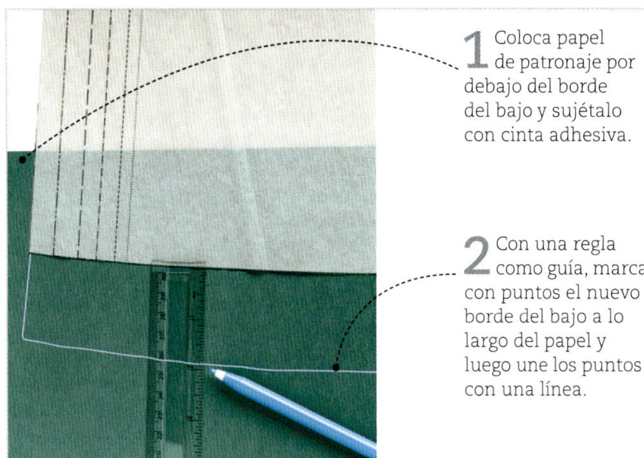

1 Coloca papel de patronaje por debajo del borde del bajo y sujétalo con cinta adhesiva.

2 Con una regla como guía, marca con puntos el nuevo borde del bajo a lo largo del papel y luego une los puntos con una línea.

ACORTAR UN BAJO

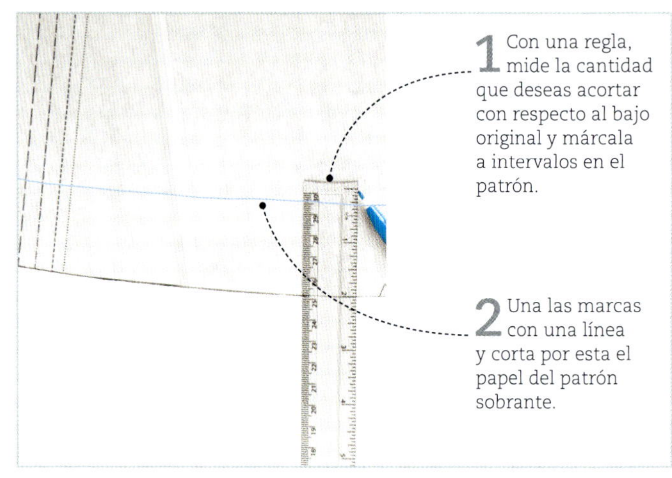

1 Con una regla, mide la cantidad que deseas acortar con respecto al bajo original y márcala a intervalos en el patrón.

2 Una las marcas con una línea y corta por esta el papel del patrón sobrante.

PECHO

Hoy en día, algunos patrones incluyen varios tamaños de copa, pero en general están pensados para una copa B, como los de este libro. Si utilizas una copa más grande, probablemente necesitarás adaptar el patrón antes de cortar la tela. Como norma general, cuando separes las piezas del patrón, añade 6 mm por cada tamaño de copa superior a la B.

SUBIR UNA PINZA DE PECHO

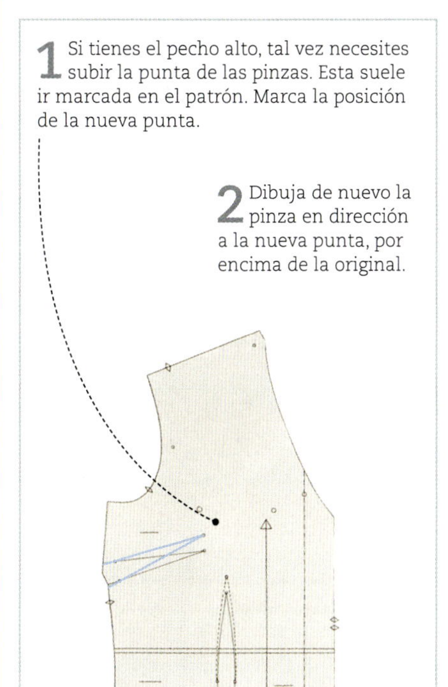

SUBIR MUCHO UNA PINZA DE PECHO

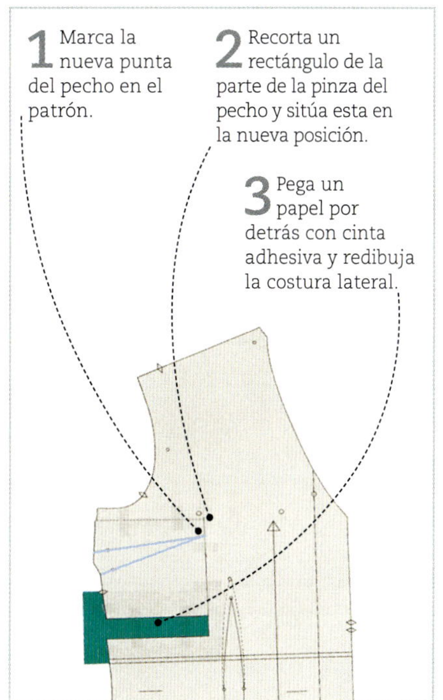

AUMENTAR UNA PINZA PARA PECHO VOLUMINOSO

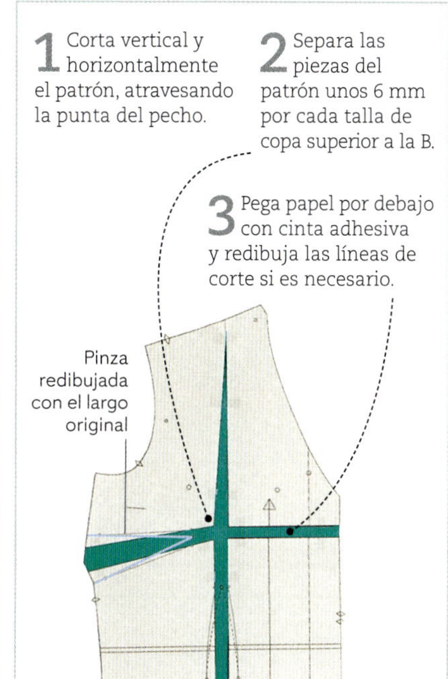

BAJAR UNA PINZA DE PECHO

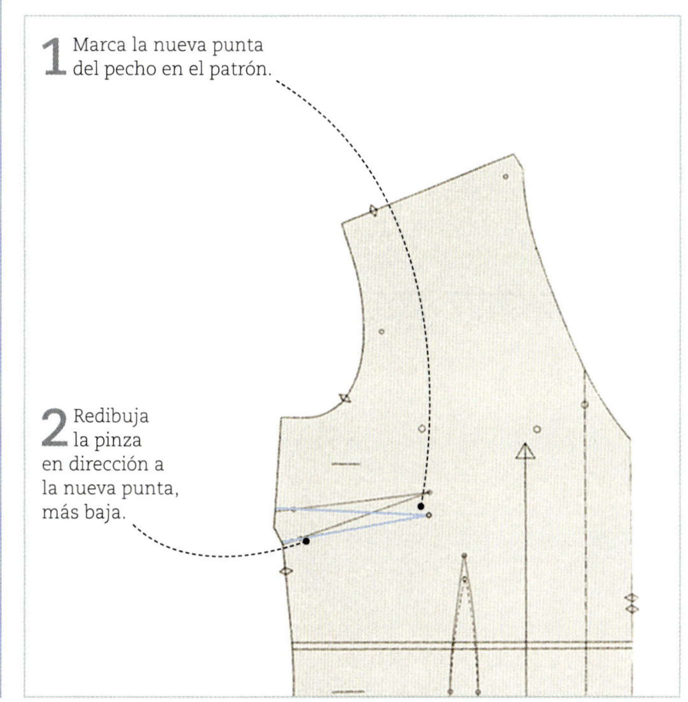

BAJAR MUCHO UNA PINZA DE PECHO

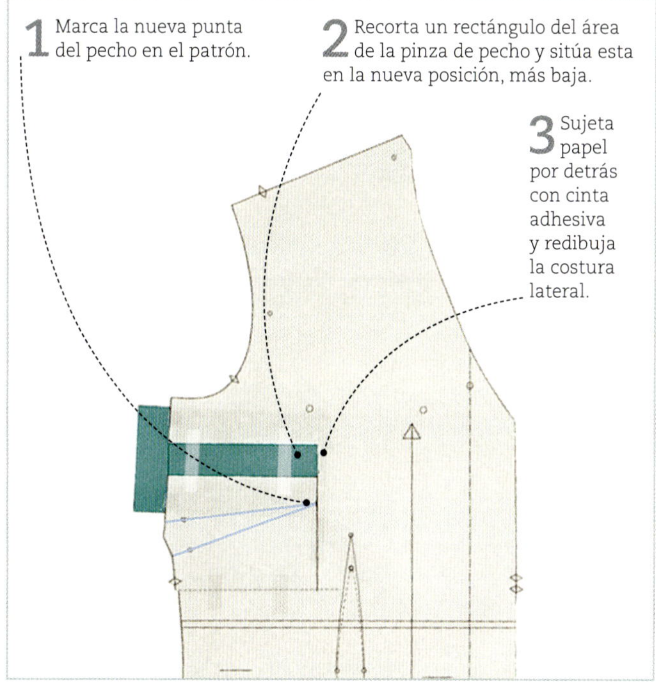

SUBIR UNA COSTURA EN CURVA

1 Haz un pliegue en el patrón entre el hombro y la sisa para situar la punta del pecho a la altura deseada.

2 Corta el patrón siguiendo las líneas de alargamiento y disminución, y separa las piezas por igual (si no se hace así, la cintura subirá también).

3 Fija las piezas al papel de patronaje con cinta adhesiva y traza la sisa más abajo con la misma medida.

BAJAR UNA COSTURA EN CURVA

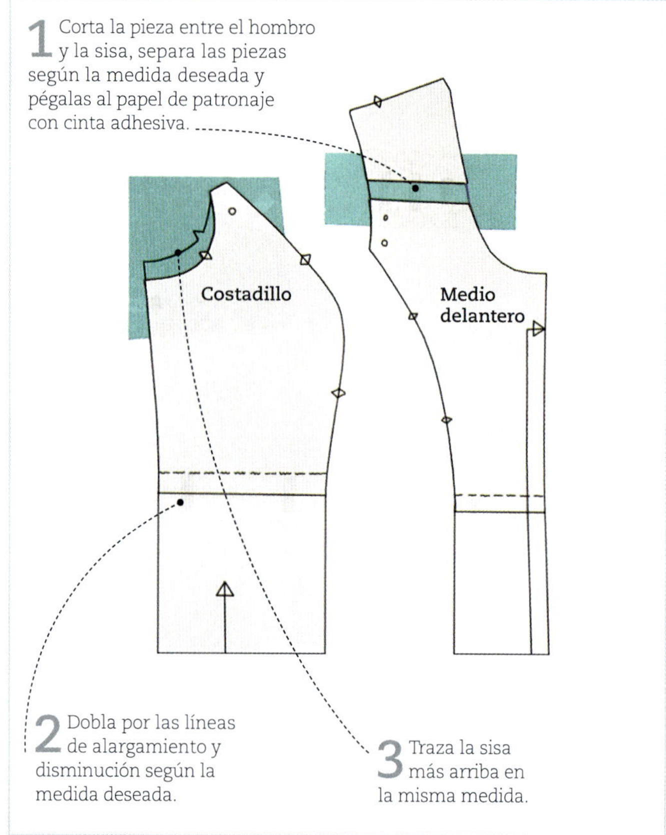

1 Corta la pieza entre el hombro y la sisa, separa las piezas según la medida deseada y pégalas al papel de patronaje con cinta adhesiva.

2 Dobla por las líneas de alargamiento y disminución según la medida deseada.

3 Traza la sisa más arriba en la misma medida.

AJUSTAR UNA COSTURA EN CURVA

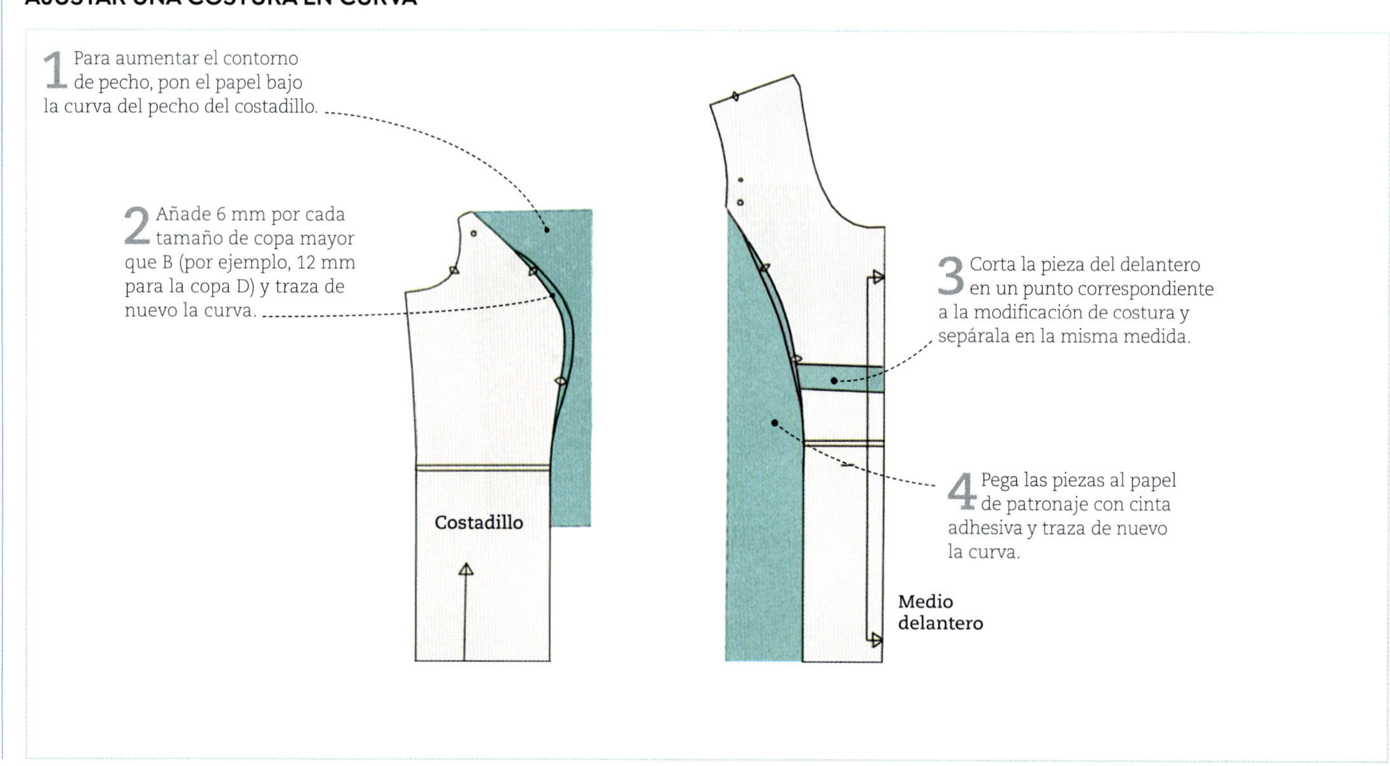

1 Para aumentar el contorno de pecho, pon el papel bajo la curva del pecho del costadillo.

2 Añade 6 mm por cada tamaño de copa mayor que B (por ejemplo, 12 mm para la copa D) y traza de nuevo la curva.

3 Corta la pieza del delantero en un punto correspondiente a la modificación de costura y sepárala en la misma medida.

4 Pega las piezas al papel de patronaje con cinta adhesiva y traza de nuevo la curva.

CINTURA Y CADERAS

Las medidas de cintura y caderas de la mayoría de las personas no coinciden con las medidas de los patrones. Para adaptar un patrón a su figura, primero hay que modificar las piezas en la cintura y luego en las caderas.

ENSANCHAR LA CINTURA EN LA COSTURA

1 En una falda ajustada, aumenta la cintura en las costuras laterales. Divide la cantidad que se desea aumentar por 4 (el número de líneas de costura).

2 Sujeta el patrón a un papel con cinta adhesiva y añade el aumento en el borde de la cintura.

3 Sujeta el patrón a un papel con cinta adhesiva y añade el aumento en el borde de la cintura.

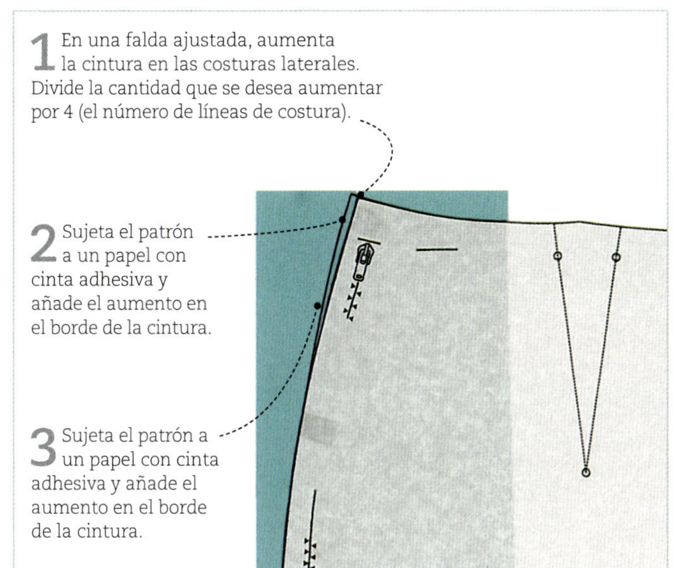

ENSANCHAR LA CINTURA EN UNA FALDA DE NESGAS

1 Como lleva muchas costuras, divide los centímetros que desees aumentar por el número de líneas de costura.

2 Sujeta el patrón al papel con cinta adhesiva y añade la cantidad resultante a cada línea de costura en la cintura.

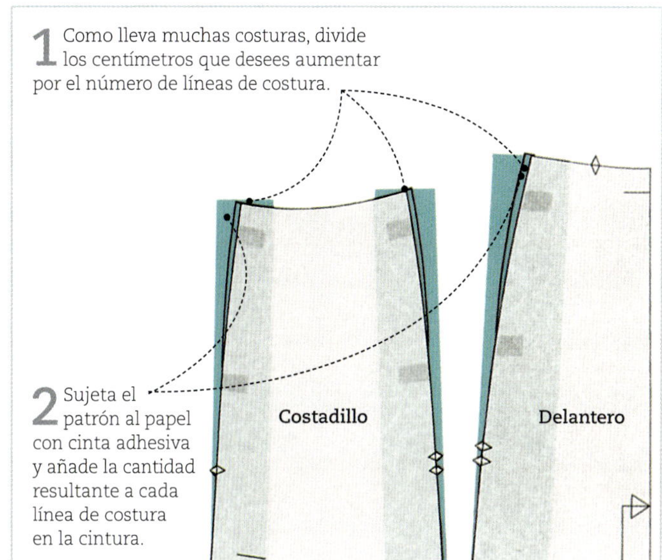

ENSANCHAR LA CINTURA EN UN VESTIDO PRINCESA

1 Colocar un papel de patronaje debajo de la zona de la cintura de cada pieza del patrón.

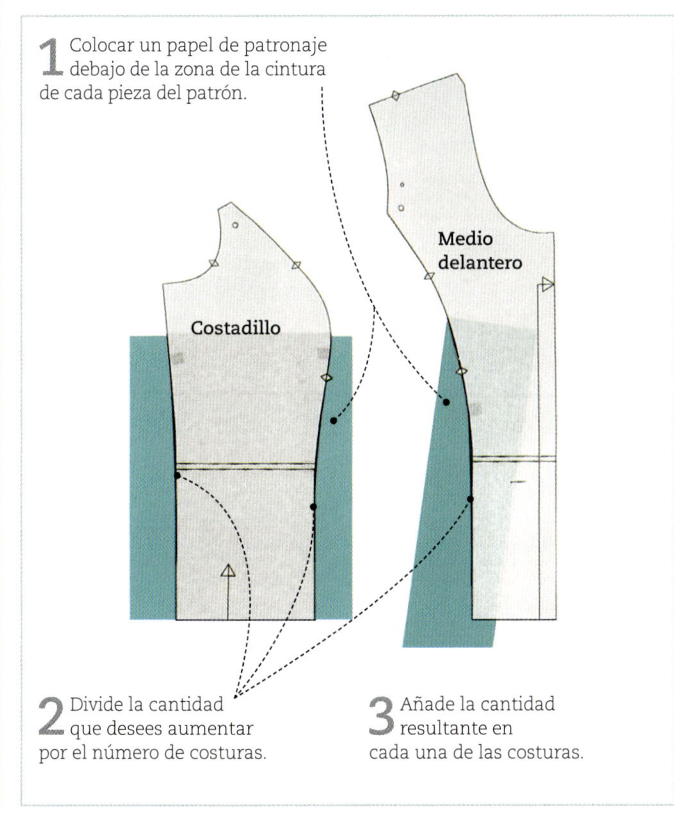

2 Divide la cantidad que desees aumentar por el número de costuras.

3 Añade la cantidad resultante en cada una de las costuras.

REDUCIR LA CINTURA EN UNA COSTURA

1 En una falda recta, divide por 4 la cantidad total que se quiera reducir, dado que son cuatro las líneas de costura.

2 Marca la cantidad resultante sobre el patrón, en el borde de la cintura.

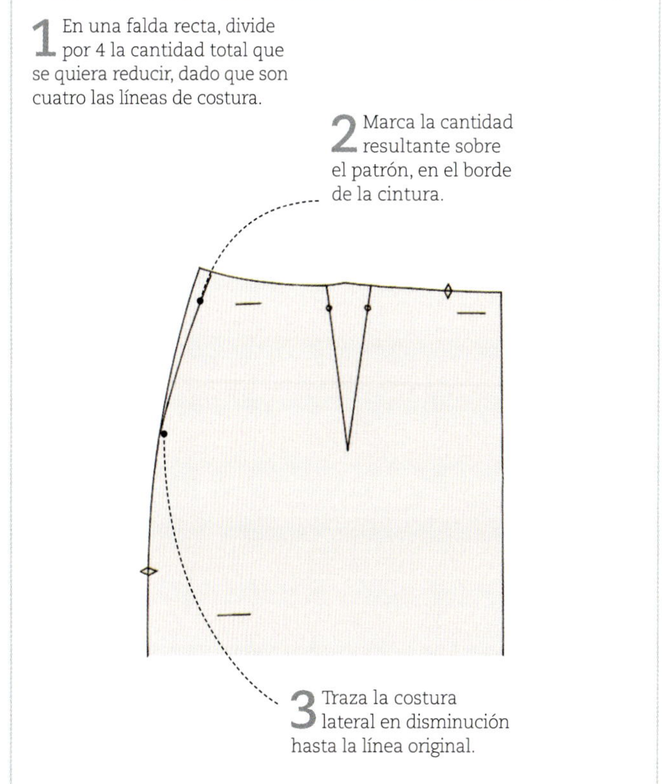

3 Traza la costura lateral en disminución hasta la línea original.

REDUCIR LA CINTURA EN UNA CHAQUETA ENTALLADA

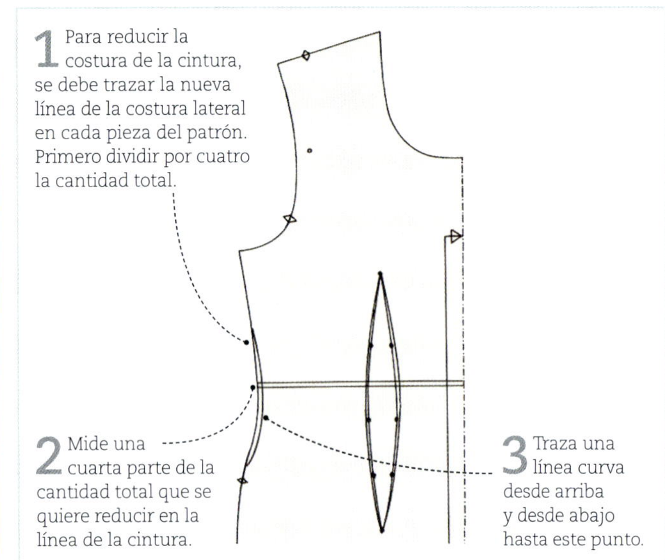

REDUCIR LA CINTURA EN UNA CHAQUETA AJUSTADA

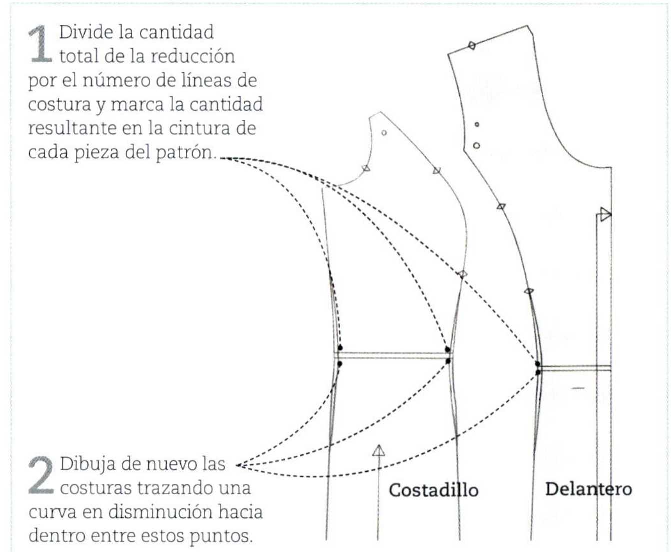

ENSANCHAR UNA FALDA ESTRECHA EN LAS CADERAS

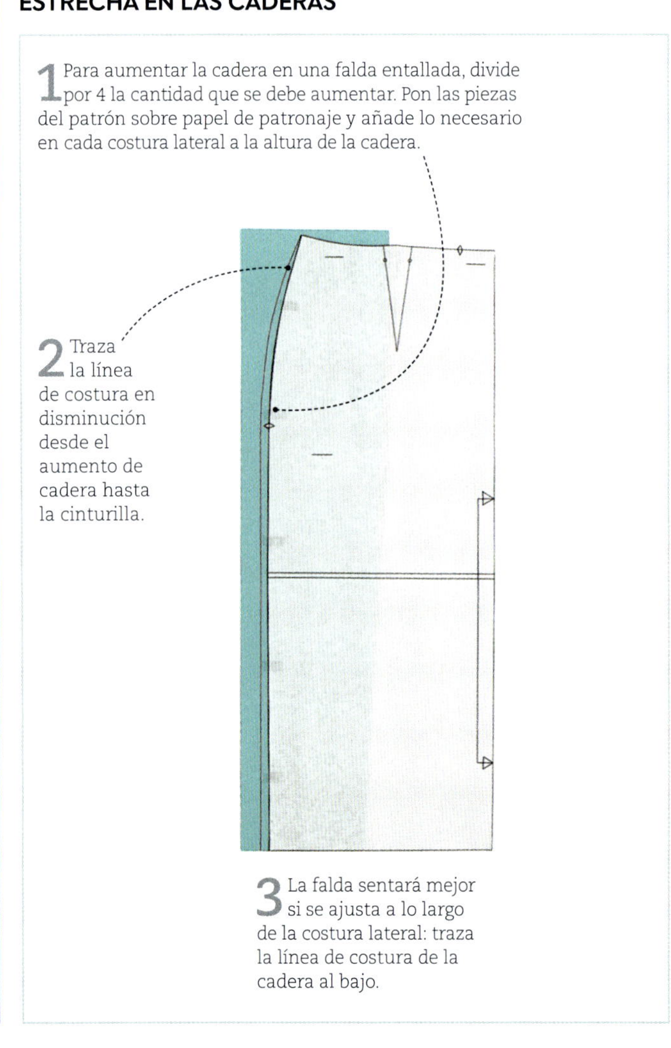

AJUSTAR UNA FALDA ESTRECHA PARA CADERAS MUY ANCHAS

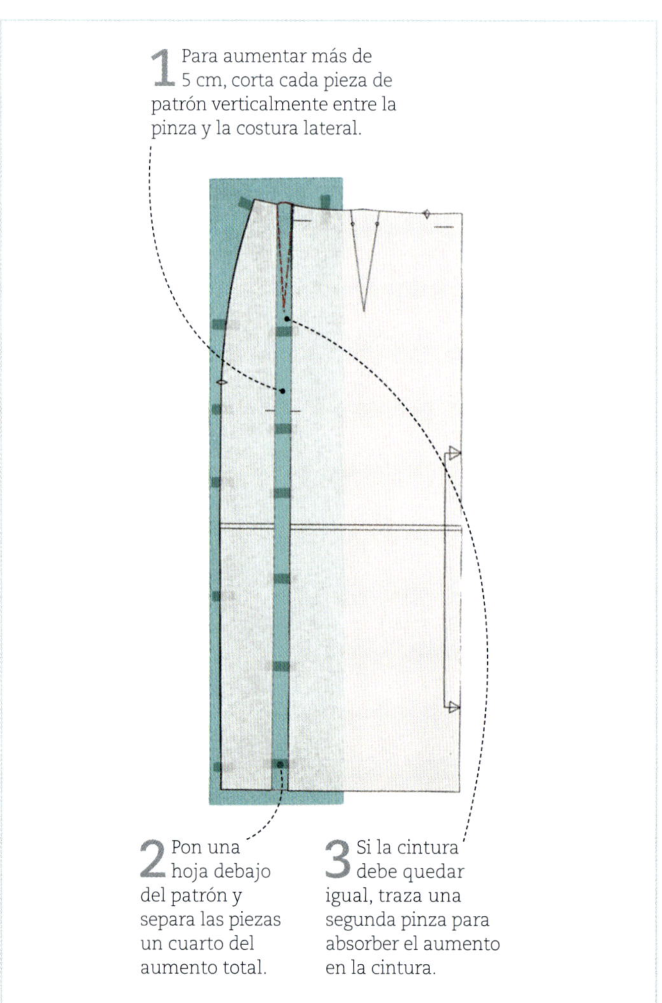

AJUSTAR UNA FALDA ESTRECHA PARA CADERAS PROMINENTES

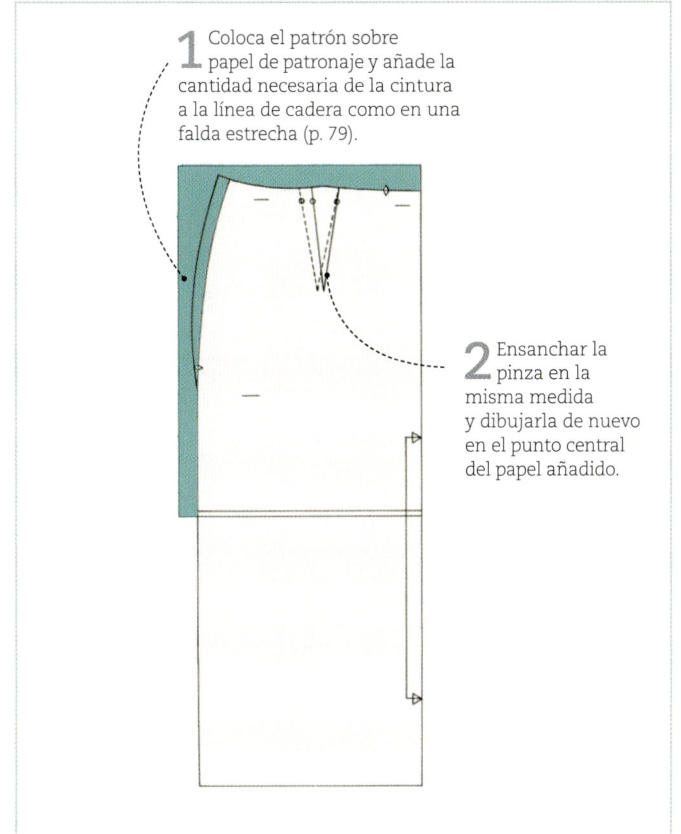

AJUSTAR UNA FALDA ESTRECHA PARA TRASERO GRANDE

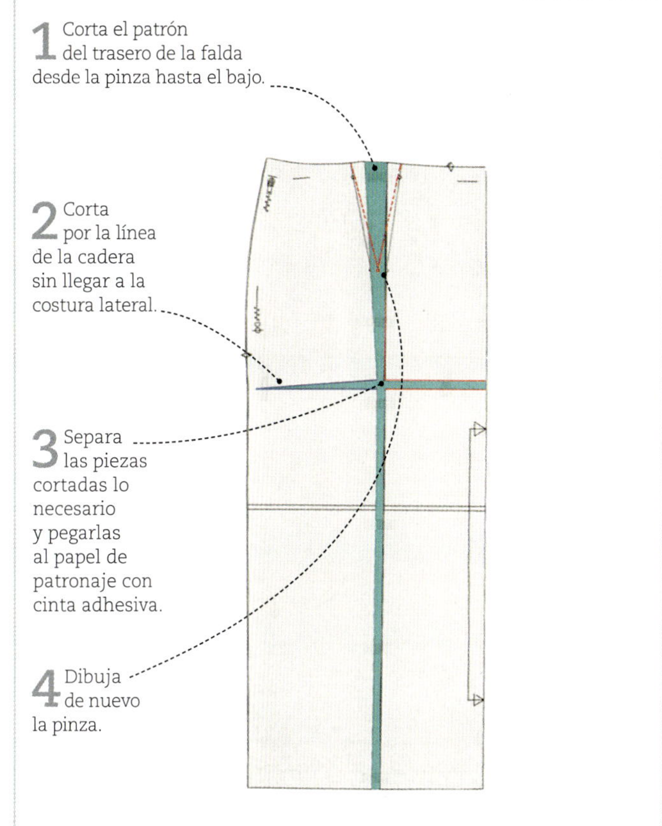

ESTRECHAR LAS CADERAS EN UNA FALDA AJUSTADA

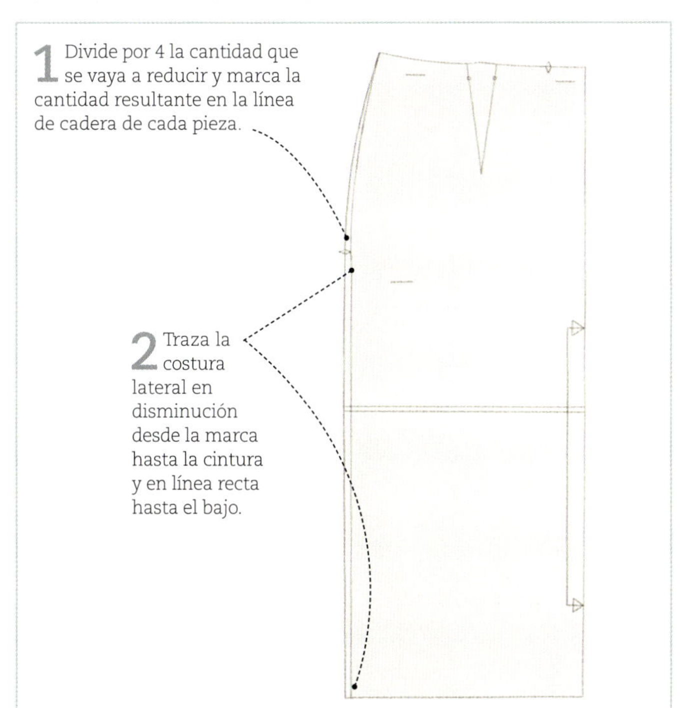

AJUSTAR LA CADERA EN UNA FALDA PARA TRASERO PROMINENTE

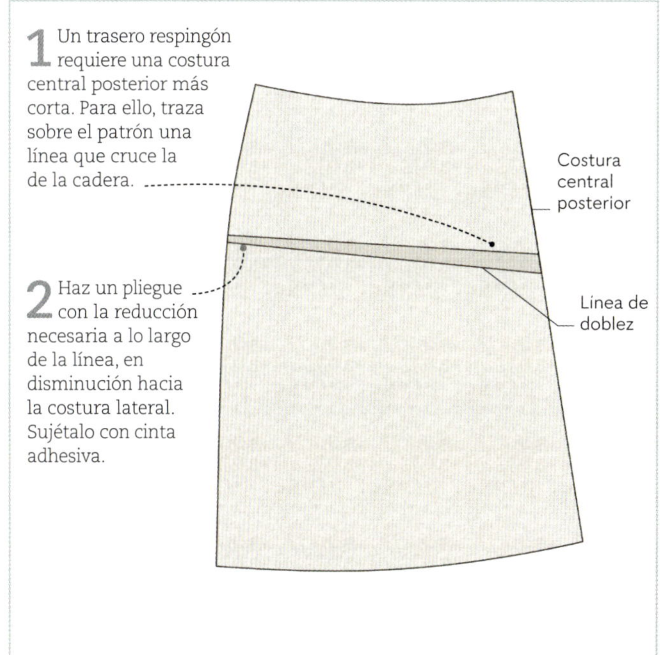

HOMBROS, ESPALDA Y MANGAS

Las modificaciones para ajustar los hombros caídos o cuadrados y espaldas más anchas o más estrechas que los márgenes del patrón deben tener un efecto mínimo en la sisa. Para que las mangas permitan libertad de movimientos y no sean demasiado ajustadas se ensanchan las piezas de patrón tanto como sea necesario. También es posible hacer modificaciones para brazos delgados.

AJUSTAR EL PATRÓN PARA HOMBROS CUADRADOS

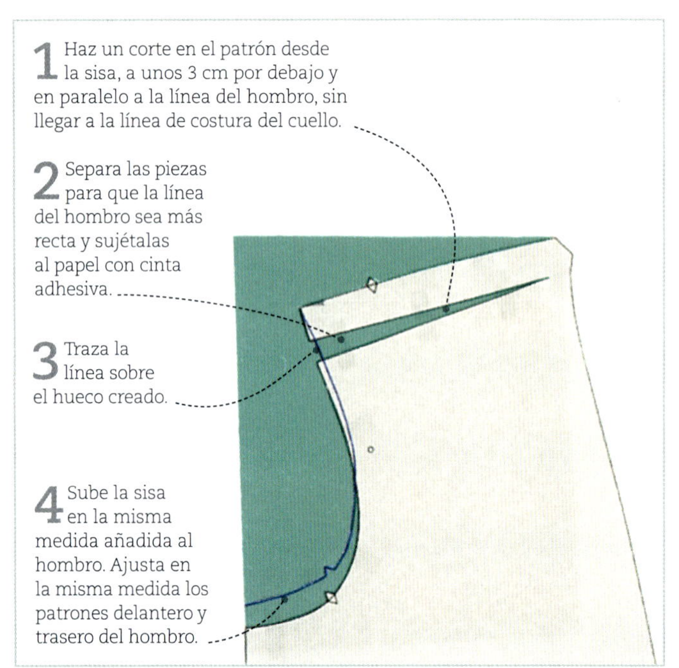

AJUSTAR EL PATRÓN PARA HOMBROS CAÍDOS

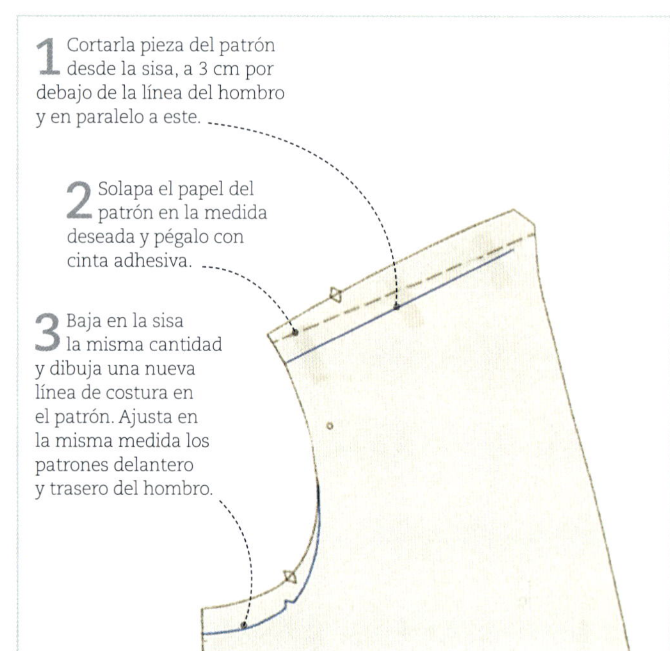

PREPARAR EL PATRÓN PARA AJUSTES DEL ANCHO DEL HOMBRO

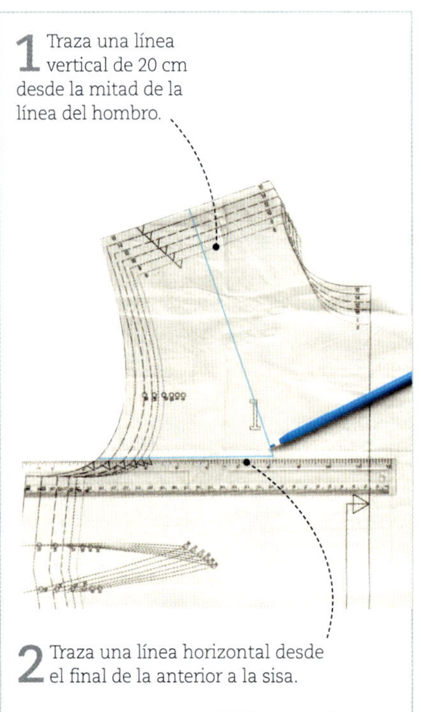

AJUSTAR EL PATRÓN PARA HOMBROS ANCHOS

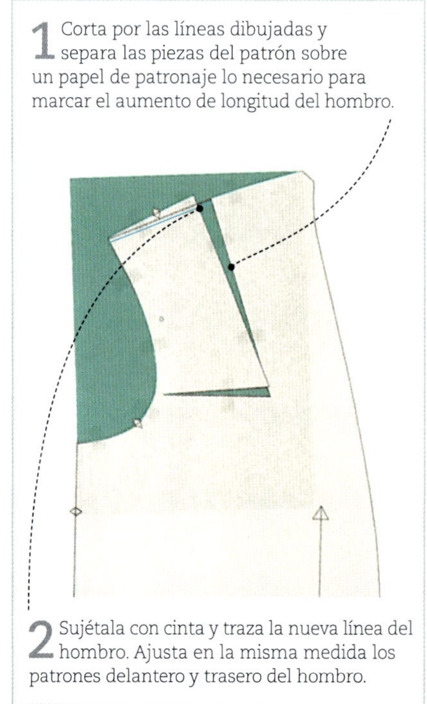

AJUSTAR EL PATRÓN PARA HOMBROS ESTRECHOS

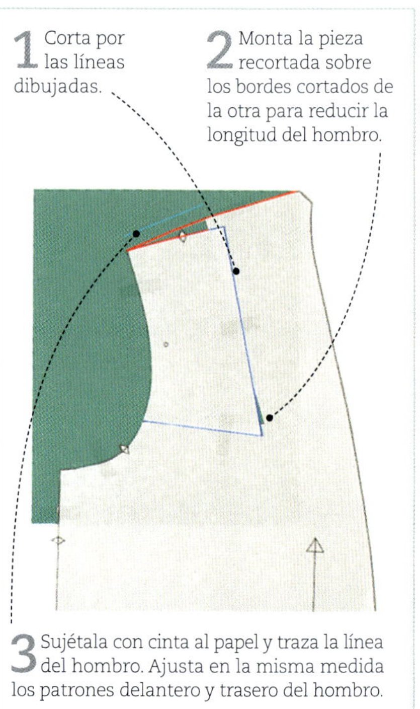

ENSANCHAR UNA MANGA AJUSTADA

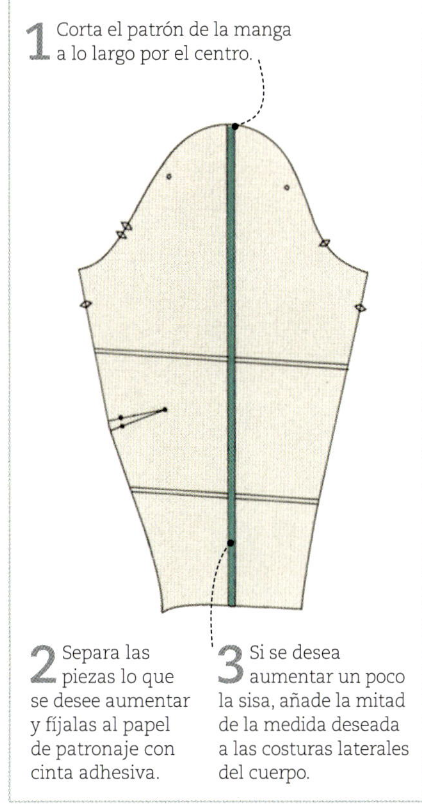

1 Corta el patrón de la manga a lo largo por el centro.

2 Separa las piezas lo que se desee aumentar y fíjalas al papel de patronaje con cinta adhesiva.

3 Si se desea aumentar un poco la sisa, añade la mitad de la medida deseada a las costuras laterales del cuerpo.

ENSANCHAR LA COPA DE UNA MANGA

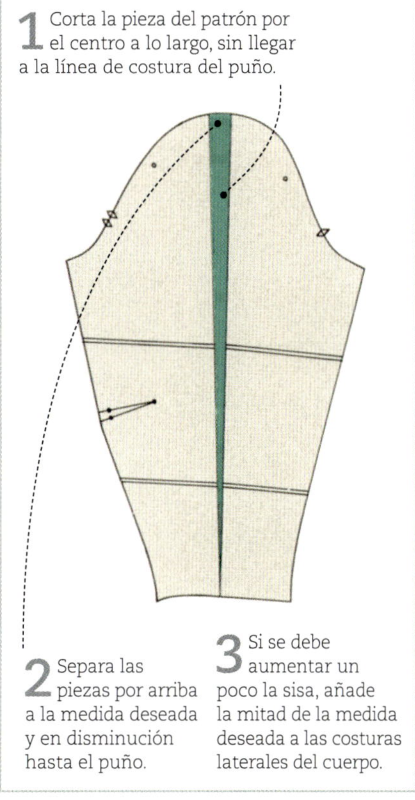

1 Corta la pieza del patrón por el centro a lo largo, sin llegar a la línea de costura del puño.

2 Separa las piezas por arriba a la medida deseada y en disminución hasta el puño.

3 Si se debe aumentar un poco la sisa, añade la mitad de la medida deseada a las costuras laterales del cuerpo.

ENSANCHAR EN EL CODO UNA MANGA AJUSTADA

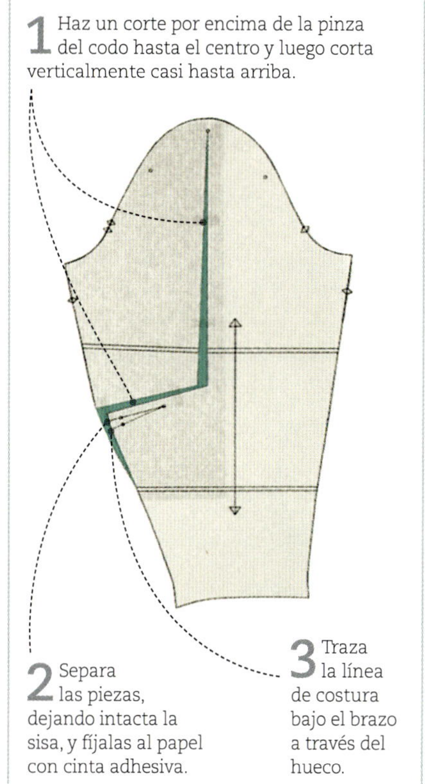

1 Haz un corte por encima de la pinza del codo hasta el centro y luego corta verticalmente casi hasta arriba.

2 Separa las piezas, dejando intacta la sisa, y fíjalas al papel con cinta adhesiva.

3 Traza la línea de costura bajo el brazo a través del hueco.

ENSANCHAR LA AXILA EN UNA MANGA AJUSTADA

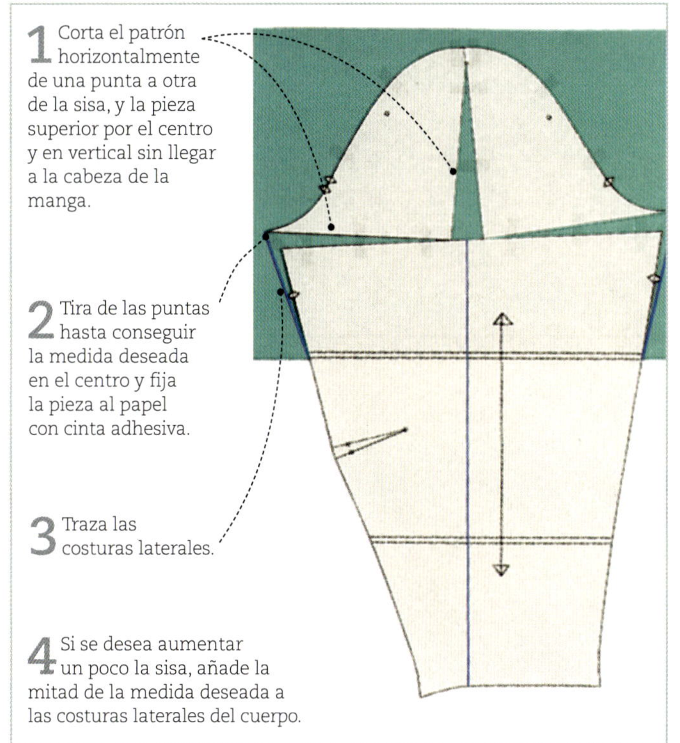

1 Corta el patrón horizontalmente de una punta a otra de la sisa, y la pieza superior por el centro y en vertical sin llegar a la cabeza de la manga.

2 Tira de las puntas hasta conseguir la medida deseada en el centro y fija la pieza al papel con cinta adhesiva.

3 Traza las costuras laterales.

4 Si se desea aumentar un poco la sisa, añade la mitad de la medida deseada a las costuras laterales del cuerpo.

ESTRECHAR UNA MANGA PARA BRAZOS DELGADOS

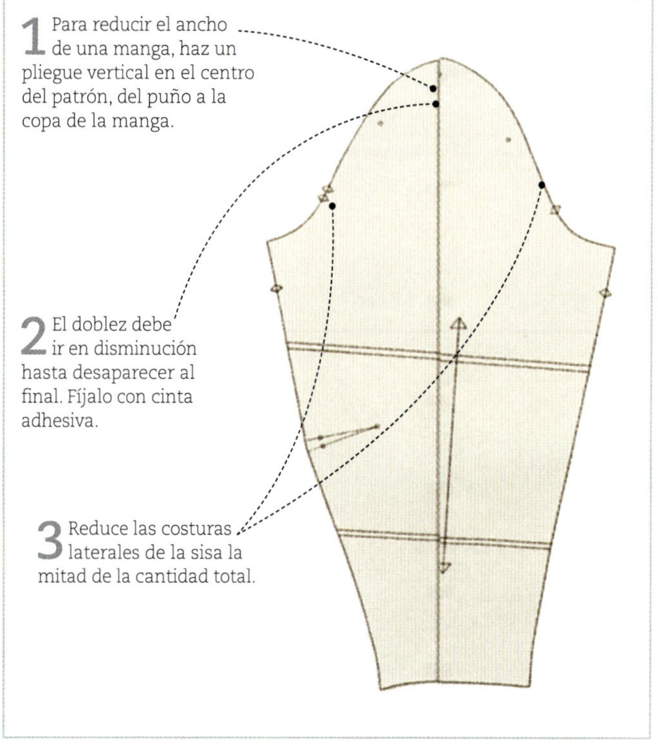

1 Para reducir el ancho de una manga, haz un pliegue vertical en el centro del patrón, del puño a la copa de la manga.

2 El doblez debe ir en disminución hasta desaparecer al final. Fíjalo con cinta adhesiva.

3 Reduce las costuras laterales de la sisa la mitad de la cantidad total.

PANTALONES

Las modificaciones de los pantalones para un estómago abultado, caderas anchas o nalgas planas o prominentes son más complicadas que las de otros patrones y deben hacerse en el orden correcto. Primero se modifica la altura del tiro y después el ancho y el largo, antes de modificar el largo de pernera. La línea de la altura del tiro solo está marcada en las piezas posteriores del patrón.

AUMENTAR EN LA COSTURA DEL TIRO

1 Se debe modificar por igual el patrón delantero y el posterior. Corta por las líneas de modificación superiores.

2 Abre el patrón en la medida exacta en las costuras centrales delanteras y posteriores, y en disminución hasta la costura lateral. Fíjalo al papel con cinta adhesiva.

3 Traza el borde del tiro.

REDUCIR EN LA COSTURA DEL TIRO

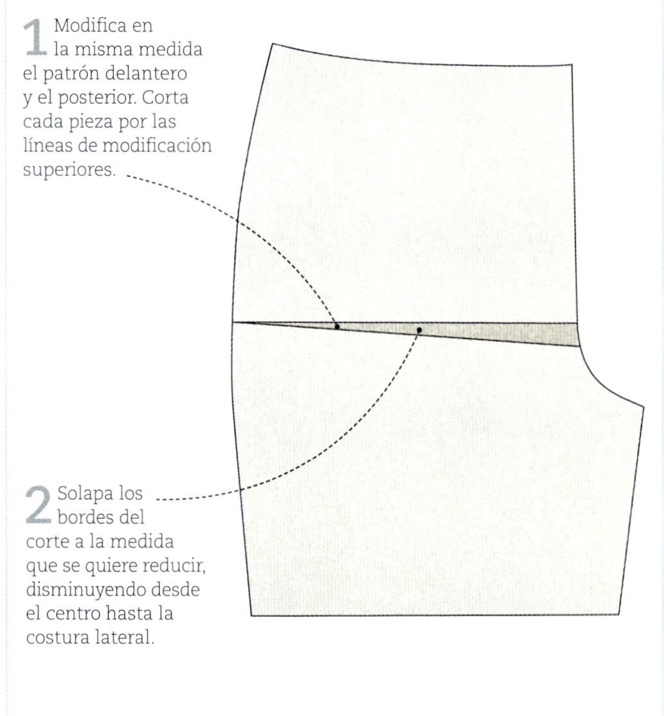

ENSANCHAR EN LA CINTURA

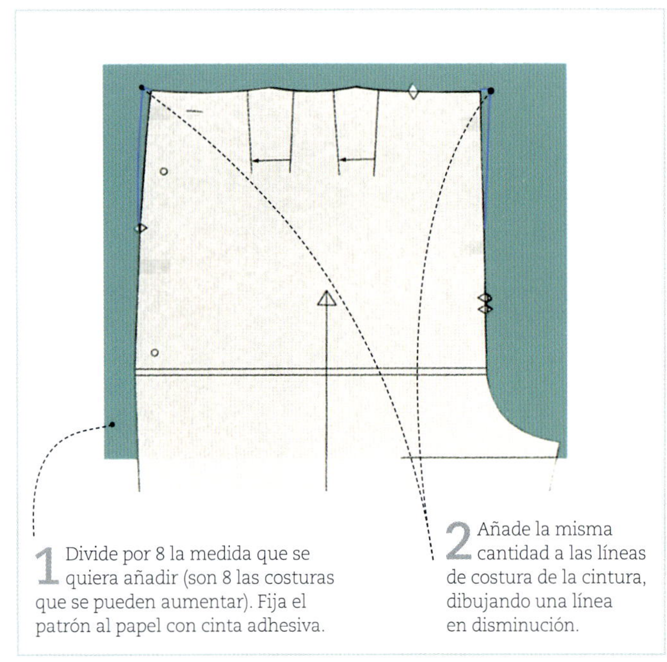

ESTRECHAR EN LA CINTURA

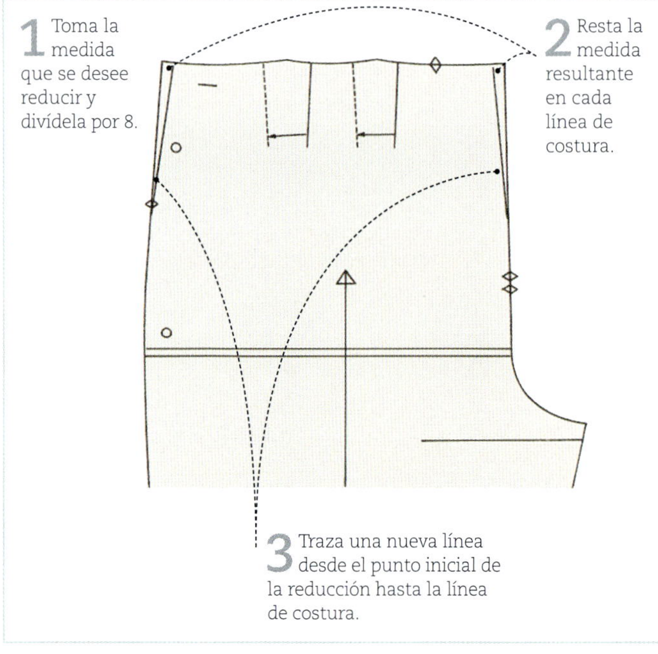

ENSANCHAR EN LAS CADERAS

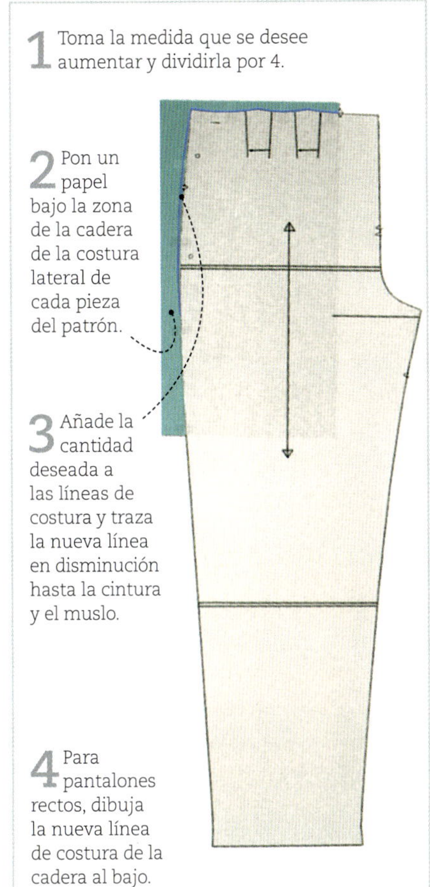

1 Toma la medida que se desee aumentar y dividirla por 4.

2 Pon un papel bajo la zona de la cadera de la costura lateral de cada pieza del patrón.

3 Añade la cantidad deseada a las líneas de costura y traza la nueva línea en disminución hasta la cintura y el muslo.

4 Para pantalones rectos, dibuja la nueva línea de costura de la cadera al bajo.

ENSANCHAR EL TRASERO O LA ZONA DEL VIENTRE

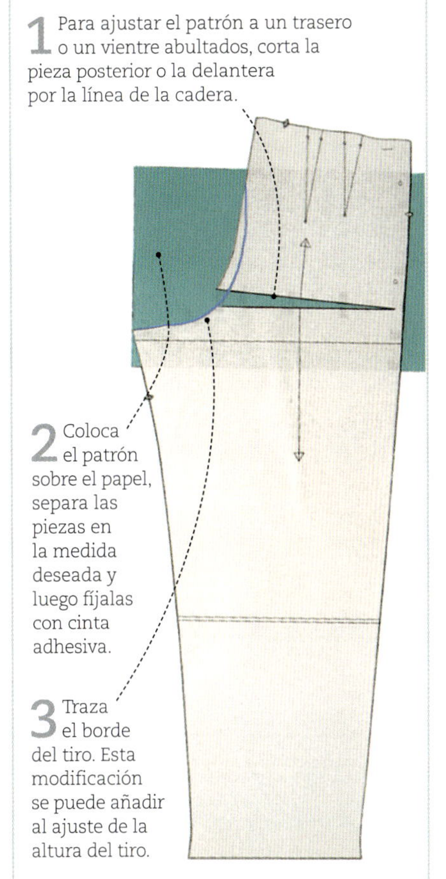

1 Para ajustar el patrón a un trasero o un vientre abultados, corta la pieza posterior o la delantera por la línea de la cadera.

2 Coloca el patrón sobre el papel, separa las piezas en la medida deseada y luego fíjalas con cinta adhesiva.

3 Traza el borde del tiro. Esta modificación se puede añadir al ajuste de la altura del tiro.

REDUCIR EN LAS CADERAS

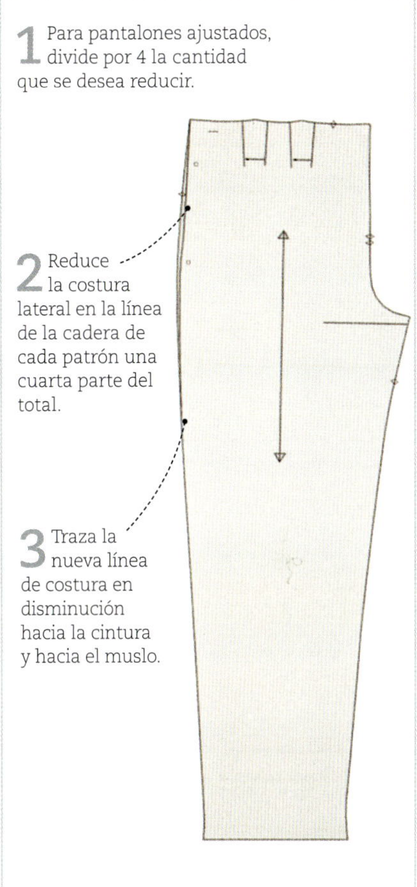

1 Para pantalones ajustados, divide por 4 la cantidad que se desea reducir.

2 Reduce la costura lateral en la línea de la cadera de cada patrón una cuarta parte del total.

3 Traza la nueva línea de costura en disminución hacia la cintura y hacia el muslo.

AUMENTAR EL LARGO DEL TIRO EN LA PUNTA

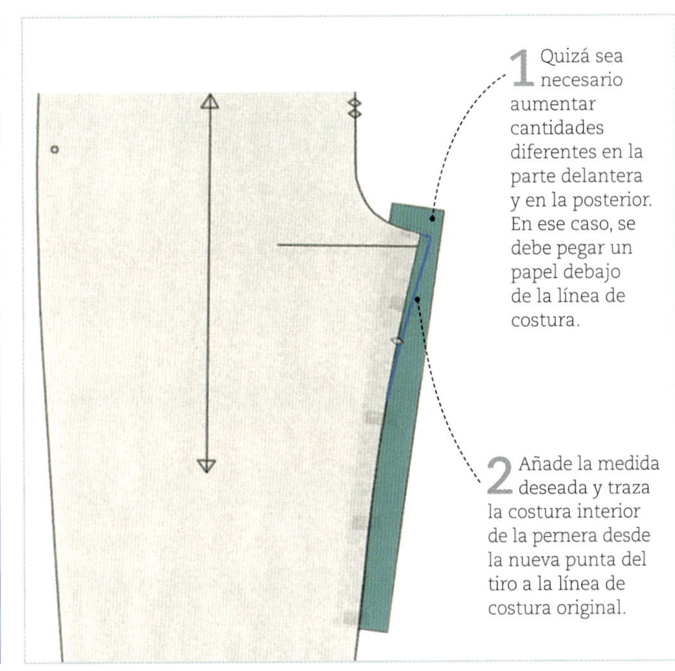

1 Quizá sea necesario aumentar cantidades diferentes en la parte delantera y en la posterior. En ese caso, se debe pegar un papel debajo de la línea de costura.

2 Añade la medida deseada y traza la costura interior de la pernera desde la nueva punta del tiro a la línea de costura original.

REDUCIR EL LARGO DEL TIRO EN LA PUNTA

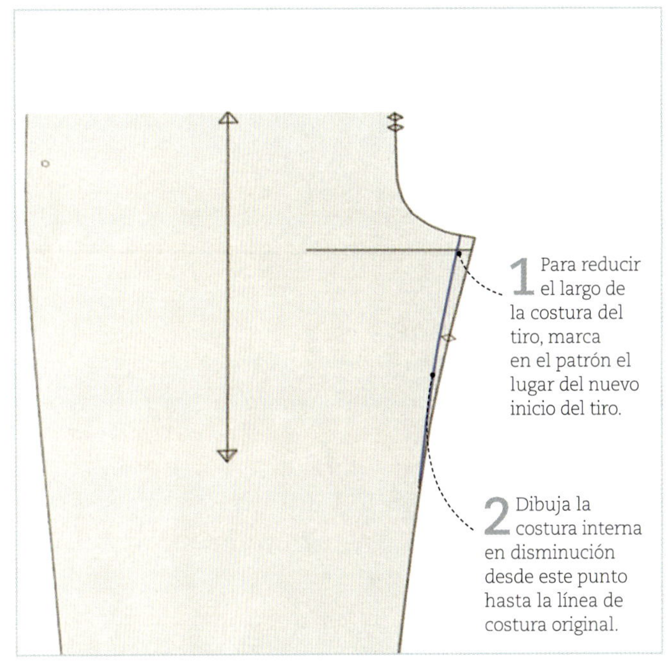

1 Para reducir el largo de la costura del tiro, marca en el patrón el lugar del nuevo inicio del tiro.

2 Dibuja la costura interna en disminución desde este punto hasta la línea de costura original.

Glasilla

Tanto si se utiliza por primera vez un nuevo patrón como si se ha modificado alguna pieza, es una buena idea probarlo confeccionando en percal lo que se conoce como glasilla o prenda de prueba. De esta manera se verá si sienta bien o si son necesarias más modificaciones; también se podrá confirmar que el estilo se acomoda a la figura. Para la prueba se requiere un ayudante o, si esto no es posible, un maniquí.

GLASILLA DEMASIADO GRANDE

Si la prenda queda demasiado holgada, se debe plegar la tela de más y prenderla con alfileres, recogiendo la misma cantidad a derecha y a izquierda de la prenda. Una vez retirada la prenda, se mide la tela sobrante y se modifican las piezas del patrón para que coincidan, marcando con alfileres en el papel lo que sobra.

Ajuste de la espalda
Si la espalda es demasiado ancha, pliega y prende con alfileres el tejido sobrante a lo largo de la costura central posterior y por igual a ambos lados de esta. A continuación, haz las mismas rectificaciones en el patrón.

La cintura del cuerpo y la falda
Si la cintura es demasiado ancha, se puede ajustar metiendo la pinza del pecho, con lo que se acortará la cintura. Si se modifica la pinza del pecho en el cuerpo, se debe hacer lo mismo con la de la falda para que coincidan.

La cadera en la falda
Si la falda queda demasiado holgada en la cadera, dobla y prende con alfileres la misma cantidad de tela en las dos costuras laterales. Mide los centímetros sobrantes y modifica el patrón (Estrechar las caderas en una falda ajustada, p. 81).

Si la cadera está demasiado ajustada, deshaz las costuras laterales y mide el aumento que se necesita. Una vez ajustada la prenda añadiendo más tela y comprobado que sienta bien, modifica las piezas del patrón en consecuencia (p. 80).

GLASILLA DEMASIADO PEQUEÑA

En este caso, la prenda tirará allá donde esté demasiado ajustada. La de la fotografía se ciñe demasiado a la altura del pecho y en las caderas, por lo que se deberá modificar el patrón y añadir más tela en esas zonas. También tira en la parte superior de la manga, por lo que se deberá modificar también esta parte.

CÓMO ADAPTAR UNA GLASILLA

Si es demasiado ajustada, se necesitará más tela para cubrir el contorno del cuerpo y, además, se deberán hacer más rectificaciones en el patrón. Para aumentos pequeños (hasta 4 cm), modifica la prenda como se indica abajo y después haz los cambios correspondientes en el patrón, trazando de nuevo las líneas de costura. Para un aumento más importante, una vez modificado el patrón, se deberá confeccionar una glasilla nueva y probarla.

1 Allí donde la prenda se ciña demasiado, deshaz las costuras laterales hasta que cuelgue sin tirar.

2 Mide la distancia entre las líneas de costura en el punto en que estén más separadas. La distancia debería ser la misma a ambos lados del cuerpo.

3 Divide esta medida por la mitad: por ejemplo, si la distancia máxima es de 4 cm, se deberán añadir 2 cm a cada línea de costura.

4 Marca directamente en la glasilla con un rotulador los extremos de la modificación, así como el punto más ancho.

5 Quítate la prenda y añade un trozo de percal a la costura en la zona del punto más ancho, disminuyendo hacia los extremos de las costuras originales.

6 Vuelve a probarte la prenda para verificar que las modificaciones sean correctas; luego mídelas y haz los cambios pertinentes en el patrón.

El pecho en el cuerpo
Si se precisa un aumento pequeño, deshaz las costuras laterales y mide la cantidad requerida. A continuación, haz la misma modificación en las piezas del patrón. Si se trata de un aumento más importante, se deberá modificar todo el patrón y cortar el delantero de nuevo (Aumentar una pinza de pecho, p. 77). Para comprobar que no haya error, se debe hacer una glasilla para el cuerpo y probarla.

Ajuste del hombro
Si el hombro es demasiado amplio se deberá ajustar el patrón (p. 82).

Ajuste del hombro
Si la manga aprieta en la parte de arriba o en la sisa, lo mejor es modificar las piezas del patrón (p. 83) y luego hacer una manga nueva para la glasilla.

Cortar

El corte es la clave del éxito o el fracaso en la confección. Primero debes examinar la tela en la tienda para buscar defectos como un diseño torcido y comprobar que haya sido cortada correctamente de la pieza o el rollo, es decir, perpendicularmente al orillo. Si el borde cortado no es recto, tendrás que rectificarlo. Si la tela presenta arrugas, plánchala; si es lavable, lávala para evitar que encoja posteriormente. Tras esta preparación ya podrás colocar las piezas del patrón sobre la tela, prenderlas con alfileres y cortar.

DIRECCIÓN DEL HILO Y DEL PELO DE LA TELA

Para que la tela tenga la caída adecuada, es muy importante colocar las piezas del patrón en la dirección correcta a la hora de cortar. La dirección de los hilos de la urdimbre del tejido se denomina hilo. Para cortar, la mayoría de las piezas del patrón deben colocarse al hilo, es decir, con la flecha de dirección paralela a la urdimbre. Algunas telas tienen un acabado aterciopelado debido al pelo, o napa, lo que significa que toman un matiz más oscuro al alisarlas en una dirección; también se dice que una tela con estampado en un solo sentido o rayas irregulares tiene napa. Estas telas generalmente se cortan con el pelo o el dibujo en sentido descendente; las otras se pueden cortar en cualquier ángulo.

DIRECCIÓN DEL HILO EN TELAS TEJIDAS

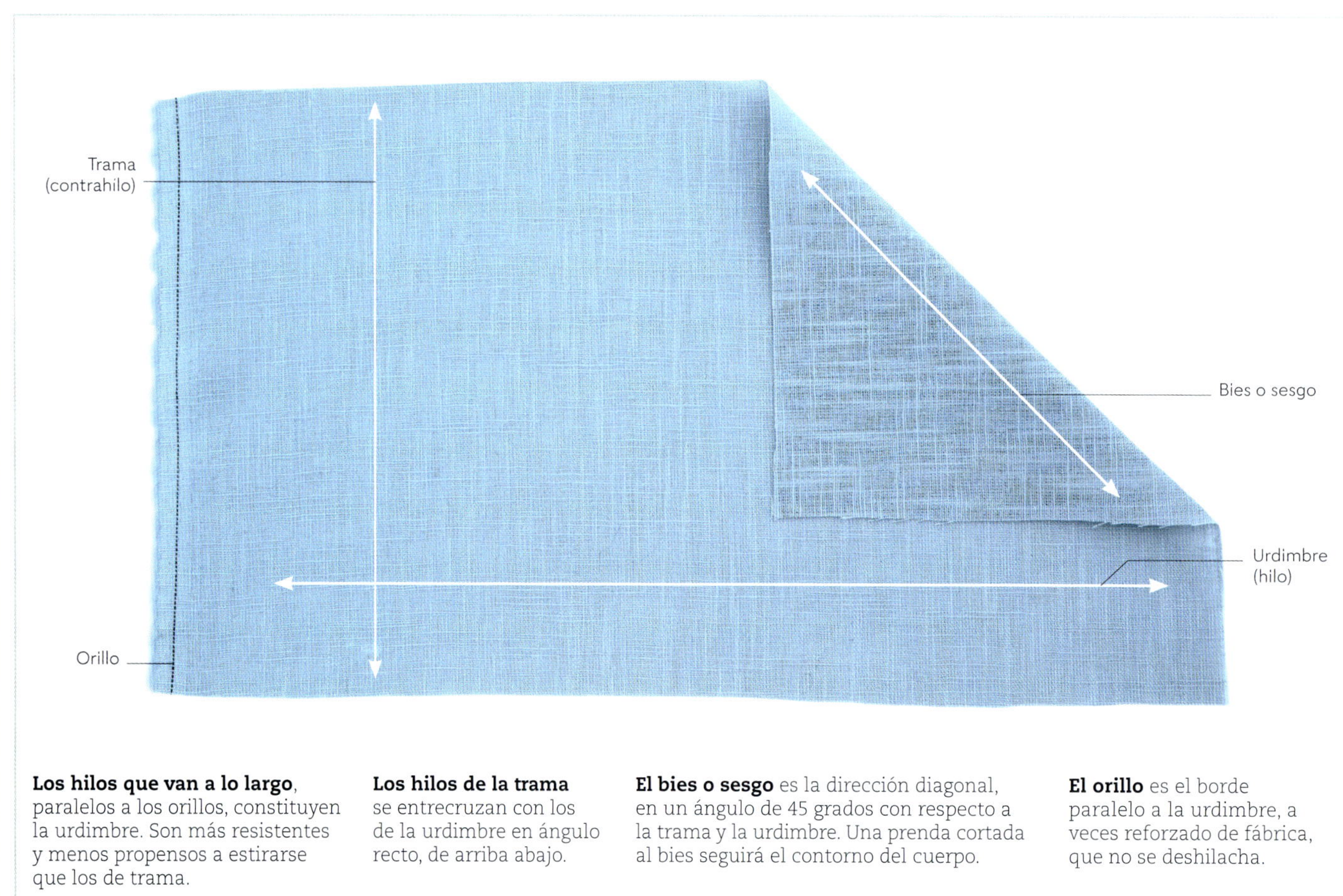

Los hilos que van a lo largo, paralelos a los orillos, constituyen la urdimbre. Son más resistentes y menos propensos a estirarse que los de trama.

Los hilos de la trama se entrecruzan con los de la urdimbre en ángulo recto, de arriba abajo.

El bies o sesgo es la dirección diagonal, en un ángulo de 45 grados con respecto a la trama y la urdimbre. Una prenda cortada al bies seguirá el contorno del cuerpo.

El orillo es el borde paralelo a la urdimbre, a veces reforzado de fábrica, que no se deshilacha.

DIRECCIÓN DEL PELO

Las telas como el terciopelo, la pana y el velvetón presentan diferencias de matiz si el pelo se alisa hacia arriba o hacia abajo.

DIRECCIÓN DEL ESTAMPADO

Un diseño (en este caso, flores) que discurre en una sola dirección quedará invertido en uno de los lados al doblar la tela.

DIRECCIÓN DE LAS RAYAS

Si las rayas no coinciden al doblar la tela, significa que son irregulares, y la tela deberá cortarse en una sola dirección.

PREPARAR LA TELA

Para verificar si la tela se ha cortado bien del rollo, pliégala de orillo a orillo y alísala. Si los bordes cortados son irregulares y no coinciden, utiliza uno de los siguientes métodos para dejarlos rectos. Después plancha la tela.

SACAR UN HILO PARA OBTENER UN BORDE RECTO

1 En una tela poco tupida puedes sacar un hilo de la trama para conseguir un borde recto. Haz un piquete en el orillo, busca un hilo y tira suavemente de él para sacarlo.

2 La tela se fruncirá a lo largo del hilo estirado hasta que este salga por completo.

3 Corta con cuidado a lo largo del espacio dejado por el hilo sacado.

CORTAR POR UNA RAYA PARA OBTENER UN BORDE RECTO

En telas de cuadros y rayas, corta a lo largo del borde de una de las rayas más destacadas para obtener un borde recto.

COLOCACIÓN DEL PATRÓN

Normalmente la tela se dobla de orillo a orillo. En una tela doblada, las piezas del patrón se prenden con alfileres por encima, y el derecho y el revés se cortan a la vez. En una tela sin doblar, se deben cortar las piezas de dos en dos y de manera que coincidan. Cuando el tejido es estampado, conviene colocar las piezas del patrón sobre el derecho de la tela para que se vea bien el diseño. Si se tiene que cortar por separado el derecho y el izquierdo de la misma pieza, se deben colocar los patrones con el lado impreso hacia arriba sobre el derecho de la tela sin doblar.

PRENDER EL PATRÓN A LA TELA

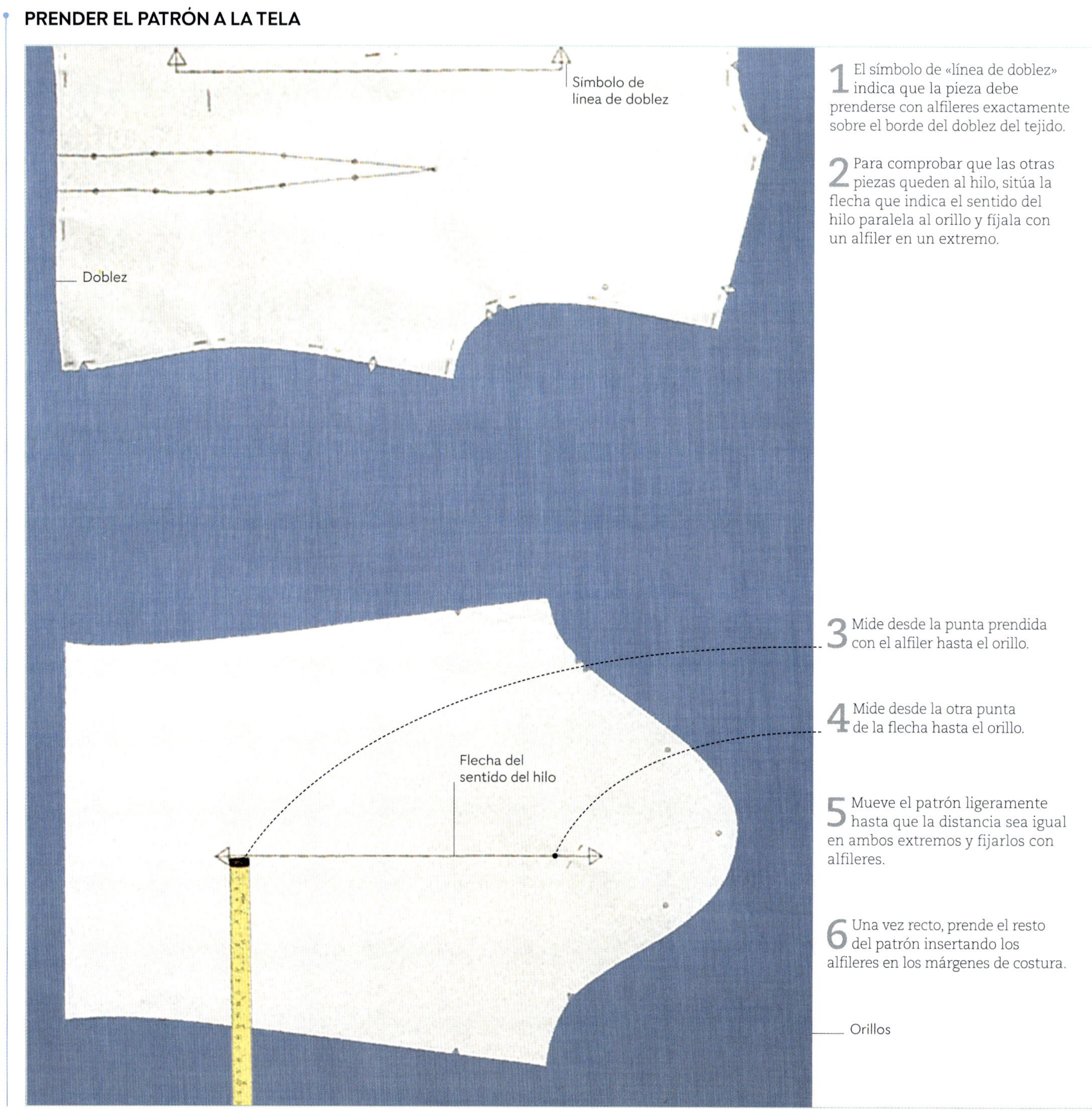

1 El símbolo de «línea de doblez» indica que la pieza debe prenderse con alfileres exactamente sobre el borde del doblez del tejido.

2 Para comprobar que las otras piezas queden al hilo, sitúa la flecha que indica el sentido del hilo paralela al orillo y fíjala con un alfiler en un extremo.

3 Mide desde la punta prendida con el alfiler hasta el orillo.

4 Mide desde la otra punta de la flecha hasta el orillo.

5 Mueve el patrón ligeramente hasta que la distancia sea igual en ambos extremos y fijarlos con alfileres.

6 Una vez recto, prende el resto del patrón insertando los alfileres en los márgenes de costura.

GUÍA GENERAL DE COLOCACIÓN DE UN PATRÓN

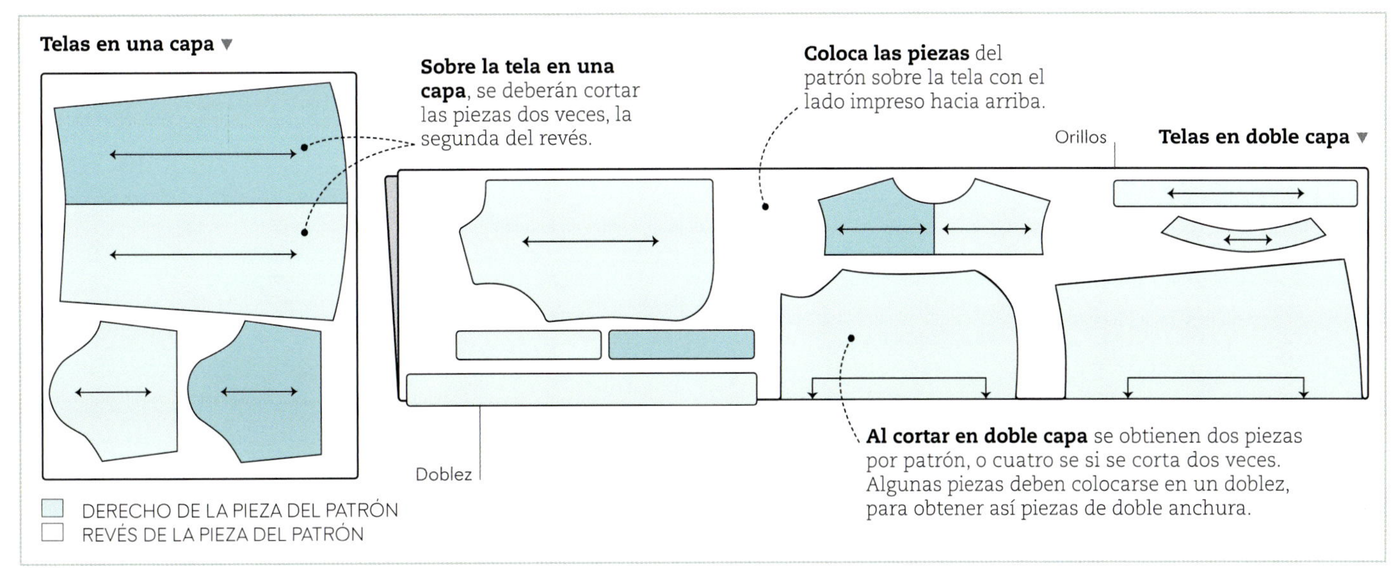

DOBLEZ A LO ANCHO EN TELAS CON PELO

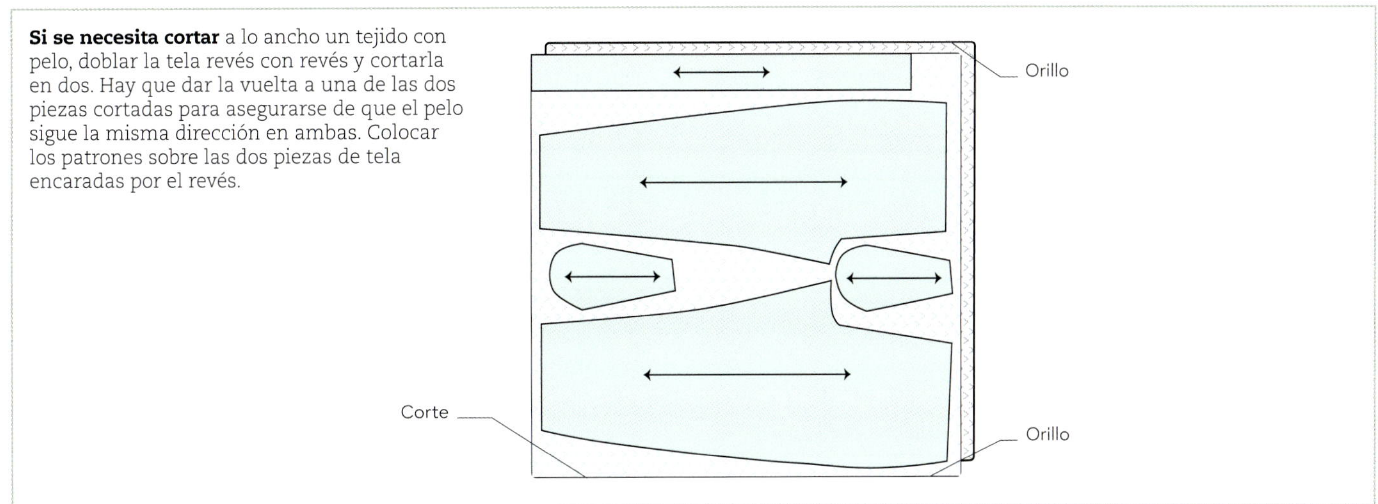

COLOCACIÓN EN UN DOBLEZ PARCIAL

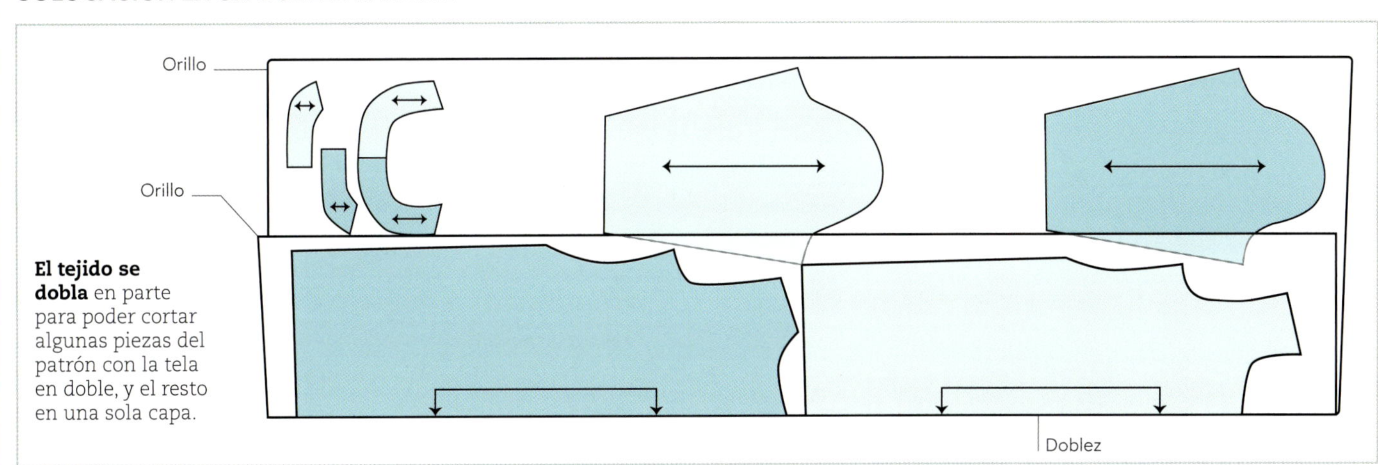

RAYAS Y CUADROS

En las telas con rayas o cuadros hay que tener más cuidado al colocar las piezas del patrón. Si los cuadros o rayas van a través o a lo largo de la tela cuando se la corta, tendrán la misma dirección en la prenda una vez confeccionada. Por tanto, es importante colocar las piezas del patrón asegurándose de que las rayas y los cuadros casan y quedan paralelos en las costuras. Si es posible, coloca las piezas de manera que cada una tenga una raya en el centro. Si la tela es de cuadros, presta especial atención a la posición de la línea del bajo.

RAYAS REGULARES E IRREGULARES

Rayas regulares
Cuando se pliega en diagonal una esquina de la tela, coincidirán en el doblez.

Rayas irregulares
Al plegar una esquina de la tela en diagonal, no coinciden en el doblez.

CUADROS REGULARES E IRREGULARES

Cuadros regulares
Cuando se pliega en diagonal una esquina de la tela, son simétricos en los dos lados de la tela.

Cuadros irregulares
Al plegar en diagonal una esquina de la tela, tendrán una longitud o una anchura, o ambas, diferentes.

CASAR RAYAS O CUADROS EN UNA FALDA

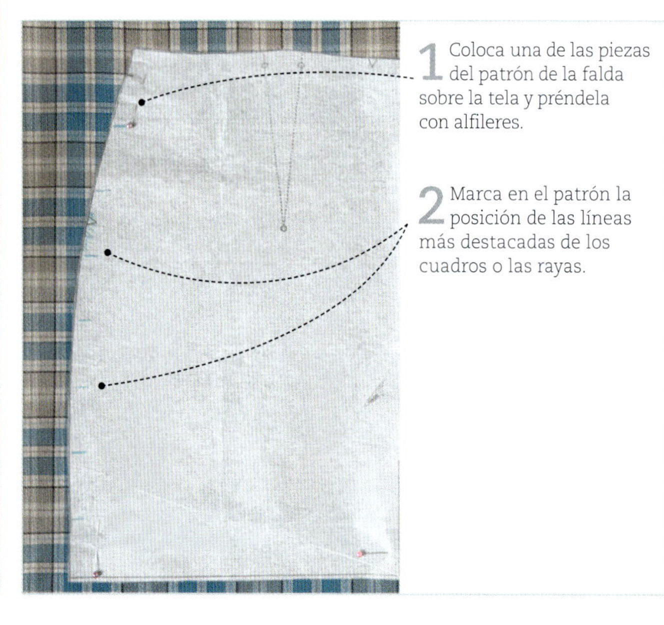

1 Coloca una de las piezas del patrón de la falda sobre la tela y préndela con alfileres.

2 Marca en el patrón la posición de las líneas más destacadas de los cuadros o las rayas.

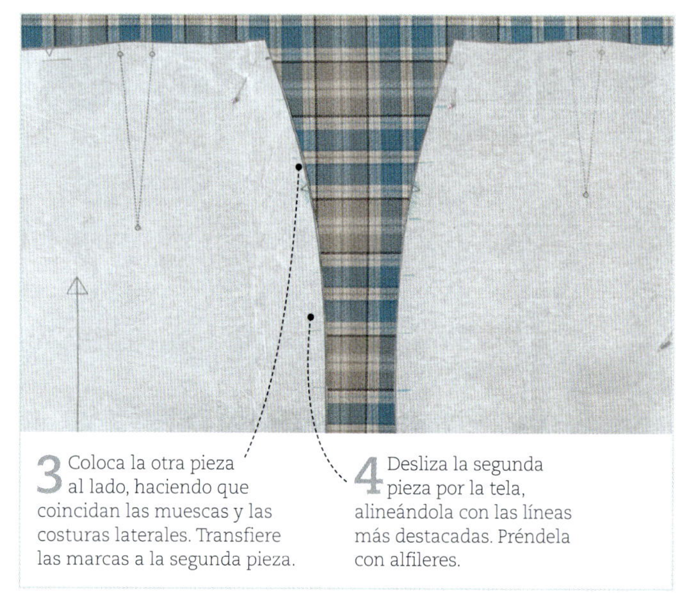

3 Coloca la otra pieza al lado, haciendo que coincidan las muescas y las costuras laterales. Transfiere las marcas a la segunda pieza.

4 Desliza la segunda pieza por la tela, alineándola con las líneas más destacadas. Préndela con alfileres.

CASAR RAYAS O CUADROS EN LA SISA

1 Marca las líneas destacadas de las rayas o los cuadros alrededor de la sisa en el patrón del delantero del cuerpo.

2 Coloca el patrón de la manga sobre la sisa, casando las muescas, y calca en él las marcas.

3 Coloca el patrón de la manga sobre la tela, alineando las marcas con las líneas destacadas respectivas, y préndelo con alfileres.

COLOCACIÓN PARA EL CORTE DE TELAS DE RAYAS O CUADROS IRREGULARES EN UNA CAPA

COLOCACIÓN PARA EL CORTE DE TELAS DE CUADROS REGULARES EN DOBLE CAPA

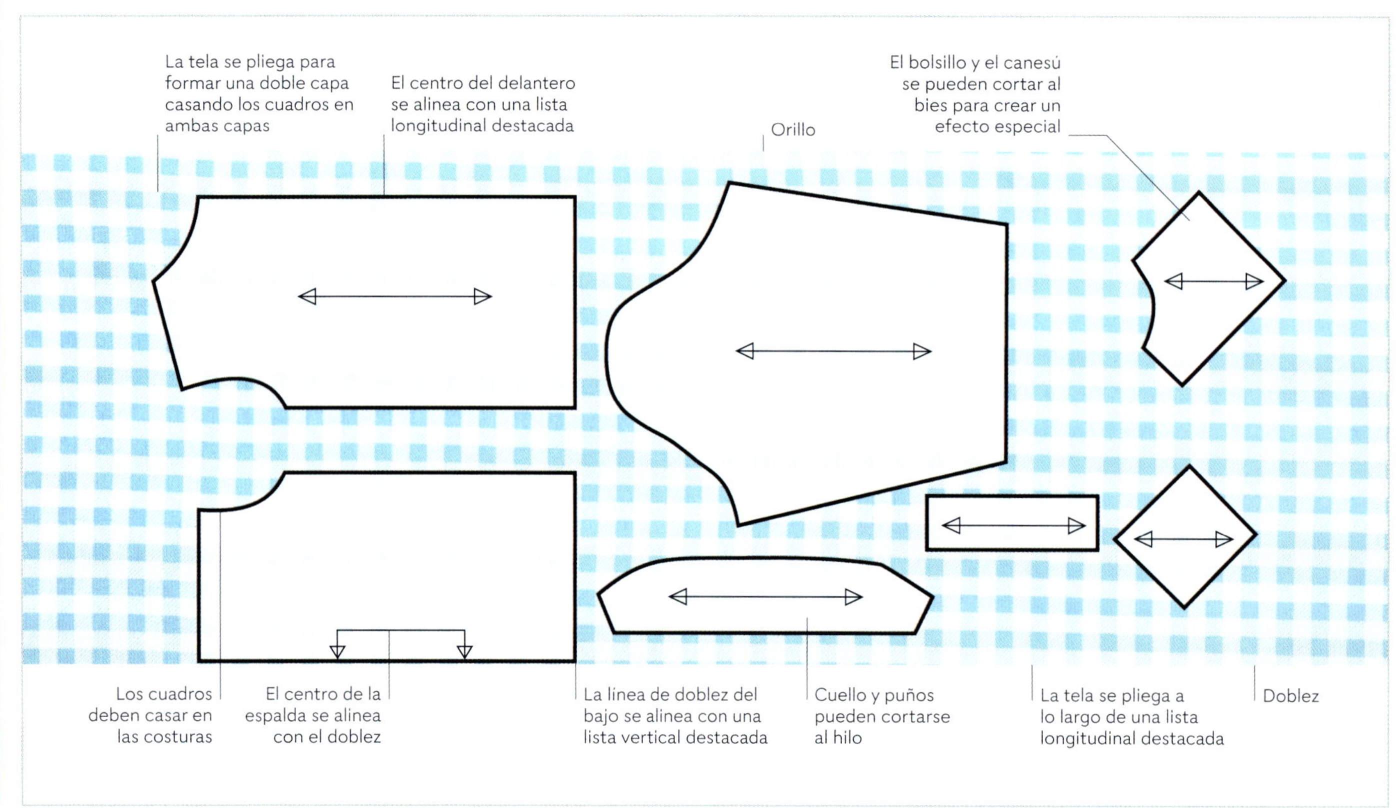

COLOCACIÓN PARA EL CORTE DE TELAS DE RAYAS REGULARES EN DOBLE CAPA

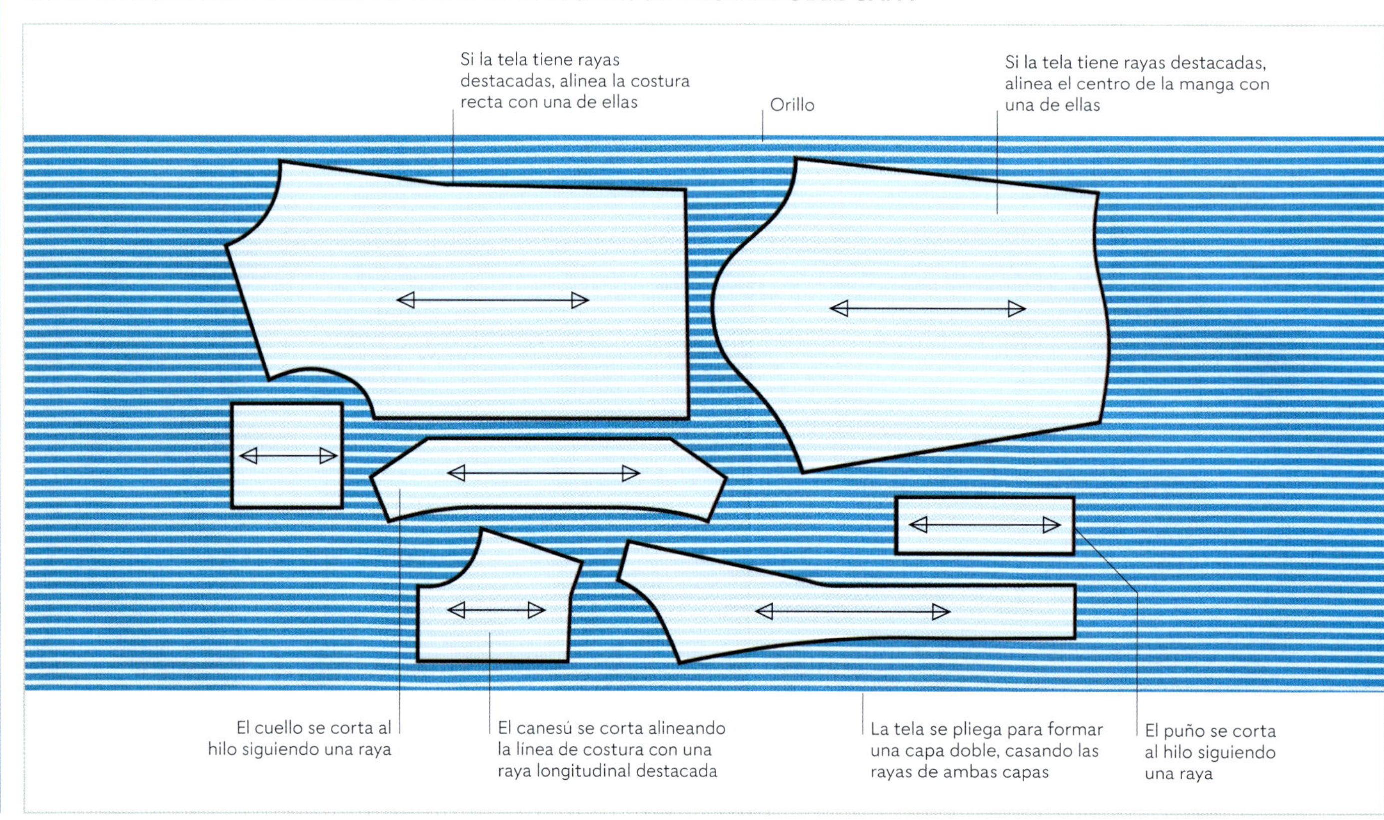

COLOCACIÓN PARA EL CORTE DE TELAS CON ESTAMPADOS GRANDES

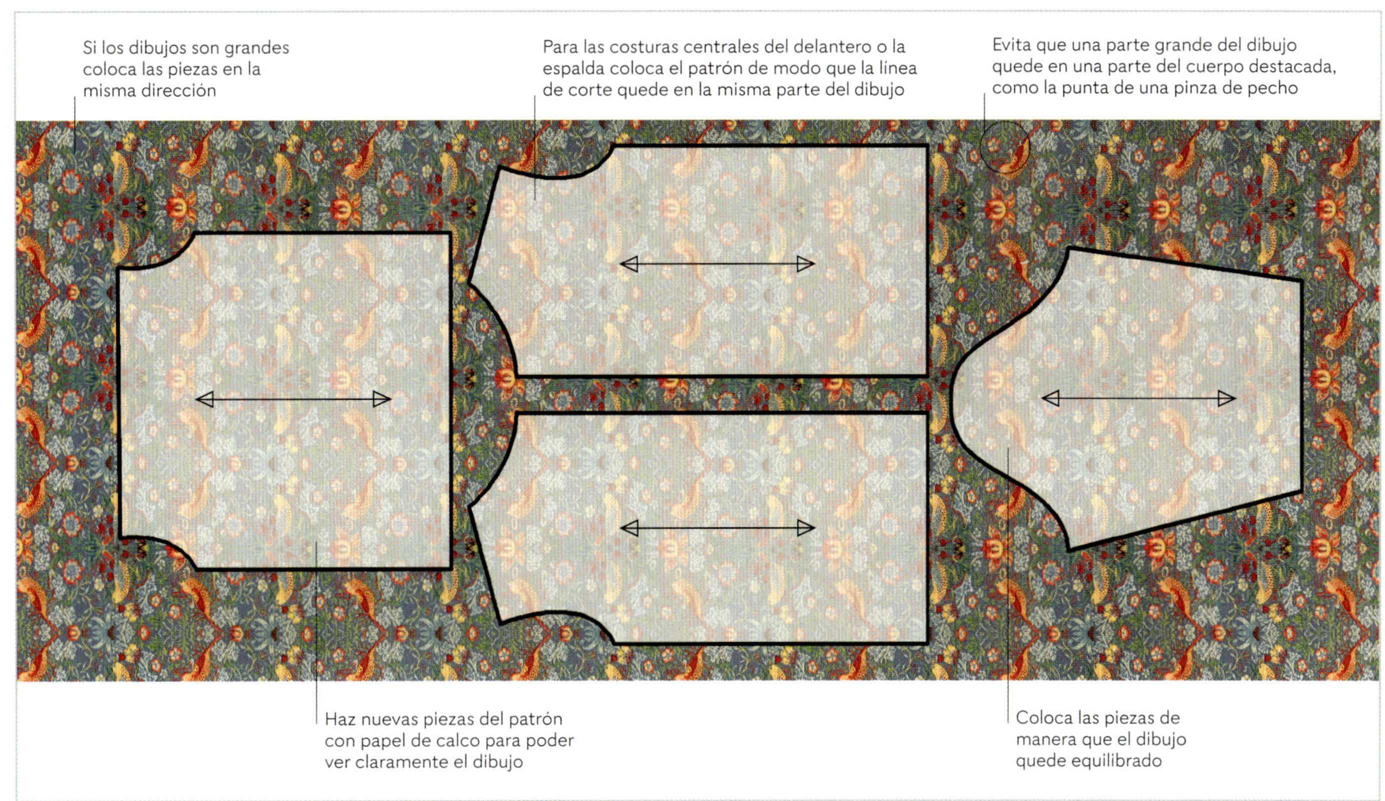

CORTE AL BIES

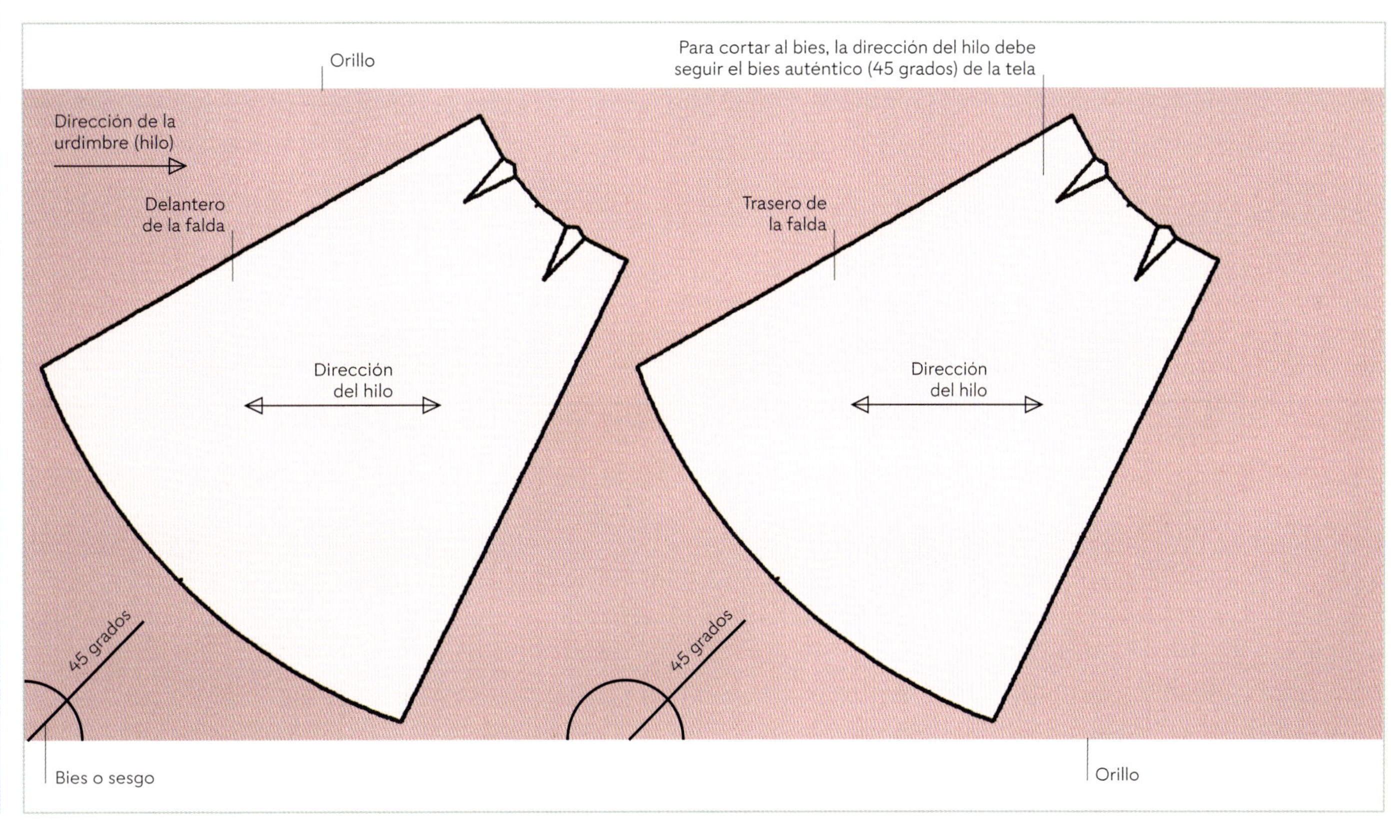

Cortar con precisión

El corte cuidadoso de las piezas del patrón asegurará que se unan a la perfección. Corta siempre sobre una superficie lisa y plana, como una mesa (el suelo no es adecuado) y comprueba que las tijeras estén bien afiladas. Para obtener bordes rectos y limpios, haz cortes largos deslizando las tijeras a lo largo de la tela, y más cortos en las curvas. No hagas cortes muy pequeños ni des tijeretazos.

CÓMO CORTAR

Coloca una mano sobre el patrón y la tela para sujetarlos y corta limpiamente con la tijera en ángulo recto con respecto a la tela.

MARCAR MUESCAS

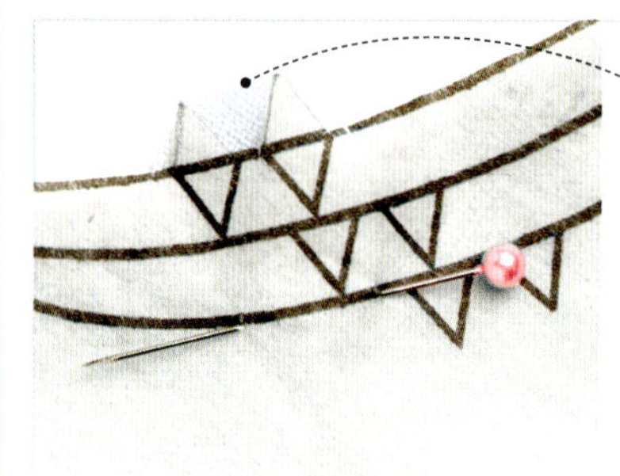

Estos símbolos se han de marcar en la tela, ya que indican puntos que deben coincidir. Una de las maneras más fáciles de hacerlo es recortar las muescas invertidas en la tela. En lugar de recortar de una en una las muescas dobles o triples, corta en línea recta de punta a punta.

MARCAR PUNTOS

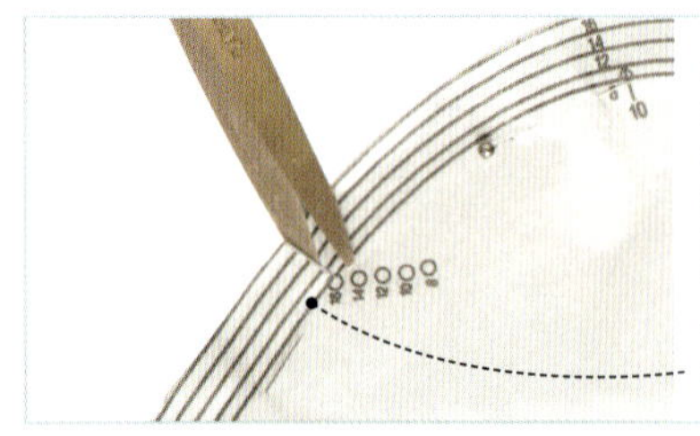

Para marcar los puntos que indican el extremo de un hombro en una manga se puede hacer un pequeño corte en la tela. También se pueden marcar con hilos flojos o hilvanes de sastre (p. siguiente).

MARCAR CON PUNTOS

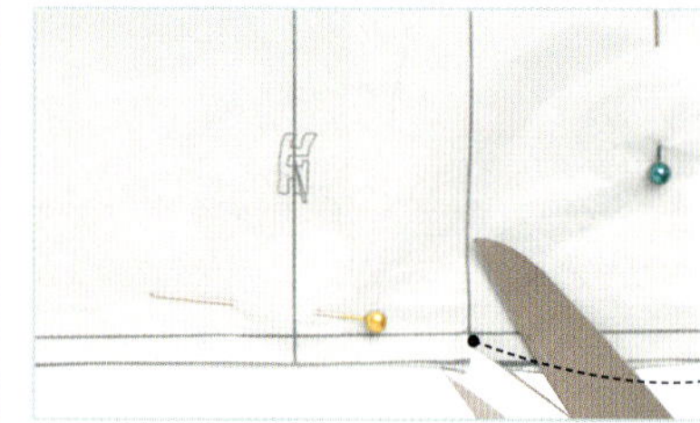

Un pequeño corte en el borde de la tela es una forma práctica de marcar algunas de las líneas que aparecen en un patrón, como la central del delantero y las de pliegues, o los extremos de muescas y pinzas.

MARCAS DEL PATRÓN

Una vez cortadas las piezas y antes de retirar el patrón, deberás marcar los símbolos de este en la tela. Hay muchas maneras de hacerlo. Los hilos flojos sueltos o hilvanes de sastre sueltos son ideales para marcar círculos y puntos, aunque estos también se pueden marcar con un rotulador borrable. Antes de emplear un rotulador, pruébalo en un retal desechado de la misma tela. Para las líneas se pueden emplear hilos flojos continuos o una ruleta de marcar y papel carbón.

HILOS FLOJOS CONTINUOS

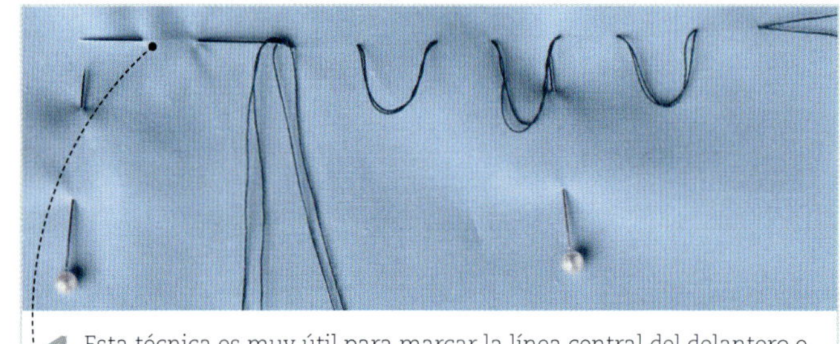

1 Esta técnica es muy útil para marcar la línea central del delantero o las líneas de doblez y de posición de un pliegue. Con hebra doble, haz una hilera de puntadas flojas a lo largo de la línea marcada en el patrón.

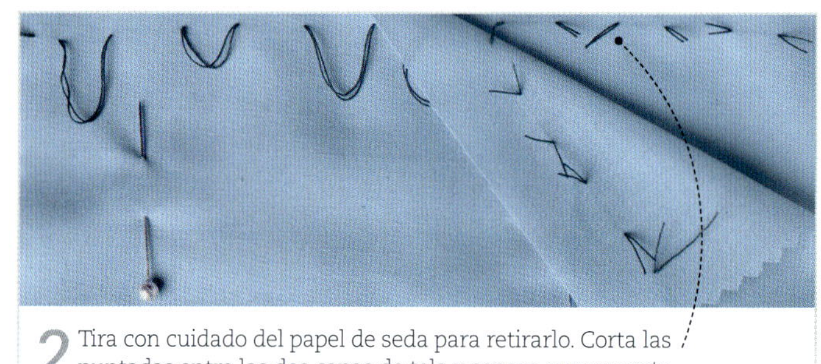

2 Tira con cuidado del papel de seda para retirarlo. Corta las puntadas entre las dos capas de tela y separa suavemente estas para que queden a la vista los extremos de los hilos.

HILOS FLOJOS SUELTOS

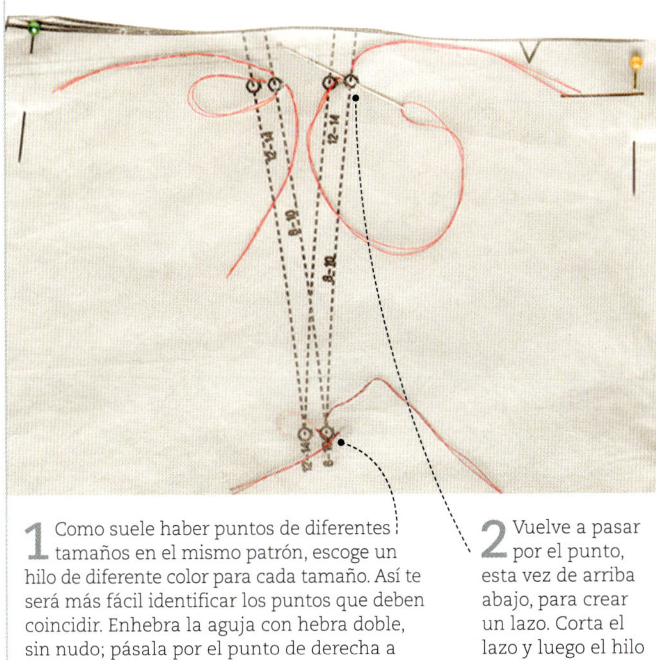

1 Como suele haber puntos de diferentes tamaños en el mismo patrón, escoge un hilo de diferente color para cada tamaño. Así te será más fácil identificar los puntos que deben coincidir. Enhebra la aguja con hebra doble, sin nudo; pásala por el punto de derecha a izquierda y deja un cabo de hilo. Asegúrate de atravesar el patrón y las dos capas de tela.

2 Vuelve a pasar por el punto, esta vez de arriba abajo, para crear un lazo. Corta el lazo y luego el hilo sobrante, dejando solo un cabo.

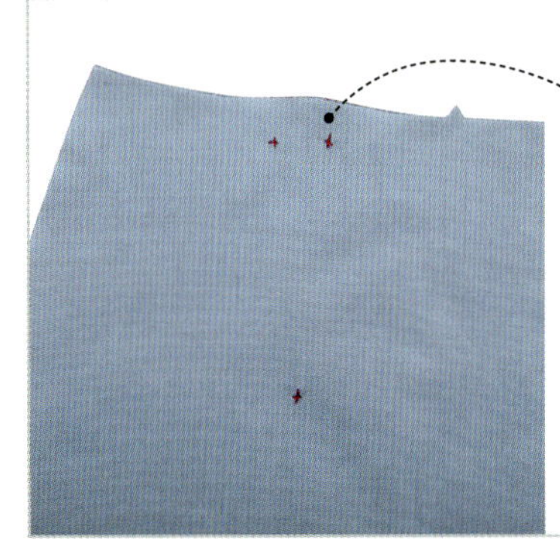

3 Retira el patrón con cuidado. En la parte superior habrá cuatro hilos sueltos de marcado en cada punto. En el otro lado, la posición de cada punto estará marcada con una X.

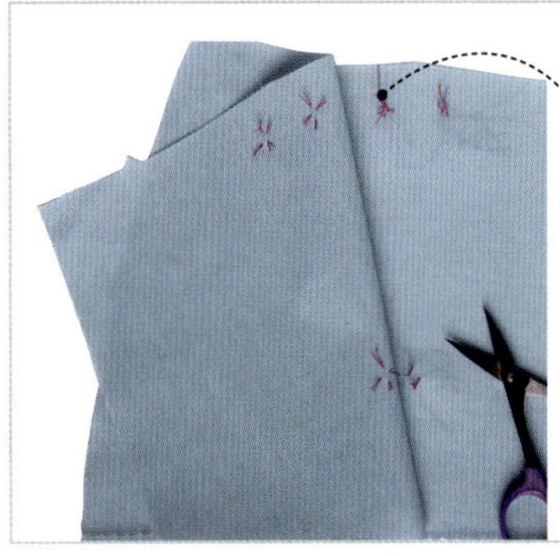

4 Separa con suavidad las dos capas de tela y corta los hilos entre ellas, de modo que queden cabos en ambas.

RULETA Y PAPEL CARBÓN

1 Este método no es idóneo para todas las telas, pues las marcas podrían no ser fáciles de eliminar. Pon papel carbón de modista entre el revés de la tela y el patrón.

2 Pasa la ruleta por las líneas del patrón (una regla te ayudará a trazar líneas rectas).

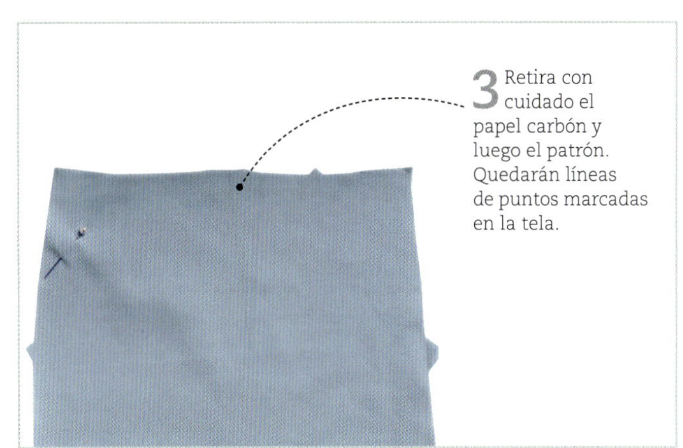

3 Retira con cuidado el papel carbón y luego el patrón. Quedarán líneas de puntos marcadas en la tela.

ROTULADORES

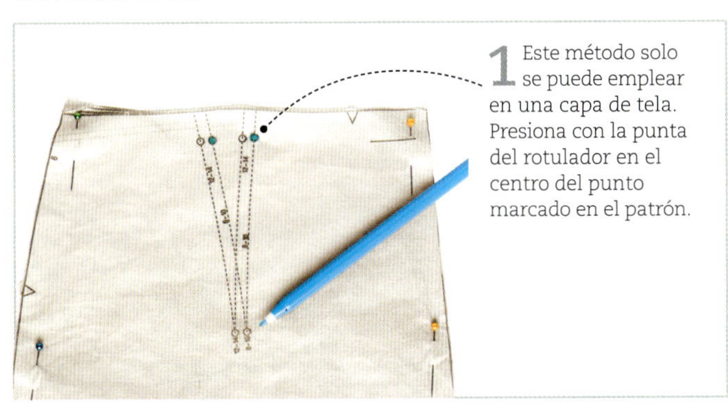

1 Este método solo se puede emplear en una capa de tela. Presiona con la punta del rotulador en el centro del punto marcado en el patrón.

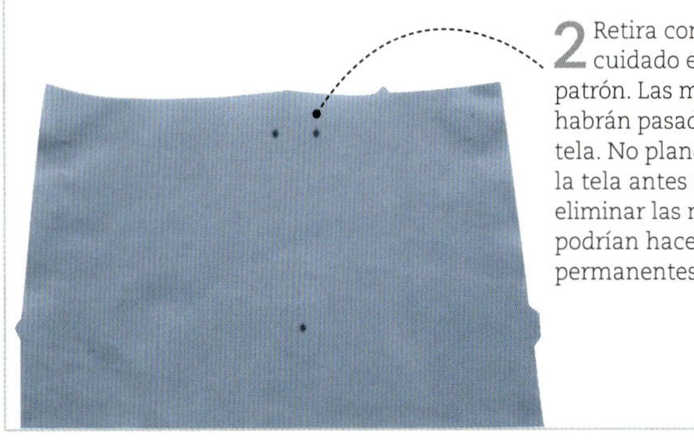

2 Retira con cuidado el patrón. Las marcas habrán pasado a la tela. No planches la tela antes de eliminar las marcas: podrían hacerse permanentes.

Técnicas

En sastrería se utilizan técnicas especiales propias, muchas de ellas relacionadas con la costura a mano, así como métodos de confección avanzados, desde cómo hacer lorzas y pinzas hasta cómo crear cuellos impecables e insertar mangas.

Puntos de costura a mano

Aunque las máquinas de coser modernas han acabado en gran parte con la necesidad de coser a mano, todavía es necesario preparar la tela con puntos de marcado e hilvanes, que se retiran antes de coserla de manera permanente o una vez terminada la labor. Las costuras permanentes a mano se utilizan para acabar una prenda y añadirle los sistemas de abrochado, así como para arreglos rápidos.

ENHEBRAR LA AGUJA

Para coser a mano, se debe utilizar una hebra no más larga que la distancia entre la punta de los dedos y el codo. Si es más larga, se enredará y formará nudos al coser.

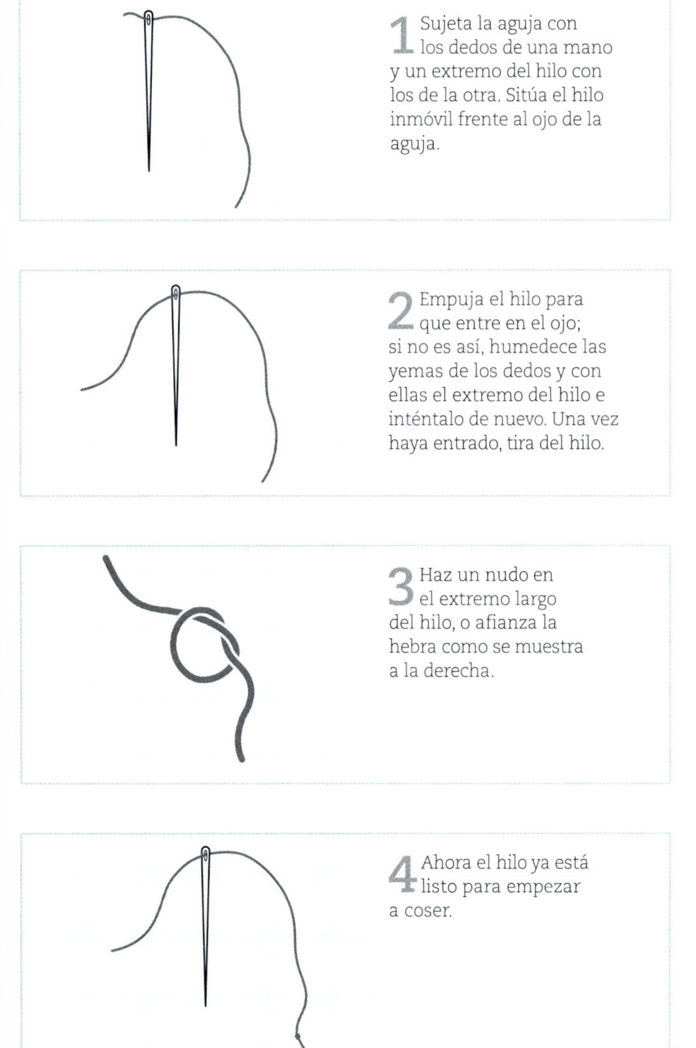

1 Sujeta la aguja con los dedos de una mano y un extremo del hilo con los de la otra. Sitúa el hilo inmóvil frente al ojo de la aguja.

2 Empuja el hilo para que entre en el ojo; si no es así, humedece las yemas de los dedos y con ellas el extremo del hilo e inténtalo de nuevo. Una vez haya entrado, tira del hilo.

3 Haz un nudo en el extremo largo del hilo, o afianza la hebra como se muestra a la derecha.

4 Ahora el hilo ya está listo para empezar a coser.

AFIANZAR LA HEBRA

El extremo del hilo debe quedar firmemente sujeto a la tela, sobre todo si la costura va a ser permanente. Hacer un nudo al final de la hebra (izqda.) puede bastar para costuras temporales; para las permanentes es mejor el punto atrás.

PUNTO ATRÁS DOBLE

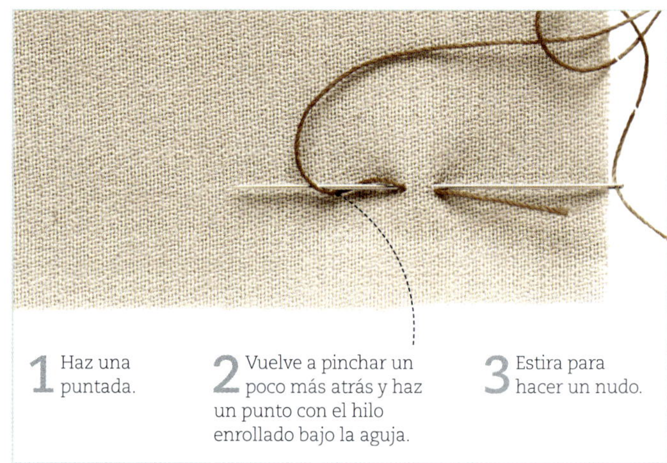

1 Haz una puntada.

2 Vuelve a pinchar un poco más atrás y haz un punto con el hilo enrollado bajo la aguja.

3 Estira para hacer un nudo.

PUNTO ATRÁS

Haz dos puntadas cortas en el mismo lugar.

HILVANES

Cada tipo de costura temporal tiene un uso específico. Los puntos flojos se usan para trasladar marcas del patrón a la tela. El hilván básico y las presillas de unión mantienen unidas dos o más piezas de tela. El hilván largo y corto, o basta, está destinado a permanecer algún tiempo. La presilla de cadeneta cumple una función similar a la de las presillas a festón, pero es mucho más fina, dado que se hace enlazando un solo hilo. El hilván oblicuo sujeta pliegues o telas superpuestas, mientras que el hilván deslizado (o punto de lado) se usa para sujetar un pliegue de tela a otra tela.

HILVÁN BÁSICO

Comienza con un nudo y, con una sola hebra, ve dando puntadas largas e iguales.

HILVÁN OBLICUO

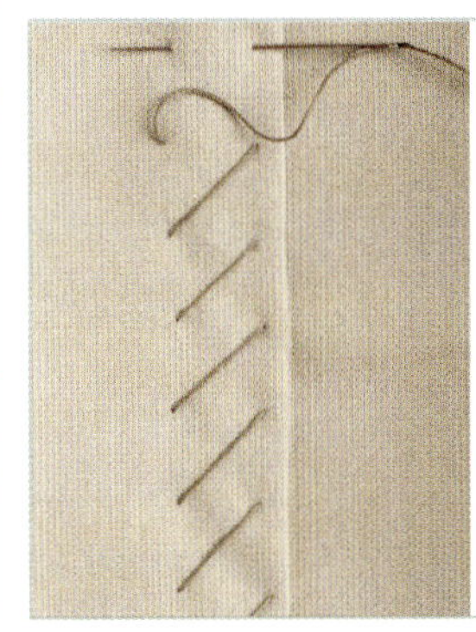

Trabaja de abajo arriba, dando puntadas largas inclinadas y paralelas.

HILVÁN DESLIZADO

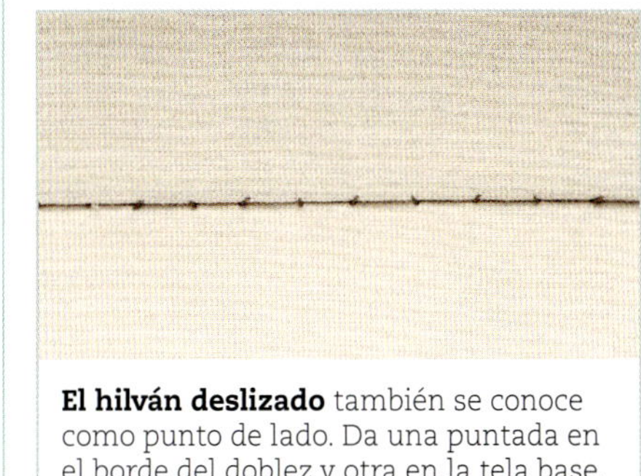

El hilván deslizado también se conoce como punto de lado. Da una puntada en el borde del doblez y otra en la tela base.

HILVÁN LARGO Y CORTO

Haz puntadas largas dejando un pequeño espacio entre ellas.

PRESILLA A FESTÓN

1 Haz dos o tres lazadas con hebra doble, atravesando las dos capas de tela.

2 Trabaja a punto de ojal (p. 103) a lo largo de las lazadas.

PRESILLA DE CADENETA

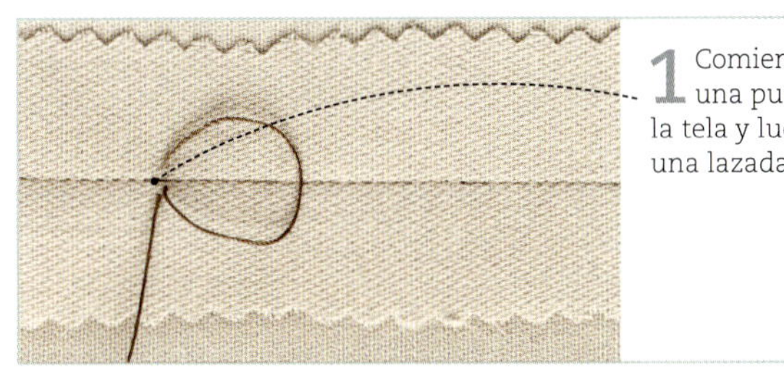

1 Comienza dando una puntada en la tela y luego haz una lazada.

2 Haz otra lazada, pasa el hilo a través de la anterior y tira para ajustarla.

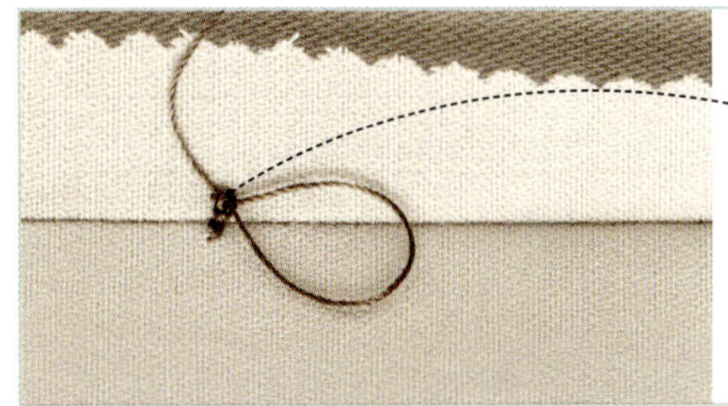

3 Repite el proceso. Al cabo de unas cuantas lazadas obtendrás una cadena.

4 Pasa el hilo a través de la última lazada y tira para ajustarla. Usa el extremo del hilo para afianzar la lazada con el tipo de puntada que se requiera.

COSTURAS A MANO

En la confección de una prenda o una labor se utilizan varios puntos de costura a mano, algunos meramente decorativos y otros más funcionales.

PESPUNTE

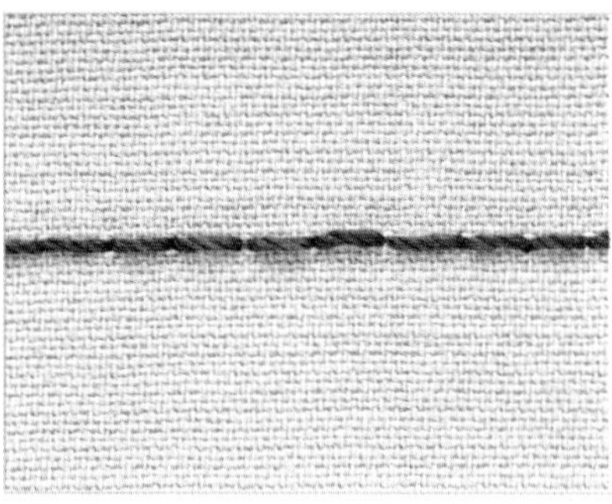

Punto resistente que se usa sobre todo para unir las piezas de una prenda. Se trabaja de derecha a izquierda. La aguja se saca dejando un espacio a la izquierda de la última puntada y se introduce al final de esta, y así sucesivamente.

BASTILLA

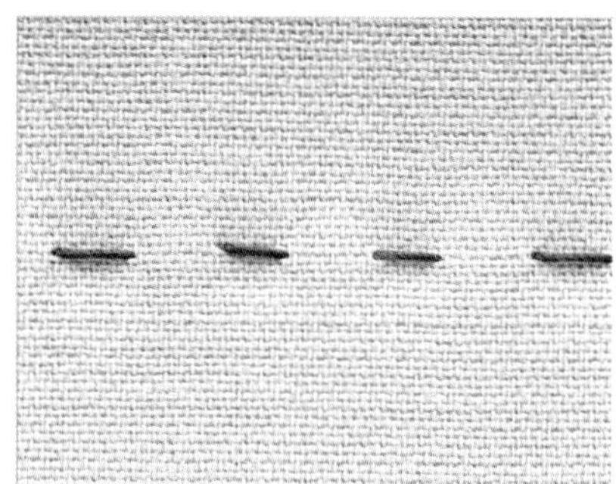

Similar a un hilván básico (p. 101), pero con fines decorativos. Se trabaja de derecha a izquierda, metiendo y sacando la aguja para hacer varias puntadas a la vez, separadas por espacios de la misma longitud.

PESPUNTE PICADO

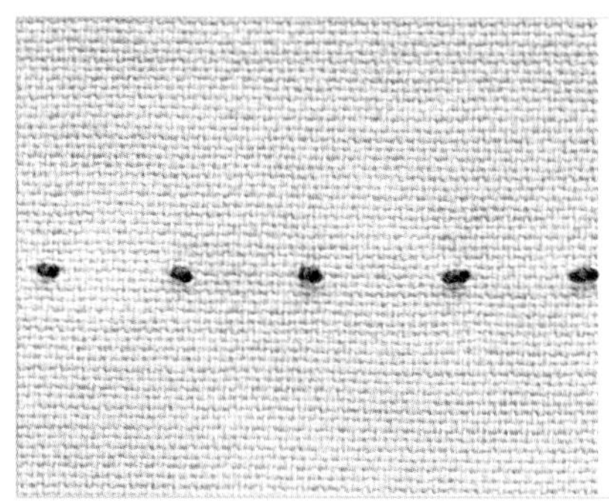

Se suele usar para adornar el borde de una pieza acabada, por ejemplo, un cuello. Se hace de derecha a izquierda, dando pequeñas puntadas de 2 mm de longitud dejando espacios al menos tres veces más largos entre ellas.

SOBREHILADO

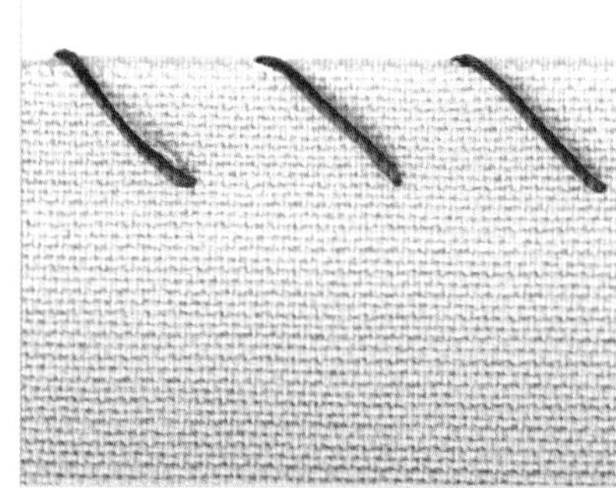

Costura que se hace a lo largo de los bordes cortados de la tela para que no se deshilachen. Se trabaja de derecha a izquierda, con un solo hilo, dando puntadas en diagonal por encima del canto. El ancho de puntada depende de la tela: en telas finas, dar puntadas cortas.

PUNTO DE ESCAPULARIO

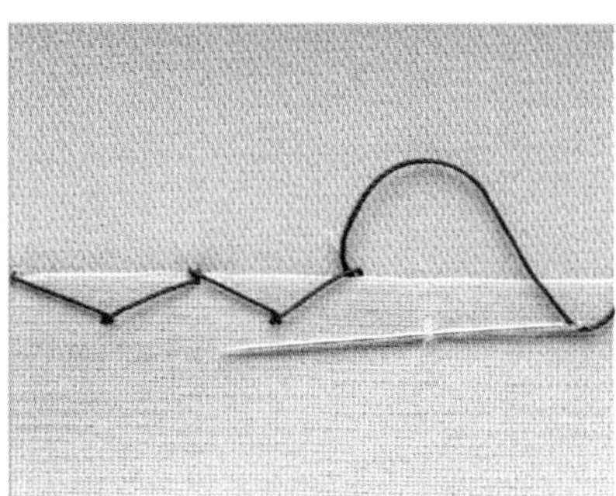

Es seguro, pero admite cierto movimiento. Se usa para unir entretelas y dobladillos. Se trabaja de izquierda a derecha, dando una pequeña puntada horizontal en una capa de tela y luego en la otra, de manera que el hilo se vaya entrecruzando.

PUNTO DE JARETA VERTICAL

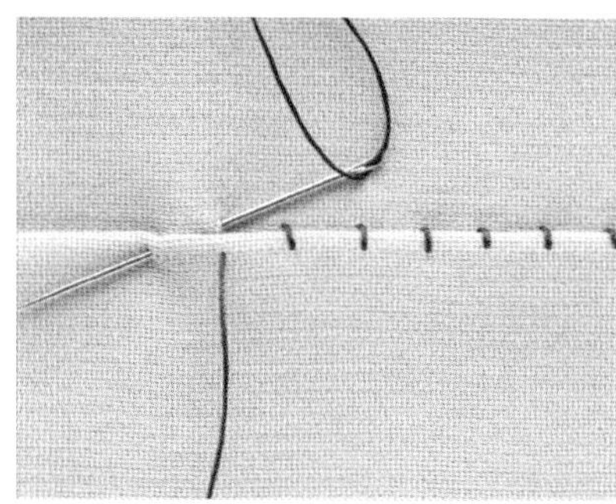

Es un punto fuerte y resistente para unir dos capas de tela de manera permanente. Se suele utilizar para coser forros y tiras al bies. Se hace de derecha a izquierda, con puntadas cortas y rectas en el borde de la tela.

PUNTO DE DOBLADILLO INVISIBLE

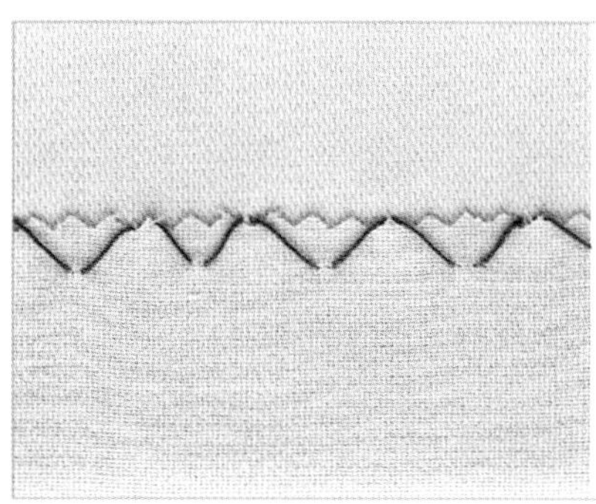

Punto deslizado que se usa sobre todo para coser bajos. Es parecido al punto de escapulario (arriba). Se trabaja de derecha a izquierda, dando una pequeña puntada horizontal en una capa de tela y después en la otra.

PUNTO DE JARETA ESCONDIDO

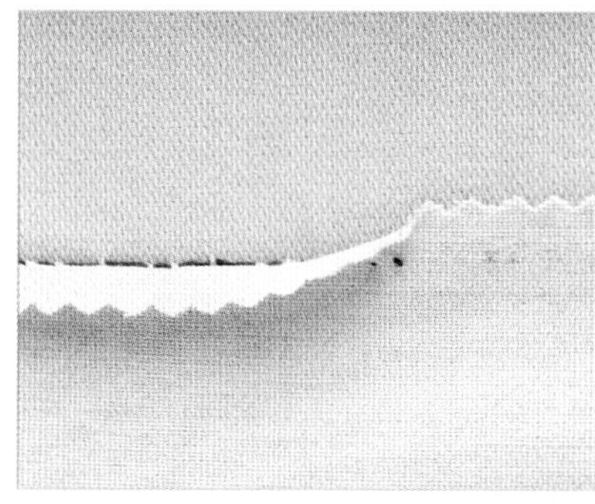

Como su nombre indica, se utiliza para coser jaretas o dobladillos. Dado que la costura queda bajo el borde de la tela, tiene que ser discreta. Se trabaja de derecha a izquierda a punto deslizado o de dobladillo invisible.

PUNTO DE OJAL

1 Se utiliza para hacer ojales y afianzar otros sistemas de abrochado. Se trabaja sobre el borde del ojal ya cortado, sin dejar espacio entre puntadas y de derecha a izquierda. Pasa la aguja de arriba abajo y sácala un poco por debajo del canto.

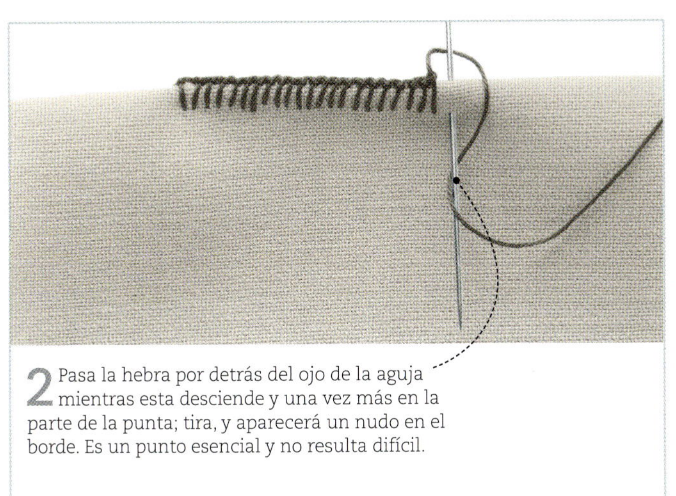

2 Pasa la hebra por detrás del ojo de la aguja mientras esta desciende y una vez más en la parte de la punta; tira, y aparecerá un nudo en el borde. Es un punto esencial y no resulta difícil.

PUNTO DE CRUZ

Se utiliza como costura temporal para mantener en su sitio los pliegues una vez confeccionados y afianzar forros. Haz una hilera de puntadas iguales en diagonal en una dirección y después otra en dirección opuesta, de manera que se crucen.

PUNTO DE LADO

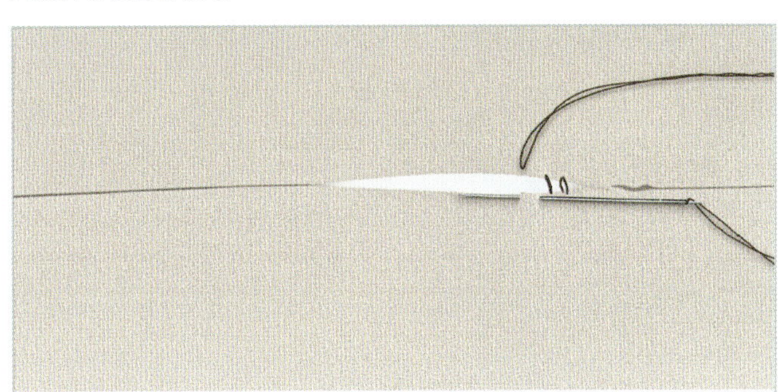

Se utiliza para coser bajos y bordes plegados o cerrar aberturas. Con hilo doble y de derecha a izquierda, da una pequeña puntada en un lado y otra en el opuesto. Al tensar el hilo, la abertura se cerrará sin que se note la costura.

SOBREHILADO CON FESTÓN

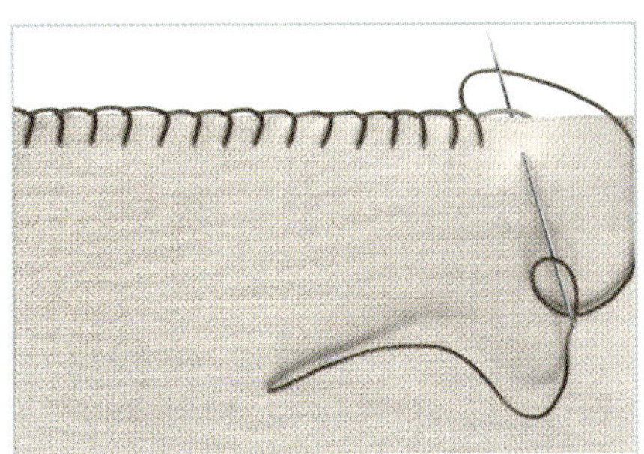

Parecido al punto de ojal (arriba), pero sin el nudo y dejando siempre un espacio entre puntadas, se utiliza para rematar cantos con un acabado decorativo. Pincha la aguja un poco más abajo del canto y, conforme comienza a aparecer tras el borde, enrolla el hilo por detrás.

PUNTO DE PLUMA O DE BÉISBOL

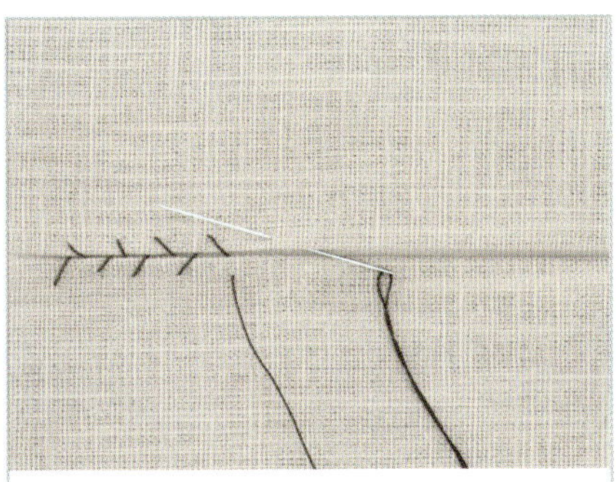

1 Se hace de izquierda a derecha para coser dos bordes alineados. Da una puntada a través del doblez y a continuación introduce la aguja en diagonal a través del otro borde.

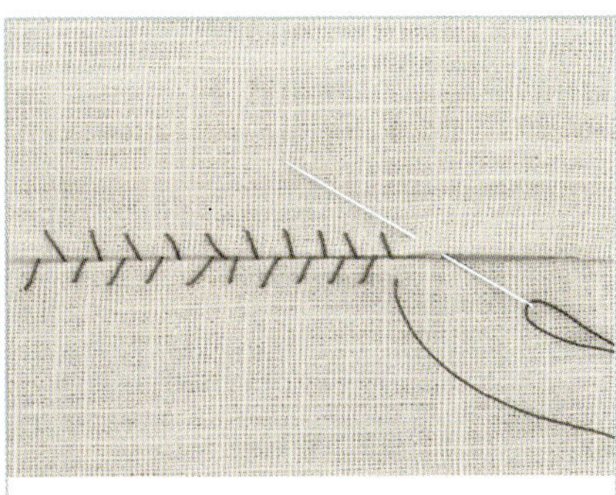

2 Repite para crear un efecto de zigzag y unir los dos bordes, ya sea provisionalmente durante la confección de una prenda o de manera definitiva.

FLECHAS DE REFUERZO

Son triángulos formados por puntadas rectas en un orden determinado. Es una costura permanente pensada para zonas sometidas a tensión y que podrían rasgarse, como una abertura.

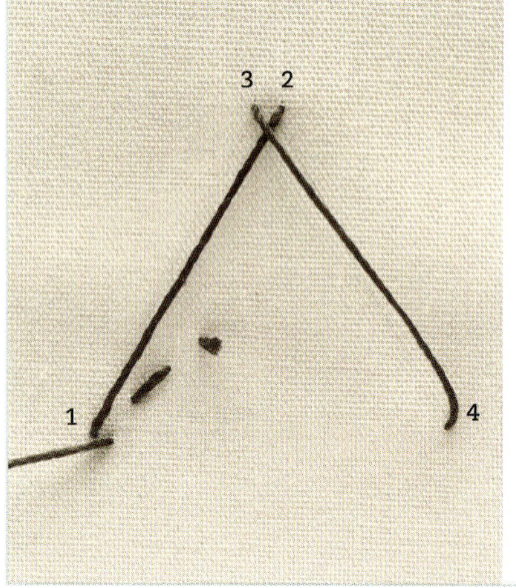

1 Marca en la tela un triángulo de unos 8 mm de lado. Empieza con un nudo. Saca la aguja a través de **1** y métela en **2**.

2 Después, saca la aguja a través de **3** y vuelve a pincharla en **4**. Repite.

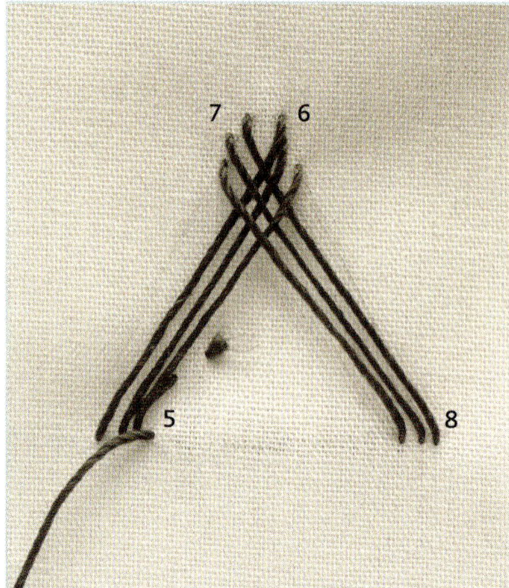

3 Continúa con las puntadas: la aguja sale de la tela en **5** y entra en **6**, sale de nuevo en **7** y entra en **8**.

4 Haz unas diez puntadas alternas para completar la flecha.

PICADO

El picado se utiliza para unir la entretela de sastrería (también llamada «de picar») al delantero de las chaquetas, y también dos capas de entretela, para darles forma y estructura. Requiere un buen dominio de la aguja.

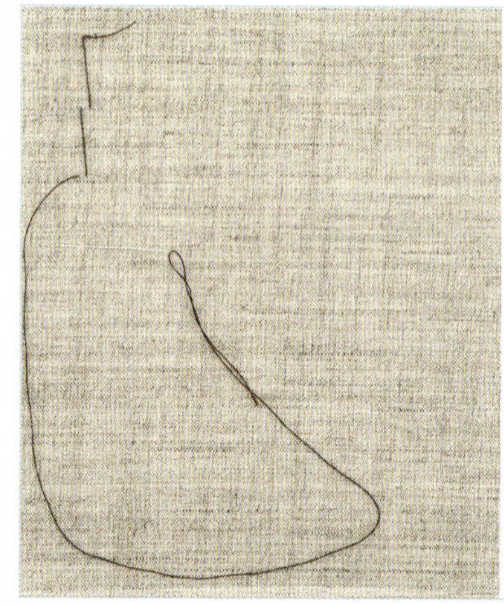

1 Al igual que el hilván oblicuo (p. 101), las puntadas se hacen en vertical, en horizontal o en diagonal, en vueltas.

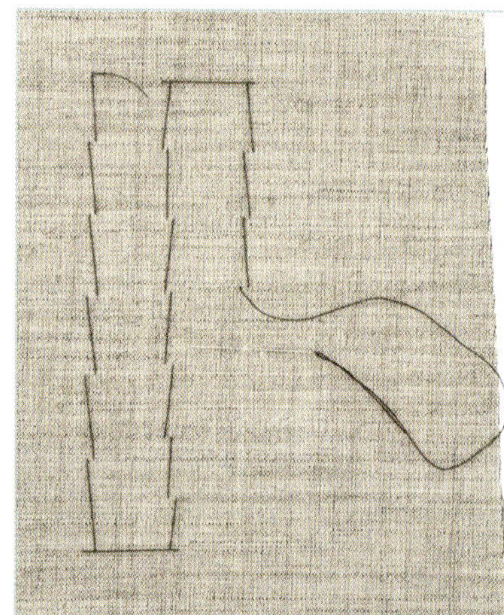

2 Haz puntadas largas, de 2,5 a 3 cm de largo, en vueltas a una distancia de 2,5 cm. Pasa la aguja a través de la entretela y recoge algunas hebras de la capa de abajo para hacer una puntada en ángulo recto, sin atravesar del todo la tela: la puntada no debe notarse en absoluto por el derecho.

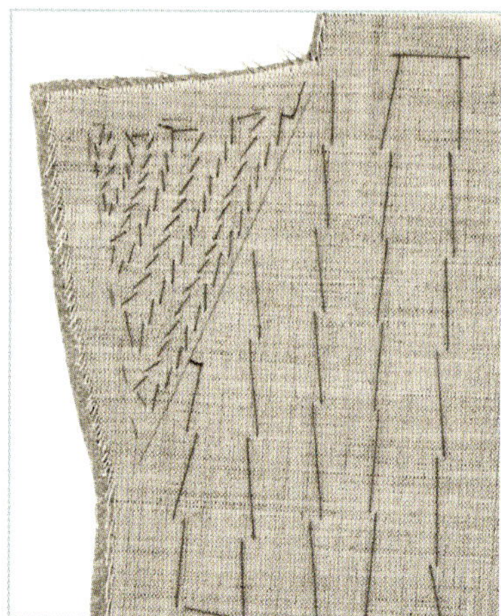

3 En las solapas, el picado debe ser mucho más corto y profundo. De nuevo, pincha la capa de abajo sin llegar a atravesarla. La versión corta del picado también es un poco más prieta y creará un efecto de hoyuelos en el revés de la solapa.

Puntos de costura a máquina

Para confeccionar una prenda, las telas se unen mediante costuras a máquina. La costura a máquina más habitual es la sencilla, idónea para una gran variedad de telas y prendas. Sin embargo, hay muchos otros puntos y tipos de costura adecuados, en función de la tela y de la prenda.

AFIANZAR LAS COSTURAS

Para evitar que se deshagan, las costuras a máquina también deben afianzarse al final. Esto se puede hacer a mano, anudando los extremos de los hilos, o a máquina, cosiendo hacia atrás con la función de retroceso, o dando dos o tres puntadas en el mismo lugar con puntada de remate.

ANUDAR LOS EXTREMOS

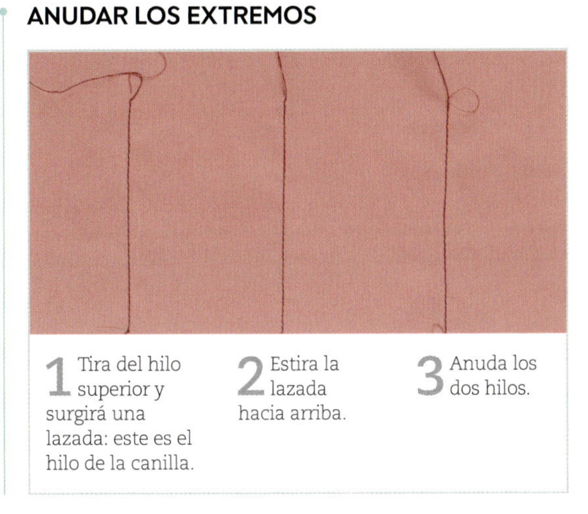

1 Tira del hilo superior y surgirá una lazada: este es el hilo de la canilla.

2 Estira la lazada hacia arriba.

3 Anuda los dos hilos.

RETROCESO

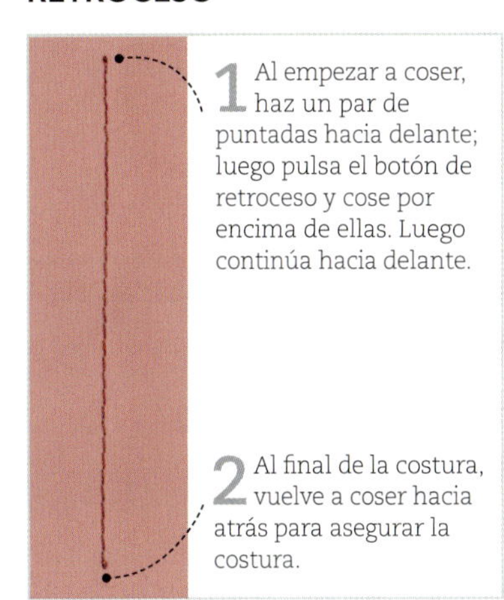

1 Al empezar a coser, haz un par de puntadas hacia delante; luego pulsa el botón de retroceso y cose por encima de ellas. Luego continúa hacia delante.

2 Al final de la costura, vuelve a coser hacia atrás para asegurar la costura.

REMATE

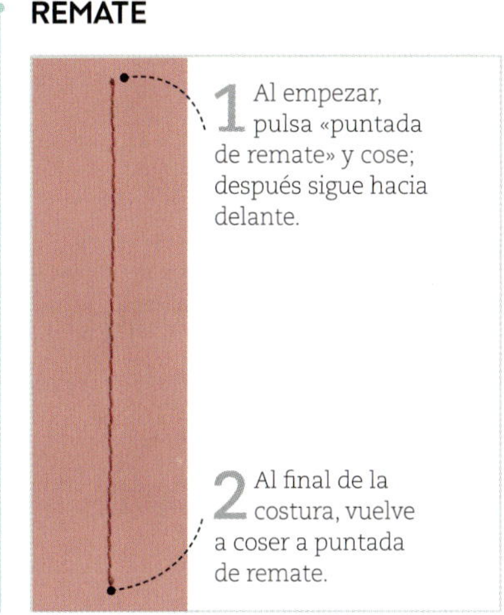

1 Al empezar, pulsa «puntada de remate» y cose; después sigue hacia delante.

2 Al final de la costura, vuelve a coser a puntada de remate.

PUNTOS DE COSTURA A MÁQUINA

La máquina de coser puede realizar costuras sencillas y decorativas, así como ojales de varios tipos. El largo y el ancho del ojal se pueden seleccionar en función de la prenda.

COSTURA RECTA

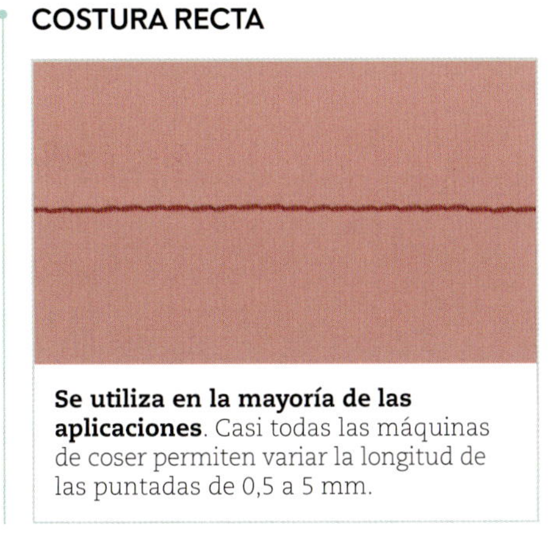

Se utiliza en la mayoría de las aplicaciones. Casi todas las máquinas de coser permiten variar la longitud de las puntadas de 0,5 a 5 mm.

PUNTO DE ZIGZAG

Se utiliza para rematar cantos de costuras, asegurar dobladillos y con fines decorativos. Tanto el ancho como el largo de puntada se pueden modificar.

ZIGZAG DE TRIPLE PUNTADA

Compuesto de puntadas menudas y rectas, es un punto decorativo y funcional. Tanto el ancho como el largo de puntada se pueden modificar.

PUNTO DE JARETA ESCONDIDO

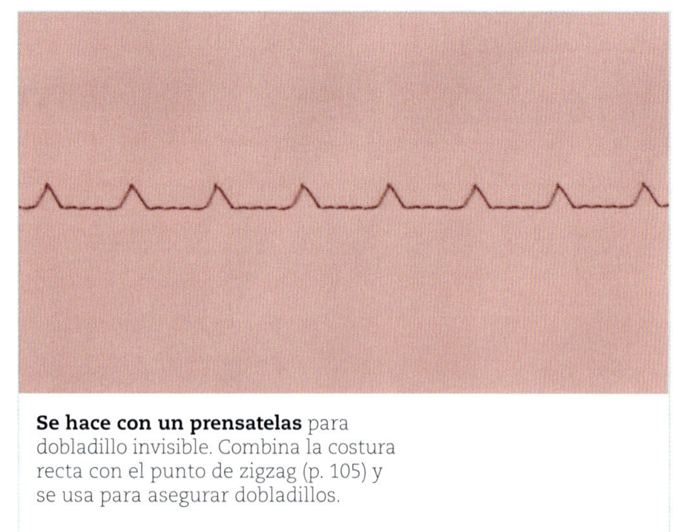

Se hace con un prensatelas para dobladillo invisible. Combina la costura recta con el punto de zigzag (p. 105) y se usa para asegurar dobladillos.

SOBREHILADO

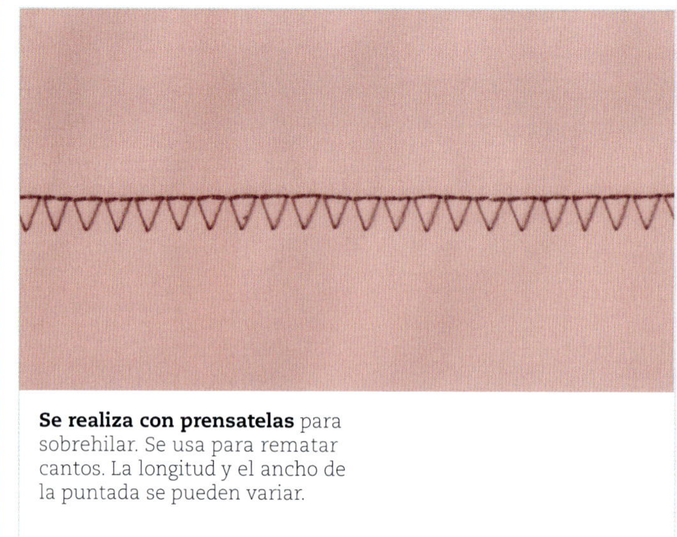

Se realiza con prensatelas para sobrehilar. Se usa para rematar cantos. La longitud y el ancho de la puntada se pueden variar.

OJAL BÁSICO

Es cuadrado en ambos extremos. Se usa en todo tipo de prendas.

OJAL CON EXTREMO REDONDEADO

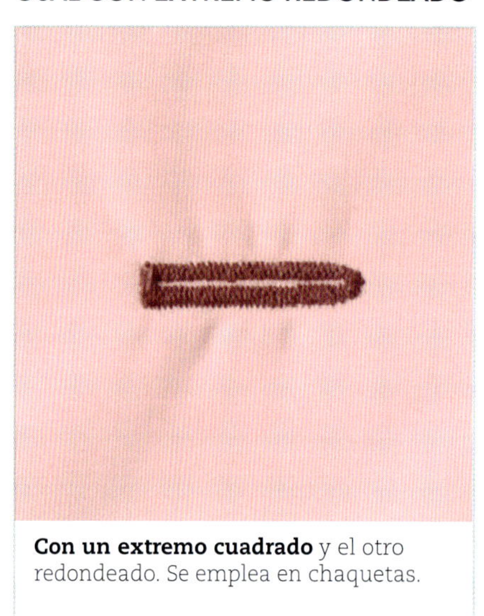

Con un extremo cuadrado y el otro redondeado. Se emplea en chaquetas.

OJAL EN OJO DE CERRADURA

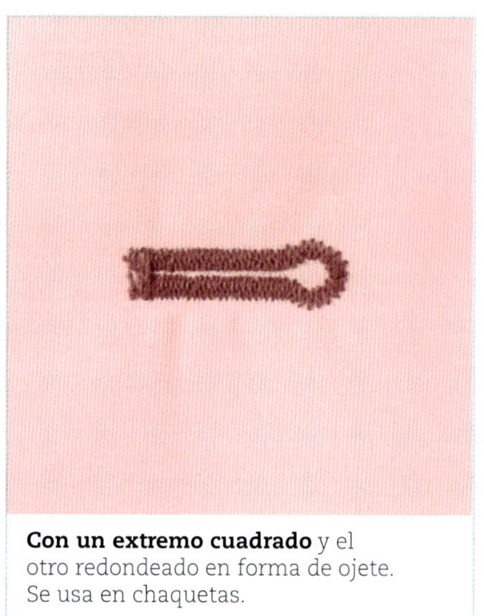

Con un extremo cuadrado y el otro redondeado en forma de ojete. Se usa en chaquetas.

SOBREHILADO DE 3 HILOS

Se realiza en la remalladora con tres hilos. Se emplea para dar un acabado profesional a los cantos y evitar que se deshilachen.

SOBREHILADO DE 4 HILOS

Realizado con cuatro hilos en la remalladora, se utiliza para rematar cantos en telas difíciles o como costura en tejidos de punto elásticos.

COSTURA SENCILLA

Una costura sencilla debe tener un margen de 1,5 cm. Es importante coser ateniéndose exactamente a esta medida, pues de lo contrario la prenda tendrá una talla y una forma erróneas. En la placa de agujas de la máquina de coser suele haber una guía para alinear correctamente la tela.

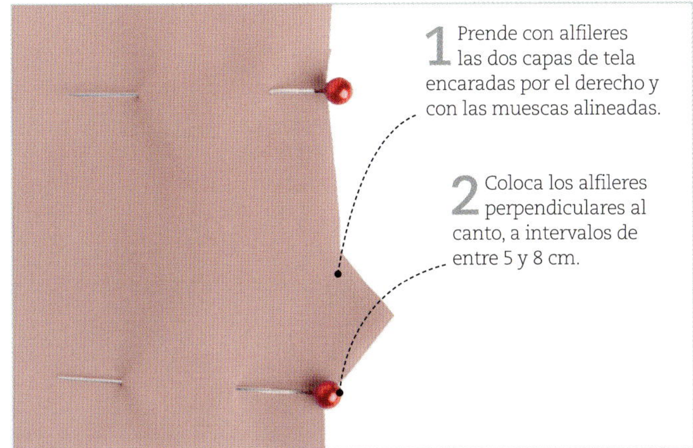

1 Prende con alfileres las dos capas de tela encaradas por el derecho y con las muescas alineadas.

2 Coloca los alfileres perpendiculares al canto, a intervalos de entre 5 y 8 cm.

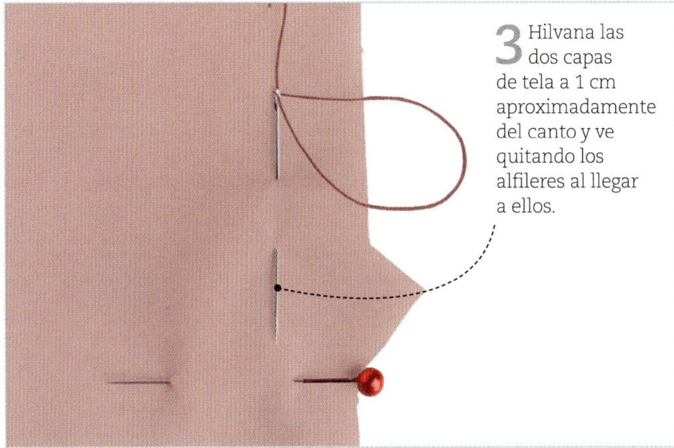

3 Hilvana las dos capas de tela a 1 cm aproximadamente del canto y ve quitando los alfileres al llegar a ellos.

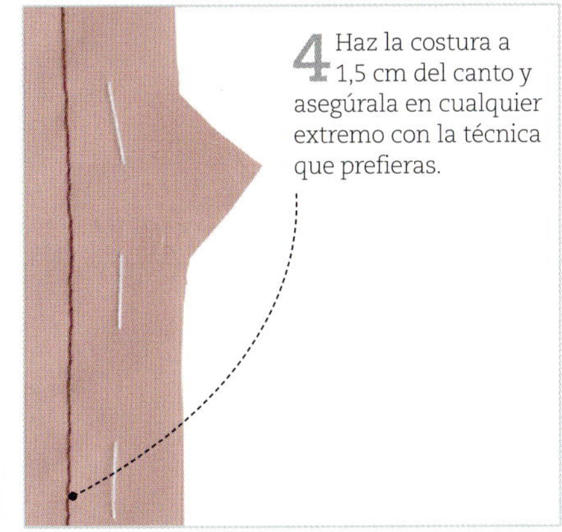

4 Haz la costura a 1,5 cm del canto y asegúrala en cualquier extremo con la técnica que prefieras.

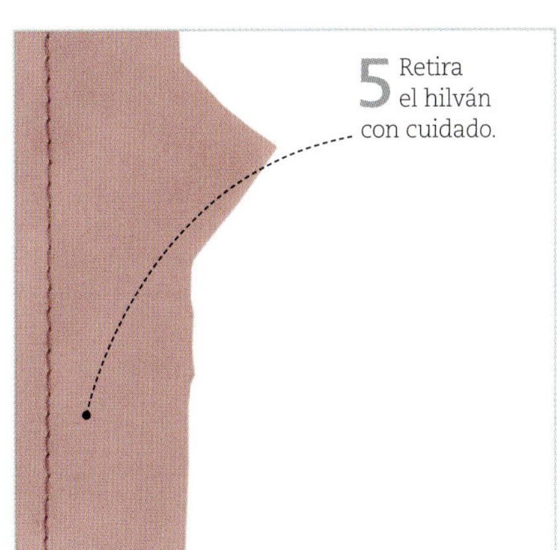

5 Retira el hilván con cuidado.

6 Plancha la costura abierta por el revés.

COSTURA SOBRECARGADA

Algunas prendas requieren costuras fuertes que resistan lavados frecuentes y un gran desgaste. La costura sobrecargada, también llamada cargada, es muy resistente. Se hace por el derecho de la tela y se emplea en perneras de vaqueros y en camisas masculinas.

1 Haz una costura a 1,5 cm del canto en el derecho de la tela. Plánchala abierta.

2 Recorta el lado del margen de la costura situado en la parte posterior de la prenda hasta reducirlo a un tercio de su anchura.

3 Dobla el otro lado del margen de manera que envuelva el lado recortado y sujétalo con alfileres.

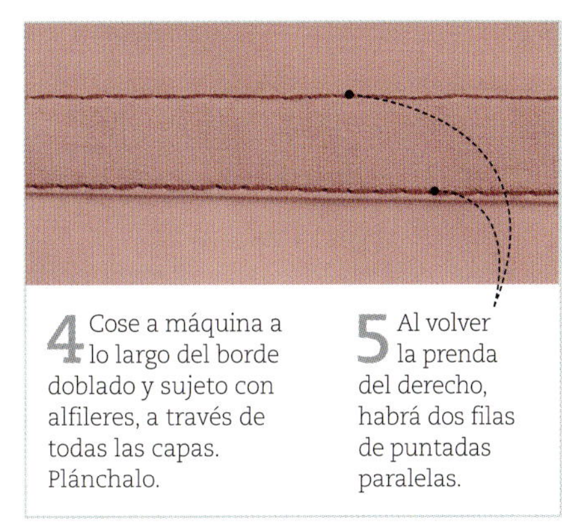

4 Cose a máquina a lo largo del borde doblado y sujeto con alfileres, a través de todas las capas. Plánchalo.

5 Al volver la prenda del derecho, habrá dos filas de puntadas paralelas.

REMATAR COSTURAS

Es importante rematar bien los cantos de las costuras para que estas sean resistentes y los bordes de la tela no se deshilachen. El método dependerá del estilo de la prenda y de la tela utilizada.

PIQUILLO

Es un método perfecto para tejidos que no se deshilachan con facilidad. Haz una costura a 5 mm del canto y recorta este con unas tijeras dentadas lo más cerca posible del borde.

PUNTO DE ZIGZAG

Todas las máquinas hacen punto de zigzag, idóneo para evitar que los cantos se deshilachen y para todo tipo de telas. Cose junto al canto con un ancho de puntada de 2 mm y una longitud de 1,5, y recorta la tela que sobresalga a ras del zigzag.

COSTURA CON SOBREHILADO

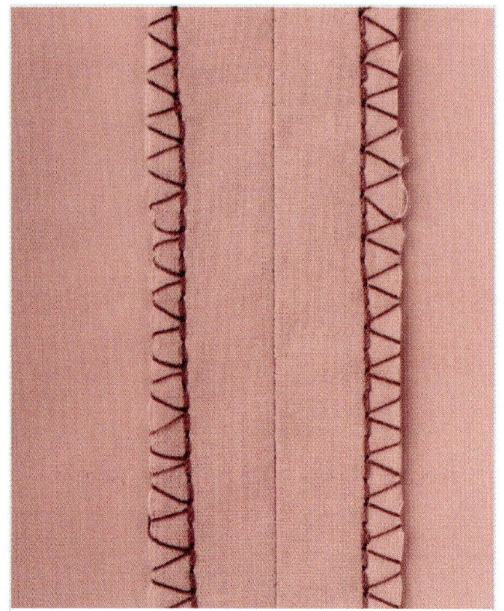

Se encuentra en casi todas las máquinas de coser. Selecciona el punto de sobrehilado en tu máquina y, con el prensatelas para sobrehilar y el ancho y el largo de puntada preseleccionados, trabaja a lo largo del canto del margen de costura.

DOBLADILLO COSIDO

Se trata de un acabado muy resistente, indicado para tejidos finos y de algodón. Dobla el canto de cada uno de los márgenes 3 mm sobre el revés y haz una costura recta por encima a lo largo del doblez.

SOBREHILADO DE 3 HILOS

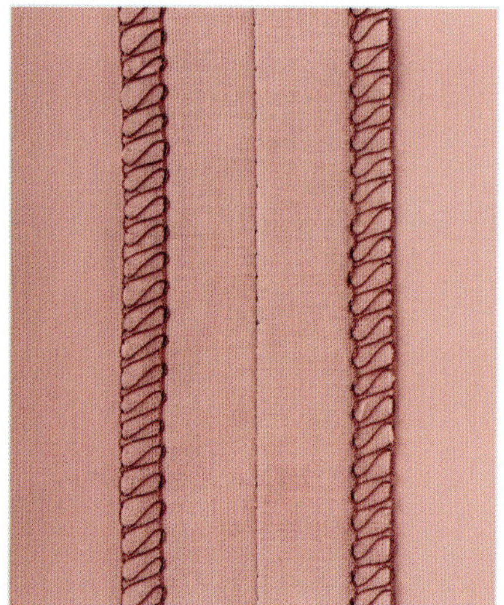

Si se dispone de una remalladora, se pueden rematar las costuras con un sobrehilado de tres hilos. Es una de las maneras más profesionales de pulir las costuras y sirve para todo tipo de tejidos y prendas.

REMATE HONG KONG

Es un acabado perfecto para tejidos de lana o lino, utilizado para rematar las costuras de chaquetas sin forrar. Se hace ribeteando los cantos con un bies.

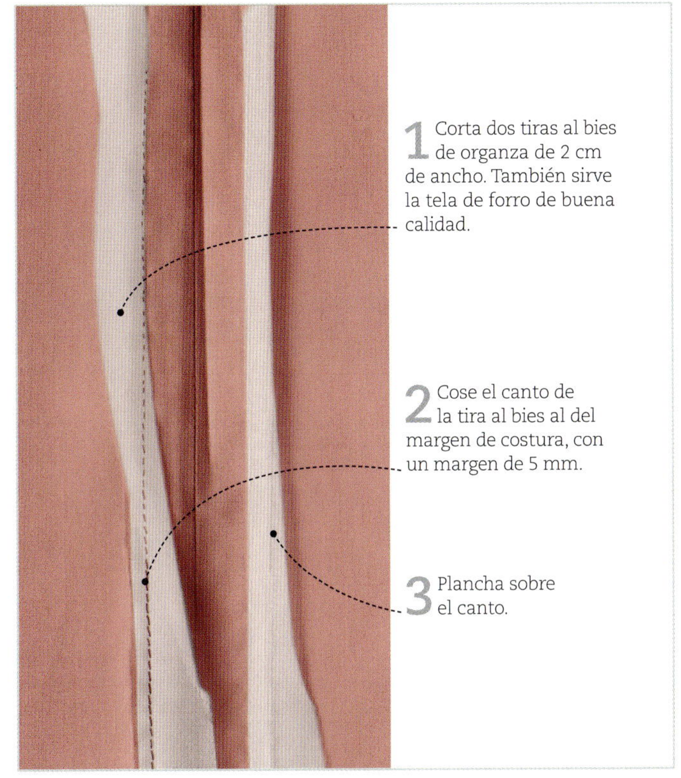

1 Corta dos tiras al bies de organza de 2 cm de ancho. También sirve la tela de forro de buena calidad.

2 Cose el canto de la tira al bies al del margen de costura, con un margen de 5 mm.

3 Plancha sobre el canto.

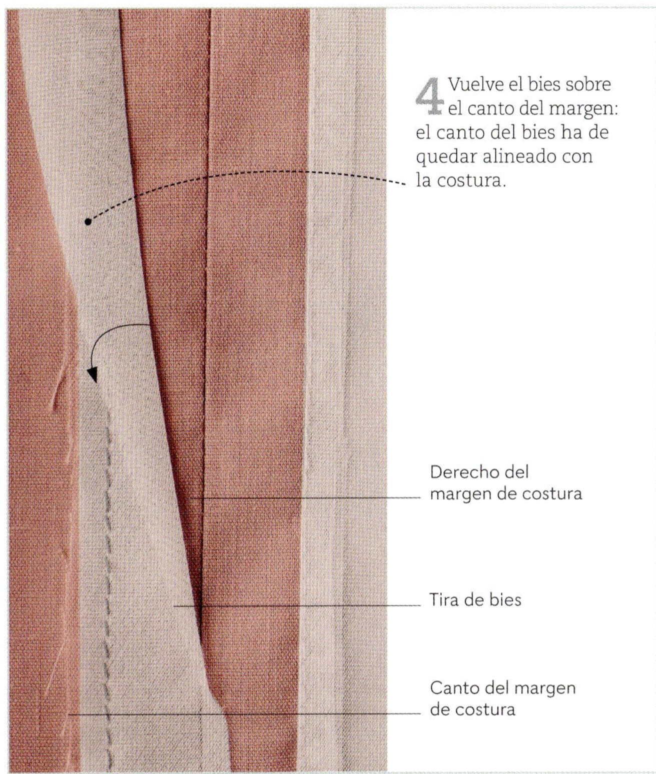

4 Vuelve el bies sobre el canto del margen: el canto del bies ha de quedar alineado con la costura.

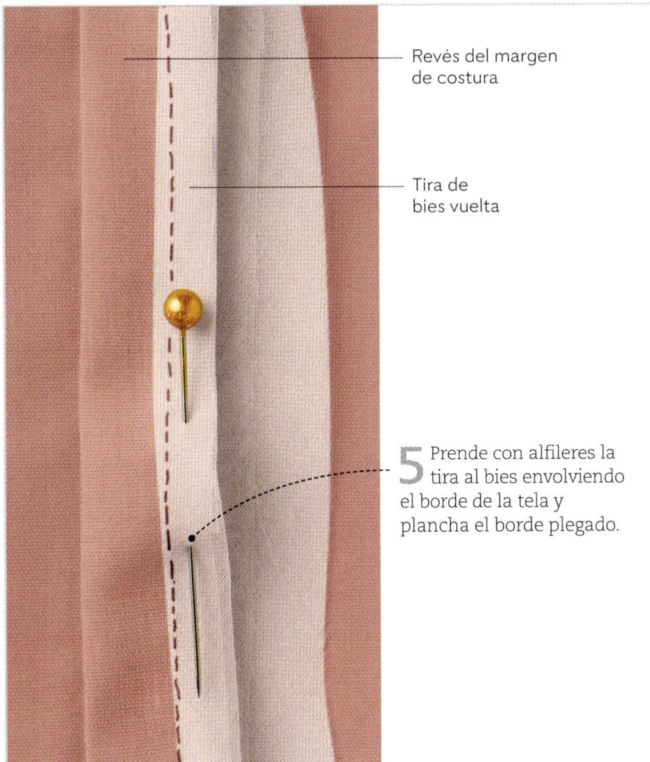

5 Prende con alfileres la tira al bies envolviendo el borde de la tela y plancha el borde plegado.

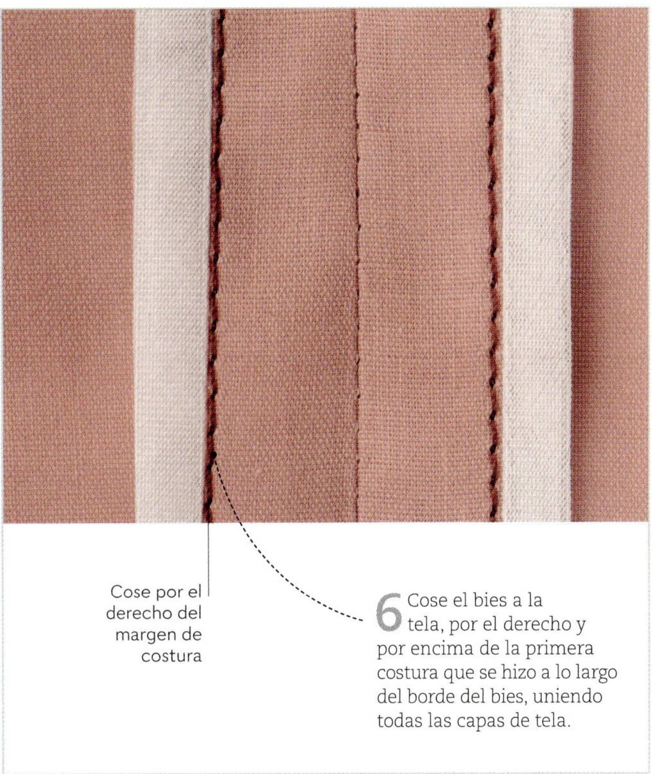

6 Cose el bies a la tela, por el derecho y por encima de la primera costura que se hizo a lo largo del borde del bies, uniendo todas las capas de tela.

COSER ESQUINAS Y CURVAS

No siempre se cose en línea recta: la prenda tendrá curvas y ángulos que requieren habilidad para que queden impecables por el derecho. La técnica para coser esquinas que se muestra abajo se aplica a esquinas de todos los ángulos. En las telas gruesas se usa una técnica algo distinta, dando una puntada a través de la esquina, y en los tejidos propensos a deshilacharse, la esquina se refuerza con una segunda fila de puntadas.

COSER UNA ESQUINA

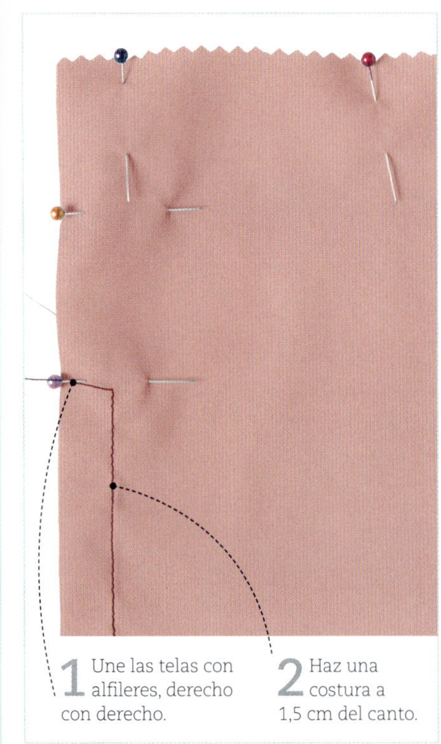

1 Une las telas con alfileres, derecho con derecho.

2 Haz una costura a 1,5 cm del canto.

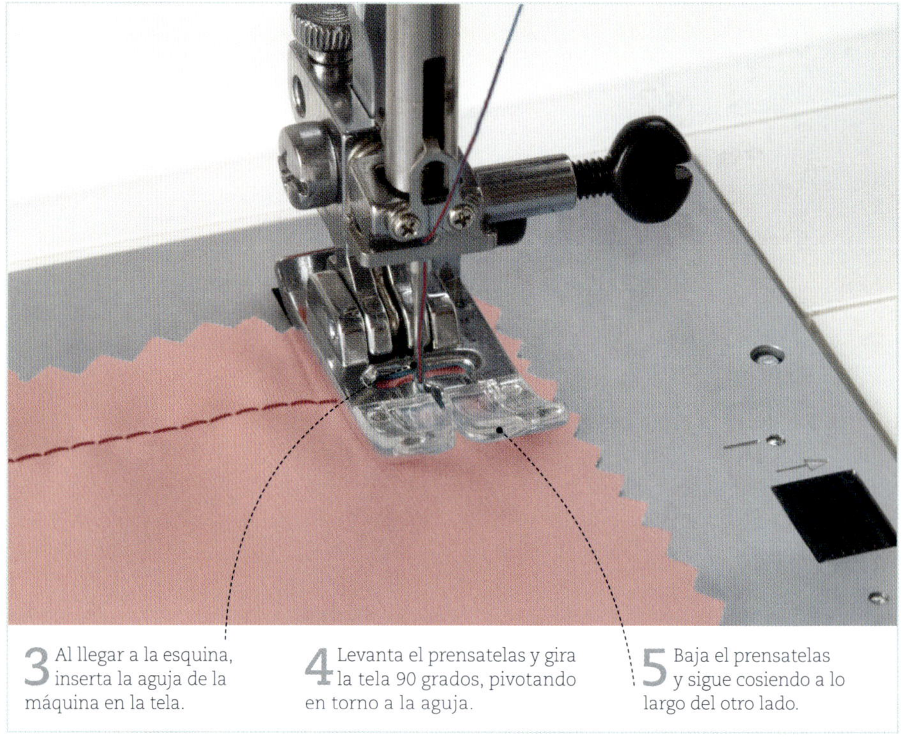

3 Al llegar a la esquina, inserta la aguja de la máquina en la tela.

4 Levanta el prensatelas y gira la tela 90 grados, pivotando en torno a la aguja.

5 Baja el prensatelas y sigue cosiendo a lo largo del otro lado.

6 Las costuras se encuentran en ángulo recto: esto hará que la esquina, una vez acabada, forme una punta bien marcada al volverla del derecho.

COSER UNA ESQUINA EN TELAS GRUESAS

1 En una tela pesada es difícil lograr una punta perfecta; por ello, en lugar de coser en ángulo recto se da una puntada a través de la esquina. Cose hasta la esquina primero.

2 Al llegar a la esquina, inserta la aguja en la tela y levanta el prensatelas. Gira la tela 45 grados, baja el prensatelas y haz una puntada.

3 Con la aguja en la tela, levanta el prensatelas y gira de nuevo la tela 45 grados. Baja el prensatelas y sigue cosiendo a lo largo del otro lado.

COSER UNA ESQUINA REFORZADA

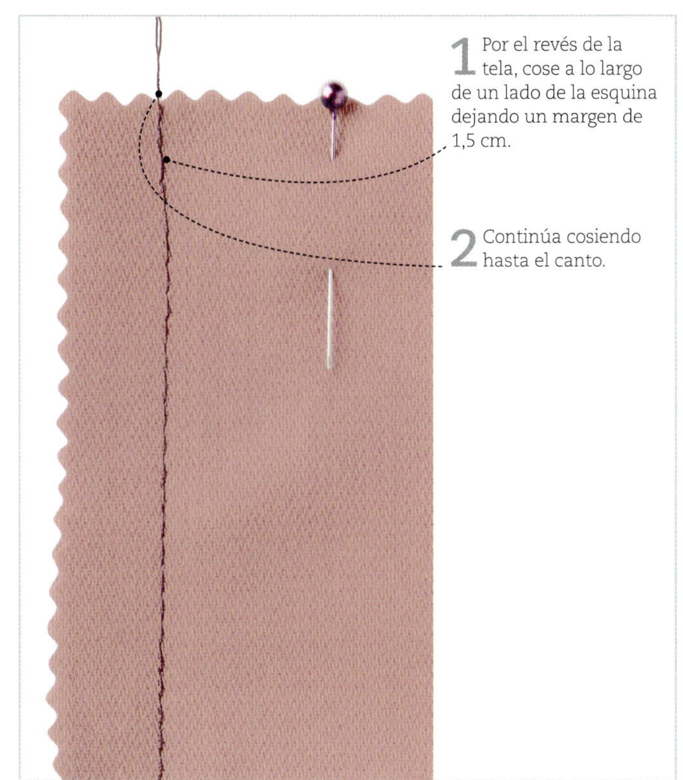

1 Por el revés de la tela, cose a lo largo de un lado de la esquina dejando un margen de 1,5 cm.

2 Continúa cosiendo hasta el canto.

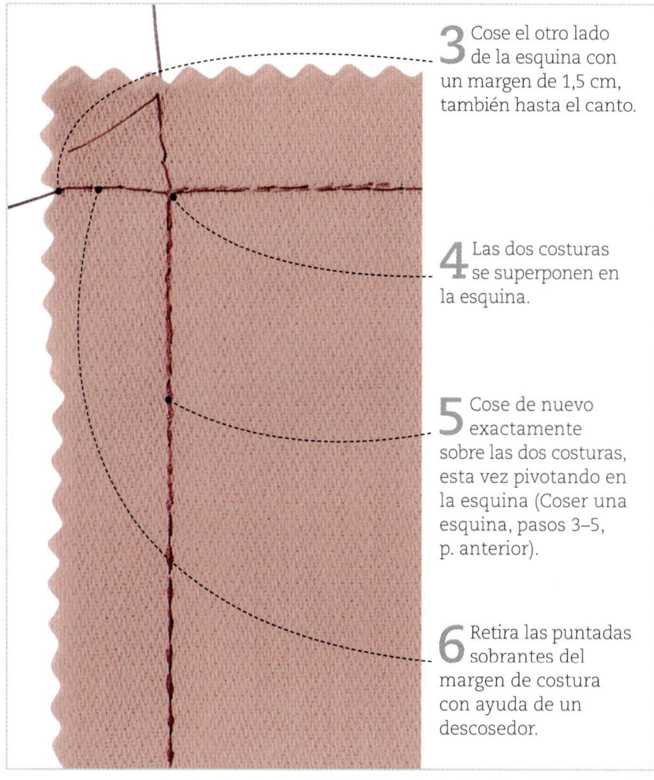

3 Cose el otro lado de la esquina con un margen de 1,5 cm, también hasta el canto.

4 Las dos costuras se superponen en la esquina.

5 Cose de nuevo exactamente sobre las dos costuras, esta vez pivotando en la esquina (Coser una esquina, pasos 3–5, p. anterior).

6 Retira las puntadas sobrantes del margen de costura con ayuda de un descosedor.

COSER UNA ESQUINA ENTRANTE

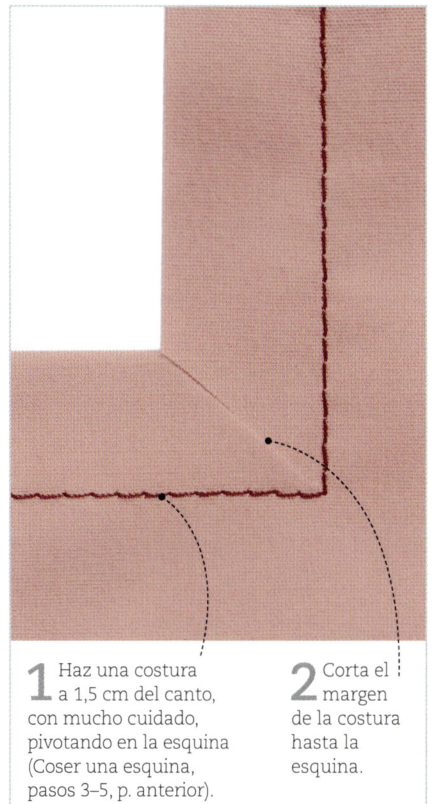

1 Haz una costura a 1,5 cm del canto, con mucho cuidado, pivotando en la esquina (Coser una esquina, pasos 3–5, p. anterior).

2 Corta el margen de la costura hasta la esquina.

COSER UNA CURVA ENTRANTE

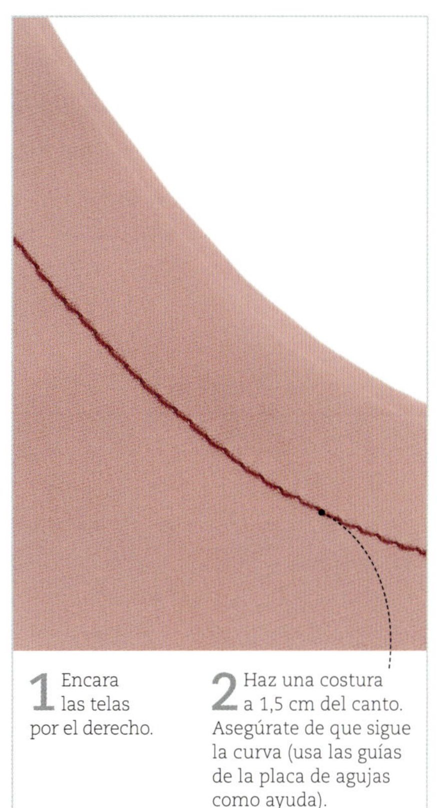

1 Encara las telas por el derecho.

2 Haz una costura a 1,5 cm del canto. Asegúrate de que sigue la curva (usa las guías de la placa de agujas como ayuda).

COSER UNA CURVA SALIENTE

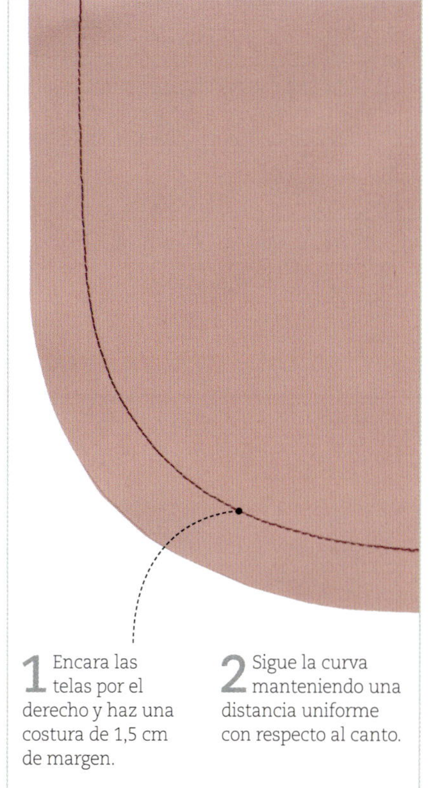

1 Encara las telas por el derecho y haz una costura de 1,5 cm de margen.

2 Sigue la curva manteniendo una distancia uniforme con respecto al canto.

Reducir el grosor de la costura

Es importante evitar que las costuras de las prendas abulten por el derecho. Para ello se puede rebajar la anchura de los márgenes por capas con una técnica llamada desmentir. También puede ser necesario eliminar tela recortando muescas (cortes en forma de V) o haciendo piquetes en el margen de costura.

DESMENTIR UNA COSTURA

En la mayoría de los tejidos hay que reducir la cantidad de tela de los márgenes de las costuras que quedan en el borde de la labor. El lado del margen de costura más cercano al exterior de la prenda queda igual, pero el más cercano al cuerpo se reduce.

Corta un lado del margen de costura para reducir su anchura original entre la mitad y un tercio.

REDUCIR EL GROSOR EN UNA CURVA ENTRANTE

Para que una curva hacia dentro quede plana, habrá que reducir por capas el margen de costura y cortar muescas, y finalmente sobrecargar la costura.

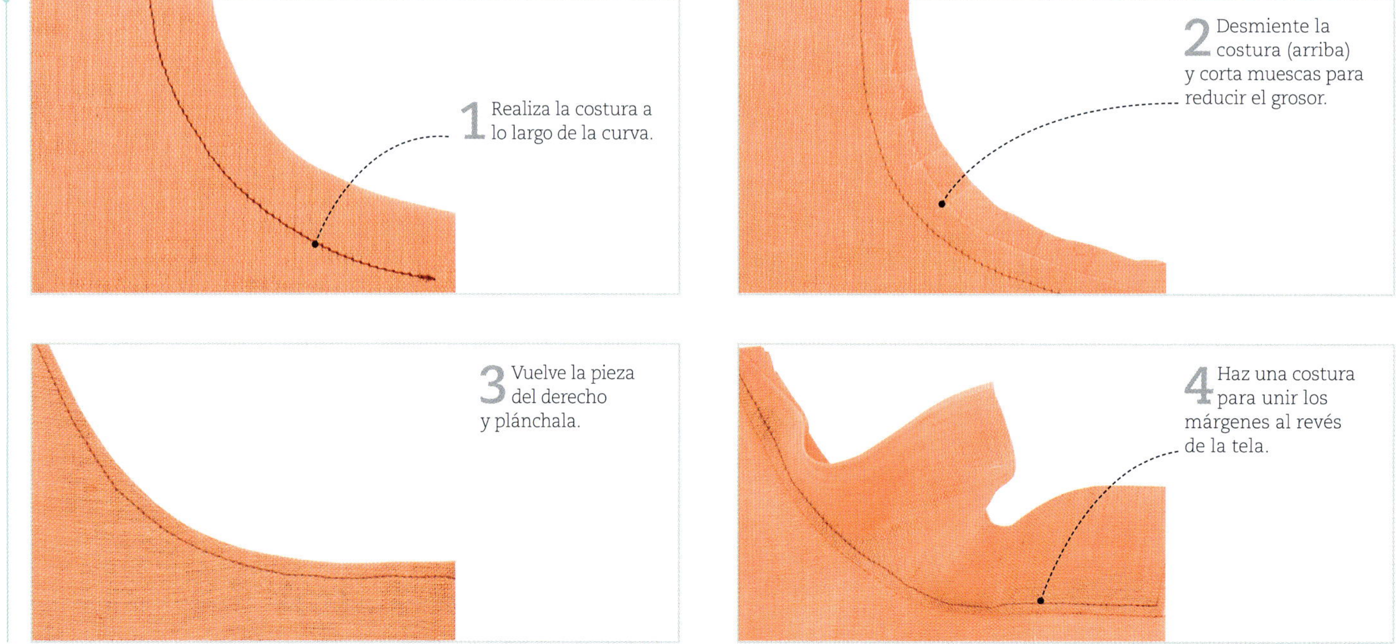

1 Realiza la costura a lo largo de la curva.

2 Desmiente la costura (arriba) y corta muescas para reducir el grosor.

3 Vuelve la pieza del derecho y plánchala.

4 Haz una costura para unir los márgenes al revés de la tela.

REDUCIR EL GROSOR EN UNA CURVA SALIENTE

En las costuras de curvas hacia fuera también hay que rebajar por capas los márgenes y hacer muescas o cortes antes de volverlas del derecho y sobrecargarlas.

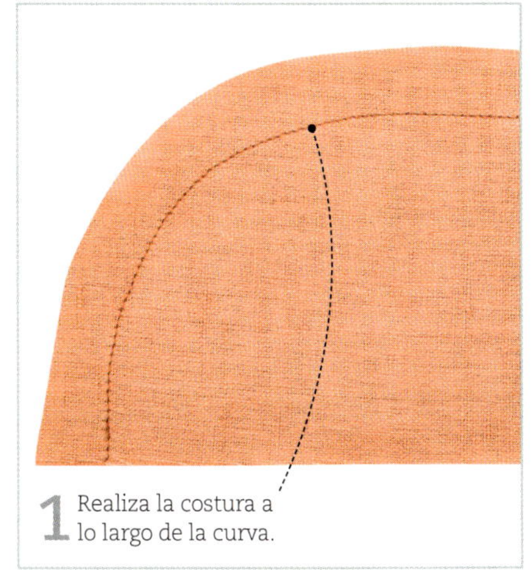

1 Realiza la costura a lo largo de la curva.

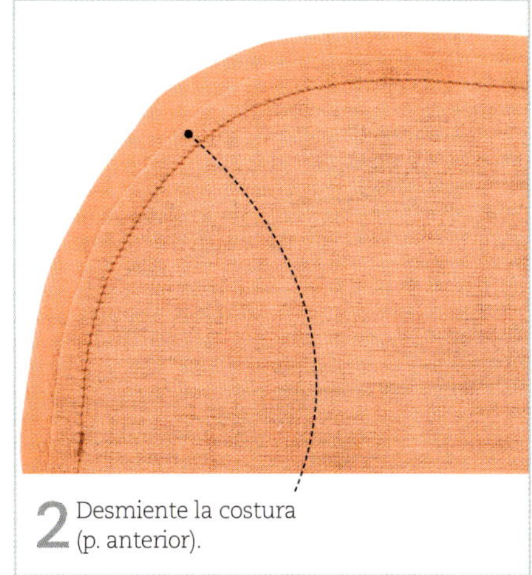

2 Desmiente la costura (p. anterior).

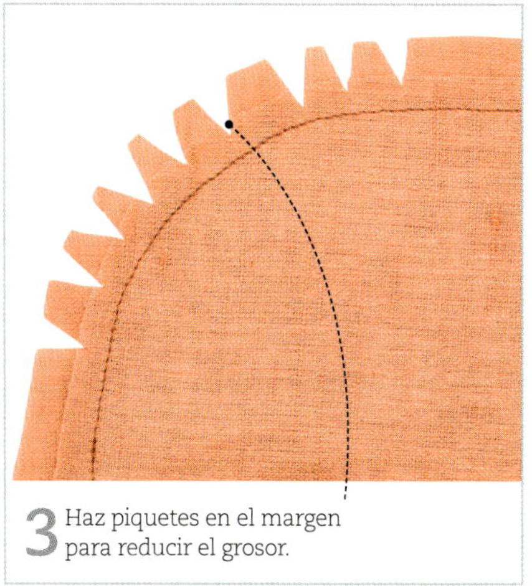

3 Haz piquetes en el margen para reducir el grosor.

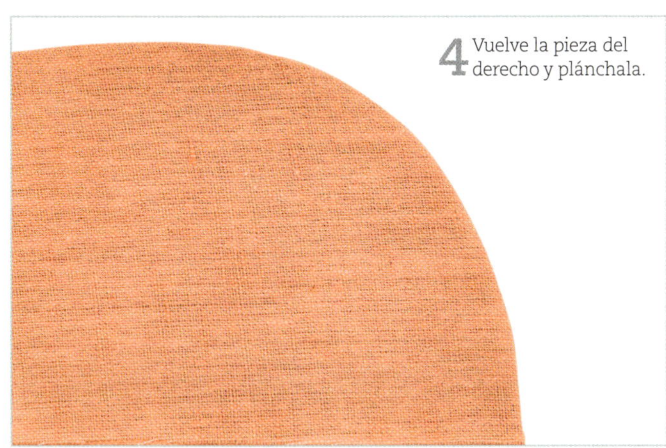

4 Vuelve la pieza del derecho y plánchala.

5 Cose los márgenes con una costura sobrecargada interior (abajo) para acabar.

ACABADOS DE BORDES

El pespunte y la costura sobrecargada interior son dos métodos para dar un buen acabado a los bordes. El pespunte se ve por el derecho de la prenda, mientras que la costura interior queda oculta.

Un pespunte constituye un acabado decorativo y pulido de los bordes. Se cose por el derecho con una puntada larga, de entre 3 y 3,5 mm, y con el borde del prensatelas como guía.

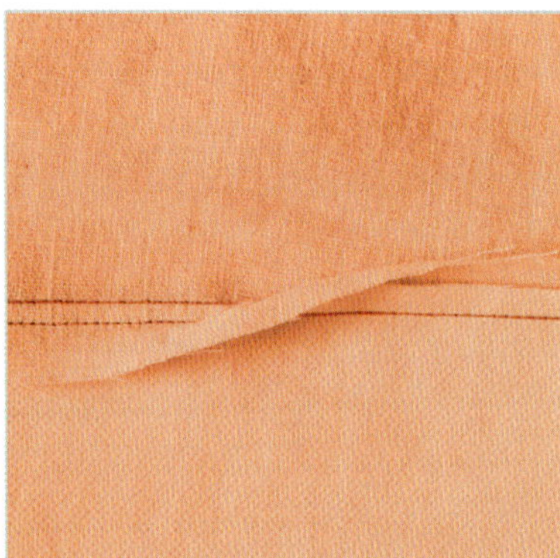

Se utiliza para asegurar una costura en el borde de una pieza y evitar que la tela se enrolle hacia el derecho. Primero haz la costura y desmiéntela (p. anterior); vuelve la pieza del derecho y plánchala. Desde el derecho, cose el margen de costura hacia el lado de la vista o el forro.

Pinzas

Las pinzas se emplean para dar forma a la tela a fin de que se ciña a la silueta del cuerpo. Algunas pinzas se cosen en línea recta, y otras, ligeramente en curva. Para coserlas, empieza siempre desde la punta o vértice hacia el extremo más ancho: así podrás introducir la aguja de la máquina en la punta de manera precisa y segura.

PINZA SENCILLA

Es el tipo de pinza más común: se emplea para moldear el pecho en el delantero del cuerpo, y también en faldas y pantalones para darles forma desde la cintura hasta la cadera.

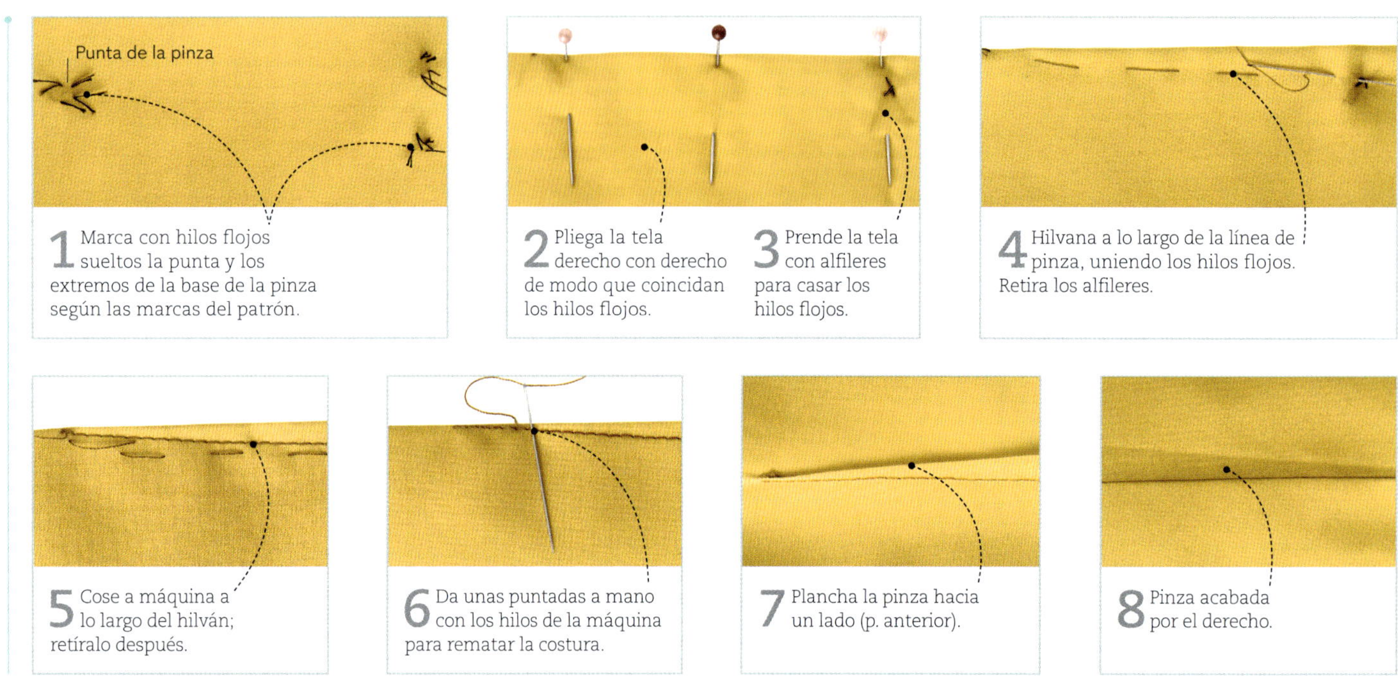

1 Marca con hilos flojos sueltos la punta y los extremos de la base de la pinza según las marcas del patrón.

2 Pliega la tela derecho con derecho de modo que coincidan los hilos flojos.

3 Prende la tela con alfileres para casar los hilos flojos.

4 Hilvana a lo largo de la línea de pinza, uniendo los hilos flojos. Retira los alfileres.

5 Cose a máquina a lo largo del hilván; retíralo después.

6 Da unas puntadas a mano con los hilos de la máquina para rematar la costura.

7 Plancha la pinza hacia un lado (p. anterior).

8 Pinza acabada por el derecho.

DAR FORMA A LAS PINZAS

Al ser recta, la pinza sencilla no siempre consigue que la prenda se ajuste a la perfección a la silueta, en especial a la femenina. Por ello, las pinzas se pueden coser ligeramente en curva, hacia dentro o hacia fuera, sin desviarse más de 3 mm con respecto a la línea recta.

PINZA CONVEXA

PINZA CÓNCAVA

Para formas más llenas. Cose la pinza ligeramente hacia dentro de la línea de costura normal, formando una suave curva convexa.

Para cuerpos delgados, ya que absorbe más tela. Cose la pinza ligeramente hacia fuera de la línea de costura normal, en una suave curva cóncava.

PINZA DE CONTORNO O DOBLE

De hecho, se trata de dos pinzas unidas por su extremo ancho. Esta pinza se usa para entallar un vestido u otra prenda sin corte en la cintura. Dará forma a la tela desde el pecho hasta la cintura y desde esta hasta la cadera.

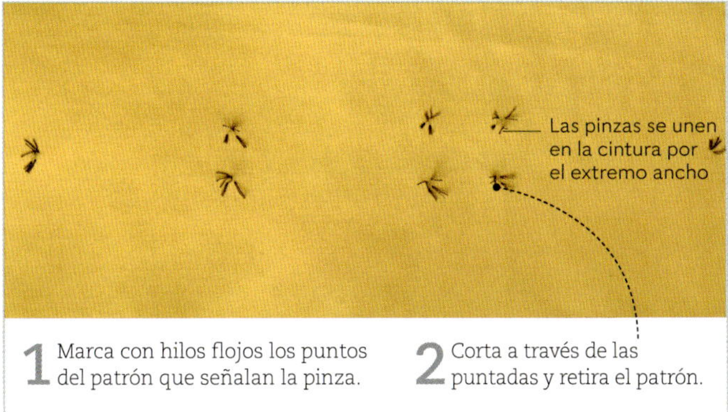

1 Marca con hilos flojos los puntos del patrón que señalan la pinza.

2 Corta a través de las puntadas y retira el patrón.

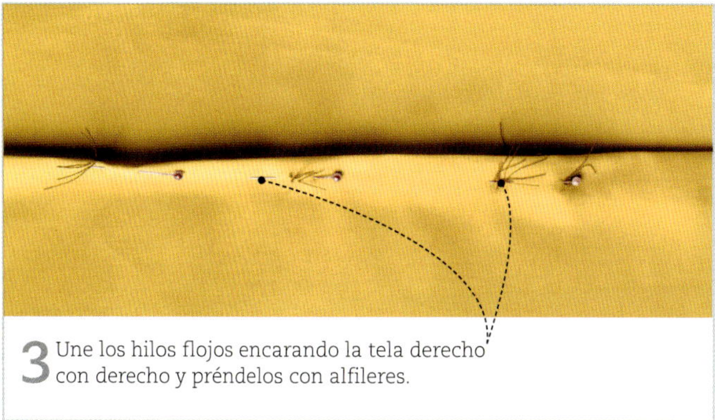

3 Une los hilos flojos encarando la tela derecho con derecho y préndelos con alfileres.

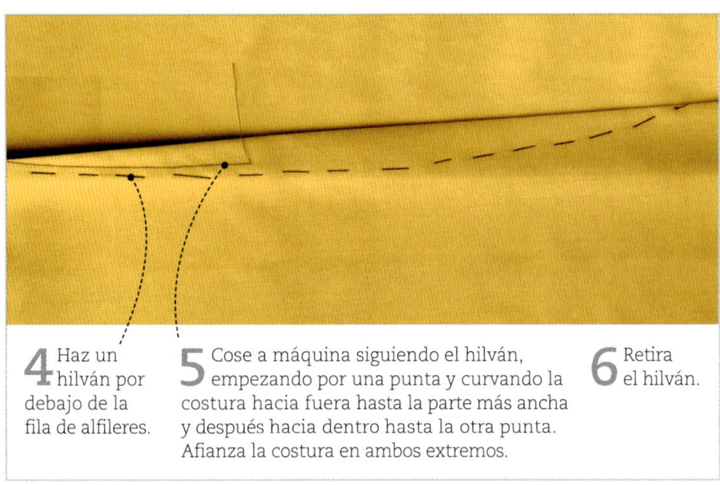

4 Haz un hilván por debajo de la fila de alfileres.

5 Cose a máquina siguiendo el hilván, empezando por una punta y curvando la costura hacia fuera hasta la parte más ancha y después hacia dentro hasta la otra punta. Afianza la costura en ambos extremos.

6 Retira el hilván.

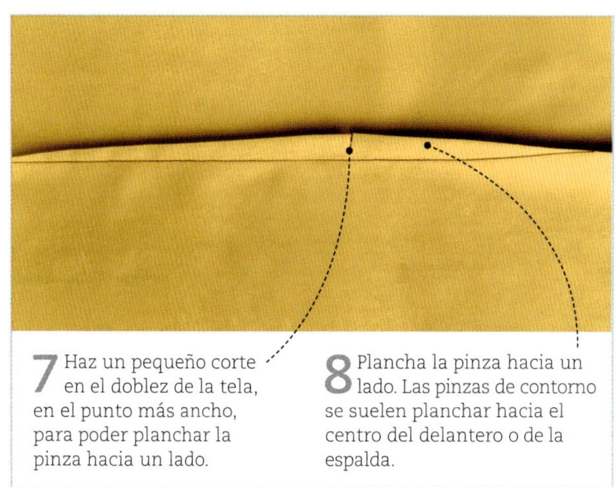

7 Haz un pequeño corte en el doblez de la tela, en el punto más ancho, para poder planchar la pinza hacia un lado.

8 Plancha la pinza hacia un lado. Las pinzas de contorno se suelen planchar hacia el centro del delantero o de la espalda.

PLANCHAR UNA PINZA

Una pinza mal planchada puede estropear el aspecto de una prenda. Para plancharla bien necesitarás un medio queso y una plancha de vapor en posición «vapor». Para tejidos delicados, como seda, satén, chifón o telas de forro, puedes necesitar también un paño de planchar.

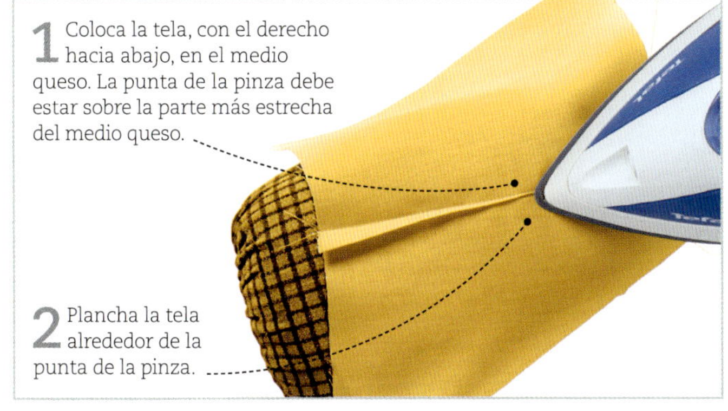

1 Coloca la tela, con el derecho hacia abajo, en el medio queso. La punta de la pinza debe estar sobre la parte más estrecha del medio queso.

2 Plancha la tela alrededor de la punta de la pinza.

3 Pasa la plancha desde la punta hacia el extremo ancho de la pinza para dejarla bien plana, abierta o hacia un lado, según el tipo de pinza.

PINZA COMPENSADA

Esta pinza se usa en telas gruesas, como el crepé de lana o el *tweed*, así como en las que quedan marcadas cuando se planchan. La tira que se añade ayuda a distribuir la tela por el revés a ambos lados de la pinza, de modo que esta se nota menos en la prenda una vez puesta.

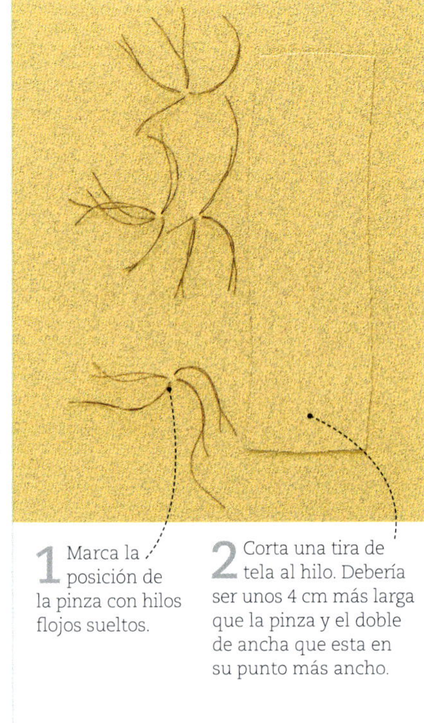

1 Marca la posición de la pinza con hilos flojos sueltos.

2 Corta una tira de tela al hilo. Debería ser unos 4 cm más larga que la pinza y el doble de ancha que esta en su punto más ancho.

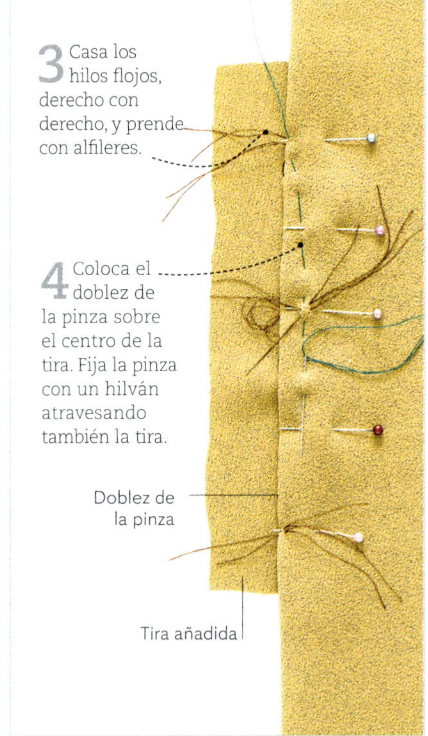

3 Casa los hilos flojos, derecho con derecho, y prende con alfileres.

4 Coloca el doblez de la pinza sobre el centro de la tira. Fija la pinza con un hilván atravesando también la tira.

5 Cose la pinza a máquina, atravesando todas las capas y uniendo los hilos flojos.

6 Remata con un nudo los hilos de la máquina.

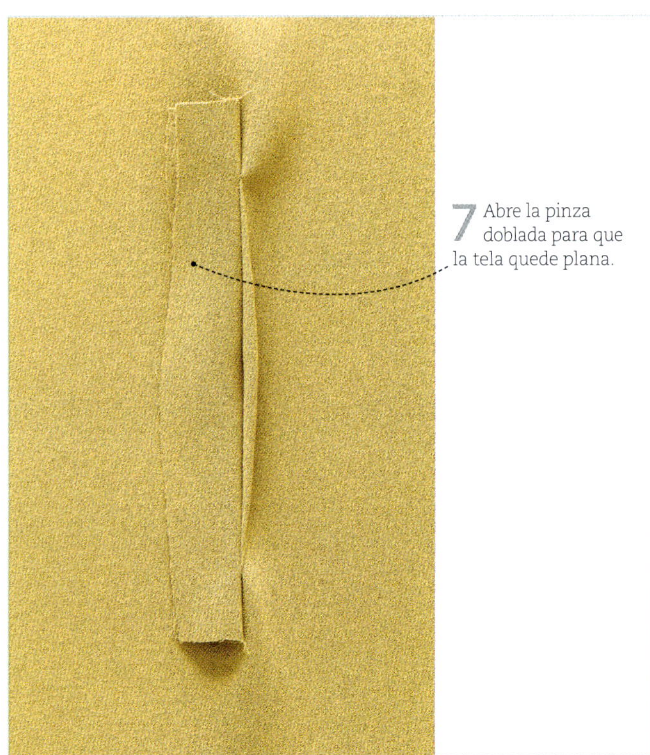

7 Abre la pinza doblada para que la tela quede plana.

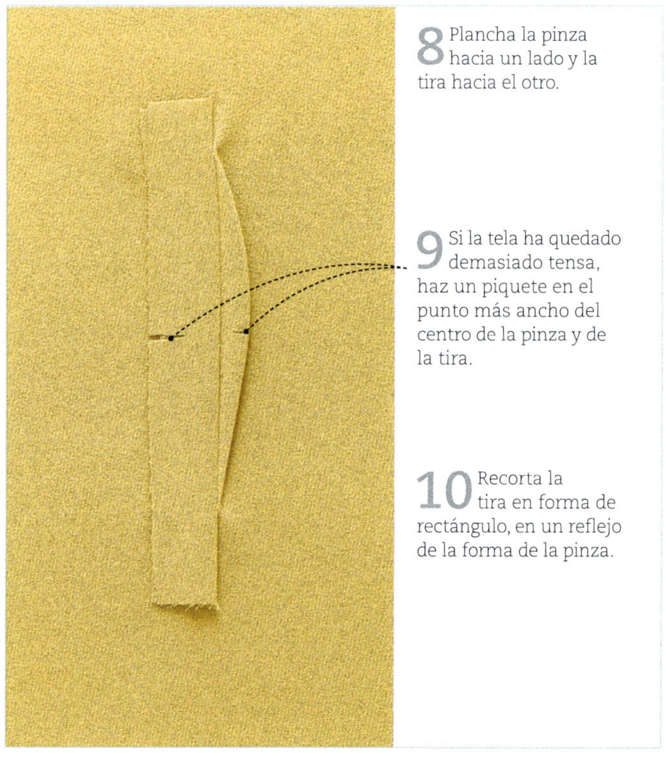

8 Plancha la pinza hacia un lado y la tira hacia el otro.

9 Si la tela ha quedado demasiado tensa, haz un piquete en el punto más ancho del centro de la pinza y de la tira.

10 Recorta la tira en forma de rectángulo, en un reflejo de la forma de la pinza.

Lorzas

Las lorzas, o jaretas, se hacen en todo tipo de tejidos y pueden ser grandes y llamativas o muy finas. Las lorzas básicas se suelen hacer en hileras, cosiendo pliegues a intervalos regulares por el derecho de la tela, habitualmente al hilo. Dado que una pieza con lorzas requerirá más tela, es aconsejable confeccionar las lorzas antes de cortarla.

LORZAS BÁSICAS

Para hacer una serie de lorzas básicas se marca y se pliega la tela a intervalos regulares, y luego se cose a máquina cada pliegue por la línea paralela al doblez.

NERVIOS

Lorzas sumamente estrechas que se cosen muy cerca de la línea de doblez. Para coserlas a máquina, utiliza un prensatelas para lorzas finas.

AÑADIR UNA LORZA EN LA ESPALDA DE UNA CAMISA

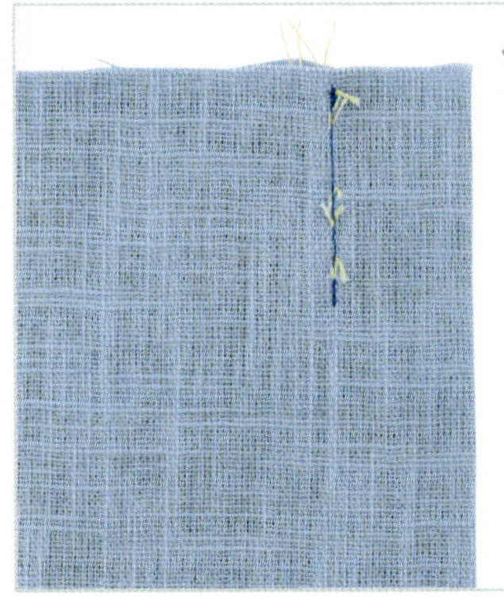

1 Marca la lorza con hilos flojos.

2 Dobla la tela, derecho con derecho, uniendo las hileras de hilos flojos. Cose a lo largo de las marcas. Retira los hilos flojos y plancha como se muestra en la imagen o hacia un lado.

AÑADIR UNA LORZA DELANTERA EN PERNERAS DE PANTALÓN

1 Marca las líneas de lorza.

2 Por el derecho, dobla la tela a lo largo de una hilera de hilos flojos y sobre la otra. Préndela con alfileres.

3 Cose a máquina a lo largo del borde plegado.

Forros

Las prendas forradas son más agradables de llevar. El forro no solo evitará que la prenda se deforme o se pegue al cuerpo, sino que contribuirá a que sea más duradera. Los tejidos para forro de buena calidad de rayón o acetato son preferibles al poliéster, ya que este tiende a pegarse.

FORRO DE MANGA INSERTADO A MANO

En sastrería es aconsejable insertar el forro de las mangas a mano. Esto evitará que el forro «tire» en la zona del hombro y dará más libertad de movimientos.

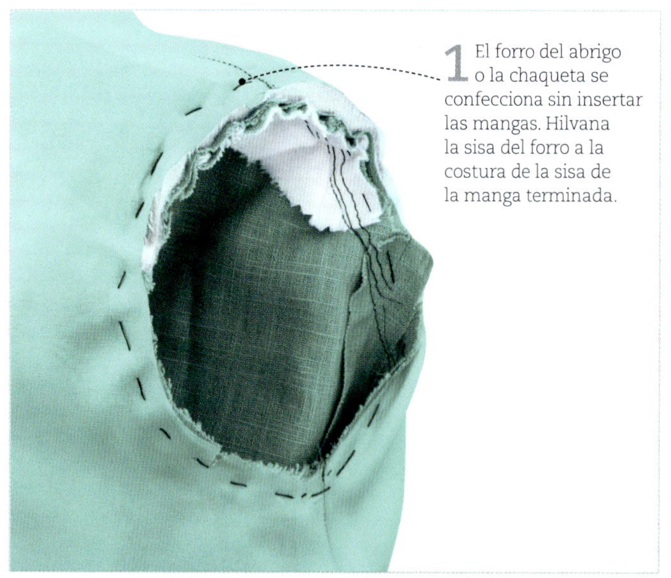

1 El forro del abrigo o la chaqueta se confecciona sin insertar las mangas. Hilvana la sisa del forro a la costura de la sisa de la manga terminada.

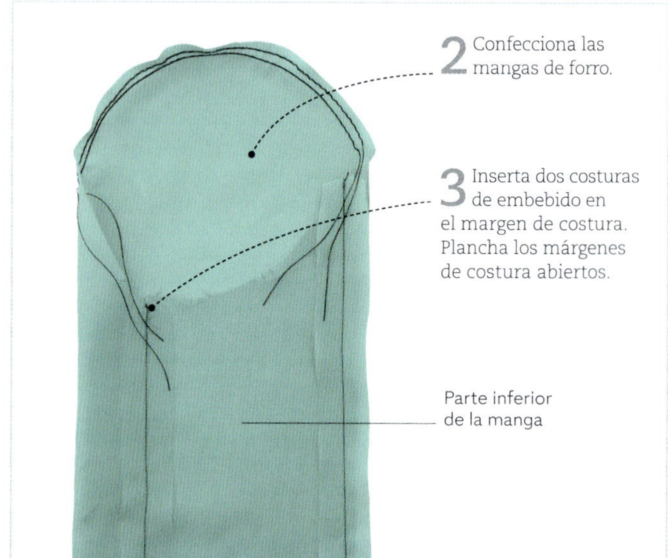

2 Confecciona las mangas de forro.

3 Inserta dos costuras de embebido en el margen de costura. Plancha los márgenes de costura abiertos.

4 Coloca la manga de forro dentro de la manga de la chaqueta, revés con revés. Dobla hacia abajo el margen de costura de 1,5 cm de la manga y préndelo con alfileres a la sisa, casando las costuras y las marcas del patrón.

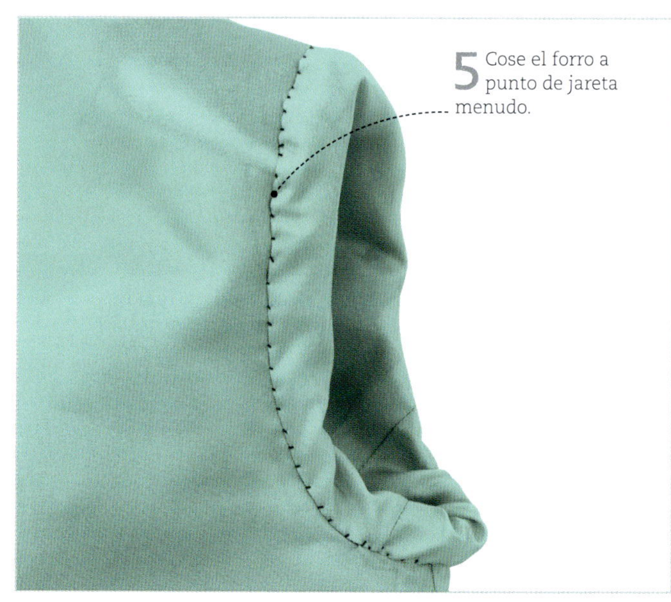

5 Cose el forro a punto de jareta menudo.

FORRAR UNA FALDA

El forro se corta igual que la falda, utilizando las mismas piezas del patrón, que se cosen dejando un espacio para la cremallera, pero sin hacer las pinzas.

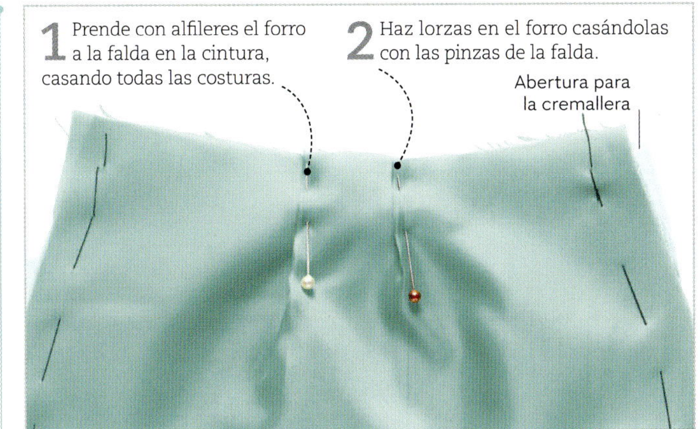

1 Prende con alfileres el forro a la falda en la cintura, casando todas las costuras.

2 Haz lorzas en el forro casándolas con las pinzas de la falda.

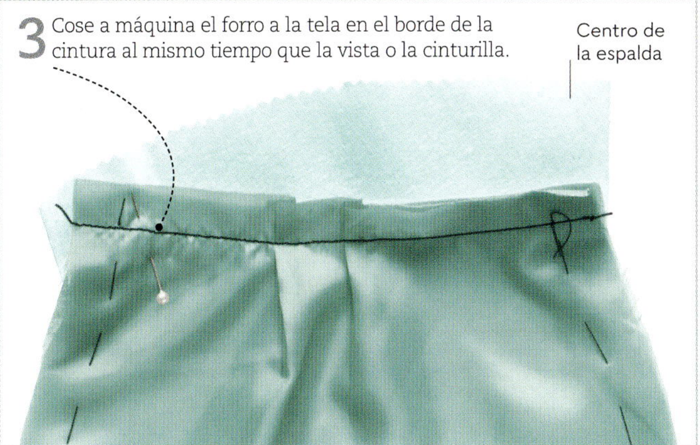

3 Cose a máquina el forro a la tela en el borde de la cintura al mismo tiempo que la vista o la cinturilla.

HACER EL BAJO DEL FORRO

El forro de una falda o vestido debe ser algo más corto –unos 4 cm– que la prenda acabada, para que no se vea al andar o sentarse.

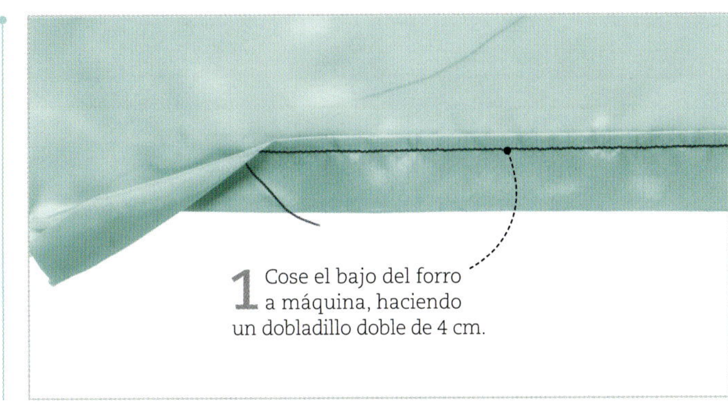

1 Cose el bajo del forro a máquina, haciendo un dobladillo doble de 4 cm.

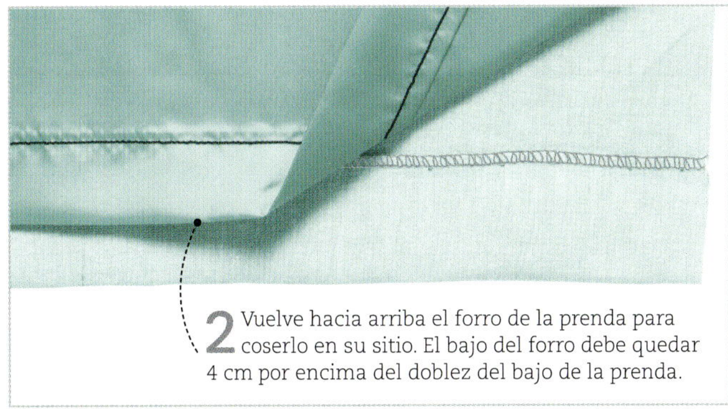

2 Vuelve hacia arriba el forro de la prenda para coserlo en su sitio. El bajo del forro debe quedar 4 cm por encima del doblez del bajo de la prenda.

FORRO JUNTO A UNA ABERTURA

Si la falda lleva una abertura en el bajo, el forro debe coserse en torno a ella. Primero se confecciona la falda con su abertura, las esquinas a inglete y el dobladillo. El bajo del forro se termina del mismo modo.

1 Prende con alfileres el forro y la tela, encarados por el revés.

2 Une el forro y la tela en la parte superior del corte con una presilla de unión hecha a mano.

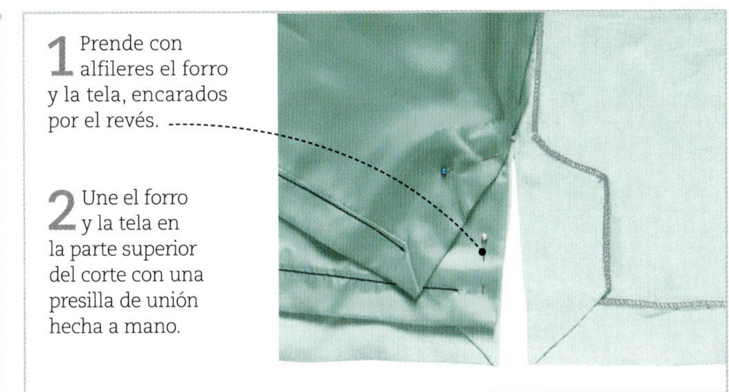

3 Cose el forro a la tela por ambos lados de la abertura. La distancia entre el forro y el borde del dobladillo debe ser uniforme.

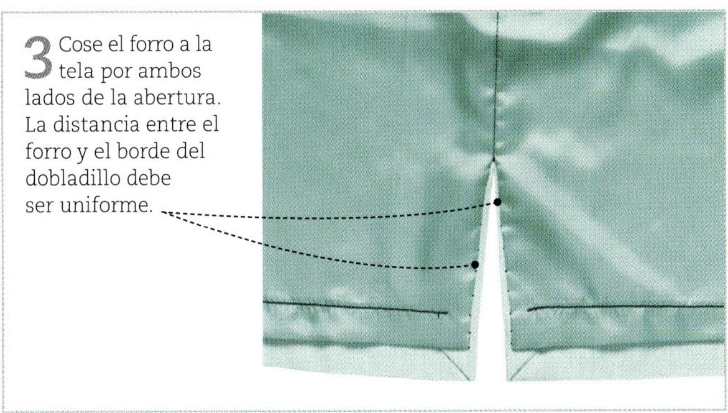

FORRO JUNTO A UNA ABERTURA MONTADA

Algunas faldas y chaquetas llevan una abertura en el bajo donde la tela se solapa, para facilitar los movimientos. En este caso, coser el forro puede ser complicado, porque las piezas del patrón de la abertura pueden resultar algo confusas.

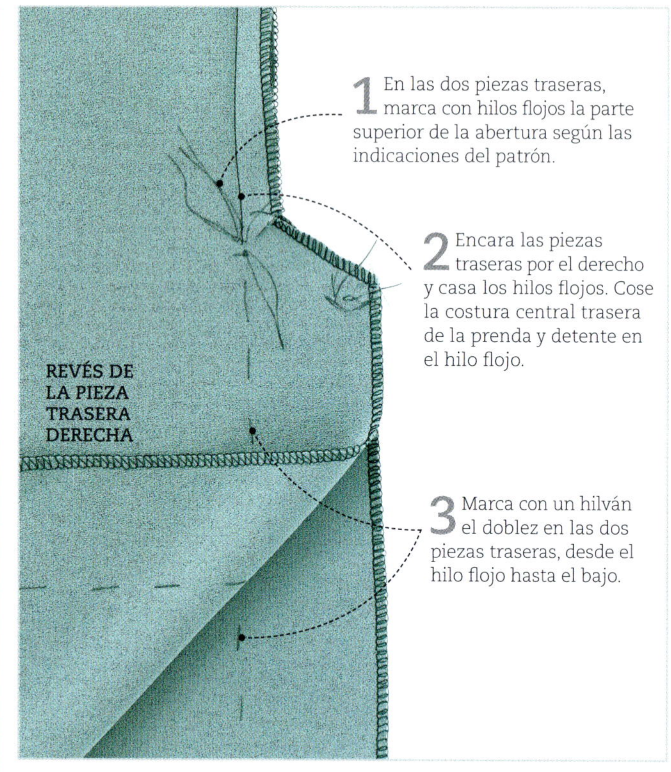

1 En las dos piezas traseras, marca con hilos flojos la parte superior de la abertura según las indicaciones del patrón.

2 Encara las piezas traseras por el derecho y casa los hilos flojos. Cose la costura central trasera de la prenda y detente en el hilo flojo.

3 Marca con un hilván el doblez en las dos piezas traseras, desde el hilo flojo hasta el bajo.

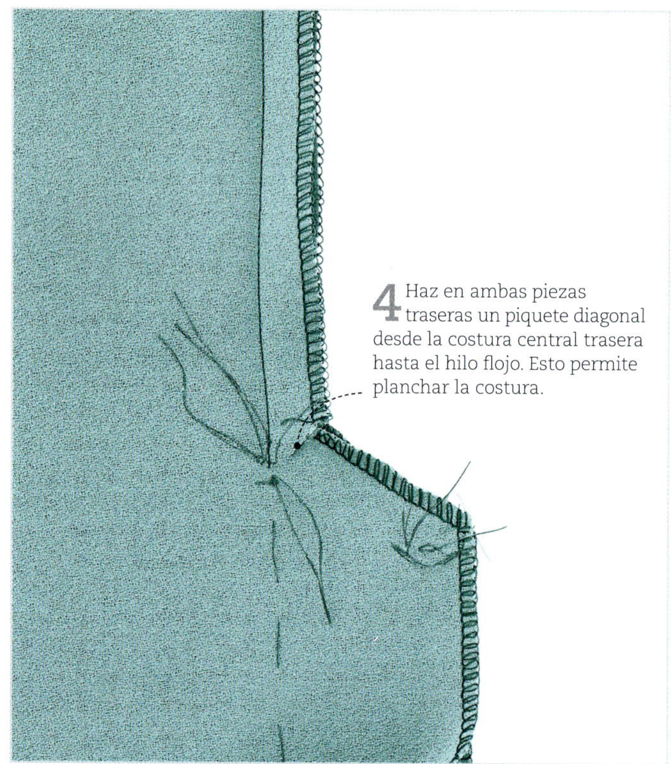

4 Haz en ambas piezas traseras un piquete diagonal desde la costura central trasera hasta el hilo flojo. Esto permite planchar la costura.

5 Plancha la costura central trasera abierta.

6 En la pieza trasera derecha (según queda puesta la prenda), dobla 1,5 cm hacia dentro la prolongación de la abertura, de modo que quede alineada con el hilo flojo. Cose a mano a punto de escapulario.

7 Dobla el bajo hacia arriba y cóselo a punto de dobladillo invisible.

8 En la pieza trasera izquierda, dobla la prolongación de la abertura a lo largo del dobladillo hilvanado.

9 Cose a inglete la esquina donde coinciden los dobladillos.

10 Dobla la prolongación de la abertura que queda a la derecha hacia abajo, de modo que se solape con la pieza trasera izquierda. Plancha el dobladillo y la abertura.

11 Corta las piezas del forro siguiendo el patrón.

12 En las dos piezas traseras, marca con hilos flojos la abertura donde indique el patrón.

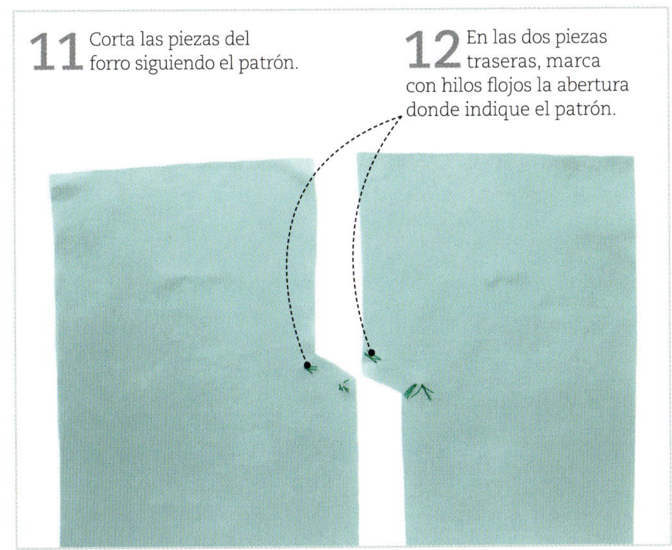

13 Remata los cantos centrales con un sobrehilado de tres hilos o un zigzag.

14 Refuerza las esquinas interiores como muestra la imagen, cosiendo a través de los hilos flojos a unos 2 cm del borde y en paralelo a este.

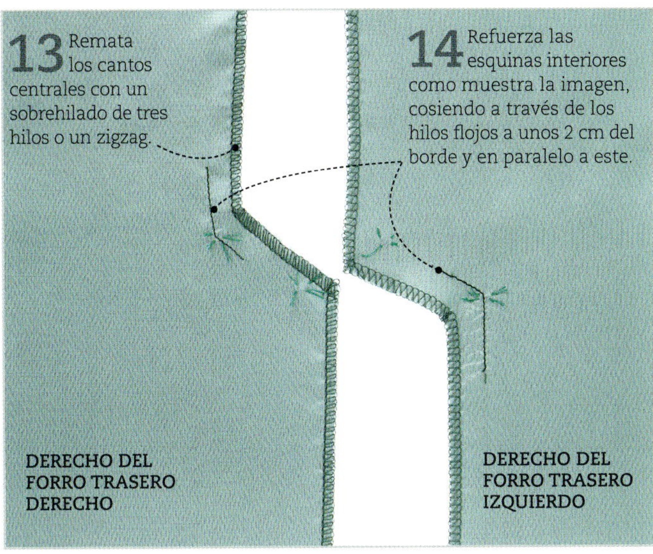

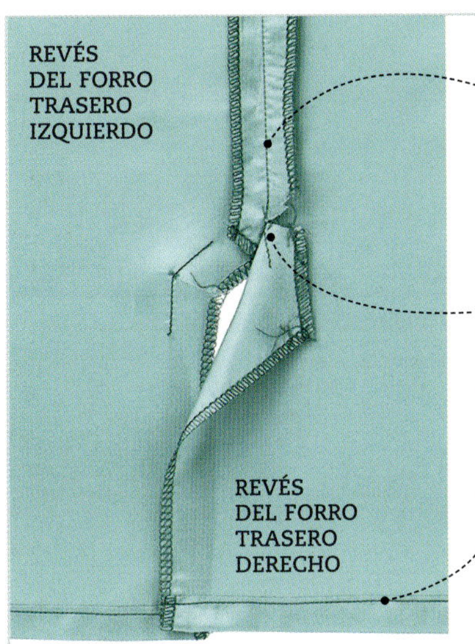

15 Encara por el derecho las piezas traseras del forro y casa los hilos flojos. Cose la costura central trasera de la prenda y detente en el hilo flojo.

16 Plancha la costura abierta y haz un piquete en diagonal desde el borde posterior central hasta las esquinas reforzadas.

17 En el borde inferior, haz un dobladillo doble y cóselo a máquina.

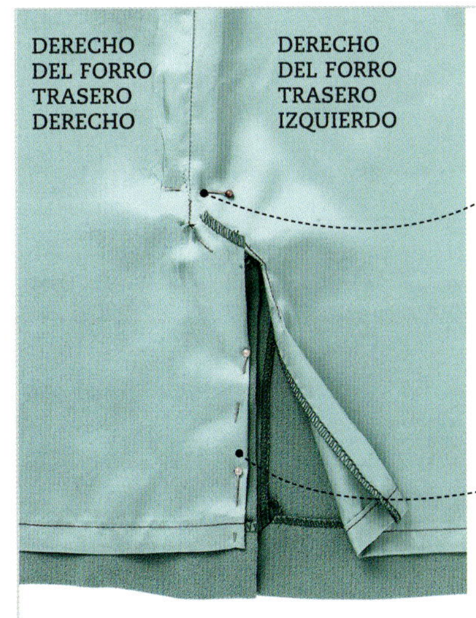

18 Coloca el forro sobre la falda, revés con revés, y cásalos por la costura central trasera. Prende con alfileres.

19 En el forro trasero derecho (según queda puesta la prenda), dobla 1,5 cm hacia dentro el borde de la abertura y préndelo con alfileres a la costura de la prolongación de la abertura de la falda.

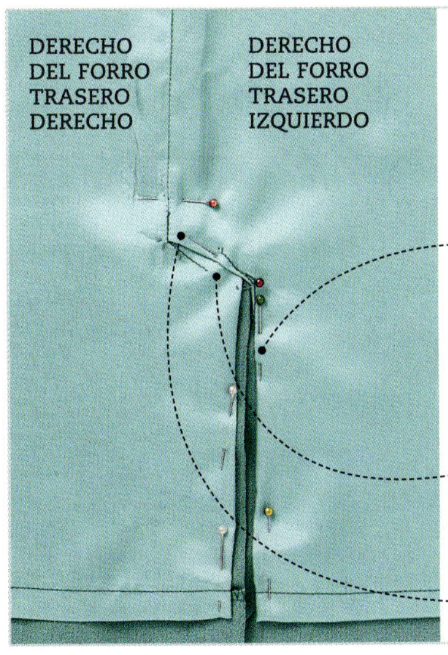

20 En el forro trasero izquierdo (según queda puesta la prenda), dobla 1,5 cm hacia dentro el borde de la abertura. Debería casar con el lado derecho de esta. Prende con alfileres.

21 En la parte superior de la abertura, introduce el margen de costura del forro trasero derecho bajo la parte diagonal del forro trasero izquierdo.

22 Dobla la parte diagonal hacia abajo y prende con alfileres.

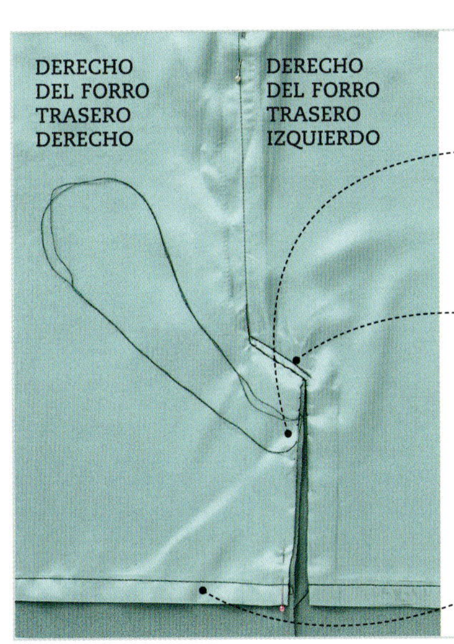

23 Cose el forro a la falda alrededor de la abertura a punto de jareta vertical.

24 Cose a máquina en diagonal desde la costura central hasta la parte superior de la abertura, atravesando todas las capas. Prende con alfileres.

25 Plancha para terminar. El dobladillo del forro y el de la falda no se deben coser.

Vistas y escotes

El método más sencillo para rematar el escote o la sisa es añadir una vista. Esta se puede aplicar a cualquier escote, sea redondo, cuadrado o de pico. Algunas vistas y escotes pueden aportar una nota de color al delantero y a la espalda de una prenda.

PONER UNA VISTA DELANTERA COSIDA A MANO

En las chaquetas sastre con entretela de picar, la vista delantera a veces se cose a mano para darles un acabado de alta costura.

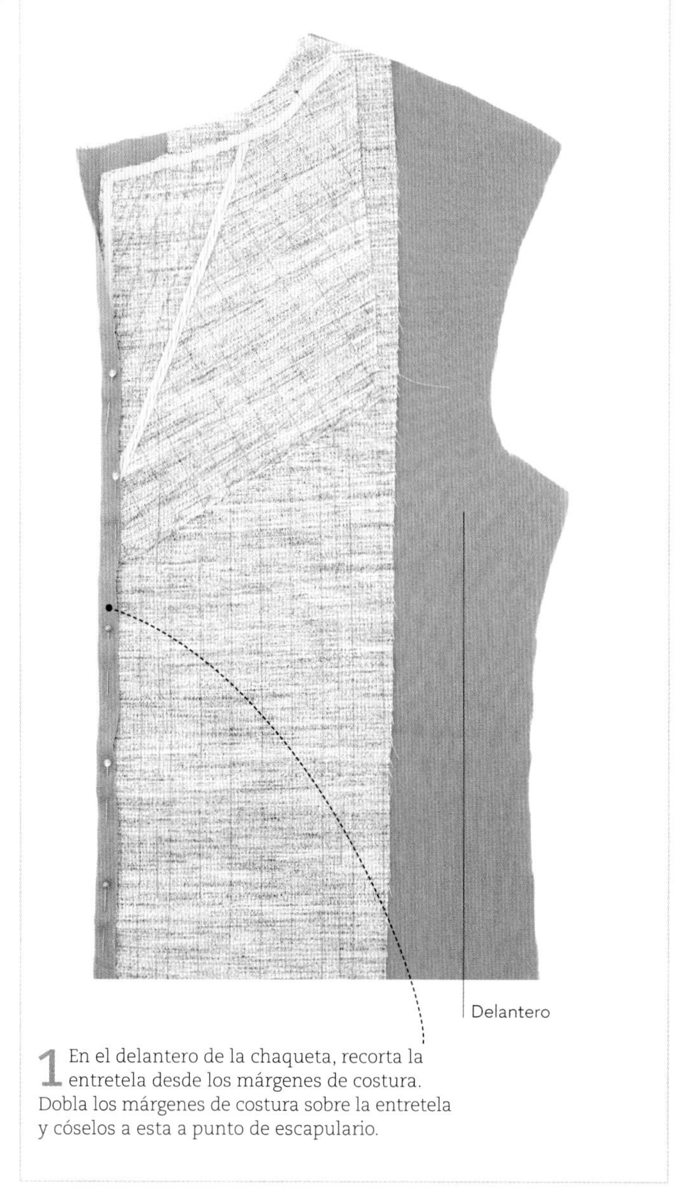

1 En el delantero de la chaqueta, recorta la entretela desde los márgenes de costura. Dobla los márgenes de costura sobre la entretela y cóselos a esta a punto de escapulario.

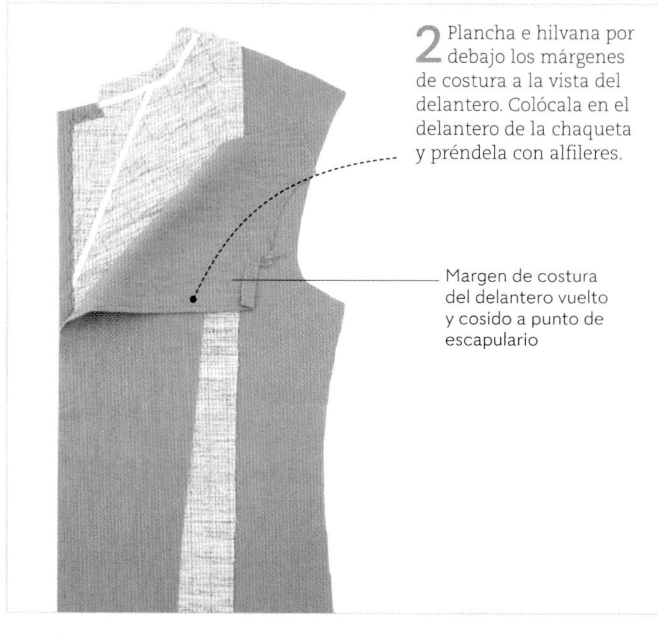

2 Plancha e hilvana por debajo los márgenes de costura a la vista del delantero. Colócala en el delantero de la chaqueta y préndela con alfileres.

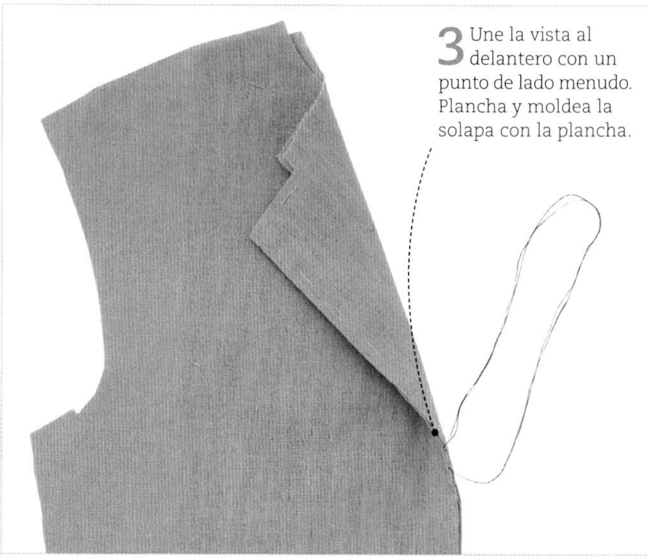

3 Une la vista al delantero con un punto de lado menudo. Plancha y moldea la solapa con la plancha.

PONER UNA ENTRETELA A UNA VISTA

Todas las vistas necesitan entretelarse para conservar su estructura y su forma. La mejor elección es una entretela termoadhesiva, que se debe cortar en el mismo sentido del hilo que la vista. La entretela debe ser siempre más ligera que la tela principal.

ENTRETELA PARA TELAS GRUESAS

Para un tejido grueso se utiliza una entretela termoadhesiva de grosor intermedio y se recorta el margen de costura en la curva interior para reducir su grosor.

ENTRETELA PARA TELAS LIGERAS

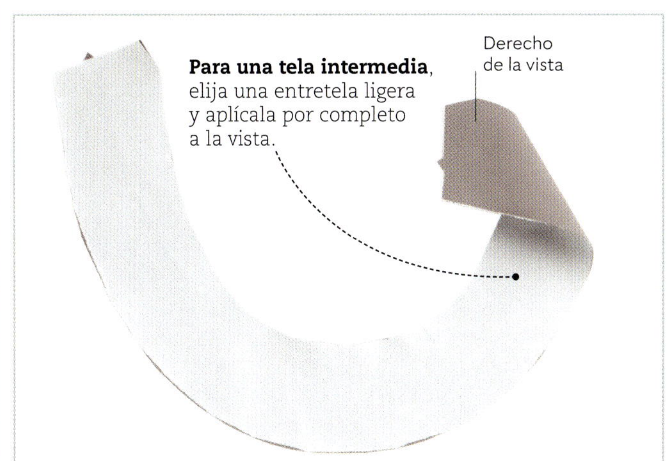

Para una tela intermedia, elija una entretela ligera y aplícala por completo a la vista.

CONFECCIONAR UNA VISTA

La vista puede estar compuesta por dos o tres piezas, a fin de encajar alrededor de un escote o una sisa. Las secciones se tienen que coser antes de aplicar la vista a la prenda. En estas fotos se muestra una vista de tres piezas entreteladas para un escote.

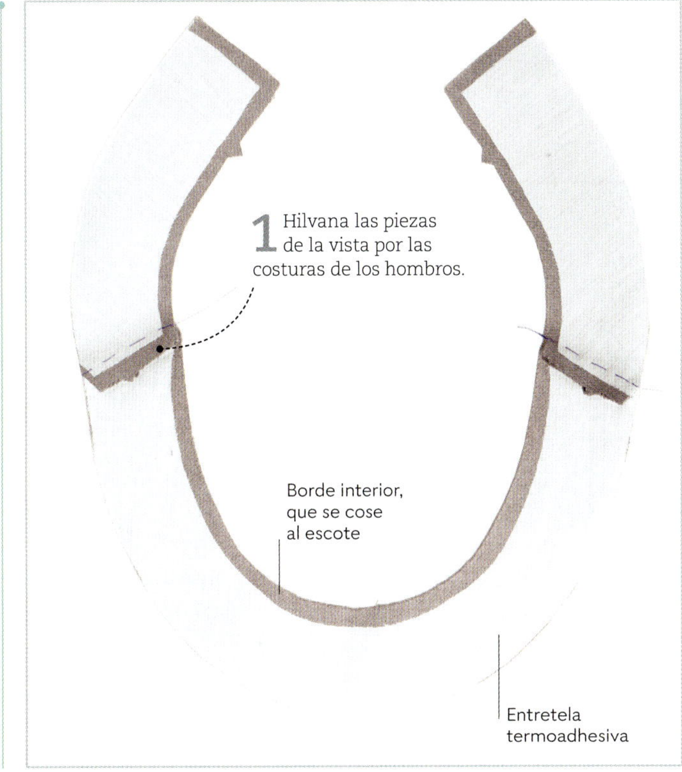

1 Hilvana las piezas de la vista por las costuras de los hombros.

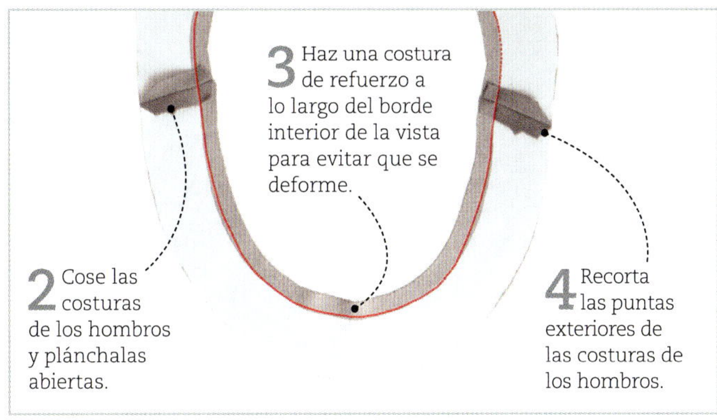

2 Cose las costuras de los hombros y plánchalas abiertas.

3 Haz una costura de refuerzo a lo largo del borde interior de la vista para evitar que se deforme.

4 Recorta las puntas exteriores de las costuras de los hombros.

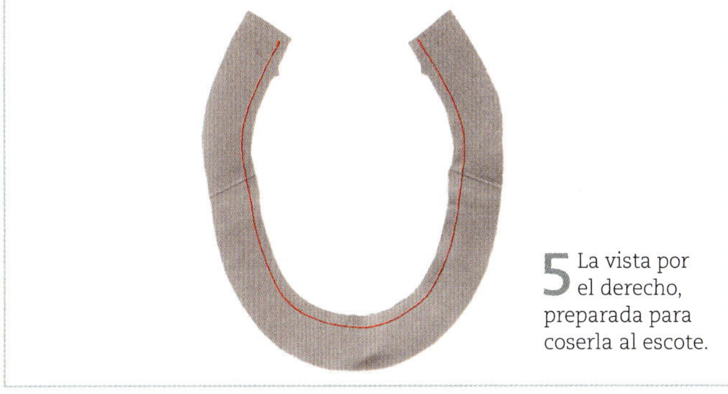

5 La vista por el derecho, preparada para coserla al escote.

REMATAR EL BORDE DE UNA VISTA

El borde exterior de las vistas debe rematarse para que no se deshile. Hay varias maneras de hacerlo. Ribetea el borde inferior con un vivo al bies da un acabado de calidad a la prenda y le añade un toque profesional. También se puede coser o recortar con tijeras dentadas (p. siguiente).

CÓMO CORTAR TIRAS AL BIES

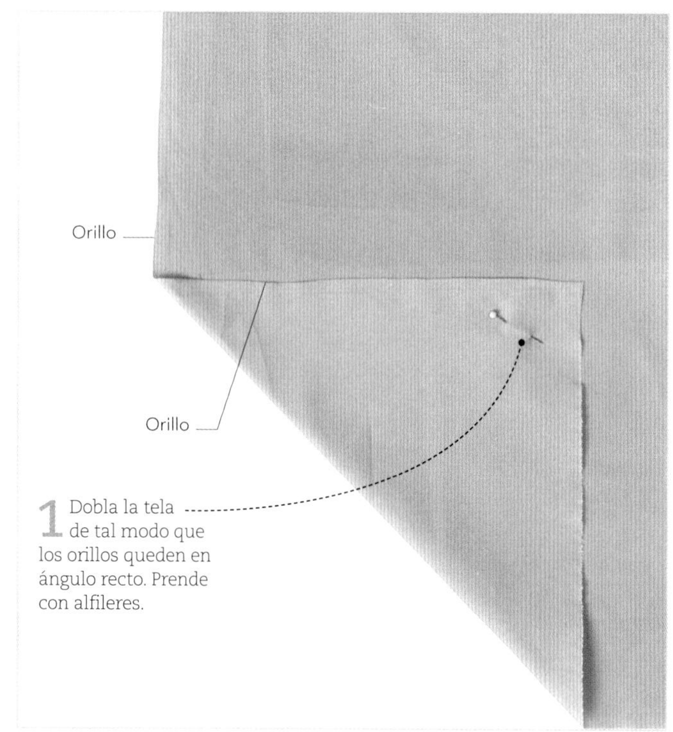

1 Dobla la tela de tal modo que los orillos queden en ángulo recto. Prende con alfileres.

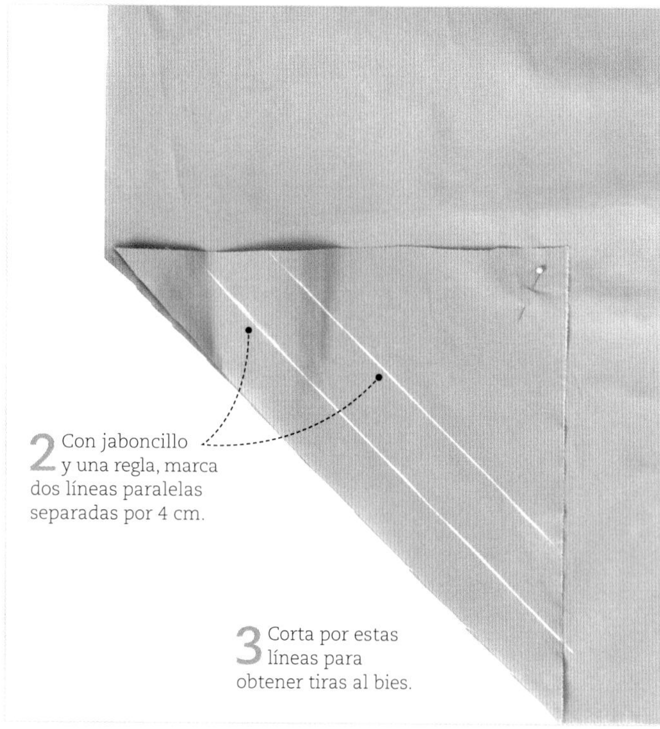

2 Con jaboncillo y una regla, marca dos líneas paralelas separadas por 4 cm.

3 Corta por estas líneas para obtener tiras al bies.

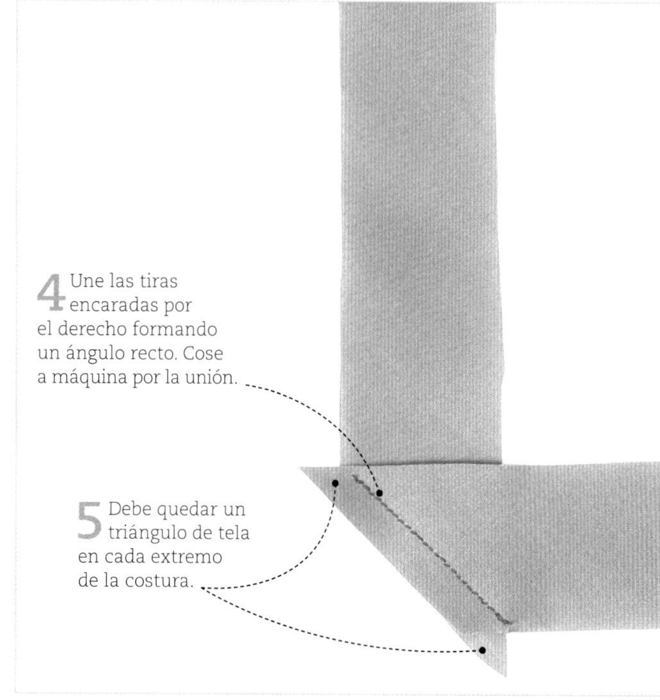

4 Une las tiras encaradas por el derecho formando un ángulo recto. Cose a máquina por la unión.

5 Debe quedar un triángulo de tela en cada extremo de la costura.

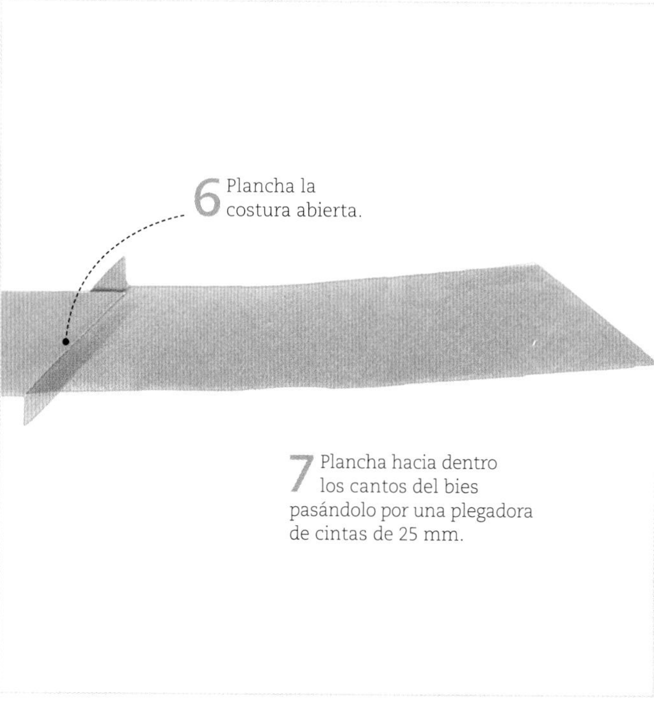

6 Plancha la costura abierta.

7 Plancha hacia dentro los cantos del bies pasándolo por una plegadora de cintas de 25 mm.

REMATAR UN BORDE CON UN VIVO AL BIES

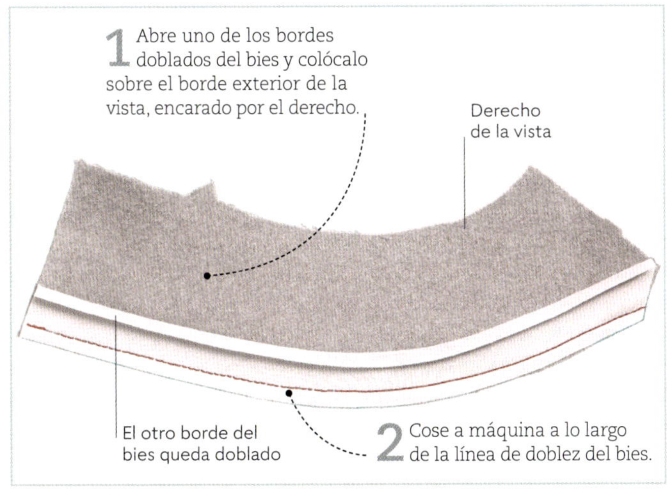

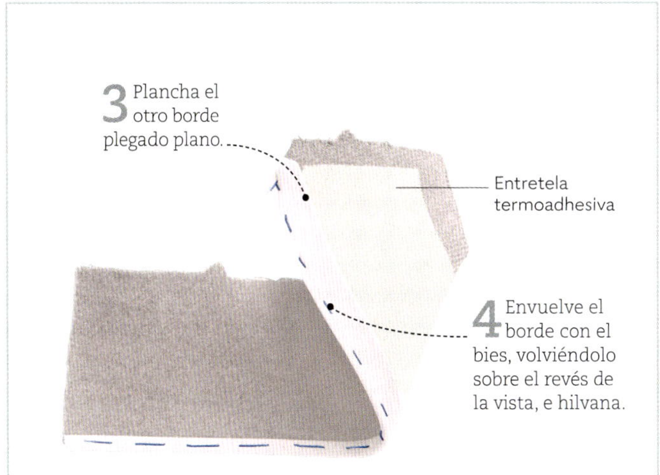

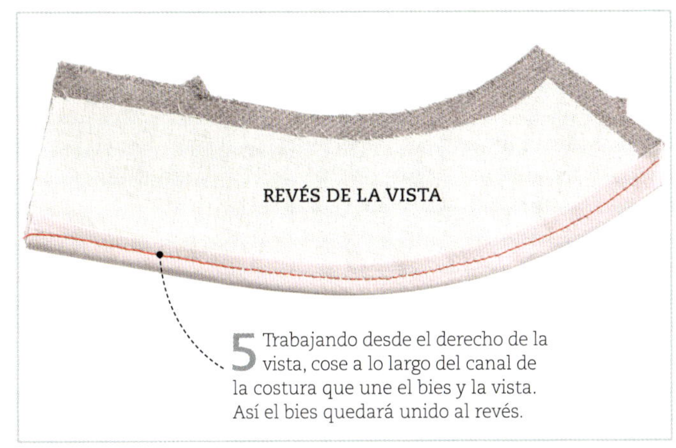

OTROS MÉTODOS DE REMATE

Las siguientes técnicas son alternativas rápidas y sencillas para rematar el borde de una vista. La elección dependerá del estilo de la prenda y de la tela empleada.

CON REMALLADORA

Remata el canto exterior con un sobrehilado de 3 hilos.

CON UN PIQUILLO

Cose a máquina a 1 cm del borde y recorta el canto con tijeras dentadas.

CON UN ZIGZAG

Remata el borde exterior a máquina, a punto de zigzag.

MÉTODO DEL BURRITO

Este método con el que se une un canesú al delantero y la espalda de una camisa o un vestido debe su nombre a que las piezas del delantero y la espalda se enrollan como un burrito mexicano. De esta manera se obtiene un acabado pulcro en el que todas las costuras quedan ocultas dentro de la vista de la prenda.

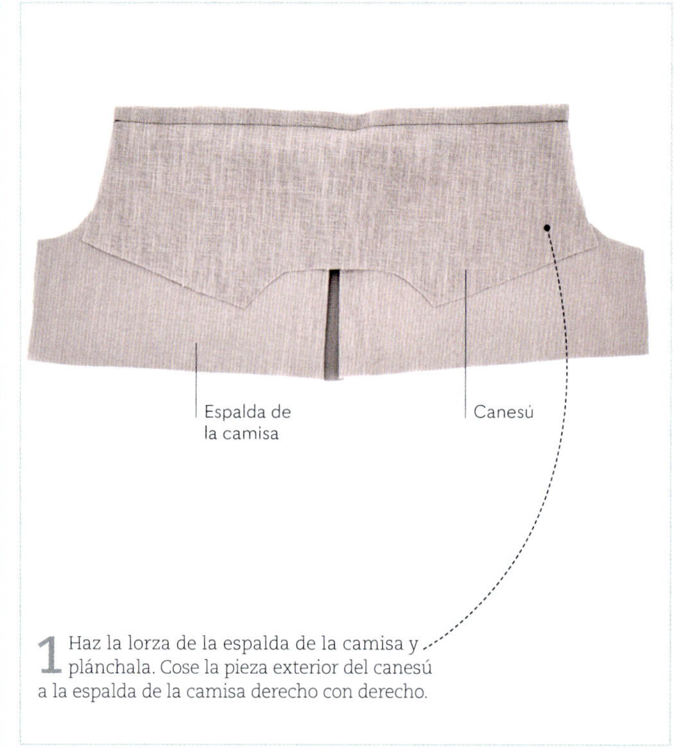

1 Haz la lorza de la espalda de la camisa y plánchala. Cose la pieza exterior del canesú a la espalda de la camisa derecho con derecho.

2 Pon el otro canesú (el de forro) con el derecho sobre el revés de la camisa, de modo que la pieza de la espalda quede entre ellos. Cose sobre la costura anterior para afianzarlo.

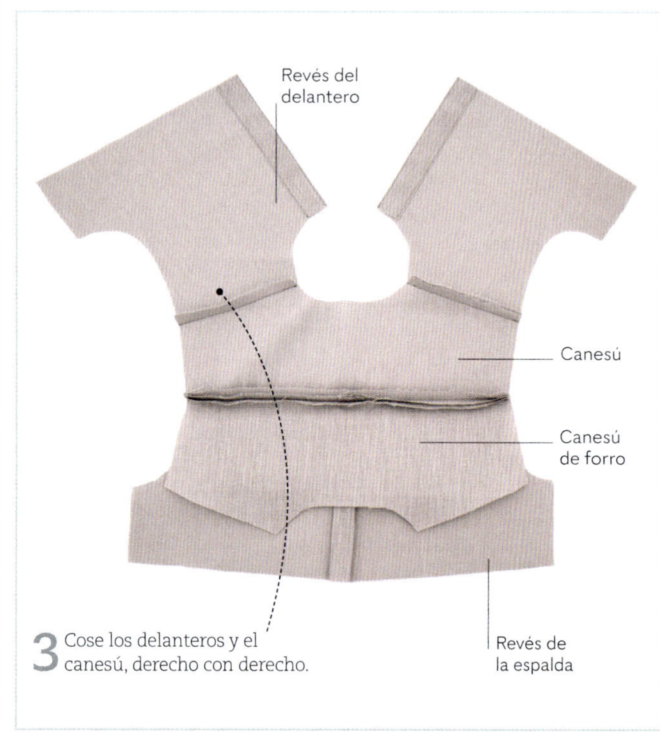

3 Cose los delanteros y el canesú, derecho con derecho.

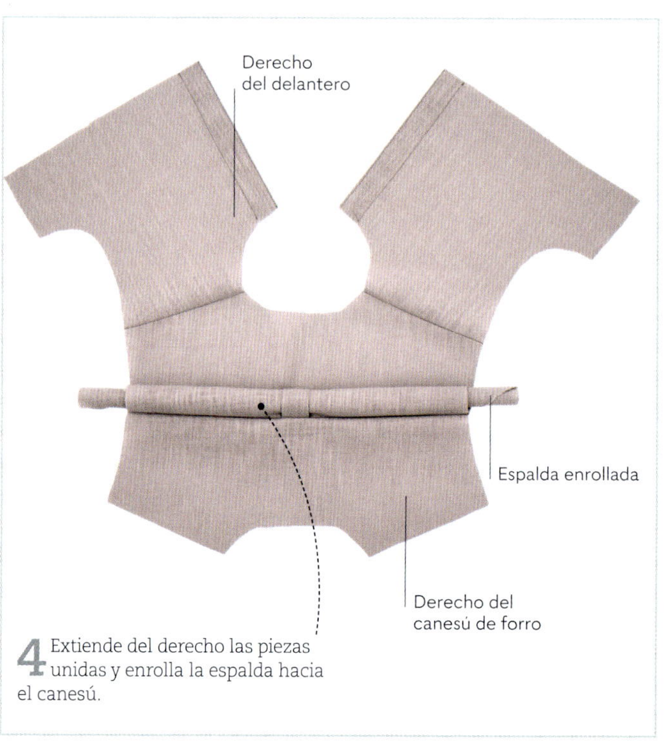

4 Extiende del derecho las piezas unidas y enrolla la espalda hacia el canesú.

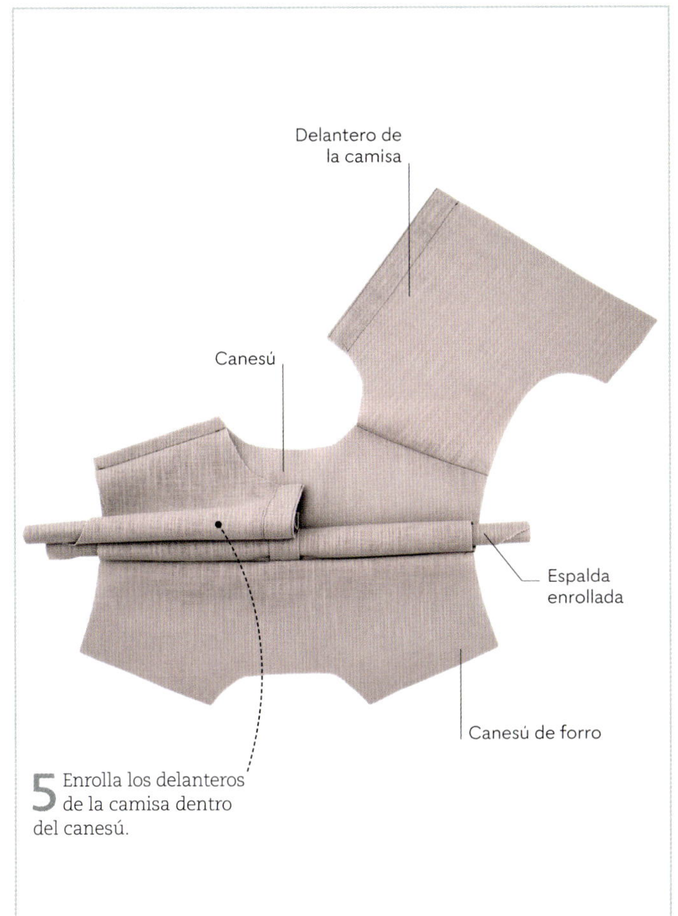

5 Enrolla los delanteros de la camisa dentro del canesú.

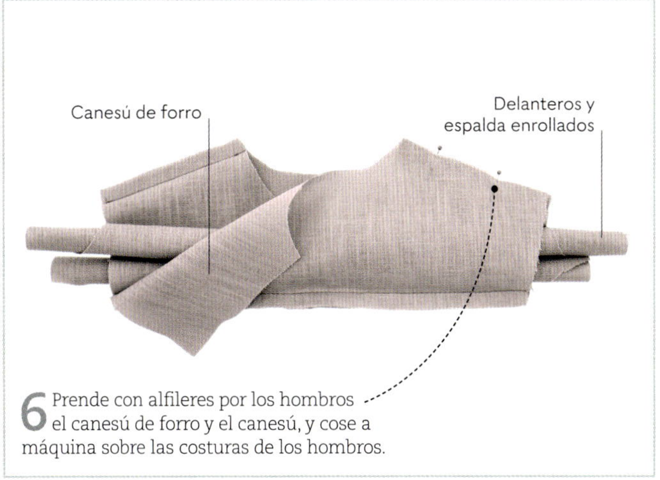

6 Prende con alfileres por los hombros el canesú de forro y el canesú, y cose a máquina sobre las costuras de los hombros.

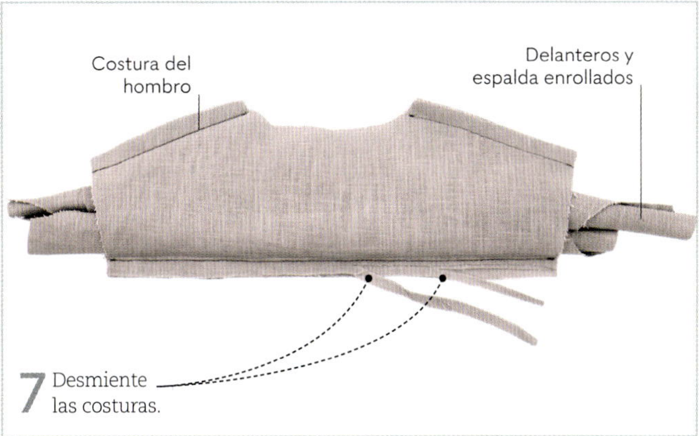

7 Desmiente las costuras.

8 Saca los delanteros y la espalda hacia el derecho y plancha.

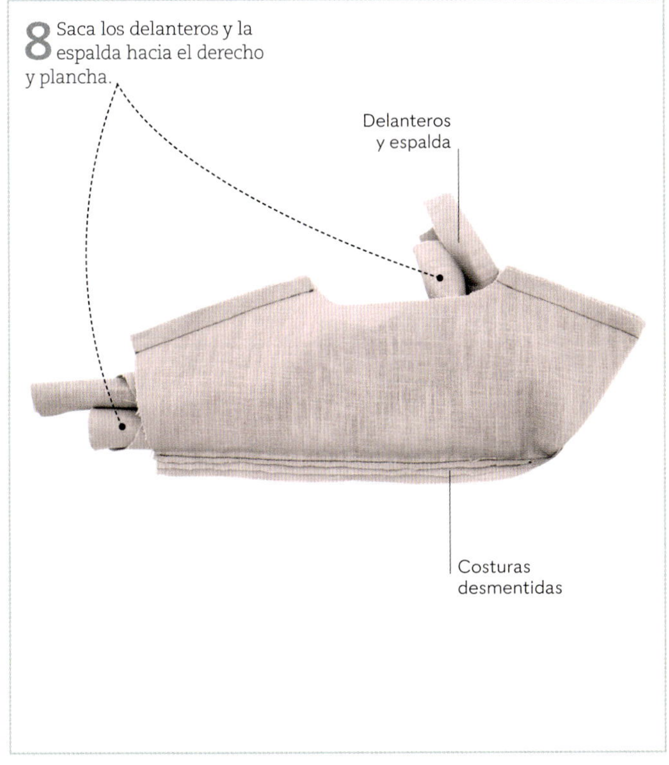

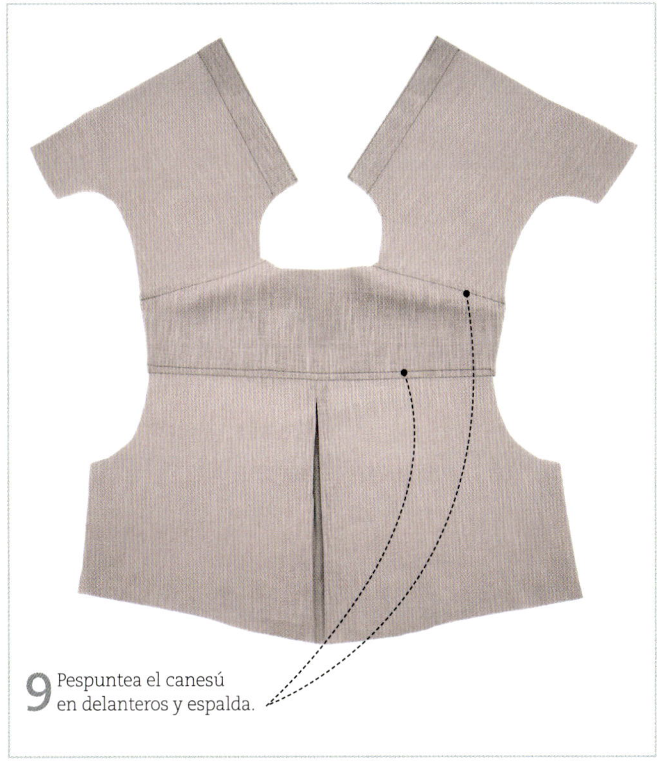

9 Pespuntea el canesú en delanteros y espalda.

Cuellos

Los cuellos constan de dos piezas como mínimo: la superior (que queda a la vista) y la inferior. A menudo la pieza superior se entretela para dar cuerpo y forma al cuello, así como un aspecto más cuidado sin que se marquen las costuras.

CUELLO BAJO

El cuello bajo es el más fácil de confeccionar, y las técnicas empleadas son las mismas para casi todos los demás.

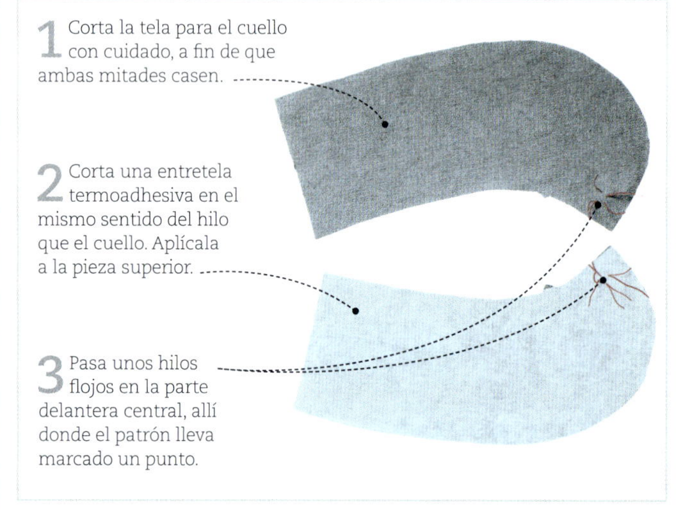

1 Corta la tela para el cuello con cuidado, a fin de que ambas mitades casen.

2 Corta una entretela termoadhesiva en el mismo sentido del hilo que el cuello. Aplícala a la pieza superior.

3 Pasa unos hilos flojos en la parte delantera central, allí donde el patrón lleva marcado un punto.

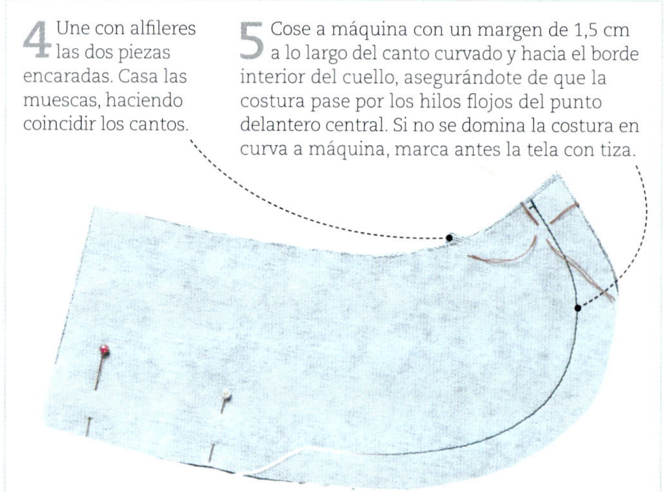

4 Une con alfileres las dos piezas encaradas. Casa las muescas, haciendo coincidir los cantos.

5 Cose a máquina con un margen de 1,5 cm a lo largo del canto curvado y hacia el borde interior del cuello, asegurándote de que la costura pase por los hilos flojos del punto delantero central. Si no se domina la costura en curva a máquina, marca antes la tela con tiza.

6 Rebaja a la mitad el margen de la costura para que no abulte.

7 Recorta el margen de la curva con tijeras dentadas, abarcando ambas capas. Esto facilitará dar la vuelta a la tela.

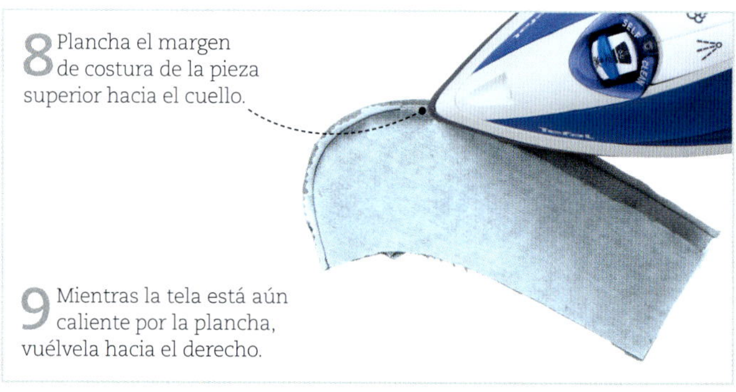

8 Plancha el margen de costura de la pieza superior hacia el cuello.

9 Mientras la tela está aún caliente por la plancha, vuélvela hacia el derecho.

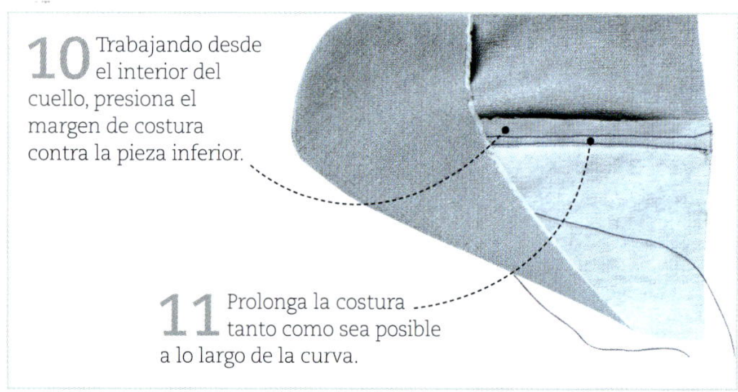

10 Trabajando desde el interior del cuello, presiona el margen de costura contra la pieza inferior.

11 Prolonga la costura tanto como sea posible a lo largo de la curva.

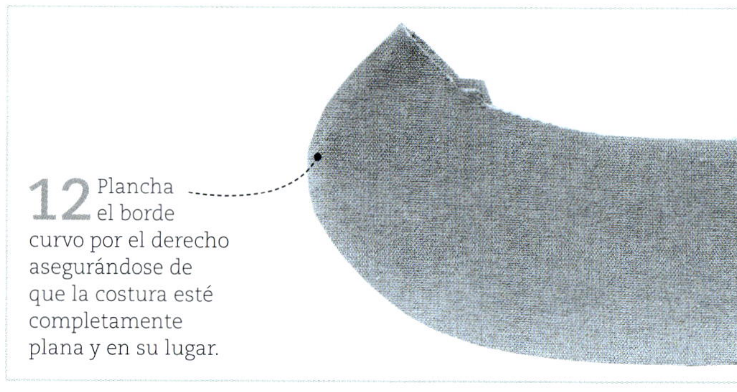

12 Plancha el borde curvo por el derecho asegurándose de que la costura esté completamente plana y en su lugar.

PONER UN CUELLO BAJO

El cuello bajo se puede unir a la prenda mediante una vista. Según el tipo de prenda, las vistas pueden rodear todo el cuello (técnica habitual en prendas con abertura en el centro de la espalda) o ir solo en el delantero. Un cuello sin vistas en la espalda se tiene que coser a la prenda por partes.

CUELLO BAJO REDONDO SIN VISTA EN LA ESPALDA

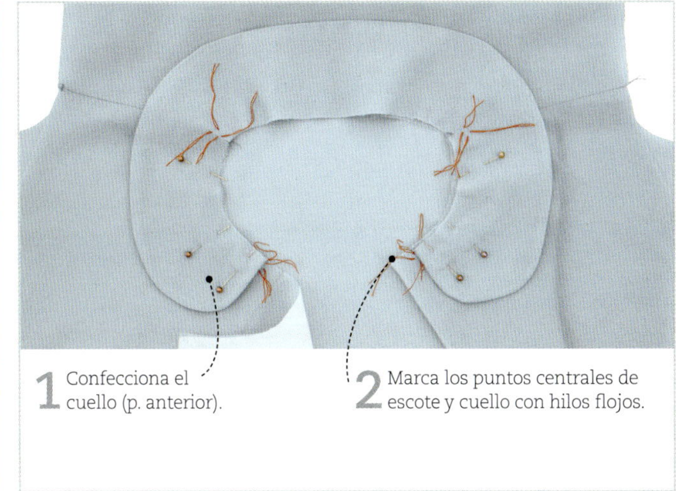

1 Confecciona el cuello (p. anterior).

2 Marca los puntos centrales de escote y cuello con hilos flojos.

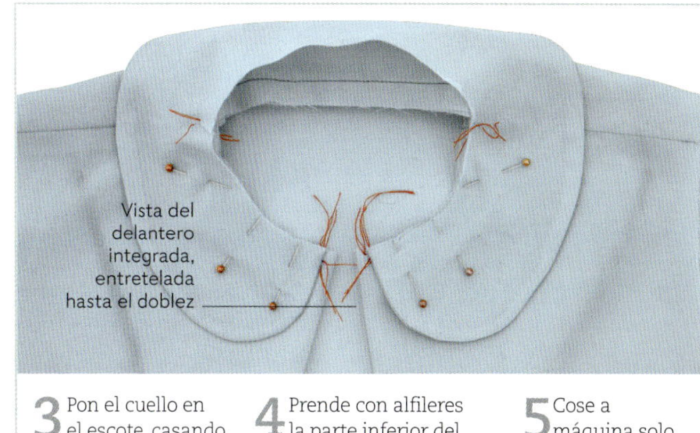

3 Pon el cuello en el escote, casando los hilos flojos.

4 Prende con alfileres la parte inferior del cuello al escote de la espalda entre los hombros.

5 Cose a máquina solo la parte inferior del cuello.

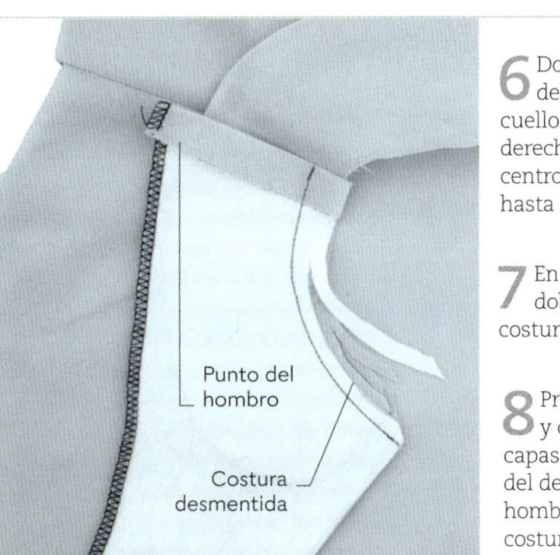

6 Dobla la vista del delantero sobre el cuello, derecho con derecho, desde el centro del delantero hasta el hombro.

7 En el hombro, dobla el margen de costura sobre la vista.

8 Prende con alfileres y cose todas la capas desde el centro del delantero hasta el hombro. Desmiente la costura.

9 Piquetea el margen de costura de la parte superior del cuello en los puntos del hombro.

10 Vuelve hacia dentro el margen de la parte superior del cuello y prende con alfileres el doblez a la costura a máquina de la parte de la espalda.

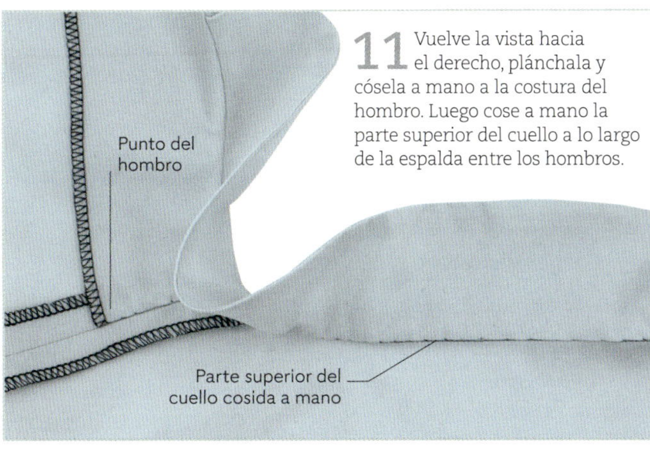

11 Vuelve la vista hacia el derecho, plánchala y cósela a mano a la costura del hombro. Luego cose a mano la parte superior del cuello a lo largo de la espalda entre los hombros.

12 Cuello terminado.

CUELLO BAJO REDONDO CON VISTA COMPLETA

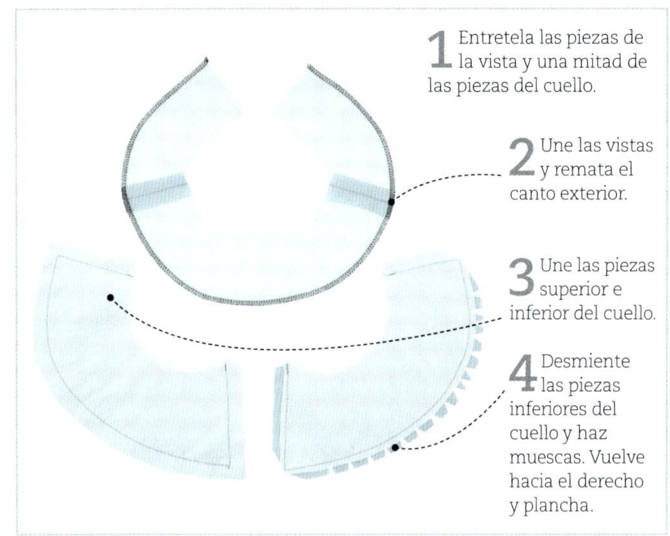

1 Entretela las piezas de la vista y una mitad de las piezas del cuello.

2 Une las vistas y remata el canto exterior.

3 Une las piezas superior e inferior del cuello.

4 Desmiente las piezas inferiores del cuello y haz muescas. Vuelve hacia el derecho y plancha.

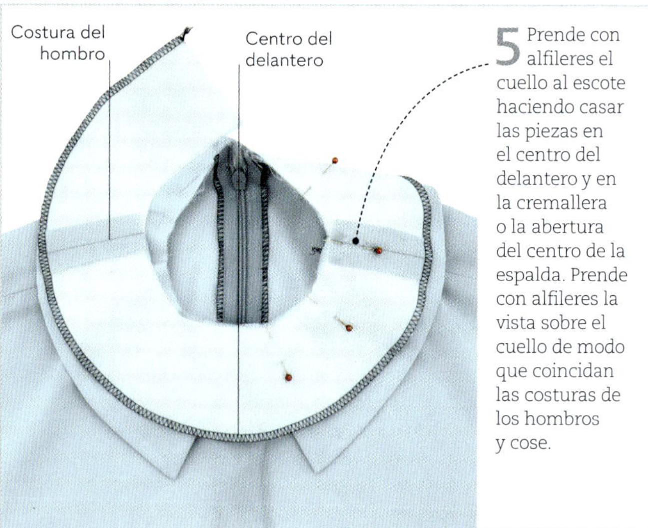

5 Prende con alfileres el cuello al escote haciendo casar las piezas en el centro del delantero y en la cremallera o la abertura del centro de la espalda. Prende con alfileres la vista sobre el cuello de modo que coincidan las costuras de los hombros y cose.

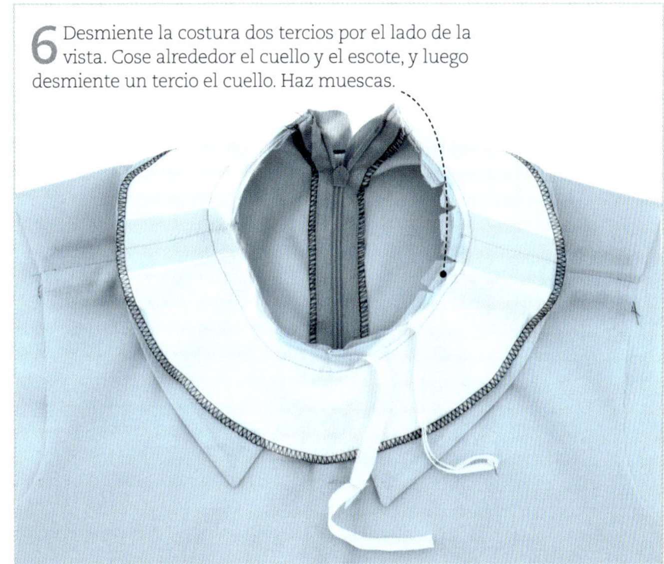

6 Desmiente la costura dos tercios por el lado de la vista. Cose alrededor el cuello y el escote, y luego desmiente un tercio el cuello. Haz muescas.

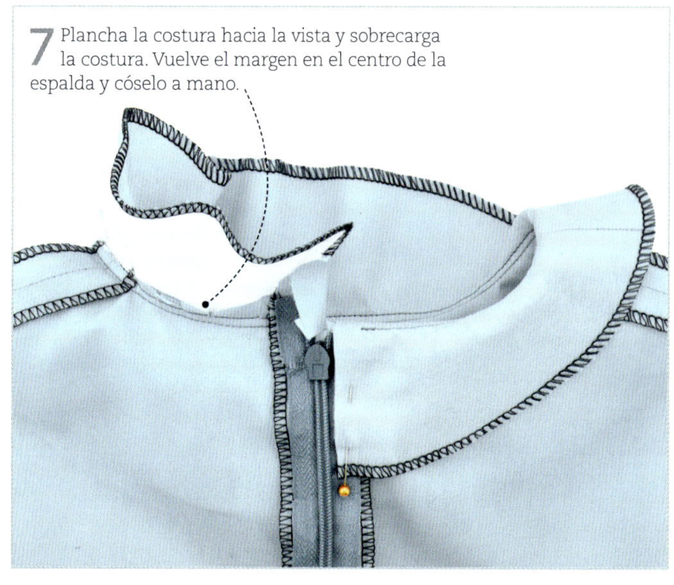

7 Plancha la costura hacia la vista y sobrecarga la costura. Vuelve el margen en el centro de la espalda y cóselo a mano.

8 Une la vista a la cremallera en el centro de la espalda y también a las costuras de los hombros.

9 Cuello con vista terminado.

CUELLO ALTO SENCILLO

Este tipo de cuello, llamado cuello Mao o mandarín, que rodea el cuello en vertical, se suele hacer con una pieza de tela rectangular y con un poco de forma en los extremos. Para que encaje mejor en el escote se puede cortar ligeramente curvado.

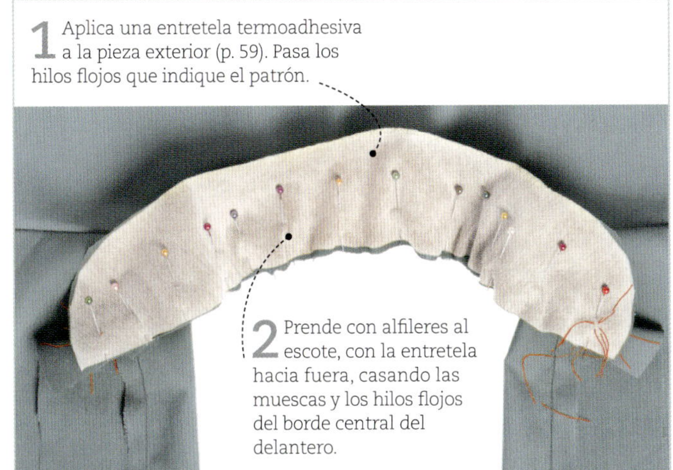

1 Aplica una entretela termoadhesiva a la pieza exterior (p. 59). Pasa los hilos flojos que indique el patrón.

2 Prende con alfileres al escote, con la entretela hacia fuera, casando las muescas y los hilos flojos del borde central del delantero.

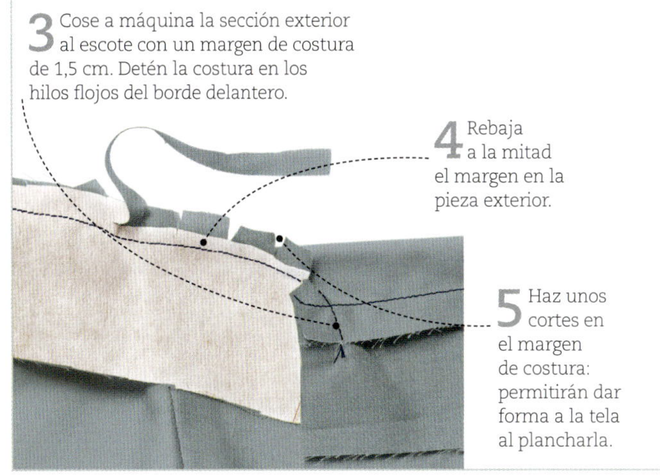

3 Cose a máquina la sección exterior al escote con un margen de costura de 1,5 cm. Detén la costura en los hilos flojos del borde delantero.

4 Rebaja a la mitad el margen en la pieza exterior.

5 Haz unos cortes en el margen de costura: permitirán dar forma a la tela al plancharla.

6 Desde el revés de la prenda, vuelve el borde delantero central como indica el patrón. Esto dará verticalidad al borde delantero del cuello.

7 Prende las piezas interior y exterior, encaradas, a lo largo del borde superior.

8 Cose a máquina las dos piezas con un margen de costura de 1,5 cm.

9 En el borde delantero central, el margen rebajado de la costura tiene que apuntar al cuello de tal manera que la costura a máquina de las dos secciones le pase por encima. La costura debe quedar alineada con el centro del delantero de la prenda.

10 Rebaja a la mitad el grosor del margen en la parte interior (la que no va entretelada).

11 Haz varios cortes en forma de V en el margen para desmentir la costura, con cuidado de no cortarla.

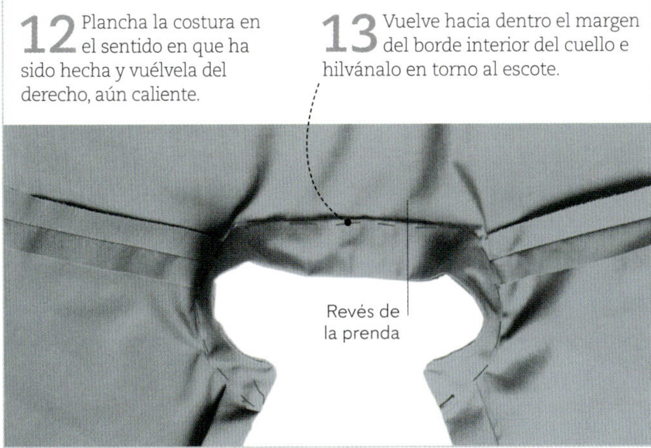

12 Plancha la costura en el sentido en que ha sido hecha y vuélvela del derecho, aún caliente.

13 Vuelve hacia dentro el margen del borde interior del cuello e hilvánalo en torno al escote.

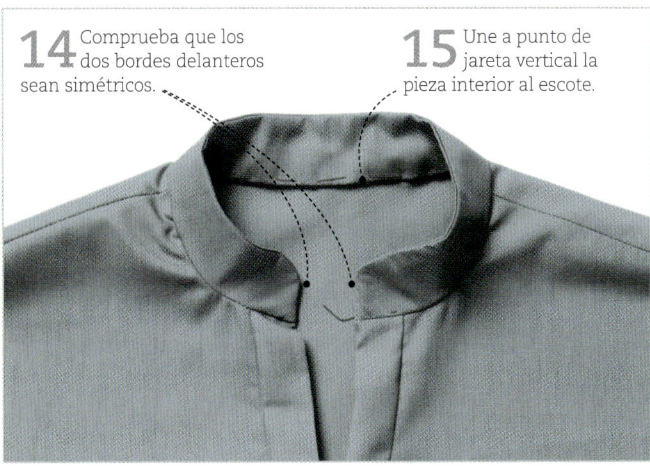

14 Comprueba que los dos bordes delanteros sean simétricos.

15 Une a punto de jareta vertical la pieza interior al escote.

CUELLO CAMISERO CON SOLAPAS

Los cuellos de camisas y blusas pueden acabar en punta o en curva, según el estilo de la prenda. El cuello de las blusas camiseras acaba en un escote en pico con vueltas o solapas. Al confeccionarlo, se recortan las esquinas de la entretela antes de aplicarla a la pieza superior para reducir su grosor.

1 Transfiere las marcas del patrón con hilos flojos. Confecciona el cuello colocando la tela derecho con derecho y cose con un margen de 1,5 cm.

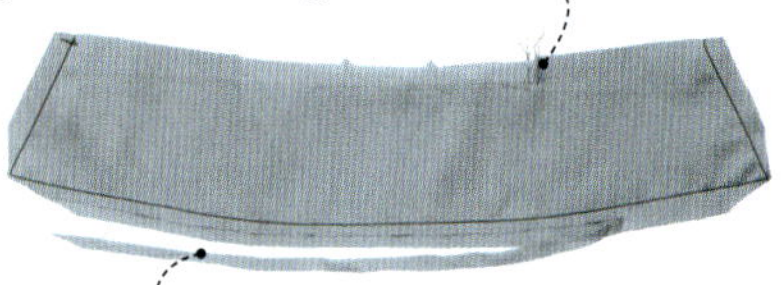

2 Rebaja el margen de costura por el lado inferior del cuello.

3 Recorta las entretela en las esquinas.

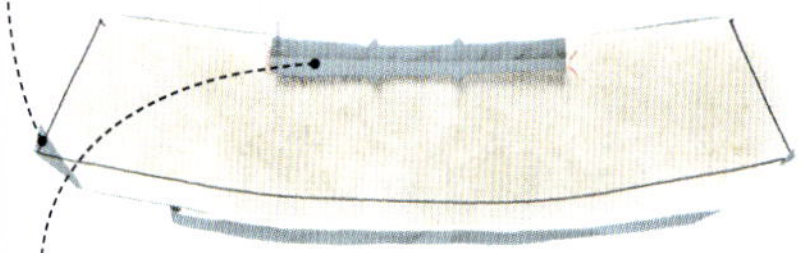

4 Recorta el margen de costura en el centro del borde trasero solo en la pieza superior del cuello, hasta los puntos flojos. Plancha abierta esta parte de la costura.

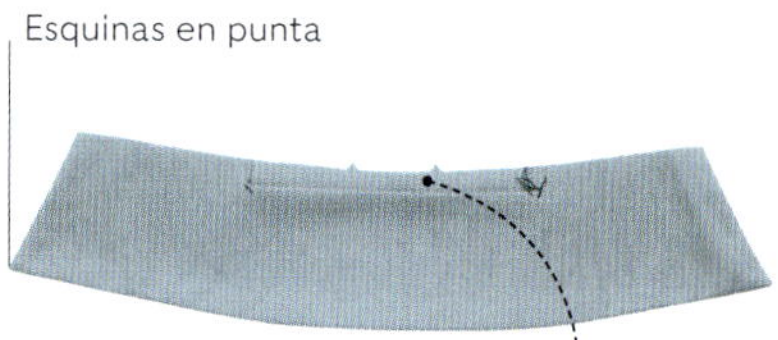

Esquinas en punta

5 Vuelve el cuello hacia el derecho y plancha. El margen del borde trasero entre los cortes queda planchado hacia abajo.

6 Pon el cuello sobre el escote, casando las muescas, prendido con alfileres.

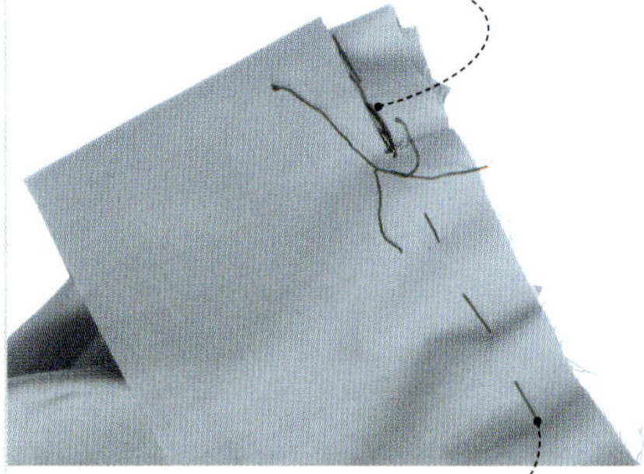

7 Hilvana a través de las dos capas de los cantos delanteros y de la única capa del borde trasero.

8 Pon la vista del delantero sobre la parte delantera del cuello y casa las muescas y los hilvanes.

9 Cose a máquina y a través de la parte trasera al mismo tiempo. Casa las costuras de los hombros.

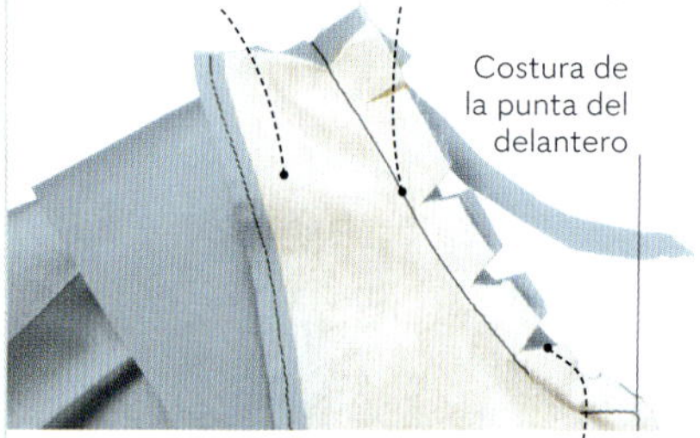

Costura de la punta del delantero

10 Recorta y desmiente la costura. Vuelve del derecho y plancha.

11 Dobla hacia abajo el canto del cuello exterior en la nuca e hilvanarlo. Cóselo a mano a punto de jareta vertical o escondido.

Solapa

12 Plancha el cuello y las solapas.

CUELLO CAMISERO CON TIRILLA

La clásica camisa de sastrería lleva un cuello compuesto por dos partes: la tirilla y el cuello. La tirilla se alza desde el escote ajustada al cuello de la persona, y el cuello propiamente dicho va unido a la tirilla en la parte superior. Ambos requieren entretela.

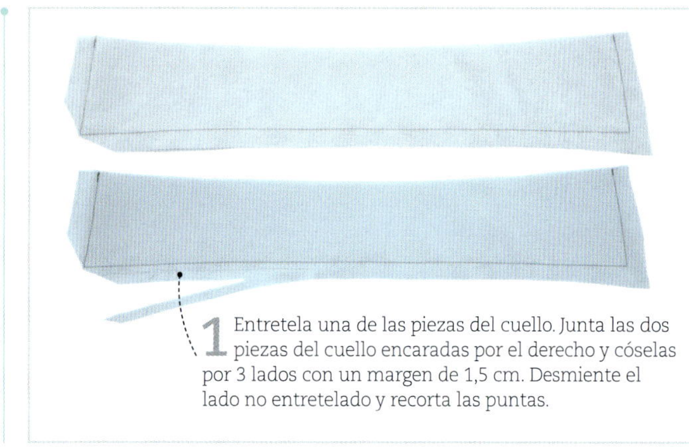

1 Entretela una de las piezas del cuello. Junta las dos piezas del cuello encaradas por el derecho y cóselas por 3 lados con un margen de 1,5 cm. Desmiente el lado no entretelado y recorta las puntas.

2 Plancha el margen de costura hacia la entretela asegurándote de que las puntas no queden abultadas. Vuelve el cuello del derecho y plánchalo de manera que las puntas queden bien afiladas, girando en las esquinas.

3 Pespuntea el cuello a 1 cm del borde.

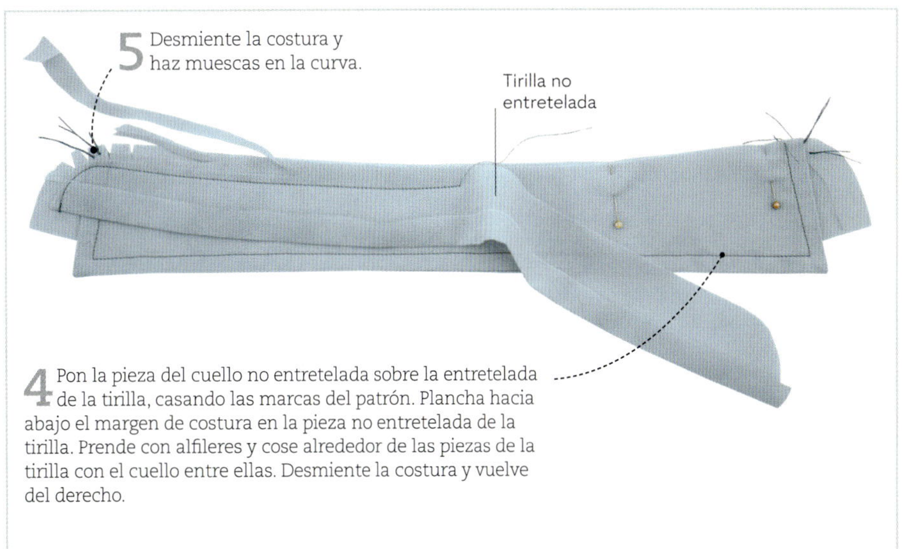

5 Desmiente la costura y haz muescas en la curva.

4 Pon la pieza del cuello no entretelada sobre la entretelada de la tirilla, casando las marcas del patrón. Plancha hacia abajo el margen de costura en la pieza no entretelada de la tirilla. Prende con alfileres y cose alrededor de las piezas de la tirilla con el cuello entre ellas. Desmiente la costura y vuelve del derecho.

6 Pon la tirilla entretelada sobre el escote de la camisa, casándola con cuidado en el centro del delantero. Asegúrate de que esté bien alineada con este y cose a máquina primero los bordes delanteros.

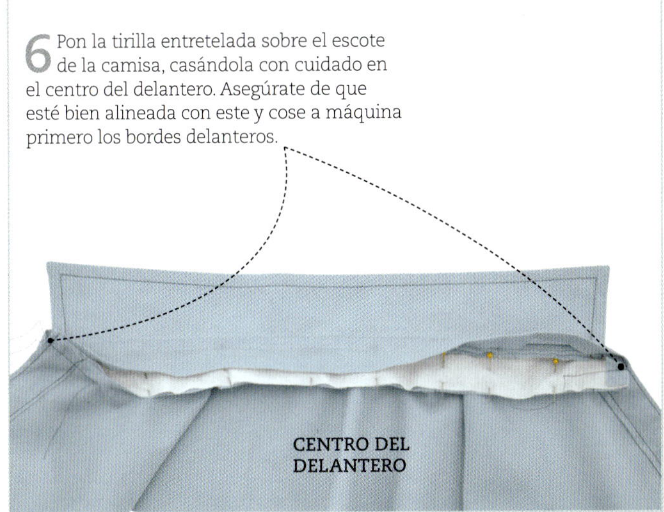

7 Cose el resto de la tirilla al escote. Desmiente la costura y haz piquetes si es necesario. Plancha la costura hacia la tirilla.

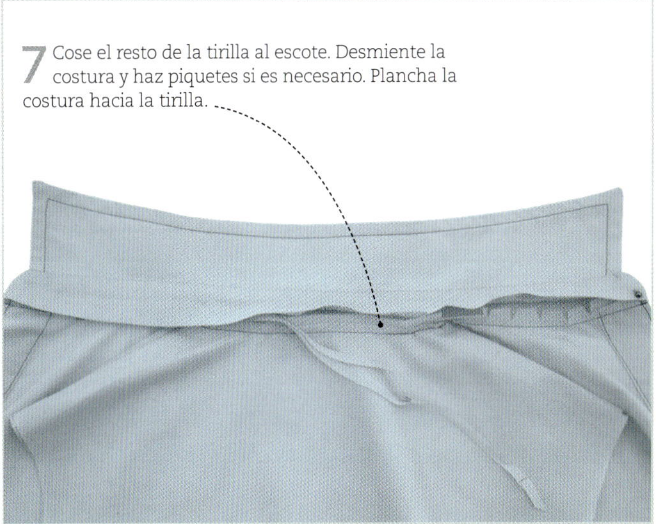

8 Dobla el borde planchado de la tirilla sobre la línea de la costura y cóselo a mano a punto de dobladillo invisible.

9 Cuello terminado.

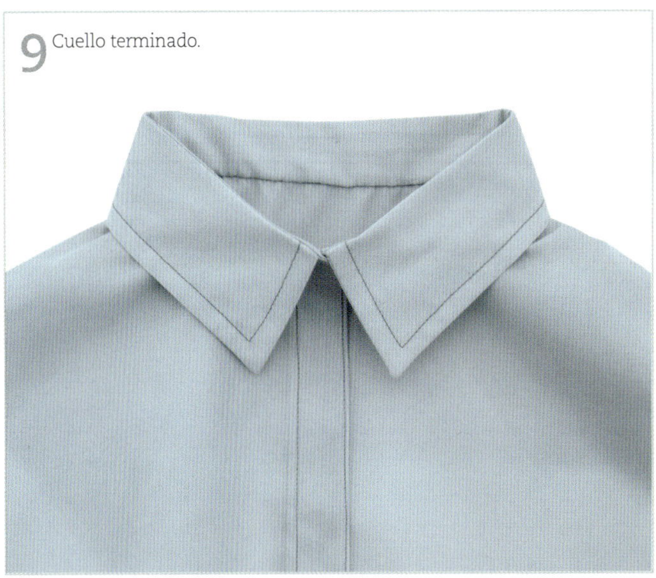

CUELLO INTERIOR DE MELTON

El melton es un resistente tejido de lana que se usa en los cuellos interiores para crear bordes pulcros y bien definidos. Encontrarás cuellos de melton prepicados, pero también puedes picar tú mismo un retal de melton. Esta técnica se suele usar en abrigos y chaquetas sastre para darles un acabado profesional.

1 Elimina el margen de costura de la pieza del patrón del cuello interior y córtala en una tela melton para cuellos ya picada. Inserta las marcas del patrón.

2 Marca la línea de costura con un hilván alrededor del escote.

3 Pon el canto cortado del cuello interior de melton sobre el hilván casando las marcas del patrón. Préndelo con alfileres.

4 Une el canto del cuello al escote de la chaqueta con un punto de zigzag a máquina de 4 mm de ancho y 2 mm de largo.

5 Cose la vista delantera a la chaqueta.

6 Cose el cuello exterior a la tirilla y plancha la costura abierta.

7 Dobla el margen de costura exterior.

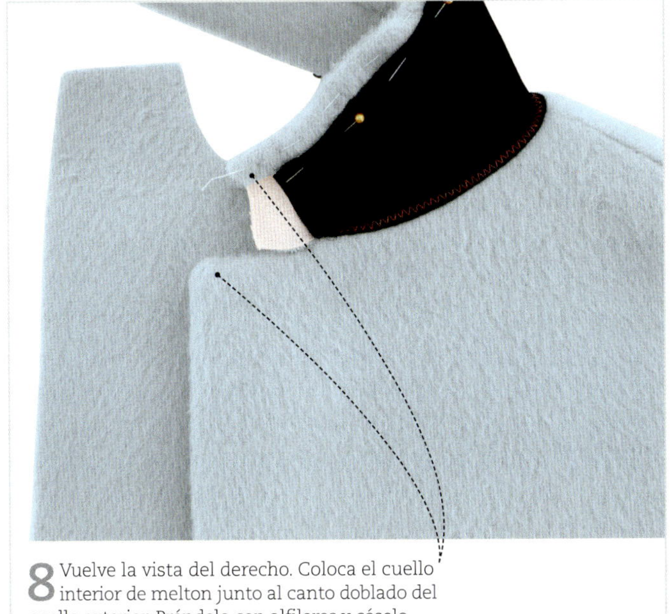

8 Vuelve la vista del derecho. Coloca el cuello interior de melton junto al canto doblado del cuello exterior. Préndelo con alfileres y cóselo.

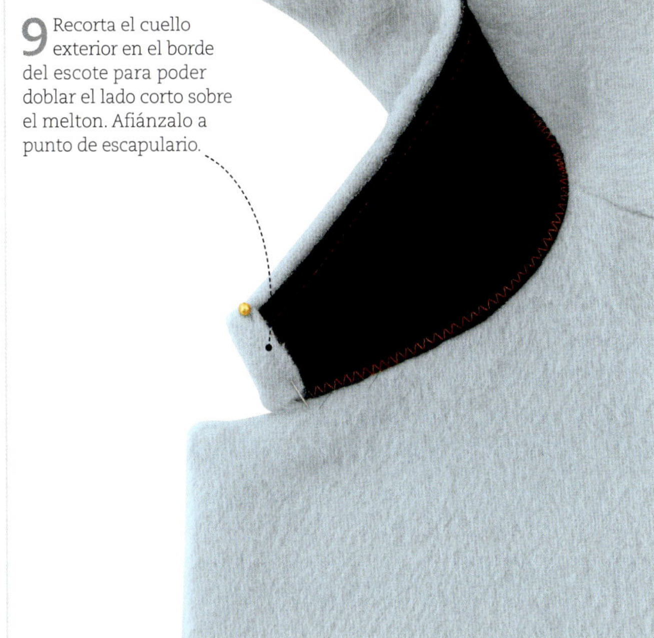

9 Recorta el cuello exterior en el borde del escote para poder doblar el lado corto sobre el melton. Afiánzalo a punto de escapulario.

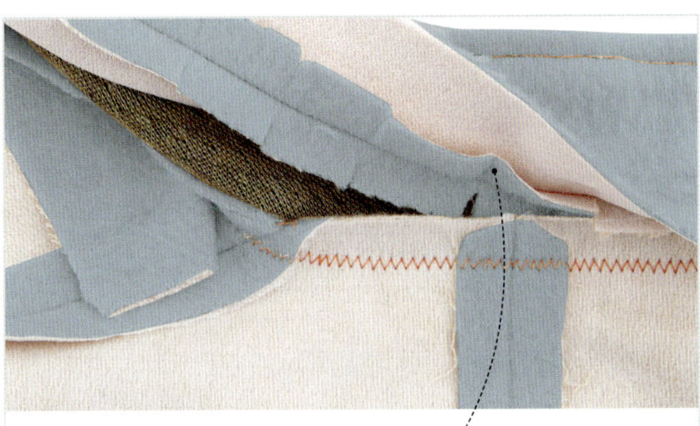

10 El borde del cuello que da al escote queda liso sobre el interior de la chaqueta. Dobla el margen de costura del escote de la vista sobre él.

11 Cose el borde del escote de la vista al cuello exterior. El forro cubrirá el resto de la costura del escote.

12 El cuello acabado.

PONER UN CUELLO

El cuello con solapas vueltas característico de la chaqueta sastre lleva una pieza superior y otra inferior, y una vista doblada hacia atrás para formar la vuelta en cada lado. Requiere un marcado preciso y un cosido cuidadoso.

1 Une la parte superior a la vista delantera y al forro de la espalda.

2 Detén la costura al llegar a los hilos sueltos del borde delantero.

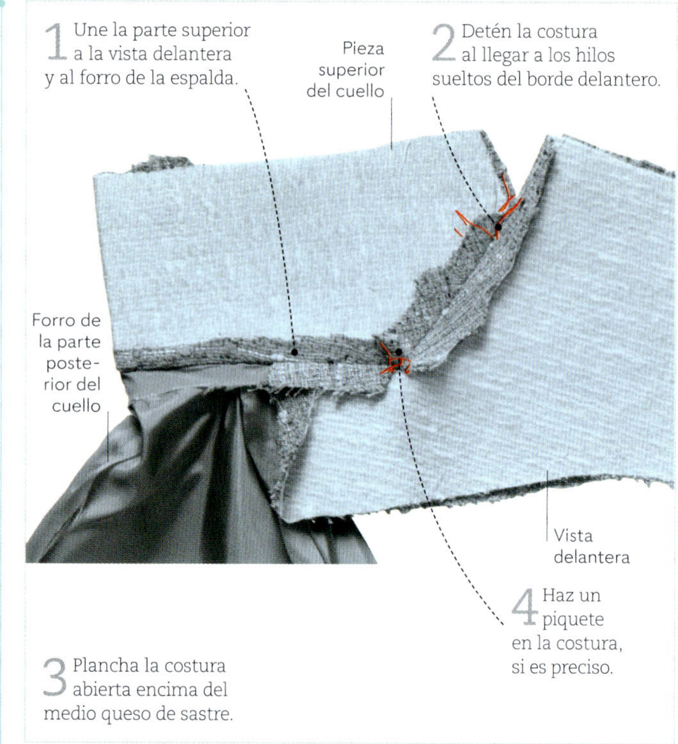

3 Plancha la costura abierta encima del medio queso de sastre.

4 Haz un piquete en la costura, si es preciso.

5 Une la parte inferior al delantero y la espalda.

6 Cose hasta los hilos sueltos del borde delantero.

7 Plancha la costura abierta y haz un piquete si es preciso.

8 Junta la chaqueta y el forro, y casa las partes del cuello.

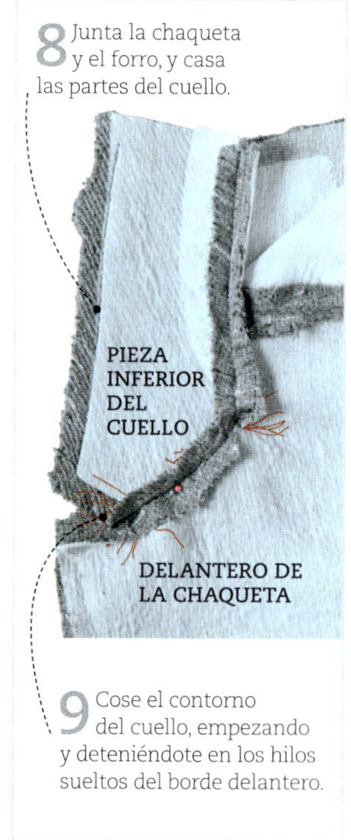

9 Cose el contorno del cuello, empezando y deteniéndote en los hilos sueltos del borde delantero.

10 Cose la vista delantera al delantero de la chaqueta, empezando en los hilos sueltos del borde delantero. Las líneas de costura del cuello y de la vista deben estar alineadas, sin cruzarse.

11 Desmiente la costura.

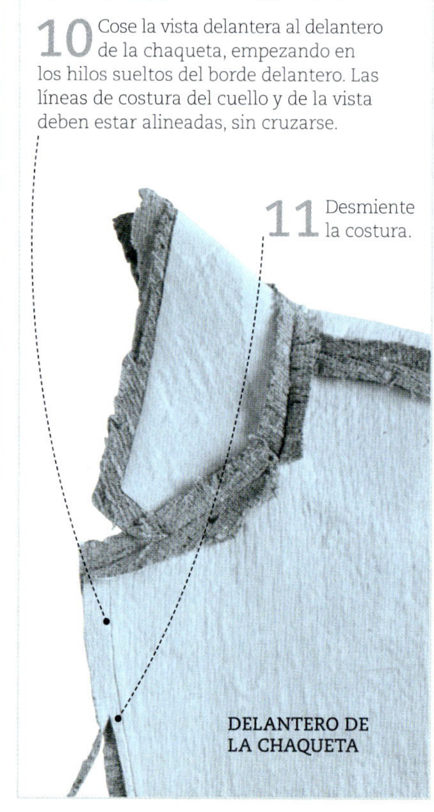

12 Por el revés, cose las costuras del cuello a punto de escapulario.

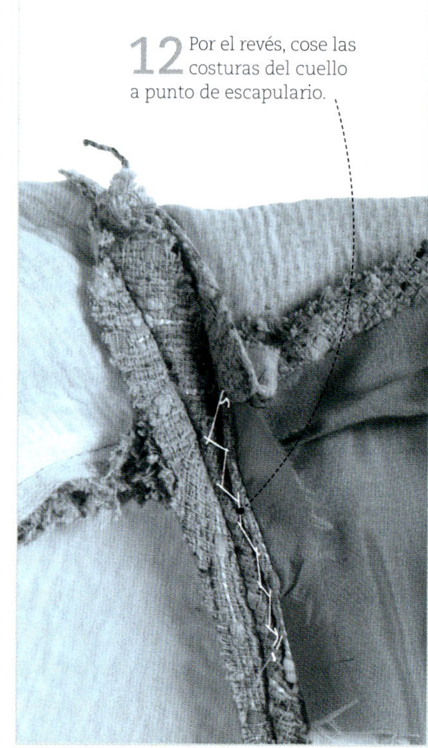

13 Dobla el cuello y vuélvelo del derecho.

14 Plancha con un paño de planchar y plancha de vapor. Aplana la costura haciéndola rodar hacia la espalda para que no asome del derecho.

Mangas

Pocas mangas, salvo las dolmán, se cortan como parte de la prenda. La mayoría, incluidas las encajadas y las ranglán, se confeccionan por separado y luego se insertan en la sisa. La manga se cose siempre a la sisa y no la sisa a la manga, por lo que la persona que cose debe trabajar con la manga frente a ella.

PONER UNA MANGA RECTA

En camisas y ropa infantil, las mangas se montan rectas antes de hacer las costuras laterales. Esta técnica resulta difícil con algunos tejidos, sobre todo los muy compactos, porque no se utilizan costuras de embebido.

1 La costura del hombro de la prenda debe estar planchada abierta. Monta la manga en la sisa de la prenda, derecho con derecho.

2 Casa las muescas y prende con alfileres.

3 Cose la manga a la sisa con un margen de costura de 1,5 cm.

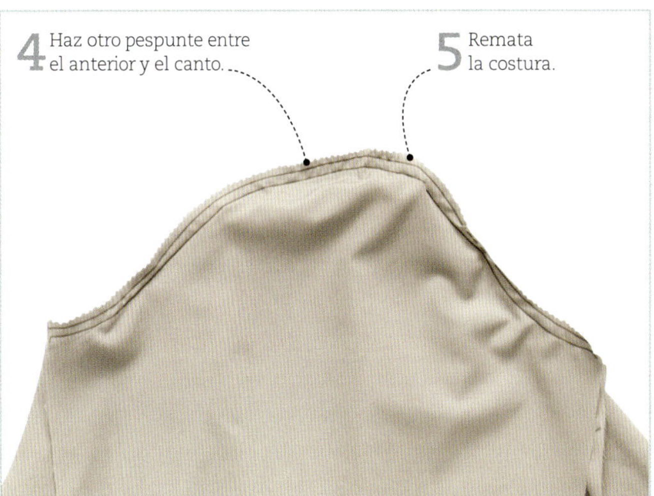

4 Haz otro pespunte entre el anterior y el canto.

5 Remata la costura.

6 Plancha la costura de la manga hacia la manga.

7 Encara derecho con derecho prenda y manga, y casa las costuras de la parte inferior.

8 Cose las dos costuras con un margen de costura de 1,5 cm.

9 Plancha la costura abierta y vuelve la manga del derecho sacándola por la sisa.

MANGA RANGLÁN

La manga ranglán se puede confeccionar con una o con dos piezas. La costura de la sisa en una manga ranglán corre en diagonal desde la sisa hasta el cuello.

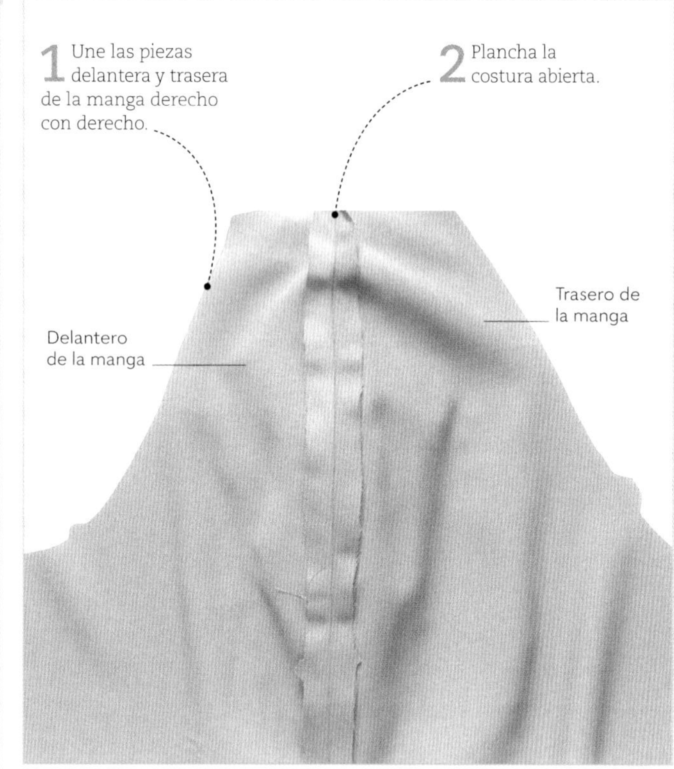

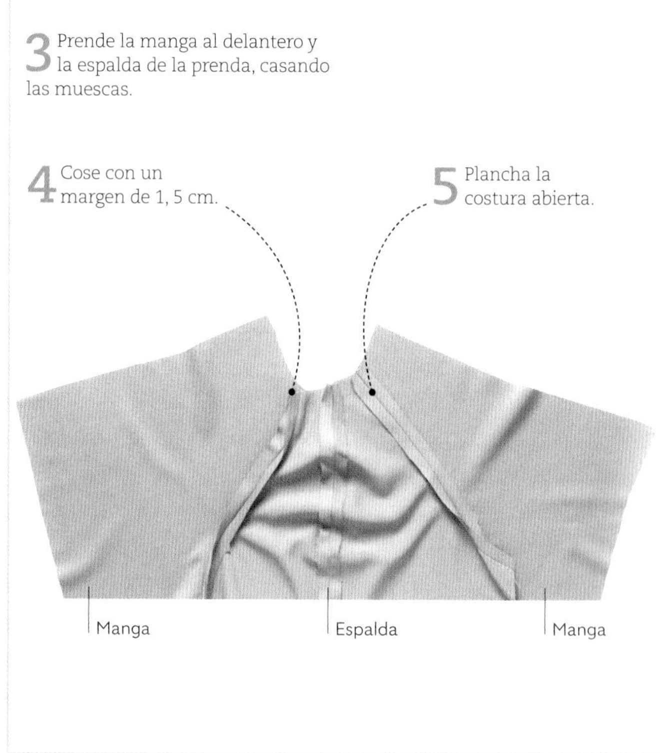

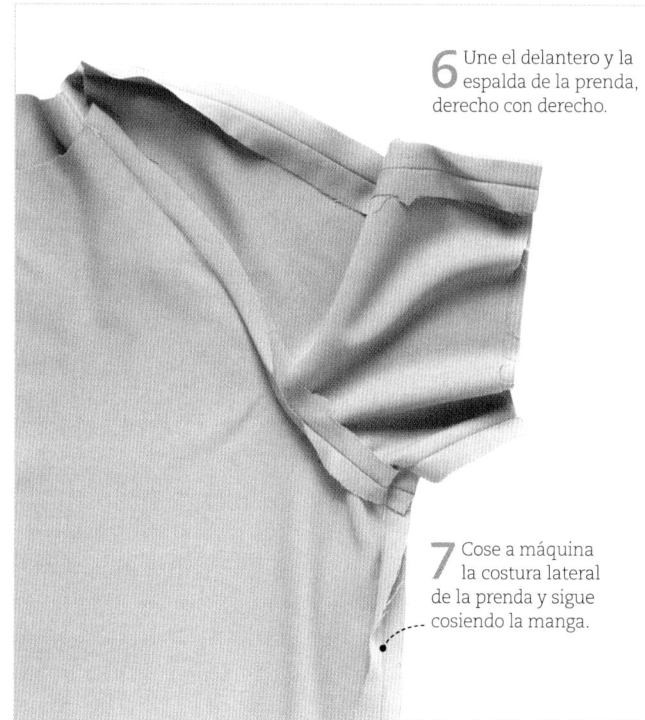

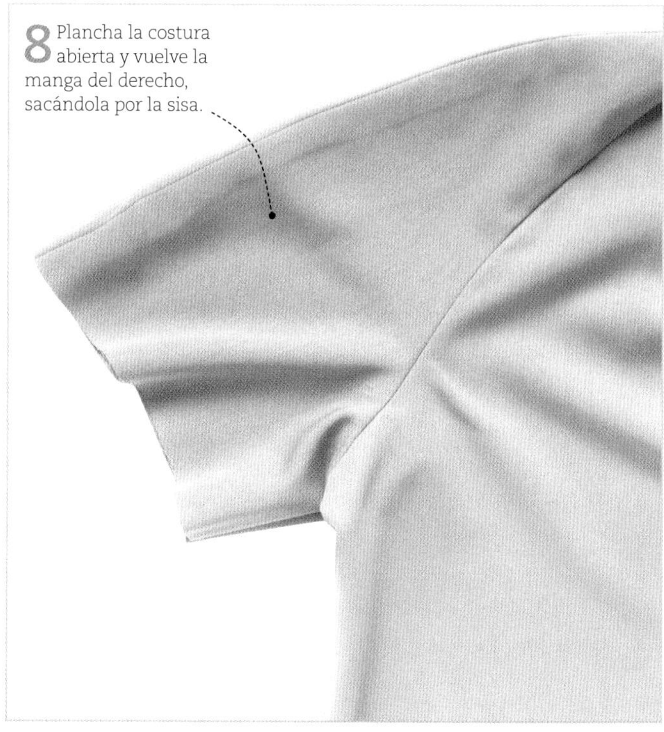

PONER UNA MANGA ENCAJADA

La corona de la manga debe ajustarse perfectamente a la costura del extremo del hombro. Esto se consigue con una costura de embebido, que permite acortar una tela sin fruncirla.

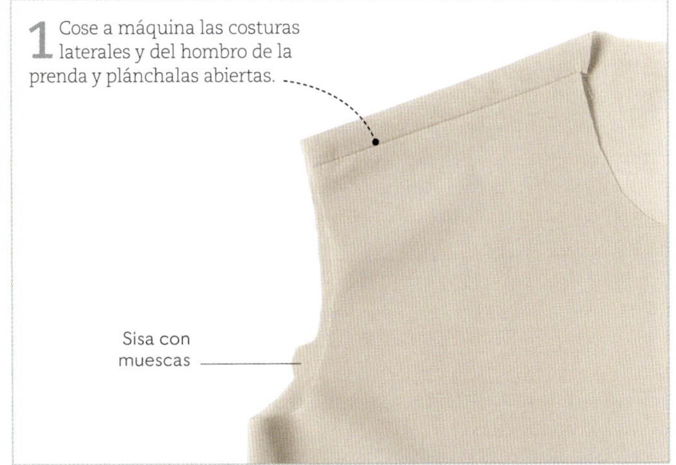

1 Cose a máquina las costuras laterales y del hombro de la prenda y plánchalas abiertas.

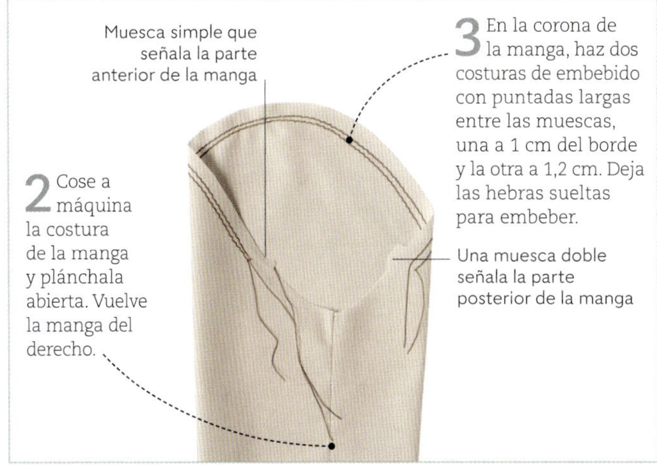

2 Cose a máquina la costura de la manga y plánchala abierta. Vuelve la manga del derecho.

3 En la corona de la manga, haz dos costuras de embebido con puntadas largas entre las muescas, una a 1 cm del borde y la otra a 1,2 cm. Deja las hebras sueltas para embeber.

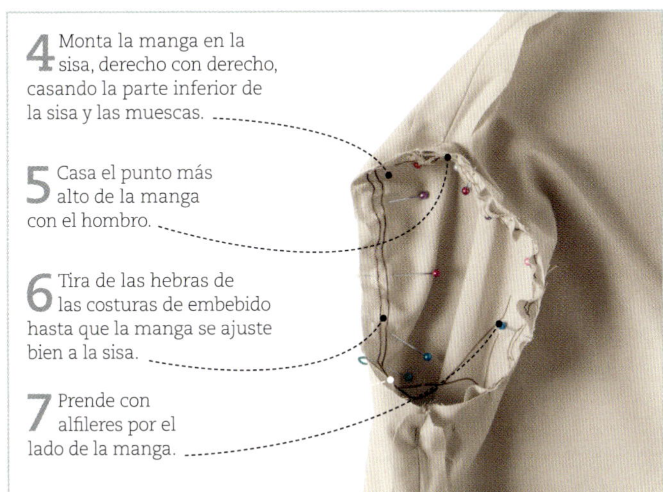

4 Monta la manga en la sisa, derecho con derecho, casando la parte inferior de la sisa y las muescas.

5 Casa el punto más alto de la manga con el hombro.

6 Tira de las hebras de las costuras de embebido hasta que la manga se ajuste bien a la sisa.

7 Prende con alfileres por el lado de la manga.

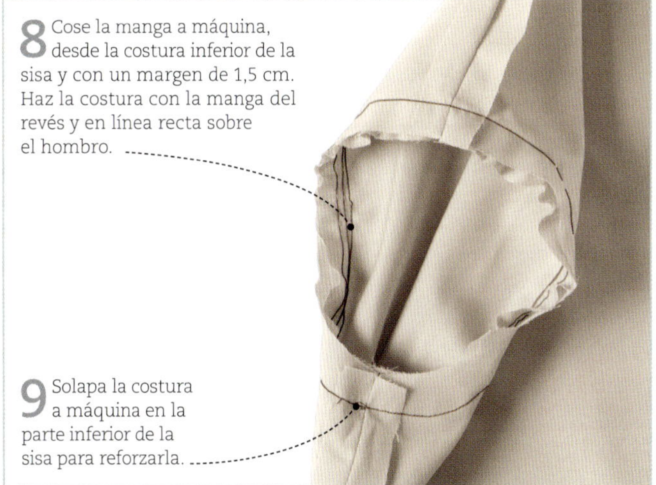

8 Cose la manga a máquina, desde la costura inferior de la sisa y con un margen de 1,5 cm. Haz la costura con la manga del revés y en línea recta sobre el hombro.

9 Solapa la costura a máquina en la parte inferior de la sisa para reforzarla.

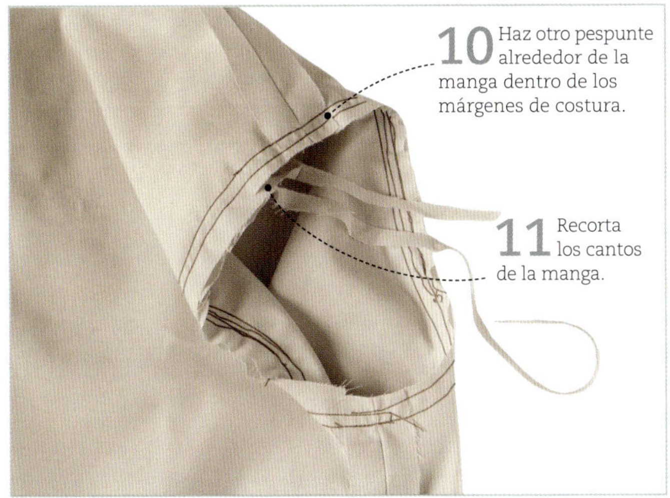

10 Haz otro pespunte alrededor de la manga dentro de los márgenes de costura.

11 Recorta los cantos de la manga.

12 Remata la costura con un zigzag o un sobrehilado a máquina y vuelve la manga del derecho, sacándola por la sisa.

PONER UNA MANGA CON COSTURAS SOBRECARGADAS

Tradicionalmente las camisas sastre se montan con costuras sobrecargadas. Esto incluye la inserción de las mangas, donde la costura de la sisa se hace de una manera algo distinta.

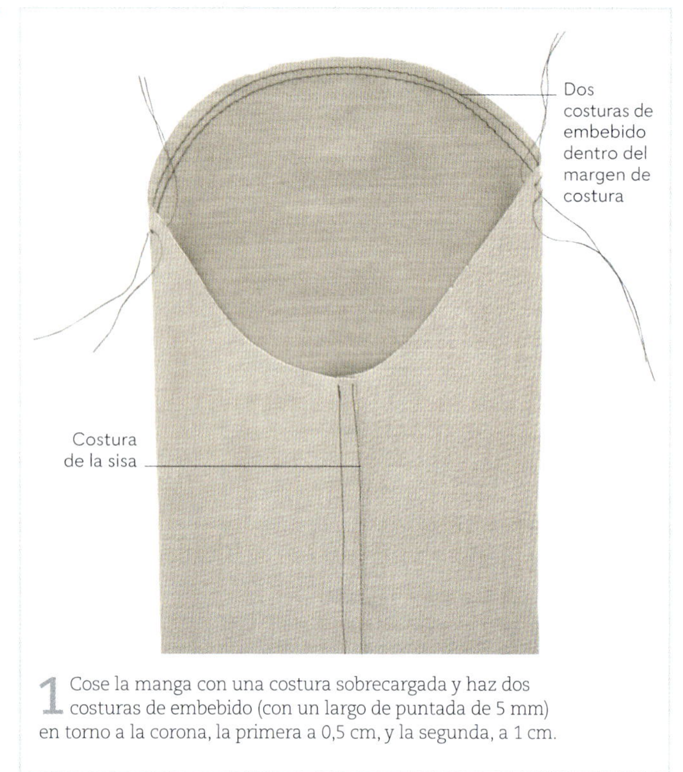

1 Cose la manga con una costura sobrecargada y haz dos costuras de embebido (con un largo de puntada de 5 mm) en torno a la corona, la primera a 0,5 cm, y la segunda, a 1 cm.

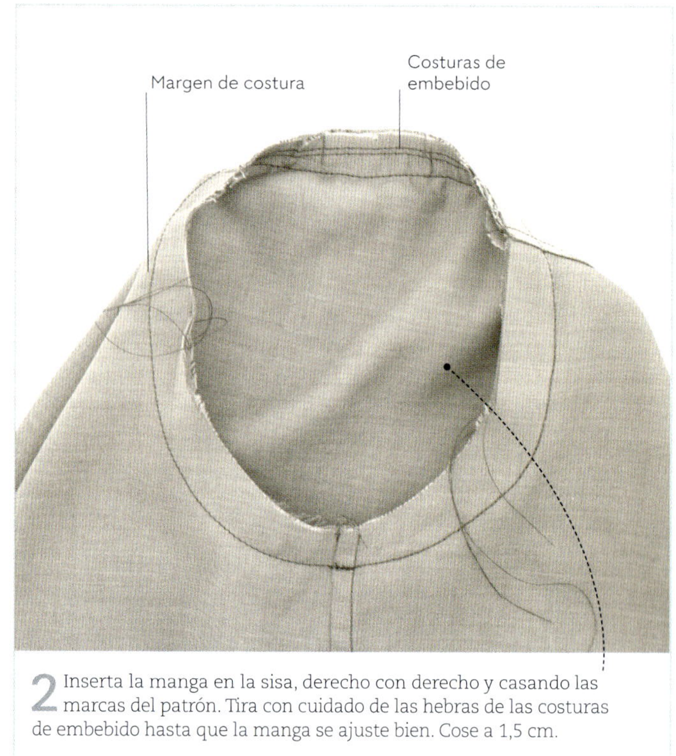

2 Inserta la manga en la sisa, derecho con derecho y casando las marcas del patrón. Tira con cuidado de las hebras de las costuras de embebido hasta que la manga se ajuste bien. Cose a 1,5 cm.

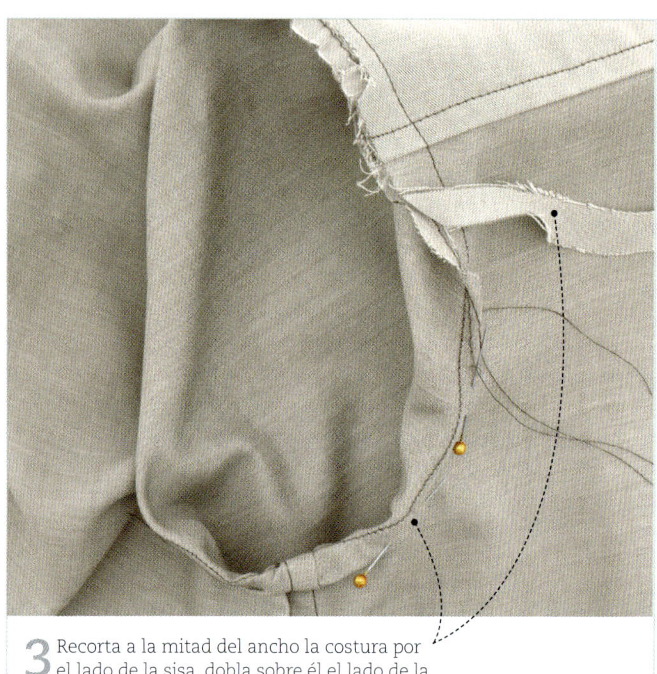

3 Recorta a la mitad del ancho la costura por el lado de la sisa, dobla sobre él el lado de la manga y prende el doblez con alfileres. Pespuntea.

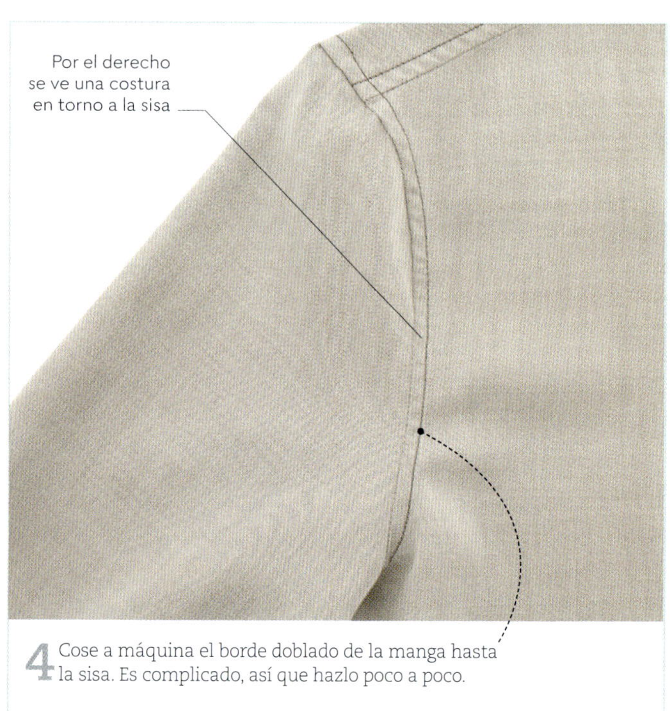

4 Cose a máquina el borde doblado de la manga hasta la sisa. Es complicado, así que hazlo poco a poco.

FORRAR HOMBRERAS

Si la chaqueta o el abrigo no lleva forro, es posible que necesite hombreras que le den forma y estructura. Si forras las hombreras darás a la prenda un acabado más profesional.

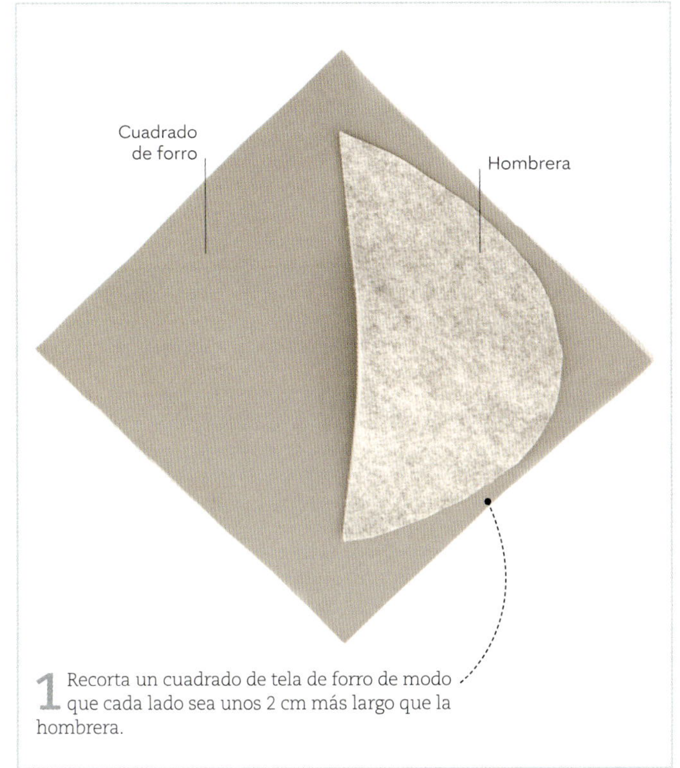

1 Recorta un cuadrado de tela de forro de modo que cada lado sea unos 2 cm más largo que la hombrera.

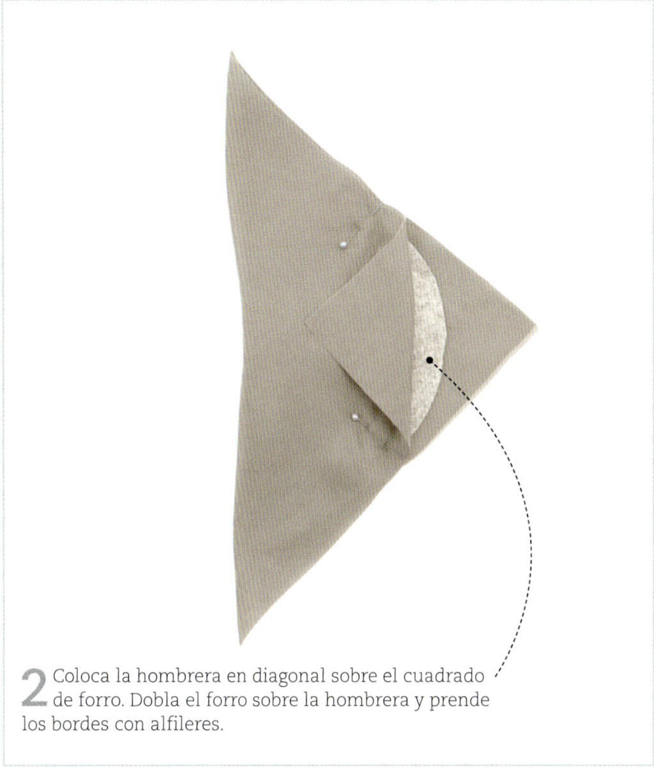

2 Coloca la hombrera en diagonal sobre el cuadrado de forro. Dobla el forro sobre la hombrera y prende los bordes con alfileres.

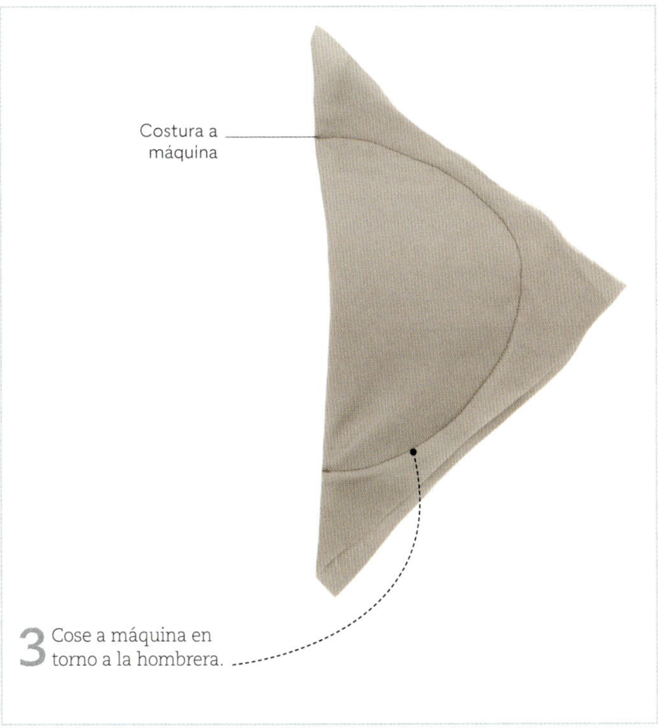

3 Cose a máquina en torno a la hombrera.

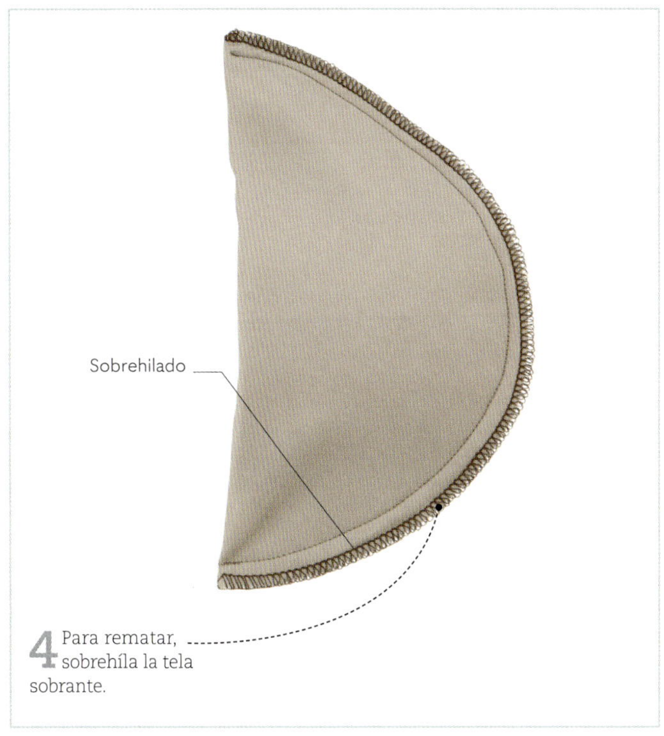

4 Para rematar, sobrehíla la tela sobrante.

INSERTAR UNA MANGA SASTRE CON CHORIZO

Esta técnica se emplea en chaquetas y abrigos sastre cuando se requiere dar más volumen a la copa de la manga.

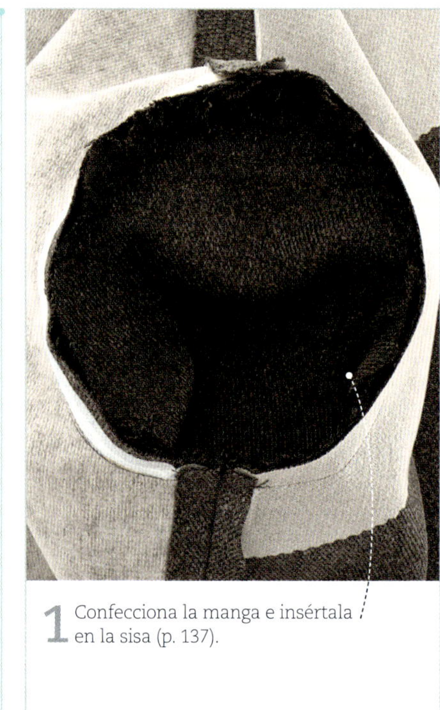

1 Confecciona la manga e insértala en la sisa (p. 137).

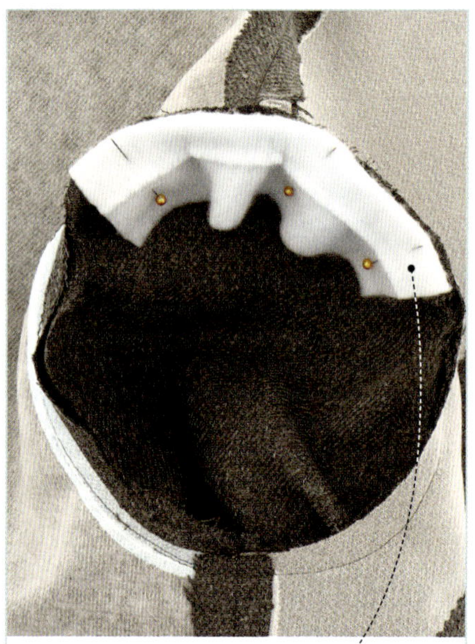

2 Corta un trozo de unos 18 cm de refuerzo de copa de manga y préndelo con alfileres a la corona de la manga de manera que la costura del refuerzo coincida con la línea de costura de la manga.

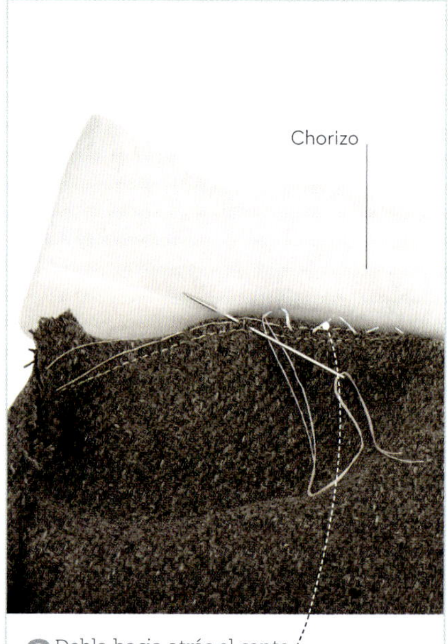

3 Dobla hacia atrás el canto del chorizo y cóselo a mano a punto de dobladillo invisible a la costura de la sisa.

MONTAR UNA MANGA

Las mangas de las chaquetas sastre deben montarse para conseguir una corona redondeada, creada con un relleno de poliéster, que asegure una caída perfecta.

1 Corta una pieza de guata de poliéster que encaje en la corona de la manga y que mida unos 5 cm en el centro. Prende con alfileres.

2 Une el guateado a la manga con dos filas de puntadas de frunce (de embebido).

3 Confecciona la manga.

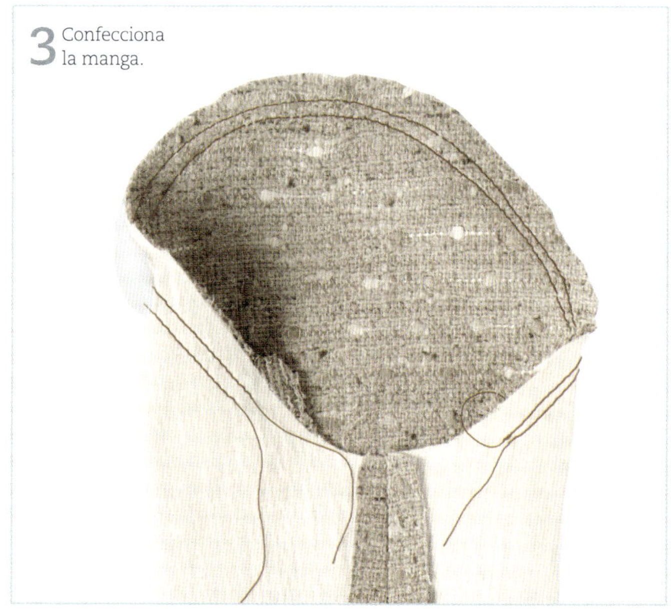

4 Inserta la manga en la sisa, encarando los derechos. Prende con alfileres.

5 Tira de las puntadas de embebido para ajustar. La corona absorberá la amplitud.

6 Cose el guateado haciendo una segunda costura a máquina cerca de la primera.

7 A continuación se inserta la hombrera. El borde más largo corresponde a la espalda y el lado cóncavo quedará encarado con el forro de la chaqueta.

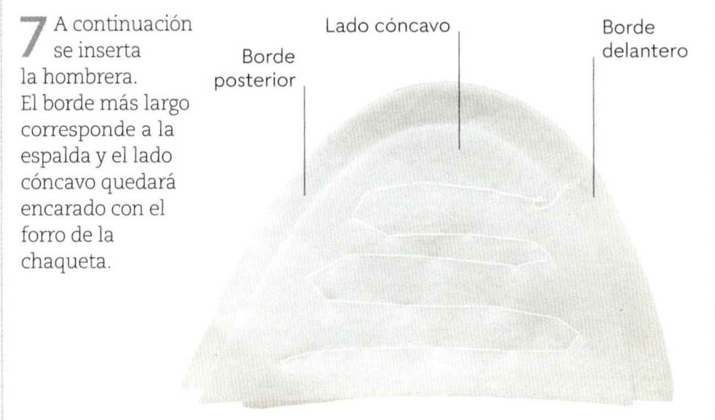

8 Une la hombrera al borde de la costura de la manga con una bastilla firme.

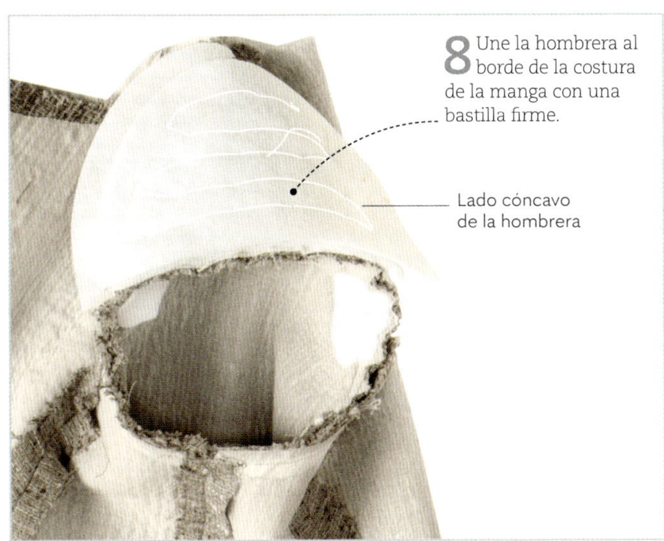

9 Vista por el derecho, la manga terminada tiene una copa redondeada.

Remates de mangas

El acabado de la parte inferior de la manga debe estar acorde con el estilo de la prenda. Algunas mangas acaban ajustadas al brazo o la muñeca, mientras que otras tienen un acabado más decorativo o funcional.

DOBLADILLOS DE MANGAS

La manera más simple de acabar una manga es hacer un pequeño dobladillo, doblando la tela de la manga o con una tira de tela añadida. El dobladillo integrado se hace doblando el borde inferior de la manga. Si falta tela, se puede crear el dobladillo con una tira al bies.

DOBLADILLO INTEGRADO

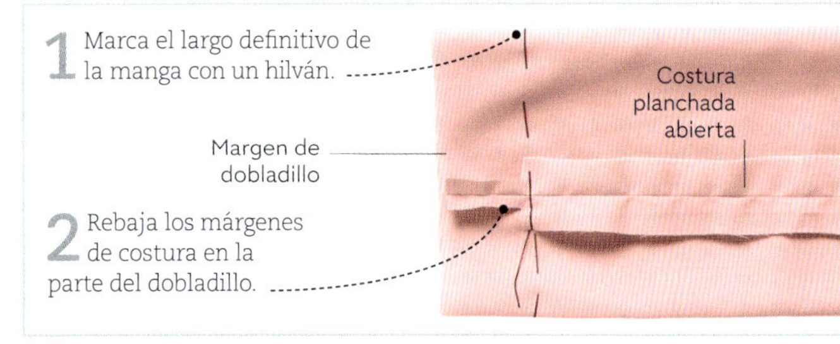

1 Marca el largo definitivo de la manga con un hilván.

2 Rebaja los márgenes de costura en la parte del dobladillo.

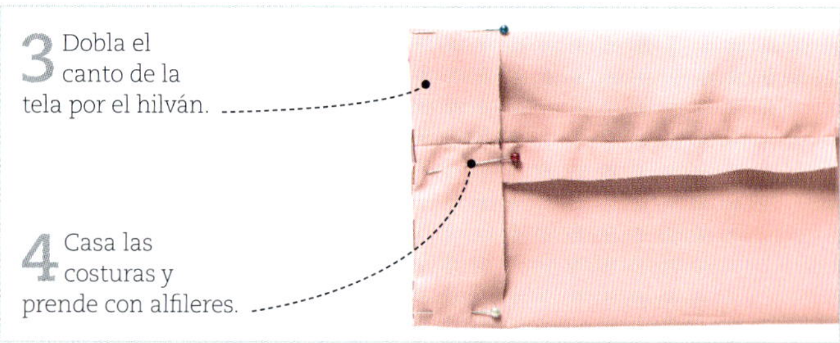

3 Dobla el canto de la tela por el hilván.

4 Casa las costuras y prende con alfileres.

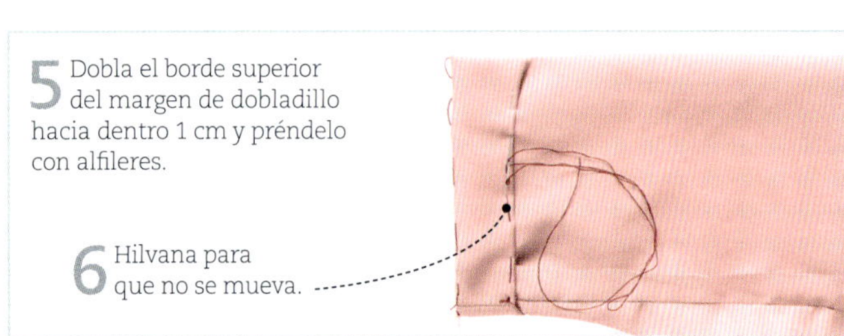

5 Dobla el borde superior del margen de dobladillo hacia dentro 1 cm y préndelo con alfileres.

6 Hilvana para que no se mueva.

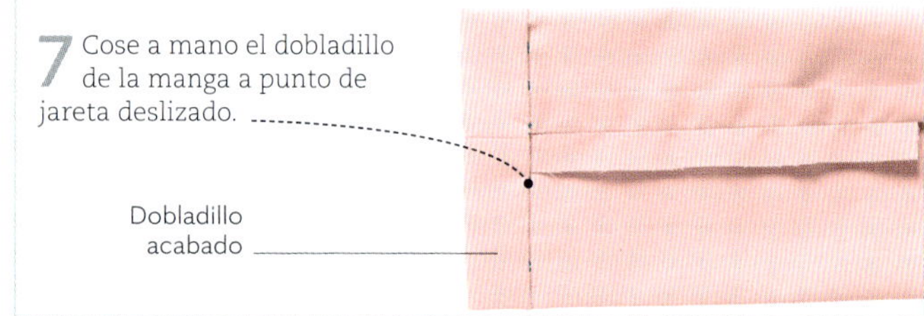

7 Cose a mano el dobladillo de la manga a punto de jareta deslizado.

DOBLADILLO CON UNA VISTA AL BIES

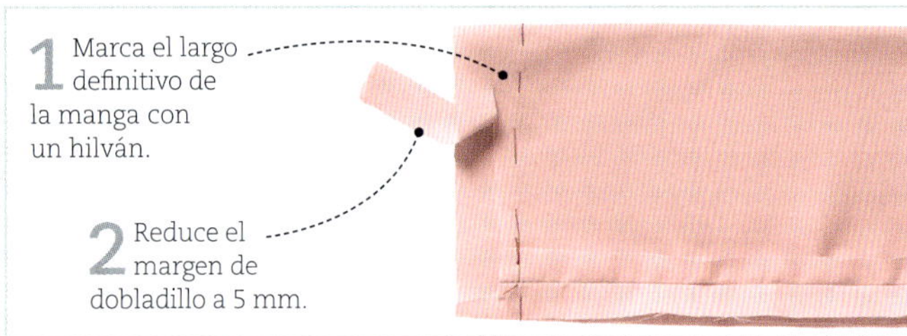

1 Marca el largo definitivo de la manga con un hilván.

2 Reduce el margen de dobladillo a 5 mm.

3 Corta el largo necesario de una tira al bies de 2 cm de ancho. Une el bies a la manga, encarados por el derecho.

4 Dobla hacia dentro el extremo del bies, haciendo coincidir el pliegue del bies con la costura de la manga.

5 Cose a máquina con un margen de 5 mm.

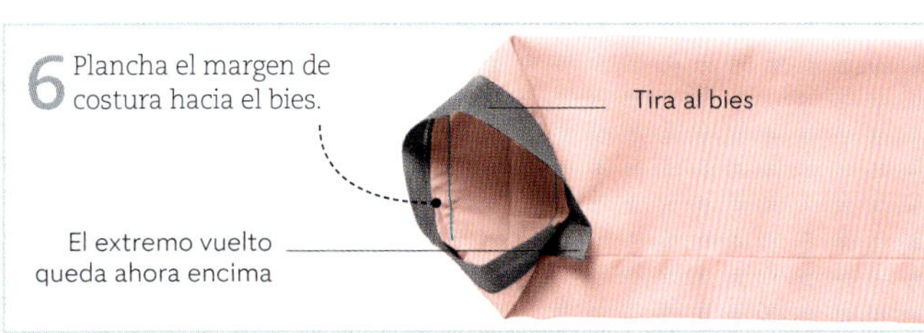

6 Plancha el margen de costura hacia el bies.

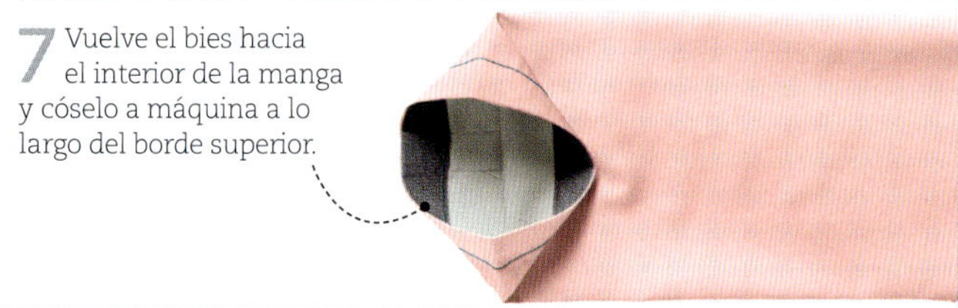

7 Vuelve el bies hacia el interior de la manga y cóselo a máquina a lo largo del borde superior.

Puños y aberturas

Un puño recto con abertura es una solución pulida para rematar mangas que van ceñidas a la muñeca. La abertura facilita el paso de la mano por la bocamanga y permite recoger la manga hacia arriba. Los puños pueden ser simples o dobles y con borde recto o en curva. Todos llevan una entretela aplicada a la parte superior, que va cosida a la manga.

PUÑO DE UNA SOLA PIEZA

Los puños de este tipo se cortan en una sola pieza de tela, que se dobla, y en la mayoría de los casos, solo la mitad lleva entretela. La excepción son los puños dobles de una sola pieza (p. 151).

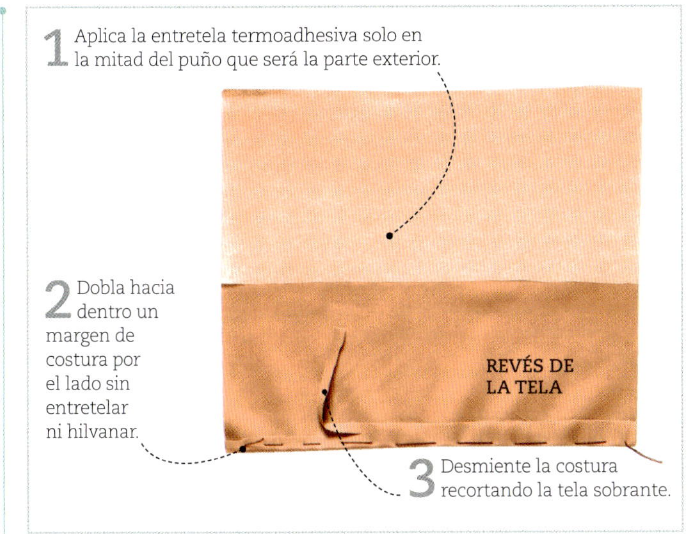

1 Aplica la entretela termoadhesiva solo en la mitad del puño que será la parte exterior.

2 Dobla hacia dentro un margen de costura por el lado sin entretelar ni hilvanar.

3 Desmiente la costura recortando la tela sobrante.

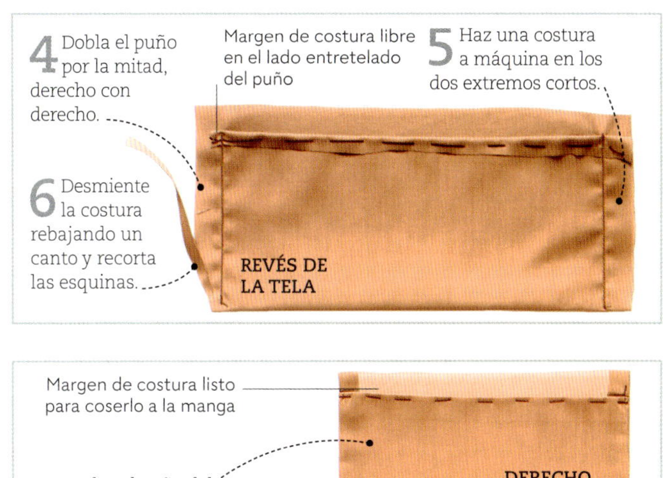

4 Dobla el puño por la mitad, derecho con derecho.

Margen de costura libre en el lado entretelado del puño

5 Haz una costura a máquina en los dos extremos cortos.

6 Desmiente la costura rebajando un canto y recorta las esquinas.

Margen de costura listo para coserlo a la manga

7 Vuelve el puño del derecho y plancha.

PUÑO DE DOS PIEZAS

Algunos puños se cortan en dos piezas: una superior (exterior) y otra inferior. La pieza superior está entretelada.

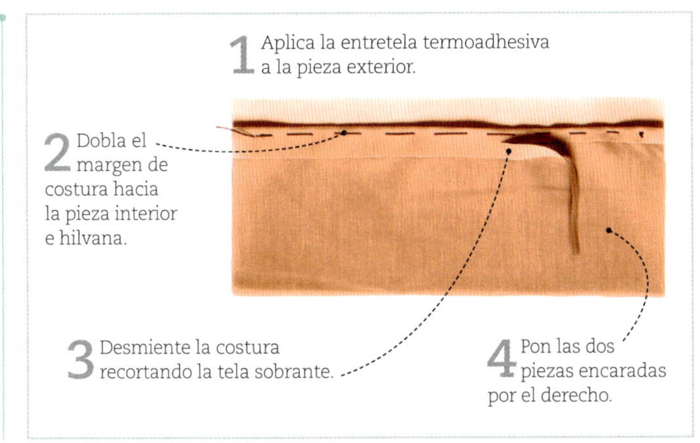

1 Aplica la entretela termoadhesiva a la pieza exterior.

2 Dobla el margen de costura hacia la pieza interior e hilvana.

3 Desmiente la costura recortando la tela sobrante.

4 Pon las dos piezas encaradas por el derecho.

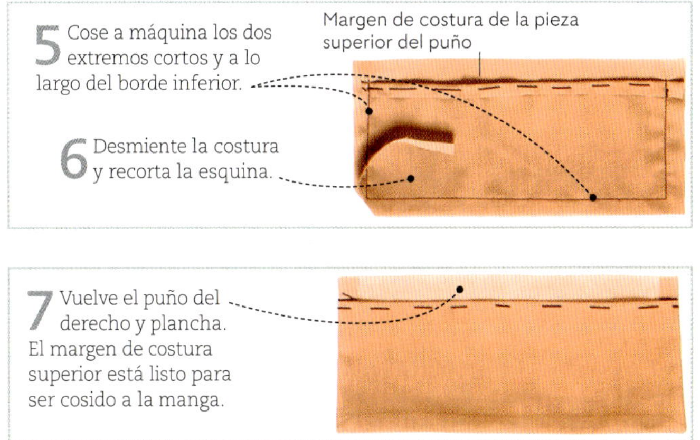

5 Cose a máquina los dos extremos cortos y a lo largo del borde inferior.

Margen de costura de la pieza superior del puño

6 Desmiente la costura y recorta la esquina.

7 Vuelve el puño del derecho y plancha. El margen de costura superior está listo para ser cosido a la manga.

ABERTURA CON VISTA

Añadir una vista a la zona donde estará la abertura de la manga es un buen método de rematarla. Este tipo de abertura es apropiada para puños de una sola pieza.

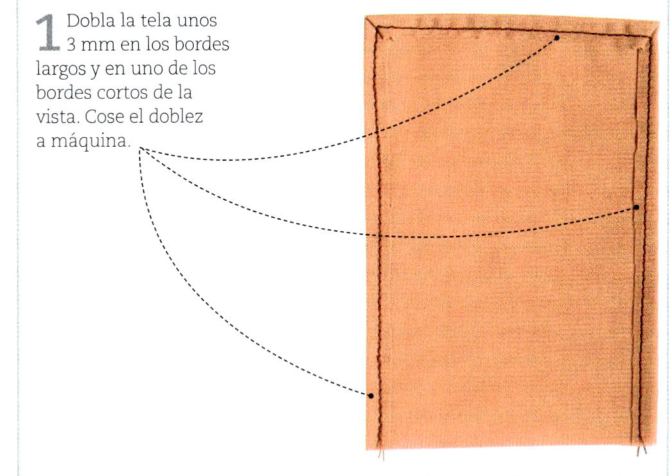

1 Dobla la tela unos 3 mm en los bordes largos y en uno de los bordes cortos de la vista. Cose el doblez a máquina.

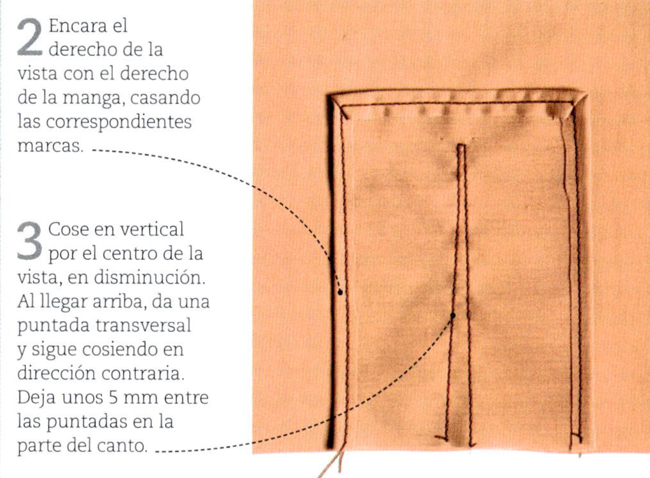

2 Encara el derecho de la vista con el derecho de la manga, casando las correspondientes marcas.

3 Cose en vertical por el centro de la vista, en disminución. Al llegar arriba, da una puntada transversal y sigue cosiendo en dirección contraria. Deja unos 5 mm entre las puntadas en la parte del canto.

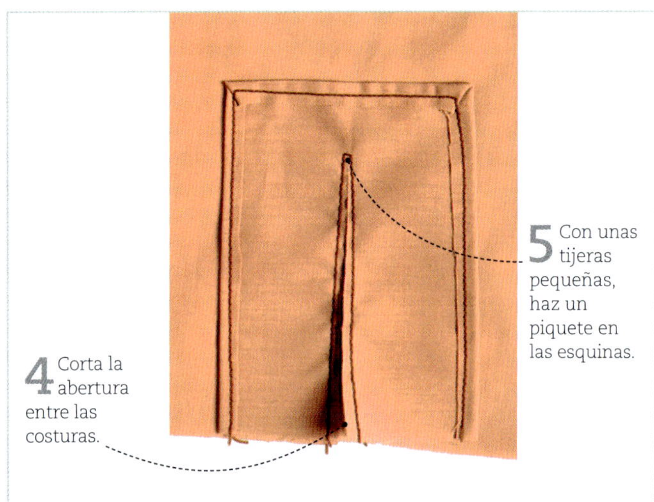

4 Corta la abertura entre las costuras.

5 Con unas tijeras pequeñas, haz un piquete en las esquinas.

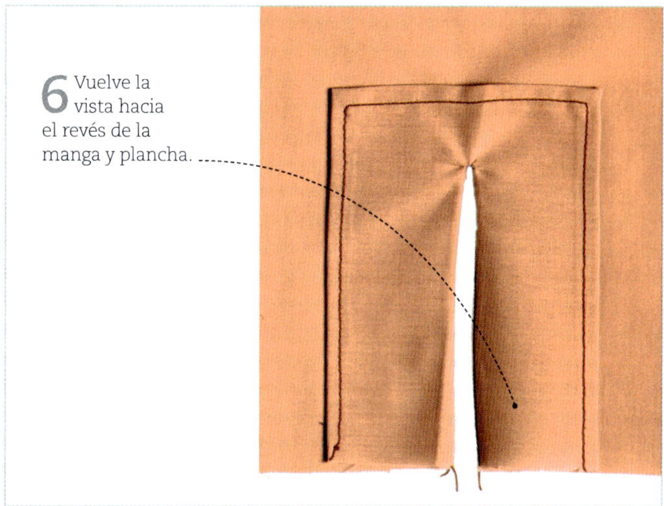

6 Vuelve la vista hacia el revés de la manga y plancha.

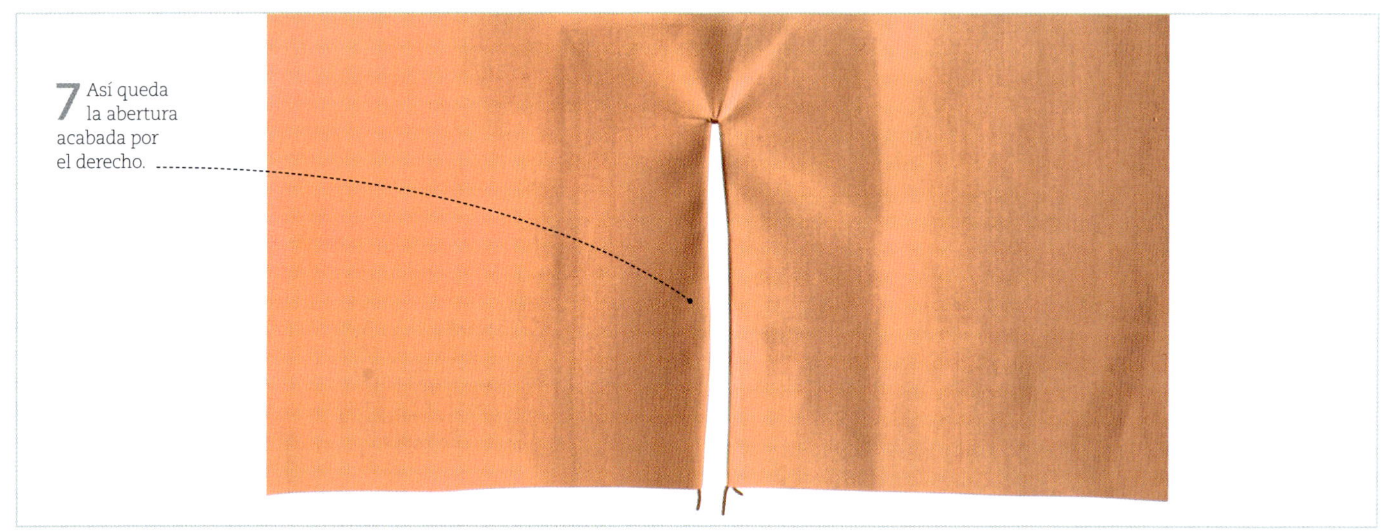

7 Así queda la abertura acabada por el derecho.

ABERTURA RIBETEADA

En tejidos que se deshilachan o en mangas sometidas a mucho desgaste, un ribeteado fuerte con una tira al bies es una buena solución para rematar la abertura del puño.

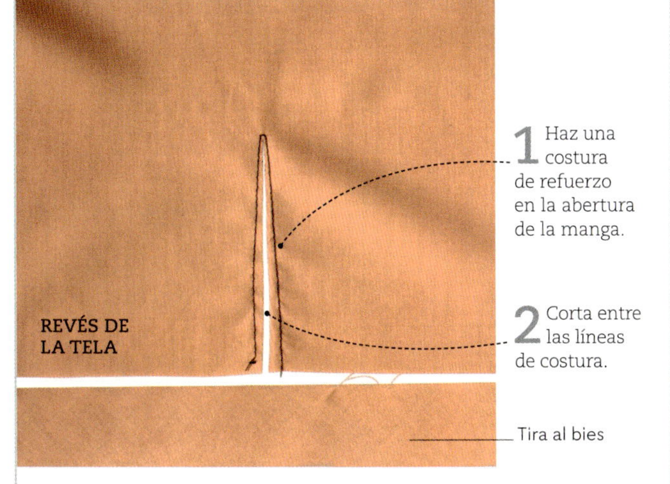

1 Haz una costura de refuerzo en la abertura de la manga.

2 Corta entre las líneas de costura.

3 Trabajando por el derecho de la manga, prende con alfileres la tira de bies a lo largo de las costuras. Cose el extremo en línea recta, abriendo el corte.

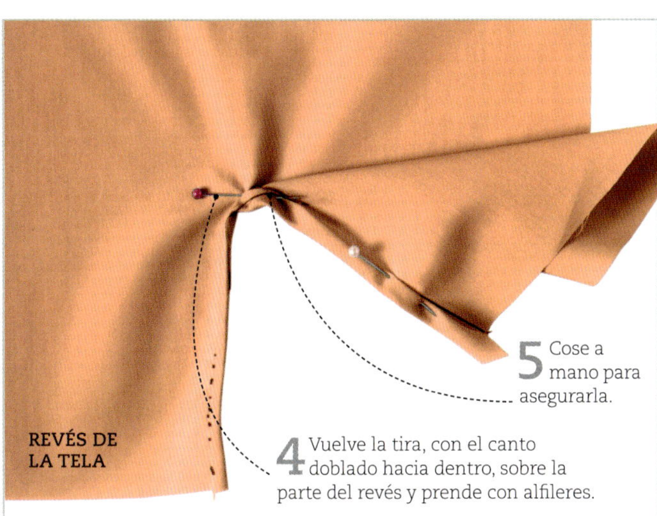

4 Vuelve la tira, con el canto doblado hacia dentro, sobre la parte del revés y prende con alfileres.

5 Cose a mano para asegurarla.

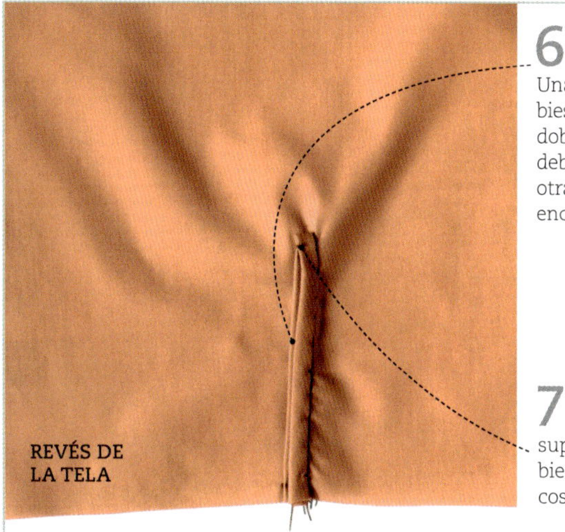
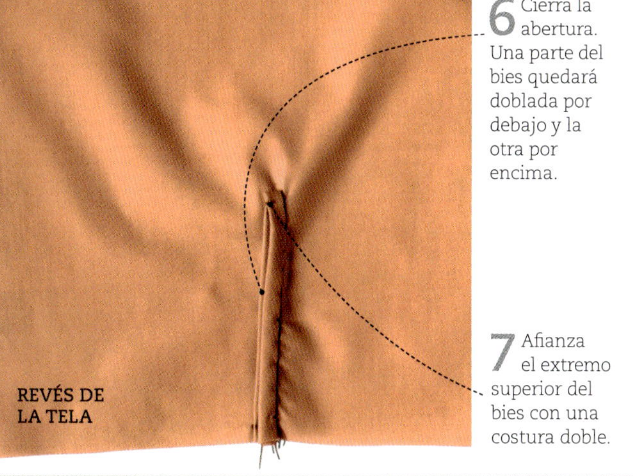

6 Cierra la abertura. Una parte del bies quedará doblada por debajo y la otra por encima.

7 Afianza el extremo superior del bies con una costura doble.

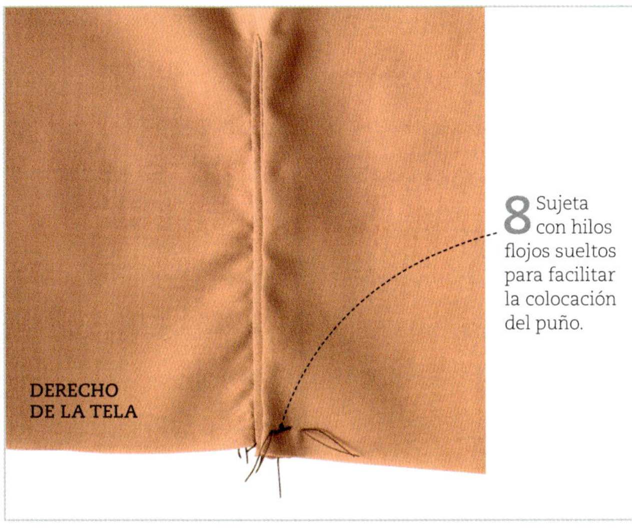

8 Sujeta con hilos flojos sueltos para facilitar la colocación del puño.

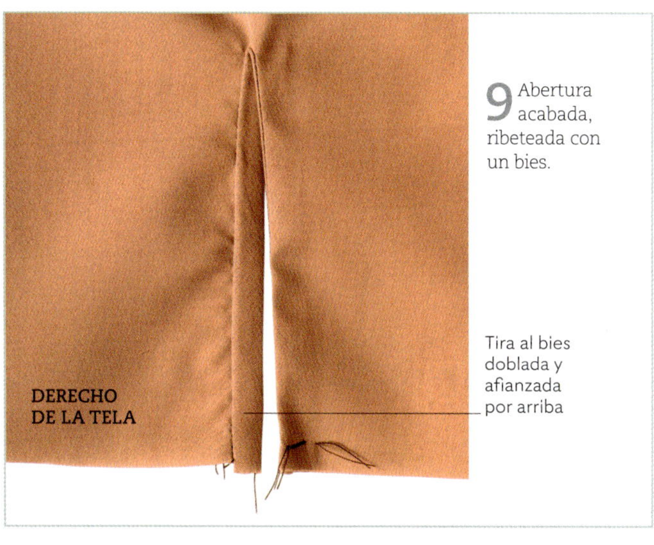

9 Abertura acabada, ribeteada con un bies.

ABERTURA CON TAPETA CAMISERA

Es la abertura típica de las mangas de camisas, tanto masculinas como femeninas. Parece difícil, pero no lo es si se confecciona paso a paso.

1 Corta la tapeta y marca los puntos del patrón con hilos flojos sueltos. Solo se necesitan cuatro.

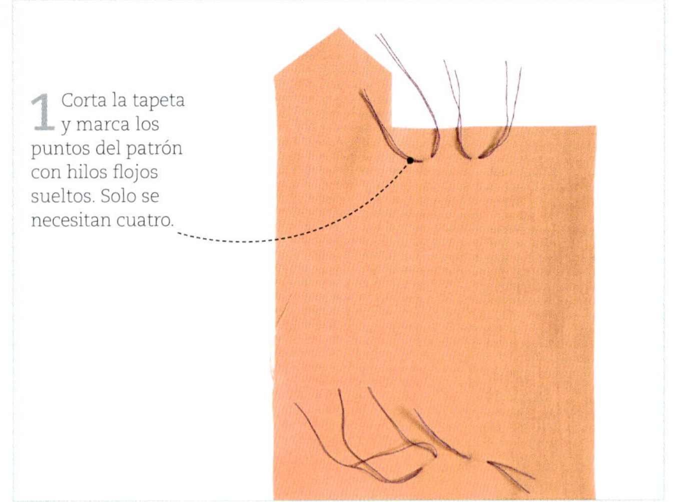

2 Pon la tapeta en la manga de la camisa, encarando el derecho de la tapeta con el revés de la manga y haciendo coincidir los hilos flojos sueltos.

3 Prende con alfileres.

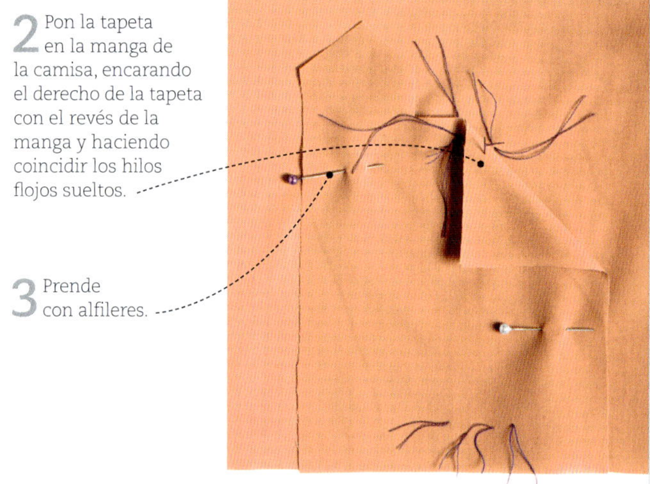

4 Haz una costura a máquina en forma de rectángulo, uniendo los hilos flojos y asegurándote de que las puntadas sean paralelas. Quita los hilos flojos.

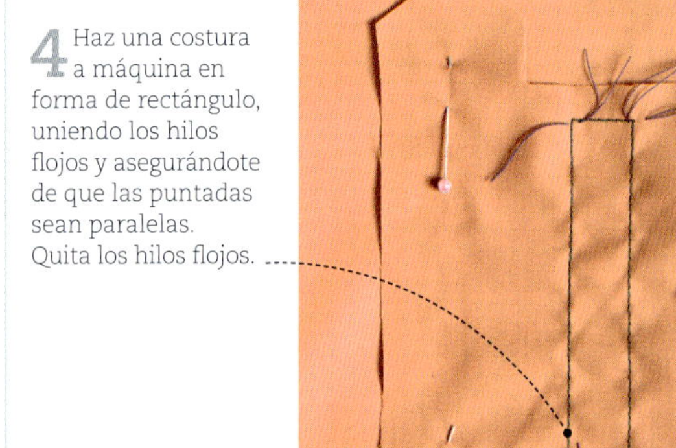

5 Corta la abertura en la tela de la tapeta y de la manga en línea recta por el centro, entre las filas de puntadas.

6 Corta las esquinas del rectángulo.

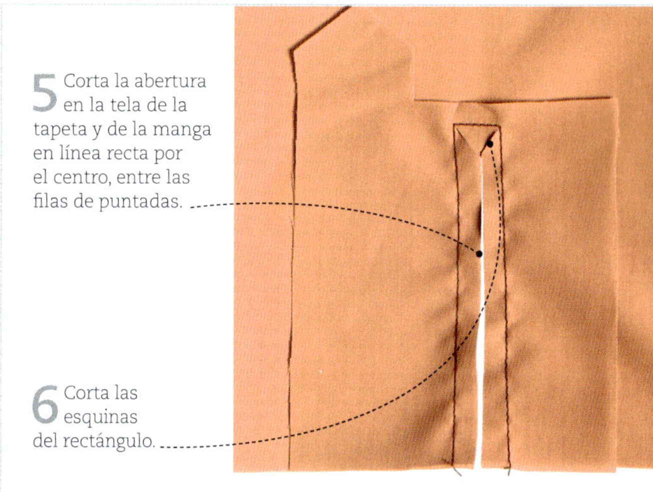

7 Abre la tapeta hacia el derecho de la tela y plancha: quedará un hueco rectangular con esquinas rectas.

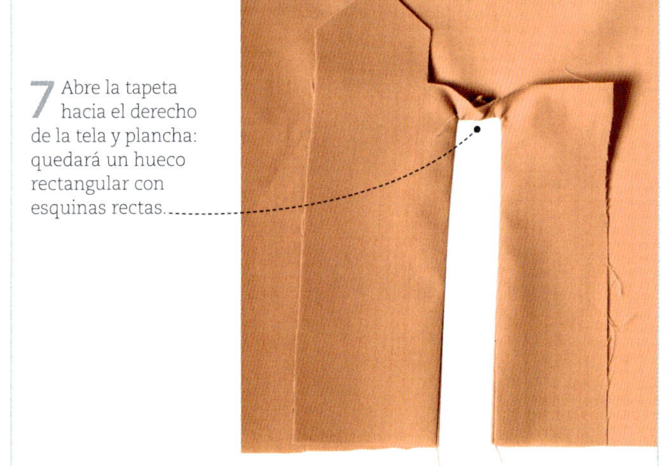

8 Haz un dobladillo en el borde largo de la parte más corta de la tapeta.

9 Coloca el doblez encima de la costura y préndelo con alfileres.

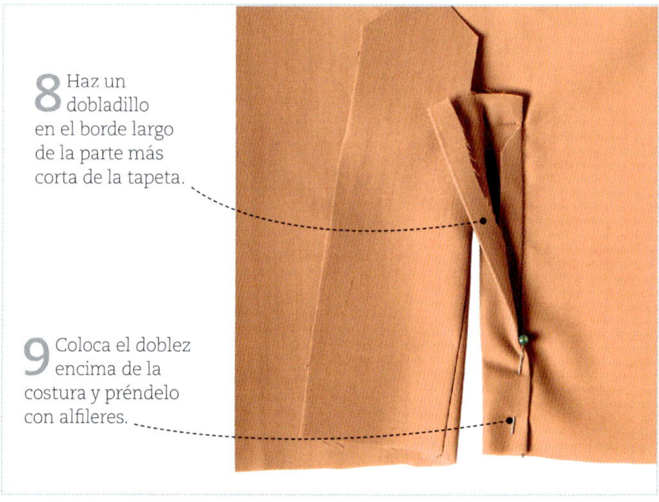

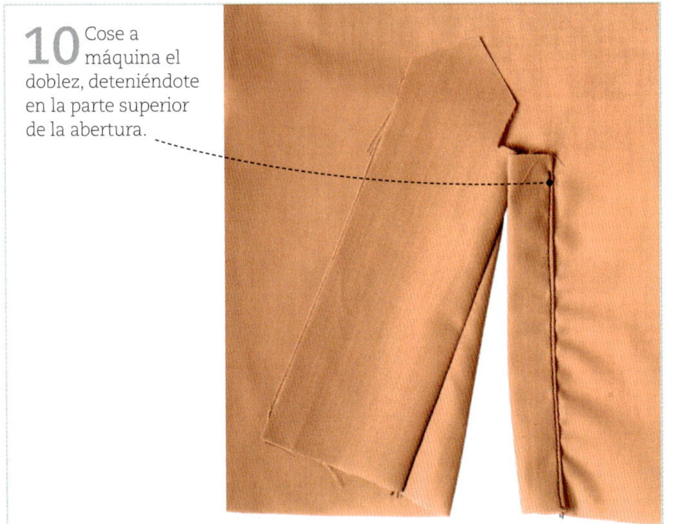

10 Cose a máquina el doblez, deteniéndote en la parte superior de la abertura.

11 Dobla la otra pieza de la tapeta y móntala sobre la pieza más corta.

12 Plancha el borde recién doblado. Dobla de nuevo para que el borde inferior planchado quede encima de la costura. Prende con alfileres.

13 Dobla el extremo en punta a lo largo del borde cortado y plancha.

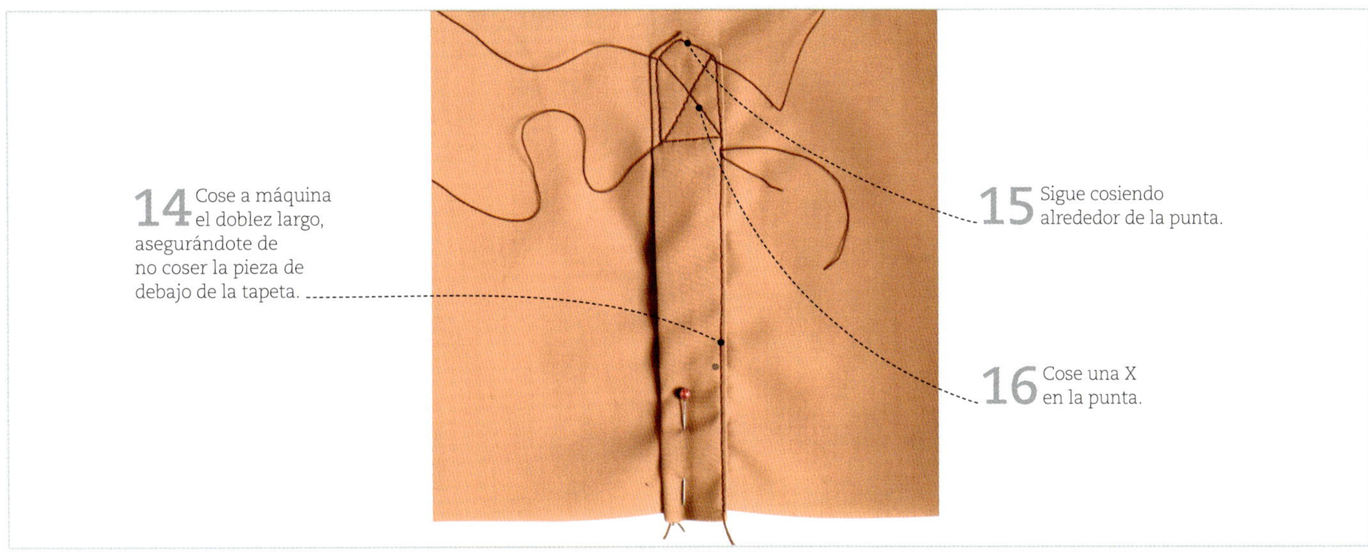

14 Cose a máquina el doblez largo, asegurándote de no coser la pieza de debajo de la tapeta.

15 Sigue cosiendo alrededor de la punta.

16 Cose una X en la punta.

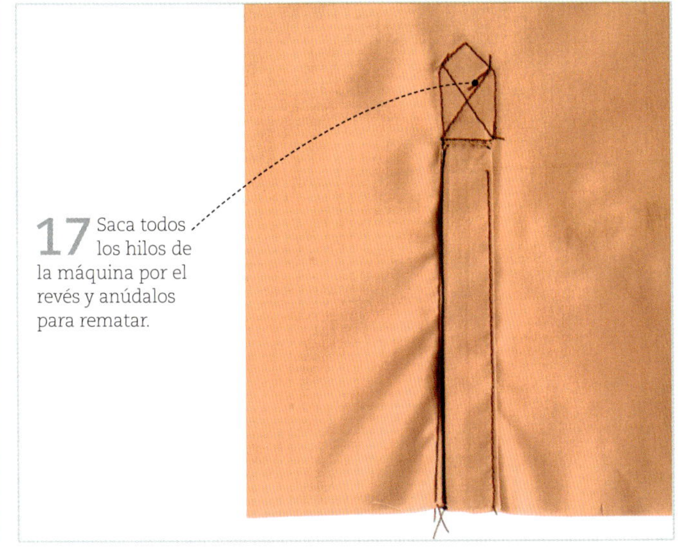

17 Saca todos los hilos de la máquina por el revés y anúdalos para rematar.

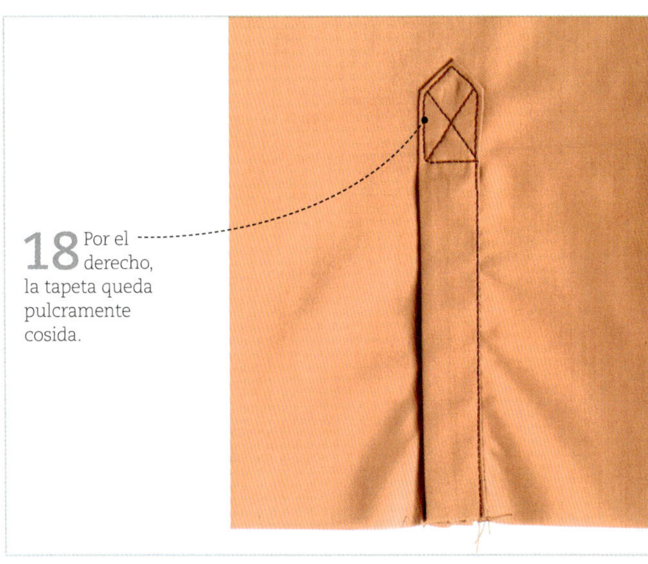

18 Por el derecho, la tapeta queda pulcramente cosida.

PONER UN PUÑO

Hay varios tipos de puños que se pueden aplicar a las aberturas de las mangas. El puño montado de una pieza es idóneo para una abertura con vistas o ribeteada. El puño camisero de dos piezas suele usarse con aberturas con tapeta, pero también queda bien con las ribeteadas. El puño doble se usa en camisas masculinas de vestir y en camisas formales de hombre y mujer, y puede ser de una pieza o de dos, normalmente con abertura ribeteada o con tapeta.

PUÑO MONTADO

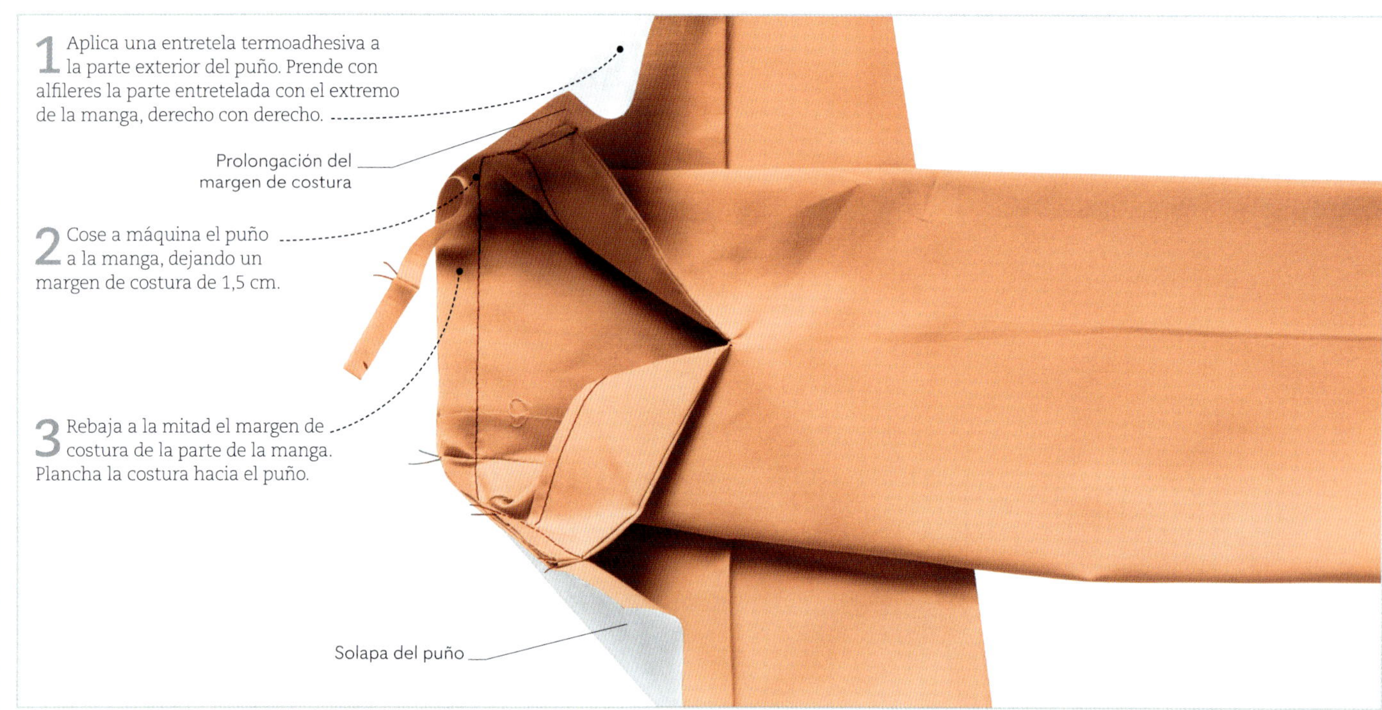

1 Aplica una entretela termoadhesiva a la parte exterior del puño. Prende con alfileres la parte entretelada con el extremo de la manga, derecho con derecho.

2 Cose a máquina el puño a la manga, dejando un margen de costura de 1,5 cm.

3 Rebaja a la mitad el margen de costura de la parte de la manga. Plancha la costura hacia el puño.

4 Dobla 1,5 cm el borde no entretelado del puño hacia el revés y plancha por el borde que no está unido.

5 Dobla el puño sobre sí mismo, derecho con derecho, de modo que el borde doblado coincida con la costura de manga a puño.

6 Cose uno de los extremos cortos alineado con la abertura.

7 Cose el otro extremo corto desde la costura de manga a puño y hasta el final del puño.

8 Recorta las esquinas. Plancha las costuras abiertas.

9 Vuelve el puño del derecho. Saca las esquinas hacia fuera.

10 Por la parte de dentro, cose a mano el borde doblado a punto de jareta o escondido.

11 Haz un ojal en la parte superior del puño.

12 Cose un botón en la parte inferior del puño.

PUÑO CAMISERO

1 Aplica la entretela termoadhesiva a la parte exterior del puño. Pon el puño en el extremo de la manga, derecho con derecho, dejando un margen de costura en cada extremo. Prende con alfileres.

2 Cose a máquina con un margen de costura de 1,5 cm.

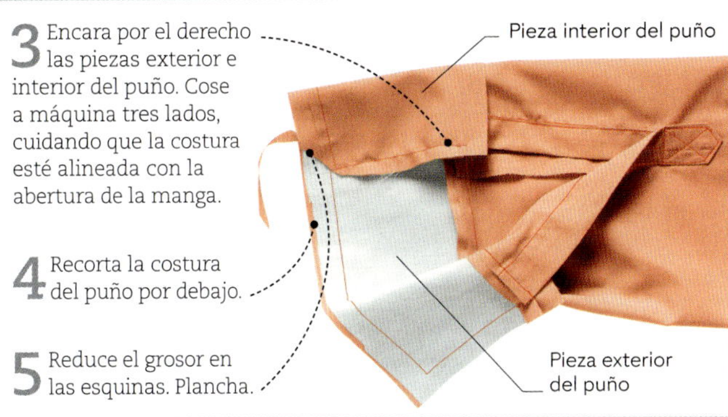

3 Encara por el derecho las piezas exterior e interior del puño. Cose a máquina tres lados, cuidando que la costura esté alineada con la abertura de la manga.

4 Recorta la costura del puño por debajo.

5 Reduce el grosor en las esquinas. Plancha.

6 Vuelve el puño del derecho y plancha.

7 Dobla el canto de la parte inferior del puño y llévalo al final de la manga. En este tipo de puño, el borde se cose a máquina.

8 Añade los ojales en la parte superior y cose los botones en la inferior.

PUÑO DOBLE

1 Aplica la entretela a todo el puño. Une el puño a la bocamanga, encarados por el derecho, con un margen de costura de 1,5 cm.

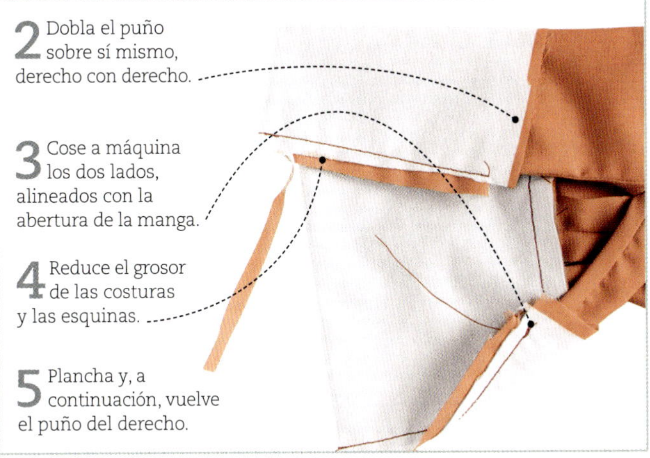

2 Dobla el puño sobre sí mismo, derecho con derecho.

3 Cose a máquina los dos lados, alineados con la abertura de la manga.

4 Reduce el grosor de las costuras y las esquinas.

5 Plancha y, a continuación, vuelve el puño del derecho.

6 Pliega el puño por la mitad para que quede doble.

7 Cose a mano por dentro para rematar el otro borde del puño.

8 Haz un ojal a través de las dos capas superiores del puño y cose el botón en la parte inferior.

Cinturillas

Las cinturillas se pueden crear en la unión entre cuerpo y falda, o en el borde de la cintura de faldas y pantalones. Algunas se confeccionan por separado y se aplican a la prenda para dar relevancia a la cintura, y otras son más discretas; también se les puede dar forma para ajustarlas a la silueta.

CINTURILLA CON VISTA

Muchas cinturas de faldas y pantalones están acabadas con una vista que sigue el contorno de la cintura, pero carece de pinzas, para que sea más cómoda. Una cintura con vista se adapta al cuerpo y sienta mejor. La vista se añade tras confeccionar las partes principales de la prenda.

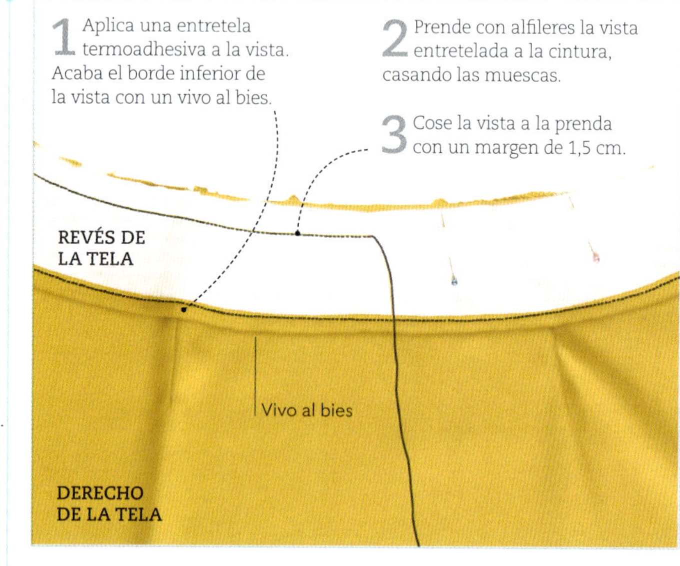

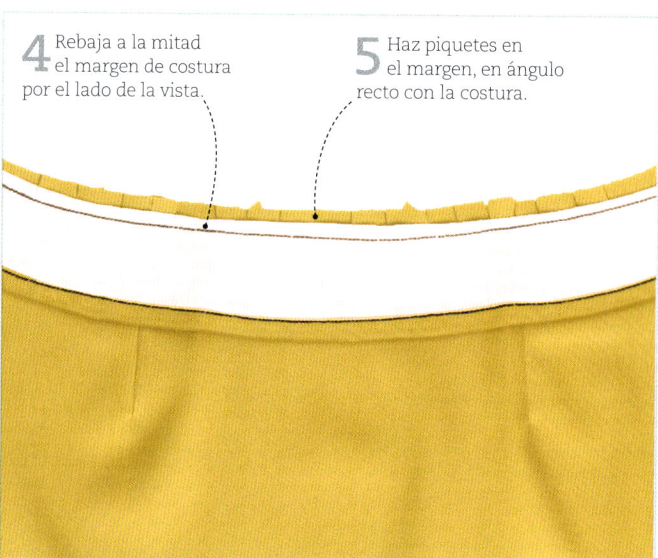

CINTURILLA CON GALÓN PETERSHAM

El galón petersham es una buena alternativa cuando no hay suficiente tela para crear una vista. Disponible en blanco y en negro, se trata de una cinta rígida con cordoncillo, de 2,5 cm de ancho y curvada (con una curva más pronunciada en el borde superior). Al igual que las vistas, se une a la cintura una vez completada la prenda.

1 Haz una costura de refuerzo alrededor de la cintura, a 1,2 cm del canto.

2 Rebaja el canto a 6 mm.

3 Prende el borde superior del galón (el más curvo) a la cintura, de manera que se solape unos 2 mm a la costura de refuerzo.

4 Sujeta con un hilván.

5 Cose a máquina el galón a unos 2 mm de su borde. No importa que el otro borde quede ondulado.

6 Da la vuelta a la prenda y dobla el petersham hacia el interior de la cintura.

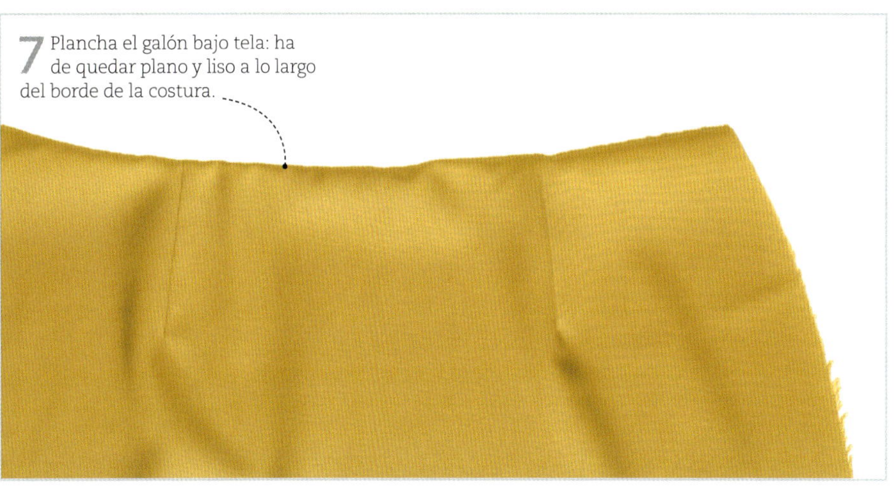

7 Plancha el galón bajo tela: ha de quedar plano y liso a lo largo del borde de la costura.

PONER UNA CINTURILLA RECTA

Las cinturillas deben ajustarse perfectamente a la cintura. Ya sean rectas o ligeramente curvadas, se confeccionan y se cosen de manera similar, con una entretela termoadhesiva para darles estructura y soporte. Existen entretelas especiales para cinturillas, habitualmente con guías de plegado de la tela incluidas. Es preciso asegurarse de que las guías del borde exterior correspondan a un margen de costura de 1,5 cm. Si no se dispone de entretelas de cinturilla, se puede usar una entretela adhesiva intermedia.

1 Corta la cinturilla y aplica la entretela. Remata uno de los bordes.

2 Prende la cinturilla con alfileres a la cintura de la falda, encarada por el derecho y casando las muescas.

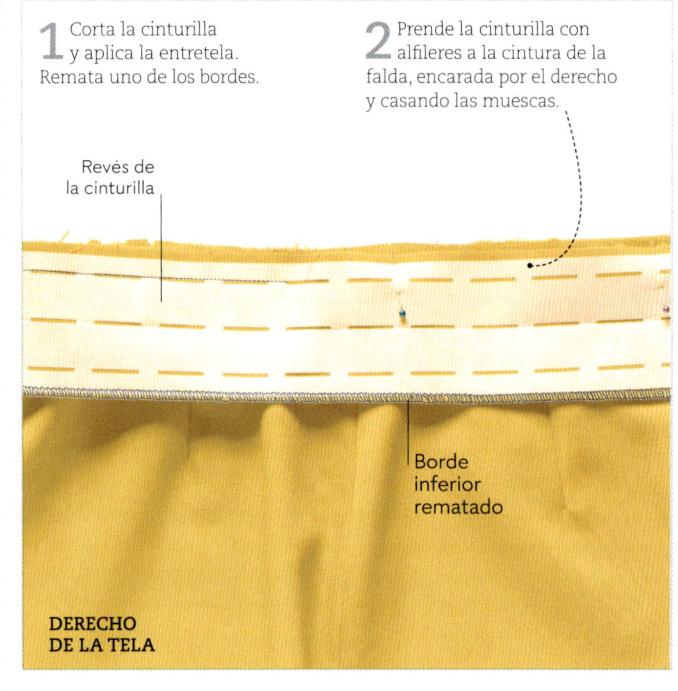

3 Cose la cinturilla al borde de la cintura con un margen de 1,5 cm. La cinturilla debe sobrepasar la cremallera 1,5 cm por la izquierda y 5 cm por la derecha.

4 Plancha la cinturilla hacia fuera de la falda.

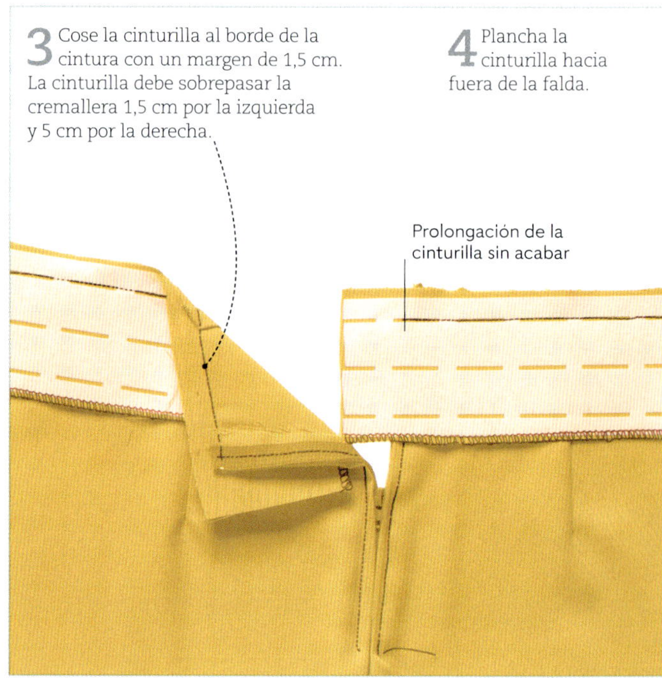

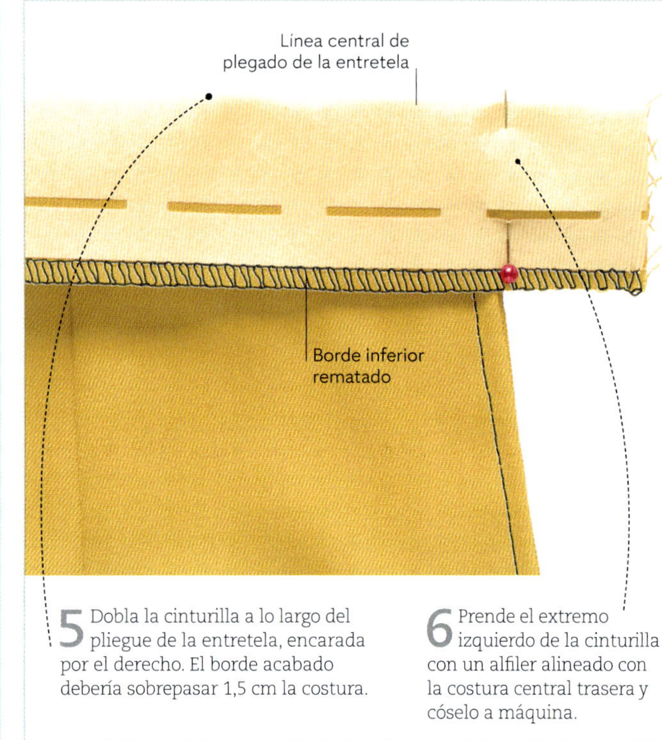

5 Dobla la cinturilla a lo largo del pliegue de la entretela, encarada por el derecho. El borde acabado debería sobrepasar 1,5 cm la costura.

6 Prende el extremo izquierdo de la cinturilla con un alfiler alineado con la costura central trasera y cóselo a máquina.

7 En el extremo derecho, prolonga la línea de costura a la falda a lo largo de la cinturilla hasta el final.

8 Recorta las esquinas de los extremos de la cinturilla y vuelve estos hacia el derecho. El más largo debería quedar en el lado posterior derecho.

9 Añade el sistema de abrochado preferido.

10 Para completar la cinturilla, cose por el canal de la costura de la falda.

11 Cinturilla recta básica, acabada.

CINTURILLA CON VISTA DE GALÓN

En telas gruesas, se puede sustituir la cara interna de la cinturilla por un galón. Esto no afectará a la estructura ni a la estabilidad de la cinturilla, pero hará que abulte menos. Un galón de grogrén de 2,5 cm de ancho es el más adecuado. Los galones de grogrén se parecen a los petersham (p. 153), pero son acanalados y mucho más finos.

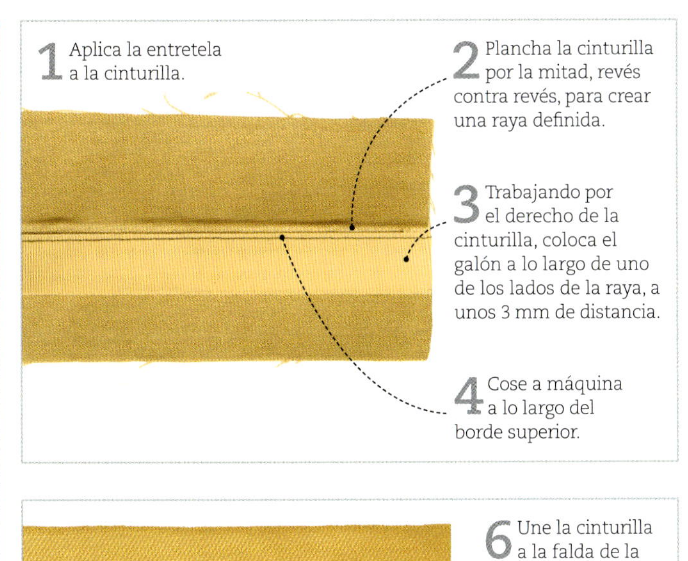

1 Aplica la entretela a la cinturilla.

2 Plancha la cinturilla por la mitad, revés contra revés, para crear una raya definida.

3 Trabajando por el derecho de la cinturilla, coloca el galón a lo largo de uno de los lados de la raya, a unos 3 mm de distancia.

4 Cose a máquina a lo largo del borde superior.

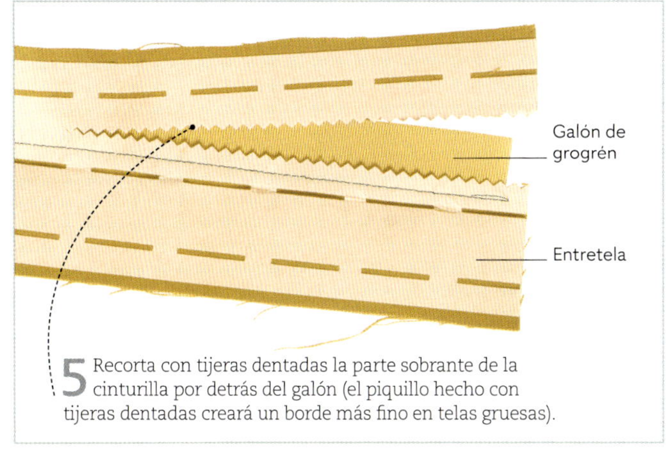

5 Recorta con tijeras dentadas la parte sobrante de la cinturilla por detrás del galón (el piquillo hecho con tijeras dentadas creará un borde más fino en telas gruesas).

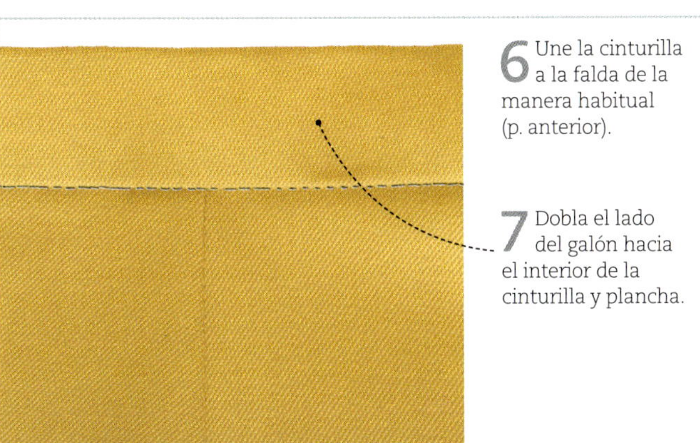

6 Une la cinturilla a la falda de la manera habitual (p. anterior).

7 Dobla el lado del galón hacia el interior de la cinturilla y plancha.

8 Para acabar el borde inferior, cose por el canal de la costura por el derecho.

PONER UNA CINTURILLA PARTIDA

Con frecuencia, la cinturilla de un pantalón sastre se abre en el centro de la espalda, lo cual permite ajustar la cintura con facilidad y hace que la prenda sea más cómoda y siente a la perfección.

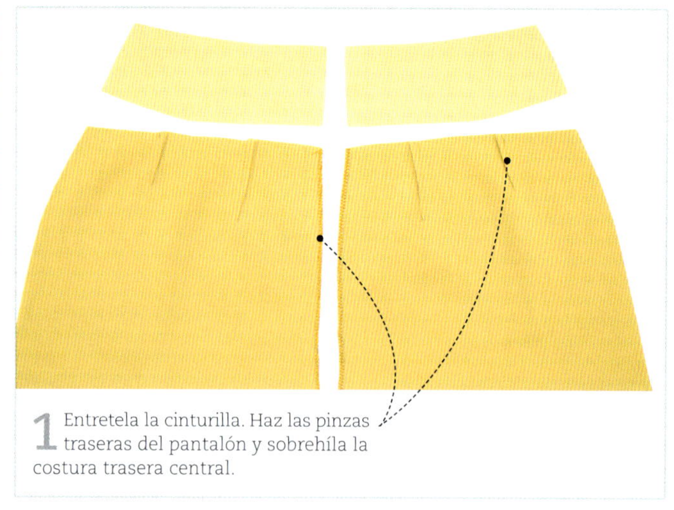

1 Entretela la cinturilla. Haz las pinzas traseras del pantalón y sobrehíla la costura trasera central.

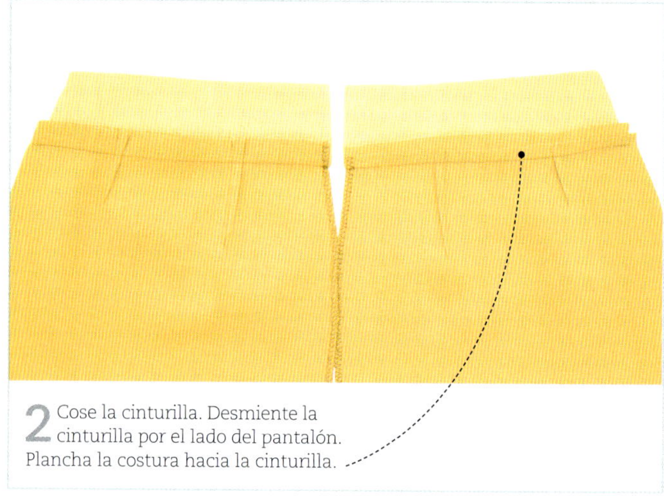

2 Cose la cinturilla. Desmiente la cinturilla por el lado del pantalón. Plancha la costura hacia la cinturilla.

3 Une la costura trasera central, casándola con la costura de la cinturilla. Plancha abierta solo la parte superior.

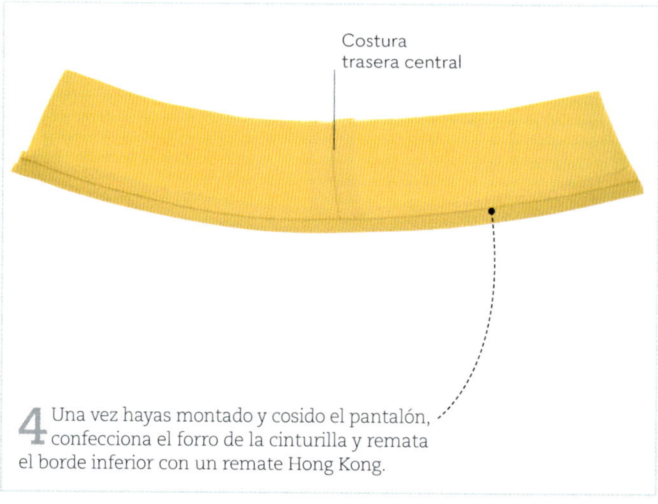

4 Una vez hayas montado y cosido el pantalón, confecciona el forro de la cinturilla y remata el borde inferior con un remate Hong Kong.

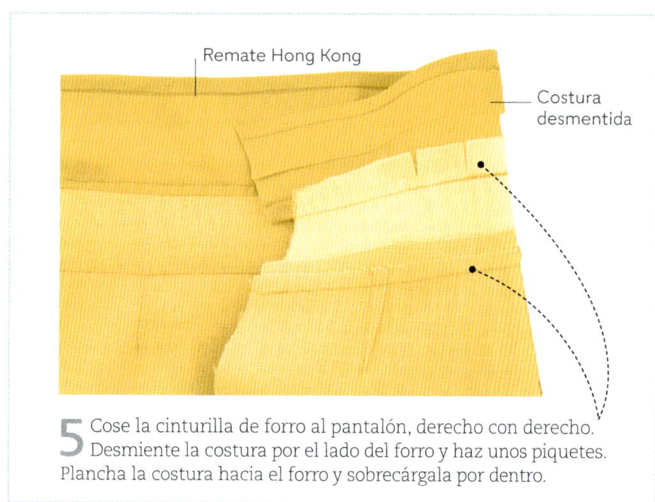

5 Cose la cinturilla de forro al pantalón, derecho con derecho. Desmiente la costura por el lado del forro y haz unos piquetes. Plancha la costura hacia el forro y sobrecárgala por dentro.

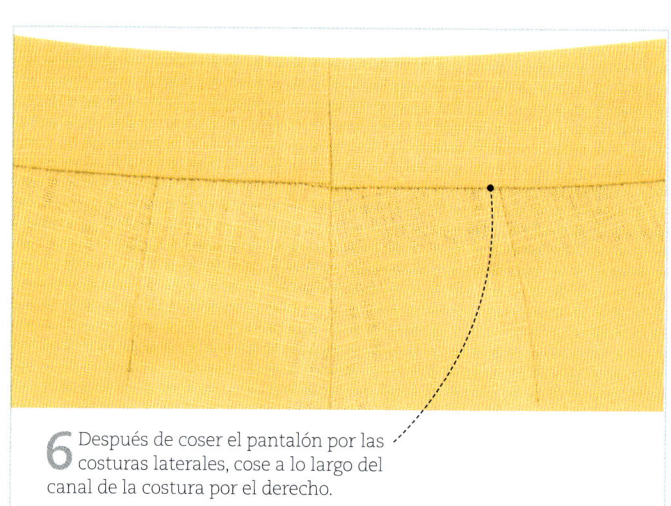

6 Después de coser el pantalón por las costuras laterales, cose a lo largo del canal de la costura por el derecho.

CINTA ANTIDESLIZANTE PARA CINTURILLAS

La cinturilla de los pantalones sastre acostumbra a llevar una cinta antideslizante que sujeta la camisa en su sitio. Esta cinturilla tiene dos piezas: la tela exterior y la cinta antideslizante interior.

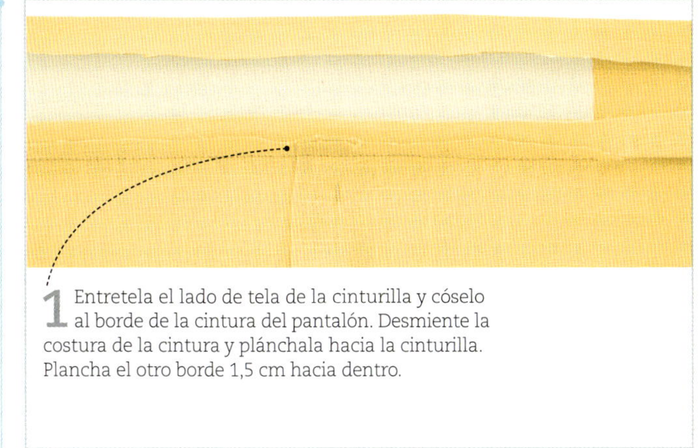

1 Entretela el lado de tela de la cinturilla y cóselo al borde de la cintura del pantalón. Desmiente la costura de la cintura y plánchala hacia la cinturilla. Plancha el otro borde 1,5 cm hacia dentro.

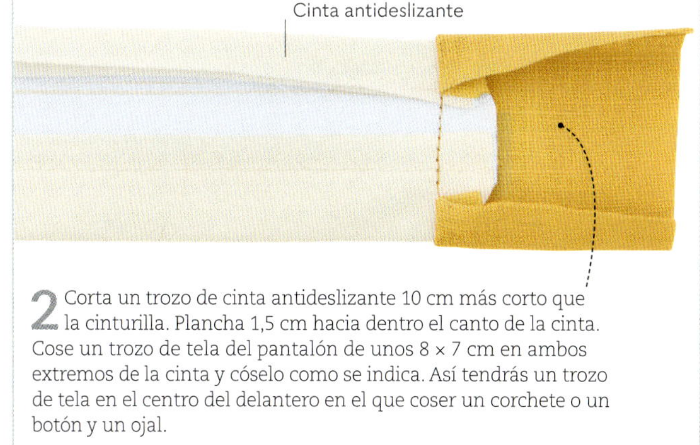

2 Corta un trozo de cinta antideslizante 10 cm más corto que la cinturilla. Plancha 1,5 cm hacia dentro el canto de la cinta. Cose un trozo de tela del pantalón de unos 8 × 7 cm en ambos extremos de la cinta y cóselo como se indica. Así tendrás un trozo de tela en el centro del delantero en el que coser un corchete o un botón y un ojal.

3 Pon el borde inferior planchado de la cinta contra el borde plegado de la cinturilla. Préndelos con alfileres y cóselos.

4 Plancha la cinturilla hacia dentro. El borde acabado de la cinta antideslizante debería quedar justo por debajo de la costura de la cinturilla. Prende con alfileres y cose a lo largo del canal de la costura para afianzarla.

REMATAR EL BORDE DE UNA CINTURILLA

Uno de los bordes largos de la cinturilla va cosido a la cintura de la prenda. Hay que rematar el otro, para evitar que se deshilache y reducir el grosor.

DOBLADILLO A MANO

Este método solo es válido para telas finas. Dobla hacia dentro 1,5 cm el borde de la cinturilla y plánchalo. Una vez unida la cinturilla a la prenda, cose a mano el borde doblado y planchado.

SOBREHILADO A MÁQUINA

Este método es idóneo para telas más gruesas, porque la cinturilla queda plana dentro de la prenda montada. Remata un borde largo de la cinturilla con un sobrehilado de 3 hilos.

TIRA DE BIES

Este método es ideal para telas que tienden a deshilacharse y añade un detalle de calidad al interior de la prenda, porque la cinturilla queda plana por dentro. Aplica una tira de bies de 2 cm a uno de los bordes de la cinturilla.

Trabillas de cinturón

Un prenda con cinturón necesitará trabillas para sostenerlo y evitar que se caiga. Las trabillas pueden hacerse con tiras de tela y coserse a máquina a la prenda, o de una manera más sencilla, con hebras de hilo a las que se da forma de presilla cosiendo a mano. Las trabillas de tela están indicadas para sostener un cinturón más pesado.

TRABILLAS A MANO

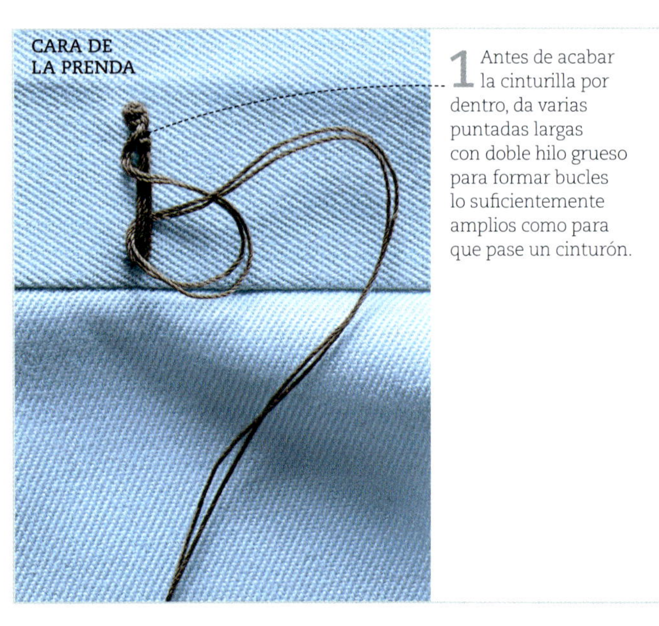

1 Antes de acabar la cinturilla por dentro, da varias puntadas largas con doble hilo grueso para formar bucles lo suficientemente amplios como para que pase un cinturón.

2 Cubre a punto de ojal o con un festón cerrado cada bucle.

3 Una vez cubiertos los bucles, pasa el hilo hacia el revés y afiánzalo.

TRABILLAS COSIDAS A MÁQUINA

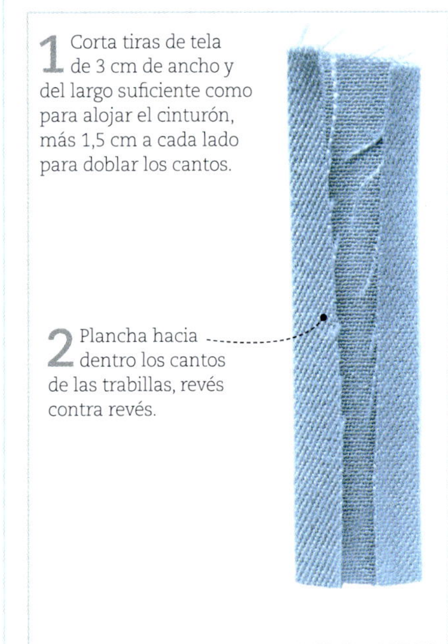

1 Corta tiras de tela de 3 cm de ancho y del largo suficiente como para alojar el cinturón, más 1,5 cm a cada lado para doblar los cantos.

2 Plancha hacia dentro los cantos de las trabillas, revés contra revés.

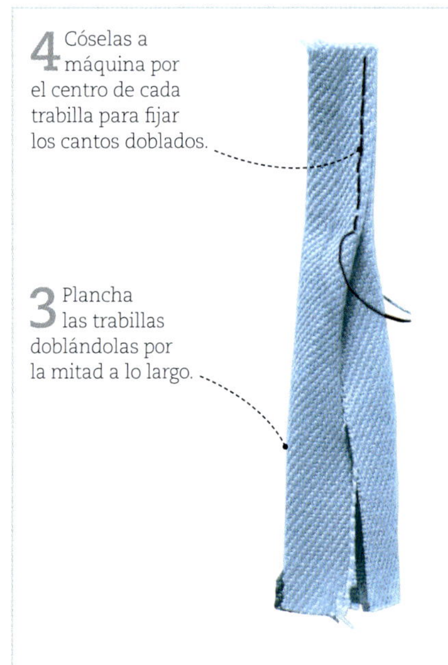

3 Plancha las trabillas doblándolas por la mitad a lo largo.

4 Cóselas a máquina por el centro de cada trabilla para fijar los cantos doblados.

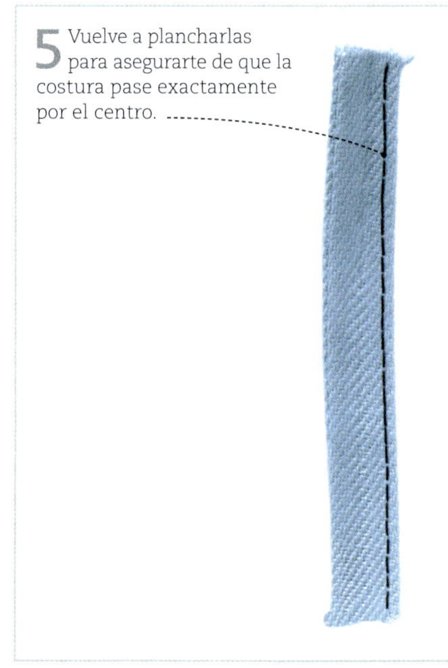

5 Vuelve a plancharlas para asegurarte de que la costura pase exactamente por el centro.

6 Comenzando junto a las costuras laterales, coloca las trabillas espaciadas a lo largo de la cintura de la prenda, por el derecho, y cóselas en el margen de costura.

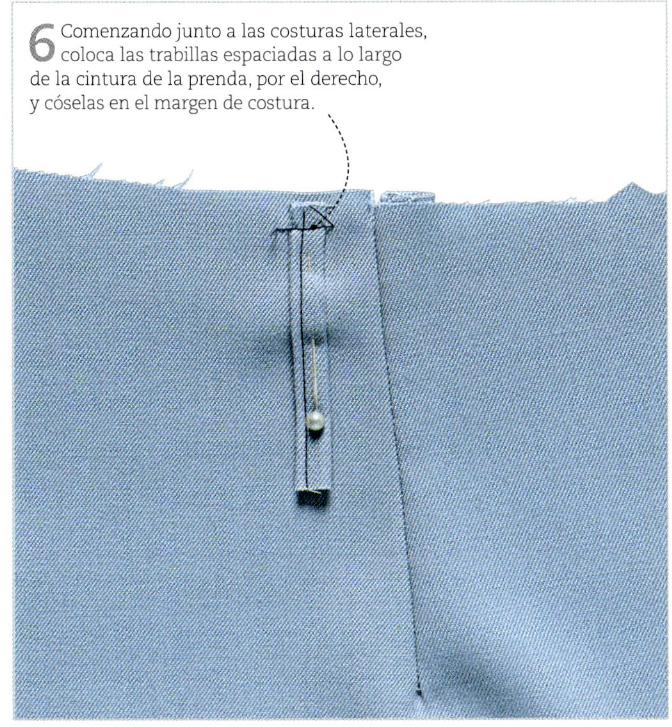

7 Aplica la cinturilla a la prenda, cosiendo a través de las trabillas.

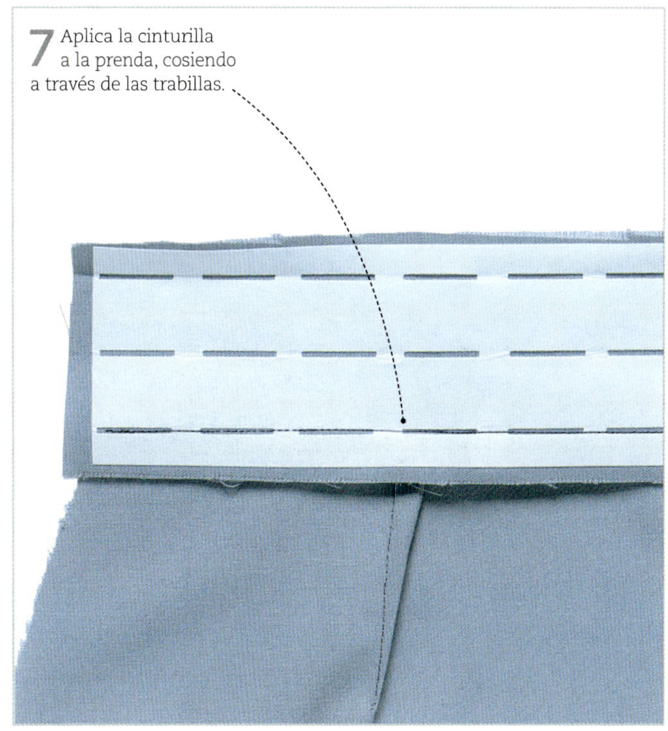

8 Plancha la cinturilla por la mitad a lo largo para crear una línea de pliegue central.

9 Sube las trabillas hacia la cintura.

10 Afianza el extremo de cada trabilla al borde interno de la cinturilla con un zigzag cerrado.

11 Con la cinturilla terminada, la trabilla aparece sin costuras visibles.

Bolsillos

Hay bolsillos de muchas formas y tamaños. Algunos, como los de parche y los de fuelle, están a la vista y pueden ser además decorativos, mientras que otros, incluidos los bolsillos de cadera, son más discretos o quedan ocultos. Se pueden confeccionar con la misma tela de la prenda o con un tejido a contraste, pero ya sean de estilo informal o elegante, todos son muy prácticos.

BOLSILLO DE PARCHE CON FORRO INTEGRADO

La pieza del bolsillo de parche con forro integrado se debe cortar con el borde superior alineado en el doblez de la tela. Al igual que el bolsillo sin forro, si se hace en una tela ligera seguramente no necesitará entretela, mientras que para tejidos intermedios se recomienda una entretela termoadhesiva. Este bolsillo no es adecuado para tejidos pesados.

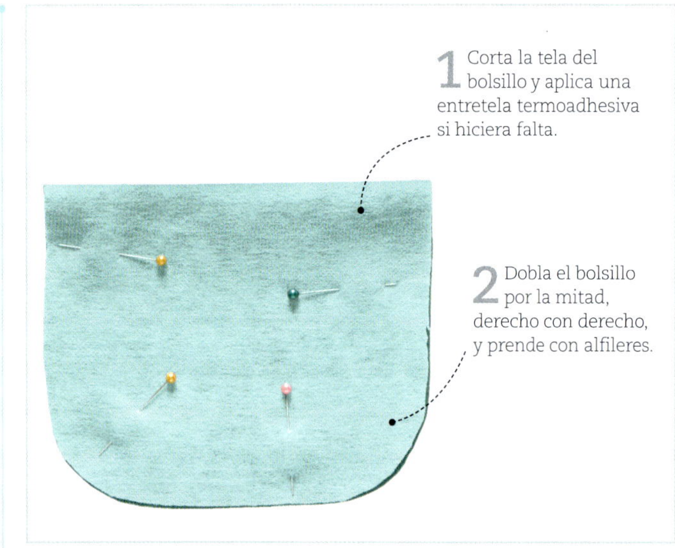

1 Corta la tela del bolsillo y aplica una entretela termoadhesiva si hiciera falta.

2 Dobla el bolsillo por la mitad, derecho con derecho, y prende con alfileres.

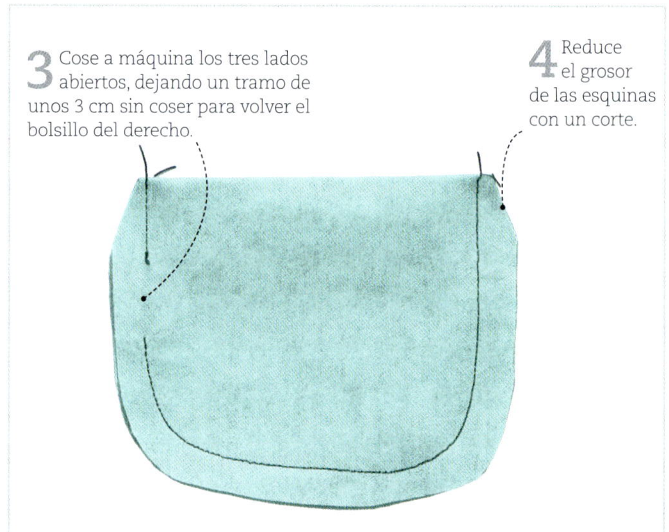

3 Cose a máquina los tres lados abiertos, dejando un tramo de unos 3 cm sin coser para volver el bolsillo del derecho.

4 Reduce el grosor de las esquinas con un corte.

5 Rebaja uno de los márgenes de costura a la mitad.

6 Recorta las esquinas con tijeras dentadas para no tener que sobrehilar.

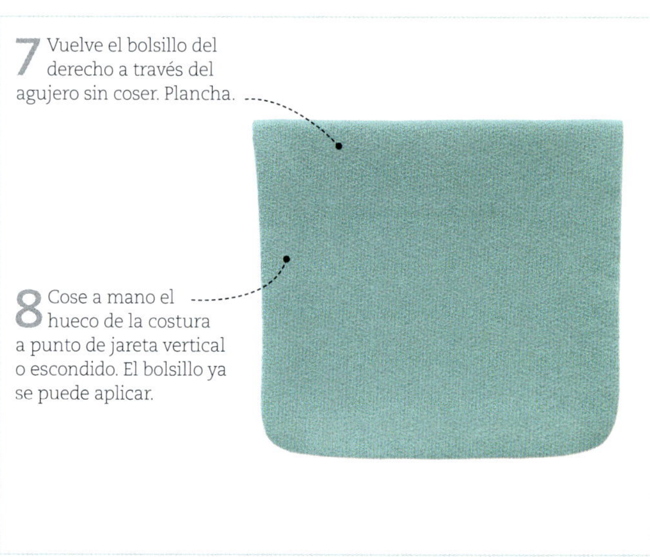

7 Vuelve el bolsillo del derecho a través del agujero sin coser. Plancha.

8 Cose a mano el hueco de la costura a punto de jareta vertical o escondido. El bolsillo ya se puede aplicar.

BOLSILLO DE PARCHE FORRADO

En los casos en que un bolsillo con forro integrado quedaría muy abultado, se puede poner en su lugar un bolsillo forrado, al que también conviene aplicar la entretela.

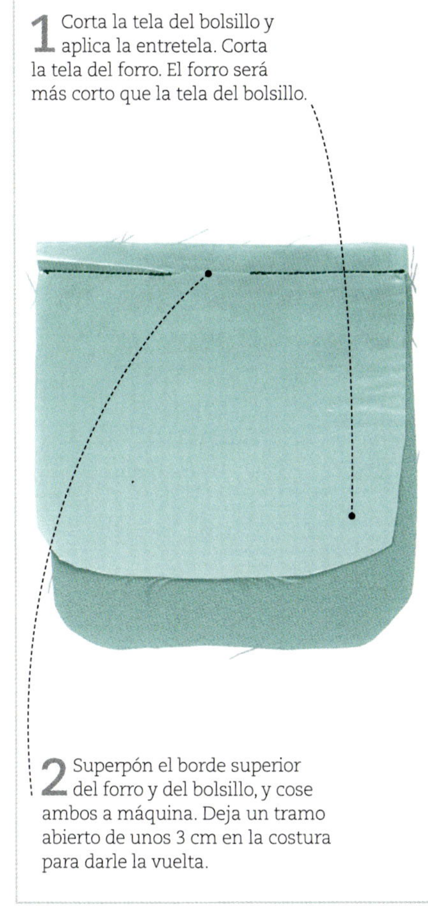

1 Corta la tela del bolsillo y aplica la entretela. Corta la tela del forro. El forro será más corto que la tela del bolsillo.

2 Superpón el borde superior del forro y del bolsillo, y cose ambos a máquina. Deja un tramo abierto de unos 3 cm en la costura para darle la vuelta.

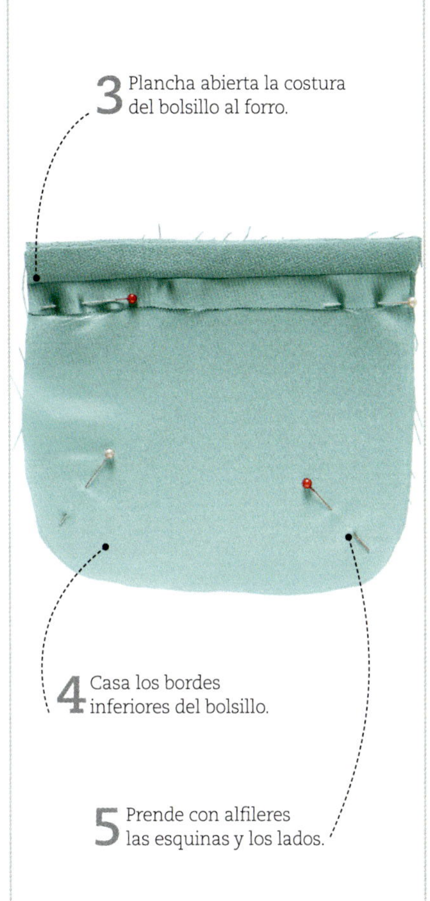

3 Plancha abierta la costura del bolsillo al forro.

4 Casa los bordes inferiores del bolsillo.

5 Prende con alfileres las esquinas y los lados.

6 Hilvana los otros tres lados abiertos para coser el forro a la tela del bolsillo.

7 Corta las esquinas.

8 Recorta las curvas con tijeras dentadas para no sobrehilar.

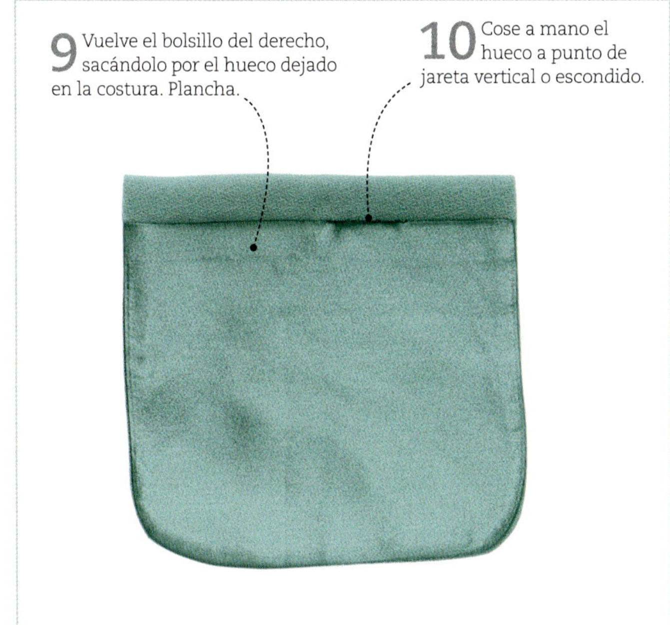

9 Vuelve el bolsillo del derecho, sacándolo por el hueco dejado en la costura. Plancha.

10 Cose a mano el hueco a punto de jareta vertical o escondido.

11 El bolsillo de parche forrado listo para aplicarlo.

BOLSILLO DE PARCHE CUADRADO

Hacer un bolsillo de parche de esquinas cuadradas requiere coser en inglete cada esquina para que no abulte. En tejidos intermedios se aplica una entretela termoadhesiva.

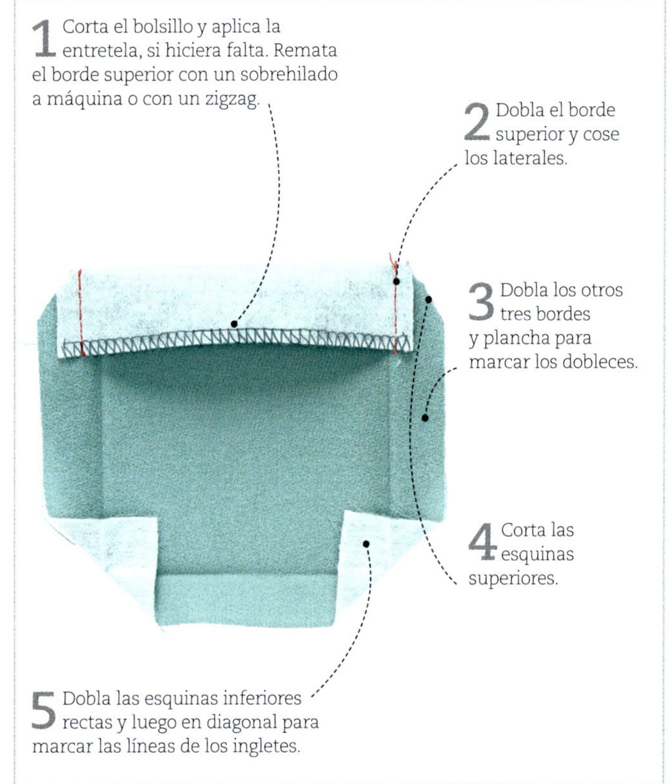

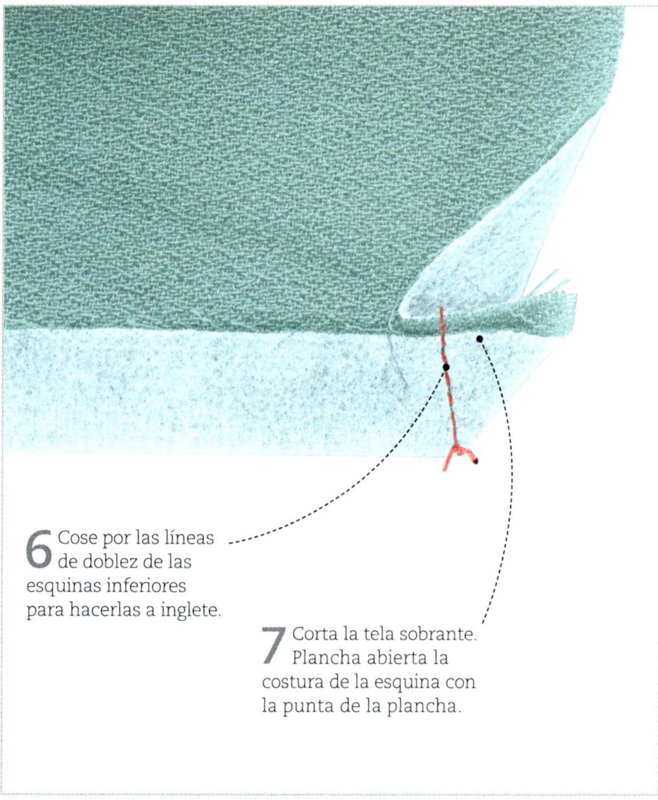

PONER UN BOLSILLO DE PARCHE

Para poner un bolsillo de parche es esencial marcar el patrón con precisión. Lo mejor es hacerlo mediante hilos flojos sueltos o incluso calcando las marcas del patrón. Si el tejido es de cuadros o rayas, hay que casar la tela del bolsillo con la de la prenda.

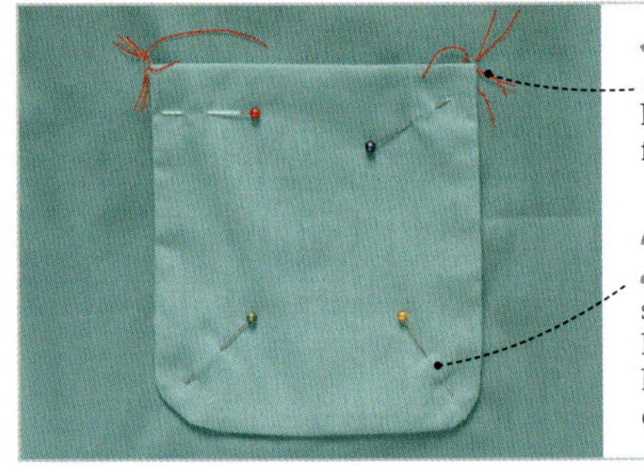

1 Marca la posición del bolsillo en la prenda con hilos flojos sueltos.

2 Coloca el bolsillo confeccionado sobre la tela, casando las esquinas con los hilos flojos. Prende con alfileres.

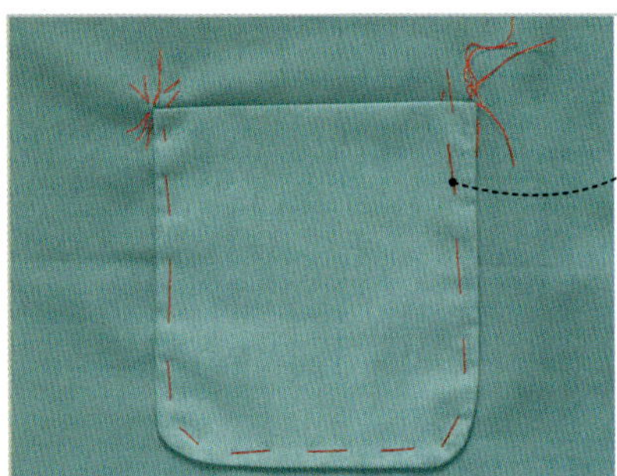

3 Para asegurarte de que el bolsillo permanezca en la posición correcta, hilvana el contorno lateral e inferior cerca del borde terminado.

4 Cose a máquina a 1 mm aproximadamente del borde del bolsillo.

5 Quita el hilván y plancha.

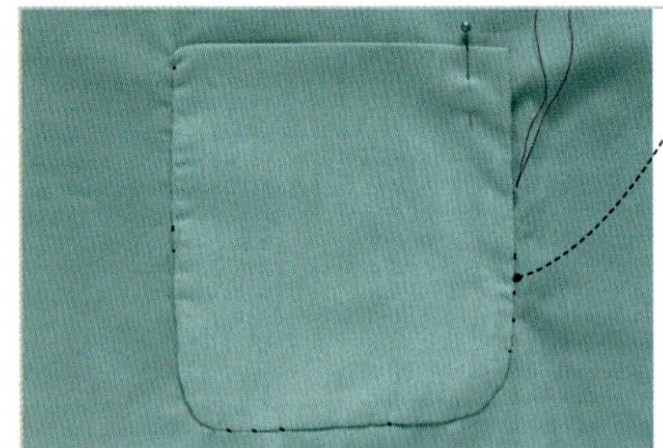

6 También puede coserse a mano, a punto de jareta deslizado, por la parte inferior de la costura del bolsillo. No tires del hilo demasiado, o el bolsillo se arrugará.

REFORZAR LAS ESQUINAS

En todos los bolsillos de parche es esencial reforzar las esquinas superiores, que son las que soportan toda la tensión cuando se usa el bolsillo. Hay varias maneras de hacerlo, algunas bastante decorativas.

COSTURA HACIA ATRÁS

1 Refuerza la esquina cosiendo a máquina hacia atrás, asegurándote de que las puntadas se superponen exactamente.

2 Saca los hilos por el revés para rematar.

COSTURA EN TRIÁNGULO

1 Esta técnica se usa sobre todo en camisas. Al coser a máquina el bolsillo a la prenda, da cuatro puntadas horizontales.

2 Gira y cose en diagonal hasta la costura lateral para crear la forma triangular en la esquina.

PUNTO DE ZIGZAG

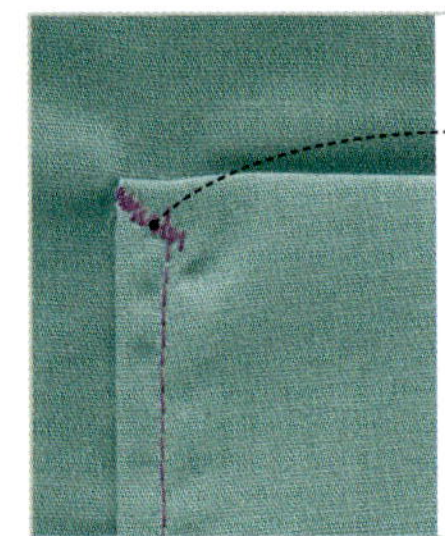

1 Cose en diagonal por la esquina con un zigzag pequeño, de 1,0 de ancho y 1,0 de largo.

2 Usando un hilo de un color que contraste se puede crear un adorno.

PUNTO DE ZIGZAG EN PARALELO

1 Pon un parche por el revés de la prenda, detrás de la esquina del bolsillo, como refuerzo.

2 Haz a máquina una costura vertical corta a punto de zigzag pequeño, de 1,0 de ancho y 1,0 de largo, junto a la costura recta.

BOLSILLO INTERIOR CON TAPETA

Este bolsillo lleva una pequeña tapeta recta que apunta hacia arriba y cubre la abertura del saco del bolsillo, formado por el forro. Se usa en chalecos y es el bolsillo superior de muchas chaquetas masculinas.

1 Marca las líneas de colocación del bolsillo en la tela principal con hilos flojos sueltos.

2 Aplica la entretela termoadhesiva a la tapeta. Dóblala por la mitad, derecho con derecho, casando los hilos flojos.

3 Cose a máquina los dos lados cortos, siguiendo la forma de la tapeta.

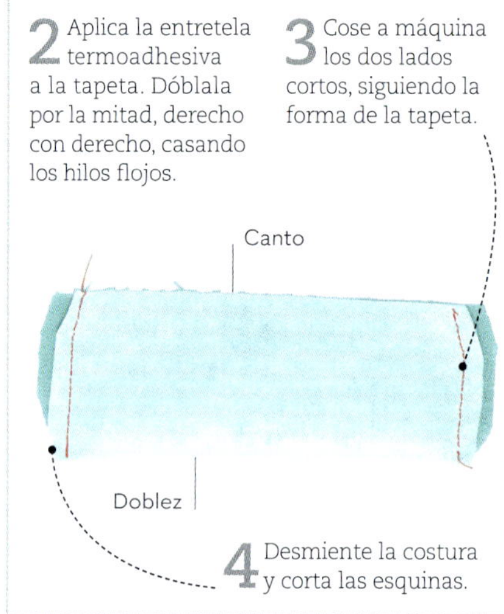

4 Desmiente la costura y corta las esquinas.

5 Vuelve la tapeta del derecho y plancha.

6 Coloca la tapeta sobre la tela y cose a máquina por la línea de colocación más baja. Reduce el grosor.

7 Pon el forro del bolsillo sobre la tapeta, derecho con derecho. Casar las marcas del patrón.

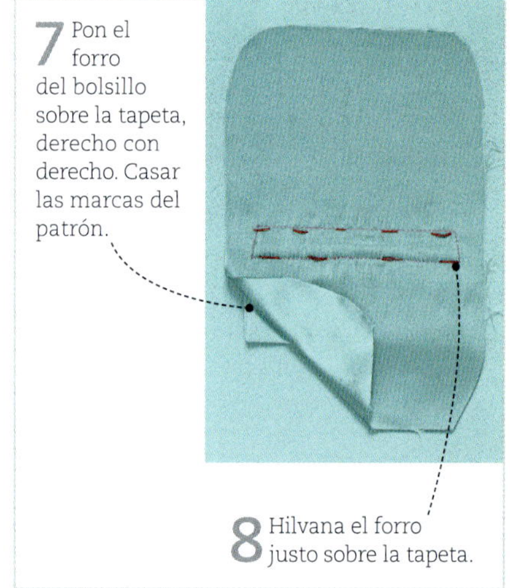

8 Hilvana el forro justo sobre la tapeta.

9 Cose a máquina el forro a la tapeta. La fila de puntadas de arriba será más corta que la de abajo, de modo que los lados quedarán sesgados.

10 Corta por el centro del saco cosido a máquina y en las esquinas.

11 Mete el forro por la abertura.

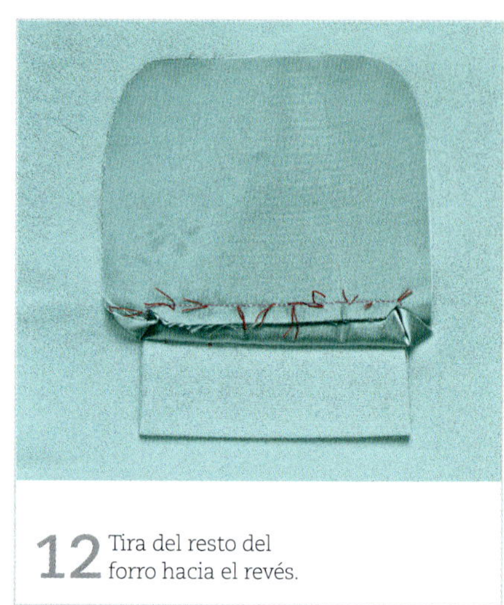

12 Tira del resto del forro hacia el revés.

13 Por el revés, junta el forro y cose por el contorno para hacer el saco del bolsillo.

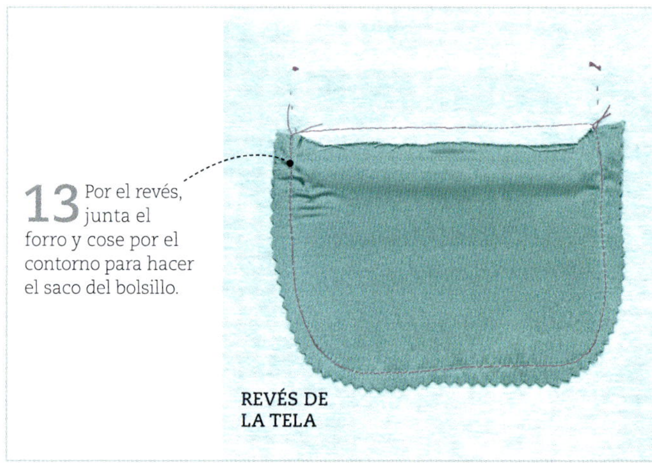

14 La tapeta del bolsillo interior terminada, vista por el derecho.

BOLSILLO INTERIOR TRASERO DE PANTALÓN

El pequeño bolsillo interior trasero de un pantalón solo deja a la vista una fina y elegante tapeta. Por esta razón se confecciona de una manera ligeramente distinta, y es necesario reforzar la tapeta con sendas costuras a los lados por el derecho de la prenda.

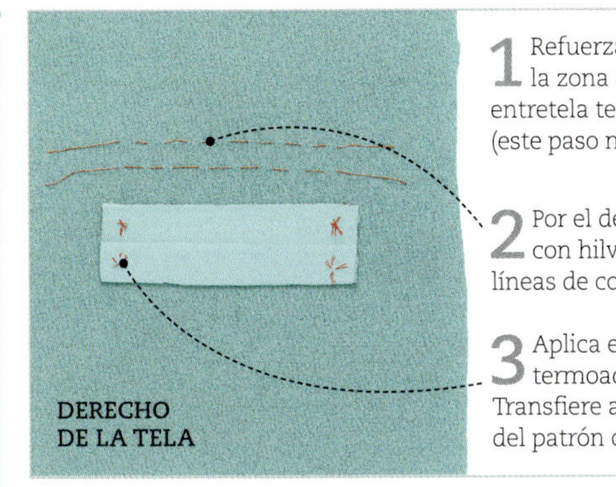

1 Refuerza por el revés la zona del bolsillo con entretela termoadhesiva (este paso no se muestra).

2 Por el derecho, marca con hilvanes paralelos las líneas de costura de la tapeta.

3 Aplica entretela termoadhesiva a la tapeta. Transfiere a esta las marcas del patrón con hilos flojos.

4 Dobla la tapeta por la mitad a lo largo, revés con revés. Plancha.

5 Prende la tapeta sobre la línea de costura inferior, con los cantos arriba y los hilos flojos alineados con dicha línea.

6 Cose a máquina por la línea de costura hilvanada entre los hilos flojos.

7 Corta para reducir a 5 mm los márgenes de costura.

DERECHO DE LA TELA

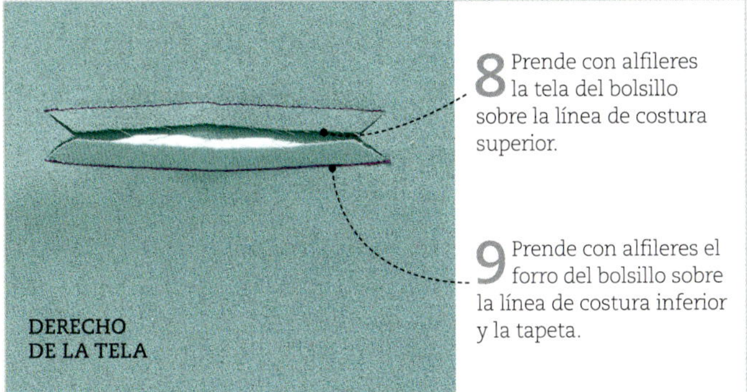

8 Prende con alfileres la tela del bolsillo sobre la línea de costura superior.

9 Prende con alfileres el forro del bolsillo sobre la línea de costura inferior y la tapeta.

10 Cose a máquina la tela del bolsillo y el forro por las líneas marcadas.

11 Las dos filas de puntadas deben ser paralelas y tan largas como la costura de la tapeta, sin atravesar los extremos cortos.

12 Reduce el grosor de ambas costuras.

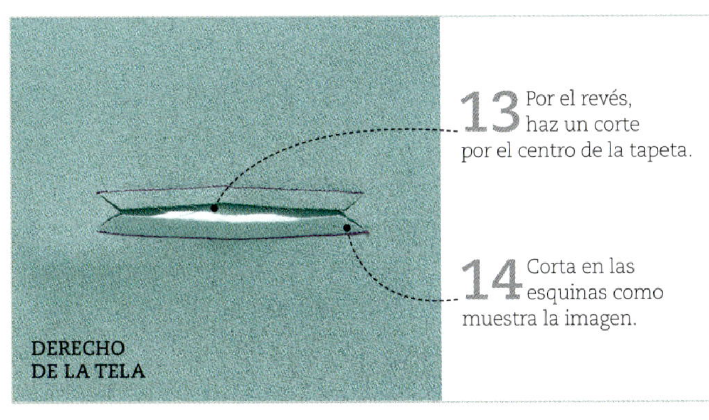

13 Por el revés, haz un corte por el centro de la tapeta.

14 Corta en las esquinas como muestra la imagen.

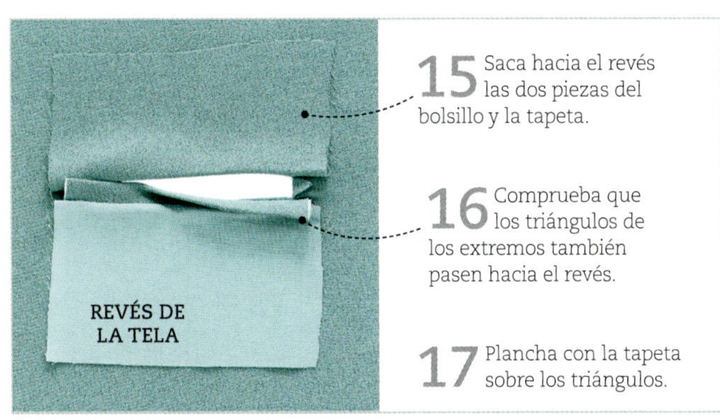

15 Saca hacia el revés las dos piezas del bolsillo y la tapeta.

16 Comprueba que los triángulos de los extremos también pasen hacia el revés.

17 Plancha con la tapeta sobre los triángulos.

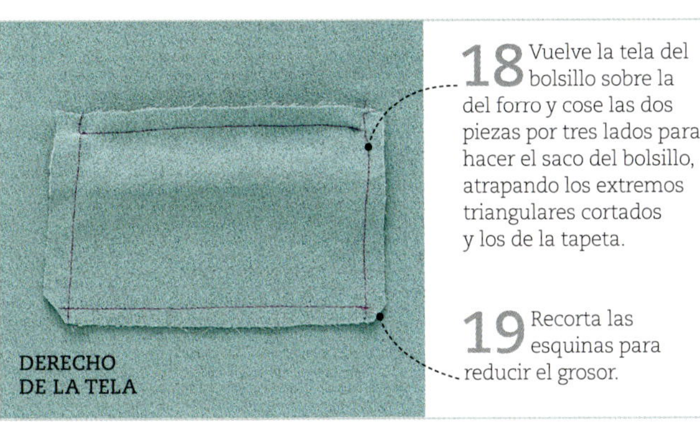

18 Vuelve la tela del bolsillo sobre la del forro y cose las dos piezas por tres lados para hacer el saco del bolsillo, atrapando los extremos triangulares cortados y los de la tapeta.

19 Recorta las esquinas para reducir el grosor.

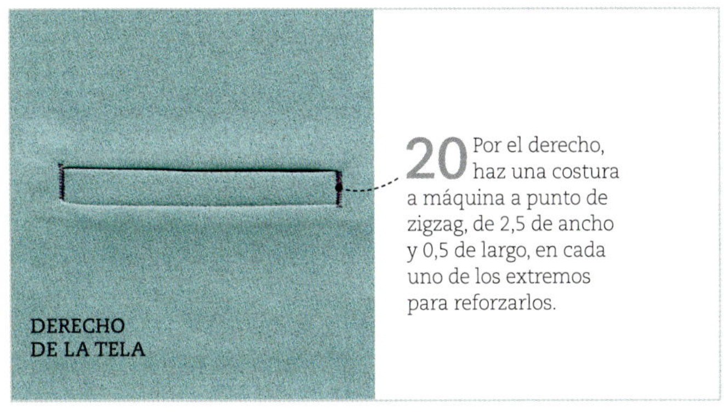

20 Por el derecho, haz una costura a máquina a punto de zigzag, de 2,5 de ancho y 0,5 de largo, en cada uno de los extremos para reforzarlos.

BOLSILLO INTERIOR CON SOLAPA

Este tipo de bolsillo interior ribeteado es frecuente en chaquetas y abrigos sastre, y en ropa masculina. Se compone de los ribetes que forman los bordes de la abertura, la solapa y el forro que constituye el bolsillo en sí.

1 Haz primero el ribete superior. Aplica una entretela termoadhesiva por el revés.

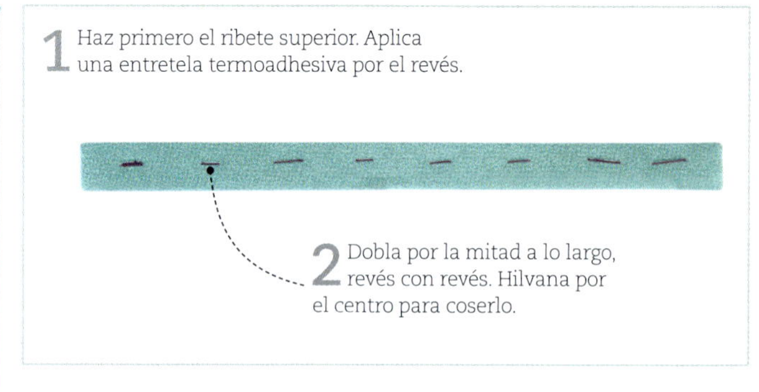

2 Dobla por la mitad a lo largo, revés con revés. Hilvana por el centro para coserlo.

3 A continuación, haz la solapa del bolsillo. Aplica una entretela termoadhesiva en el revés de la tela.

4 Encara por el derecho el forro y la solapa. Préndelos con alfileres y cóselos alrededor del borde salvo en la parte superior.

5 Recorta la tela de las esquinas inferiores.

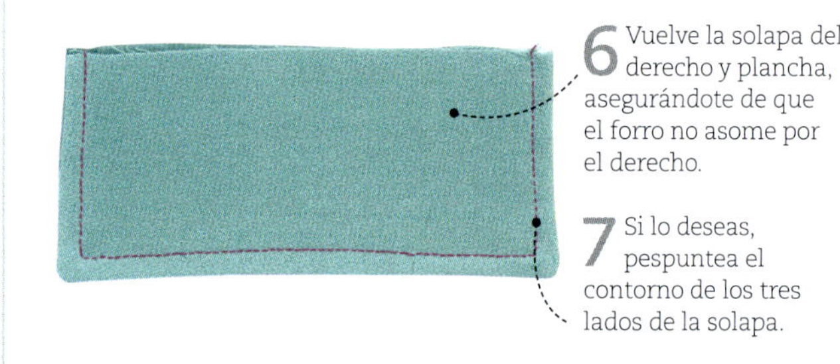

6 Vuelve la solapa del derecho y plancha, asegurándote de que el forro no asome por el derecho.

7 Si lo deseas, pespuntea el contorno de los tres lados de la solapa.

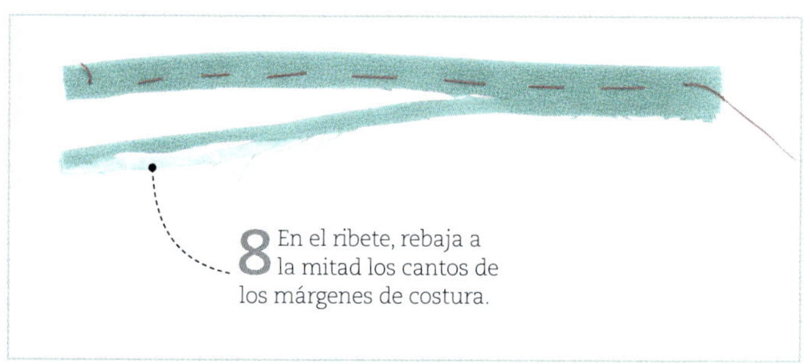

8 En el ribete, rebaja a la mitad los cantos de los márgenes de costura.

9 Coloca el ribete sobre el derecho del bolsillo. Alinea los cantos y verifica que el ribete sobrepasa la solapa por igual en cada extremo.

10 Cose a máquina por el centro del ribete.

11 Encara por el derecho el ribete y la solapa con la prenda. Casa los extremos de la solapa con la fila superior de hilos flojos. Prende con alfileres.

12 Cose a máquina a la prenda siguiendo la costura que une la solapa y el ribete.

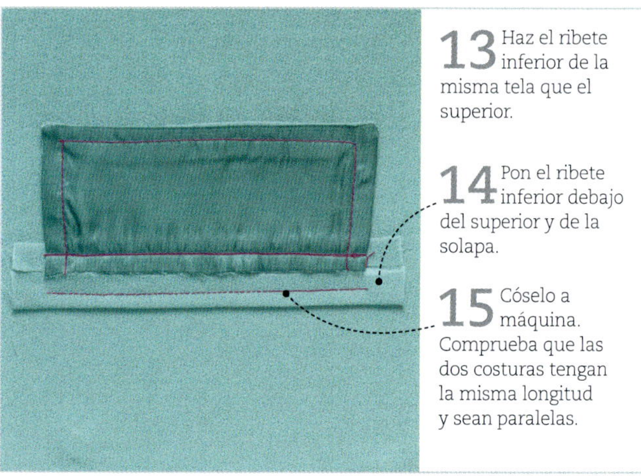

13 Haz el ribete inferior de la misma tela que el superior.

14 Pon el ribete inferior debajo del superior y de la solapa.

15 Cóselo a máquina. Comprueba que las dos costuras tengan la misma longitud y sean paralelas.

16 Plancha el forro doblado por el centro, derecho con derecho y casando los hilos flojos, para hacer una raya central.

17 Pon el derecho del forro encima de los ribetes y la solapa, casando los hilos flojos. La raya debería quedar entre los dos ribetes. Préndelo con alfileres.

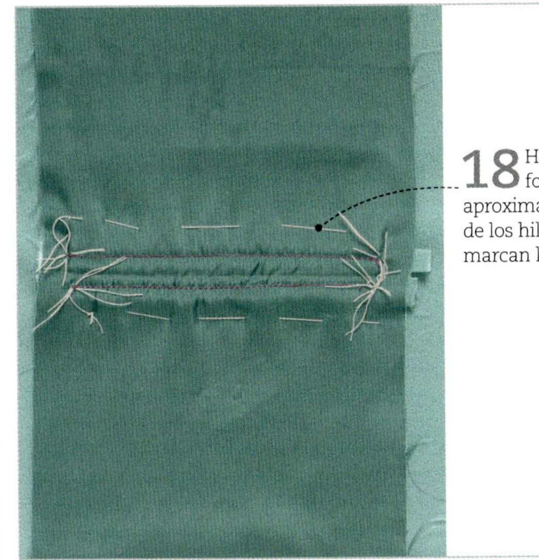

18 Hilvana el forro a 1,5 cm aproximadamente de los hilos flojos que marcan los ribetes.

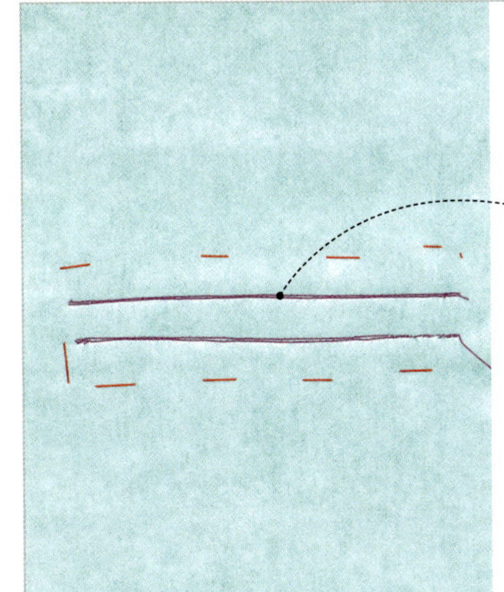

19 Trabajando por el revés, cose a máquina el forro sobre las costuras de los ribetes. Las dos filas de puntadas deberían medir exactamente lo mismo. Afiánzalas en los dos extremos.

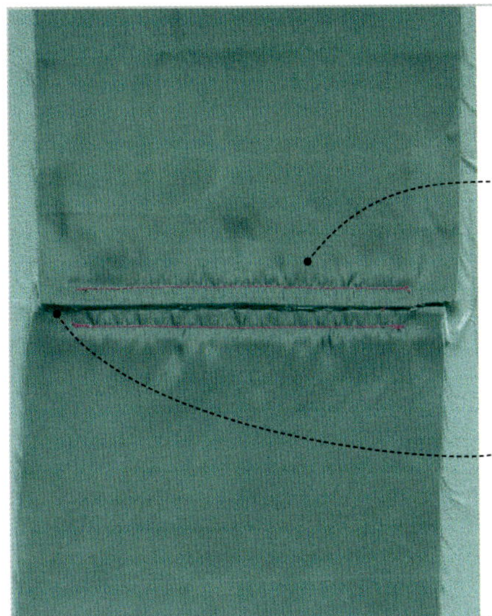

20 Vuelve del derecho y quita el hilván.

21 Corta por la raya hecha con la plancha, llegando hasta el borde del forro.

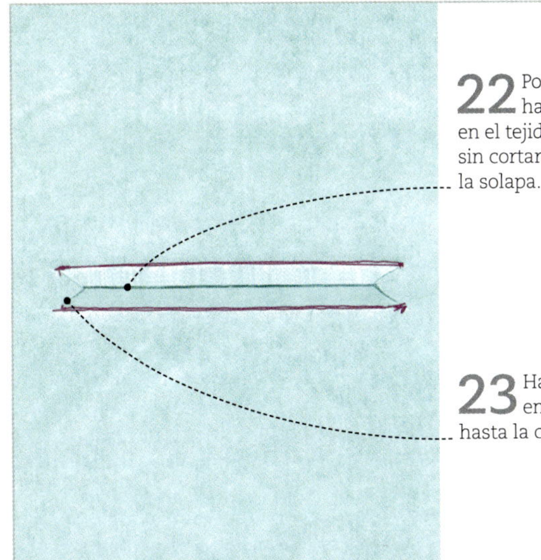

22 Por el revés, haz un corte en el tejido de la prenda, sin cortar los ribetes ni la solapa.

23 Haz dos cortes en las esquinas hasta la costura.

24 Saca el forro hacia el revés a través de la abertura, empujándolo por los extremos de los ribetes. La solapa cubrirá la abertura.

25 Para hacer el bolsillo, separa los extremos de los ribetes de las líneas de corte: debe aparecer un pequeño triángulo de tela encima.

26 Cose por los ribetes y el triángulo, y siguiendo el contorno del bolsillo. Remata las costuras del forro con tijeras dentadas.

27 Plancha el bolsillo completo en su posición correcta, utilizando un paño de planchar si es necesario.

BOLSILLO DE CADERA DELANTERO

Muchos pantalones y faldas informales llevan bolsillos de este tipo, con una abertura hasta la línea de la cadera o cortados más arriba, como en los vaqueros. Cortados en diagonal, estilizan la figura.

1 Aplica una cinta termoadhesiva en la prenda a lo largo de la línea del bolsillo.

2 Une el forro del bolsillo con el delantero, encarado por el derecho. Casa las muescas de la costura y préndelo con alfileres.

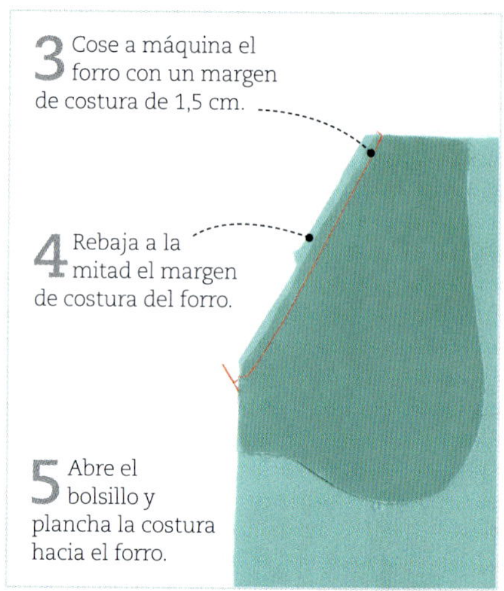

3 Cose a máquina el forro con un margen de costura de 1,5 cm.

4 Rebaja a la mitad el margen de costura del forro.

5 Abre el bolsillo y plancha la costura hacia el forro.

6 Mete el forro hacia dentro y plancha para que no sea visible por fuera.

7 Haz un pespunte a 5 mm del borde.

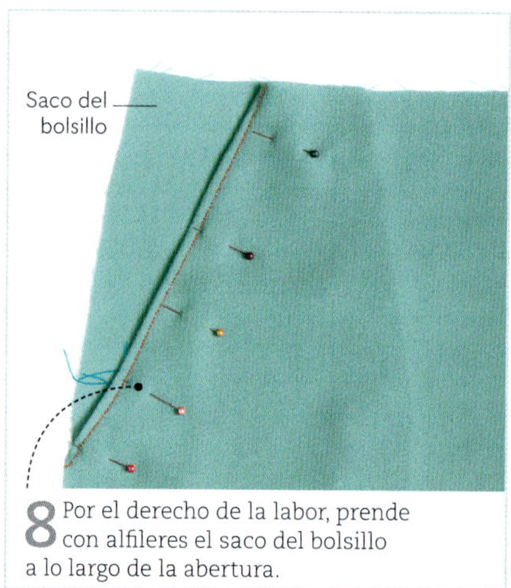

8 Por el derecho de la labor, prende con alfileres el saco del bolsillo a lo largo de la abertura.

9 Pon la parte del delantero que incorpora el saco del bolsillo encarada por el derecho con la parte del forro del bolsillo. Casa las costuras y los hilos flojos. Prende con alfileres.

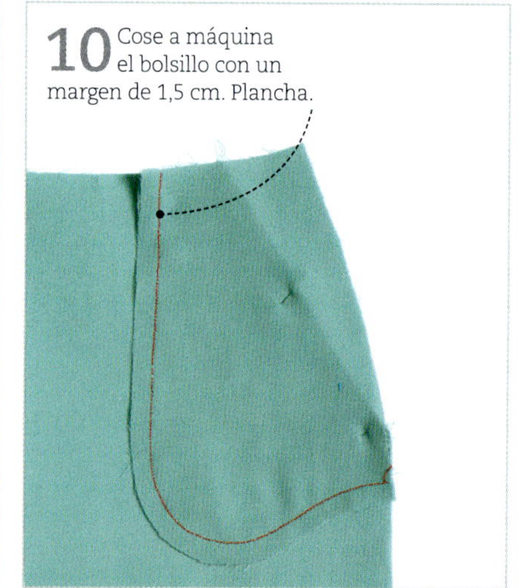

10 Cose a máquina el bolsillo con un margen de 1,5 cm. Plancha.

11 Rematar los cantos de los márgenes del contorno del bolsillo.

12 Remata los márgenes de la costura lateral, cosiendo de arriba abajo. Comprueba que la tela queda plana al unirse con la costura lateral.

13 Bolsillo de cadera delantero con abertura en diagonal, visto por el derecho.

BOLSILLO DE CADERA DE TIPO VAQUERO

Es el bolsillo delantero típico de los pantalones vaqueros o informales, pero también se puede poner en faldas. A veces la abertura es curva en vez de angular, como la de este ejemplo, que además lleva una vista para darle un mejor acabado.

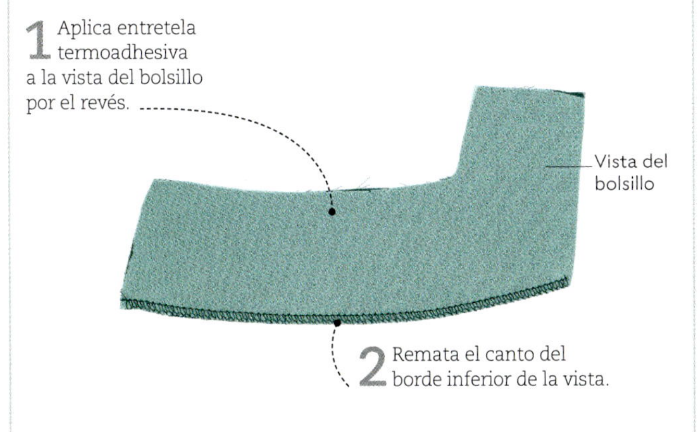

1 Aplica entretela termoadhesiva a la vista del bolsillo por el revés.

2 Remata el canto del borde inferior de la vista.

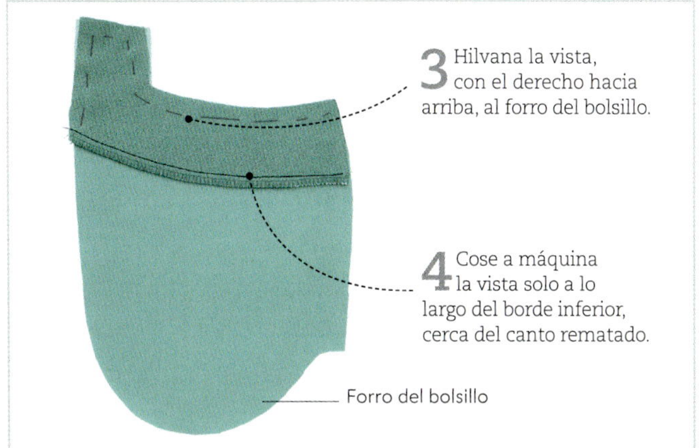

3 Hilvana la vista, con el derecho hacia arriba, al forro del bolsillo.

4 Cose a máquina la vista solo a lo largo del borde inferior, cerca del canto rematado.

5 Coloca la vista y el forro encarados por el derecho sobre el delantero del pantalón o la falda. Cose a lo largo del borde superior.

6 Haz un piquete en la esquina y a lo largo de la parte superior de la costura.

7 Rebaja a la mitad el lado de la costura del bolsillo.

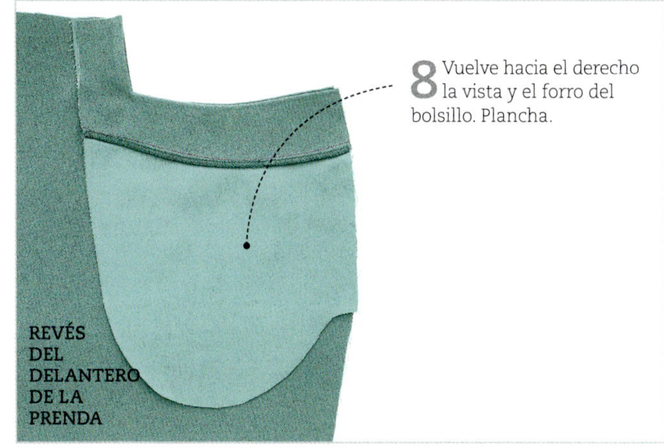

8 Vuelve hacia el derecho la vista y el forro del bolsillo. Plancha.

9 Pespuntea por el derecho de la prenda con un largo de puntada de 3 mm.

10 Por el revés del delantero de la falda, coloca la tela del bolsillo sobre la vista y el forro.

11 Cose en torno a la tela del bolsillo para unirla al forro y formar el saco.

12 Haz la costura lateral a través de la falda y el bolsillo a punto de zigzag o con un sobrehilado a máquina. La costura no debe quedar prieta, para dar más holgura al bolsillo.

HACER UNA SOLAPA DE BOLSILLO

Algunas prendas, en lugar de bolsillos llevan solo las solapas como adorno. La solapa se coloca donde estaría el bolsillo, pero no cubre una abertura, ya que esta no existe. Es una manera de mantener el estilo de la prenda, sin el grosor de un auténtico bolsillo.

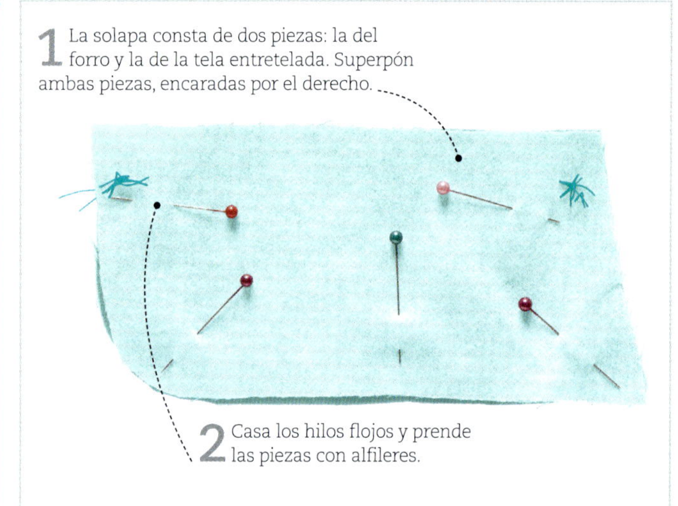

1 La solapa consta de dos piezas: la del forro y la de la tela entretelada. Superpón ambas piezas, encaradas por el derecho.

2 Casa los hilos flojos y prende las piezas con alfileres.

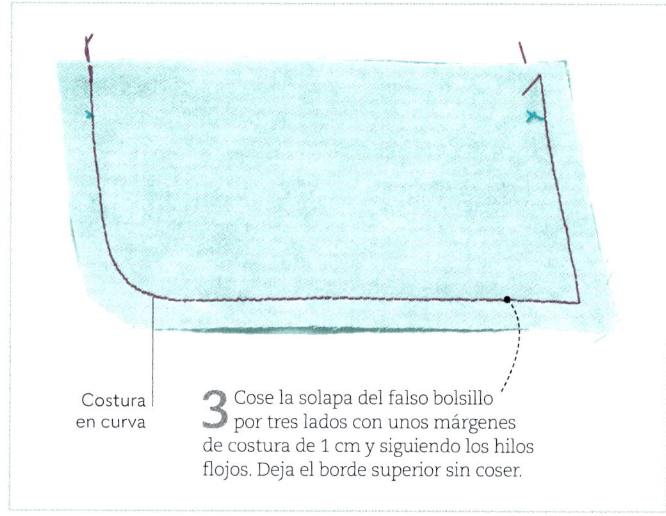

Costura en curva

3 Cose la solapa del falso bolsillo por tres lados con unos márgenes de costura de 1 cm y siguiendo los hilos flojos. Deja el borde superior sin coser.

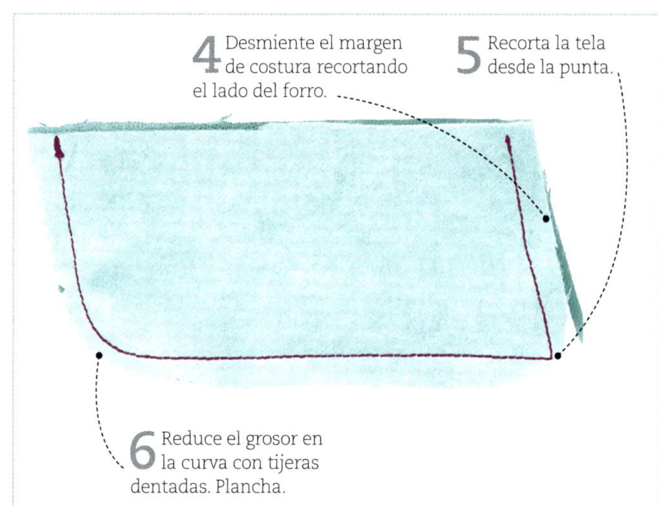

4 Desmiente el margen de costura recortando el lado del forro.

5 Recorta la tela desde la punta.

6 Reduce el grosor en la curva con tijeras dentadas. Plancha.

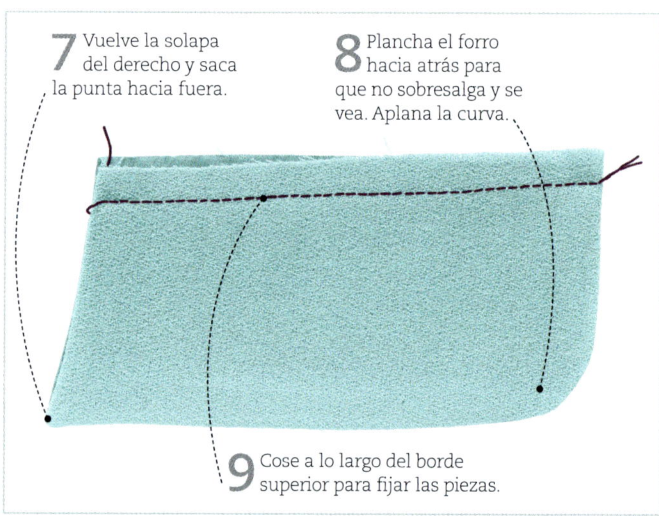

7 Vuelve la solapa del derecho y saca la punta hacia fuera.

8 Plancha el forro hacia atrás para que no sobresalga y se vea. Aplana la curva.

9 Cose a lo largo del borde superior para fijar las piezas.

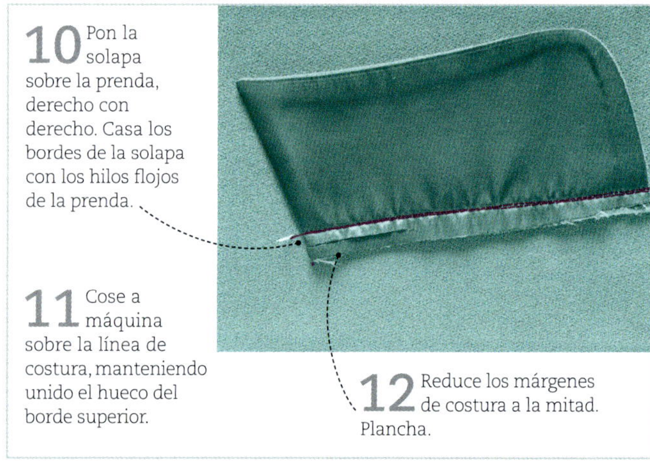

10 Pon la solapa sobre la prenda, derecho con derecho. Casa los bordes de la solapa con los hilos flojos de la prenda.

11 Cose a máquina sobre la línea de costura, manteniendo unido el hueco del borde superior.

12 Reduce los márgenes de costura a la mitad. Plancha.

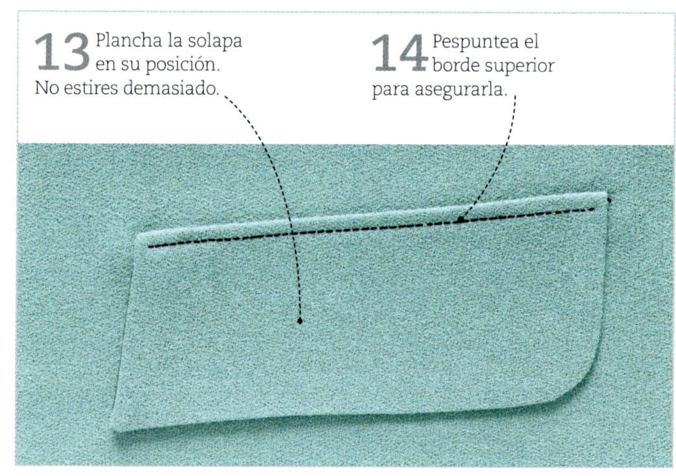

13 Plancha la solapa en su posición. No estires demasiado.

14 Pespuntea el borde superior para asegurarla.

BOLSILLO INTERIOR CON VIVO Y SOLAPA

Es un bolsillo sofisticado que combina funcionalidad y elegancia: la solapa oculta la abertura y le da un acabado refinado. Se suele usar en chaquetas sastre.

1 Confecciona la solapa y entretela el vivo.

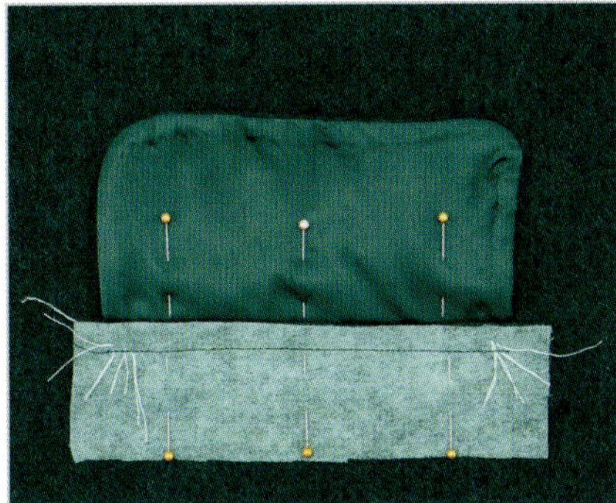

2 Coloca la solapa y el vivo sobre la tela de la prenda, casando las marcas del patrón. Cóselos. Comprueba que las dos costuras tengan la misma longitud y sean paralelas.

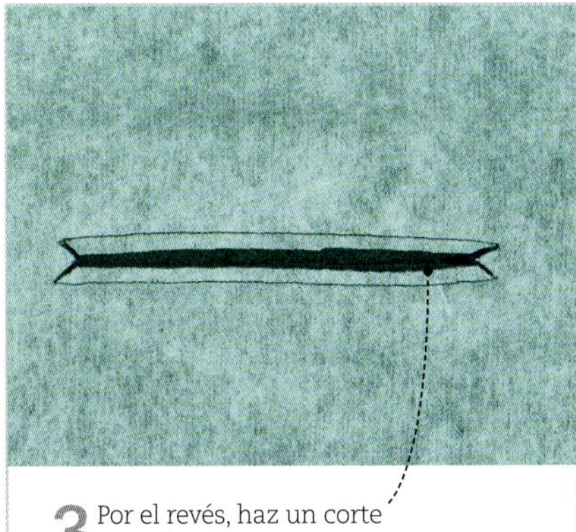

3 Por el revés, haz un corte entre las dos costuras y dos cortes en forma de V en las esquinas de la costura.

4 Con cuidado, saca el margen de costura del vivo y de la solapa por el corte que acabas de hacer.

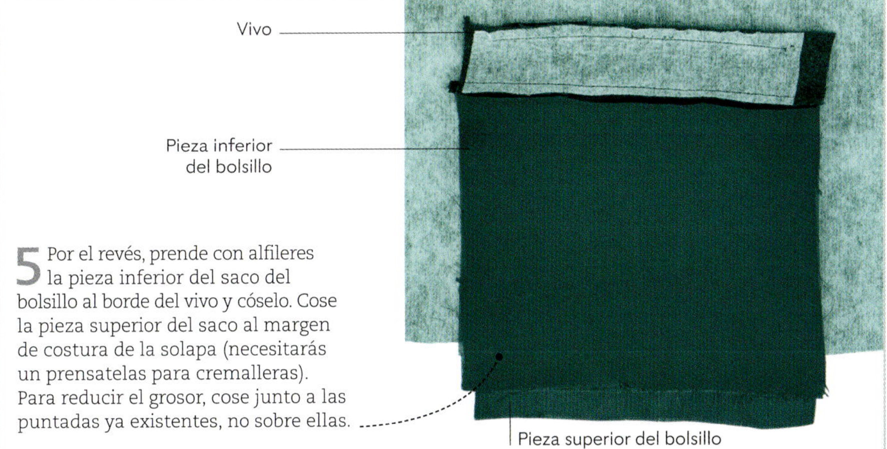

5 Por el revés, prende con alfileres la pieza inferior del saco del bolsillo al borde del vivo y cóselo. Cose la pieza superior del saco al margen de costura de la solapa (necesitarás un prensatelas para cremalleras). Para reducir el grosor, cose junto a las puntadas ya existentes, no sobre ellas.

6 Dobla el vivo de modo que ocupe el hueco. Prende con alfileres a lo largo de la costura y cose por el canal de la costura. Asegúrate de no atravesar el forro del bolsillo.

7 Para terminar, cose el saco del bolsillo a lo largo de las muescas en V para que quede cuadrado. Plancha.

8 Derecho del bolsillo acabado.

BOLSILLO INTERIOR CON DOBLE VIVO Y SOLAPA

Este bolsillo, habitual en abrigos y chaquetas sastre, requiere cortar la tela antes de confeccionarlo. También es habitual que una pinza termine en la misma zona.

1 Aplica en el revés del delantero un trozo de entretela de unos 5 cm de ancho en el lugar donde coserás el bolsillo.

2 Inserta las marcas del patrón para la pinza y el bolsillo. Corta donde indica el patrón y cose la pinza. Corta la pinza y plánchala abierta.

3 Cose a punto de escapulario los bordes cortados y une la pieza lateral. Plancha la costura abierta.

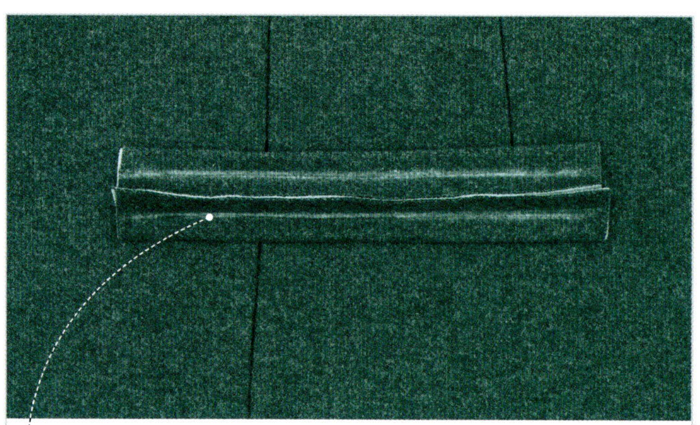

4 Marca con tiza las líneas de costura de los vivos y cóselos. Asegúrate de que queden alineados con la abertura de la chaqueta.

5 Retira las puntadas de escapulario, corta entre la línea de costura y haz cortes en V en las esquinas. Vuelve el vivo hacia dentro y plancha.

6 Confecciona la solapa e insértala entre los vivos.

7 Inserta la solapa y ponla sobre el borde del vivo. Préndela con alfileres para afianzarla. Coloca la pieza superior del saco del bolsillo sobre la solapa y el vivo, y cósela al borde del vivo. En el vivo inferior, prende con alfileres y cose la pieza inferior del bolsillo.

8 El bolsillo acabado.

FALSO BOLSILLO INTERIOR CON TAPETA

A veces se añade a las prendas un falso bolsillo interior como detalle de adorno. Este bolsillo puede animar una prenda que de otro modo quedaría sosa y siempre da un toque de elegancia a las chaquetas sastre.

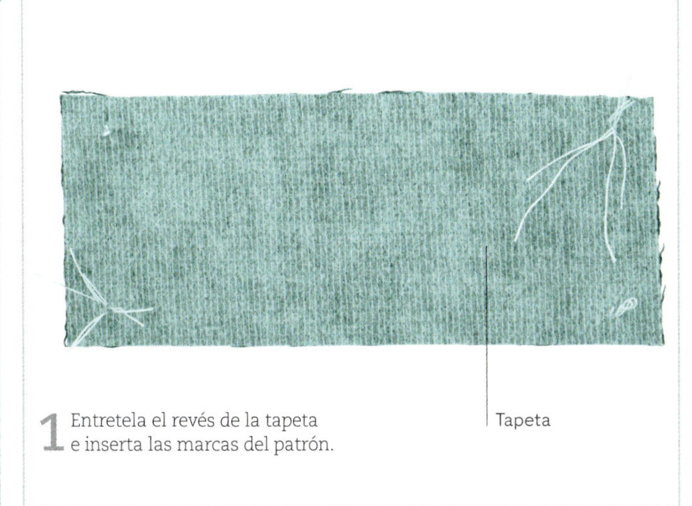

1 Entretela el revés de la tapeta e inserta las marcas del patrón.

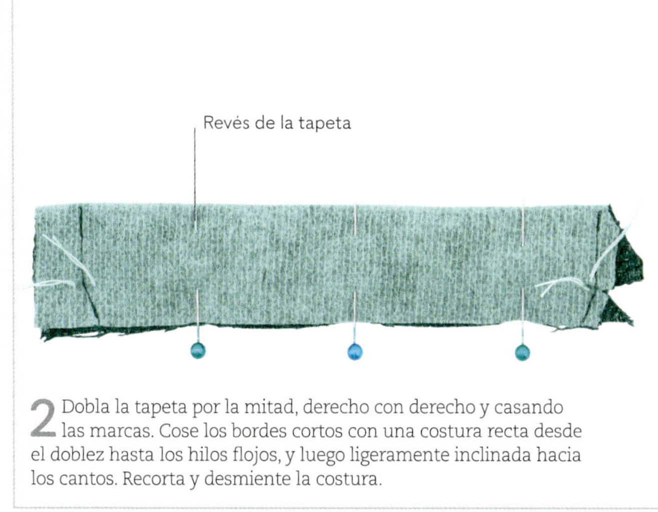

2 Dobla la tapeta por la mitad, derecho con derecho y casando las marcas. Cose los bordes cortos con una costura recta desde el doblez hasta los hilos flojos, y luego ligeramente inclinada hacia los cantos. Recorta y desmiente la costura.

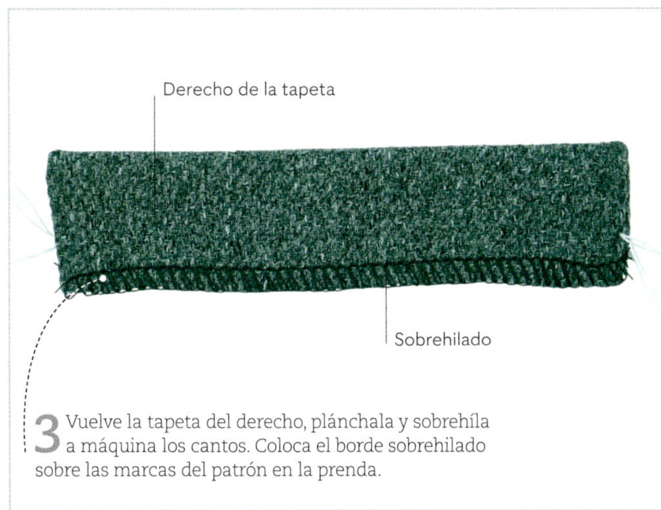

3 Vuelve la tapeta del derecho, plánchala y sobrehíla a máquina los cantos. Coloca el borde sobrehilado sobre las marcas del patrón en la prenda.

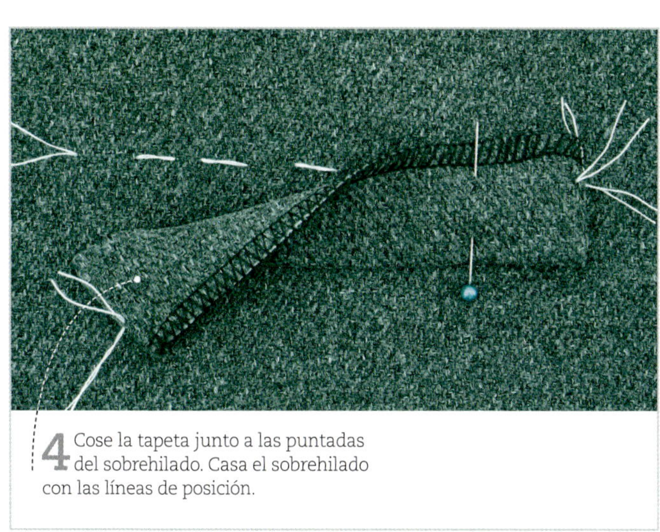

4 Cose la tapeta junto a las puntadas del sobrehilado. Casa el sobrehilado con las líneas de posición.

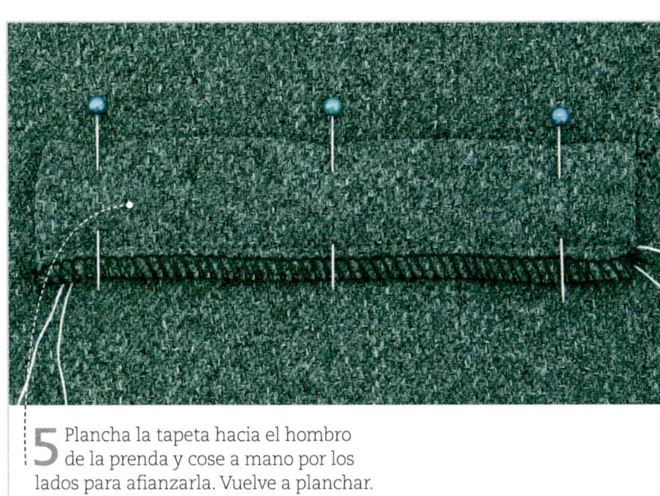

5 Plancha la tapeta hacia el hombro de la prenda y cose a mano por los lados para afianzarla. Vuelve a planchar.

6 El bolsillo acabado.

BOLSILLO INTERIOR RIBETEADO

También llamado bolsillo de ojal, es propio de muchas chaquetas de traje. Debe confeccionarse con esmero porque no lleva solapa.

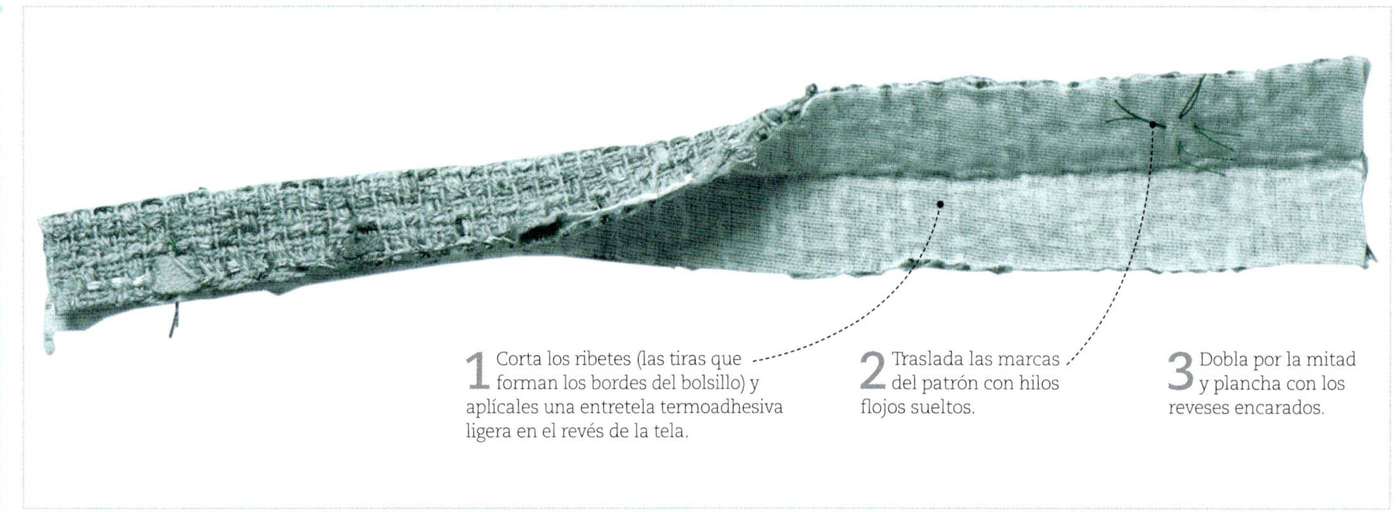

1 Corta los ribetes (las tiras que forman los bordes del bolsillo) y aplícales una entretela termoadhesiva ligera en el revés de la tela.

2 Traslada las marcas del patrón con hilos flojos sueltos.

3 Dobla por la mitad y plancha con los reveses encarados.

4 Marca en la tela la posición del bolsillo como indique el patrón, con hilos flojos.

DERECHO DE LA TELA

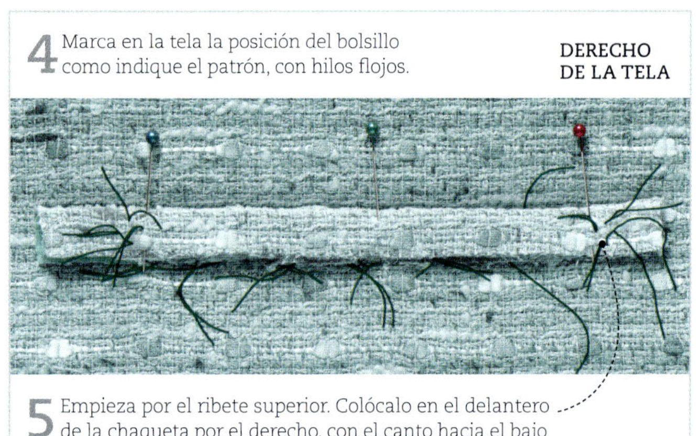

5 Empieza por el ribete superior. Colócalo en el delantero de la chaqueta por el derecho, con el canto hacia el bajo y la línea central sobre la fila de puntadas superior, casando los hilos flojos. Prende con alfileres.

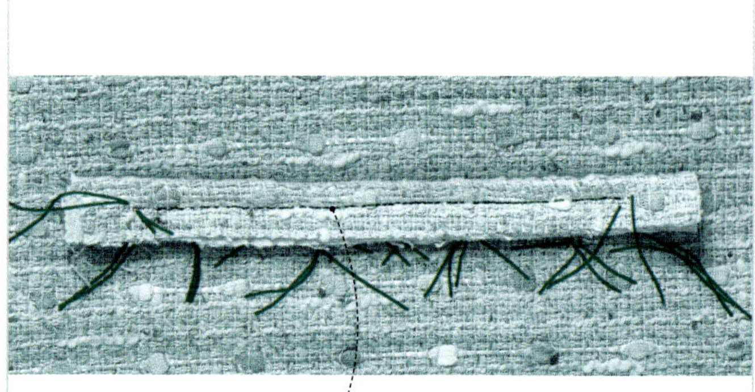

6 Haz una costura a máquina por el centro de la tapeta. Cose solo el espacio entre los hilos sueltos.

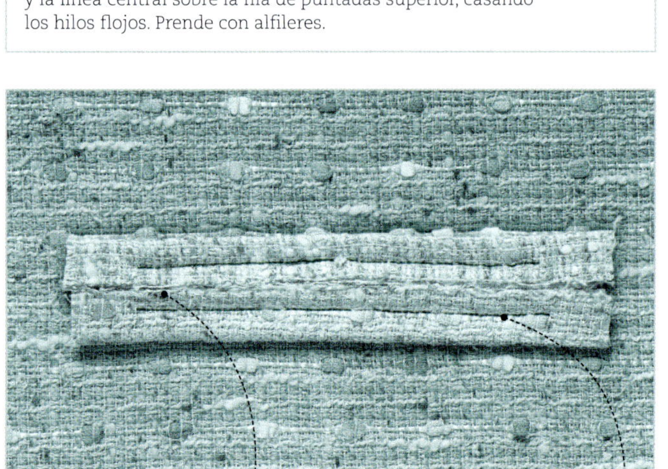

7 Coloca el ribete inferior en la chaqueta, poniendo los cantos juntos.

8 Pespuntea por el centro el ribete inferior. Las dos filas de puntadas deben medir lo mismo.

9 Coloca y prende el forro sobre los ribetes, con los cantos hacia el centro.

10 Cose el forro por encima de los pespuntes de los ribetes, guiándote por las hendiduras que dejan las puntadas.

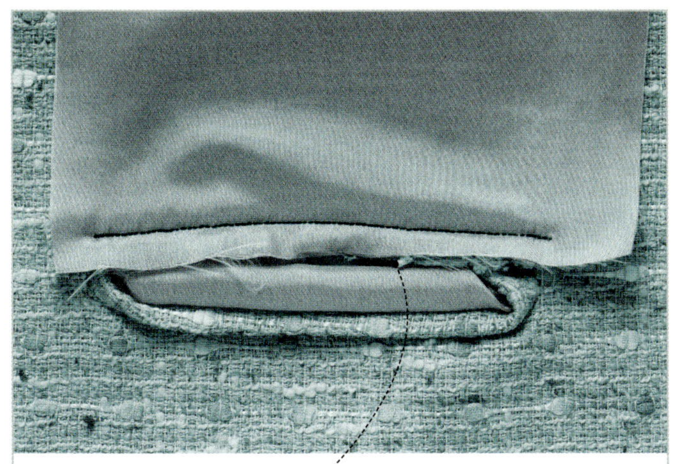

11 Corta la tela de la chaqueta entre los ribetes (pp. 166–167, Bolsillo interior con solapa).

12 Saca el forro y los extremos de los ribetes hacia el revés.

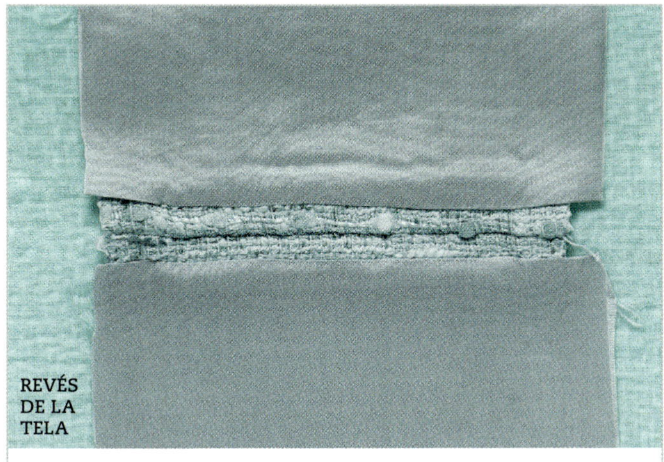

13 Plancha el forro y los ribetes como se muestra aquí.

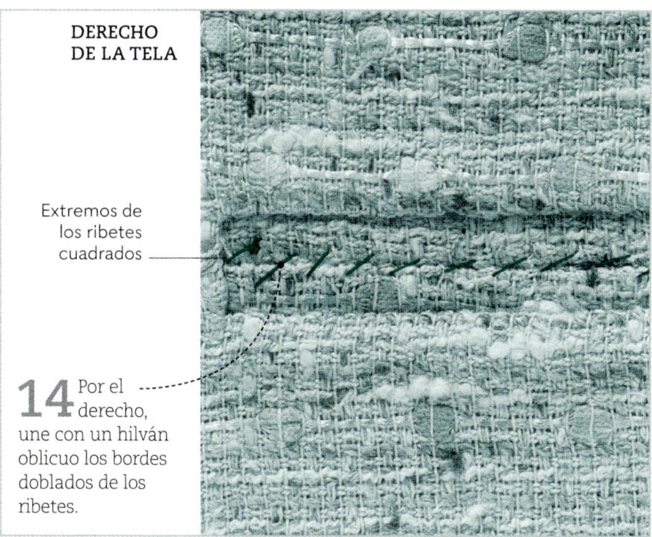

14 Por el derecho, une con un hilván oblicuo los bordes doblados de los ribetes.

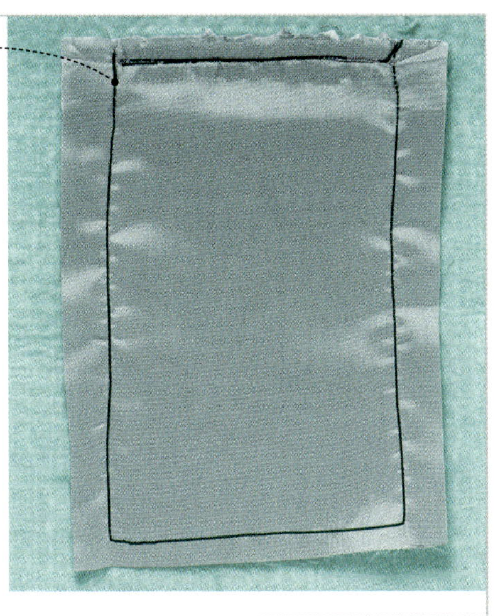

15 Por el revés, dobla la capa superior del forro sobre la inferior de manera que coincidan. Haz el saco del bolsillo cosiendo el contorno, de un extremo de los ribetes al otro.

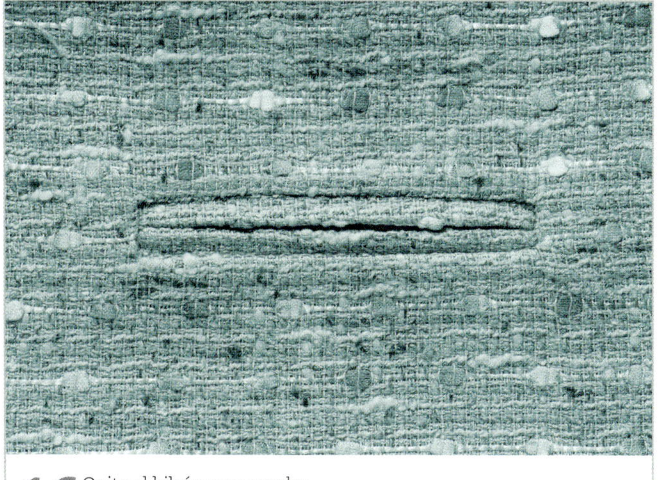

16 Quita el hilván que cerraba la abertura del bolsillo.

Dobladillos y bajos

El bajo o borde inferior de una pieza de tela se puede acabar con un dobladillo, como es habitual en la ropa, o con un ribete decorativo, tanto en labores de artesanía y cortinas como en la confección. A veces, el estilo dicta el acabado; otras, depende de la tela.

MARCAR LA LÍNEA DEL BAJO

En prendas como faldas o vestidos es importante que el contorno del bajo esté igualado. Aunque la tela se corte recta, algunas faldas, como las cortadas al bies o las de capa, pueden «hacer colas», es decir, que el bajo quedará más largo en algunas partes. Esto se debe a que el tejido se deforma si no se corta al hilo. Las malas posturas también hacen que el bajo cuelgue de manera desigual.

CON UNA REGLA

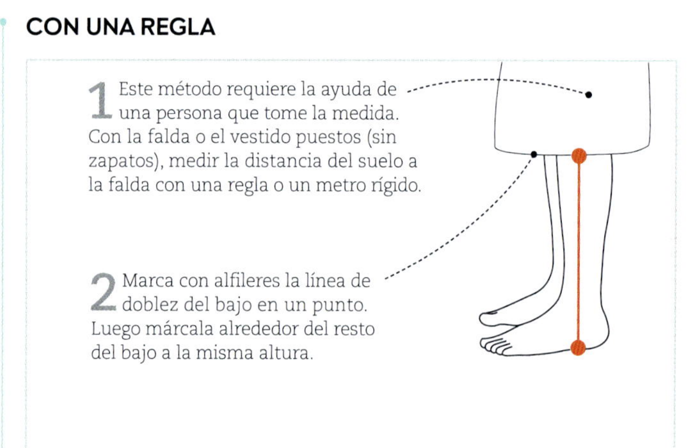

1 Este método requiere la ayuda de una persona que tome la medida. Con la falda o el vestido puestos (sin zapatos), medir la distancia del suelo a la falda con una regla o un metro rígido.

2 Marca con alfileres la línea de doblez del bajo en un punto. Luego márcala alrededor del resto del bajo a la misma altura.

CON UN MANIQUÍ AJUSTABLE

1 Ajusta el maniquí a la altura y las medidas personales, y vístelo con la falda o el vestido.

2 Con un marcador de bajos, marca la línea del borde del bajo. El marcador sujetará la tela a uno y otro lado de la línea.

3 Prende un alfiler a través de la ranura del marcador antes de soltarlo suavemente.

DOBLADILLO DE UN BAJO RECTO

Una vez marcado el borde del bajo con alfileres, hay que cortar el margen del dobladillo para darle una medida razonable. La mayoría de los dobladillos rectos miden 4 cm de alto.

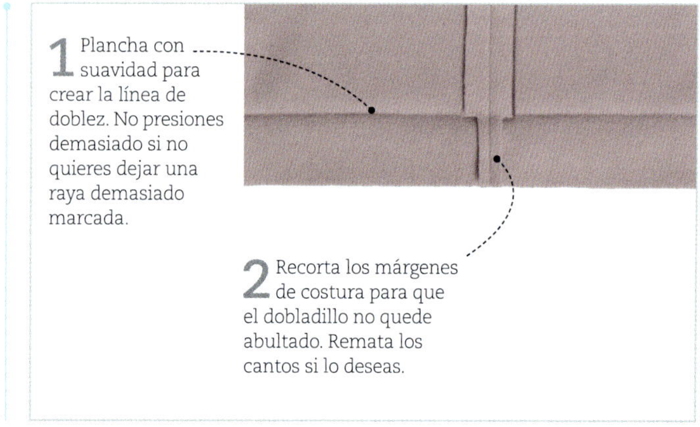

1 Plancha con suavidad para crear la línea de doblez. No presiones demasiado si no quieres dejar una raya demasiado marcada.

2 Recorta los márgenes de costura para que el dobladillo no quede abultado. Remata los cantos si lo deseas.

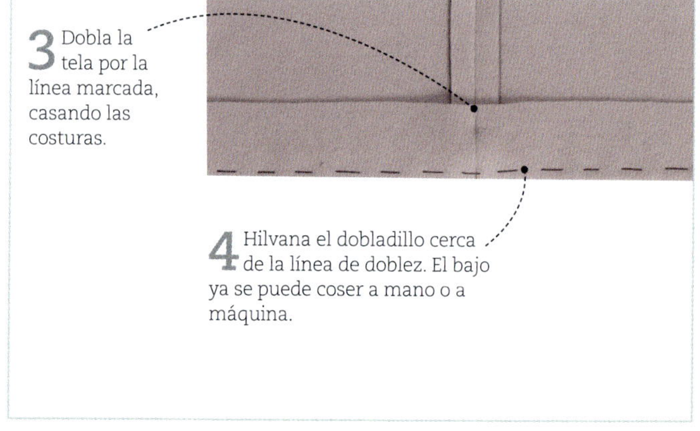

3 Dobla la tela por la línea marcada, casando las costuras.

4 Hilvana el dobladillo cerca de la línea de doblez. El bajo ya se puede coser a mano o a máquina.

DOBLADILLOS A MANO

Una de las maneras más habituales de asegurar un bajo es coser el dobladillo a mano. Las costuras a mano son más discretas y, si se utiliza una aguja fina, no deberían verse las puntadas por el derecho de la prenda.

CONSEJOS PARA COSER DOBLADILLOS A MANO

1 Usa siempre una sola hebra; el hilo de poliéster multiusos es perfecto para coser dobladillos.

2 Tras rematar el canto cortado con uno de los métodos que se describen a continuación, cose el bajo a punto de dobladillo invisible, dando una puntada muy fina (cogiendo un solo hilo) en el canto rematado y otra en el revés de la tela de la prenda.

3 Empieza y acaba la costura con una puntada doble y no con un nudo porque los nudos tirarán del dobladillo y lo deformarán.

4 Es conveniente dar un punto atrás cada 10 cm aproximadamente; así, en caso de que el dobladillo se descosa en algún tramo, no se deshará del todo.

REMATAR CON UNA COSTURA A MÁQUINA

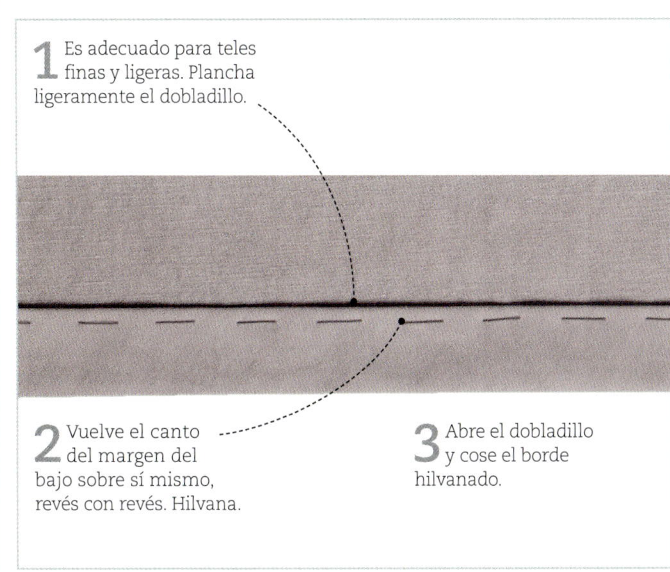

1 Es adecuado para teles finas y ligeras. Plancha ligeramente el dobladillo.

2 Vuelve el canto del margen del bajo sobre sí mismo, revés con revés. Hilvana.

3 Abre el dobladillo y cose el borde hilvanado.

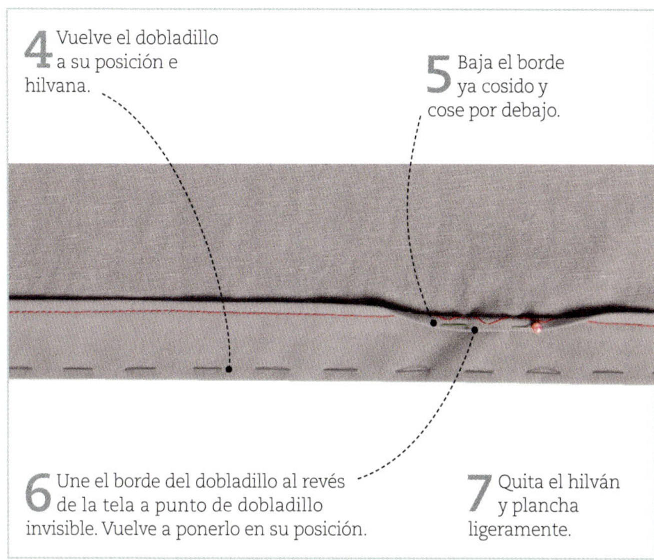

4 Vuelve el dobladillo a su posición e hilvana.

5 Baja el borde ya cosido y cose por debajo.

6 Une el borde del dobladillo al revés de la tela a punto de dobladillo invisible. Vuelve a ponerlo en su posición.

7 Quita el hilván y plancha ligeramente.

REMATAR CON SOBREHILADO A MÁQUINA

1 Haz un sobrehilado de 3 hilos a lo largo del margen del dobladillo.

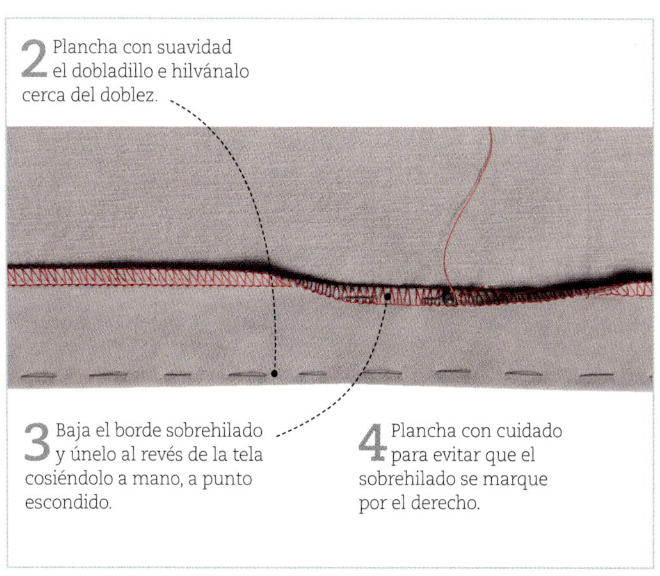

2 Plancha con suavidad el dobladillo e hilvánalo cerca del doblez.

3 Baja el borde sobrehilado y únelo al revés de la tela cosiéndolo a mano, a punto escondido.

4 Plancha con cuidado para evitar que el sobrehilado se marque por el derecho.

REMATAR CON UN RIBETE AL BIES

1 Es un buen método para telas que se deshilachan o que abultan mucho. Vuelve el dobladillo hacia el revés de la prenda e hilvana cerca del doblez.

2 Prende la tira al bies al canto del margen del dobladillo.

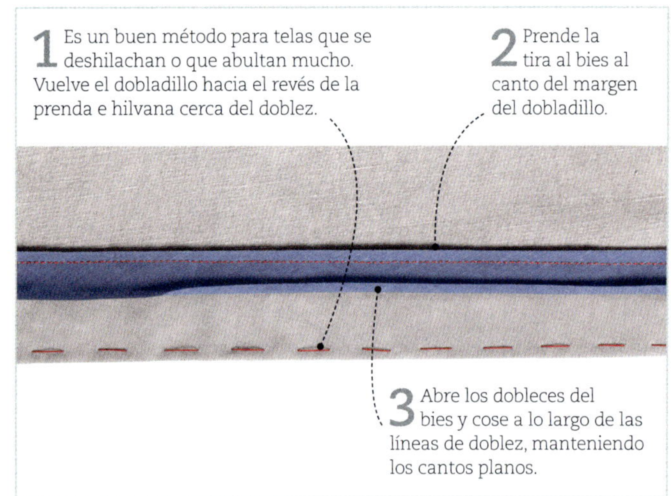

3 Abre los dobleces del bies y cose a lo largo de las líneas de doblez, manteniendo los cantos planos.

4 Dobla el bies envolviendo el canto y plánchalo.

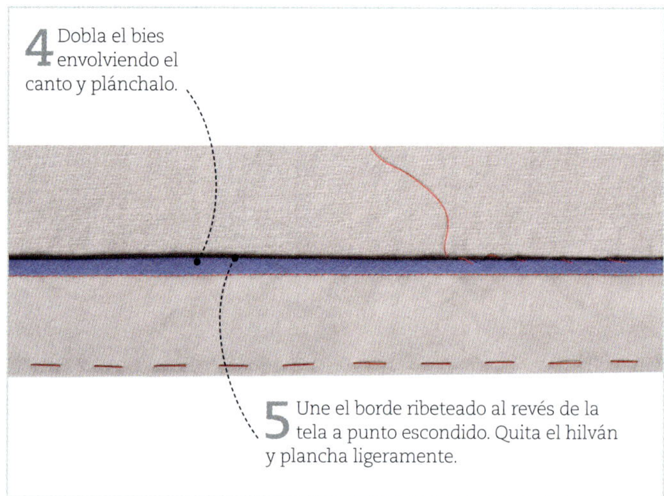

5 Une el borde ribeteado al revés de la tela a punto escondido. Quita el hilván y plancha ligeramente.

REMATAR A PUNTO DE ZIGZAG

1 Se usa para rematar el borde del dobladillo en tejidos que no se deshilachan demasiado. Cose a máquina el canto con un zigzag de 4.0 de ancho y de 3.0 de largo. Recorta el borde del tejido hasta las puntadas del zigzag.

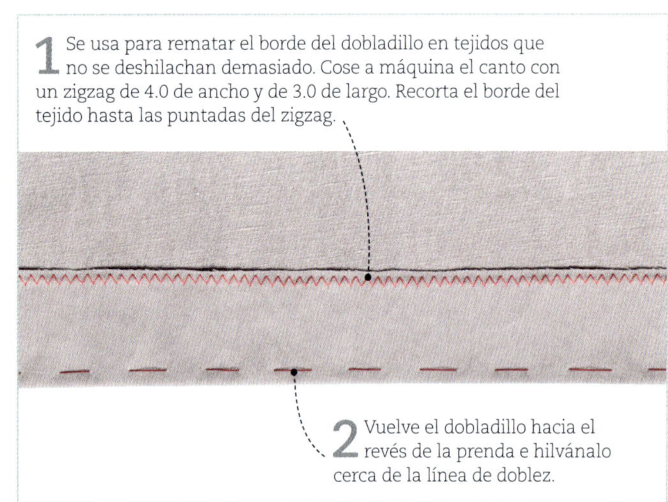

2 Vuelve el dobladillo hacia el revés de la prenda e hilvánalo cerca de la línea de doblez.

3 Baja el borde rematado y cose el dobladillo a punto escondido.

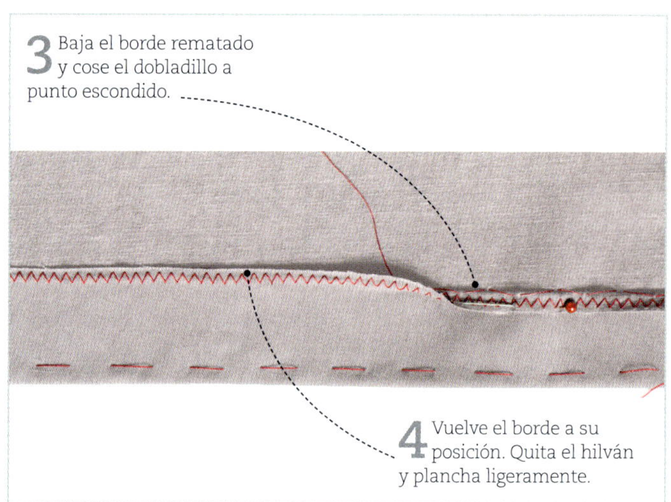

4 Vuelve el borde a su posición. Quita el hilván y plancha ligeramente.

REMATAR CON UN PIQUILLO

1 Las tijeras dentadas proporcionan un acabado excelente a los tejidos difíciles. Haz una costura recta a máquina, a lo largo del canto, a 1 cm del canto. Recorta el canto en picos.

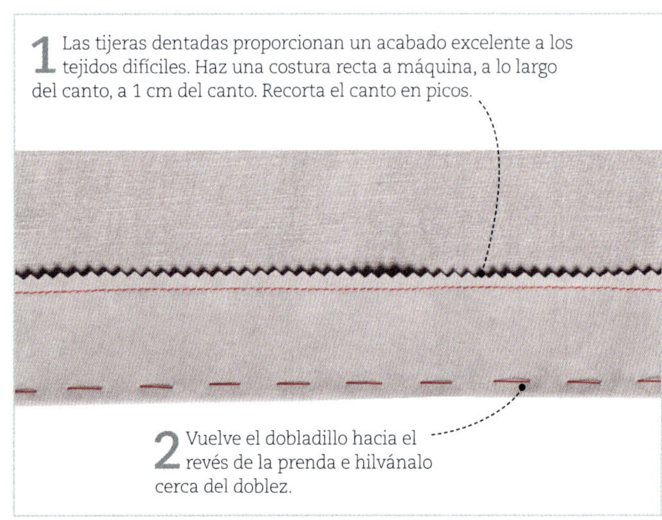

2 Vuelve el dobladillo hacia el revés de la prenda e hilvánalo cerca del doblez.

3 Baja el borde a lo largo de la costura a máquina y cose el dobladillo a mano, a punto escondido.

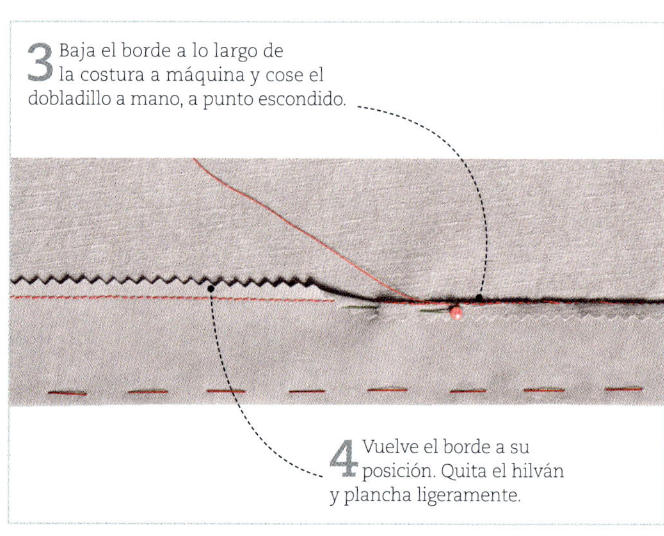

4 Vuelve el borde a su posición. Quita el hilván y plancha ligeramente.

DOBLADILLOS A MÁQUINA

En muchos casos, el bajo o los bordes vueltos de una prenda u otro artículo se cosen a máquina. Se puede hacer con una costura recta, a punto de zigzag o a punto de dobladillo invisible, y también con una remalladora.

DOBLADILLO SIMPLE

1 La técnica es muy sencilla. Vuelve el dobladillo hacia el revés de la prenda y plancha.

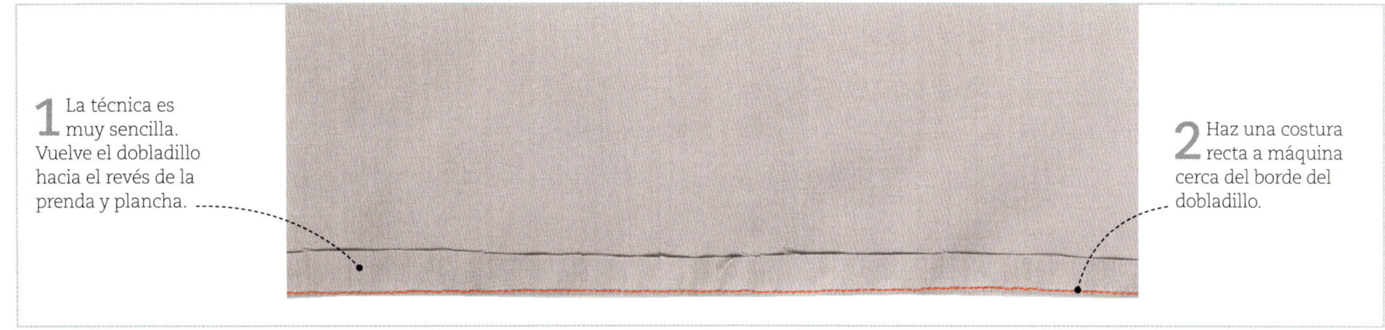

2 Haz una costura recta a máquina cerca del borde del dobladillo.

DOBLADILLO INVISIBLE

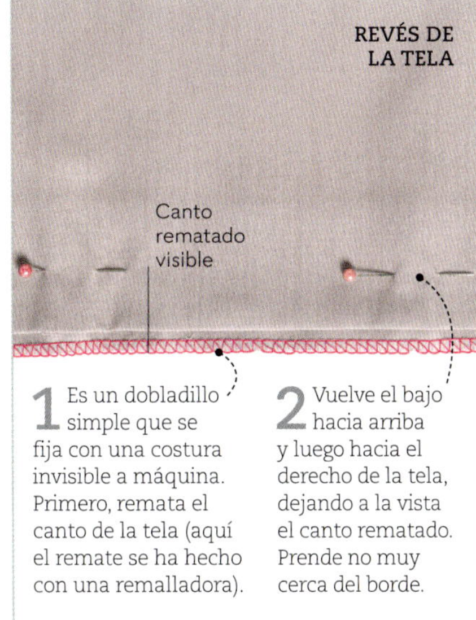

1 Es un dobladillo simple que se fija con una costura invisible a máquina. Primero, remata el canto de la tela (aquí el remate se ha hecho con una remalladora).

2 Vuelve el bajo hacia arriba y luego hacia el derecho de la tela, dejando a la vista el canto rematado. Prende no muy cerca del borde.

3 Cose el dobladillo con el prensatelas para dobladillo invisible y seleccionando el punto invisible en la máquina. Las puntadas deberían quedar justo debajo del borde rematado.

4 Vuelve el dobladillo a su posición y plánchalo ligeramente. Las puntadas apenas se verán por el derecho.

DOBLADILLO DOBLE

1 Este dobladillo añadirá peso al borde. Dobla el canto de la tela una vez y después haz otro doblez.

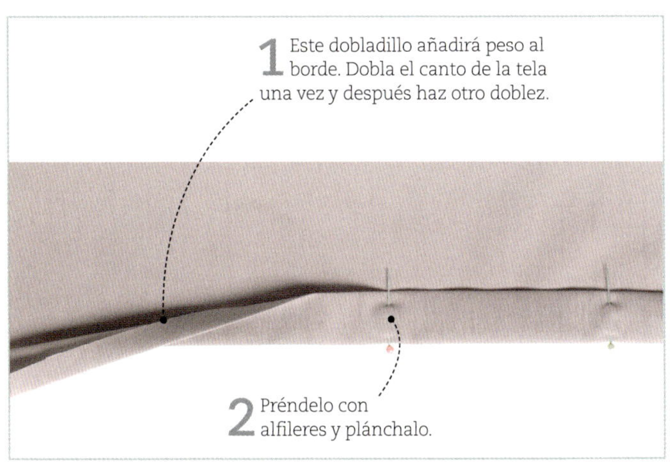

2 Préndelo con alfileres y plánchalo.

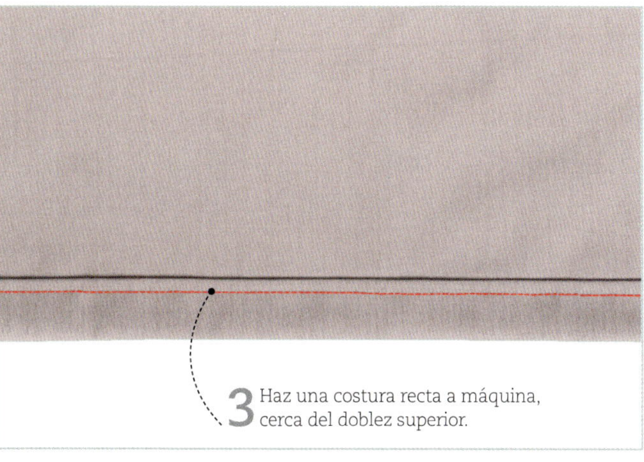

3 Haz una costura recta a máquina, cerca del doblez superior.

DOBLADILLO DE PANTALÓN CON CINTA TALONERA

Es habitual añadir una cinta de refuerzo al bajo de los pantalones. De este modo se le da más peso y resistencia a la prenda, y se evita su deterioro por el roce con el calzado.

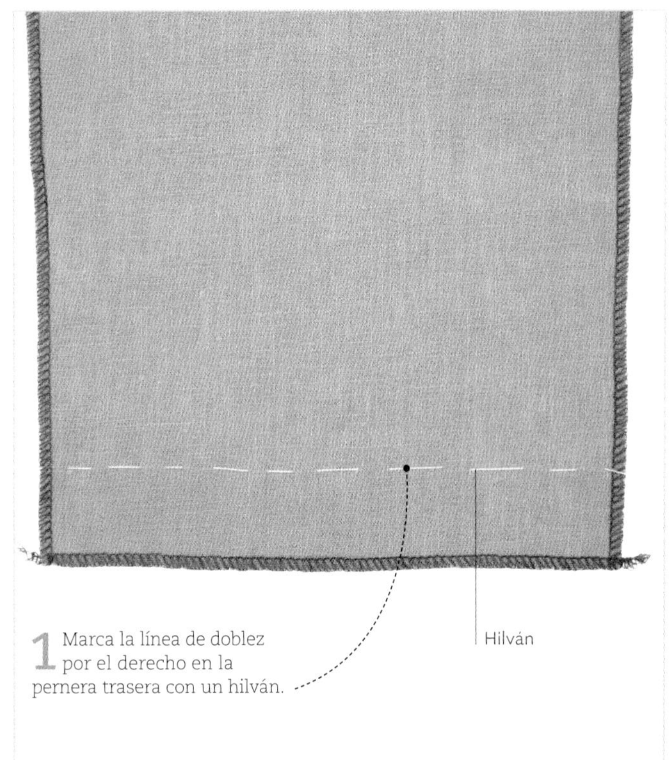

1 Marca la línea de doblez por el derecho en la pernera trasera con un hilván.

2 Por el derecho del pantalón, prende con alfileres la cinta junto al hilván, con el borde más ancho a ras de las puntadas.

3 Cose a máquina la cinta muy cerca de ambos bordes.

4 Haz la pernera uniendo el delantero y el trasero, plancha las costuras abiertas y cose el dobladillo a punto de dobladillo invisible.

DOBLADILLO CON ENTRETELA TERMOADHESIVA

Añadir una entretela termoadhesiva al dobladillo de una falda recta o un pantalón es útil porque añade peso y ayuda a que el bajo caiga recto.

1 Corta una tira de entretela termoadhesiva ligera 1,5 cm más ancha que el dobladillo. Corta un borde recto y el otro con tijeras dentadas para evitar el deshilachado. Apoya la plancha.

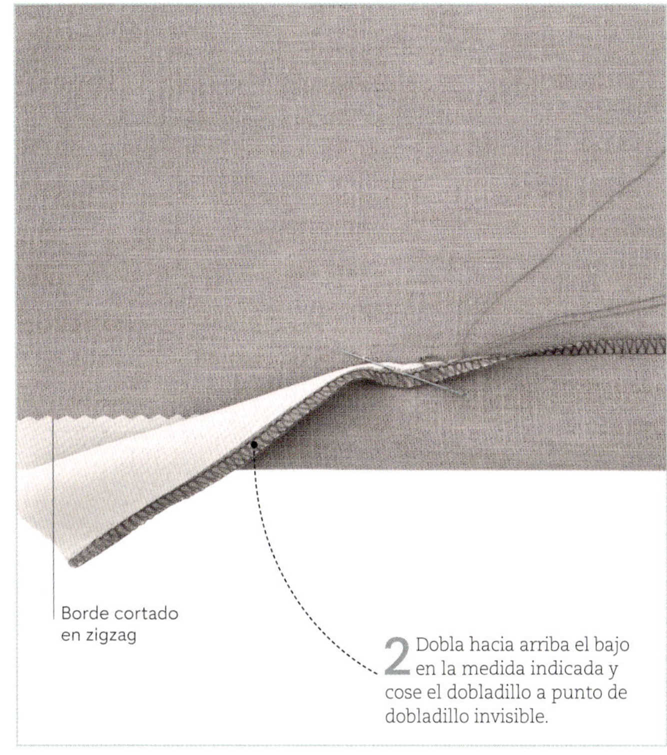

Borde cortado en zigzag

2 Dobla hacia arriba el bajo en la medida indicada y cose el dobladillo a punto de dobladillo invisible.

BAJO Y FORRO

Al confeccionar una chaqueta, primero se hace el dobladillo de la prenda y luego el del forro. Antes hay que reforzar el bajo de la chaqueta con una tira termoadhesiva y comprobar que quede paralelo al suelo.

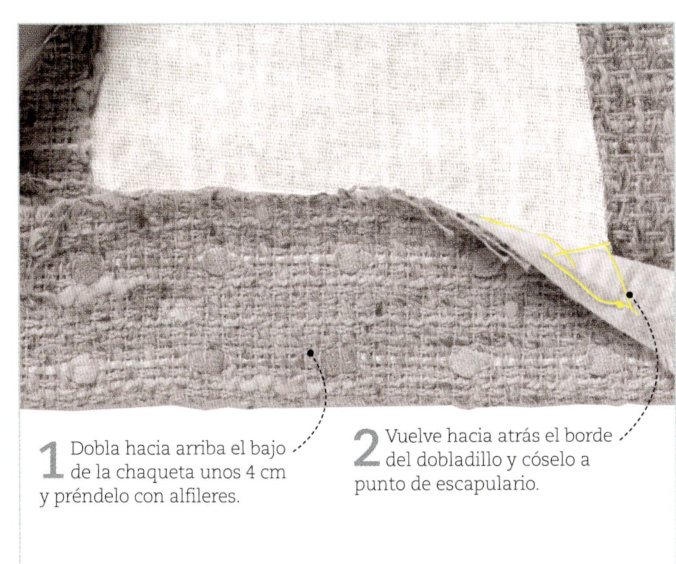

1 Dobla hacia arriba el bajo de la chaqueta unos 4 cm y préndelo con alfileres.

2 Vuelve hacia atrás el borde del dobladillo y cóselo a punto de escapulario.

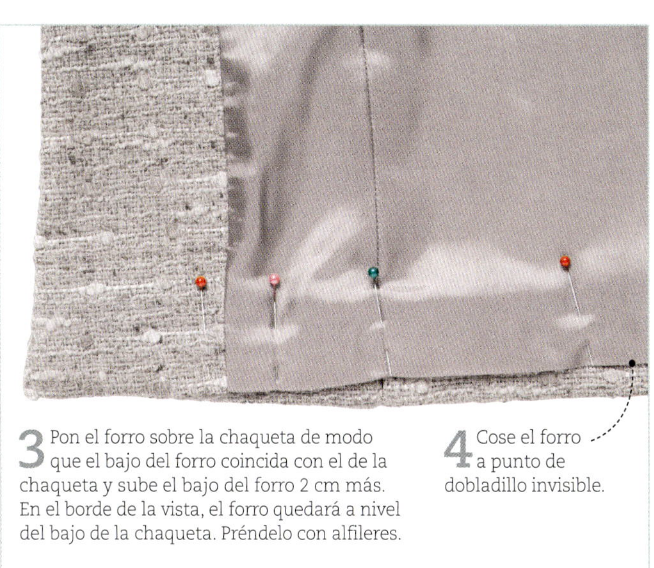

3 Pon el forro sobre la chaqueta de modo que el bajo del forro coincida con el de la chaqueta y sube el bajo del forro 2 cm más. En el borde de la vista, el forro quedará a nivel del bajo de la chaqueta. Préndelo con alfileres.

4 Cose el forro a punto de dobladillo invisible.

Cremalleras

La cremallera es quizá el sistema de abrochado más usado. Aunque hay cremalleras de muchos tipos, colores y materiales, casi todas pertenecen a algunas de estas cinco categorías: de falda o pantalón; metálicas o de vaqueros; ocultas; abiertas y decorativas. Antes de coser una cremallera hay que aplicar entretela termoadhesiva a los márgenes de costura en el revés de la tela.

ACORTAR UNA CREMALLERA

No siempre se encuentran cremalleras de la medida deseada, pero es fácil acortarlas. Las cremalleras de falda o pantalón y las invisibles se acortan haciendo una costura a través de los dientes o la espiral, mientras que las abiertas se acortan por arriba, y no por abajo.

ACORTAR CREMALLERAS DE FALDA/PANTALÓN O INVISIBLES

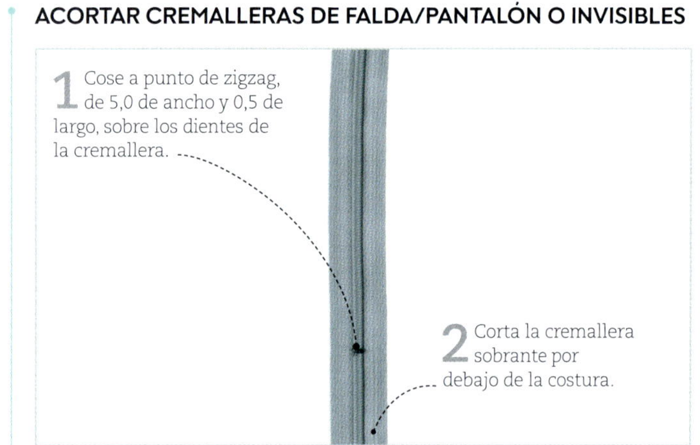

1 Cose a punto de zigzag, de 5,0 de ancho y 0,5 de largo, sobre los dientes de la cremallera.

2 Corta la cremallera sobrante por debajo de la costura.

ACORTAR UNA CREMALLERA ABIERTA

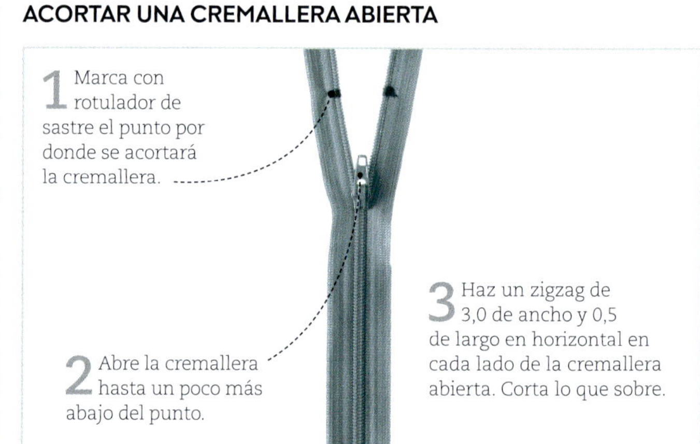

1 Marca con rotulador de sastre el punto por donde se acortará la cremallera.

2 Abre la cremallera hasta un poco más abajo del punto.

3 Haz un zigzag de 3,0 de ancho y 0,5 de largo en horizontal en cada lado de la cremallera abierta. Corta lo que sobre.

MARCAR LA COLOCACIÓN DE UNA CREMALLERA

Para poner una cremallera en la costura, se deben marcar los márgenes de costura donde se insertará. El margen de la costura superior también debe marcarse a fin de que el tirador, o cursor, de la cremallera quede ligeramente por debajo de la línea de costura.

1 Haz la costura dejando un espacio para la cremallera.

2 Remata el final de la costura.

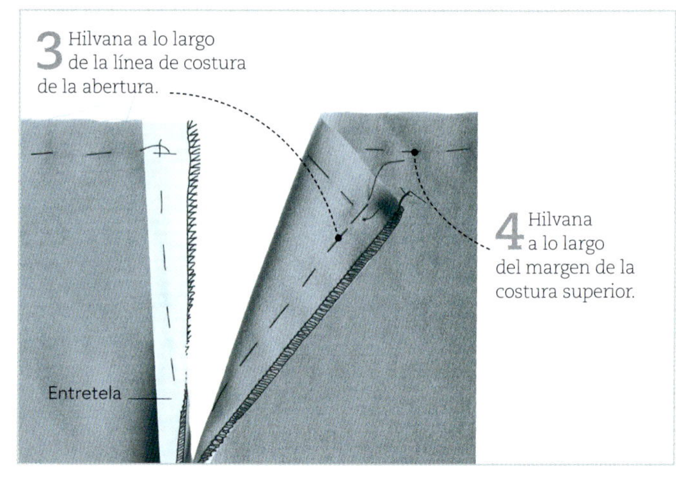

3 Hilvana a lo largo de la línea de costura de la abertura.

4 Hilvana a lo largo del margen de la costura superior.

Entretela

CREMALLERA SOLAPADA

Las cremalleras de faldas y vestidos suelen ser solapadas o centradas (p. 186). Ambas técnicas requieren instalar un prensatelas para cremalleras en la máquina de coser. La cremallera solapada lleva un lado de la costura –el izquierdo– montado sobre los dientes para ocultarlos.

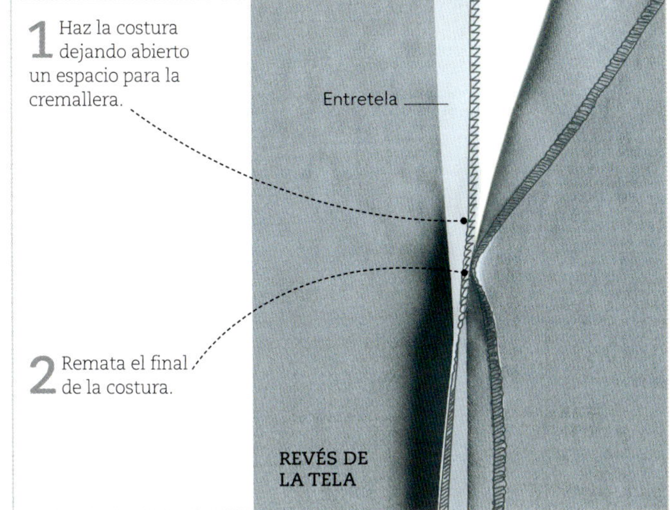

1 Haz la costura dejando abierto un espacio para la cremallera.

2 Remata el final de la costura.

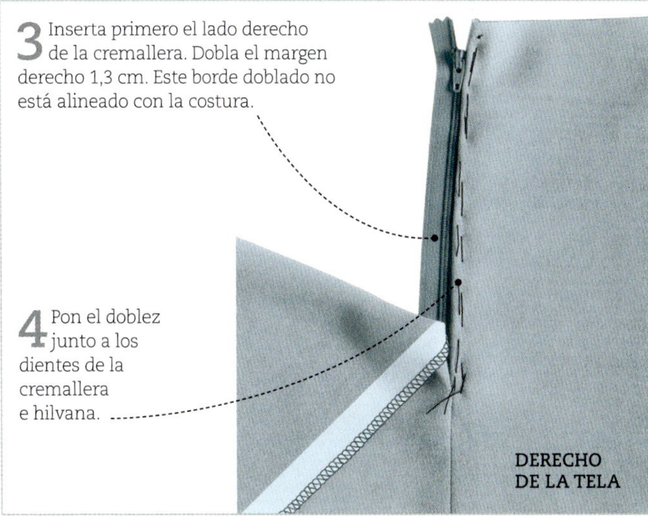

3 Inserta primero el lado derecho de la cremallera. Dobla el margen derecho 1,3 cm. Este borde doblado no está alineado con la costura.

4 Pon el doblez junto a los dientes de la cremallera e hilvana.

5 Con el prensatelas para cremalleras, cose a lo largo del hilván de abajo arriba para unir la cremallera a la tela.

6 Dobla el margen de costura izquierdo 1,5 cm. Pon el doblez sobre la costura del otro lado, préndelo con alfileres e hilvana.

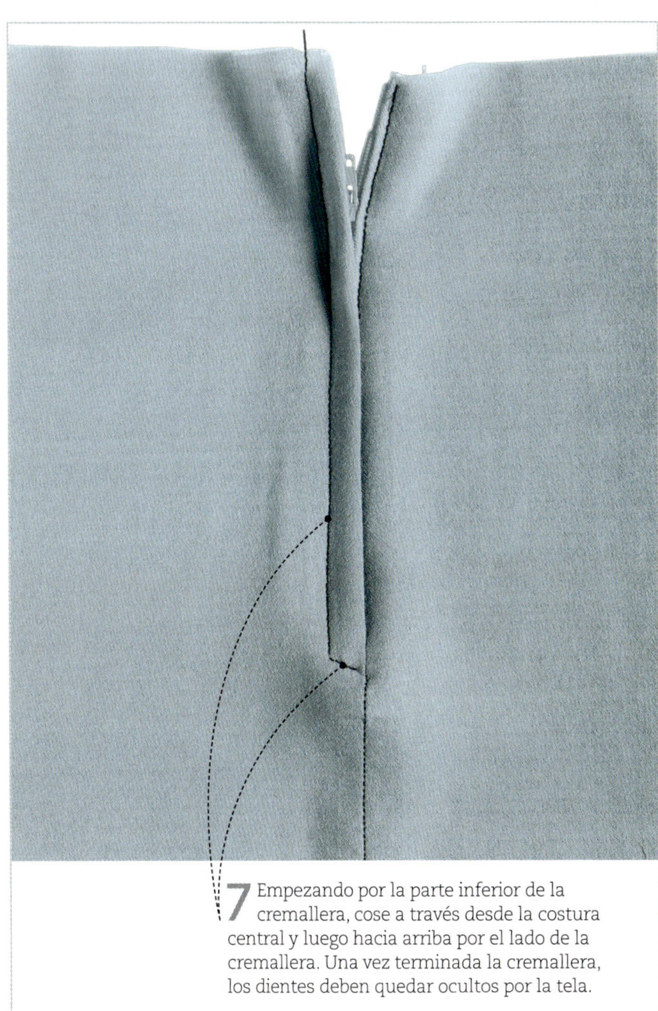

7 Empezando por la parte inferior de la cremallera, cose a través desde la costura central y luego hacia arriba por el lado de la cremallera. Una vez terminada la cremallera, los dientes deben quedar ocultos por la tela.

CREMALLERA DE BRAGUETA CON VISTA

Para insertar una cremallera en la abertura delantera de los pantalones, ya sean clásicos o vaqueros, se suele confeccionar una bragueta con una vista por detrás para evitar que los dientes de la cremallera se enganchen en la ropa interior.

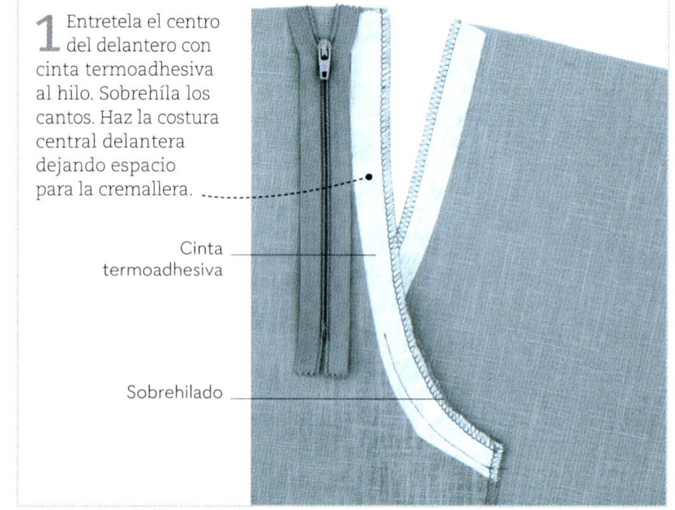

1 Entretela el centro del delantero con cinta termoadhesiva al hilo. Sobrehíla los cantos. Haz la costura central delantera dejando espacio para la cremallera.

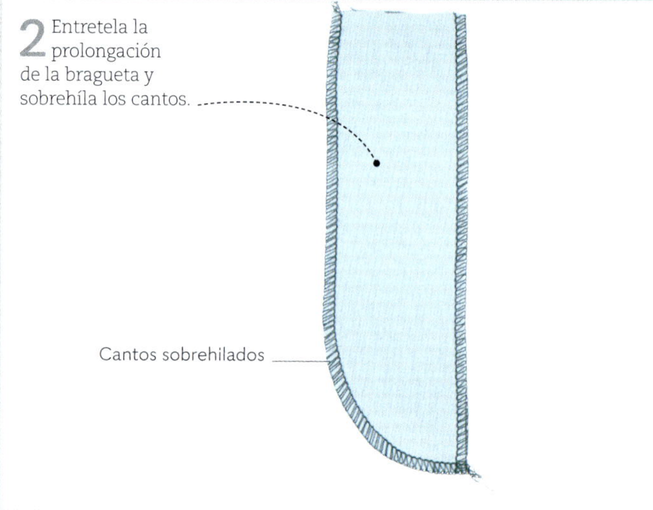

2 Entretela la prolongación de la bragueta y sobrehíla los cantos.

3 Encara del derecho y cose la prolongación al lado derecho según queda puesto el pantalón si es para mujer, o al lado izquierdo si es para hombre. Asegúrate de que la costura case con la costura central delantera. Plancha la costura hacia la prolongación y sobrecárgala por dentro.

4 Hilvana la línea de costura en la otra pieza del delantero.

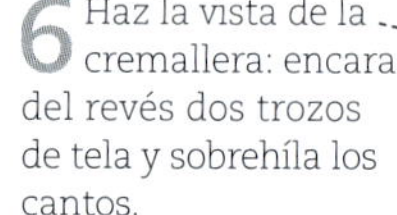

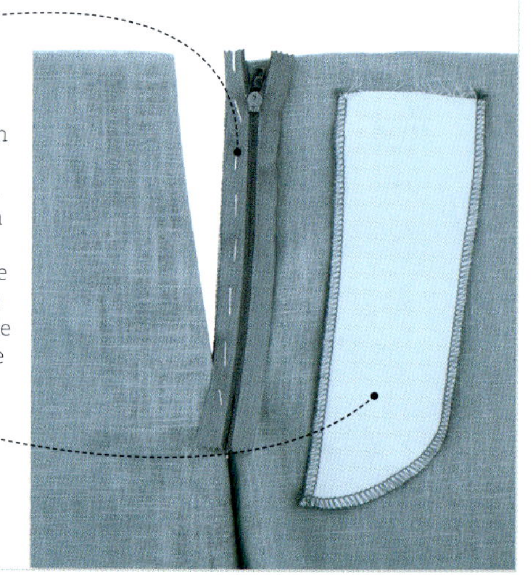

5 Coloca la cremallera encarada del derecho sobre el delantero izquierdo si el pantalón es para mujer o sobre el delantero derecho si es para hombre. Alinea el borde del galón de la cremallera y el borde sobrehilado. Asegúrate de que tienes 17 mm de margen en el borde de la cintura.

6 Haz la vista de la cremallera: encara del revés dos trozos de tela y sobrehíla los cantos.

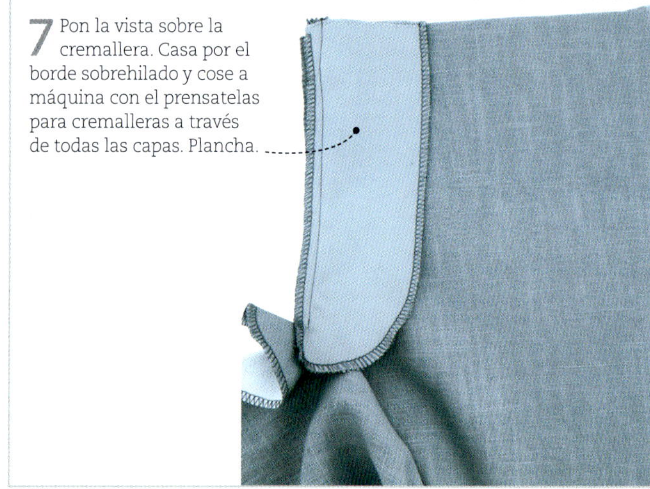

7 Pon la vista sobre la cremallera. Casa por el borde sobrehilado y cose a máquina con el prensatelas para cremalleras a través de todas las capas. Plancha.

8 Dobla la vista para que no te estorbe y coloca el otro delantero sobre la cremallera, sobre la línea de costura hilvanada.

9 Por el revés, prende con alfileres el otro borde de la cremallera solo a la prolongación. Cose el galón a la prolongación.

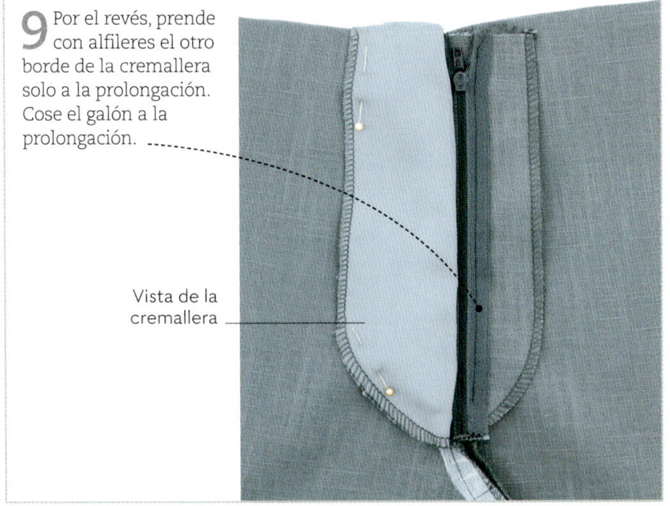

10 Vuelve del derecho y pespuntea. Empieza por el centro del delantero y cose hacia la cintura solo a través de las dos primeras capas de tela, sin llegar al galón. Plancha.

11 Retira los alfileres de la vista y afiánzala a la prolongación para la cremallera con unas puntadas.

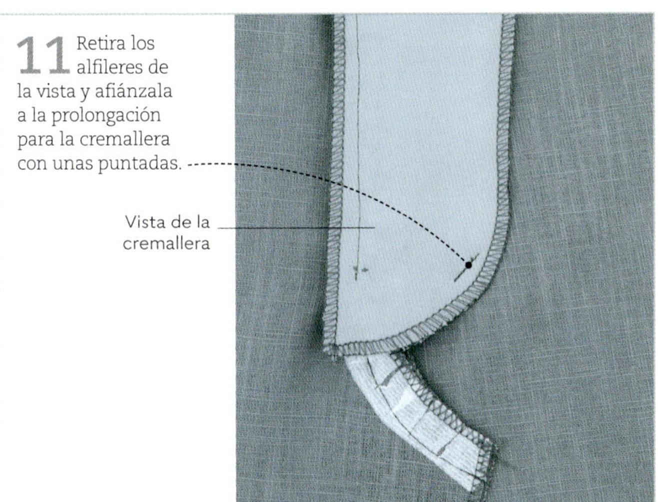

12 Cose la cinturilla al borde de la cintura.

13 Recorta la mitad de la costura del lado del pantalón. Plancha las costuras hacia la cinturilla.

14 Remata el otro borde de la cinturilla con remalladora. Dobla la cinturilla derecho con derecho y cósela por los lados cortos.

15 Dobla la cinturilla por la mitad, derecho con derecho. Comprueba que el margen de costura del borde cosido esté planchado hacia la cinturilla y que el borde sobrehilado llegue 1,5 cm por debajo de la línea de costura.

16 Plancha la cinturilla y cose a lo largo del canal de la costura para terminar.

CREMALLERA CENTRADA

En una cremallera centrada, los dos bordes doblados de los márgenes de costura se encuentran sobre el centro de los dientes para ocultar la cremallera por completo.

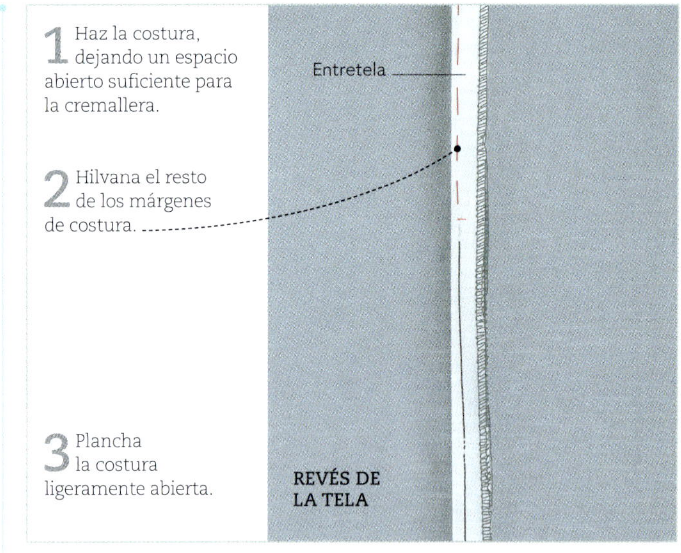

1 Haz la costura, dejando un espacio abierto suficiente para la cremallera.

2 Hilvana el resto de los márgenes de costura.

3 Plancha la costura ligeramente abierta.

4 Centra la cremallera detrás de la parte hilvanada de la costura. Prende con alfileres e hilvana ambos lados.

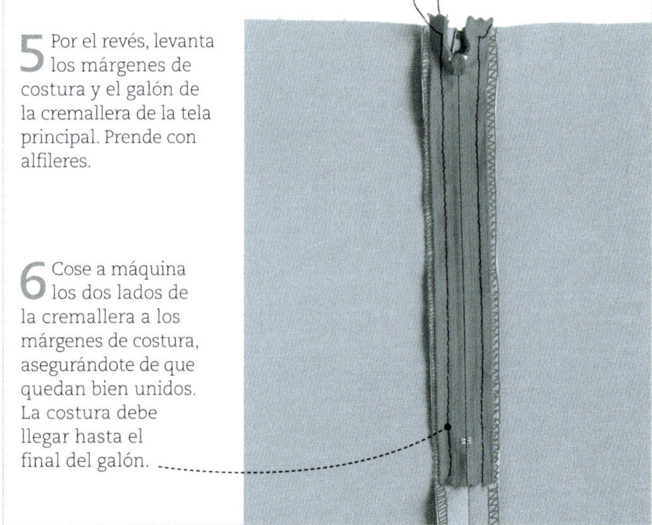

5 Por el revés, levanta los márgenes de costura y el galón de la cremallera de la tela principal. Prende con alfileres.

6 Cose a máquina los dos lados de la cremallera a los márgenes de costura, asegurándote de que quedan bien unidos. La costura debe llegar hasta el final del galón.

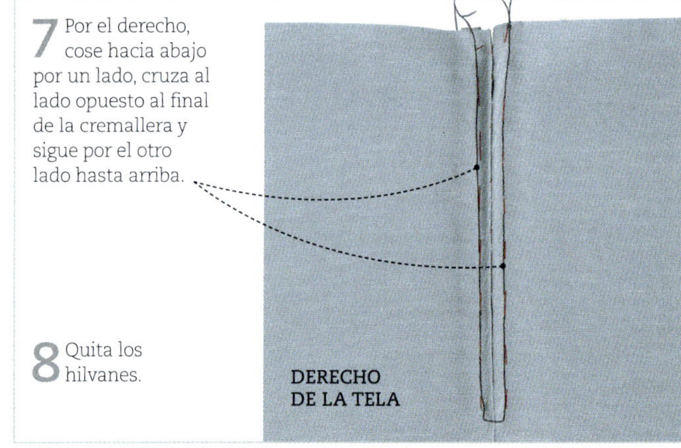

7 Por el derecho, cose hacia abajo por un lado, cruza al lado opuesto al final de la cremallera y sigue por el otro lado hasta arriba.

8 Quita los hilvanes.

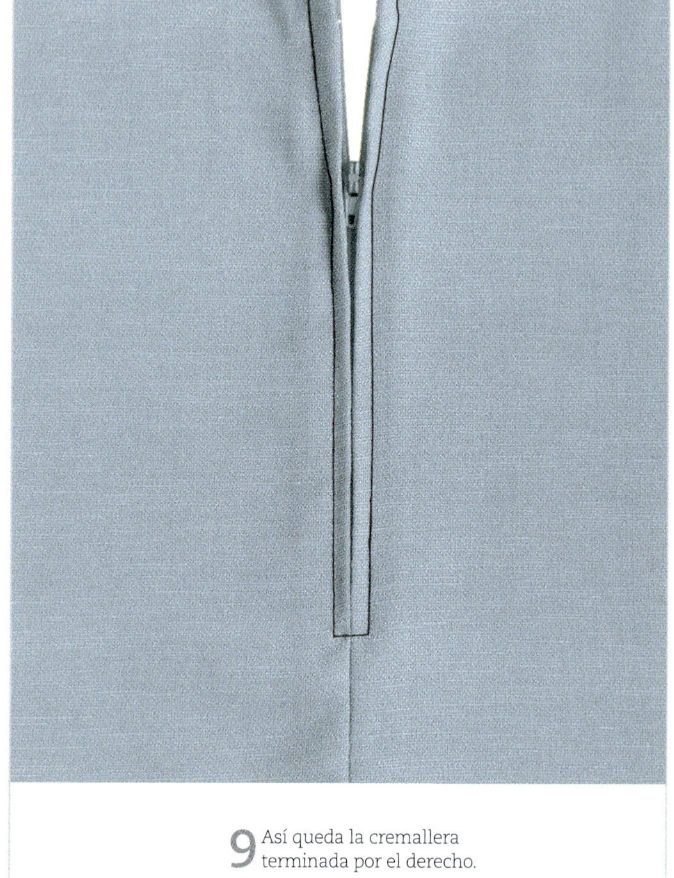

9 Así queda la cremallera terminada por el derecho.

CREMALLERA INVISIBLE

Este tipo de cremallera se diferencia del resto en que los dientes o la espiral se cosen por dentro y solo puede verse el tirador. Se inserta antes de hacer la costura y con un prensatelas especial para cremallera invisible.

2 En el trasero izquierdo, pon sobre el hilván el centro de la cremallera y prende esta a la tela, derecho con derecho.

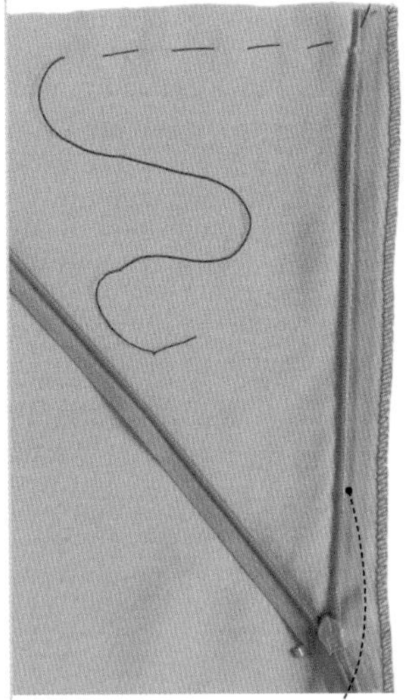

3 Abre la cremallera. Con el prensatelas para cremallera invisible, cose por debajo de los dientes, de arriba abajo. Al llegar al tirador, la máquina se detendrá: pásalo y continúa cosiendo lo más lejos posible.

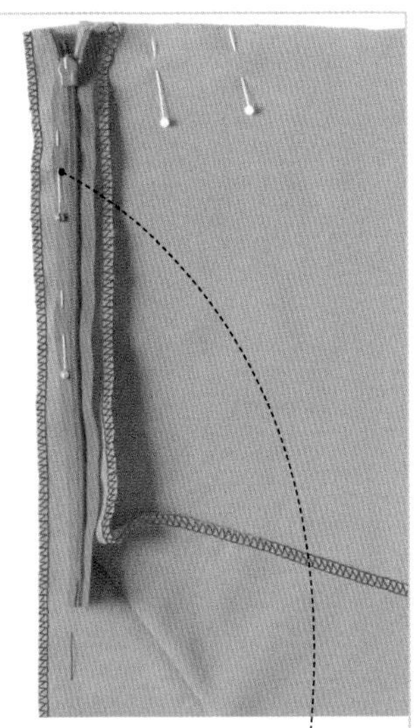

4 Cierra la cremallera. Une el otro lado de la tela a la cremallera, casando el borde superior. Prende el galón del otro lado en su sitio.

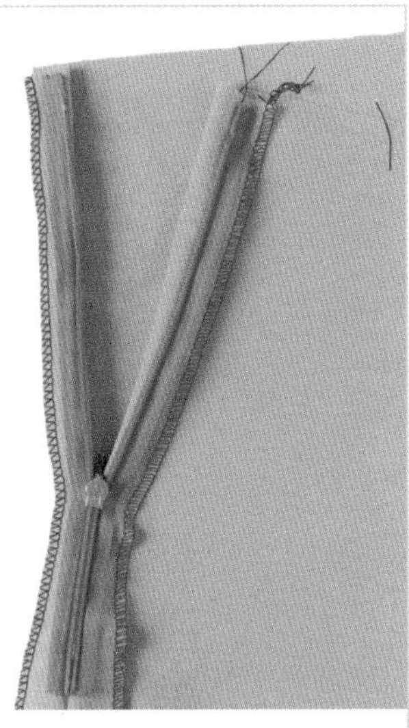

5 Abre la cremallera de nuevo y, con el prensatelas para cremallera invisible, cose hacia abajo el otro lado para unirlo al lado derecho. Quita los hilvanes.

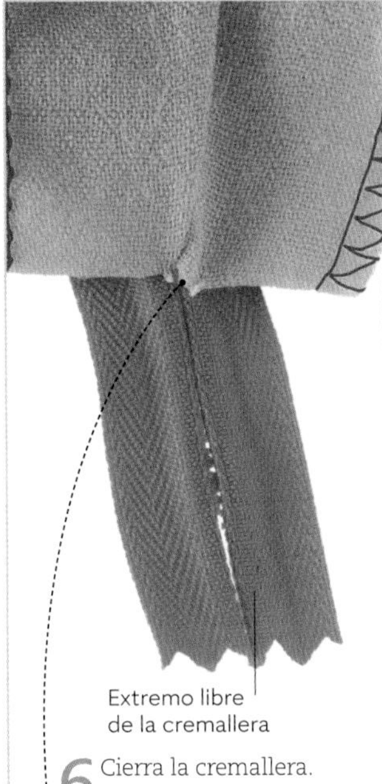

6 Cierra la cremallera. Por el revés y al final de la cremallera, las dos costuras que la sujetan deberían terminar en el mismo lugar.

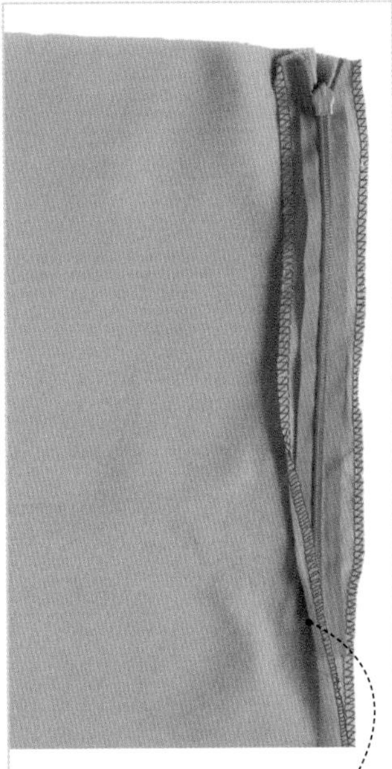

7 Haz la costura debajo del final de la cremallera con un prensatelas normal. Deja un espacio de unos 3 mm entre la línea de costura de la cremallera y la de esta costura.

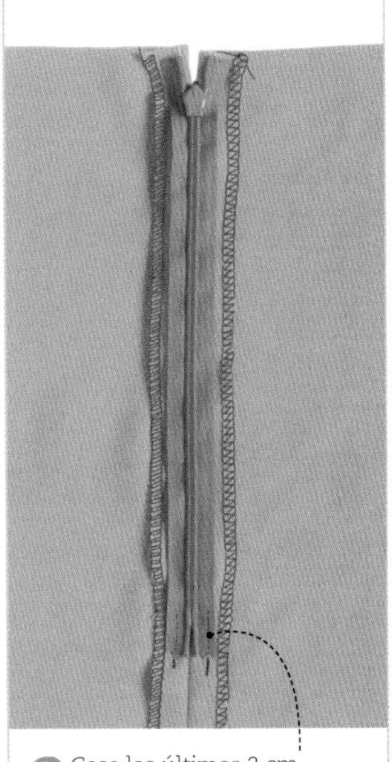

8 Cose los últimos 3 cm de los galones de la cremallera a los márgenes de la costura. Esto evitará que la cremallera se mueva al subirla o bajarla.

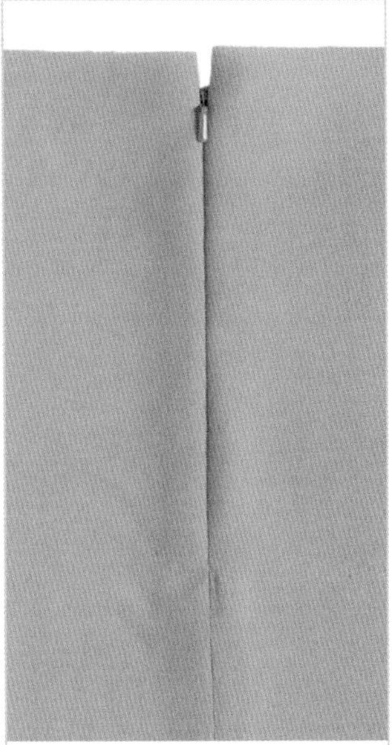

9 Por el derecho, la cremallera queda totalmente oculta y solo asoma el tirador. Aplica una cinturilla o una vista.

TAPETA DE CREMALLERA

Este tipo de tapeta se puede poner en cualquiera de los tipos de cremallera que se describen en este capítulo. Se coloca en la parte interior de la prenda, detrás de la cremallera, y evita pillarse los dedos o la ropa al subir o bajar esta.

1 Haz un patrón de papel de la forma que se muestra, de 5 cm de ancho y de la misma longitud que el galón de la cremallera.

2 Dobla una pieza de tela revés con revés. Prende con alfileres el patrón a la tela y corta para obtener dos piezas.

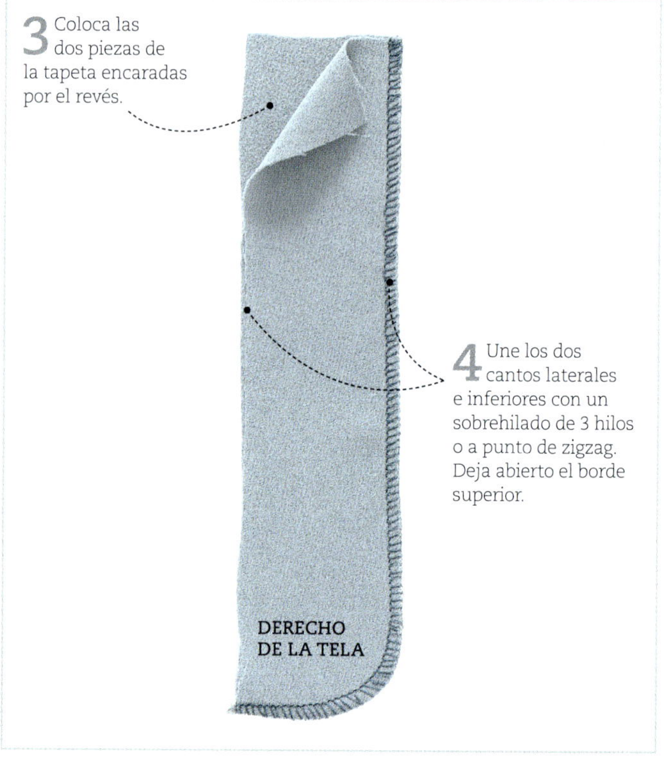

3 Coloca las dos piezas de la tapeta encaradas por el revés.

4 Une los dos cantos laterales e inferiores con un sobrehilado de 3 hilos o a punto de zigzag. Deja abierto el borde superior.

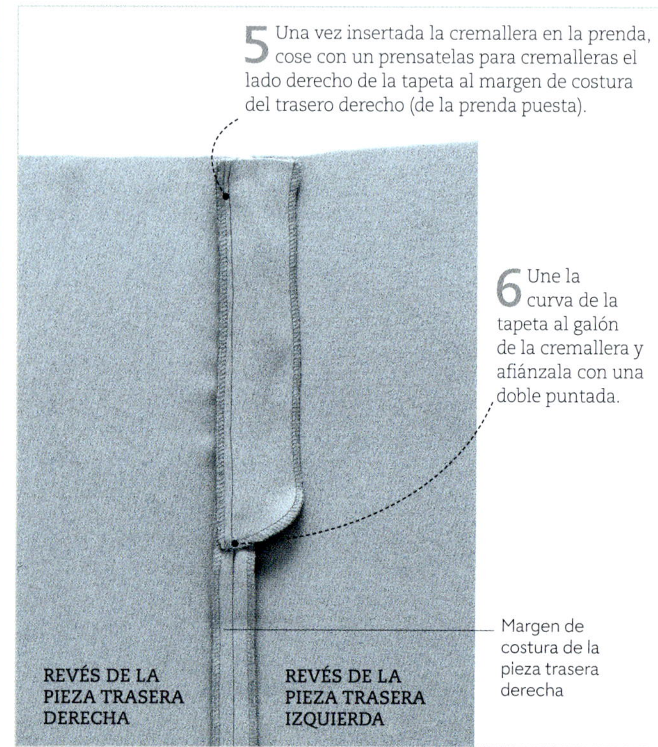

5 Una vez insertada la cremallera en la prenda, cose con un prensatelas para cremalleras el lado derecho de la tapeta al margen de costura del trasero derecho (de la prenda puesta).

6 Une la curva de la tapeta al galón de la cremallera y afiánzala con una doble puntada.

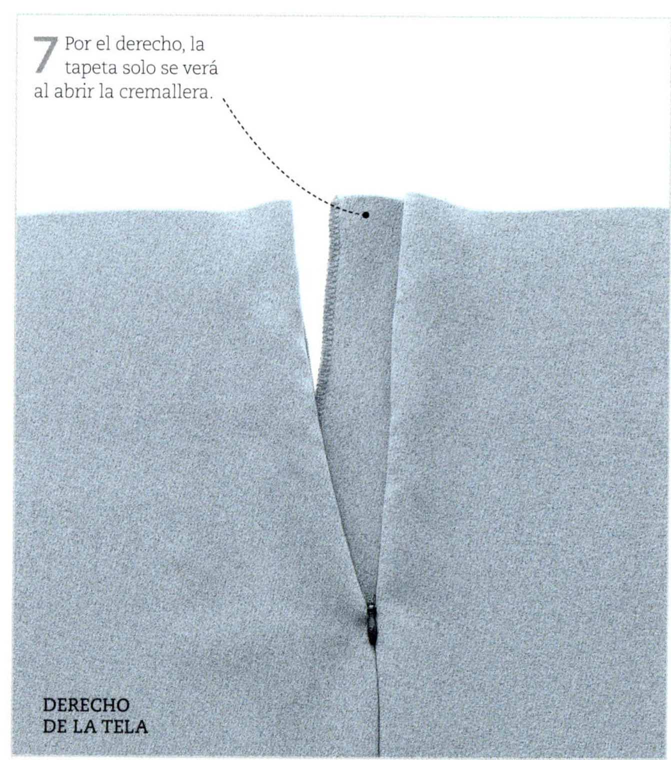

7 Por el derecho, la tapeta solo se verá al abrir la cremallera.

Botones

Los botones se unen a la tela a través de sus agujeros o de una pieza llamada cuello, situada en la parte inferior. Generalmente se cosen a mano, aunque los de dos agujeros se pueden coser a máquina.

COSER UN BOTÓN DE DOS AGUJEROS

Es el tipo de botón más común y, al ser plano, requiere hacer un cuello de hilo para coserlo, con ayuda de un palillo de cóctel como separador.

1 Coloca el botón sobre la tela. Empieza con una puntada doble e hilo doble en la aguja.

2 Pon un palillo sobre el botón y pasa el hilo a través de los agujeros del botón y de la tela, y por encima del palillo.

3 Retira el palillo.

4 Enrolla la hebra a los hilos que unen el botón con la tela para formar un cuello.

5 Saca el hilo por el revés de la tela.

6 Haz un punto de ojal a lo largo de la presilla formada por los hilos que sobresalen por el revés.

COSER UN BOTÓN DE CUATRO AGUJEROS

Se cose igual que el de dos agujeros, salvo que los hilos forman una X entre los agujeros sobre la parte superior del botón.

1 Coloca el botón en su posición sobre el tejido. Pon un palillo encima del botón.

2 Con hilo doble, cose el botón pasando por los agujeros y por encima del palillo. Alterna los agujeros para formar una X.

3 Retira el palillo.

4 Forma un cuello enrollando la hebra en torno a los hilos por debajo del botón.

5 Por el revés, cubre a punto de ojal los hilos que sobresalen en forma de X.

COSER UN BOTÓN CON CUELLO

Para coser un botón de este tipo en telas gruesas se pone un palillo debajo del botón para hacer otro cuello de hilo en el revés de la tela.

1 Coloca el botón en su posición. Sostén un palillo de madera por el otro lado de la tela, debajo del botón.

2 Con hilo doble, cose el botón a la tela pasando por el cuello.

3 Cada puntada debe atravesar la tela y rodear el palillo situado debajo.

4 Retira el palillo y rodea a punto de ojal los hilos del cuello adicional.

COSER UN BOTÓN REFORZADO

Los botones grandes y pesados suelen llevar un segundo botón de refuerzo, cosido por el otro lado de la tela al mismo tiempo. El botón pequeño ayuda al tejido a soportar el peso del más grande.

1 Pon el botón grande en su posición, en el derecho de la tela. Sostén el botón más pequeño por el revés, en línea con el grande.

2 Cose el botón grande pasando el hilo a través de los dos botones juntos.

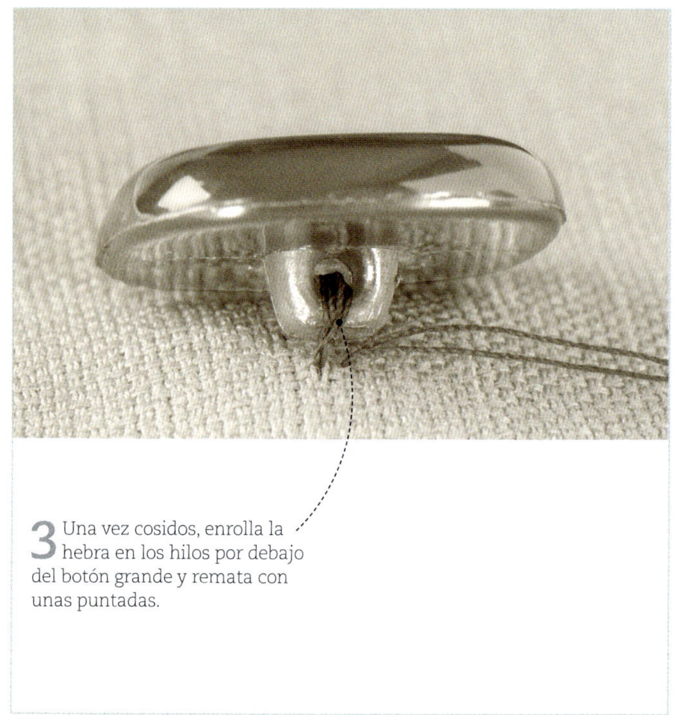

3 Una vez cosidos, enrolla la hebra en los hilos por debajo del botón grande y remata con unas puntadas.

BOTONES FORRADOS

Los botones forrados suelen utilizarse en ropa de calidad y dan un acabado profesional a chaquetas o cualquier otra prenda. En el mercado existen aparatos para hacer botones forrados que permiten crear modelos personalizados fácilmente.

1 Elige en el patrón el tamaño del botón deseado.

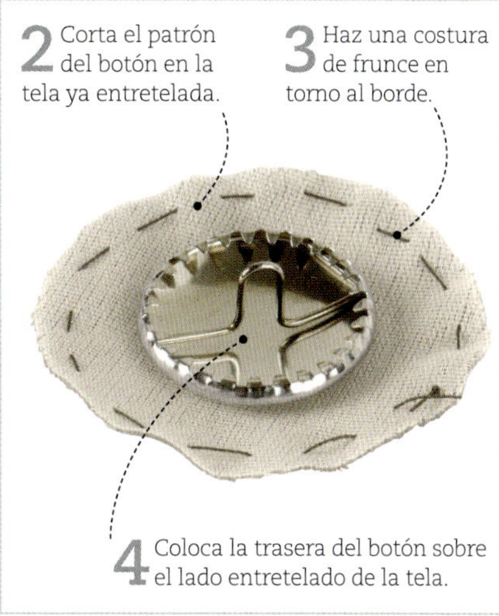

2 Corta el patrón del botón en la tela ya entretelada.

3 Haz una costura de frunce en torno al borde.

4 Coloca la trasera del botón sobre el lado entretelado de la tela.

5 Tira del hilo de frunce y afianza con una doble puntada el fruncido alrededor del cuello de la pieza trasera del botón.

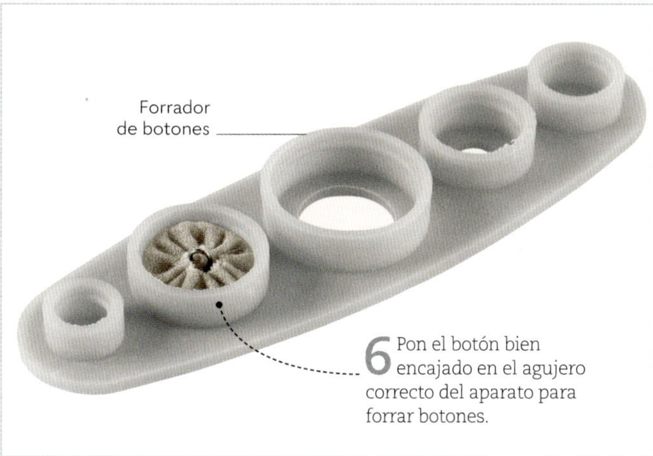

6 Pon el botón bien encajado en el agujero correcto del aparato para forrar botones.

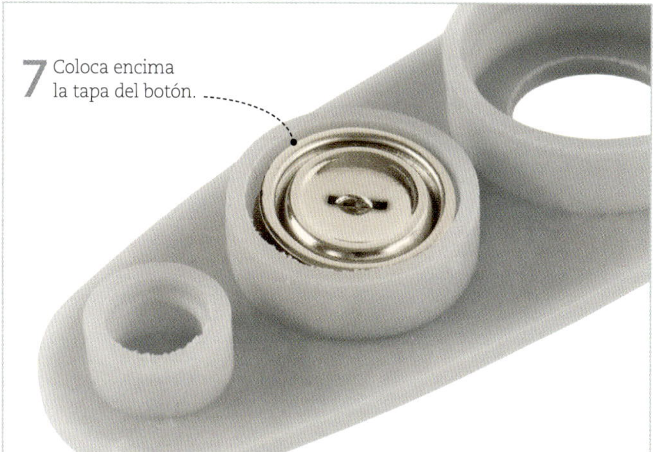

7 Coloca encima la tapa del botón.

8 Con la otra pieza del aparato para forrar botones, aprieta el botón hacia abajo hasta oír un clic.

9 Saca el botón y comprueba que la tapa está firmemente colocada.

10 El botón forrado, una vez terminado.

Ojales

Los ojales son necesarios para que una botonadura sea realmente funcional, aunque para botones de gran tamaño poner automáticos por el revés es una solución mejor, ya que el ojal sería muy grande y podría deformar la prenda.

ETAPAS DE UN OJAL A MÁQUINA

Los ojales a máquina se hacen en cuatro etapas. El largo y el ancho de las puntadas se pueden variar según el tejido o el estilo de la prenda o la labor, pero siempre tienen que estar apretadas y muy juntas.

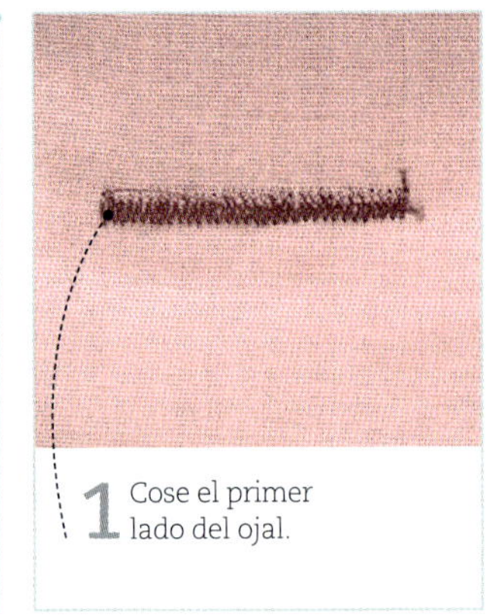

1 Cose el primer lado del ojal.

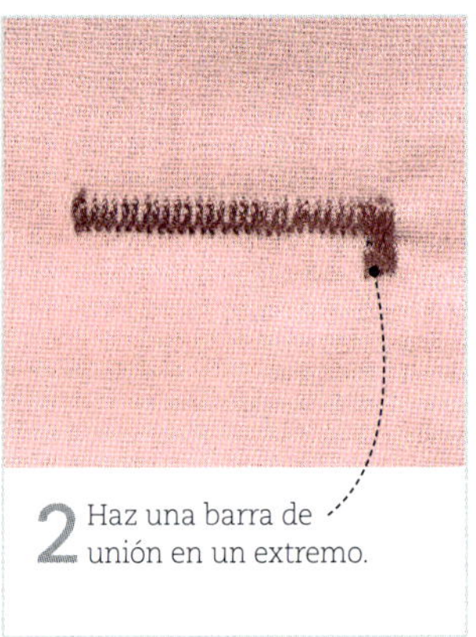

2 Haz una barra de unión en un extremo.

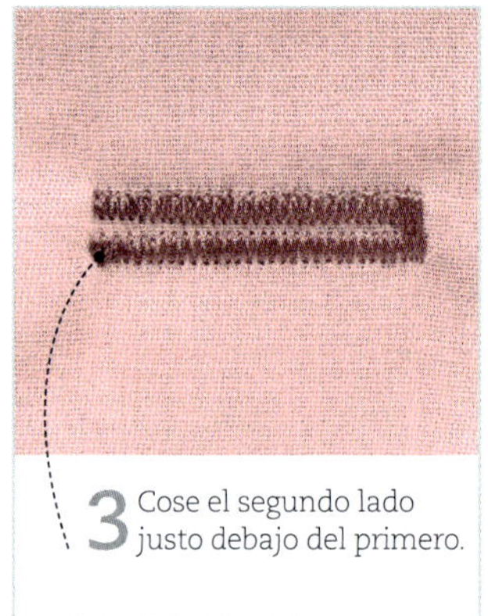

3 Cose el segundo lado justo debajo del primero.

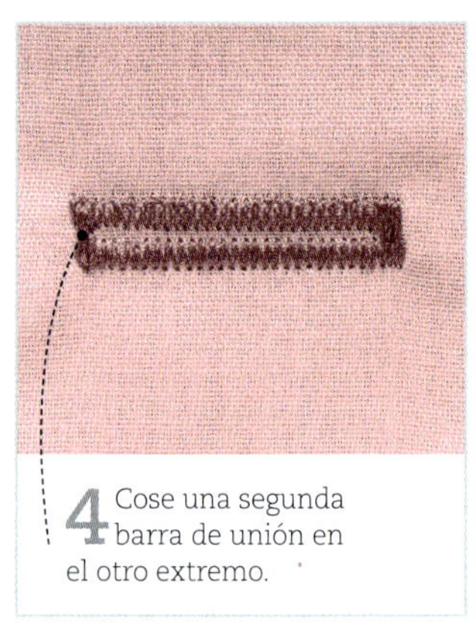

4 Cose una segunda barra de unión en el otro extremo.

POSICIÓN DE LOS OJALES

El tamaño y la posición de los ojales dependen del tamaño de los botones y deben determinarse antes de empezar a hacer cualquier tipo de ojal.

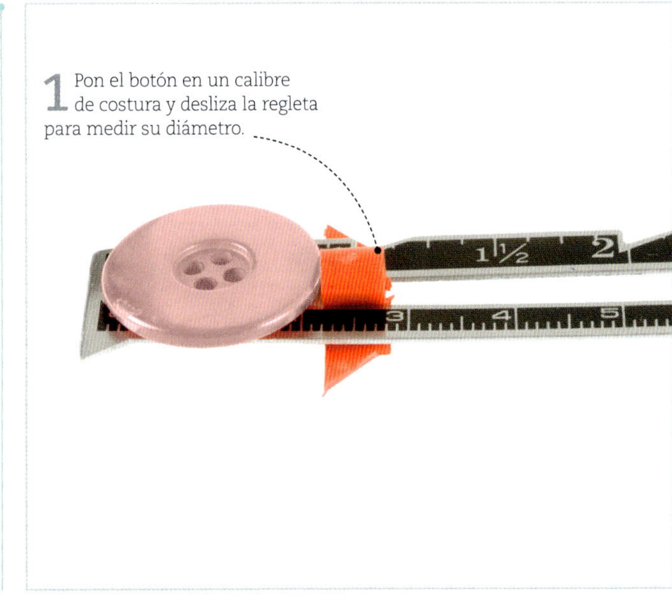

1 Pon el botón en un calibre de costura y desliza la regleta para medir su diámetro.

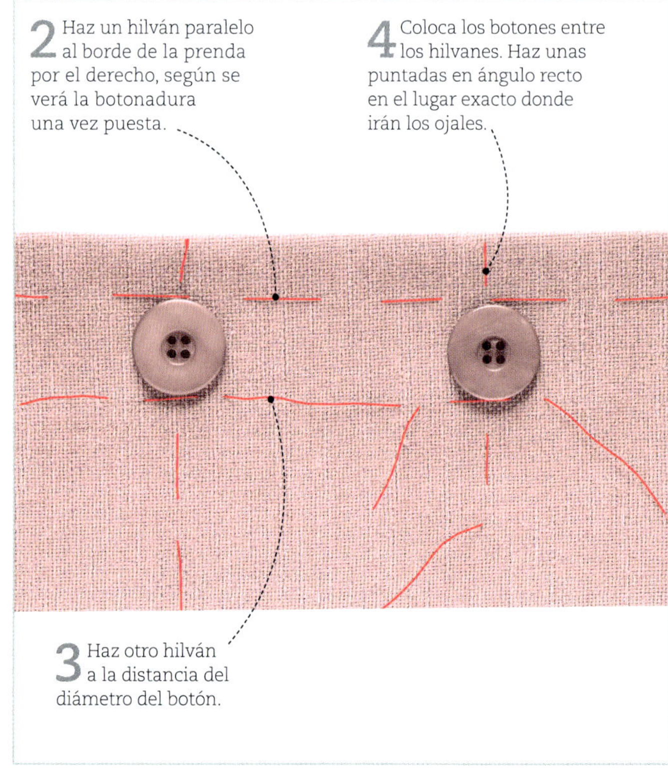

2 Haz un hilván paralelo al borde de la prenda por el derecho, según se verá la botonadura una vez puesta.

3 Haz otro hilván a la distancia del diámetro del botón.

4 Coloca los botones entre los hilvanes. Haz unas puntadas en ángulo recto en el lugar exacto donde irán los ojales.

¿VERTICAL U HORIZONTAL?

Por regla general, los ojales son verticales solo cuando van insertos en una tapeta o una tira de cierre. El resto de los ojales deben ser horizontales: así, al producirse cualquier tensión, el botón puede desplazarse hasta el tope del ojal sin soltarse.

OJALES HORIZONTALES

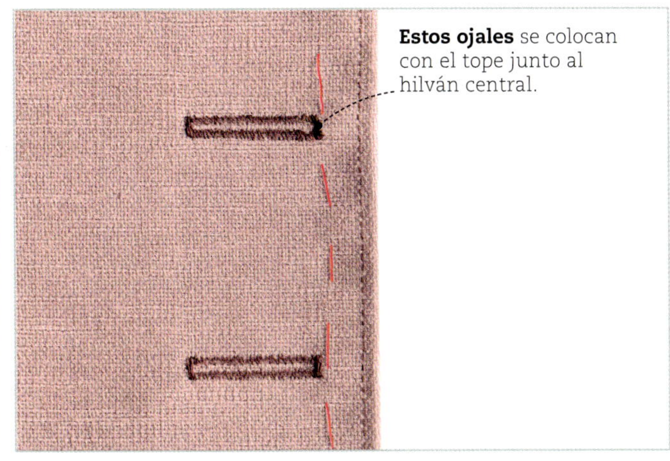

Estos ojales se colocan con el tope junto al hilván central.

OJALES VERTICALES

Estos ojales se colocan centrados sobre el hilván central.

OJAL DE SASTRE COSIDO A MANO

Un ojal de sastre cosido a mano es un auténtico detalle de alta costura que identifica una chaqueta o un abrigo de sastrería.

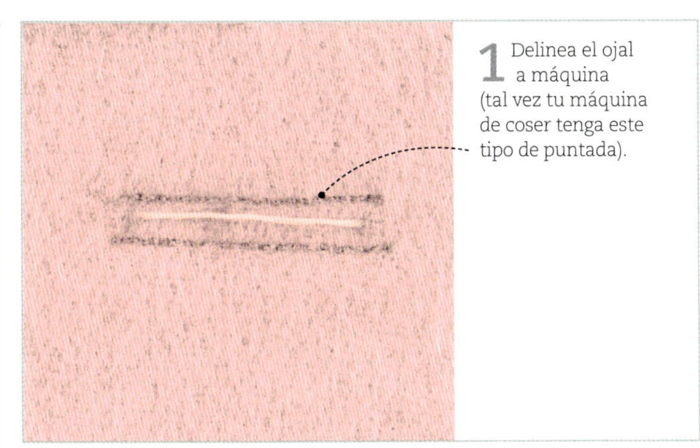

1 Delinea el ojal a máquina (tal vez tu máquina de coser tenga este tipo de puntada).

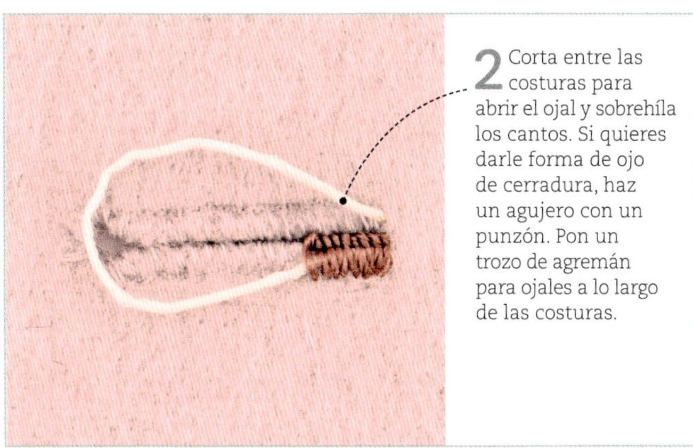

2 Corta entre las costuras para abrir el ojal y sobrehíla los cantos. Si quieres darle forma de ojo de cerradura, haz un agujero con un punzón. Pon un trozo de agremán para ojales a lo largo de las costuras.

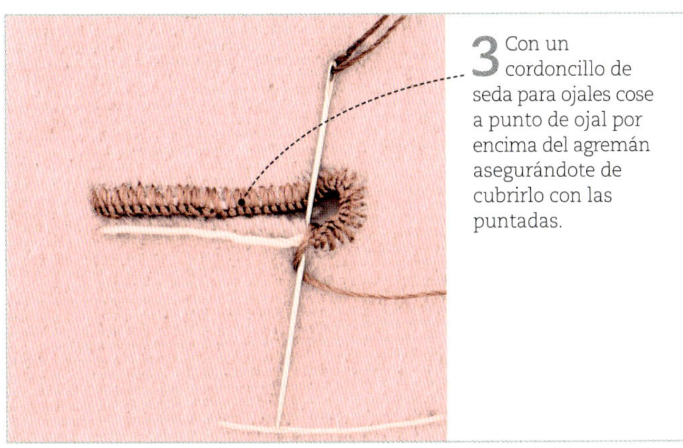

3 Con un cordoncillo de seda para ojales cose a punto de ojal por encima del agremán asegurándote de cubrirlo con las puntadas.

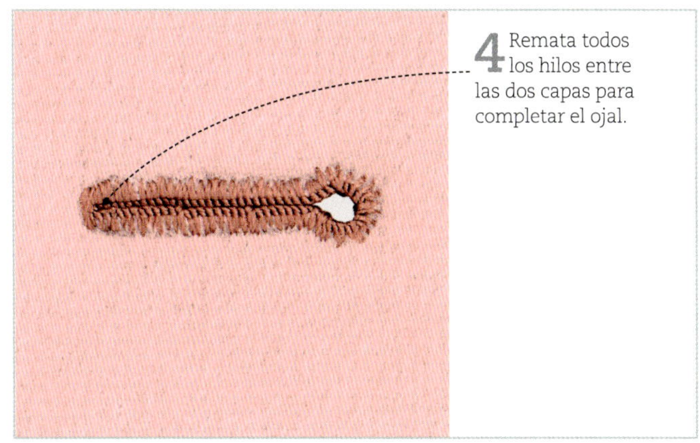

4 Remata todos los hilos entre las dos capas para completar el ojal.

OJALES A MÁQUINA

Las máquinas de coser modernas pueden hacer ojales de varios tipos, adaptables a cualquier estilo de prenda. En muchas máquinas, el botón encaja en un prensatelas especial y un sensor determina el tamaño correcto del ojal. El ancho y el largo de puntada se pueden cambiar para adaptarse al tejido. Una vez cosido el ojal, se debe cortar la abertura con un abridor de ojales para asegurar un corte limpio.

BÁSICO

La forma más habitual de ojal tiene ambos extremos cuadrados.

CON UN EXTREMO REDONDEADO

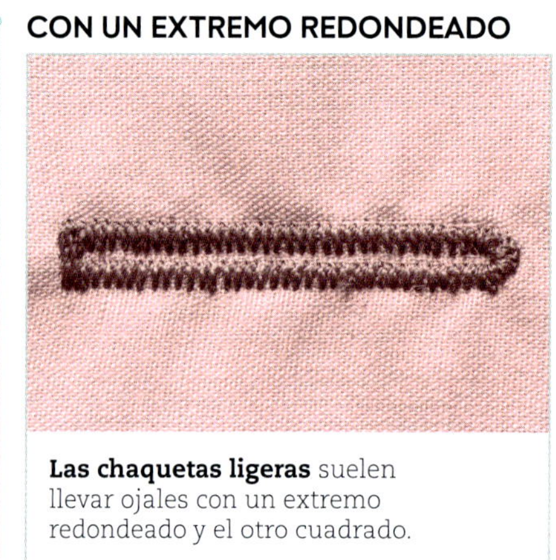

Las chaquetas ligeras suelen llevar ojales con un extremo redondeado y el otro cuadrado.

EN OJO DE CERRADURA

También llamado ojal de sastre, tiene un extremo cuadrado y el otro en forma de ojete. Se usa en chaquetas y abrigos.

OJAL CON CORDÓN HECHO A MÁQUINA

Este ojal lleva un cordoncillo fino en su interior. Para la colocación del cordoncillo es preciso consultar el manual de la máquina de coser.

1 Pon el cordón en el prensatelas para ojales según las instrucciones del manual de la máquina de coser.

2 Haz el ojal con la máquina: ella coserá el ojal con el cordón dentro.

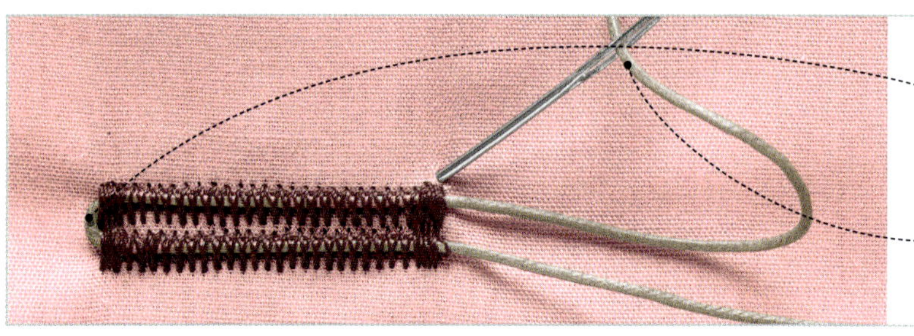

3 Tira con suavidad de los extremos del cordón para eliminar la lazada.

4 Enhebra los extremos del cordón en una aguja grande.

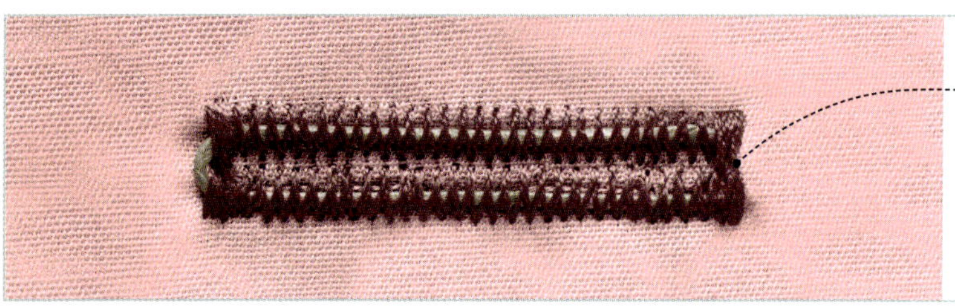

5 Pasa el cordón hacia el revés de la tela y afiánzalo a mano.

OJAL VIVEADO

Los ojales también se pueden ribetear con un vivo con cordón. Este tipo de ojal se hace al principio de la confección de la prenda. El cordón debe ser muy fino para que el ojal no quede demasiado abultado.

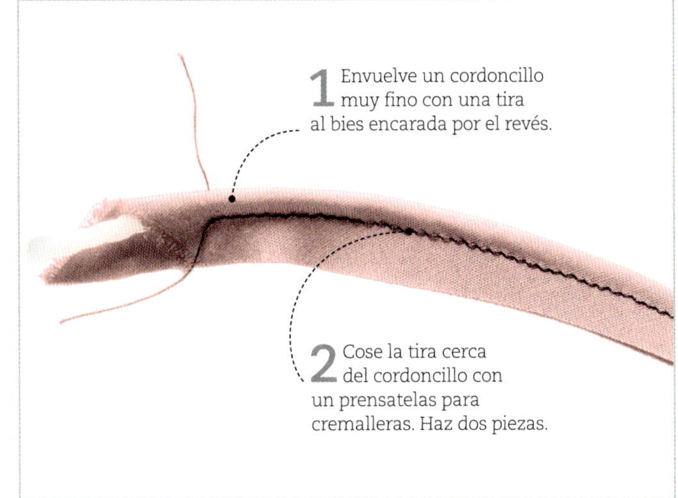

1 Envuelve un cordoncillo muy fino con una tira al bies encarada por el revés.

2 Cose la tira cerca del cordoncillo con un prensatelas para cremalleras. Haz dos piezas.

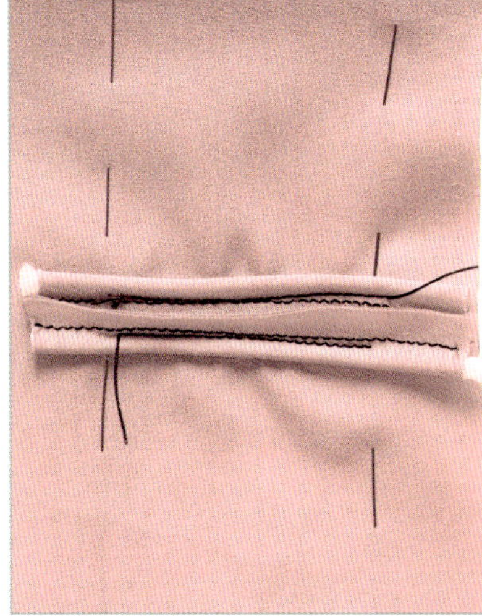

3 Alinea las costuras de las piezas de rulo con las marcas del ojal del derecho de la tela, con los cantos enfrentados. Comprueba que la distancia entre las dos filas de puntadas sea igual al doble del diámetro del vivo. Rectifica si es necesario.

4 Cóselos a máquina junto al cordón con el prensatelas para cremalleras. Detén la costura al llegar a las marcas del ojal en la prenda.

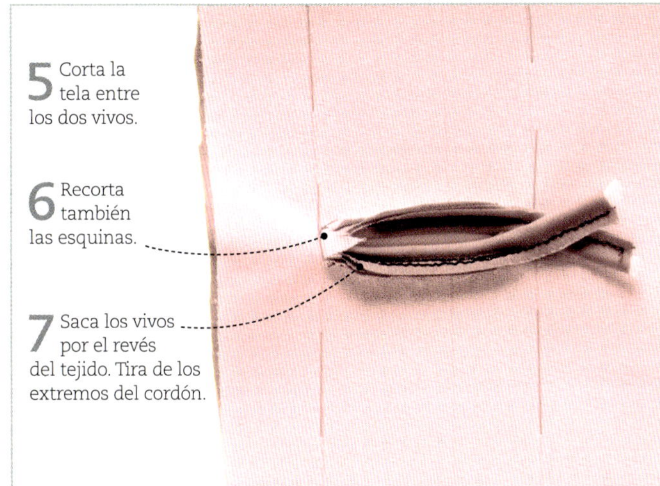

5 Corta la tela entre los dos vivos.

6 Recorta también las esquinas.

7 Saca los vivos por el revés del tejido. Tira de los extremos del cordón.

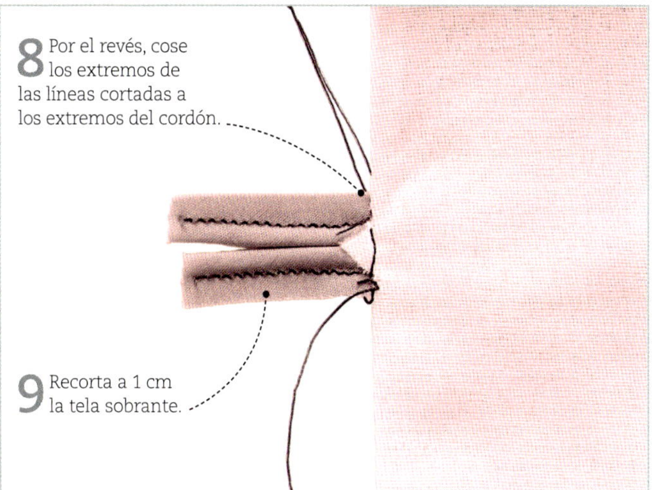

8 Por el revés, cose los extremos de las líneas cortadas a los extremos del cordón.

9 Recorta a 1 cm la tela sobrante.

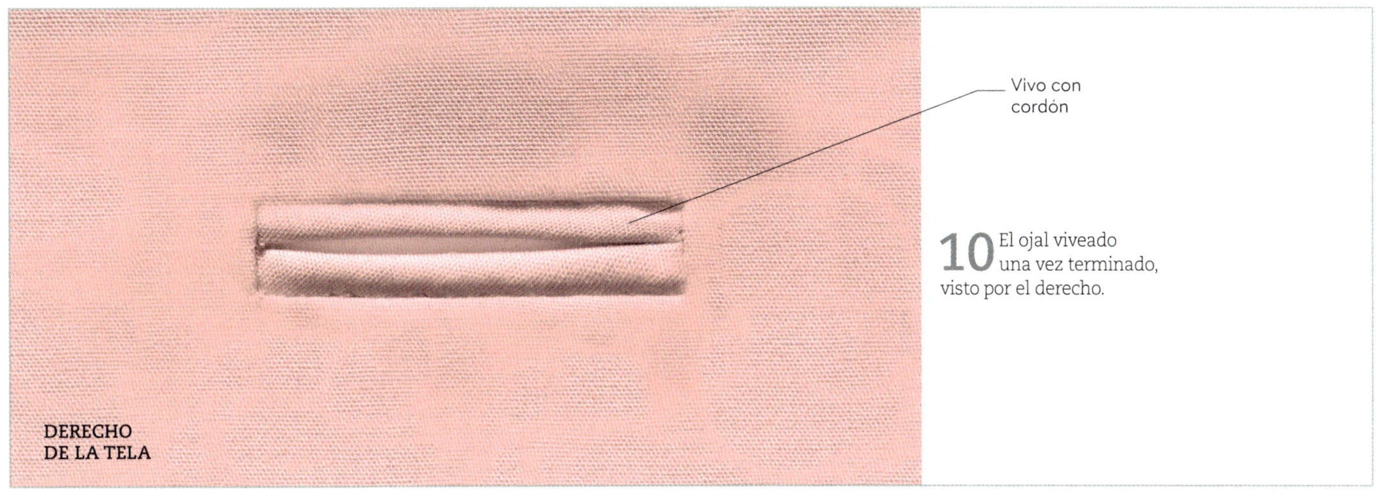

10 El ojal viveado una vez terminado, visto por el derecho.

OJAL RIBETEADO CON EL MÉTODO DEL PARCHE

Otro método para hacer un ojal ribeteado es usar un parche de tela cosido al tejido principal. Esta técnica es perfecta para chaquetas y abrigos. Si se usa una tela que contraste, se puede crear un detalle atractivo.

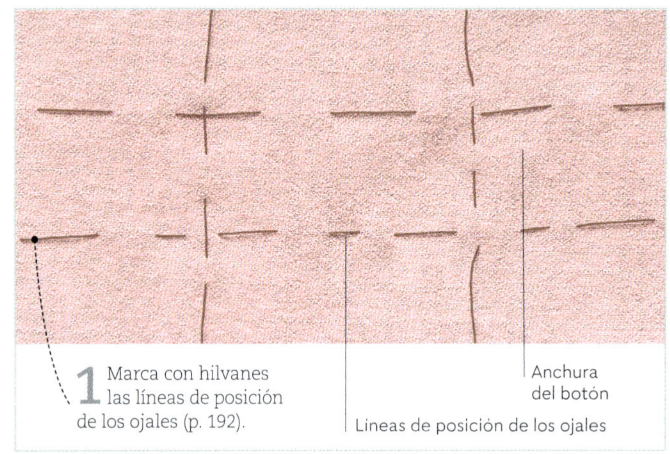

1 Marca con hilvanes las líneas de posición de los ojales (p. 192).

Anchura del botón

Líneas de posición de los ojales

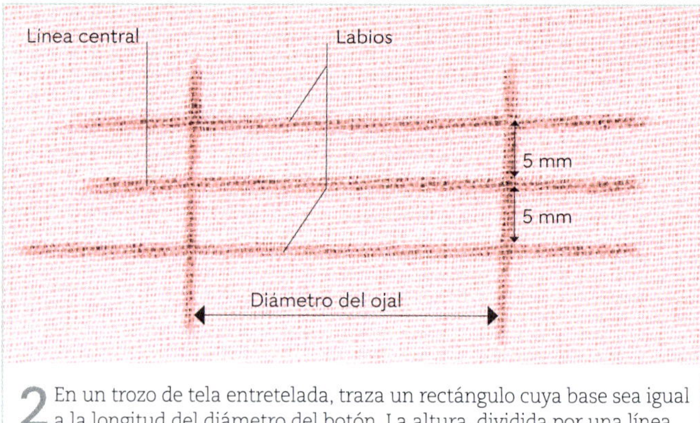

2 En un trozo de tela entretelada, traza un rectángulo cuya base sea igual a la longitud del diámetro del botón. La altura, dividida por una línea central, representa los dos lados o bordes del ojal, también llamados labios.

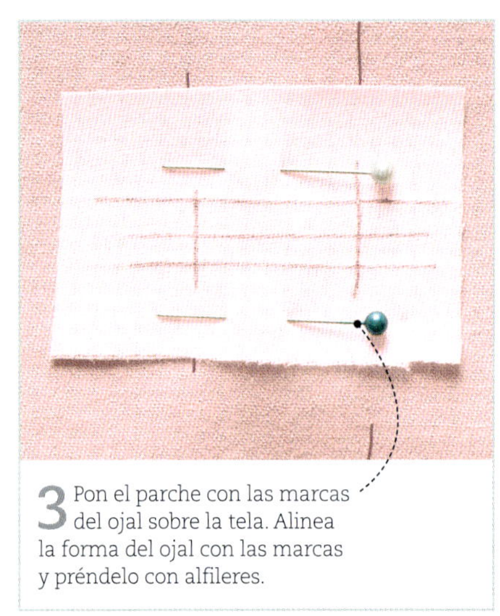

3 Pon el parche con las marcas del ojal sobre la tela. Alinea la forma del ojal con las marcas y préndelo con alfileres.

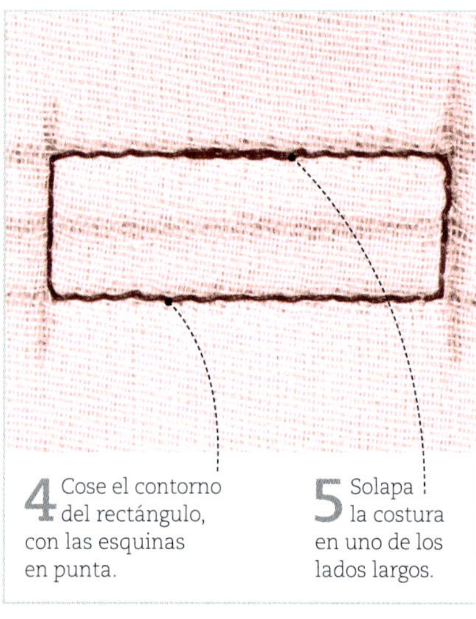

4 Cose el contorno del rectángulo, con las esquinas en punta.

5 Solapa la costura en uno de los lados largos.

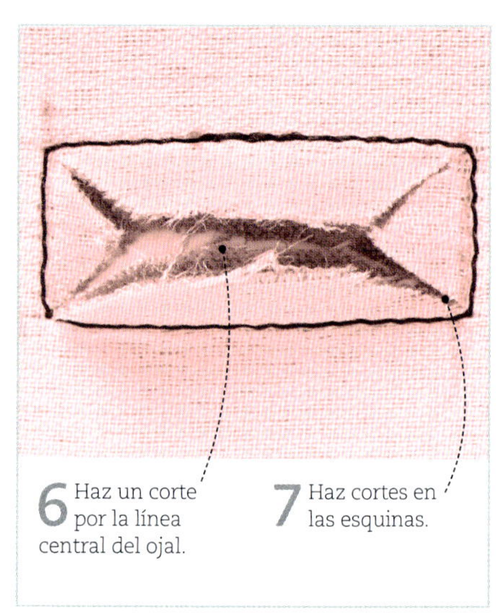

6 Haz un corte por la línea central del ojal.

7 Haz cortes en las esquinas.

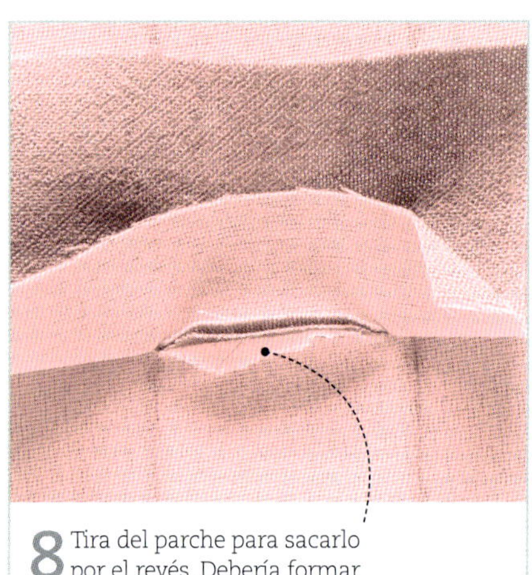

8 Tira del parche para sacarlo por el revés. Debería formar un agujero rectangular en la tela.

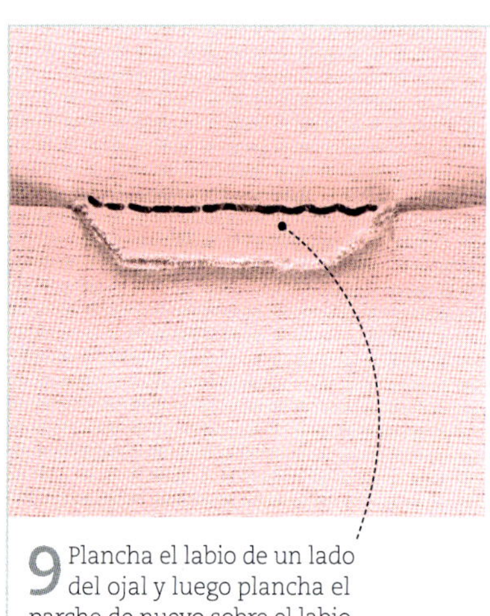

9 Plancha el labio de un lado del ojal y luego plancha el parche de nuevo sobre el labio.

10 Repite en el otro lado. Al doblar el parche sobre los labios, estos se encuentran en el centro de la abertura.

11 Vuelve del derecho y plancha.

12 Por el revés, cose los extremos cortados sobre el parche doblado.

13 Une los bordes del ojal con un hilván oblicuo.

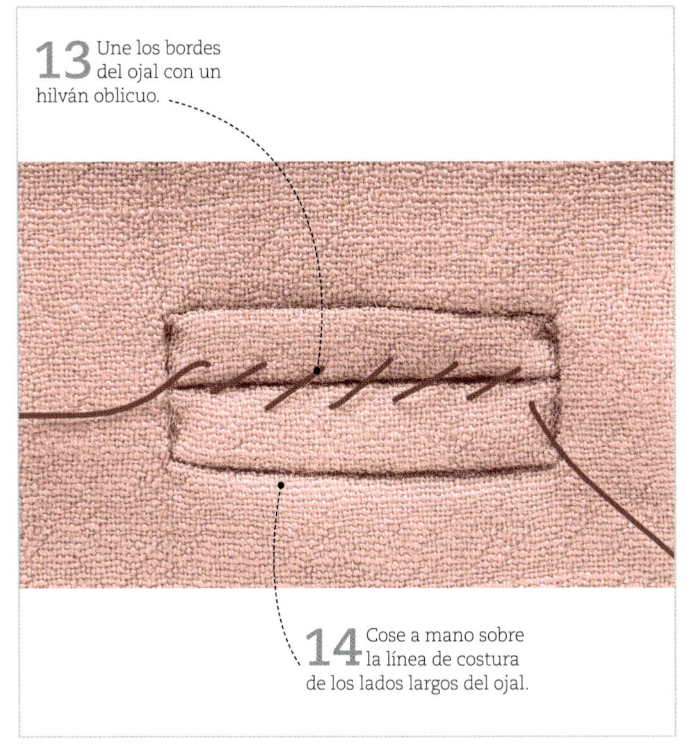

14 Cose a mano sobre la línea de costura de los lados largos del ojal.

15 Plancha el ojal terminado. Retira los hilvanes.

OJAL COSIDO A MÁQUINA EN UNA TELA GRUESA

Hacer un ojal a máquina en una tela gruesa o con una textura voluminosa puede suponer todo un reto, ya que el prensatelas para ojales podría quedar atascado en el tejido. Prueba este método con un trocito de estabilizador arrancable.

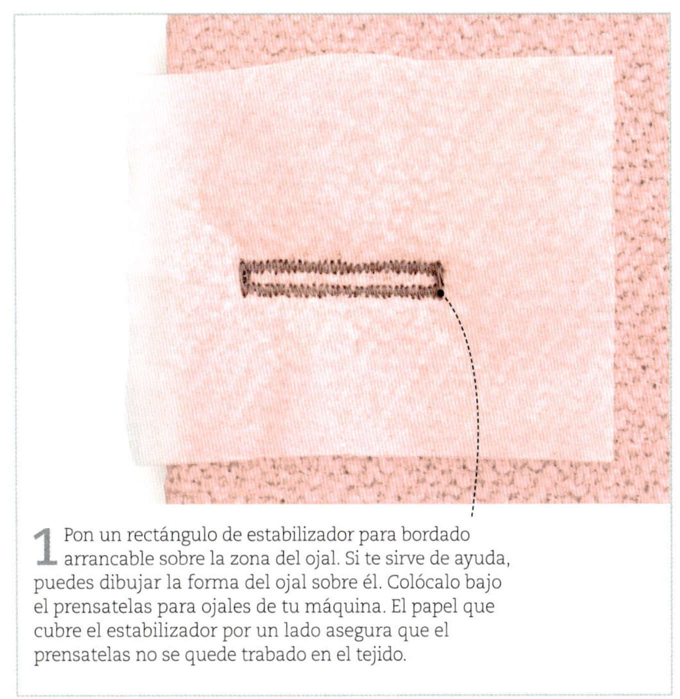

1 Pon un rectángulo de estabilizador para bordado arrancable sobre la zona del ojal. Si te sirve de ayuda, puedes dibujar la forma del ojal sobre él. Colócalo bajo el prensatelas para ojales de tu máquina. El papel que cubre el estabilizador por un lado asegura que el prensatelas no se quede trabado en el tejido.

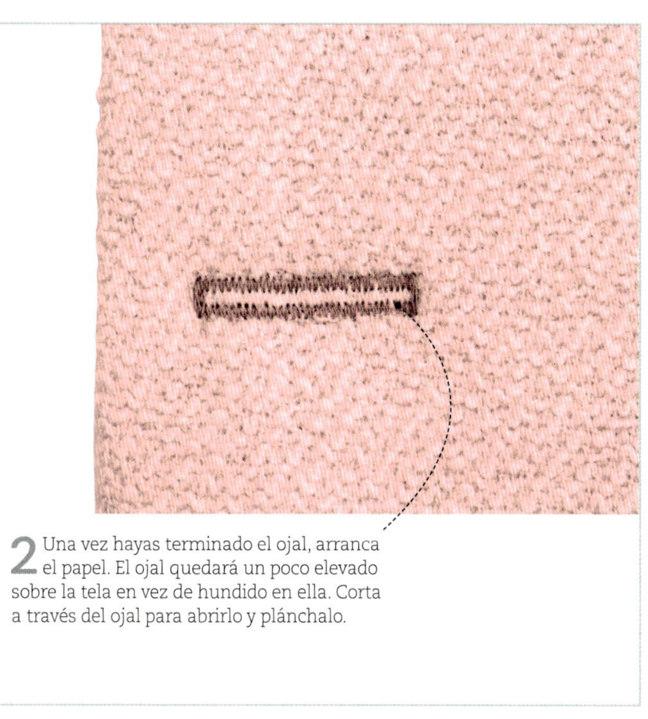

2 Una vez hayas terminado el ojal, arranca el papel. El ojal quedará un poco elevado sobre la tela en vez de hundido en ella. Corta a través del ojal para abrirlo y plánchalo.

Otros sistemas de abrochado

Además de cremalleras, hay muchas otras formas de cerrar una prenda, algunas de las cuales se pueden usar en lugar de otros sistemas o combinadas con ellos. Algunos ejemplos son los corchetes, los automáticos, las cintas adhesivas y los alamares.

CORCHETES

Existe una enorme variedad de corchetes. Por lo general, las dos piezas que los componen son de metal y de color negro o plateado. Su forma varía en función de la prenda: los hay grandes y anchos, que pueden ser decorativos y se cosen de manera que queden a la vista, mientras que los más pequeños resultan más discretos. Emparejando un solo gancho de metal con una presilla de hilo hecha a mano se consigue un cierre seguro y pulcro.

CORCHETES

1 Por el revés de la tela, fija las dos piezas del corchete en su posición con puntos flojos, alineadas una frente a otra.

2 Cose a punto de ojal los extremos circulares de cada pieza.

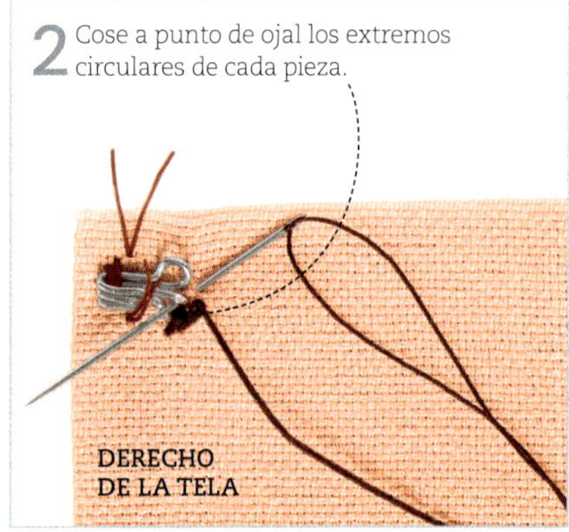

3 Da unas puntadas debajo del gancho para que no se mueva.

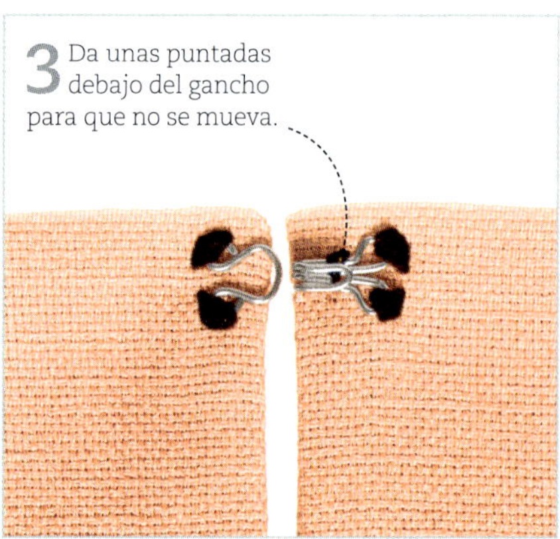

PRESILLA DE HILO PARA CORCHETE

1 Haz varias lazadas con hilo doble en el borde de la tela.

2 Refuerza las lazadas a punto de ojal.

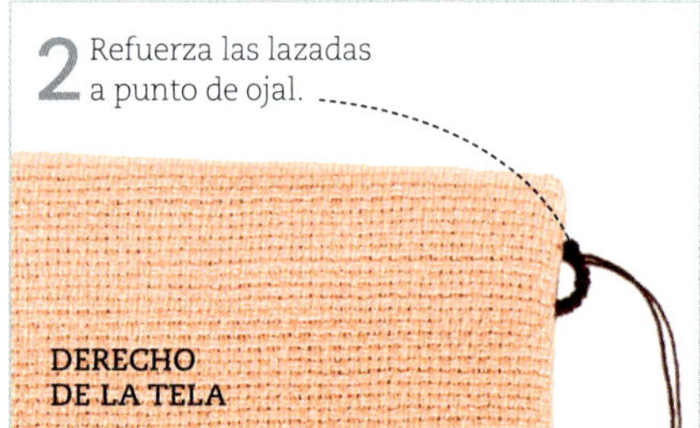

3 La presilla terminada presenta una hilera de puntadas regulares y bien prietas.

CORCHETE DE PANTALÓN

1 Los corchetes para cinturilla de pantalones y faldas son grandes y planos. Hilvana las dos piezas en su posición, sin pasar el hilo por los agujeros.

2 Cose el corchete a través de cada agujero a punto de ojal.

AUTOMÁTICOS

Se componen de dos piezas que encajan a presión para sujetar dos bordes de tela solapados. La pieza macho se cose en el borde superior, y la hembra en el que queda debajo. Pueden ser redondos o cuadrados, de metal o de plástico.

DE METAL

1 Hilvana las dos piezas del automático en su posición.

2 Cose cada pieza de manera permanente a punto de ojal a través de los agujeros del borde.

3 Quita el hilván.

DE PLÁSTICO

Los automáticos de plástico pueden ser blancos o transparentes, y a veces cuadrados. Se cosen como los de metal (arriba).

Arreglos

Reparar un desgarrón, poner un parche en una zona desgastada o arreglar una cremallera o un ojal alarga la vida útil de una prenda. Estas reparaciones pueden parecer tediosas, pero son muy fáciles de hacer y vale la pena conocerlas. En algunas técnicas que se muestran aquí se utilizan hilos de colores llamativos a fin de que se distinga claramente la costura; sin embargo, a la hora de hacer una reparación se debe usar un hilo a tono.

DESHACER COSTURAS

En todas las reparaciones habrá que deshacer costuras. Es preciso hacerlo con cuidado para no dañar la tela, porque habrá que volver a coserla. Hay tres maneras de descoser costuras.

CON TIJERAS PEQUEÑAS

Separa un poco la tela para dejar a la vista las puntadas y córtalas con unas tijeritas de hojas muy afiladas y en punta.

CON DESCOSEDOR

Desliza con cuidado un descosedor bajo una puntada y corta. Repite cada cuatro o cinco puntadas, y la costura se deshará con facilidad.

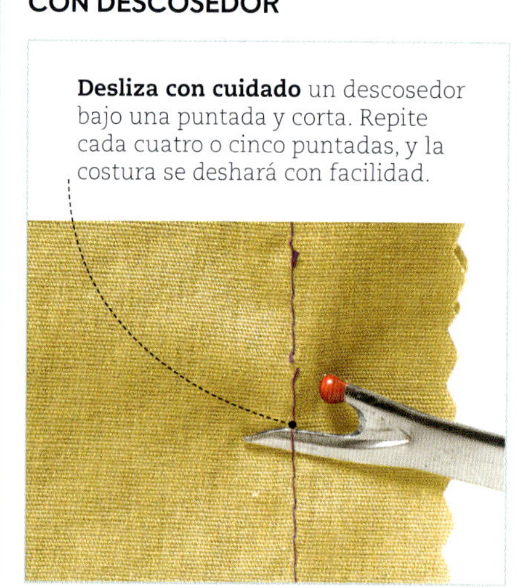

CON UN ALFILER Y TIJERAS

En telas difíciles, o si las puntadas son muy pequeñas y apretadas, pasa un alfiler bajo la primera puntada para levantarla y córtala con unas tijeras puntiagudas y muy afiladas.

REPARAR UN DESGARRO EN UNA COSTURA

Si se ha desgarrado la tela en una costura, se puede reparar rápidamente con un trozo de cinta termoadhesiva, aguja e hilo.

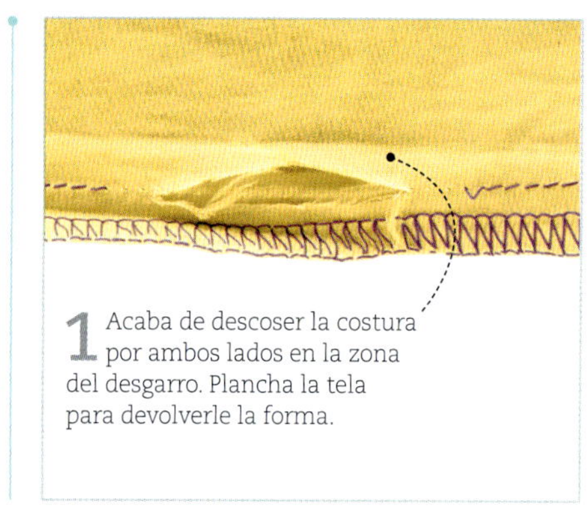

1 Acaba de descoser la costura por ambos lados en la zona del desgarro. Plancha la tela para devolverle la forma.

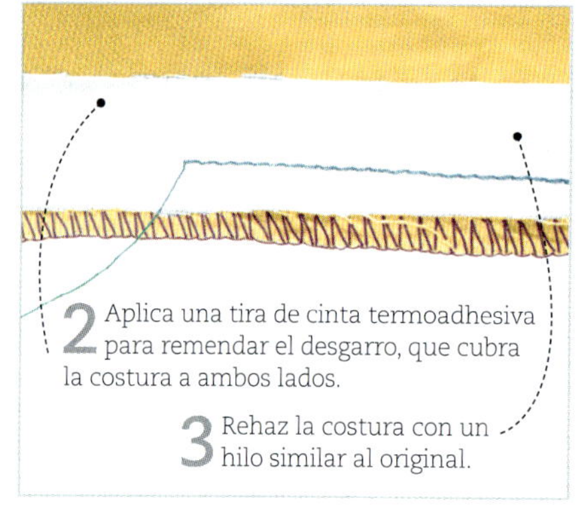

2 Aplica una tira de cinta termoadhesiva para remendar el desgarro, que cubra la costura a ambos lados.

3 Rehaz la costura con un hilo similar al original.

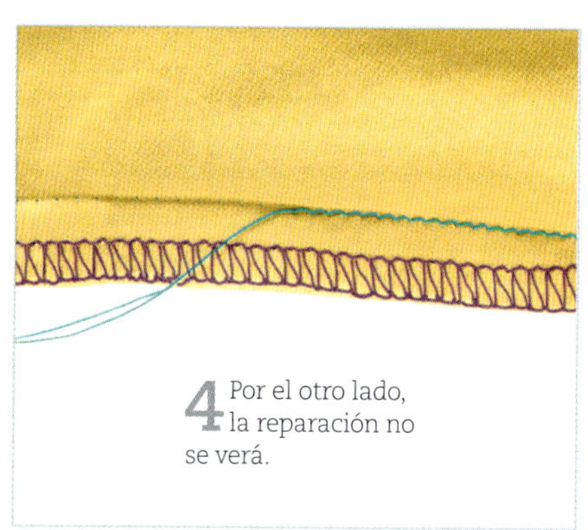

4 Por el otro lado, la reparación no se verá.

REPARAR LA TELA DEBAJO DE UN BOTÓN

Cuando un botón se desprende de una prenda a causa de un tirón puede producirse un roto en la tela. Si esto ocurre, habrá que reparar el agujero antes de coser de nuevo el botón.

1 Por el derecho de la tela se ve claramente el agujero dejado por el botón desprendido.

2 Por el revés, pega un parche de entretela termoadhesiva sobre el agujero.

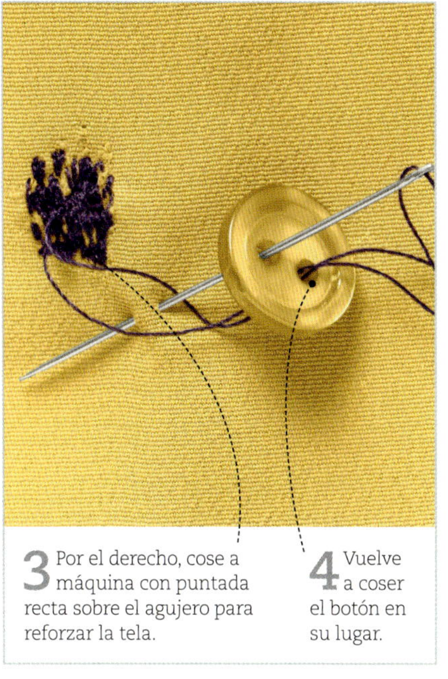

3 Por el derecho, cose a máquina con puntada recta sobre el agujero para reforzar la tela.

4 Vuelve a coser el botón en su lugar.

REPARAR UN OJAL

A veces los ojales se desgarran por un extremo o se descosen sus costuras. Para que la reparación sea prácticamente invisible hay que usar el mismo hilo con que se cosió o lo más parecido posible al original.

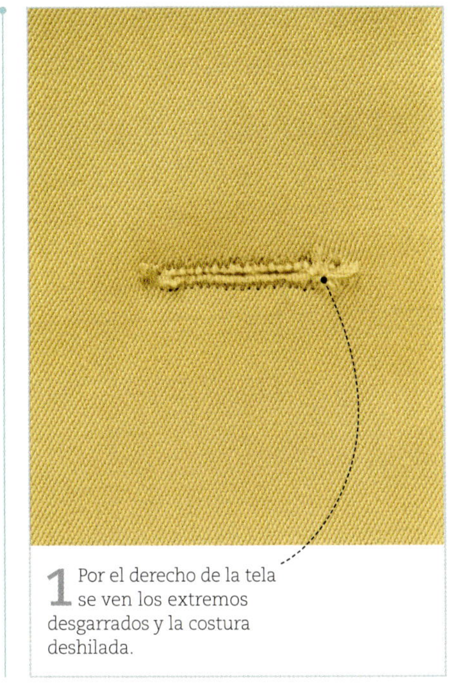

1 Por el derecho de la tela se ven los extremos desgarrados y la costura deshilada.

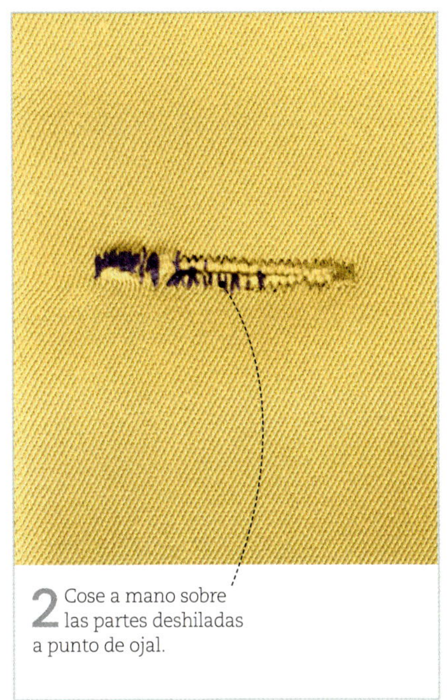

2 Cose a mano sobre las partes deshiladas a punto de ojal.

3 Refuerza los extremos con puntadas muy cerradas.

PARCHE TERMOADHESIVO VISTO

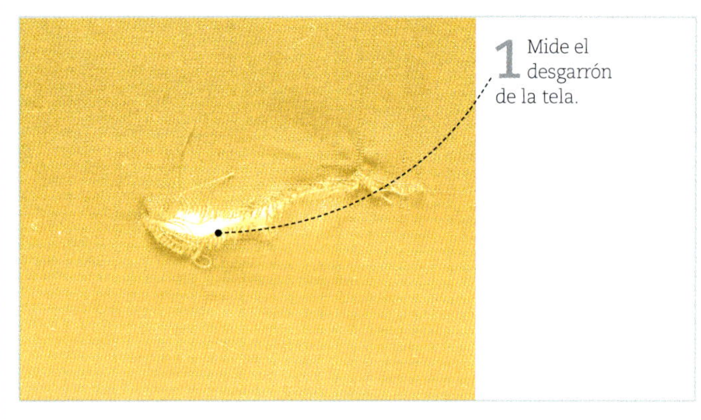

1 Mide el desgarrón de la tela.

2 Corta una pieza de tela termoadhesiva para remiendos ligeramente mayor que el desgarrón.

3 Pega el parche sobre el derecho de la prenda.

4 Cose el parche a máquina, a punto de zigzag, a lo largo del borde, por la cara de la labor.

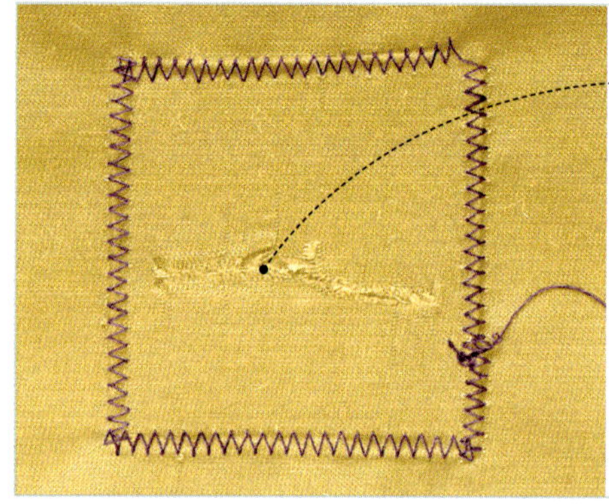

5 Por el revés, el desgarrón habrá quedado firmemente adherido al parche, que evitará que se agrande.

PARCHE TERMOADHESIVO POR EL REVÉS

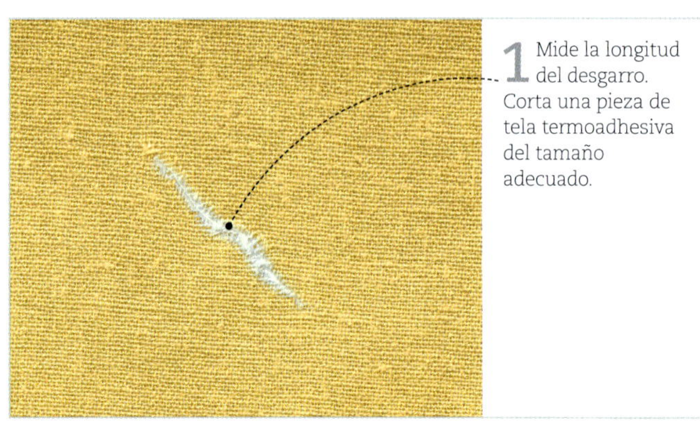

1 Mide la longitud del desgarro. Corta una pieza de tela termoadhesiva del tamaño adecuado.

2 Por el revés de la tela, pega el parche sobre el desgarrón.

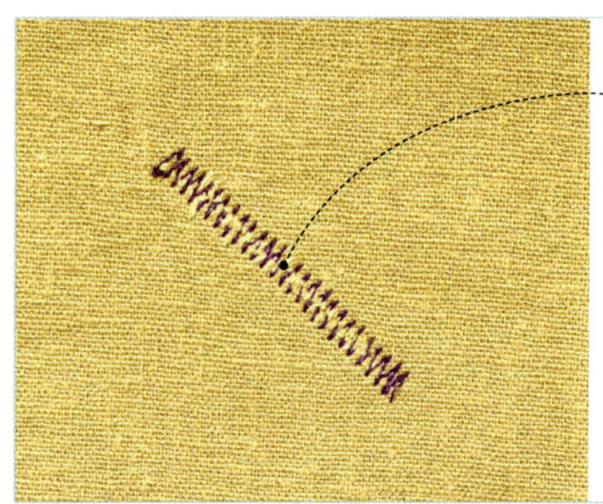

3 Cose el desgarrón por el derecho con un zigzag de 5,0 de ancho y 0,5 de largo.

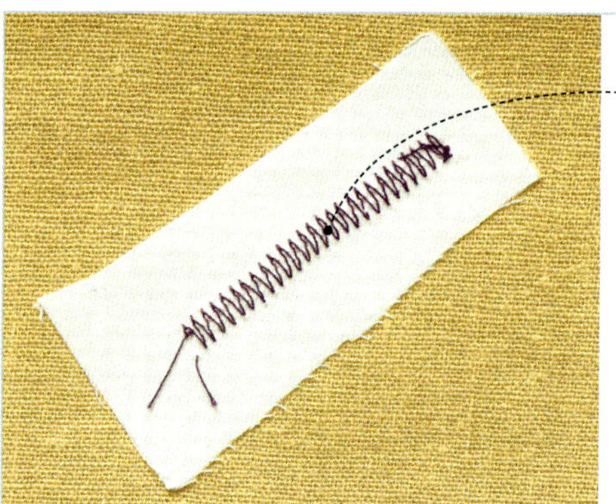

4 Por el revés, la costura en zigzag habrá atravesado la tela termoadhesiva.

PONER UN REMIENDO DE TELA A JUEGO

En las telas con dibujo (por ejemplo, cuadros o rayas) se puede reparar un roto o una zona desgastada de manera casi imperceptible con un remiendo hecho de la misma tela.

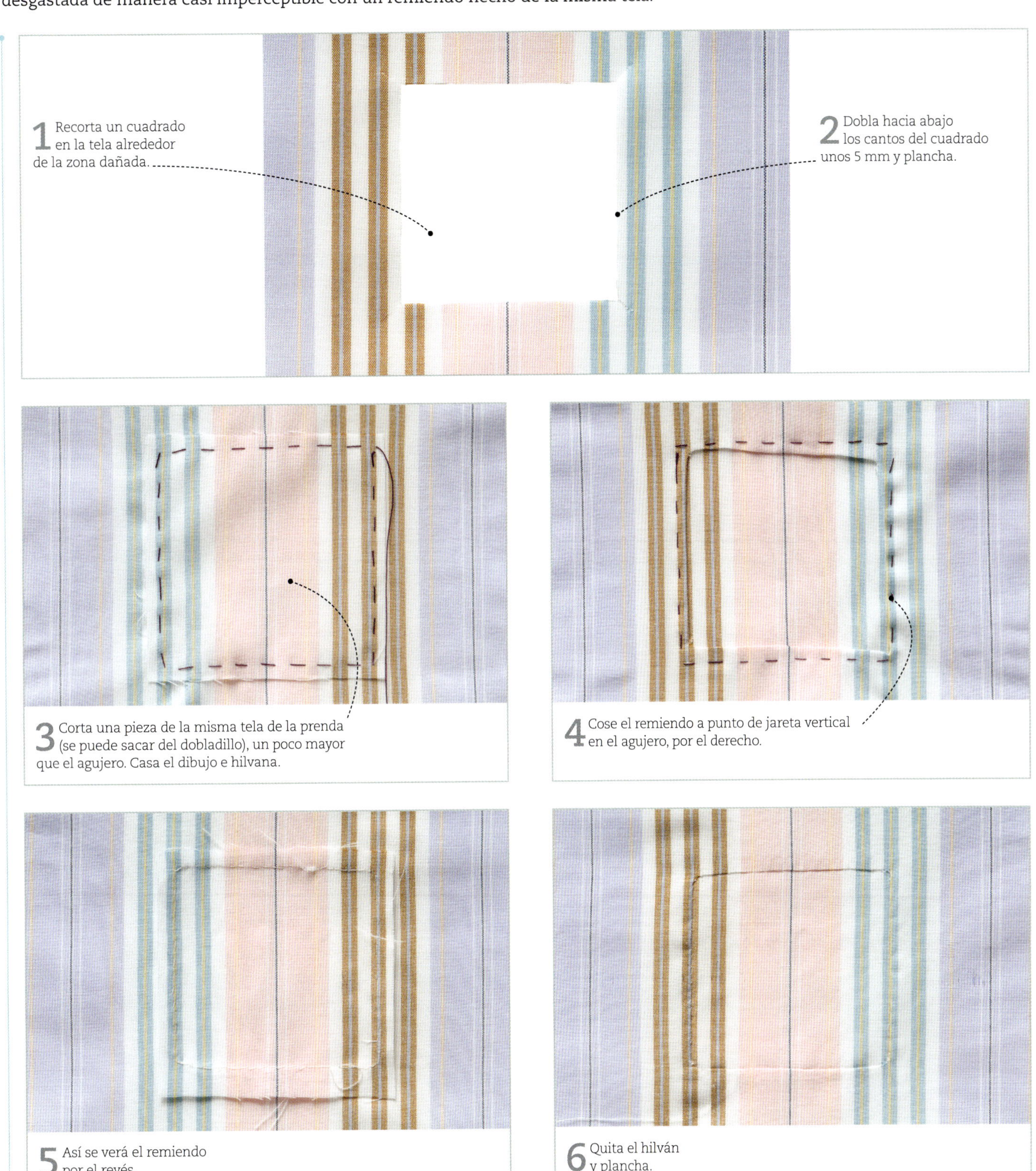

1 Recorta un cuadrado en la tela alrededor de la zona dañada.

2 Dobla hacia abajo los cantos del cuadrado unos 5 mm y plancha.

3 Corta una pieza de la misma tela de la prenda (se puede sacar del dobladillo), un poco mayor que el agujero. Casa el dibujo e hilvana.

4 Cose el remiendo a punto de jareta vertical en el agujero, por el derecho.

5 Así se verá el remiendo por el revés.

6 Quita el hilván y plancha.

Métodos de sastrería

Existen varios métodos para confeccionar prendas a medida. Si se trata de tu primera prenda, prueba la sastrería rápida, más sencilla y ágil que otras técnicas gracias al uso de entretelas termoadhesivas. Si, por el contrario, quieres ampliar tu repertorio de habilidades, usa entretelas de sastre o de picar, un método más complejo y con el que lograrás un fantástico acabado profesional. Si vas a confeccionar un abrigo, un abordaje híbrido que combine técnicas termoadhesivas con un picado a máquina será muy eficaz.

Sastrería rápida

Es el conjunto de técnicas de confección modernas basadas en el uso de entretelas termoadhesivas para dar forma y cuerpo a chaquetas o abrigos (véase la chaqueta de línea princesa en las pp. 252–259). Opta por entretelas termoadhesivas tejidas y cortadas en la misma dirección del hilo que las piezas de tela de la chaqueta. Trata de usar dos entretelas distintas, una intermedia y otra ligera, además de cintas termoadhesivas que estabilicen los bordes de la chaqueta. Si no encuentras entretelas de distinto grosor, elige una ligera y aplica una doble capa donde se requiera.

COMPONENTES DE UNA CHAQUETA

A continuación se muestra cómo poner entretelas termoadhesivas en chaquetas y abrigos. Es posible que tu patrón sea distinto y que el delantero y la espalda sean de una sola pieza, en vez de dos como en este caso, o quizá tenga mangas de una sola pieza, pero la norma es siempre la misma: aplica la entretela más pesada en el delantero y la más ligera en la espalda, con refuerzo en el hombro.

DELANTERO

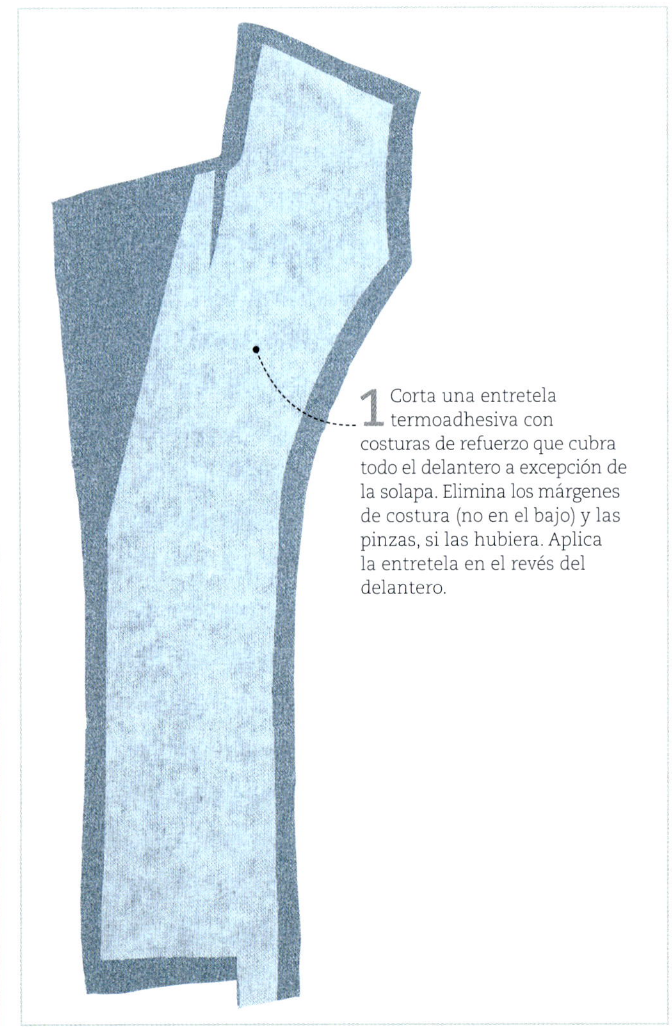

1 Corta una entretela termoadhesiva con costuras de refuerzo que cubra todo el delantero a excepción de la solapa. Elimina los márgenes de costura (no en el bajo) y las pinzas, si las hubiera. Aplica la entretela en el revés del delantero.

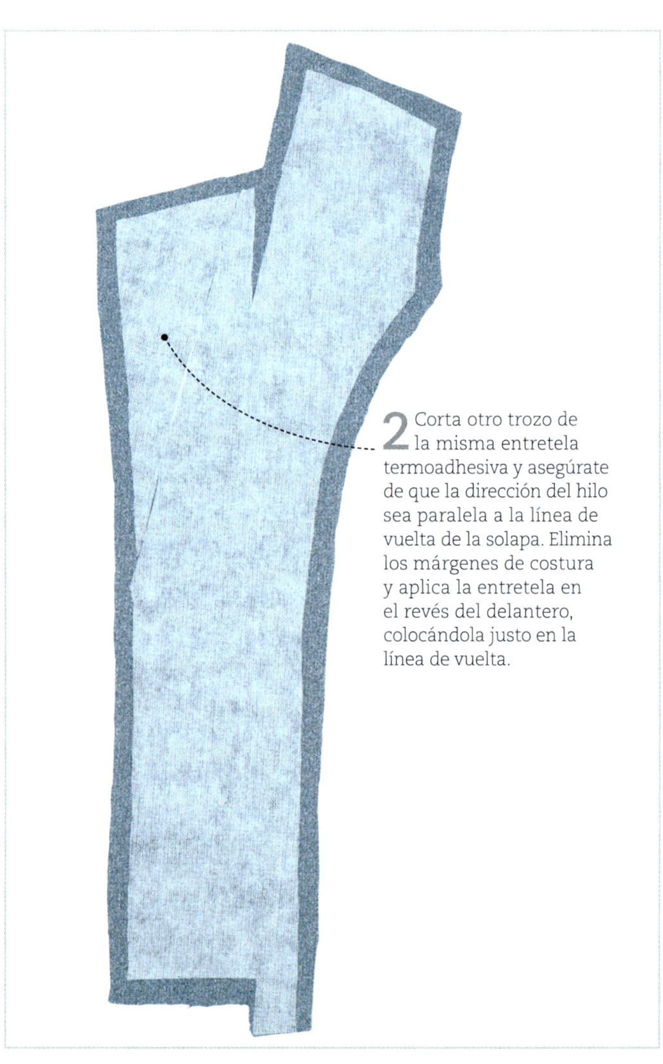

2 Corta otro trozo de la misma entretela termoadhesiva y asegúrate de que la dirección del hilo sea paralela a la línea de vuelta de la solapa. Elimina los márgenes de costura y aplica la entretela en el revés del delantero, colocándola justo en la línea de vuelta.

HOMBRO FLOTANTE

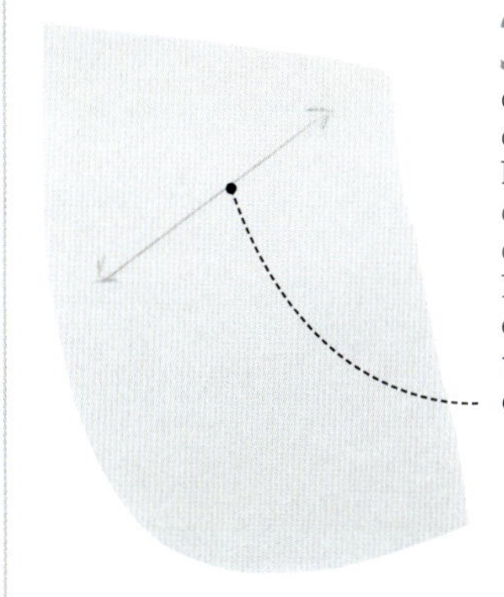

3 Corta una pieza del patrón que se extienda a lo largo del hombro hasta llegar a 2,5 cm del cuello y hacia abajo por la sisa hasta el punto donde esta empieza a curvarse. Dibuja la flecha del sentido del hilo a 45 grados respecto a la línea del hombro. Corta esta forma en entretela de sastre y en entretela termoadhesiva reforzada con costuras.

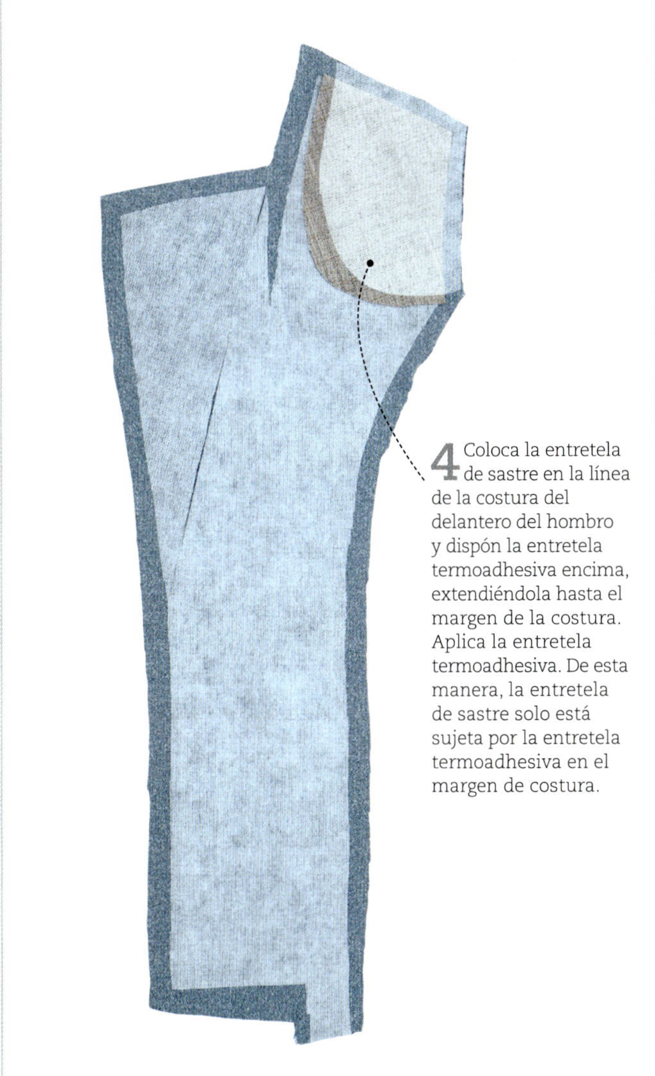

4 Coloca la entretela de sastre en la línea de la costura del delantero del hombro y dispón la entretela termoadhesiva encima, extendiéndola hasta el margen de la costura. Aplica la entretela termoadhesiva. De esta manera, la entretela de sastre solo está sujeta por la entretela termoadhesiva en el margen de costura.

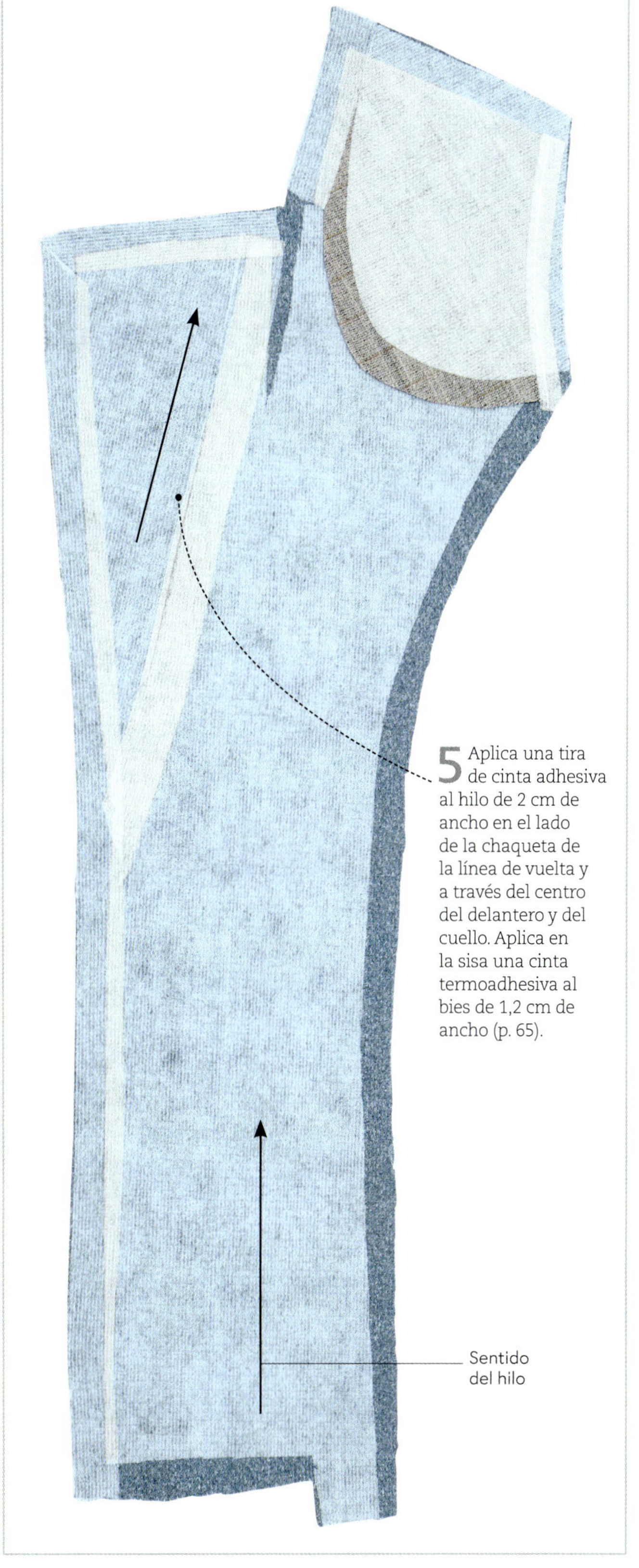

5 Aplica una tira de cinta adhesiva al hilo de 2 cm de ancho en el lado de la chaqueta de la línea de vuelta y a través del centro del delantero y del cuello. Aplica en la sisa una cinta termoadhesiva al bies de 1,2 cm de ancho (p. 65).

COSTADILLO DELANTERO

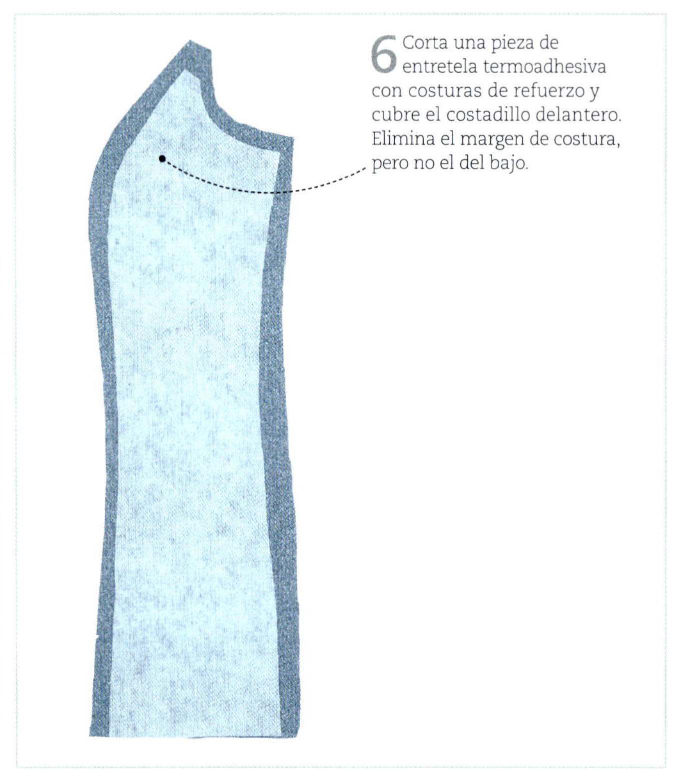

6 Corta una pieza de entretela termoadhesiva con costuras de refuerzo y cubre el costadillo delantero. Elimina el margen de costura, pero no el del bajo.

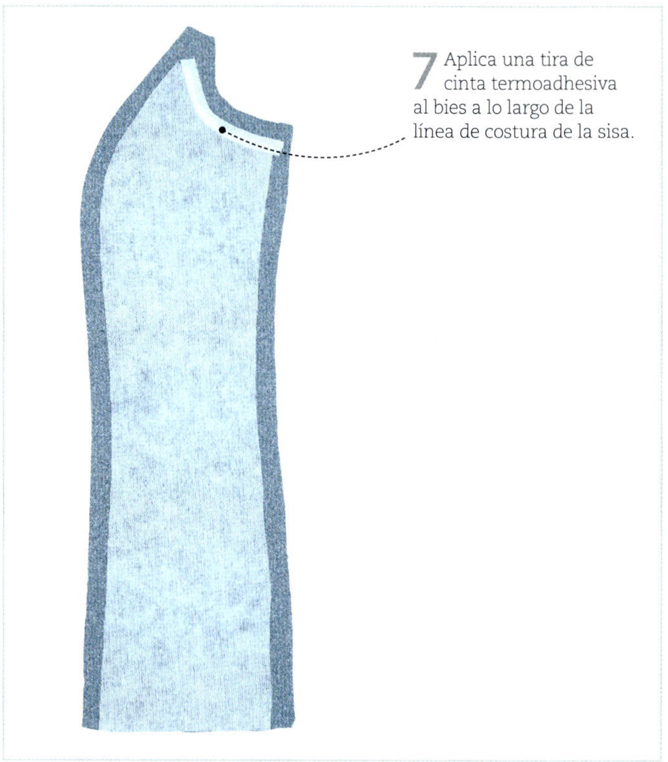

7 Aplica una tira de cinta termoadhesiva al bies a lo largo de la línea de costura de la sisa.

ESPALDA Y COSTADILLO TRASERO

8 Aplica una entretela tejida ligera sobre las dos piezas, de manera que ambas queden completamente cubiertas.

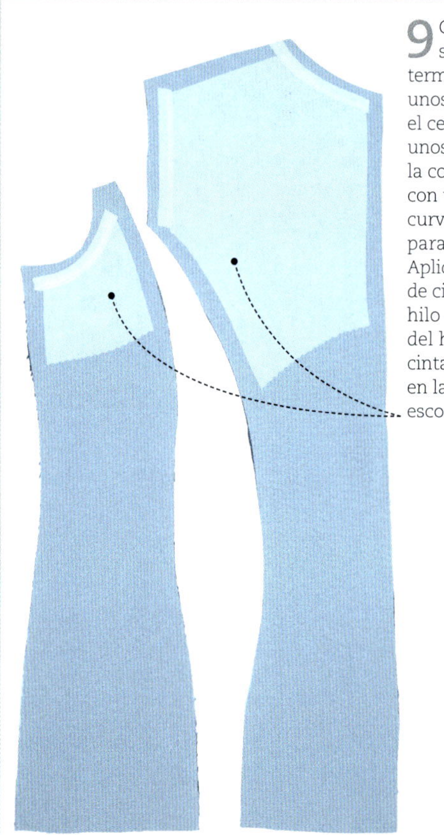

9 Cubre el hombro y la sisa con una entretela termoadhesiva reforzada, unos 15 cm hacia abajo por el centro de la espalda y unos 8 cm hacia abajo por la costura lateral. Únelos con una curva. Corta la curva con tijeras dentadas para deshilar el canto. Aplica. Luego aplica tiras de cinta termoadhesiva al hilo en la parte posterior del hombro y una tira de cinta termoadhesiva al bies en la parte posterior del escote y de la sisa.

VISTA DEL DELANTERO

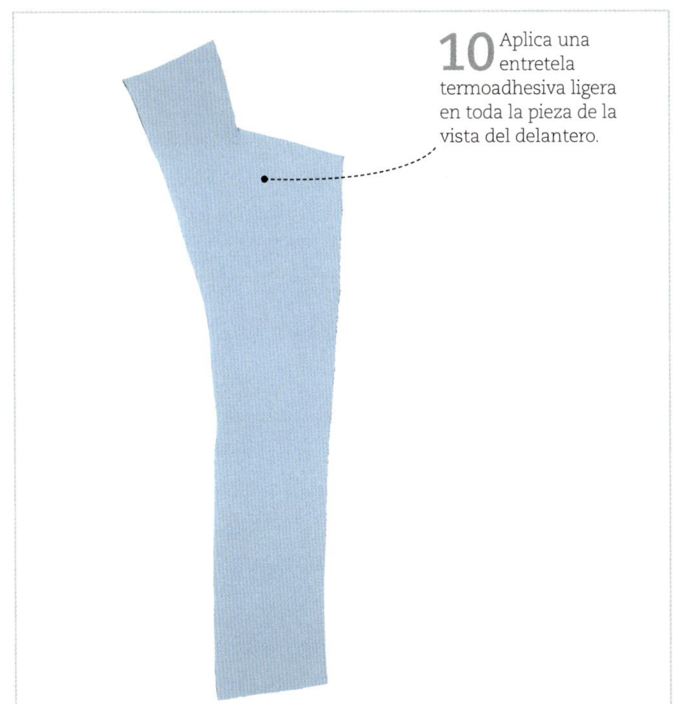

10 Aplica una entretela termoadhesiva ligera en toda la pieza de la vista del delantero.

CUELLO EXTERIOR Y VISTA POSTERIOR

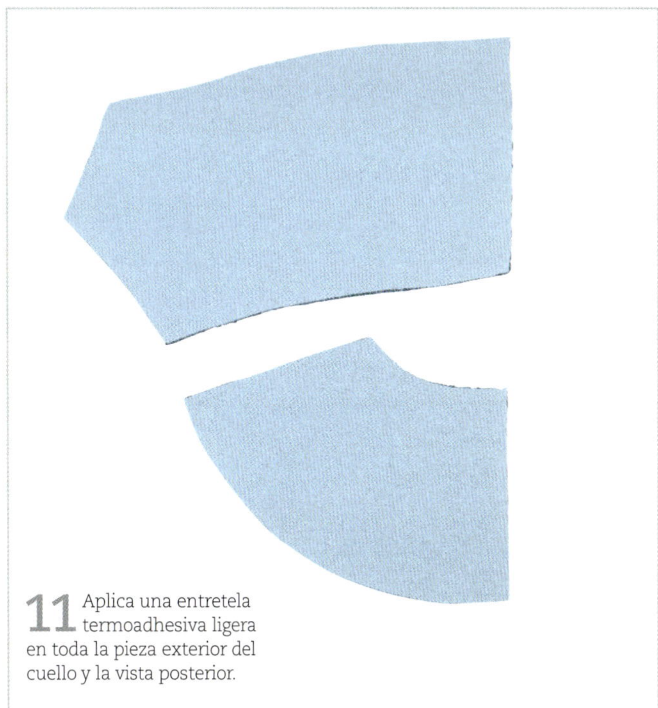

11 Aplica una entretela termoadhesiva ligera en toda la pieza exterior del cuello y la vista posterior.

CUELLO INTERIOR

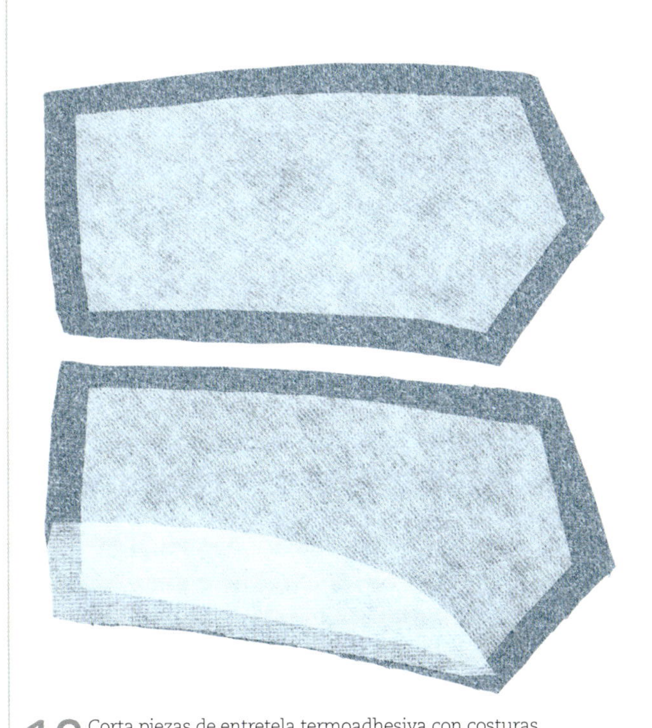

12 Corta piezas de entretela termoadhesiva con costuras de refuerzo de la medida que necesites. Elimina los márgenes de costura. Corta una tira de entretela termoadhesiva al hilo, que aplicarás desde el borde del cuello hasta la línea de vuelta. Deja los márgenes de costura como en la imagen.

MANGA

13 Aplica una entretela termoadhesiva tejida ligera en la parte superior de la manga, hasta unos 4 cm por debajo de la sisa para formar la copa. Entretela el dobladillo con una tira de 4 cm de ancho de entretela termoadhesiva con costuras de refuerzo.

Entretela de sastre picada

Las entretelas de sastre o de picar se usan en la confección artesanal de chaquetas y dan forma y cuerpo a la prenda tras ser moldeadas mediante la aplicación de vapor (véase la chaqueta de las pp. 266–275). Este es el método de sastrería más complejo.

ENTRETELA DE SASTRE EN UNA CHAQUETA CON COSTURAS PRINCESA

En los patrones con costuras princesa, que se usan en la ropa de mujer, es habitual forrar con un viso las piezas del patrón antes de aplicar la entretela de sastre, sobre todo cuando la tela es un tejido flojo.

1 Corta el cuerpo de la chaqueta en una tela para visos, como muselina u organza. Prende con alfileres el viso en el revés de la tela. Alísalo hacia los bordes y plancha las dos capas con una plancha caliente, para facilitar que las fibras se adhieran. Prende los bordes con alfileres, recorta el viso que se haya estirado y sobresalga tras el planchado e hilvana el contorno de todas las piezas dentro del margen de costura.

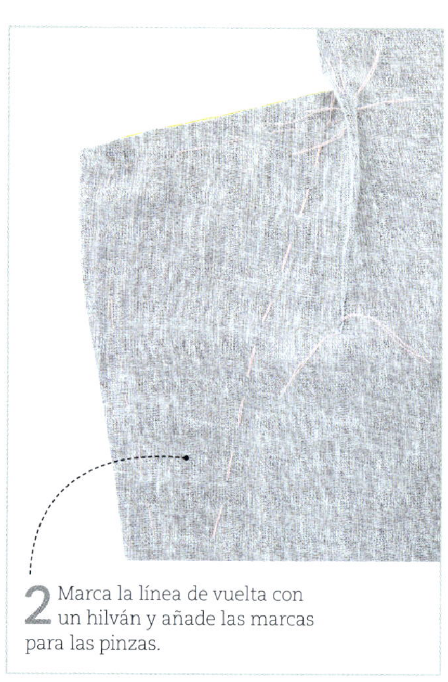

2 Marca la línea de vuelta con un hilván y añade las marcas para las pinzas.

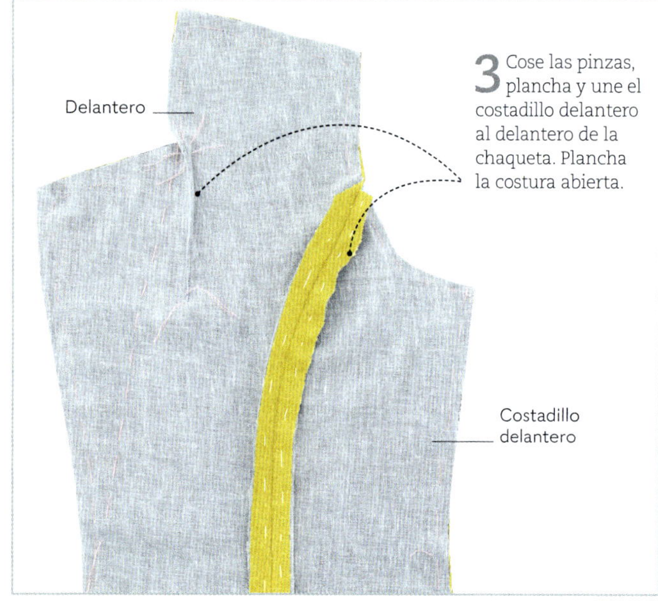

3 Cose las pinzas, plancha y une el costadillo delantero al delantero de la chaqueta. Plancha la costura abierta.

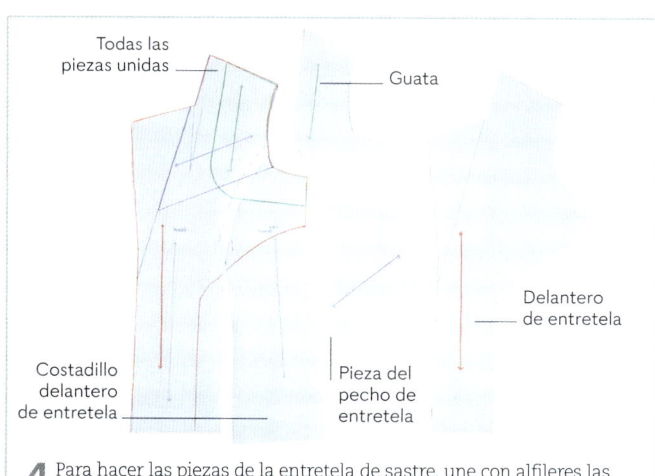

4 Para hacer las piezas de la entretela de sastre, une con alfileres las piezas del delantero y del costadillo delantero del patrón casando las líneas de costura. Traza una forma que siga la silueta del patrón por el centro del delantero, el escote, el hombro, la sisa y unos 10–15 cm de la costura lateral, según la talla. Une el costadillo a la sección central del delantero con una curva sobre el pecho. Traza la línea de vuelta.

Delantero de entretela de sastre

Guata

Pieza del pecho de entretela de sastre

5 Corta las piezas en la entretela de sastre y en guata. La segunda pieza de entretela se corta al bies desde la sisa hasta la línea de vuelta. La tercera pieza es de guata y cubrirá el hombro y la sisa. Marca la línea de vuelta con hilos flojos.

6 Coloca la pieza de la hombrera cortada al bies en la entretela del delantero. Casa los bordes y marca las líneas de costura. Une las dos capas con un picado siguiendo la dirección del hilo en la tira al bies. Haz puntadas de 2,5 cm de longitud y mantén las hileras a 2,5 cm de distancia.

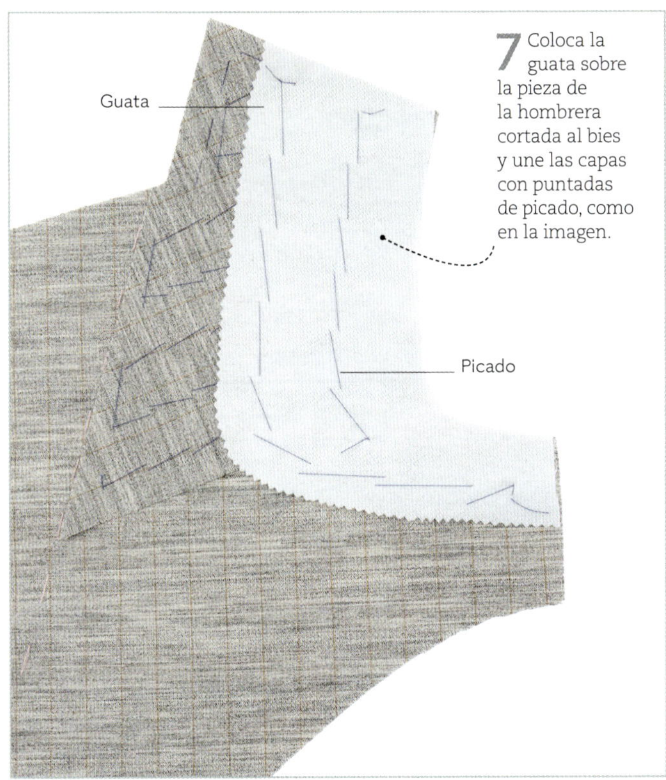

7 Coloca la guata sobre la pieza de la hombrera cortada al bies y une las capas con puntadas de picado, como en la imagen.

8 Prende con alfileres esta pieza al delantero de la chaqueta. Ha de casar a lo largo de la línea de vuelta y de los cantos. La entretela de sastre formará un «bulto» en la holgura de la costura princesa. Haz un corte a través de la holgura y superpón la entretela. Moldéala sobre un medio queso para darle forma. Prende con alfileres la parte superpuesta.

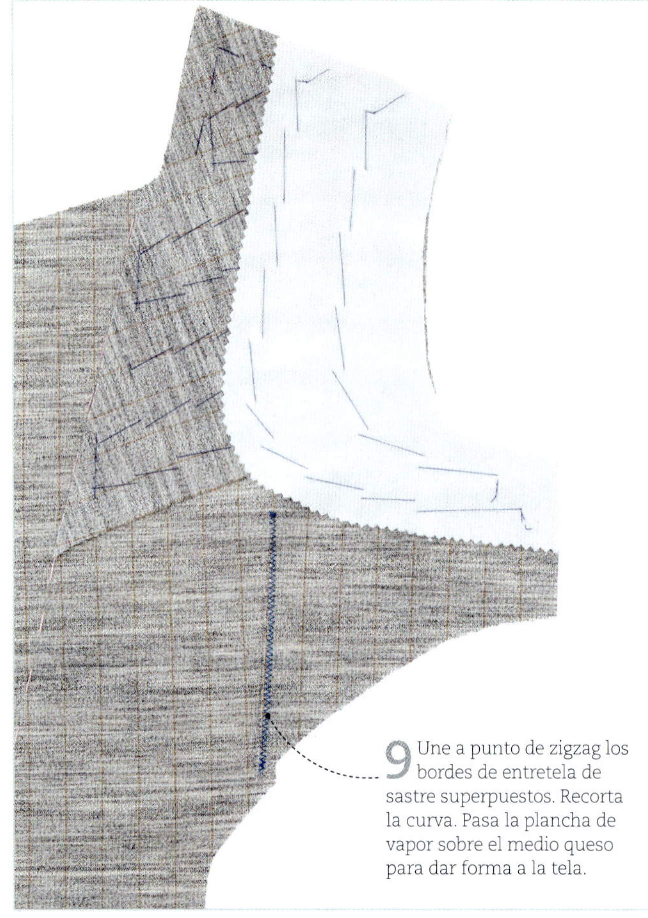

9 Une a punto de zigzag los bordes de entretela de sastre superpuestos. Recorta la curva. Pasa la plancha de vapor sobre el medio queso para dar forma a la tela.

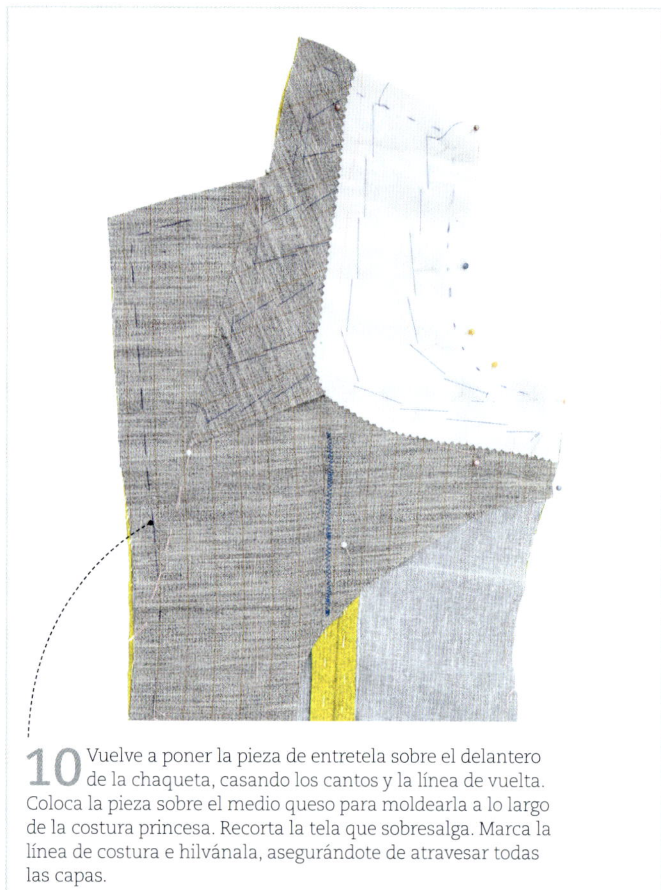

10 Vuelve a poner la pieza de entretela sobre el delantero de la chaqueta, casando los cantos y la línea de vuelta. Coloca la pieza sobre el medio queso para moldearla a lo largo de la costura princesa. Recorta la tela que sobresalga. Marca la línea de costura e hilvánala, asegurándote de atravesar todas las capas.

11 Cose a punto de escapulario a lo largo del borde curvo de la entretela de sastre y justo hasta el borde de la muselina.

12 Añade tres o cuatro hileras de picado verticales, una de ellas paralela al centro del delantero en el centro de la entretela y las otras a sendos lados de la curva princesa. Las puntadas han de ser ligeras y deberían recoger la muselina y unas pocas fibras de lana.

13 Coloca un galón de algodón de 6 mm de ancho a lo largo de la línea de vuelta por el lado de la chaqueta. Préndelo con alfileres de modo que mantenga cierta tensión. Cóselo con puntadas de picado, asegurándote de que la parte horizontal de la puntada cubra todo el galón.

14 Con un rotulador no permanente, traza líneas paralelas a la línea de vuelta a intervalos de 1 cm sobre la pieza de entretela de la solapa. Al aproximarte a la esquina, reduce el espacio entre las líneas a 5 mm. Cose con puntadas de picado a lo largo de estas líneas. Aquí, las puntadas han de ser mucho más cortas y profundas, de modo que recojan la parte posterior de la lana y creen hoyuelos en el derecho de la tela.

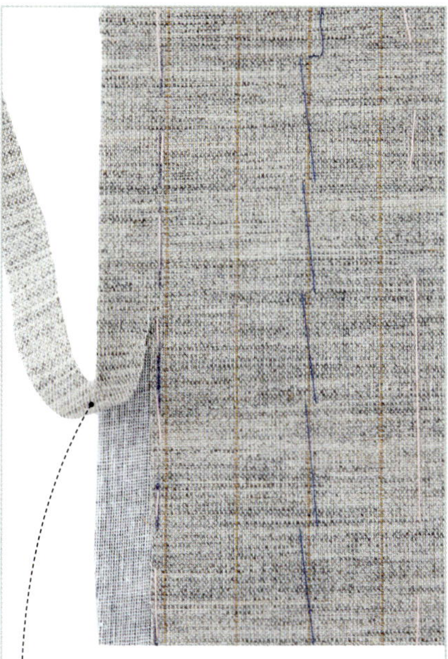

15 Recorta la entretela de sastre hasta la línea de costura hilvanada.

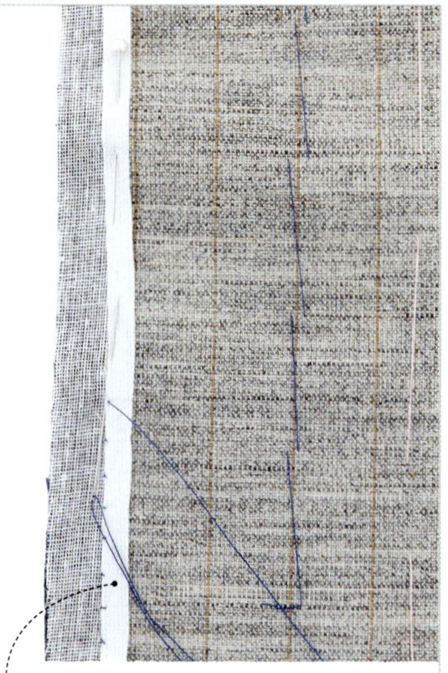

16 Coloca el galón sobre el borde de la entretela, préndelo con alfileres y cóselo a lo largo de ambos bordes. Las puntadas solo han de recoger la entretela de sastre y la muselina.

17 En la esquina de la solapa, dobla el galón como en la imagen y cóselo para fijarlo.

18 El delantero acabado debe quedar así.

19 Corta al bies una pieza de entretela de sastre que encaje con la pieza del interior del cuello. Marca la costura y coloca la entretela sobre la pieza del interior del cuello. Ajusta la línea de vuelta. Desde esta línea y hasta el borde del cuello, haz un picado en curvas con puntadas más profundas que recojan la entretela de sastre y fibras de lana de la pieza del cuello a lo largo de la curva de la línea de vuelta. En la parte restante del cuello (desde la línea de vuelta hasta el borde exterior), haz dos o tres hileras de picado con puntadas más largas y superficiales.

ENTRETELA DE SASTRE EN CHAQUETAS SIN COSTURAS DE PECHO

En las chaquetas de hombre, la entretela de sastre se aplica de un modo ligeramente distinto, porque la tela de la chaqueta no lleva viso. ¿Por qué? En primer lugar, porque tradicionalmente las chaquetas masculinas se confeccionan con lana para traje, que se pega a la entretela. Además, para este estilo de prenda, la entretela se corta de modo que cubra más la parte frontal del pecho.

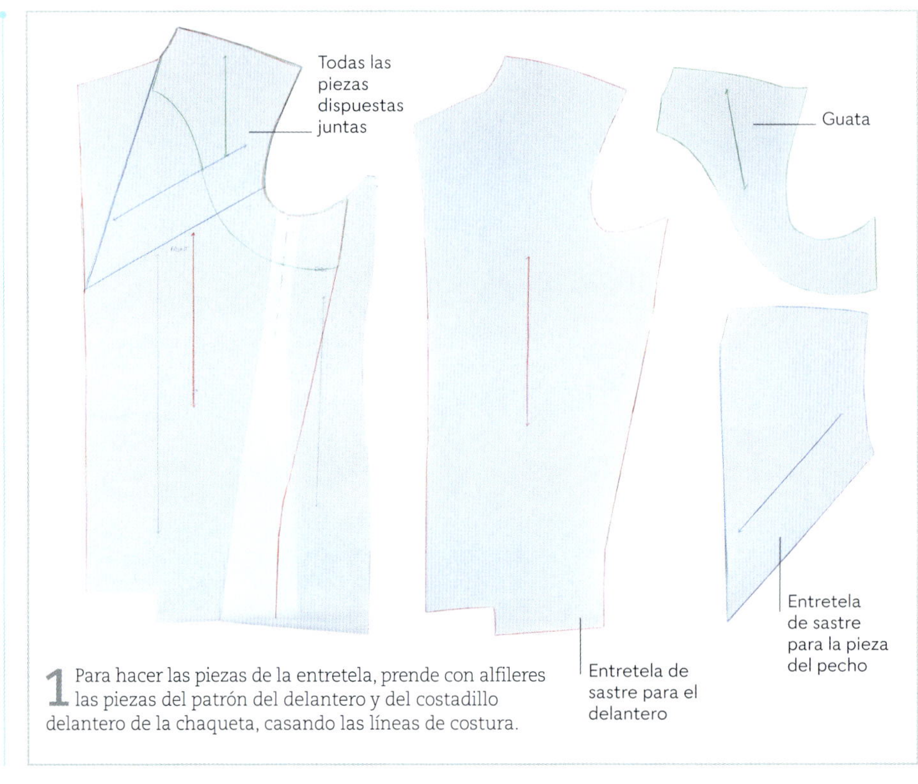

1 Para hacer las piezas de la entretela, prende con alfileres las piezas del patrón del delantero y del costadillo delantero de la chaqueta, casando las líneas de costura.

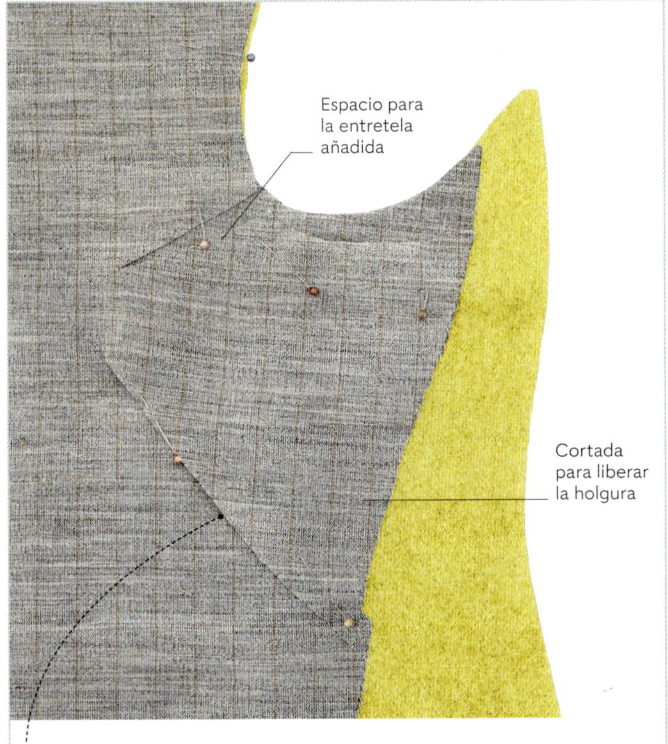

2 Corta las piezas de entretela y préndelas con alfileres en los bordes sobre el delantero y el costadillo delantero. Aunque el «bulto» no estará en el mismo lugar que en la chaqueta de línea princesa (p. 211), puedes moldear la entretela sobre el delantero con la misma técnica, con plancha y medio queso. Corta la entretela para liberar la holgura. Si es preciso, llena todo espacio abierto con una pieza de entretela superpuesta.

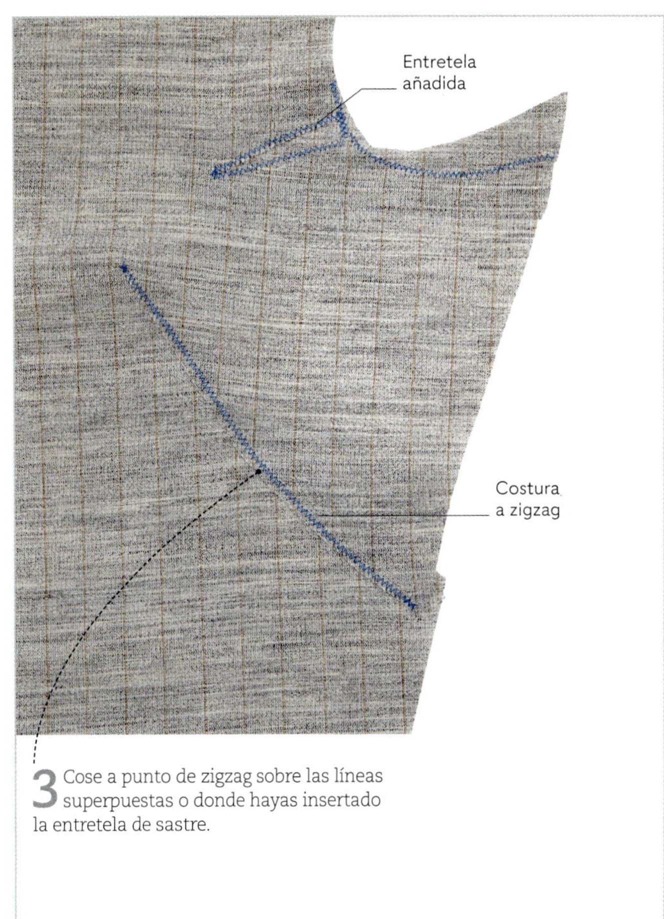

3 Cose a punto de zigzag sobre las líneas superpuestas o donde hayas insertado la entretela de sastre.

4 Coloca la entretela de sastre cortada al bies sobre el hombro y cósela con un picado como en el paso 6 de la chaqueta de línea princesa (p. 211). Sigue los pasos 7 a 10 de la aplicación de entretela de sastre en la chaqueta de línea princesa (pp. 211–212).

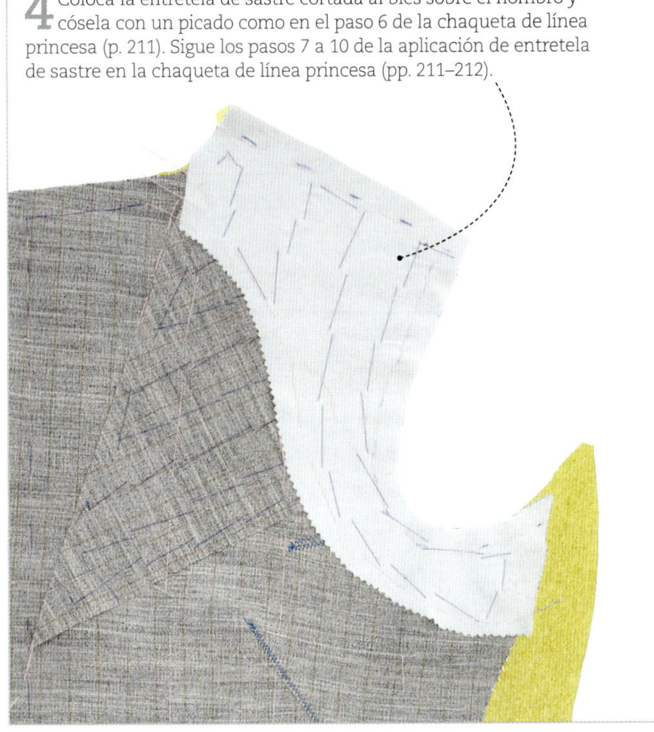

5 Sigue los pasos 13 a 16 de la chaqueta de línea princesa (p. 213). Insertar los bolsillos fijará aún más las piezas de entretela de sastre a la pieza de lana del delantero de la chaqueta.

Sastrería híbrida

La sastrería híbrida combina varias técnicas de sastrería rápida con una técnica de entretelado de sastrería artesanal y se usa sobre todo en abrigos, como los dos que encontrarás en este libro (pp. 276–291), y en prendas *prêt-à-porter*. Elige bien las entretelas, porque han de ser más ligeras que el tejido de la prenda.

ABRIGOS Y CHAQUETAS CON SOLAPAS

1 Aplica una entretela termoadhesiva ligera de punto o tejida sobre todo el delantero de la chaqueta o del abrigo.

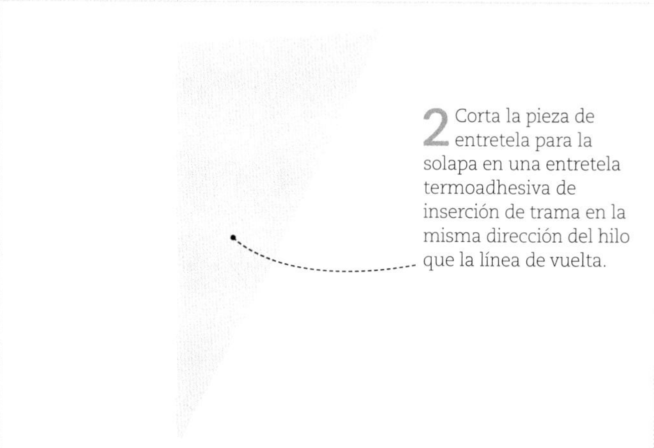

2 Corta la pieza de entretela para la solapa en una entretela termoadhesiva de inserción de trama en la misma dirección del hilo que la línea de vuelta.

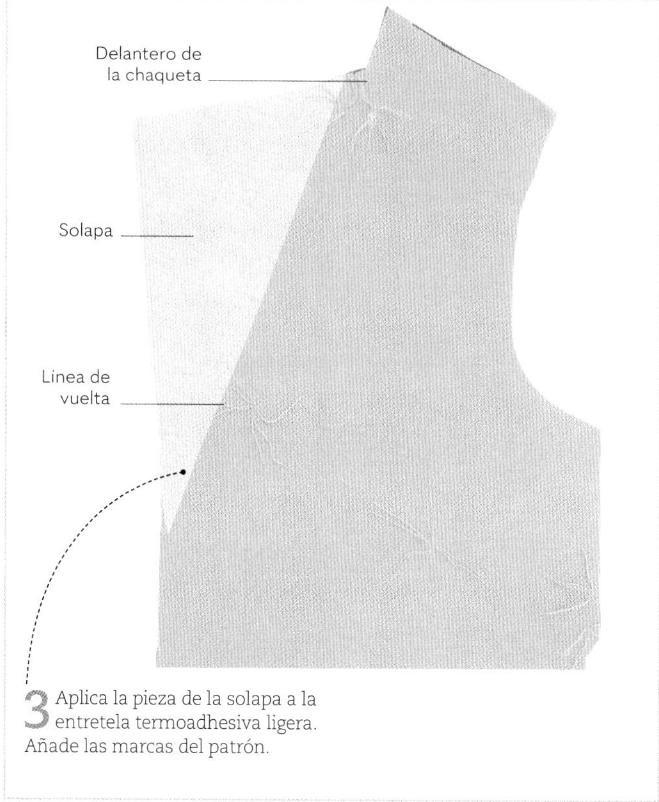

3 Aplica la pieza de la solapa a la entretela termoadhesiva ligera. Añade las marcas del patrón.

4 Aplica cinta adhesiva al hilo en el lado de la chaqueta de la línea de vuelta y en el borde delantero. Cose las pinzas y plancha.

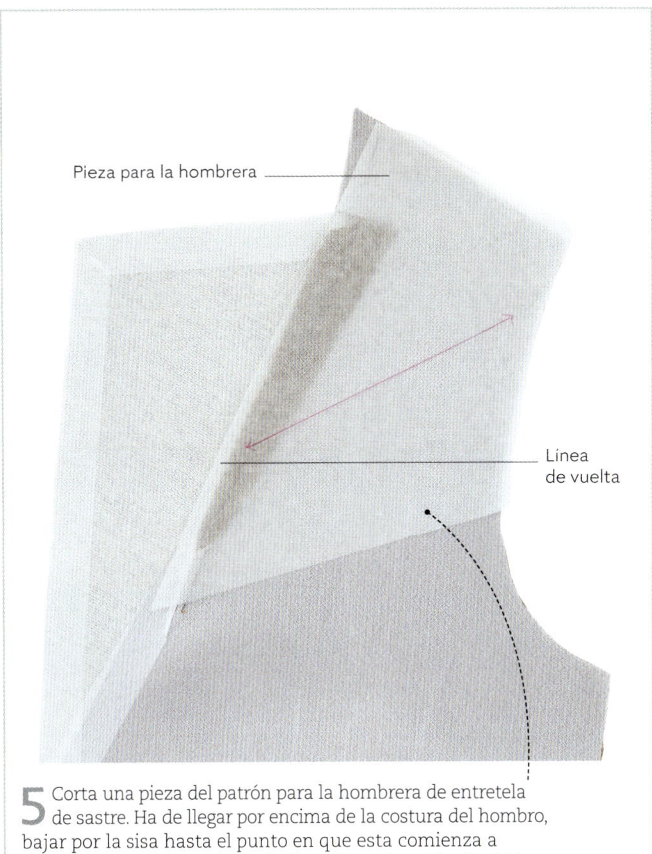

5 Corta una pieza del patrón para la hombrera de entretela de sastre. Ha de llegar por encima de la costura del hombro, bajar por la sisa hasta el punto en que esta comienza a curvarse y de allí llegar hasta la línea de vuelta. Córtala al bies.

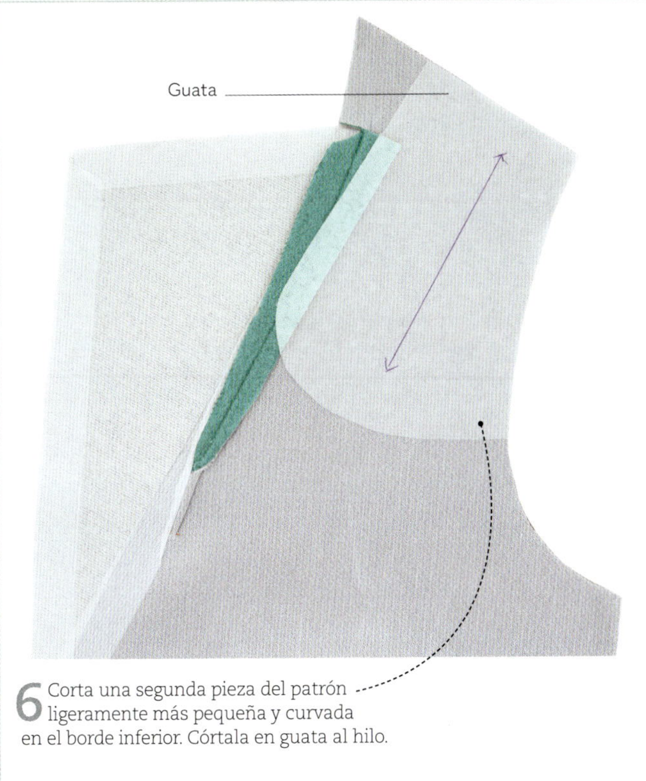

6 Corta una segunda pieza del patrón ligeramente más pequeña y curvada en el borde inferior. Córtala en guata al hilo.

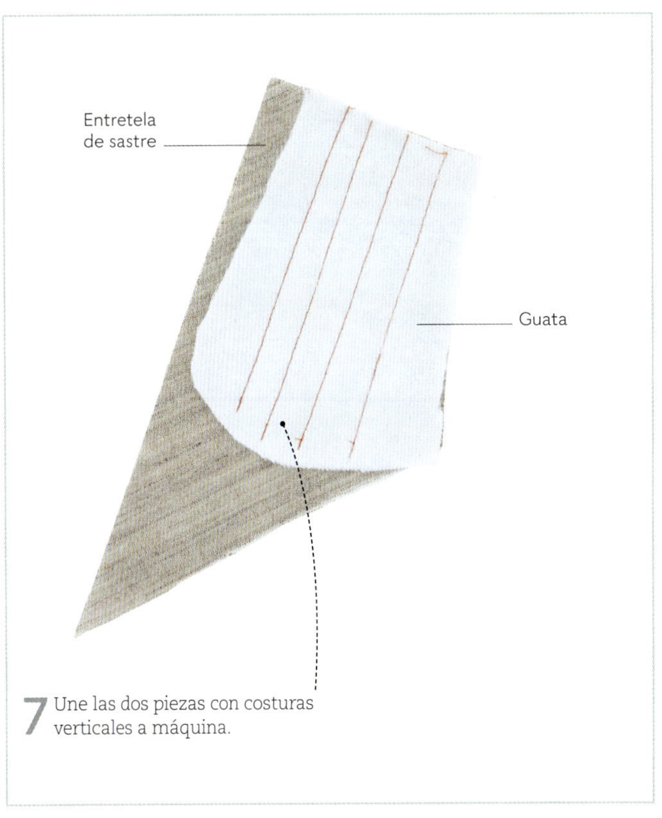

7 Une las dos piezas con costuras verticales a máquina.

Línea de vuelta

Punto de escapulario

8 Cose la entretela de sastre y la guata al delantero de la chaqueta a lo largo de las líneas de costura. Recorta las piezas hasta las líneas de costura. Cose a punto de escapulario la entretela de sastre sobre la línea de vuelta.

9 Corta una pieza de entretela ligera que encaje en la parte trasera del hombro; debería bajar unos 18 cm por el centro posterior y unos 7 cm por la costura lateral. Une los puntos con una curva, como se ve en la imagen. Corta el borde inferior con unas tijeras dentadas para suavizar el borde y aplica las piezas de la espalda. Aplica una cinta adhesiva al bies a lo largo del borde del cuello y de la sisa.

10 No es necesario entretelar las vistas delanteras de abrigos y chaquetas de tejidos más pesados. Sin embargo, si trabajas con una tela ligera, puedes aplicar una entretela termoadhesiva ligera.

CHAQUETAS Y ABRIGOS SIN SOLAPAS NI LÍNEAS DE VUELTA

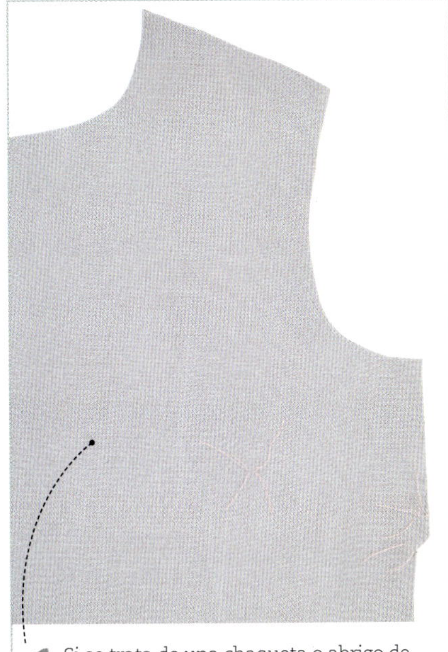

1 Si se trata de una chaqueta o abrigo de un tejido ligero y sin solapa ni línea de vuelta, aplica una entretela termoadhesiva de punto o tejida en todo el delantero y añade las marcas del patrón.

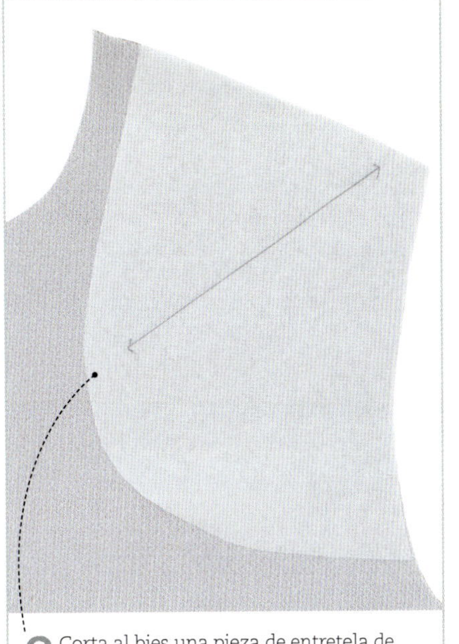

2 Corta al bies una pieza de entretela de sastre que se extienda sobre el hombro hasta unos 2 cm del cuello y que baje por la sisa hasta el punto el que esta empieza a curvarse. Une los puntos con una curva.

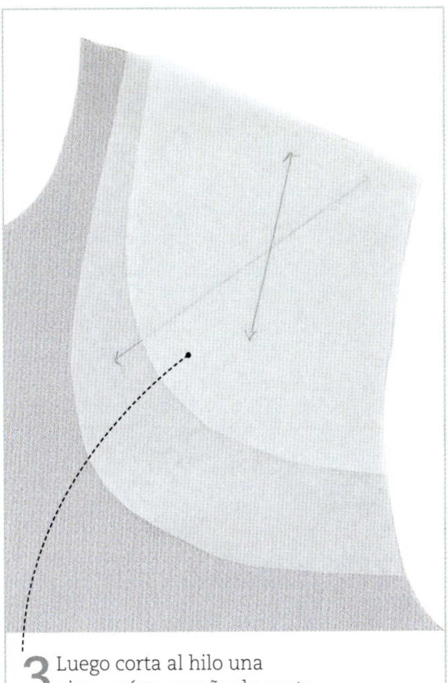

3 Luego corta al hilo una pieza más pequeña de guata y colócala sobre la entretela de sastre.

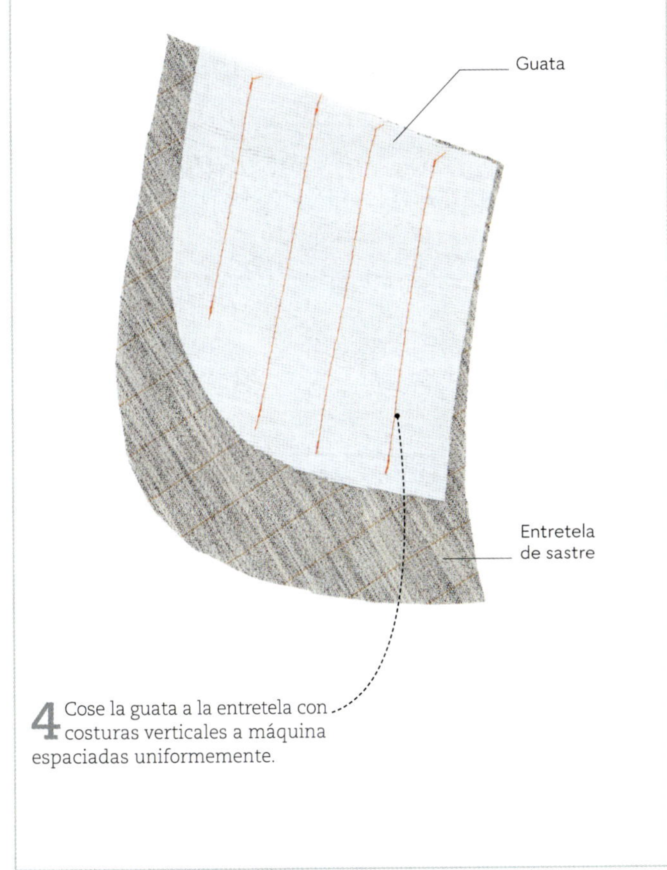

4 Cose la guata a la entretela con costuras verticales a máquina espaciadas uniformemente.

5 Aplícala sobre el hombro y la sisa delanteros con una hilera de puntadas a 1,3 cm aproximadamente del canto. Une las dos piezas de la espalda (véanse los pasos 9 y 10 de la p. anterior).

Prendas

Aquí encontrarás instrucciones paso a paso para hacer diez prendas clásicas que constituyen el fondo de armario de un vestidor bien confeccionado. Se trata de patrones de diversa complejidad que incluyen muchas de las técnicas de sastrería explicadas en los capítulos anteriores.

PATRÓN DE FALDA LÁPIZ

Falda lápiz

Una falda sastre recta es una de las prendas esenciales de un buen fondo de armario. Este modelo está totalmente forrado, tiene cinturilla y se cierra con cremallera en el centro del trasero. Lleva una abertura posterior que permite caminar con comodidad y bolsillos de cadera de tipo vaquero. Las pinzas traseras ayudan a crear una silueta favorecedora cuando se lleva con una camisa entallada (pp. 240–245). La puedes confeccionar en *tweed* o tartán, e incluso con lana o pana.

TÉCNICAS EMPLEADAS Aplicar una entretela termoadhesiva **p. 59**, Pinza sencilla **p. 114**, Cremallera invisible **p. 187**, Bolsillo de cadera de tipo vaquero **p. 169**, Forro junto a una abertura montada **pp. 120–121**, Poner una cinturilla recta **pp. 154–155**, Corchete **p. 198**

NIVEL DE DIFICULTAD

Medio Es una prenda ideal para iniciarse en la sastrería, pero ten cuidado con el forro alrededor de la abertura.

MATERIALES NECESARIOS

- Patrón (en las pp. 12–13 encontrarás instrucciones para descargar tu talla)
- 1,2 m de tela de 150 cm de ancho
- 1 m de tela para forro de 150 cm de ancho
- 1 cremallera invisible de 22 cm
- 1 carrete de hilo multiusos
- 1 m de cinturilla de entretela para cinturilla
- 1 m de vivo al bies
- 20 cm de entretela termoadhesiva ligera
- 1 corchete de pantalón

CARACTERÍSTICAS DE LA PRENDA

Esta falda recta lleva pinzas en el delantero y el trasero en la cintura, bolsillos amplios de tipo vaquero, cremallera oculta y una abertura trasera que facilita el movimiento.

Bolsillos de tipo vaquero

DELANTERO

Pinzas

Abertura

TRASERO

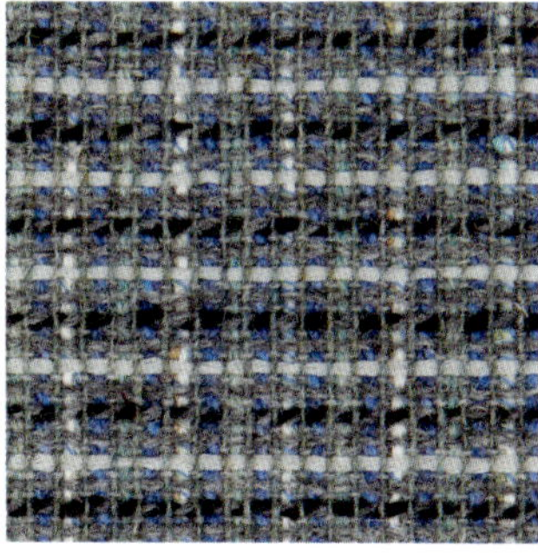

TWEED **LINTON**

FORRO DE TAFETÁN DE ACETATO

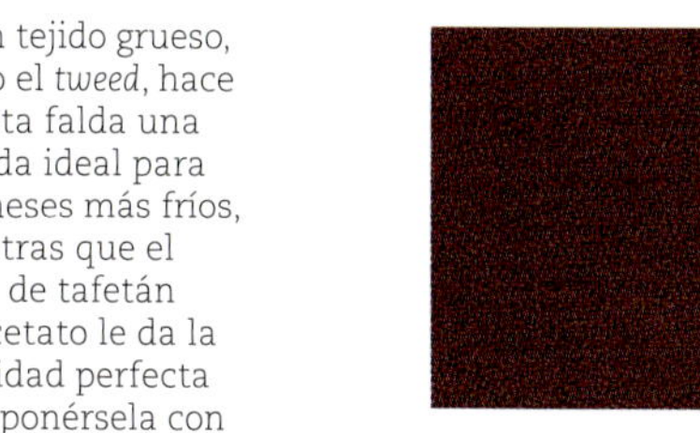

◀ Un tejido grueso, como el *tweed*, hace de esta falda una prenda ideal para los meses más fríos, mientras que el forro de tafetán de acetato le da la suavidad perfecta para ponérsela con facilidad y asegurar la comodidad.

CREPÉ

FORRO DE ACETATO

▲ Si prefieres una falda más ligera, un crepé le dará una caída muy favorecedora.

1 Confecciona la glasilla de la falda (véanse las pp. 86–87). Comprueba cómo queda de cintura y de cadera. ¿Sobra tela en el centro del trasero? ¿La longitud final es la correcta? Haz los ajustes que sean necesarios en el patrón.

2 Corta todas las piezas del patrón en la tela de la falda y del forro. Añade hilos flojos sueltos para indicar las marcas del patrón.

Costura lateral del trasero

3 Forma las pinzas en el trasero de la falda y plancha hacia el centro (p. 114). Aplica una tira termoadhesiva al hilo de 2 × 25 cm en la costura central del trasero, donde luego insertarás la cremallera. Sobrehíla la costura central y las costuras laterales del trasero.

4 Inserta una cremallera invisible en el centro del trasero (p. 187). Cose el resto de la costura y detente en el punto sobre la abertura. Fija el extremo de los galones de la cremallera al margen de la costura trasera central.

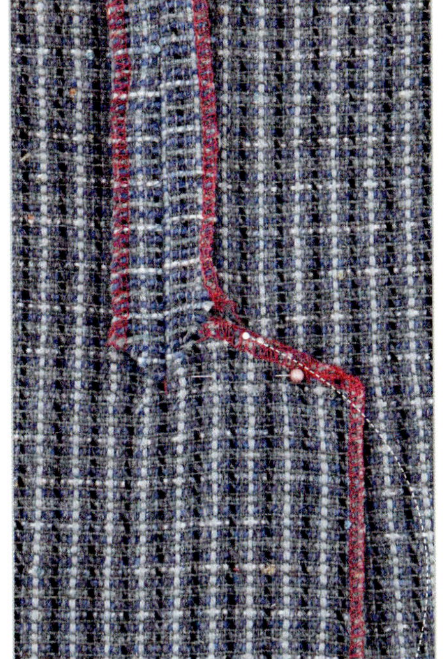

5 Haz unos piquetes en el margen derecho (según queda puesta la falda) de la costura trasera central sobre la abertura. Dobla la prolongación de la tela hacia el lado izquierdo (según queda puesta la falda) y plancha.

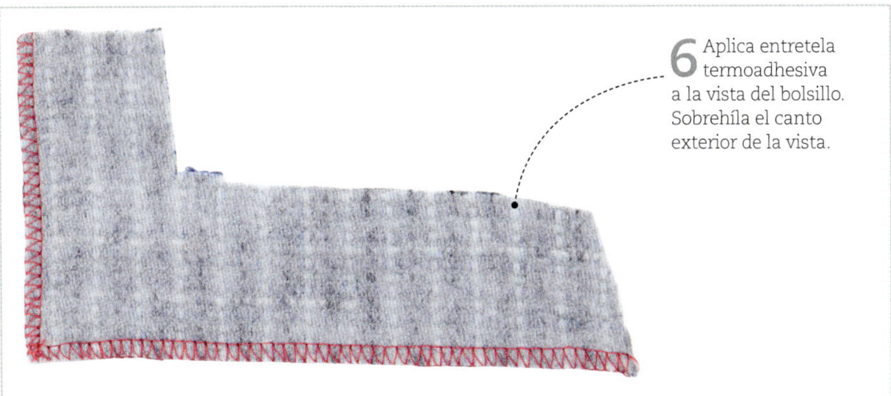

6 Aplica entretela termoadhesiva a la vista del bolsillo. Sobrehíla el canto exterior de la vista.

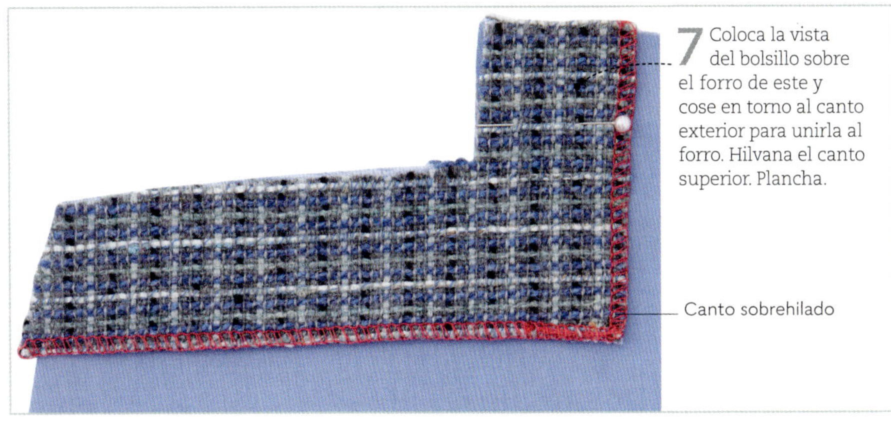

7 Coloca la vista del bolsillo sobre el forro de este y cose en torno al canto exterior para unirla al forro. Hilvana el canto superior. Plancha.

Canto sobrehilado

Centro del delantero

Pinza delantera lateral

8 Cose la pinza lateral del delantero. Plánchala hacia el centro del delantero.

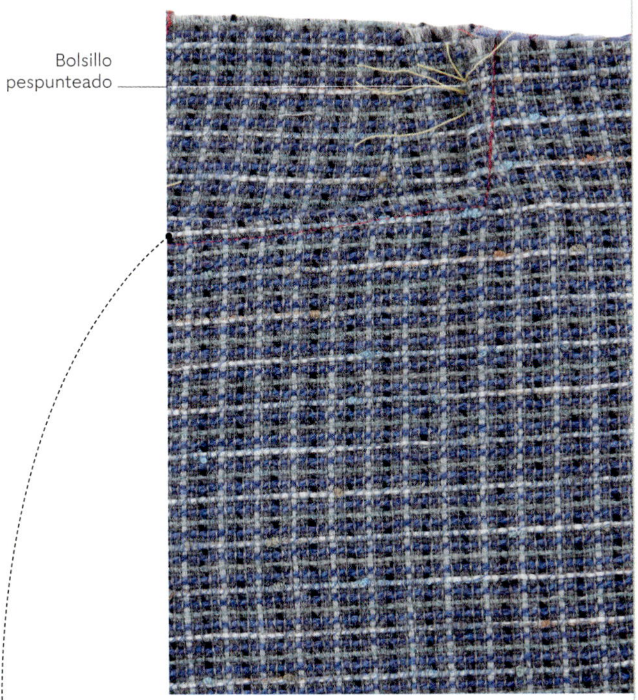

Bolsillo pespunteado

9 Coloca la vista y el forro del bolsillo en el delantero de la falda como se ve en la imagen. Cose, desmiente la costura, vuelve la falda del derecho y pespuntea (p. 169).

DERECHO DE LA FALDA

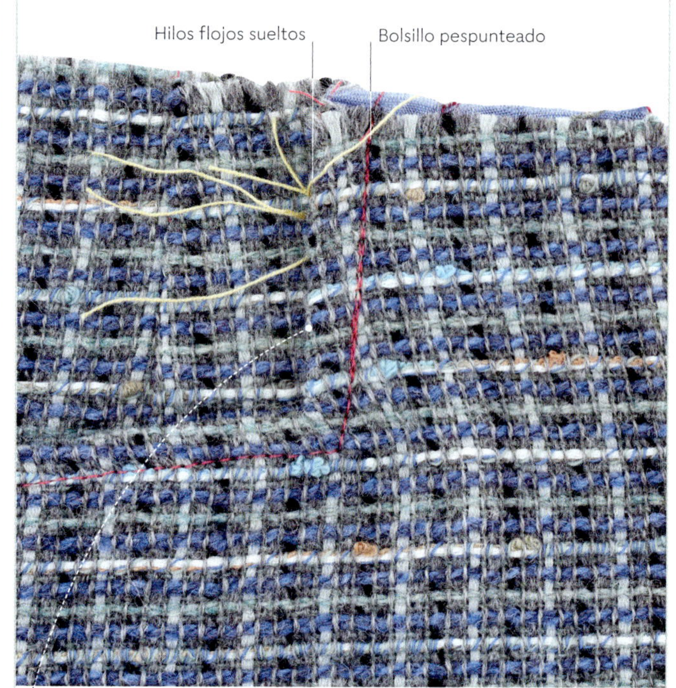

10 Los cantos del bolsillo deben casar con los puntos del patrón en el derecho de la falda. El bolsillo no es plano, sino que queda algo holgado para que quepa la mano. Hilvana la costura lateral para asegurarla. Pespuntea sobre los pespuntes que ya has hecho en la cintura.

11 Sobrehíla las costuras laterales recogiendo todas las capas.

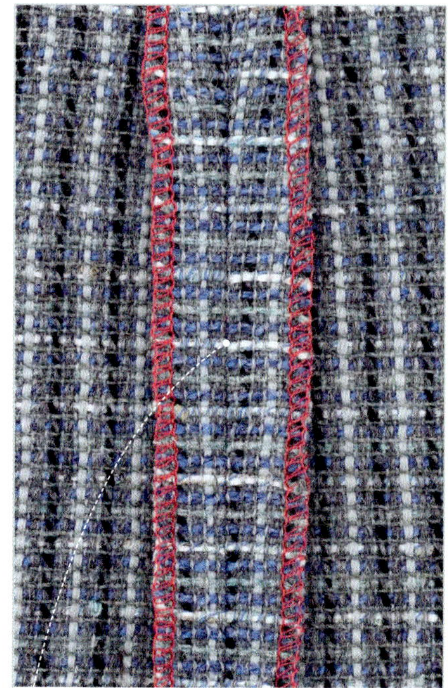

12 Une el delantero y la espalda de la falda por las costuras laterales. Plancha las costuras abiertas.

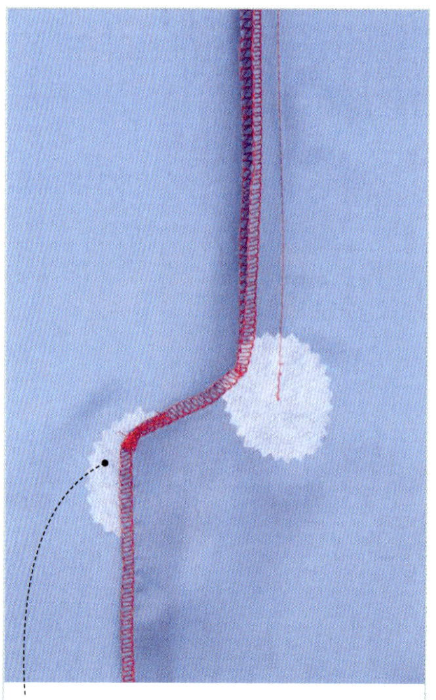

13 Sobrehíla las costuras del centro del trasero y laterales del forro. Une la costura central posterior del forro entre los puntos. Refuerza las esquinas de la abertura. Plancha la costura abierta.

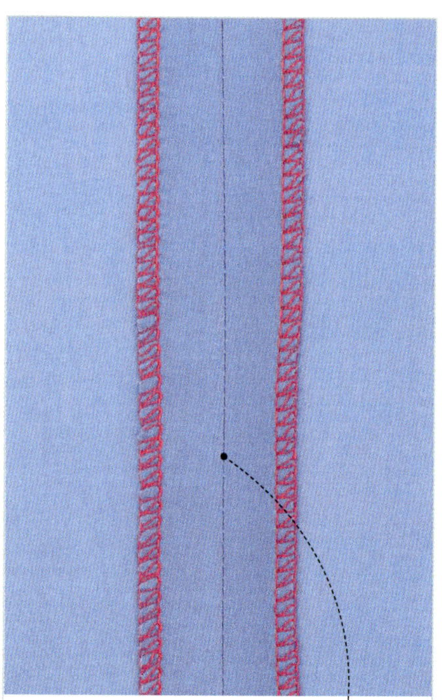

14 Une el delantero y el trasero del forro por las costuras laterales. Plancha las costuras abiertas.

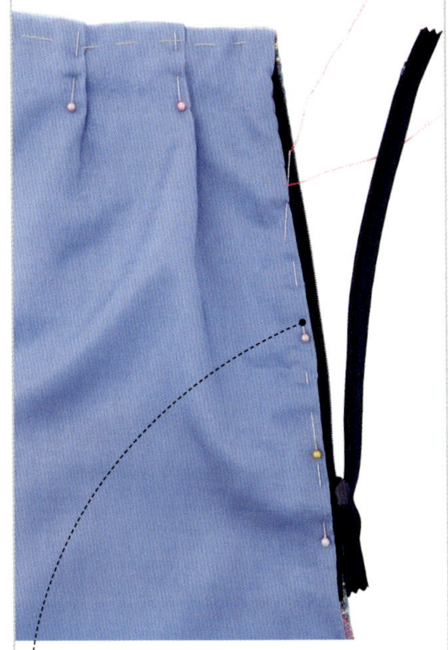

15 Junta el forro y la falda revés con revés. Préndelos con alfileres y haz un hilván, o hilvánalos por la cintura, haciendo lorzas en el forro sobre las pinzas, para evitar que abulte. En la cremallera del centro del trasero, dobla hacia dentro el margen de costura del forro sobre el centro del galón de la cremallera. Préndelo con alfileres y cóselo a punto de jareta.

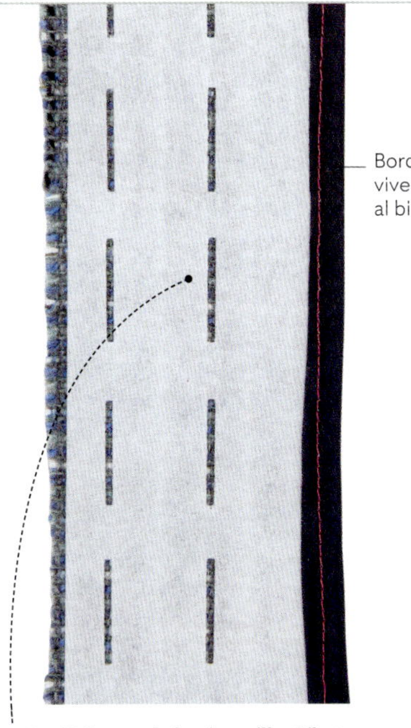

16 Entretela la cinturilla. Ribetea con un vivo al bies uno de los lados largos. Une la cinturilla a través de la tela de la falda y del forro (p. 154).

17 Sobrehíla el dobladillo de la falda. Dobla el bajo hacia arriba 4 cm y cóselo a punto de dobladillo invisible. En la abertura central posterior, dobla a inglete el dobladillo en el lado posterior izquierdo (según queda puesta la falda) y dobla hacia dentro el margen de costura del lado derecho.

18 Haz una costura doble de 2 cm en el forro. Dobla 2 cm, plancha, vuelve a doblar 2 cm y plancha.

19 Haz un piquete en la esquina del forro y préndelo con un alfiler junto a la abertura. Cóselo a punto de jareta (pp. 120–121).

20 Cose el corchete en la cinturilla (p. 198) para terminar la falda.

PATRÓN DE PANTALÓN RECTO

Pantalón recto

Estos clásicos pantalones rectos hasta el tobillo que tanto puedes llevar para ir a trabajar como en momentos de ocio no pueden faltar en tu vestuario. Para garantizar una caída perfecta, de modo que estilice la figura y acabe justo en los tobillos, elije el patrón de la talla que más se acerque a tus medidas y haz una glasilla para ajustarlo. En las pp. 236–239 encontrarás una versión de pernera ancha de este mismo pantalón.

TÉCNICAS EMPLEADAS Aplicar una entretela termoadhesiva **p. 59**, Pinza sencilla **p. 114**, Bolsillo interior con tapeta **p. 165**, Añadir una lorza delantera en perneras de pantalón **p. 117**, Bolsillo de cadera delantero **p. 168**, Poner una cinturilla partida **p. 156**, Cremallera de bragueta con vista **pp. 184–185**, Dobladillos a mano **p. 177**, Corchete **p. 198**

NIVEL DE DIFICULTAD

Medio Si este es el primer pantalón que confeccionas puedes prescindir de los bolsillos interiores traseros.

MATERIALES NECESARIOS

- Patrón (en las pp. 12–13 encontrarás instrucciones para descargar tu talla)
- 1 m de tela de 1 m de ancho
- 50 cm de tela para forro
- 50 cm de entretela termoadhesiva
- 50 cm de cinta adhesiva al hilo
- 1 cremallera para pantalón de 20 cm
- 1 carrete de hilo multiusos
- 1 m de vivo al bies
- 1 corchete de pantalón

CARACTERÍSTICAS DE LA PRENDA

Pantalón recto tobillero con pinzas delanteras y traseras, y cinturilla con forma y costura central trasera para que siente mejor. Los bolsillos de cadera y la bragueta con vista completan el delantero, mientras que los bolsillos interiores traseros crean una silueta favorecedora y realzan la elegante simetría de la prenda.

SARGA DE LANA

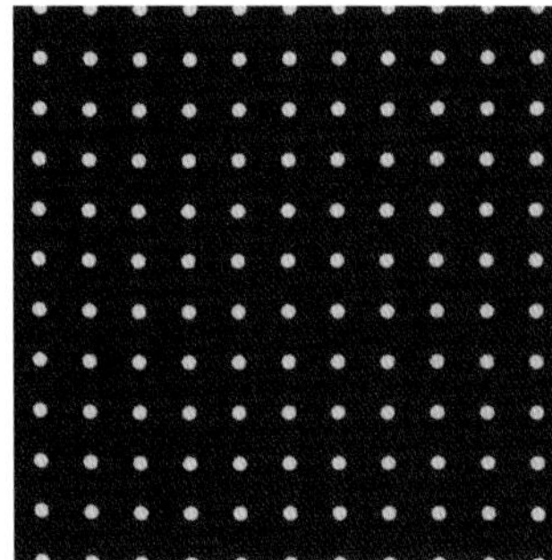
FORRO DE SARGA DE SEDA

◀ Este pantalón se ha confeccionado con una sarga de lana que, además de tener una elegante caída, es resistente y cálida. Para el forro de la cinturilla y la tapeta de la bragueta se ha usado una sarga de seda con estampado de lunares.

TWEED

TWEED

▲ Da un aire más contemporáneo al pantalón con un *tweed* moderno que encaje en tu armario.

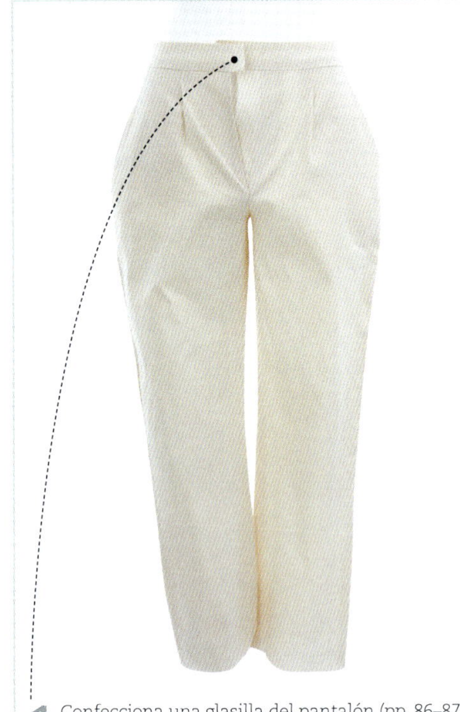

1 Confecciona una glasilla del pantalón (pp. 86–87). Comprueba cómo queda. ¿Son correctas las medidas de la cintura y de la cadera? ¿Hay que alargar la costura del tiro? Comprueba la longitud y el ancho del borde del dobladillo. Haz los ajustes necesarios.

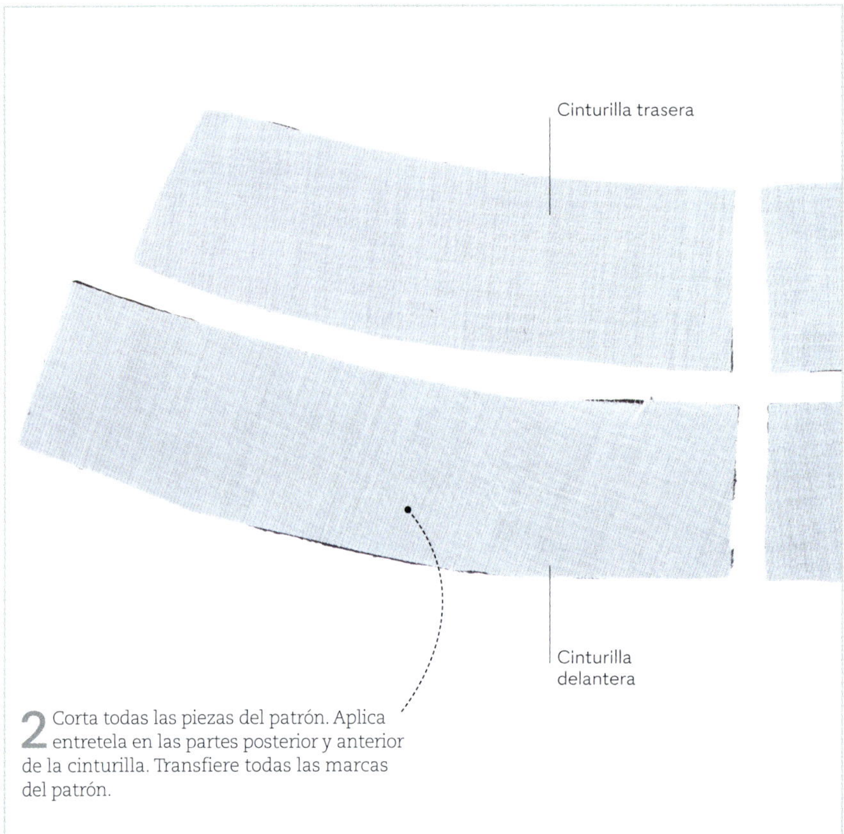

2 Corta todas las piezas del patrón. Aplica entretela en las partes posterior y anterior de la cinturilla. Transfiere todas las marcas del patrón.

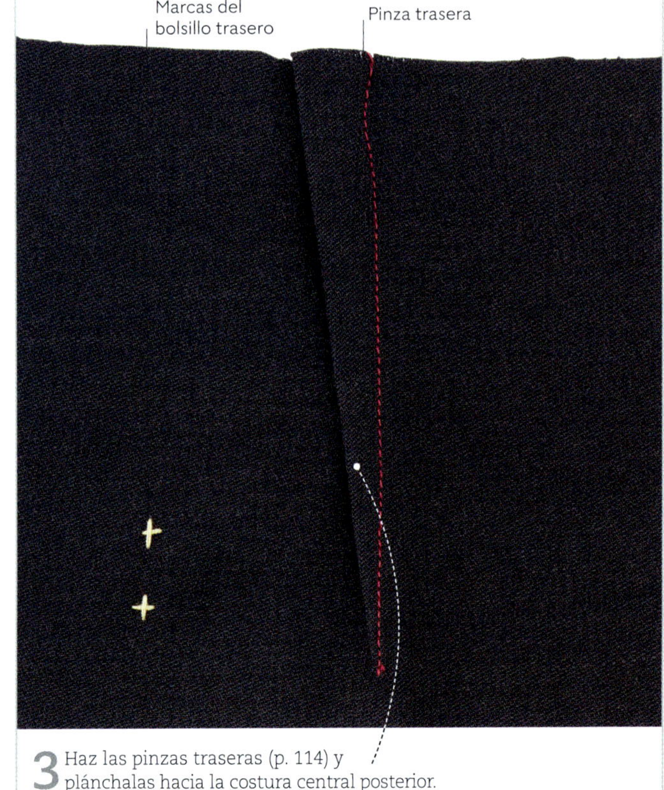

3 Haz las pinzas traseras (p. 114) y plánchalas hacia la costura central posterior.

4 Haz los bolsillos interiores traseros (p. 165).

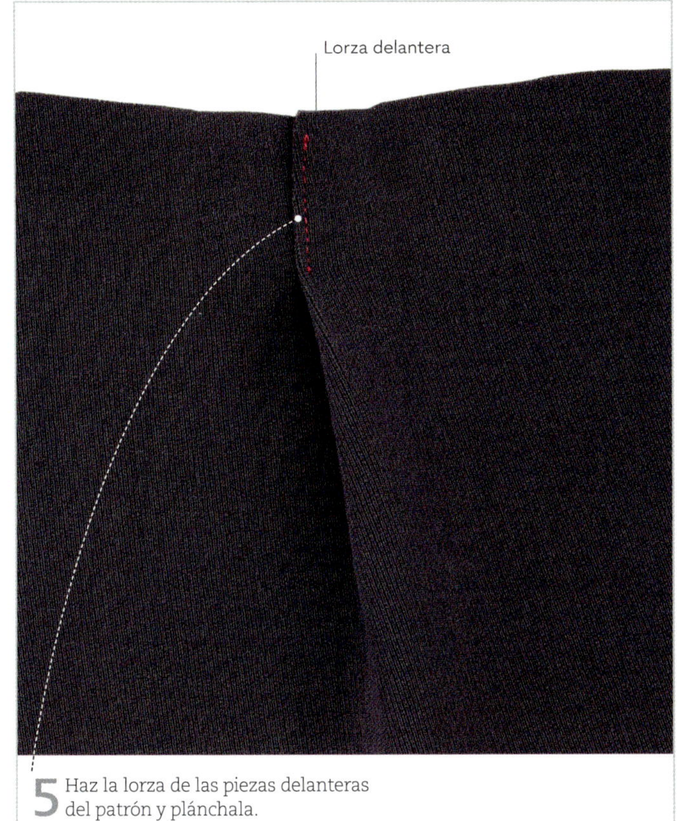

5 Haz la lorza de las piezas delanteras del patrón y plánchala.

6 Aplica una tira de cinta termoadhesiva al hilo en el revés del canto del bolsillo.

7 Sobrehíla a máquina el canto largo y recto de la vista del bolsillo del pantalón. Pon el revés de cara al saco del bolsillo derecho, de modo que coincidan en el borde inclinado. Hilvana en diagonal y afianza cosiendo a máquina junto al sobrehilado.

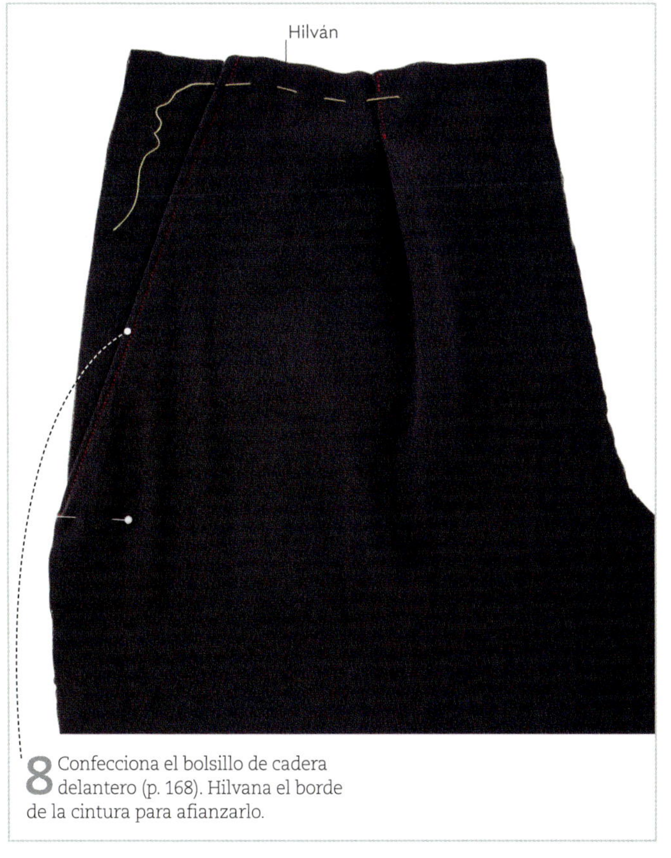

8 Confecciona el bolsillo de cadera delantero (p. 168). Hilvana el borde de la cintura para afianzarlo.

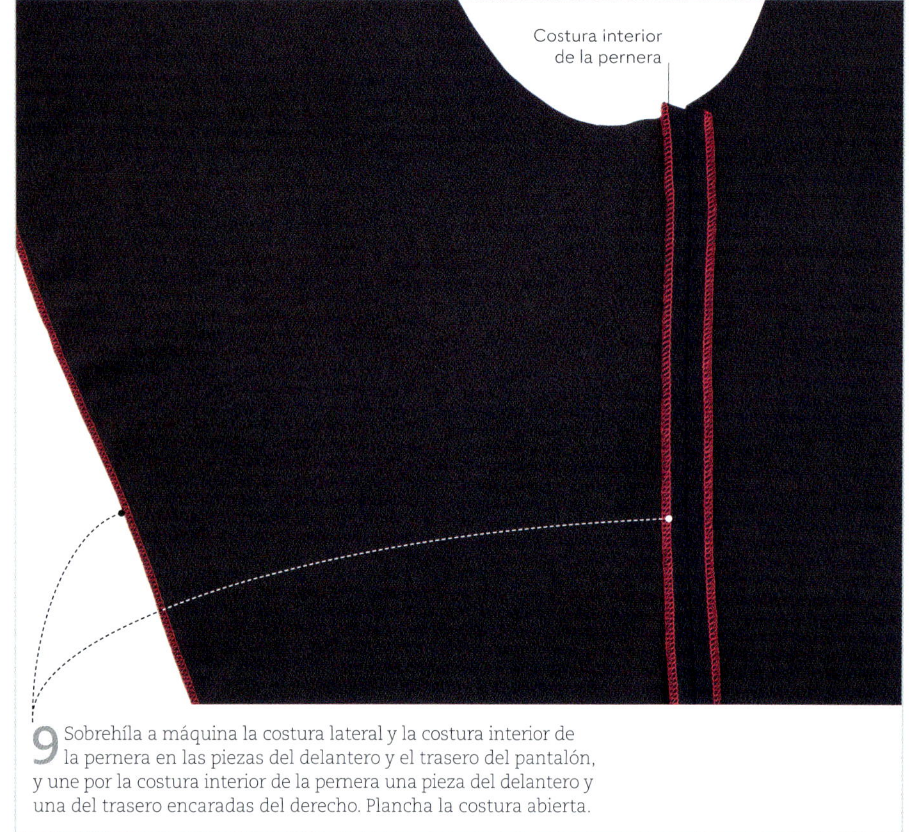

9 Sobrehíla a máquina la costura lateral y la costura interior de la pernera en las piezas del delantero y el trasero del pantalón, y une por la costura interior de la pernera una pieza del delantero y una del trasero encaradas del derecho. Plancha la costura abierta.

10 Sobrehíla el canto del bajo. Aplica una tira de entretela termoadhesiva de 3,5 cm de modo que quede sobre la costura y a 2,5 cm del canto sobrehilado.

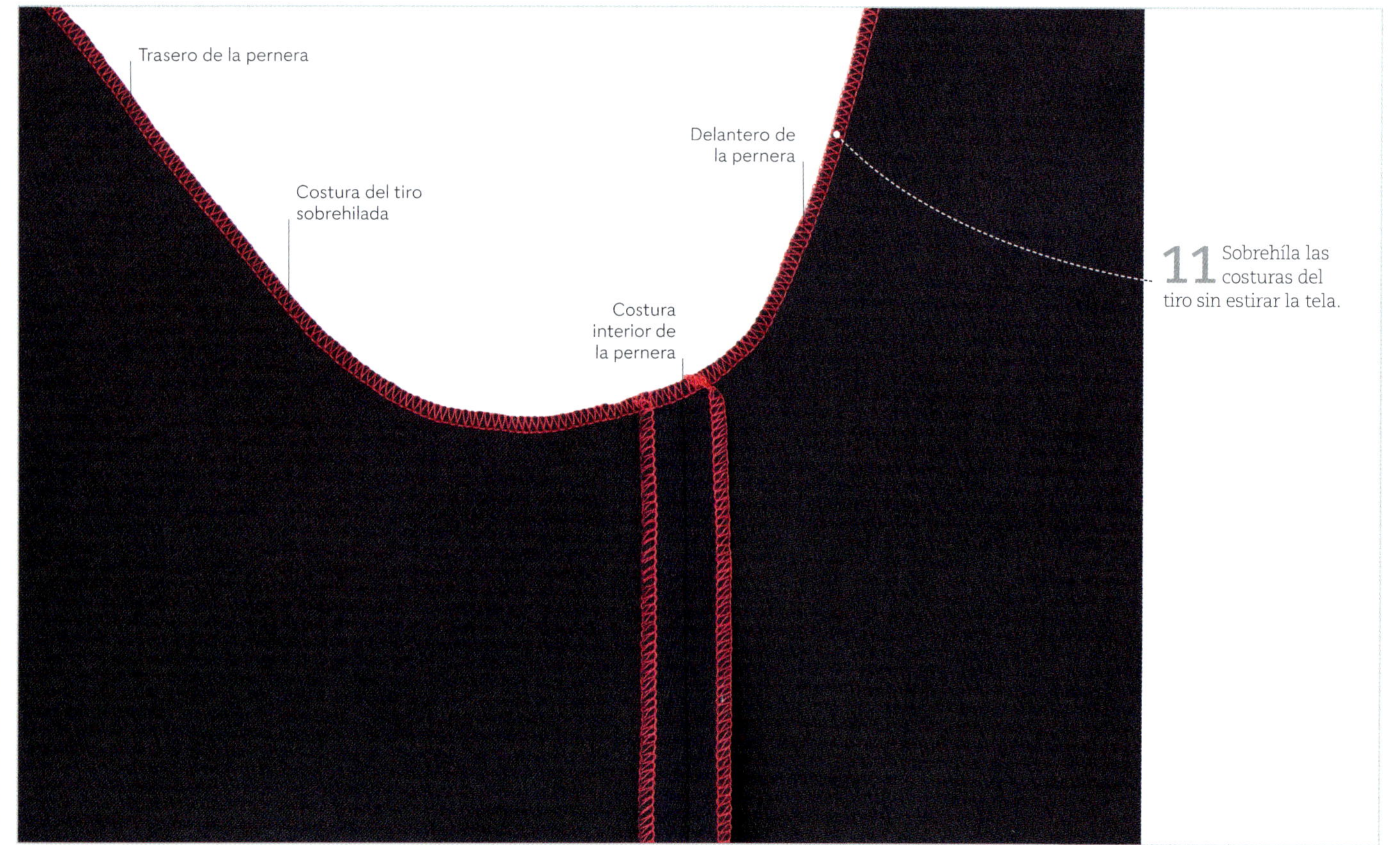

11 Sobrehíla las costuras del tiro sin estirar la tela.

12 Une las piezas de la cinturilla al trasero de las perneras. Desmiente la costura y plánchala hacia la cinturilla.

13 Une las perneras por la costura del tiro desde el punto del centro del delantero hasta la cinturilla trasera.

14 Inserta la cremallera de la bragueta con vista (pp. 184–185) y une las piezas de la cinturilla delanteras.

15 Desmiente la costura y plánchala hacia la cinturilla.

16 Une el delantero y el trasero del pantalón encarados del derecho. Embasta o hilvana las costuras laterales para formar las dos perneras. Pruébate los pantalones. Haz los ajustes que sean necesarios. Cose la costura definitiva y plánchala abierta sobre un rodillo de planchar.

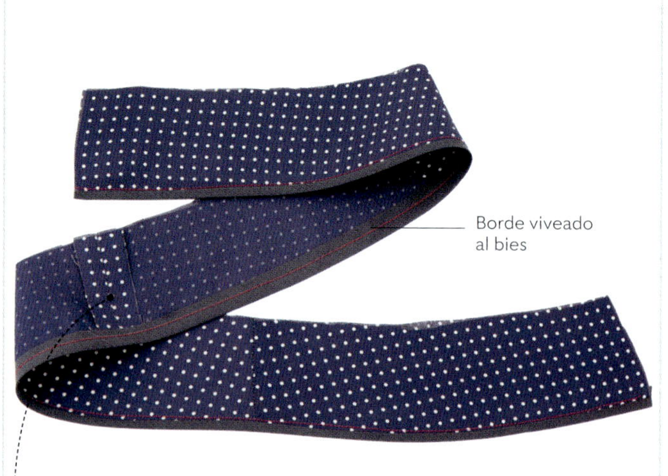

17 Une las piezas del forro de la cinturilla y vivea o sobrehíla el canto inferior del forro de la cinturilla. Encara del derecho el forro y la tela de la cinturilla y préndelos con alfileres asegurándote de casar las costuras laterales y el centro posterior.

18 Une el forro de la cinturilla a la cinturilla del pantalón por el borde superior. Cose el borde superior y el centro delantero. Desmiente la costura y haz una costura sobrecargada.

19 Prende con alfileres el forro de la cinturilla a la cinturilla del pantalón como se ve en la imagen y cose por el canal de la costura.

20 Cose uno o dos corchetes de pantalón en el centro del delantero (p. 198).

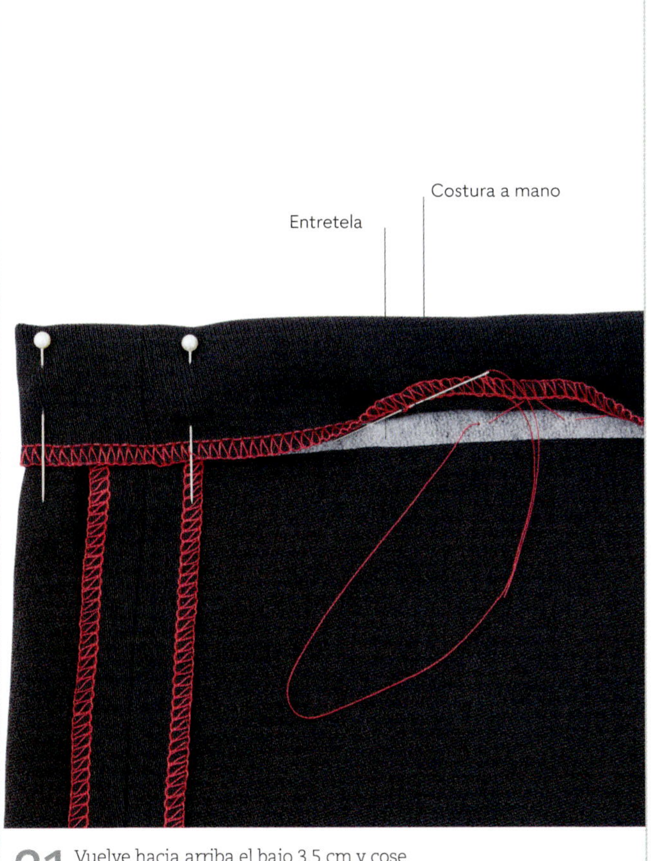

21 Vuelve hacia arriba el bajo 3,5 cm y cose el dobladillo a punto de dobladillo invisible.

PATRÓN DE PANTALÓN ANCHO

Pantalón ancho

Este pantalón es una variante del pantalón recto de las pp. 228–235: las pinzas delanteras se han sustituido por lorzas y la cremallera delantera por una cremallera invisible en la costura lateral. Es holgado de la cintura al bajo y posee una elegancia minimalista que los complementos permiten adaptar a cualquier ocasión. Para garantizar una buena caída, elige una tela con peso, como lino, crepé o una sarga. Combínalo con una prenda superior entallada, como la camisa clásica (pp. 240–245) o dale un toque elegante con la chaqueta de las pp. 252–259.

TÉCNICAS EMPLEADAS Aplicar una entretela termoadhesiva **p. 59**, Pinza sencilla **p. 114**, Cremallera invisible **p. 187**, Bolsillo de cadera delantero **p. 168**, Poner una cinturilla partida **p. 156**, Dobladillos a mano **p. 177**

NIVEL DE DIFICULTAD

Principiante Es un pantalón muy sencillo, ideal como primer proyecto de sastrería.

MATERIALES NECESARIOS

- Patrón (en las pp. 12–13 encontrarás instrucciones para descargar tu talla)
- 2,5 m de tela de 150 cm de ancho
- 50 cm de entretela termoadhesiva ligera
- 50 cm de tela para forro
- 1 carrete de hilo multiusos
- 1 cremallera invisible de 20 cm

CARACTERÍSTICAS DE LA PRENDA

Este pantalón ancho se ha confeccionado con un lino de color vivo y lleva lorzas en la cinturilla, una cremallera invisible en la costura lateral y pinzas moldeadoras en el trasero.

Lorzas delanteras

Cremallera invisible y bolsillos de cadera delanteros

DELANTERO

Pinzas posteriores

Cinturilla partida

TRASERO

LINO

FORRO DE RASO

◀ Este pantalón ancho se ha confeccionado con un lino intermedio, fantástico para los meses de verano, ya que las fibras naturales y transpirables son muy frescas. La cinturilla se ha forrado con un tejido de raso.

CREPÉ PESADO

FORRO DE TAFETÁN DE ACETATO

▲ Este pantalón también quedaría muy bien con un crepé pesado o un crepé triple, porque el peso les otorgaría una caída maravillosa. Combínalo con un forro de tafetán de acetato más ligero.

1 Confecciona una glasilla del pantalón (pp. 86–87). Comprueba cómo queda. ¿Son correctas las medidas de la cintura y la cadera? ¿Hay que alargar la costura del tiro? ¿Se hacen arrugas? Comprueba la longitud y el ancho en el borde del bajo. Haz los ajustes que sean necesarios.

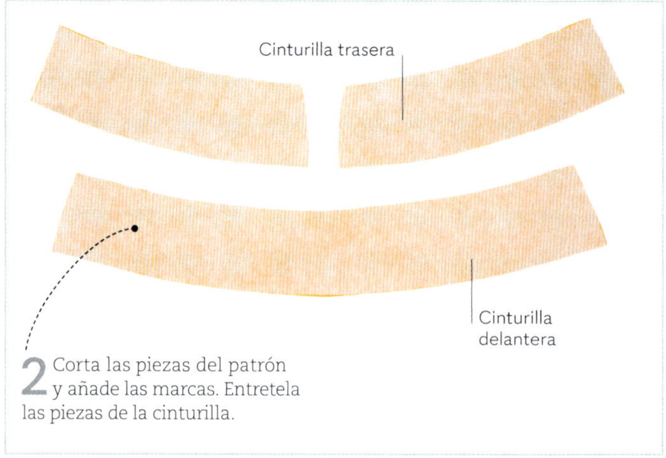

2 Corta las piezas del patrón y añade las marcas. Entretela las piezas de la cinturilla.

3 Haz las pinzas en el trasero del pantalón (p. 114) y plánchalas hacia el centro del trasero.

4 Sigue los pasos 6 a 11 del pantalón recto (pp. 231–232).

5 Encara del derecho las piezas de las perneras y únelas por la costura del tiro desde el centro del delantero hasta el centro del trasero. Une la cinturilla delantera.

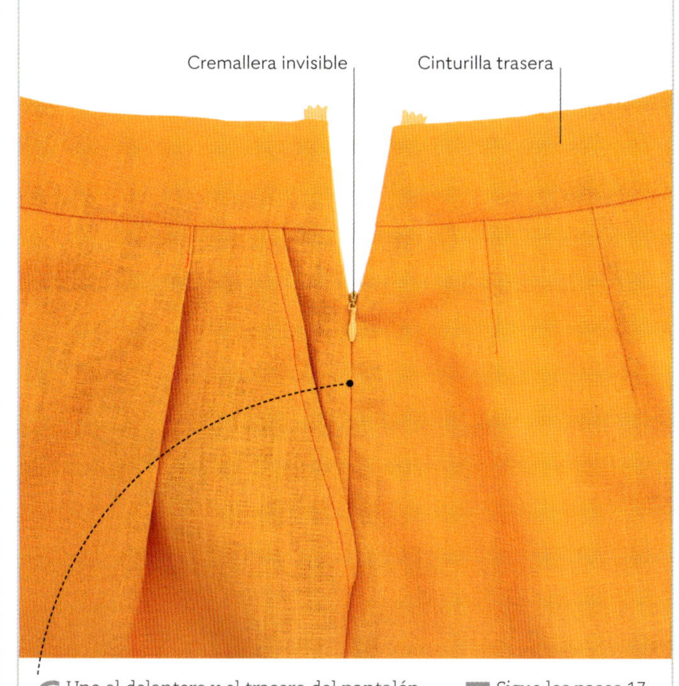

6 Une el delantero y el trasero del pantalón encarados del derecho (véase el paso 16 del pantalón recto en la p. 234). Inserta la cremallera invisible en el lado izquierdo del pantalón a través de la cinturilla y el costadillo (p. 187).

7 Sigue los pasos 17 a 19 del pantalón recto (pp. 234–235) y une el forro de la cinturilla.

8 En la cremallera, vuelve hacia dentro el lado del forro de la cinturilla, préndelo con alfileres y cóselo a mano al galón de la cremallera.

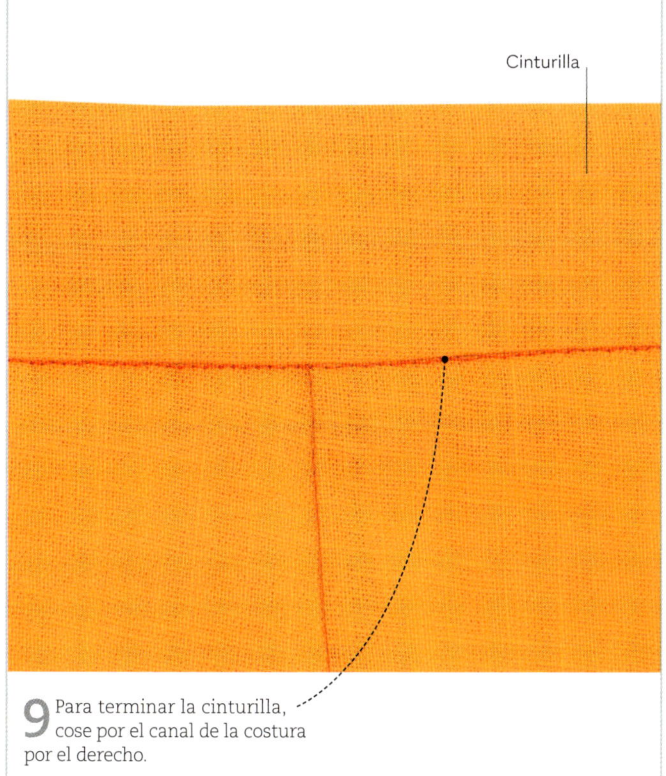

9 Para terminar la cinturilla, cose por el canal de la costura por el derecho.

10 Cose a mano los dobladillos, como en el paso 21 de los pantalones rectos (p. 235).

PATRÓN DE CAMISA CLÁSICA

Camisa clásica

La camisa de vestir es una prenda atemporal, sofisticada y versátil que se presta a todas las ocasiones, ya sean informales o más elegantes. Esta camisa clásica, con costuras sobrecargadas, cuello con tirilla y mangas con abertura con tapeta y puño, aportará distinción a tu armario. Combinará bien con otras prendas de este libro, como el pantalón recto (pp. 228–235) o la chaqueta de línea princesa (pp. 252–259).

TÉCNICAS EMPLEADAS Pinza sencilla **p. 114**, Añadir una lorza en la espalda de una camisa **p. 117**, Método del burrito, **pp. 126–127**, Costura sobrecargada **p. 107**, Abertura con tapeta camisera **pp. 148–149**, Poner un puño **pp. 150–151**, Poner una manga encajada **p. 139**, Cuello camisero con tirilla **pp. 132–133**, Botones **p. 189**, Ojales **pp. 192–197**

NIVEL DE DIFICULTAD

Avanzado Aprende a poner un cuello con tirilla y a confeccionar una manga con abertura con tapeta y puño.

MATERIALES NECESARIOS

- Patrón (en las pp. 12–13 encontrarás instrucciones para descargar tu talla)
- 2,5–3 m de tela de 150 cm de ancho
- 10–12 botones para camisa
- 1 carrete de hilo multiusos
- 1 m de entretela

CARACTERÍSTICAS DE LA PRENDA

Esta camisa tiene pinzas de pecho, costuras laterales sutilmente entalladas y una pinza de lorza en la espalda. Aunque se ha confeccionado con costuras sobrecargadas, también puedes utilizar una costura sencilla y sobrehilar a máquina los márgenes para unirlos.

DELANTERO

ESPALDA

◀ Esta camisa se ha confeccionado con una tela de camisería a rayas que hace de ella una prenda atemporal.

TELA DE CAMISERÍA A RAYAS

◀ Una tela floreada como esta batista de algodón con estampado *Liberty* es una alternativa ideal si prefieres un estilo menos estricto.

BATISTA DE ALGODÓN

1 Confecciona una glasilla (pp. 86–87) y comprueba el ajuste en el pecho, la longitud de las mangas y el tamaño del cuello.

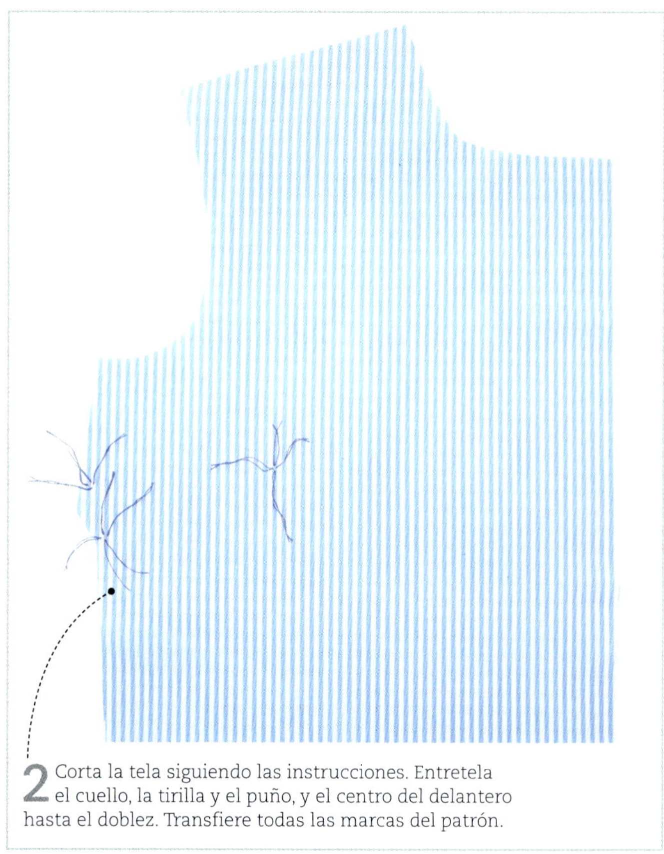

2 Corta la tela siguiendo las instrucciones. Entretela el cuello, la tirilla y el puño, y el centro del delantero hasta el doblez. Transfiere todas las marcas del patrón.

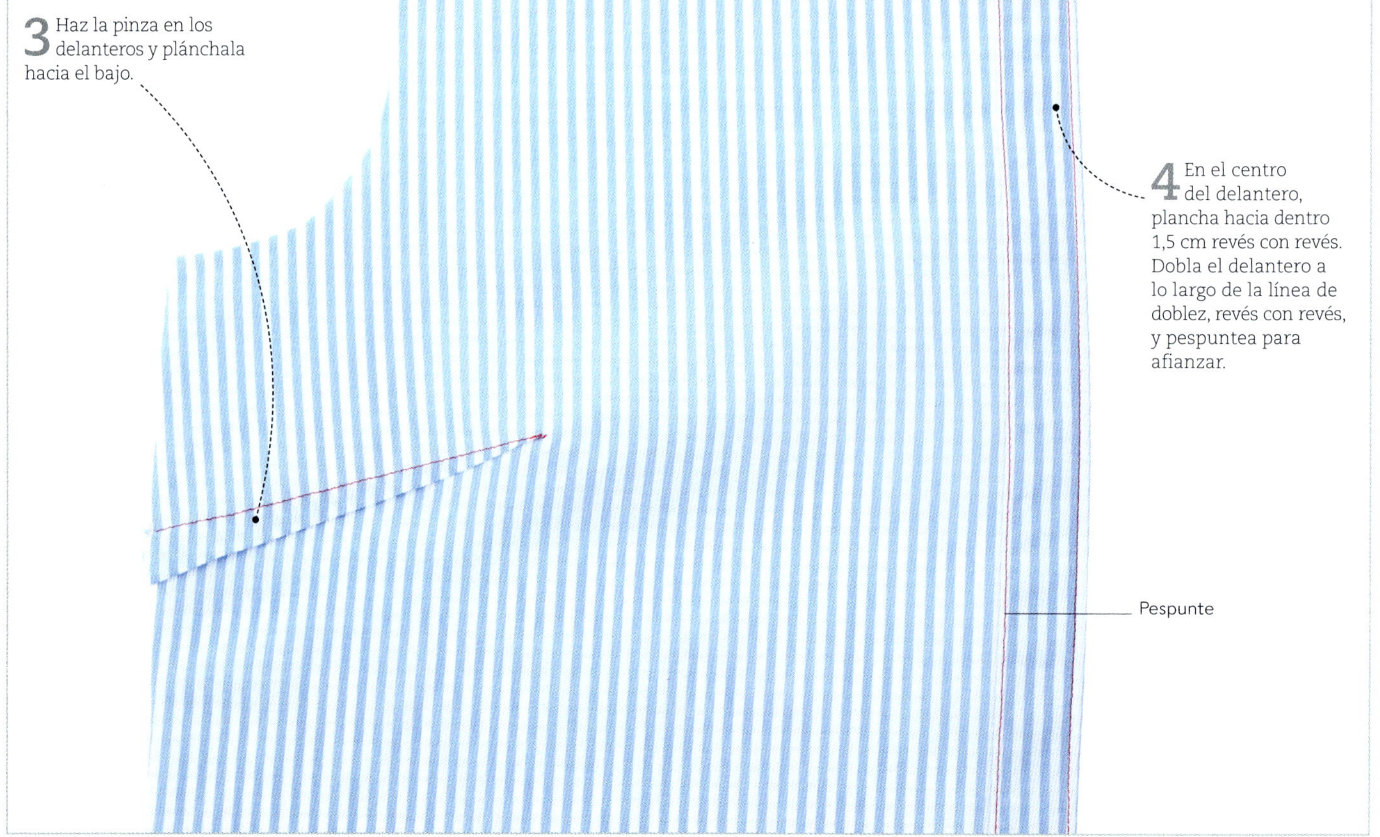

3 Haz la pinza en los delanteros y plánchala hacia el bajo.

4 En el centro del delantero, plancha hacia dentro 1,5 cm revés con revés. Dobla el delantero a lo largo de la línea de doblez, revés con revés, y pespuntea para afianzar.

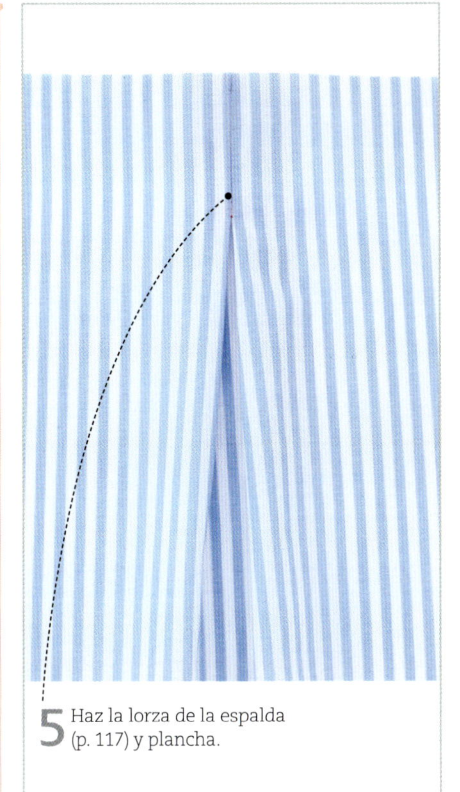

5 Haz la lorza de la espalda (p. 117) y plancha.

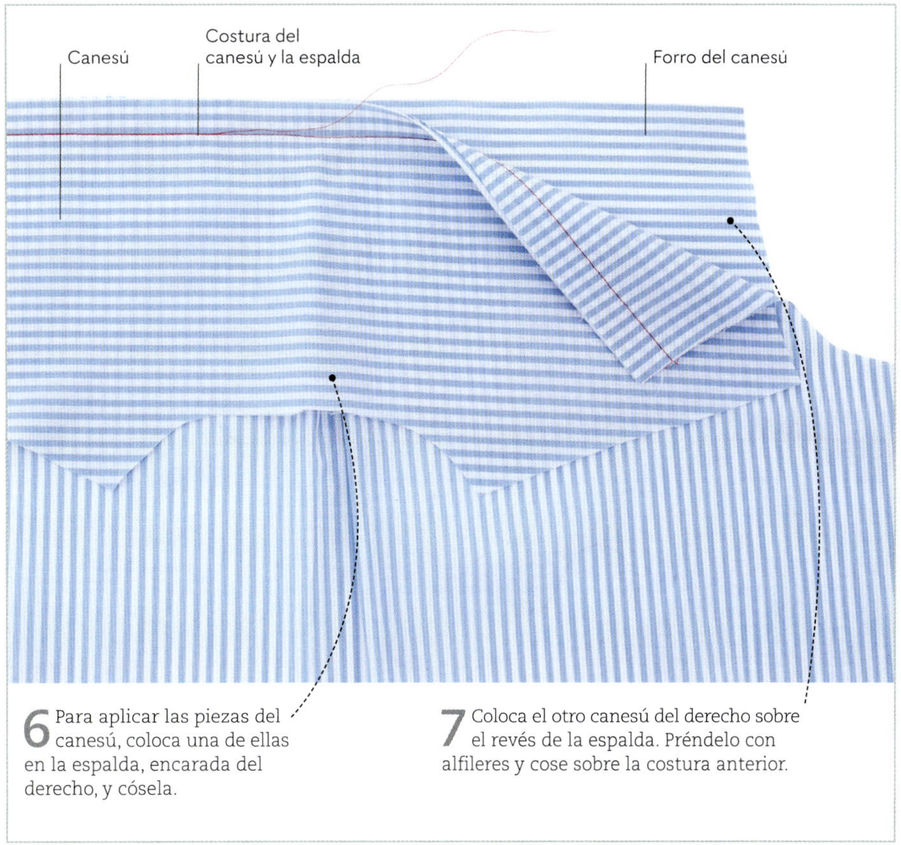

6 Para aplicar las piezas del canesú, coloca una de ellas en la espalda, encarada del derecho, y cósela.

7 Coloca el otro canesú del derecho sobre el revés de la espalda. Préndelo con alfileres y cose sobre la costura anterior.

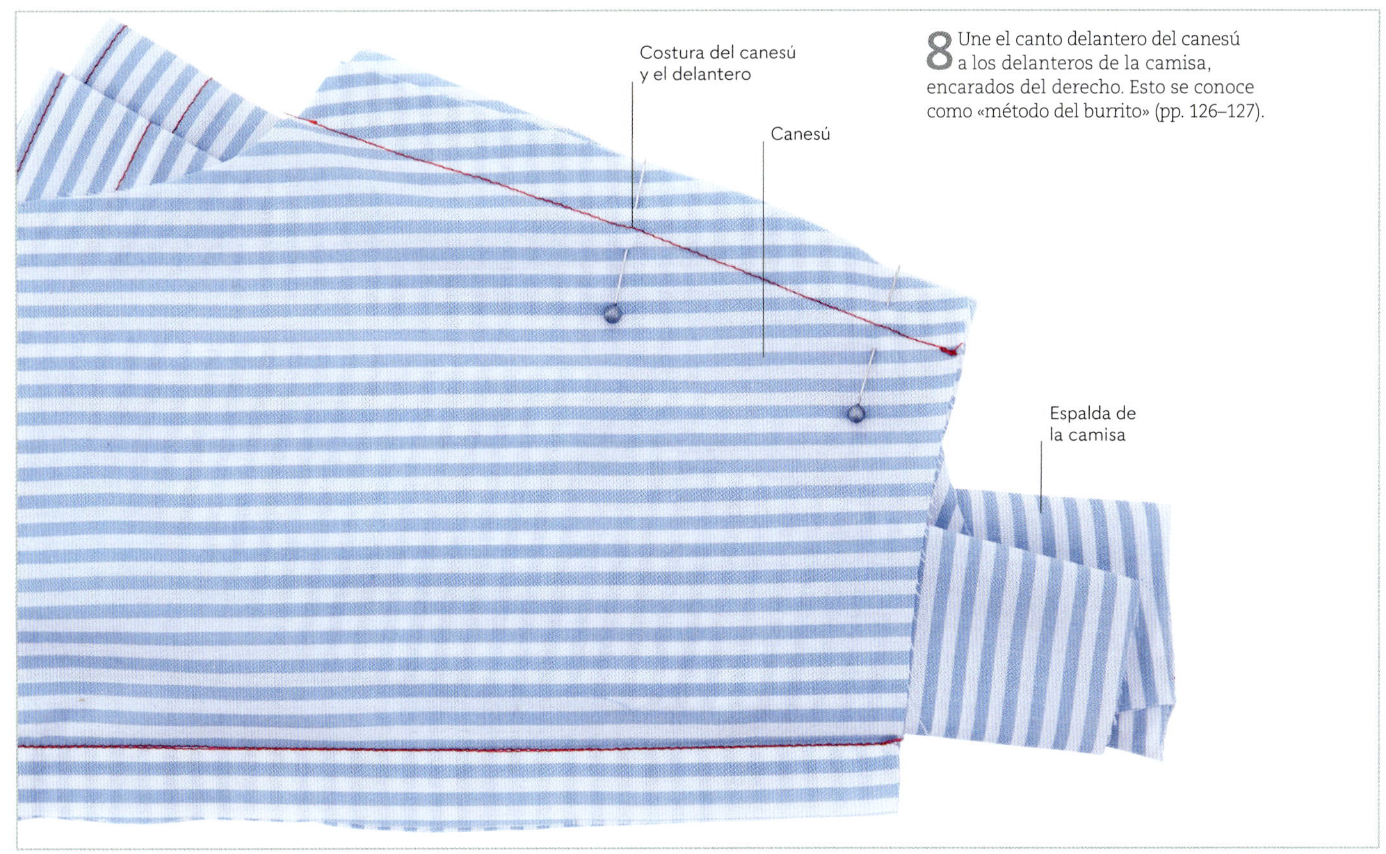

8 Une el canto delantero del canesú a los delanteros de la camisa, encarados del derecho. Esto se conoce como «método del burrito» (pp. 126–127).

9 Plancha las costuras y pespuntea.

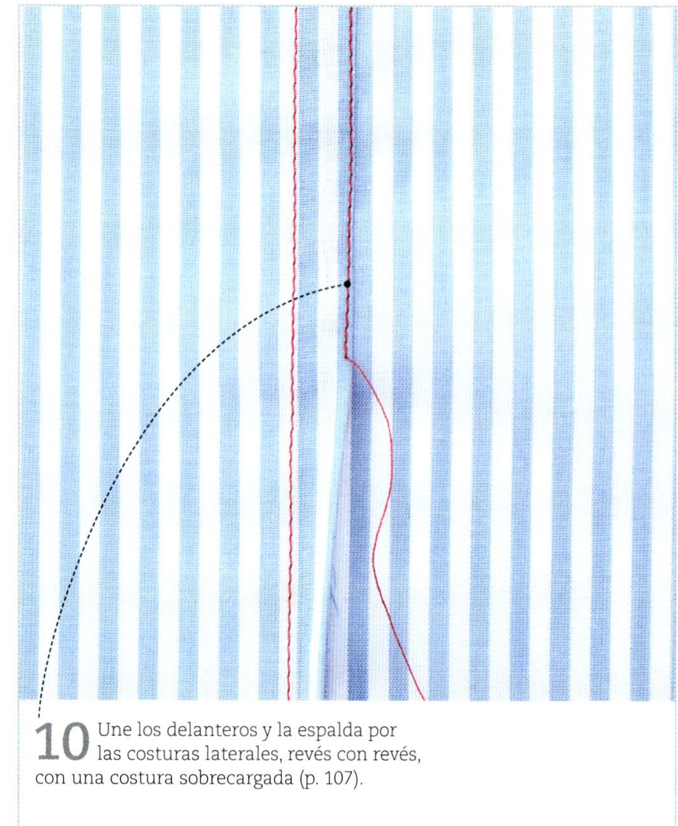

10 Une los delanteros y la espalda por las costuras laterales, revés con revés, con una costura sobrecargada (p. 107).

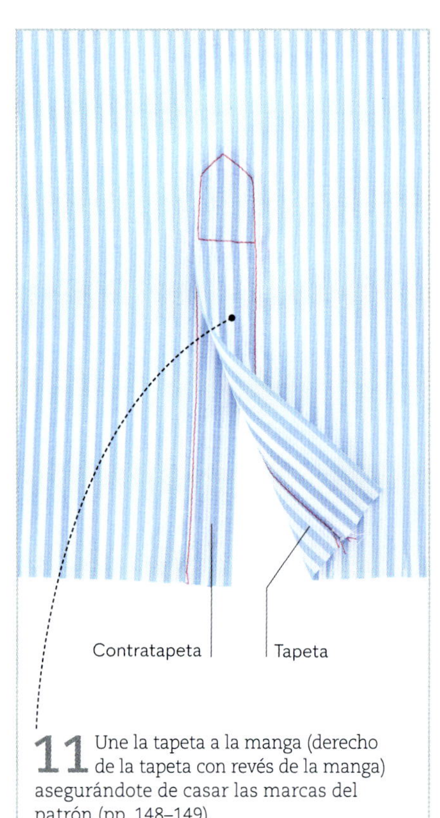

11 Une la tapeta a la manga (derecho de la tapeta con revés de la manga) asegurándote de casar las marcas del patrón (pp. 148–149).

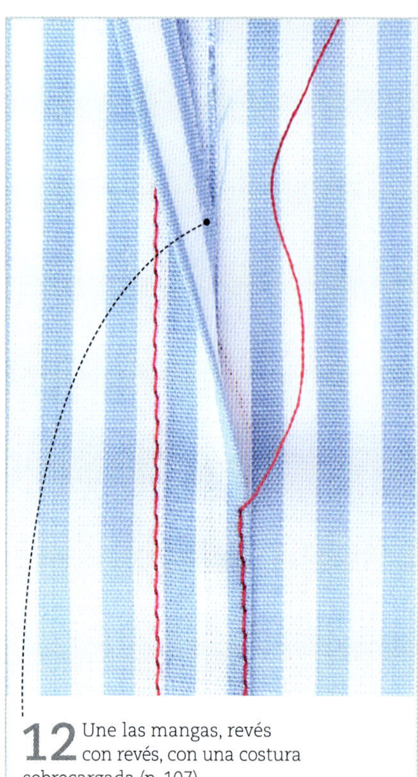

12 Une las mangas, revés con revés, con una costura sobrecargada (p. 107).

13 Une el puño (pp. 150–151) y pespuntea.

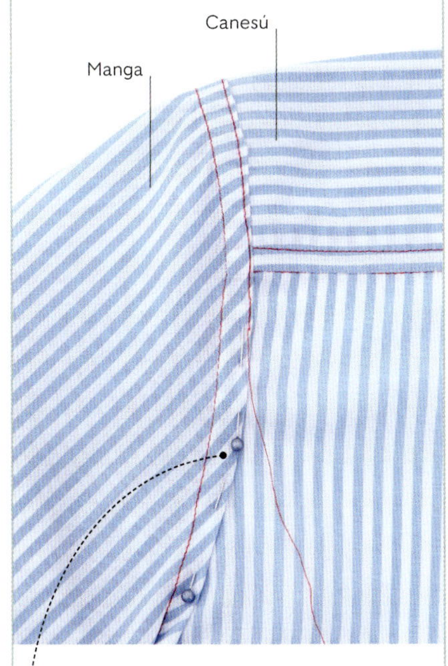

14 Encara del derecho la manga y la sisa e inserta la primera en la segunda (p. 139). Únelas con una costura sobrecargada y plancha la costura hacia el cuerpo de la camisa, desde la parte inferior de la sisa hasta el hombro y de nuevo hacia la parte inferior de la sisa (casa todas las costuras en una cruz bajo el brazo).

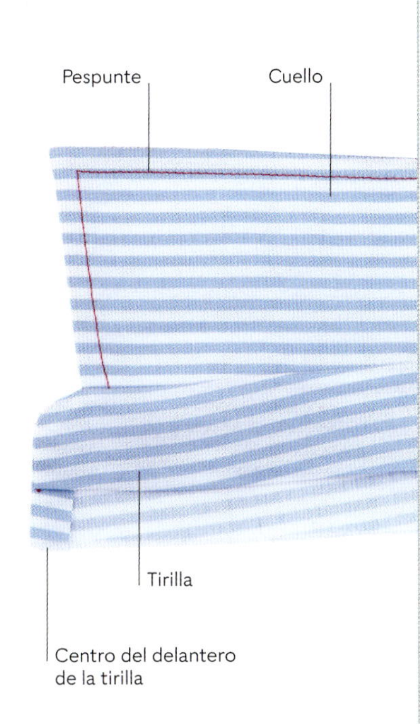

15 Une el cuello a la tirilla. Plancha hacia abajo el margen de costura de 1,5 cm por el lado sin entretela de la tirilla.

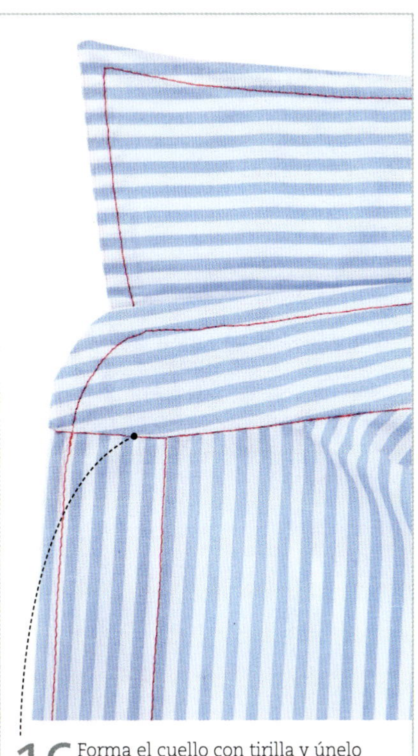

16 Forma el cuello con tirilla y únelo al borde del escote de la camisa (pp. 132–133).

17 Haz un dobladillo doble: cose a lo largo del dobladillo a unos 1,5 cm del canto. Dobla el borde del dobladillo delantero encarado del derecho y cóselo a 1,5 cm del canto. Haz un piquete, vuelve la prenda del derecho y plancha.

18 Para acabar la camisa, cose los ojales en el lado derecho, según queda puesta la camisa, y los botones en el izquierdo.

PATRÓN DE CHALECO DE CINCO BOTONES

Chaleco de cinco botones

El chaleco es una prenda independiente capaz tanto de realzar cualquier conjunto como de completar un traje de tres piezas. Esta versión masculina clásica cuenta con un bolsillo interior funcional en el pecho y con falsos bolsillos interiores en la cintura. Si te atreves, usa para la espalda una tela estampada que le añada carácter y que apetezca lucir prescindiendo de una chaqueta.

TÉCNICAS EMPLEADAS Aplicar una entretela termoadhesiva **p. 59**, Pinza sencilla **p. 114**, Falso bolsillo interior con tapeta **p. 173**, Bolsillo interior con tapeta **p. 164**, Botones **p. 189**, Ojales **pp. 192–197**

NIVEL DE DIFICULTAD

Medio Con este chaleco aprenderás a dar la vuelta a una prenda por los hombros.

MATERIALES NECESARIOS

- Patrón (en las pp. 12–13 encontrarás instrucciones para descargar tu talla)
- 1 m de tela de 150 cm de ancho
- 1 m de forro de satén de 150 cm de ancho
- 1 m de entretela termoadhesiva reforzada con costuras
- 2 m de cinta termoadhesiva al hilo
- 1,5 m de cinta adhesiva al bies
- 1 carrete de hilo multiusos
- 1 hebilla para chaleco
- 5 botones de 18 mm de diámetro

CARACTERÍSTICAS DE LA PRENDA

Este chaleco masculino tiene un bolsillo interior funcional en el pecho y dos falsos bolsillos interiores en la cintura. En este caso, la espalda se ha confeccionado con la misma tela que el forro, pero puedes usar otra tela con el estampado que prefieras.

Bolsillo interior con tapeta en el pecho
Pinza
Falso bolsillo interior
DELANTERO

Tela de forro
Hebilla
ESPALDA

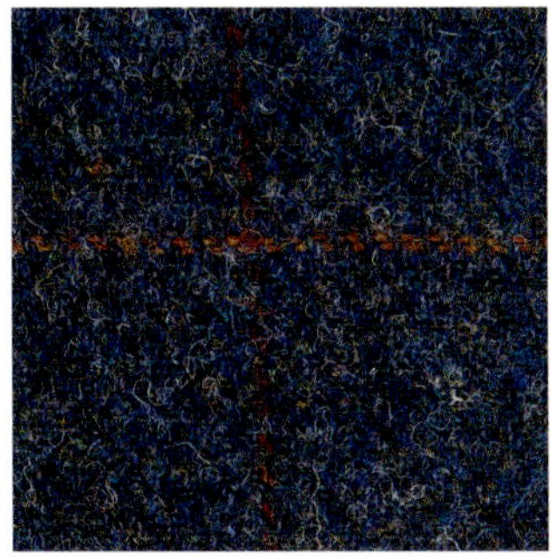

***TWEED* HARRIS**

FORRO DE VISCOSA

◀ Este chaleco se ha confeccionado con *tweed* Harris y forro de satén de viscosa, la misma tela utilizada para confeccionar la espalda.

***TWEED* DE LANA**

FORRO DE TEJIDO *DOBBY*

▲ Un *tweed* de lana tradicional con un forro a juego también sería una buena opción para este chaleco.

1 Confecciona la glasilla del chaleco (pp. 86–87) y pruébatela. Comprueba las sisas y los delanteros. Haz los ajustes necesarios.

2 Corta la tela del chaleco y los forros. Aplica una entretela termoadhesiva en los delanteros, las tapetas de los bolsillos y las vistas, como en la imagen (p. 59). Añade las marcas del patrón a todas las piezas.

3 Haz la pinza del delantero y plánchala hacia el centro del delantero (p. 114). Si se trata de un tejido grueso, corta el pliegue de la pinza, plancha esta abierta e inclínala hacia el centro del delantero.

5 Confecciona el bolsillo interior superior en el delantero izquierdo (p. 164).

4 Haz los falsos bolsillos interiores y únelos en las marcas (p. 173).

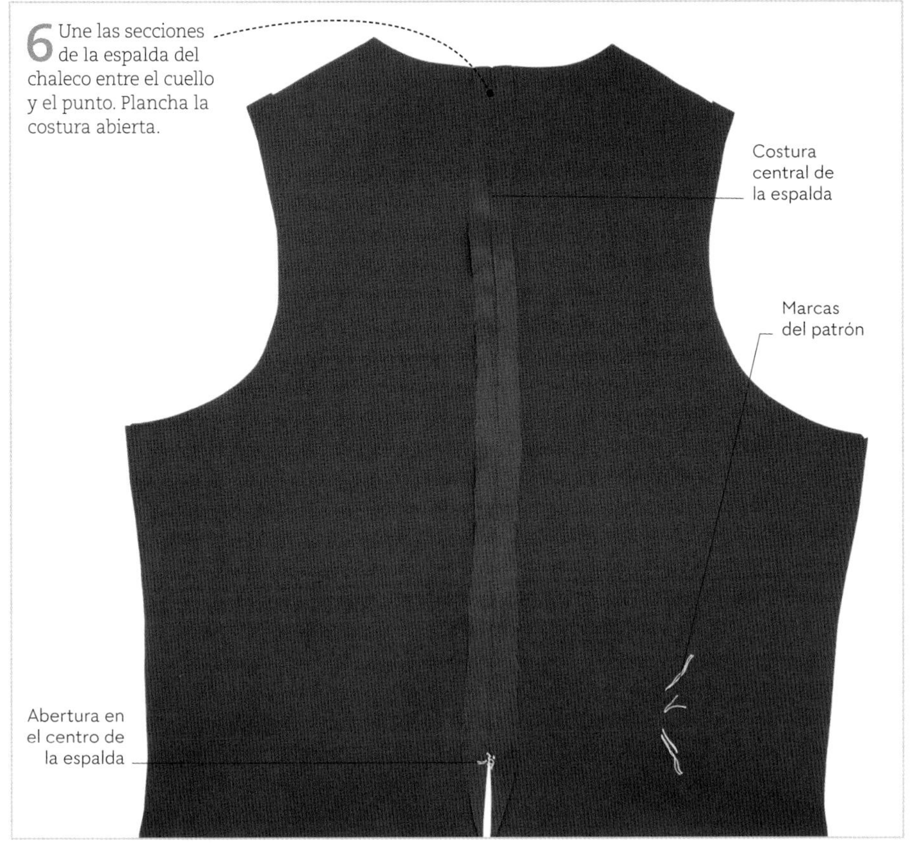

6 Une las secciones de la espalda del chaleco entre el cuello y el punto. Plancha la costura abierta.

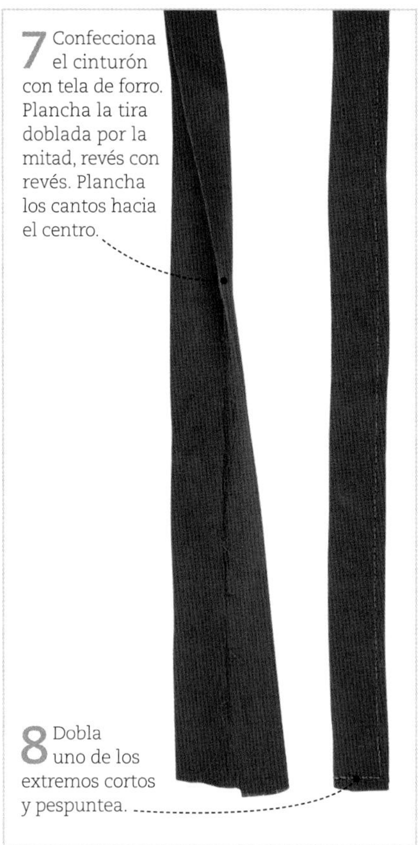

7 Confecciona el cinturón con tela de forro. Plancha la tira doblada por la mitad, revés con revés. Plancha los cantos hacia el centro.

8 Dobla uno de los extremos cortos y pespuntea.

9 Une el cinturón a la espalda por la costura lateral y afiánzalo como se indica. Une la espalda a los delanteros por los hombros y plancha abierto.

10 Cose la costura del centro de la espalda entre el escote y el punto del forro. Plancha la costura abierta y une la vista posterior del escote. Piquetea el lado del forro de la costura y plancha hacia el forro.

11 Haz una lorza en el forro delantero como se indica y plánchala hacia el delantero. Une la vista delantera, piquetea la costura y plancha hacia el forro.

12 Une el delantero y la espalda por la costura del hombro y plancha la costura abierta.

13 Junta el forro y los delanteros del chaleco encarados del derecho. Casa los cantos en las sisas, el escote, el delantero y el trasero. Cóselos.

14 Desmiente el lado del forro de todos los márgenes de costura y haz piquetes y muescas donde necesites.

15 Mete la mano por la costura lateral de la espalda y tira de los delanteros primero a través de un hombro y luego del otro. Vuelve el chaleco del derecho.

16 Plancha todos los bordes y enróllalos de modo que el borde de la costura quede ligeramente hacia el revés.

17 Encara la espalda y los delanteros y júntalos por las costuras laterales, derecho con derecho. Casa las costuras de las sisas y el bajo, y prende con alfileres solo la espalda y el delantero de la tela de chaleco, y luego forro con forro hasta donde te sea posible. Cose. Plancha las costuras laterales hasta donde te sea posible. Prende con alfileres el hueco para cerrarlo y cóselo a mano a punto de jareta vertical.

18 Para terminar, haz los ojales en el delantero izquierdo y cose los botones en el derecho.

19 Monta la hebilla en la espalda.

PATRÓN DE CHAQUETA DE LÍNEA PRINCESA

Chaqueta de línea princesa

Esta chaqueta de línea princesa es perfecta para iniciarse en la confección de chaquetas sastre, ya que el montaje requiere entretelas termoadhesivas, bolsillos interiores ribeteados y un ojal ribeteado, tres técnicas de sastrería básicas. Con sus solapas y cuello curvos coordinará a la perfección con otras prendas de este libro, como la camisa (pp. 240–245), el pantalón (pp. 228–235) y la falda (pp. 222–227).

TÉCNICAS EMPLEADAS Sastrería rápida **pp. 206–209**, Aplicar una entretela termoadhesiva **p. 59**, Pinza sencilla **p. 114**, Bolsillo interior ribeteado **p. 174**, Ojal ribeteado **pp. 196–197**, Poner un cuello **p. 136**, Insertar una manga sastre con chorizo **p. 142**, Forro de manga insertado a mano **p. 118**, Dobladillos a mano **p. 177**, Botones **p. 189**

NIVEL DE DIFICULTAD

Avanzado Esta prenda requiere técnicas de sastrería rápida. Los bolsillos interiores ribeteados suponen un reto.

MATERIALES NECESARIOS

- Patrón (en las pp. 12–13 encontrarás instrucciones para descargar tu talla)
- 2 m de tela de 150 cm de ancho
- 2 m de entretela termoadhesiva intermedia
- 2 m de entretela termoadhesiva tejida ligera
- 3 m de cinta termoadhesiva de refuerzo para bordes
- 2 m de cinta termoadhesiva al bies
- Un retal de 40 cm de lado de entretela de sastre no termoadhesiva
- 1 par de hombreras
- Un trozo de guata de punto, tejida o laminada para la corona de las mangas
- 5 botones de 2,5 cm de diámetro

CARACTERÍSTICAS DE LA PRENDA

Esta chaqueta de línea princesa a la cadera tiene bolsillos interiores ribeteados y cuello con solapas con un moderno acabado curvo. La manga, de dos piezas, lleva una falsa abertura que también acaba en un borde redondeado. Un solo botón y un ojal ribeteado abrochan la chaqueta.

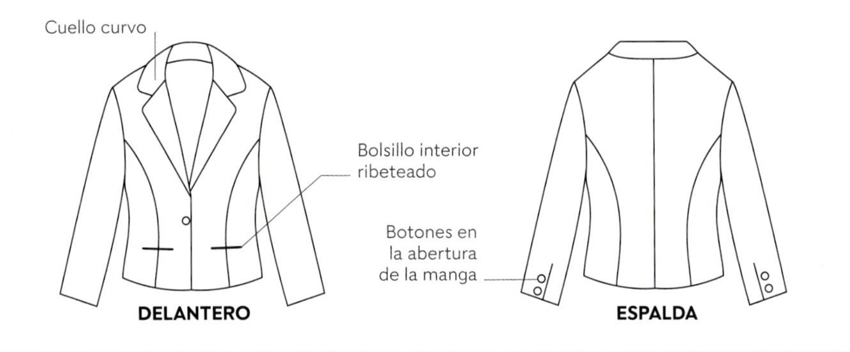

TELA PARA TRAJES DE LANA

FORRO DE VISCOSA

◀ Esta chaqueta se ha confeccionado con una tela para trajes con 80% de lana, 18% de poliéster y 2% de elastano, para facilitar el movimiento. El forro a juego es 100% viscosa.

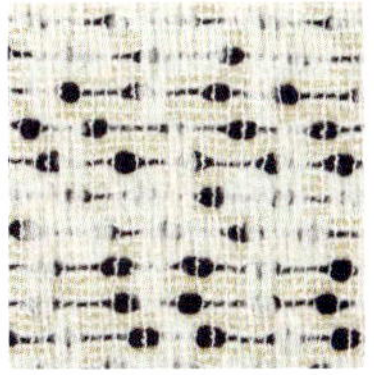

***TWEED* MODERNO**

FORRO

▲ Esta chaqueta también quedará fantástica con un tweed moderno, una mezcla de lana y seda, un lino o incluso una tela con raya diplomática.

1 Confecciona la glasilla de la chaqueta (pp. 86–87) y pruébatela. Comprueba las medidas. ¿Cómo queda el ancho del hombro? ¿Las mangas tienen la longitud adecuada? ¿Queda demasiado prieta u holgada en el pecho? ¿Tiene la longitud adecuada? Haz los ajustes necesarios.

2 Corta todas las piezas de la tela y del forro como se indica. Entretela todas las piezas de la chaqueta (pp. 206–209). Añade las marcas del patrón a todas las piezas.

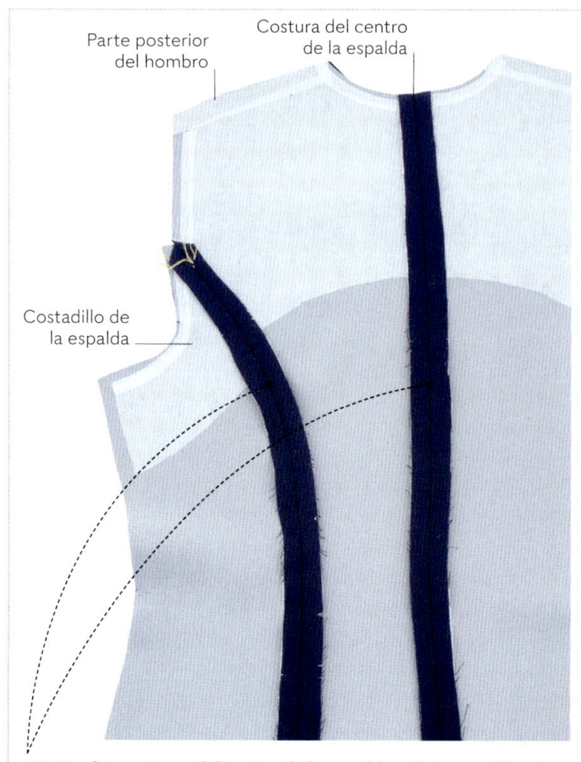

3 Haz las costuras del centro de la espalda y de la espalda a los costadillos de la espalda. Plancha las costuras abiertas sobre un medio queso y haz los piquetes y muescas que sean necesarios.

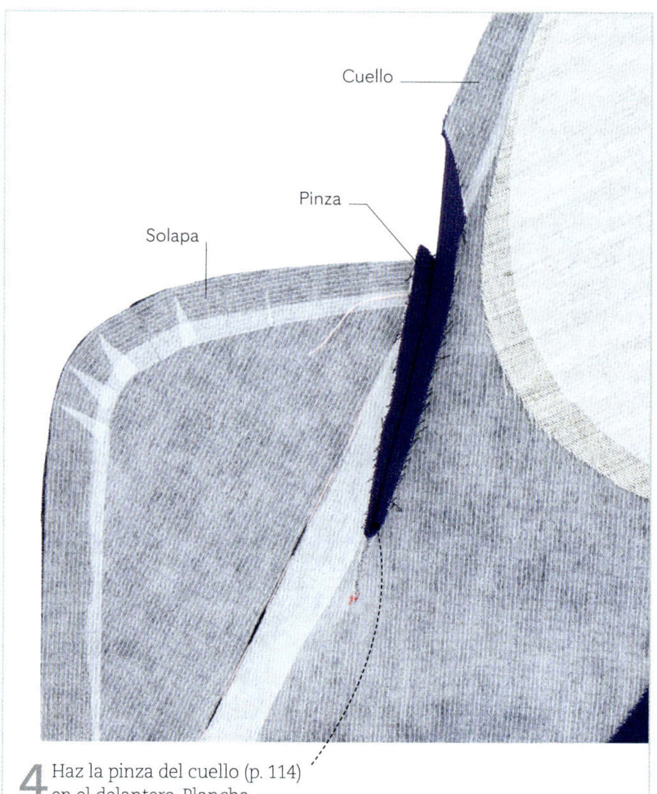

4 Haz la pinza del cuello (p. 114) en el delantero. Plancha.

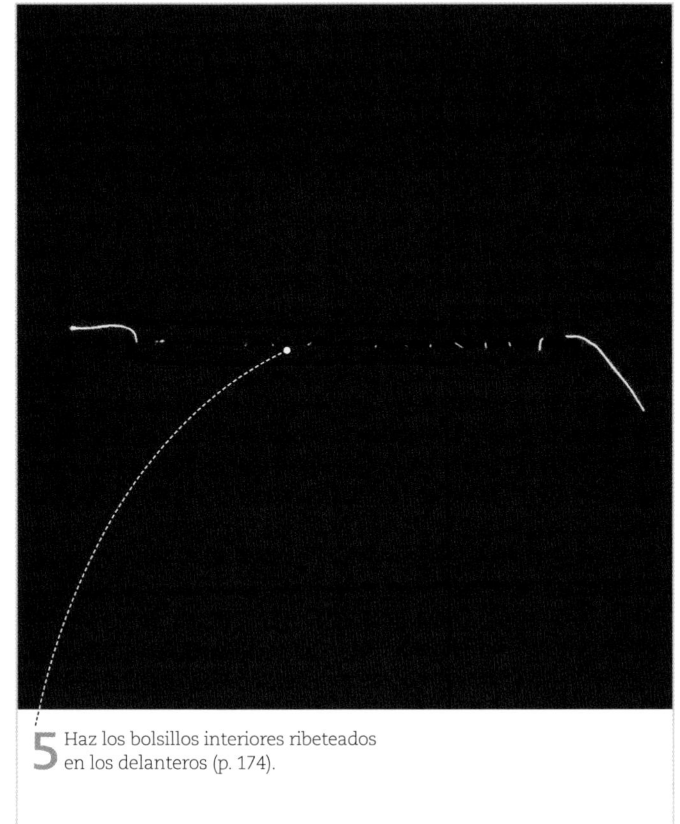

5 Haz los bolsillos interiores ribeteados en los delanteros (p. 174).

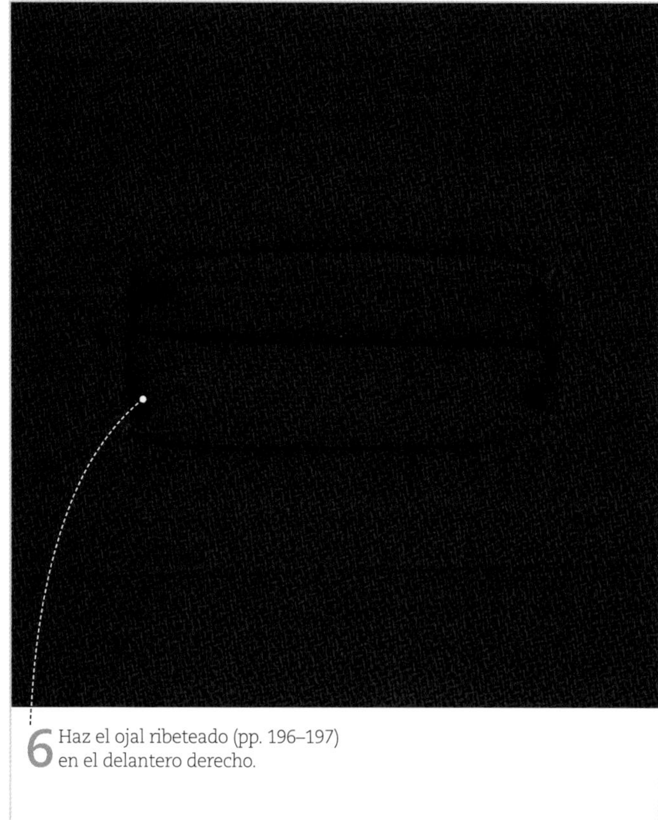

6 Haz el ojal ribeteado (pp. 196–197) en el delantero derecho.

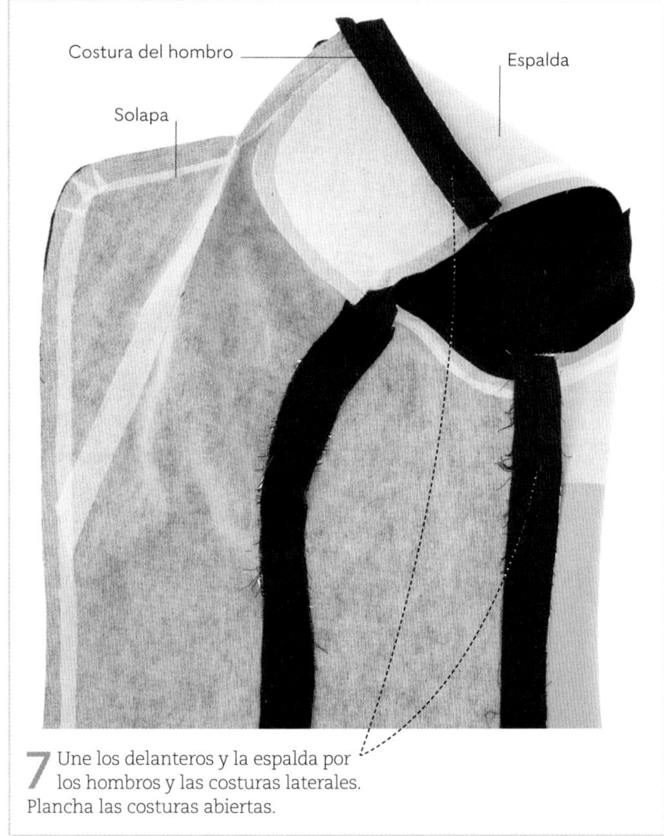

7 Une los delanteros y la espalda por los hombros y las costuras laterales. Plancha las costuras abiertas.

8 Une el cuello interior en el centro de la espalda y al escote de la chaqueta (p. 136).

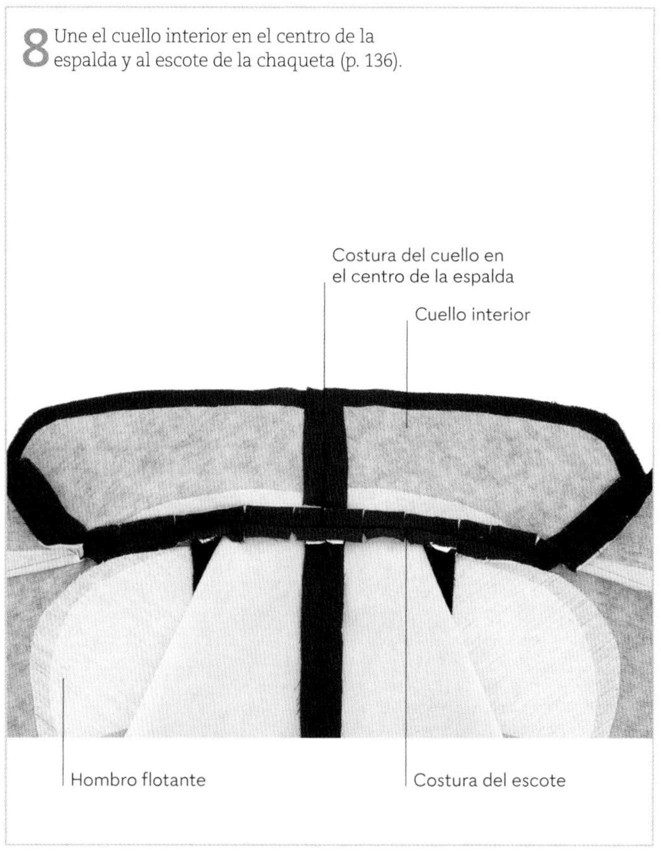

9 Une las piezas superior e inferior de la manga como en la imagen y plancha la costura abierta.

10 Aplica la vista de la manga. Desmiente la costura haciendo muescas en la curva. Plancha y sobrecarga la costura por dentro.

11 Haz la otra costura de la manga y plánchala abierta. Prende con alfileres una corona de guata y únela con dos costuras de embebido.

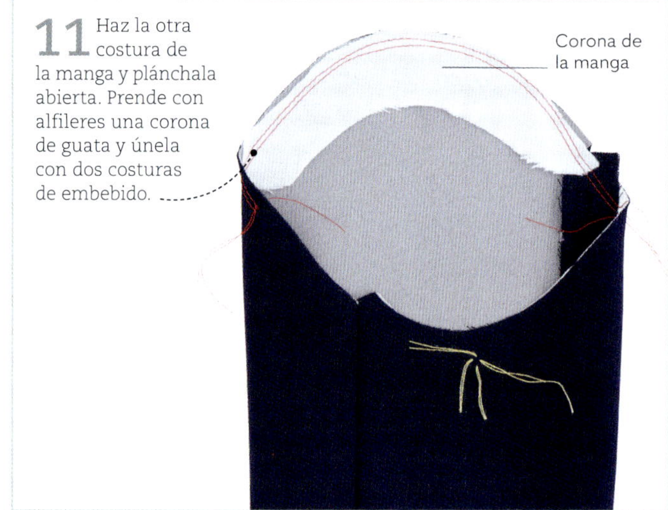

12 Prende con alfileres la manga en la sisa casando las muescas (p. 142).

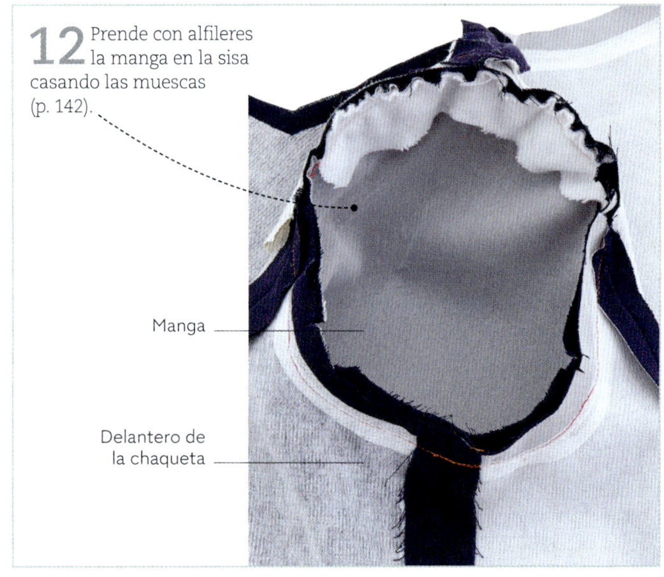

13 Cose la hombrera.

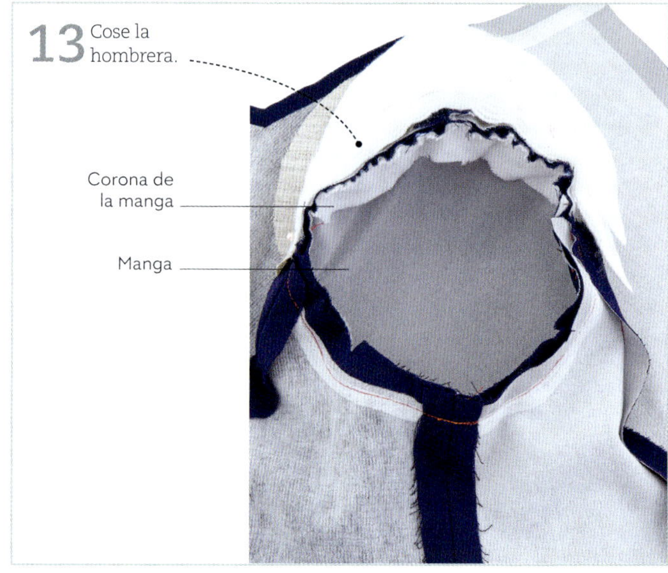

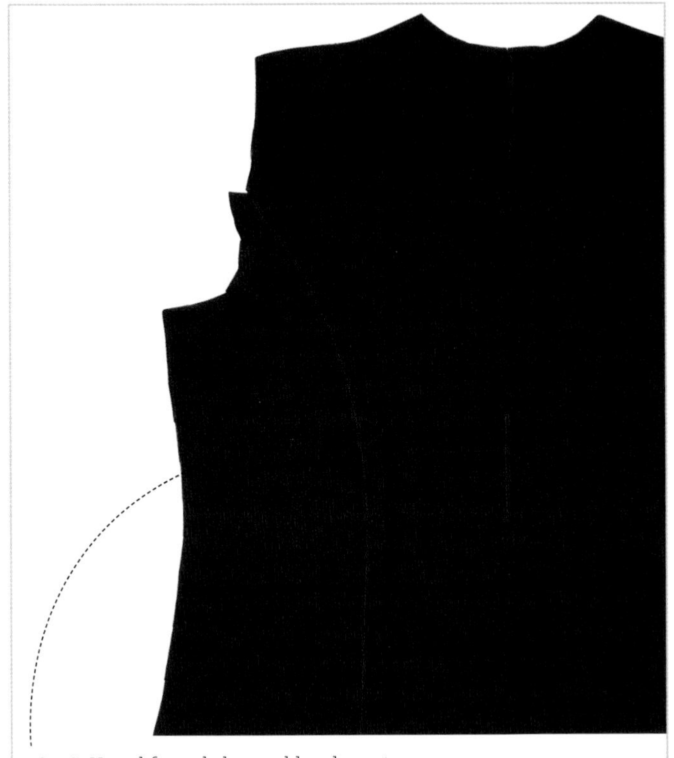

14 Une el forro de la espalda a la costura central de la espalda y cóselo con un pliegue entre los puntos. Une el costadillo de la espalda y plancha todas las costuras hacia el centro.

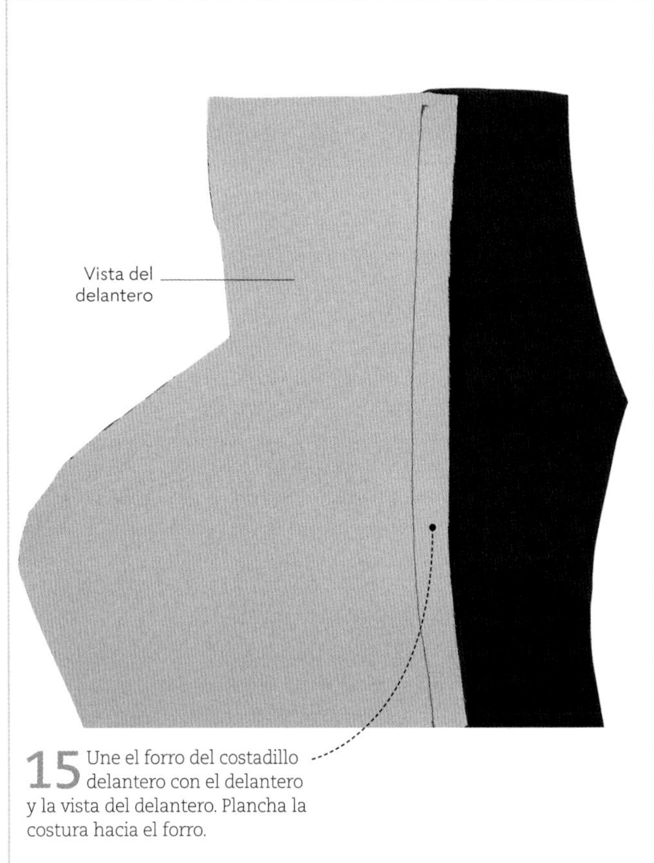

15 Une el forro del costadillo delantero con el delantero y la vista del delantero. Plancha la costura hacia el forro.

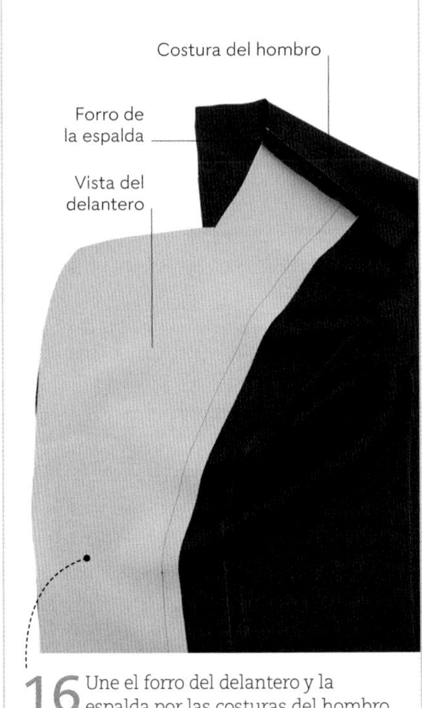

16 Une el forro del delantero y la espalda por las costuras del hombro y las laterales. Plancha abierta la costura del hombro, y la costura lateral hacia la espalda.

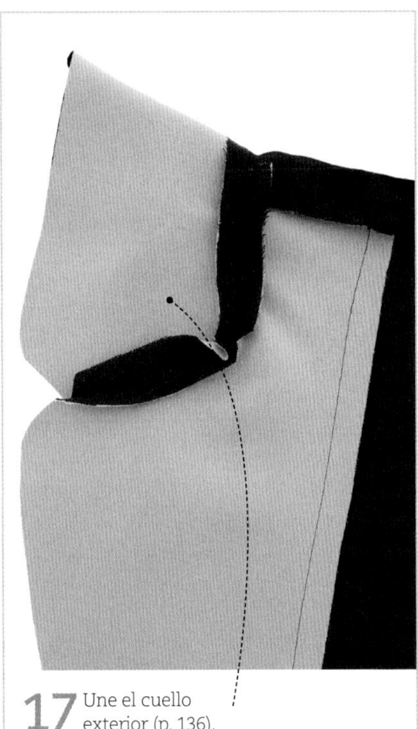

17 Une el cuello exterior (p. 136).

18 Haz el forro de las mangas (p. 118) y plancha las costuras hacia la parte inferior de la manga. Reserva.

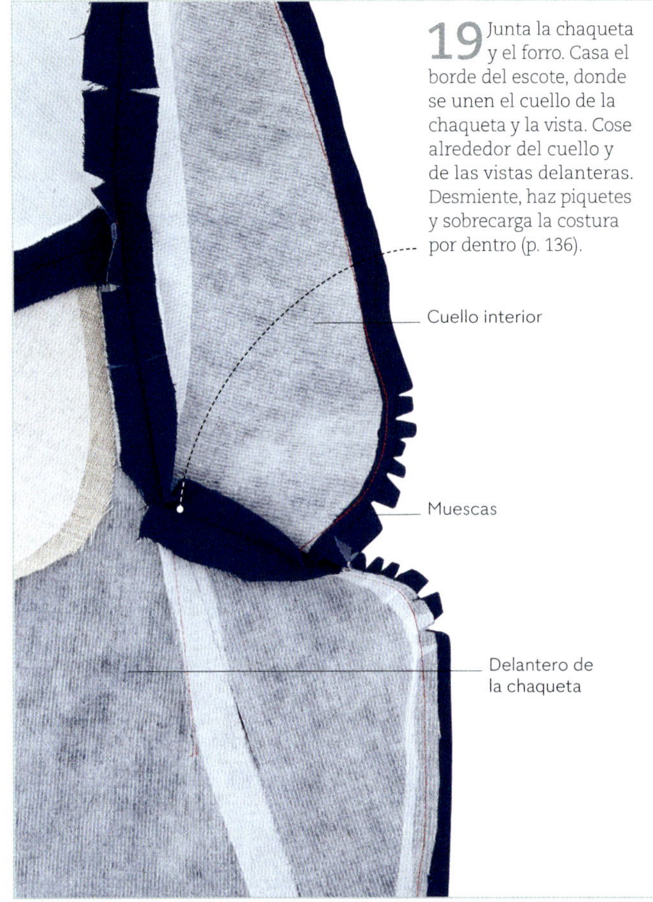

19 Junta la chaqueta y el forro. Casa el borde del escote, donde se unen el cuello de la chaqueta y la vista. Cose alrededor del cuello y de las vistas delanteras. Desmiente, haz piquetes y sobrecarga la costura por dentro (p. 136).

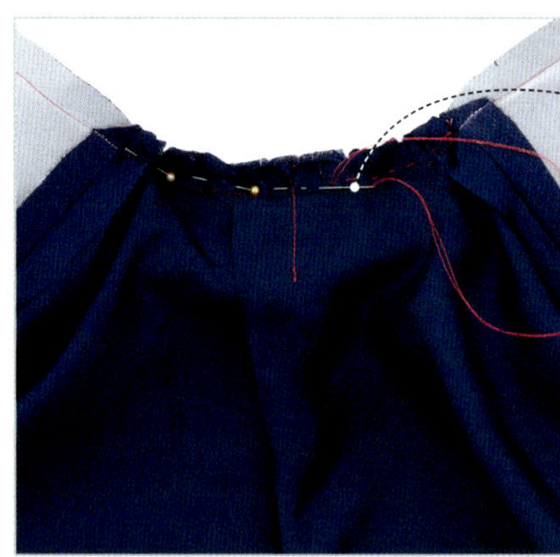

20 En la parte posterior del escote, prende con alfileres los márgenes de costura para unirlos y cose para afianzarlos.

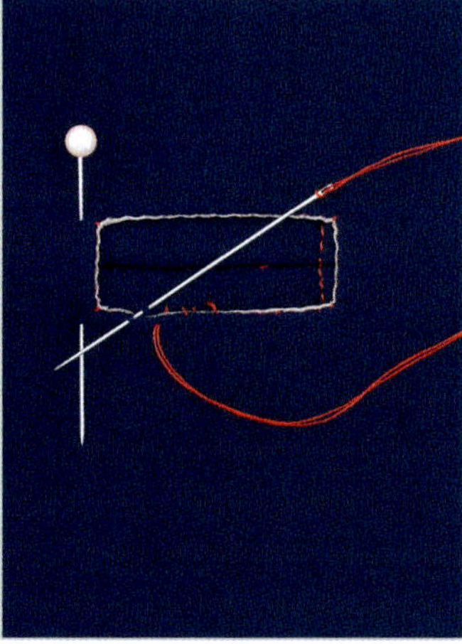

21 Marca el ojal en la vista. Pon un trozo de organza de seda o de tela de forro sobre la marca del patrón que has hecho en la vista. Cose en la organza y la vista un rectángulo del tamaño del ojal. Corta la abertura en la organza y la vista dentro del rectángulo. Pasa la organza por la abertura hacia el revés de la vista, de modo que crees una bolsita en esta. Afiánzala con una costura a mano en los bordes del ojal ribeteado.

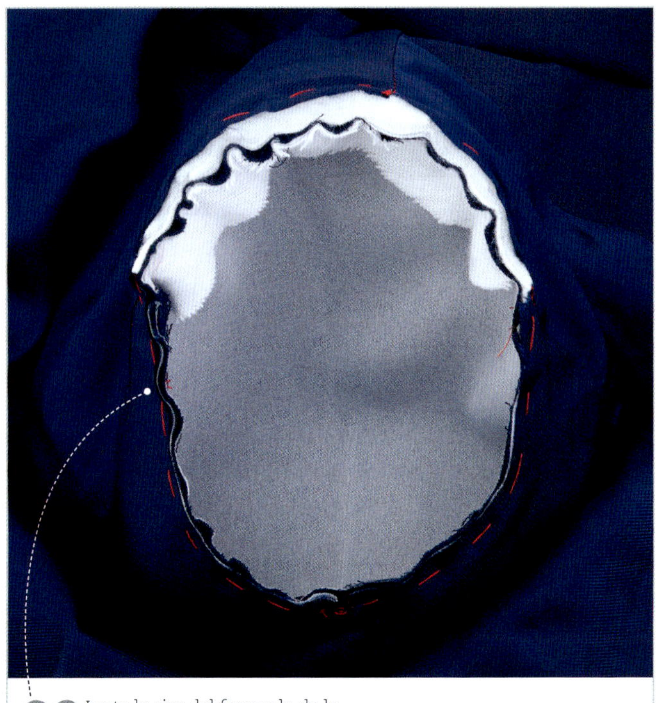

22 Junta la sisa del forro y la de la chaqueta e hilvánalas. Asegúrate de que no tiren la una de la otra.

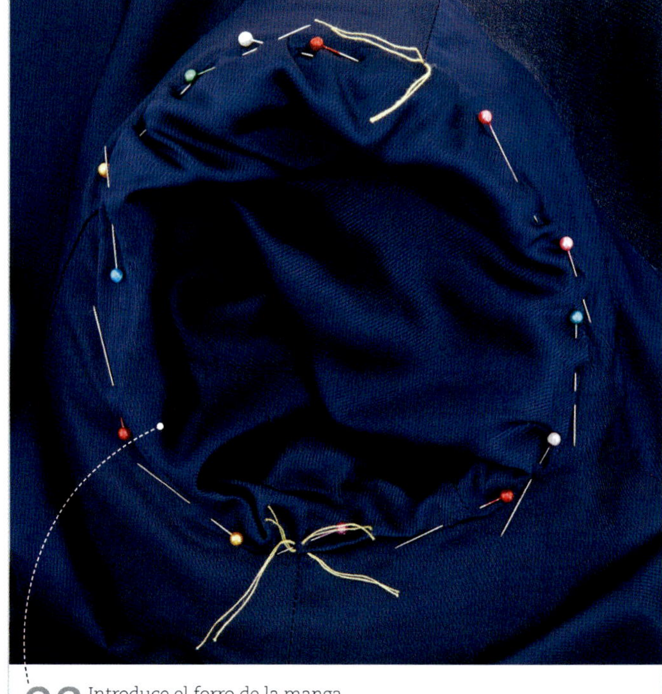

23 Introduce el forro de la manga y cóselo a mano (p. 118).

24 Aplica una tira de 5 cm de entretela termoadhesiva cortada al bies en el interior del dobladillo de la chaqueta.

25 Cose el dobladillo a punto de dobladillo invisible (p. 177).

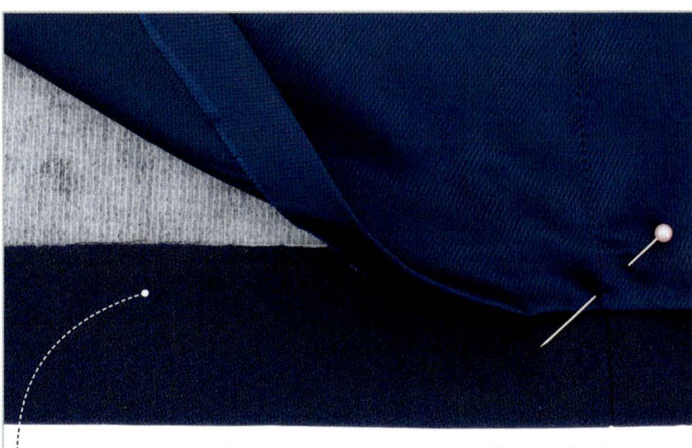

26 Nivela el forro de la chaqueta hasta el dobladillo terminado. Haz un dobladillo de 1,5 cm en el forro y sube el dobladillo terminado para formar un pliegue de holgura. Prende con alfileres. Comprueba que las telas no tiren.

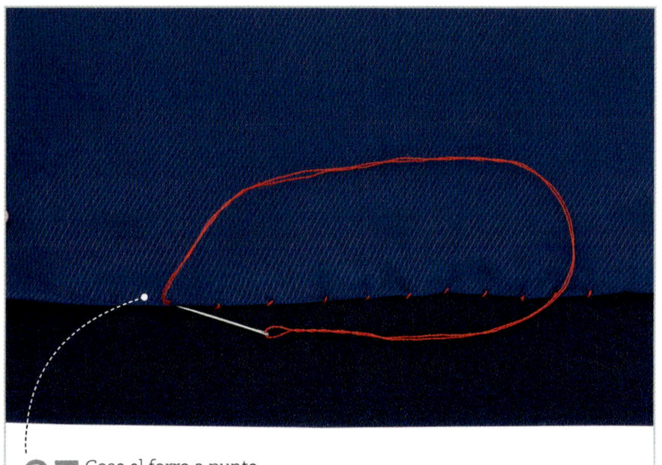

27 Cose el forro a punto de jareta vertical.

28 En las mangas, cose la vista a punto de dobladillo invisible. Nivela el forro y afiánzalo a punto de jareta vertical.

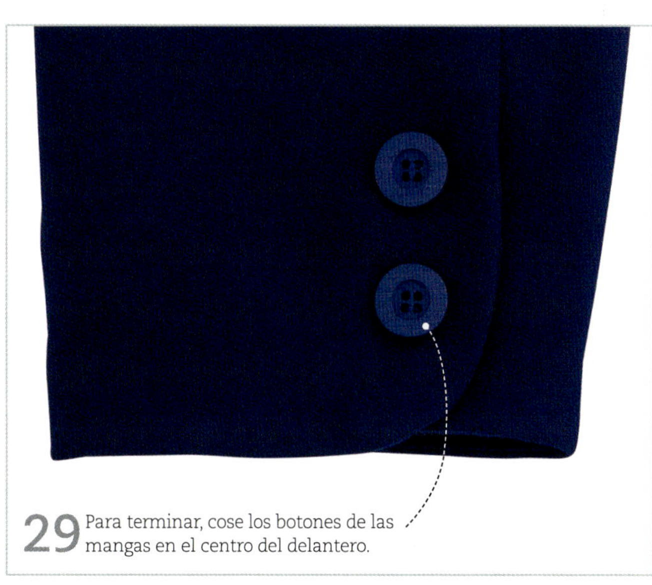

29 Para terminar, cose los botones de las mangas en el centro del delantero.

PATRÓN DE CHAQUETA DE VERANO SIN FORRO

Chaqueta de verano sin forro

La elegancia informal de esta versión ligera de la chaqueta sastre clásica (pp. 252–259) es perfecta para un tiempo algo más cálido. Una vista en la parte posterior del escote y el remate Hong Kong en las costuras completan la prenda. Solo las mangas llevan forro, para mayor comodidad. En cuanto a la tela, tanto el lino como el ramio son buenas opciones, porque son tejidos naturales y transpirables que pesan lo suficiente para tener una bonita caída.

TÉCNICAS EMPLEADAS Sastrería rápida **pp. 206–209**, Aplicar una entretela termoadhesiva **p. 59**, Remate Hong Kong **p. 109**, Bolsillo de parche forrado **p. 161**, Poner un cuello **p. 136**, Insertar una manga sastre con chorizo **p. 142**, Forro de manga insertado a mano **p. 118**, Dobladillos a mano **p. 177**, Botones **p. 189**, Ojal cosido a máquina **p. 197**

NIVEL DE DIFICULTAD

Medio-avanzado Chaqueta a la cadera con bolsillos de parche confeccionada con técnicas de sastrería termoadhesivas.

MATERIALES NECESARIOS

- Patrón (en las pp. 12–13 encontrarás instrucciones para descargar tu talla)
- 2 m de tela de 150 cm de ancho
- 1 m de entretela termoadhesiva reforzada con costuras
- 3 m de cinta termoadhesiva al hilo
- 2 m de cinta termoadhesiva al bies
- 1 m de bies predoblado, o 50 cm de tela para hacerlo
- 1 carrete de hilo multiusos
- 5 botones de 2,5 cm de diámetro
- 1 m de tela para forro
- Un trozo de guata de punto, tejida o laminada para la corona de las mangas

CARACTERÍSTICAS DE LA PRENDA

El acabado curvo del cuello y las solapas da un aire moderno a esta ligera chaqueta de verano de línea princesa con bolsillos de parche y abrochada con un solo botón.

RAMIO

FORRO DE VISCOSA

◀ Esta chaqueta se ha confeccionado con un tejido de ramio medio, algo más pesado que el lino puro, porque es más fácil de planchar, tiene una textura más rugosa y le da más cuerpo. Para el forro de las mangas y las tiras de bies del remate Hong Kong se ha usado un raso de viscosa.

BOUCLÉ **DE LANA**

BATISTA DE ALGODÓN

▲ La chaqueta también quedará muy bien con un bouclé de lana que aportará una textura interesante y será algo más cálido para principios de primavera o finales de otoño. Una batista de algodón sería ideal para el verano.

1 Confecciona la glasilla de la chaqueta (pp. 86–87) y pruébatela. Comprueba las medidas. ¿Cómo queda el ancho del hombro? ¿Las mangas tienen la longitud adecuada? ¿Queda demasiado prieta u holgada en el pecho? ¿Tiene la longitud adecuada? Haz los ajustes que sean necesarios.

2 Corta todas las piezas de la tela y el forro de las mangas y los bolsillos como se indica. Entretela la vista delantera, la vista del escote de la espalda, el cuello interior y exterior, y la vista de las mangas (pp. 206–209). Añade las marcas del patrón a todas las piezas.

Espalda

Costura central de la espalda

3 Remata las costuras verticales de las piezas del patrón de la espalda y el costadillo de la espalda con un remate Hong Kong (p. 109). Haz la costura central de la espalda y luego une la espalda a los costadillos de la espalda. Plancha las costuras abiertas. Remata la costura del hombro con un remate Hong Kong.

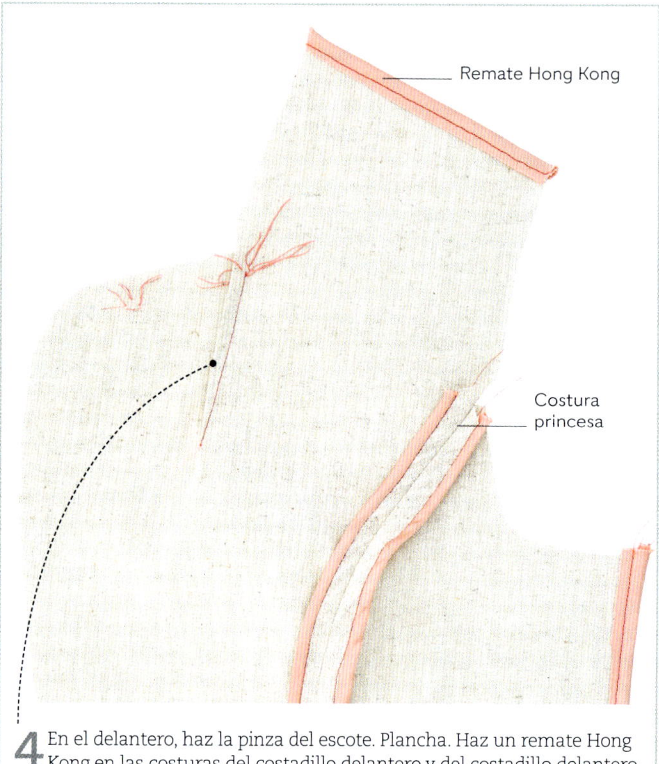

4 En el delantero, haz la pinza del escote. Plancha. Haz un remate Hong Kong en las costuras del costadillo delantero y del costadillo delantero a la pieza del delantero. Une el delantero y el costadillo delantero. Plancha las costuras abiertas. Haz un remate Hong Kong en la costura del hombro.

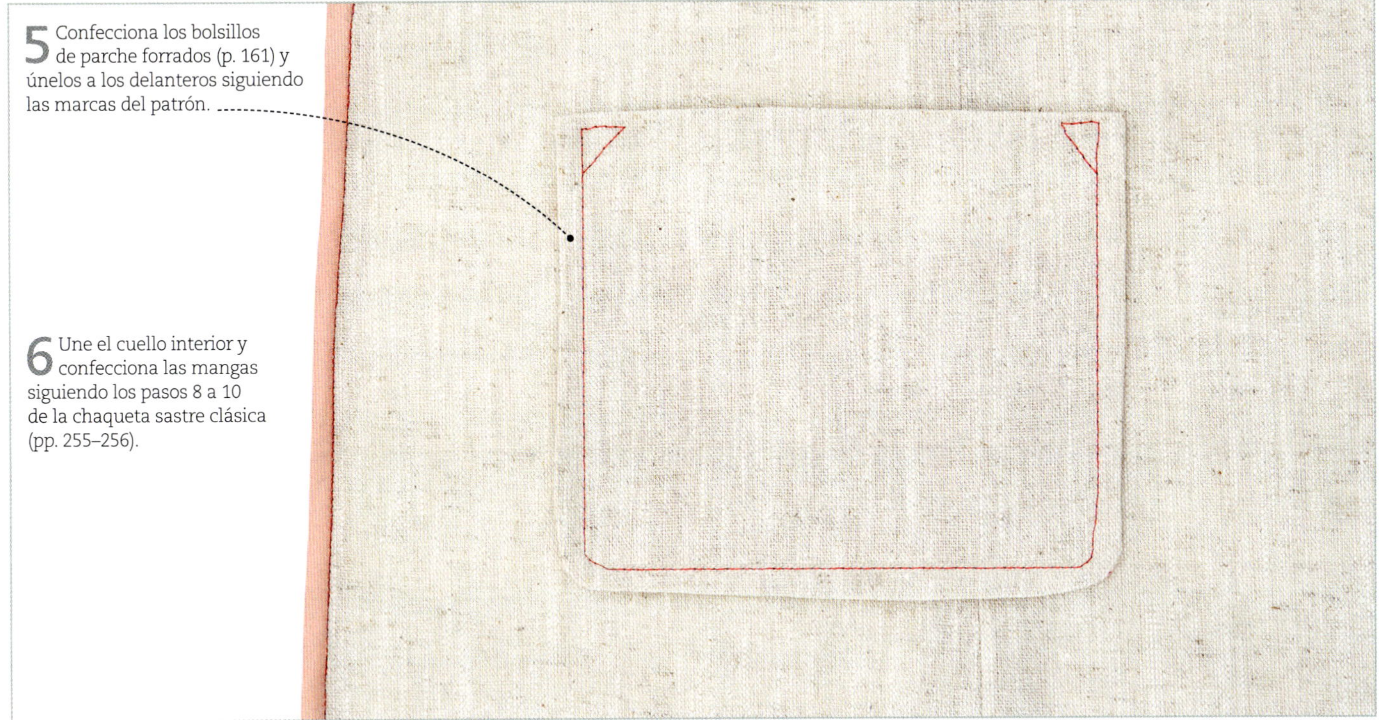

5 Confecciona los bolsillos de parche forrados (p. 161) y únelos a los delanteros siguiendo las marcas del patrón.

6 Une el cuello interior y confecciona las mangas siguiendo los pasos 8 a 10 de la chaqueta sastre clásica (pp. 255–256).

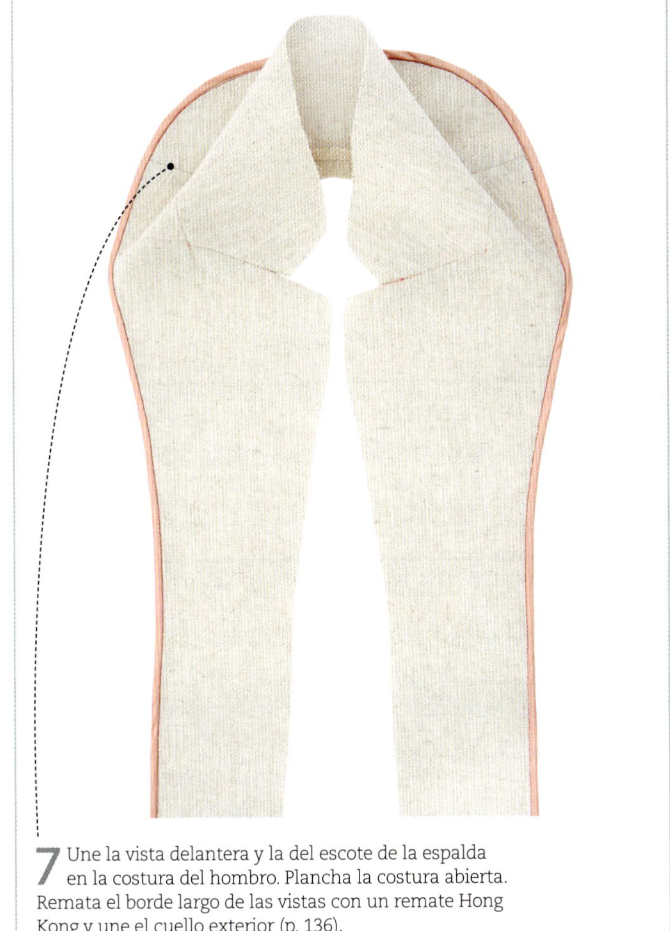

7 Une la vista delantera y la del escote de la espalda en la costura del hombro. Plancha la costura abierta. Remata el borde largo de las vistas con un remate Hong Kong y une el cuello exterior (p. 136).

8 Une una corona de guata a las mangas de la tela y afiánzala con un hilván.

9 Haz los forros de las mangas. Junta el forro de la manga y la manga revés con revés. Hilvánalos por el borde exterior y haz dos costuras de embebido en la corona atravesando todas las capas.

10 Inserta la manga en la sisa como en la versión con forro (p. 118).

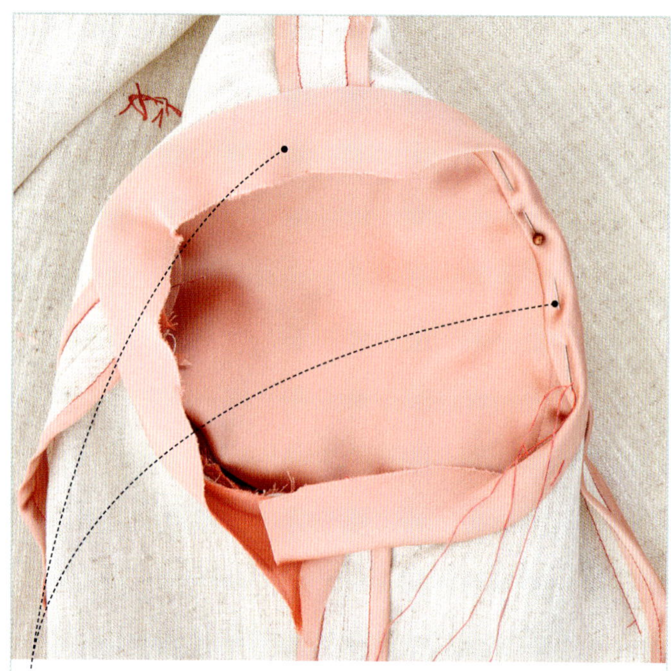

11 Corta una tira de bies de 5 cm de ancho. Cose el lado derecho de la tira a la sisa, desde el costadillo de la chaqueta y siguiendo la línea de costura que has usado para introducir la manga. Recorta hasta unos 3 mm la tira de bies y rodea con ella la costura de la sisa. Prende con alfileres e hilvana.

12 Envuelve la costura de la sisa con la tira de bies y cose esta a punto de jareta vertical.

13 Une el forro a la vista de la manga como en el paso 28 de la chaqueta sastre clásica (p. 259).

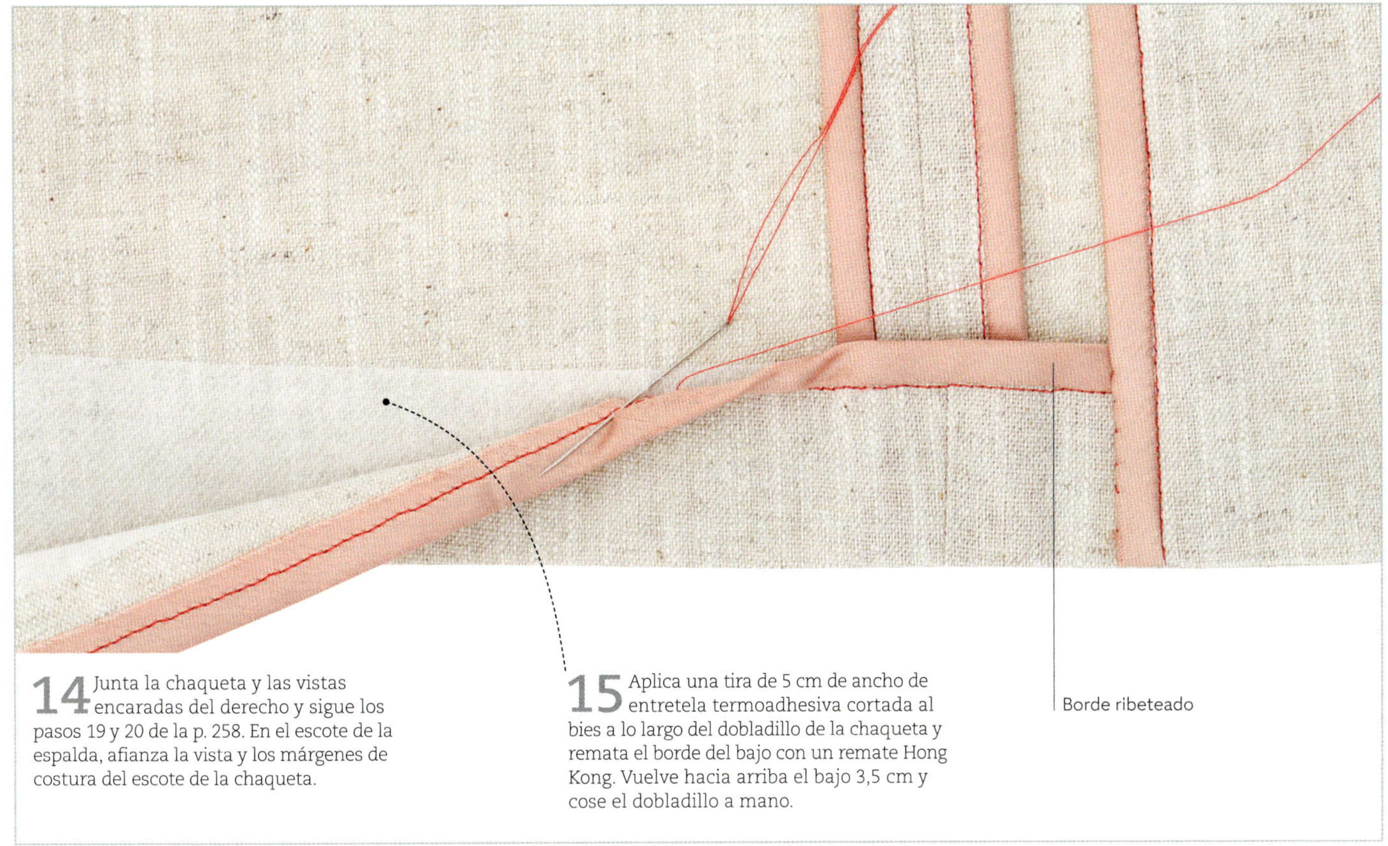

14 Junta la chaqueta y las vistas encaradas del derecho y sigue los pasos 19 y 20 de la p. 258. En el escote de la espalda, afianza la vista y los márgenes de costura del escote de la chaqueta.

15 Aplica una tira de 5 cm de ancho de entretela termoadhesiva cortada al bies a lo largo del dobladillo de la chaqueta y remata el borde del bajo con un remate Hong Kong. Vuelve hacia arriba el bajo 3,5 cm y cose el dobladillo a mano.

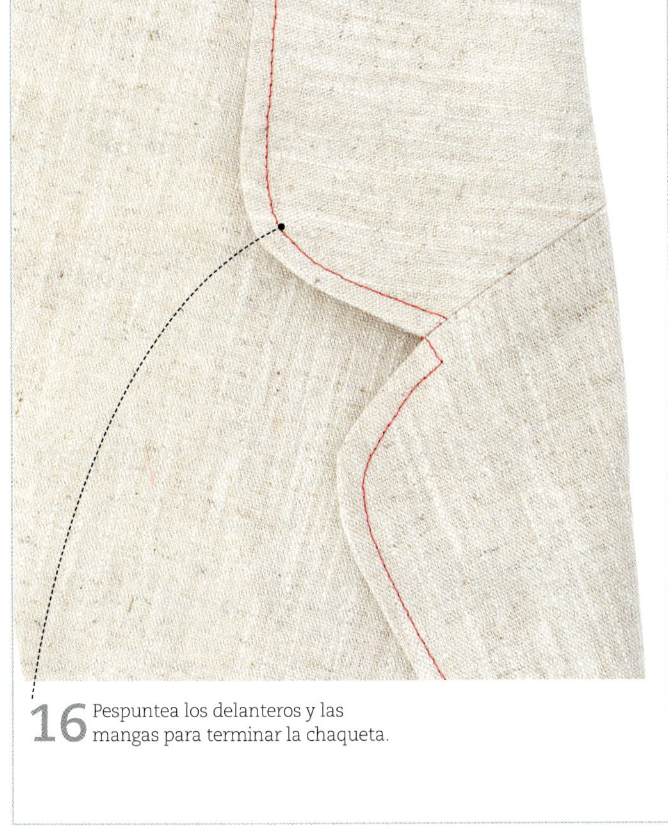

16 Pespuntea los delanteros y las mangas para terminar la chaqueta.

17 Haz un ojal a máquina (p. 197) y cose un botón en las marcas.

PATRÓN DE *BLAZER* CON PINZAS

Blazer con pinzas

En esta ocasión nos centraremos en una chaqueta masculina clásica confeccionada con entretela de sastre y moldeada con costuras a mano. No esperes a convertirte en un sastre de élite para probar sus métodos y técnicas (pp. 214–219), y llevar tu *blazer* a otro nivel. Le darás cuerpo, forma, durabilidad y un exquisito acabado profesional que no encontrarás en prendas *prêt-à-porter*.

TÉCNICAS EMPLEADAS Entretela de sastre picada **pp. 214–219**, Cuello interior de melton **pp. 134–135**, Botones **p. 189**, Ojales **pp. 192–197**, Forro junto a una abertura montada **pp. 120–121**, Insertar una manga sastre con chorizo **p. 142**, Bolsillo interior con tapeta **p. 164**, Bolsillo interior con doble vivo y solapa **p. 172**, Forro de manga insertado a mano **p. 118**

NIVEL DE DIFICULTAD

Avanzado Se trata de una chaqueta compleja con muchas costuras y moldeados a mano que requieren tiempo.

MATERIALES NECESARIOS

- Patrón (en las pp. 12–13 encontrarás instrucciones para descargar tu talla)
- 2,5 m de lana de 150 cm de ancho
- 2 m de tela de forro de 150 cm de ancho
- 2 m de entretela de sastre
- 50 cm de guata
- 3 m de cinta de algodón de 6 mm de ancho
- 75 cm de melton para cuellos prepicado
- 1 par de hombreras
- 1 carrete de hilo multiusos
- 3 botones de 2,5 cm de diámetro
- 8 botones de 1,5 cm de diámetro

CARACTERÍSTICAS DE LA PRENDA

Este *blazer* masculino se ha confeccionado con técnicas de alta costura. El delantero con pinzas tiene bolsillos interiores con doble vivo y solapa, y un bolsillo funcional con tapeta en el pecho. En la espalda lleva una abertura favorecedora, complementada por las de las mangas. Se abrocha con tres botones.

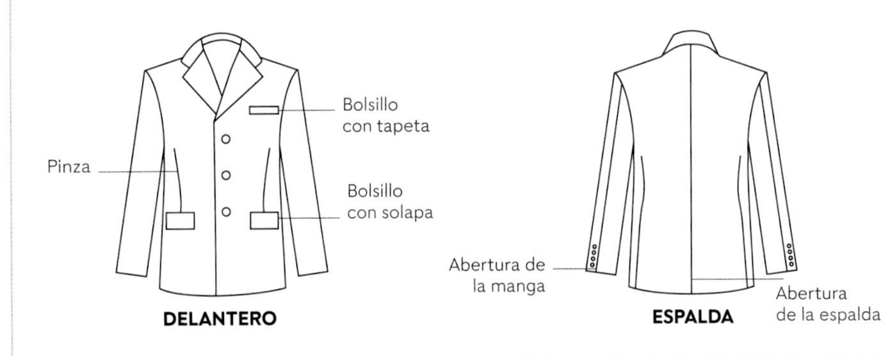

***TWEED* MODERNO**

FORRO DE ACETATO

◀ Este *blazer* se ha confeccionado con un *tweed* de lana y forro de tafetán de acetato. Si eliges una tela con un alto contenido de lana, sacarás el máximo partido a la técnica artesanal del picado de la entretela.

LANA DE SASTRERÍA

FORRO DE RASO

▲ El *blazer* también quedará muy bien con un tejido de lana a cuadros o liso combinado con un forro de raso.

1 Confecciona una glasilla del *blazer* (pp. 86–87). Comprueba cómo queda en los hombros, el pecho y la cadera, y asegúrate de que la longitud final sea la correcta. Haz los ajustes necesarios.

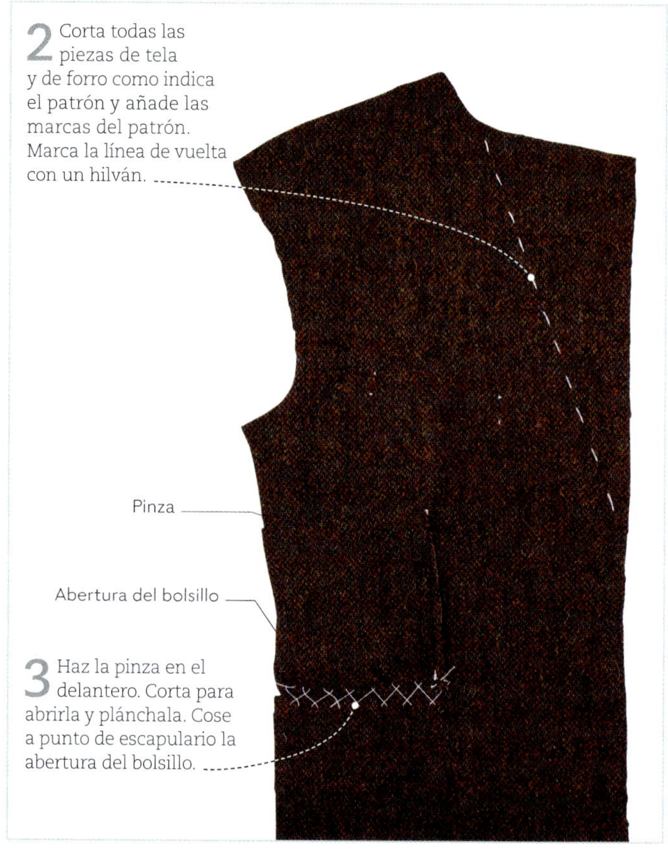

2 Corta todas las piezas de tela y de forro como indica el patrón y añade las marcas del patrón. Marca la línea de vuelta con un hilván.

3 Haz la pinza en el delantero. Corta para abrirla y plánchala. Cose a punto de escapulario la abertura del bolsillo.

4 Prende con alfileres el costadillo y el delantero, y cóselos. Plancha la costura abierta.

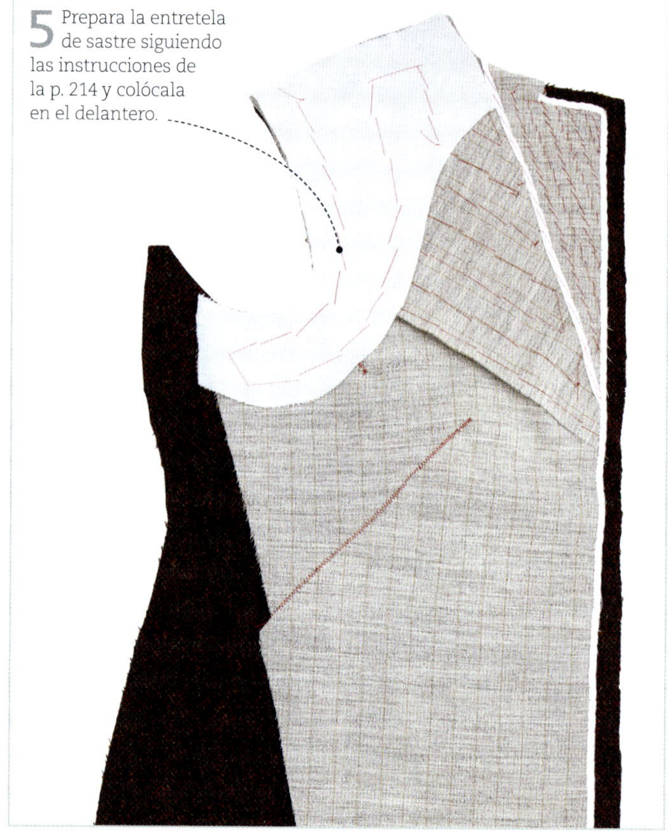

5 Prepara la entretela de sastre siguiendo las instrucciones de la p. 214 y colócala en el delantero.

6 Haz los bolsillos interiores con doble vivo y solapa (p. 172).

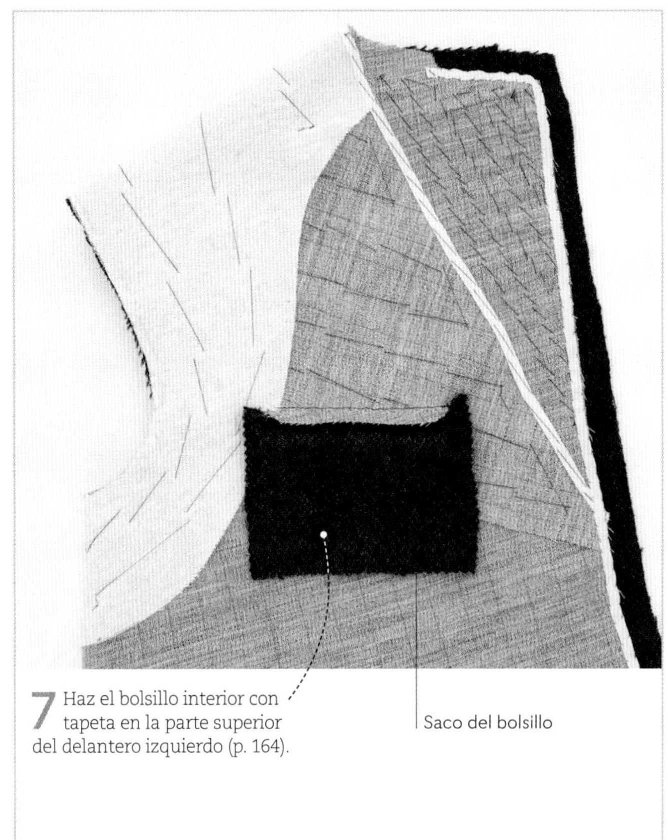

7 Haz el bolsillo interior con tapeta en la parte superior del delantero izquierdo (p. 164).

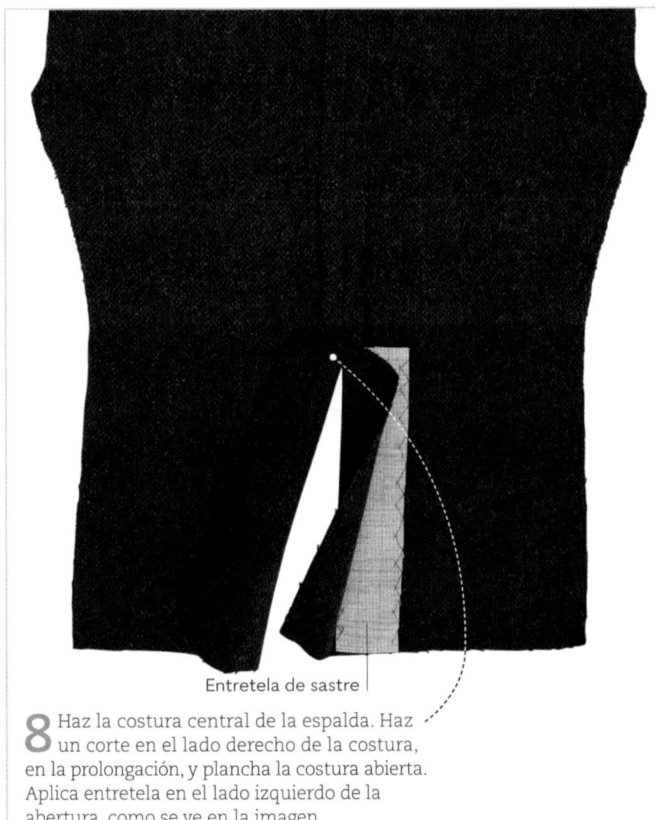

8 Haz la costura central de la espalda. Haz un corte en el lado derecho de la costura, en la prolongación, y plancha la costura abierta. Aplica entretela en el lado izquierdo de la abertura, como se ve en la imagen.

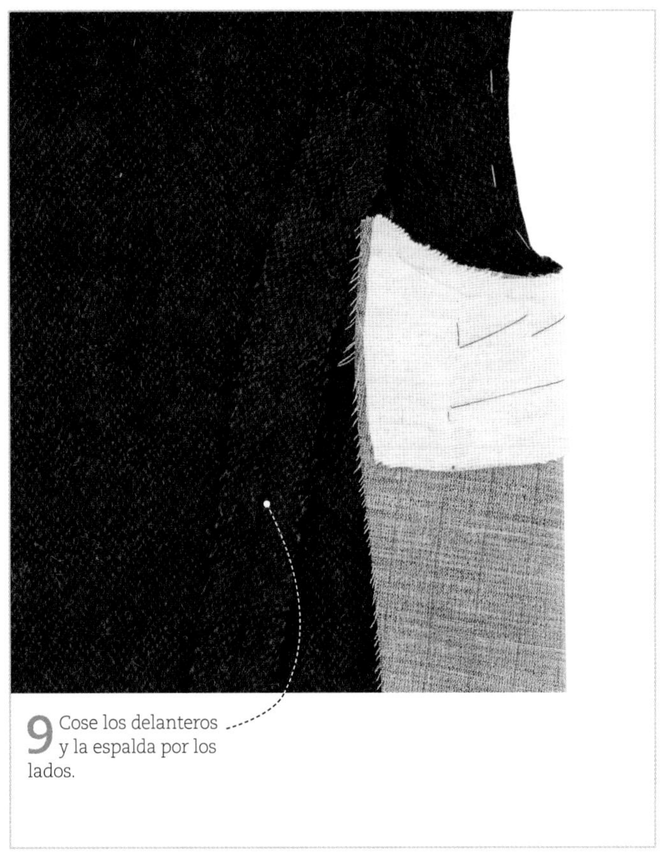

9 Cose los delanteros y la espalda por los lados.

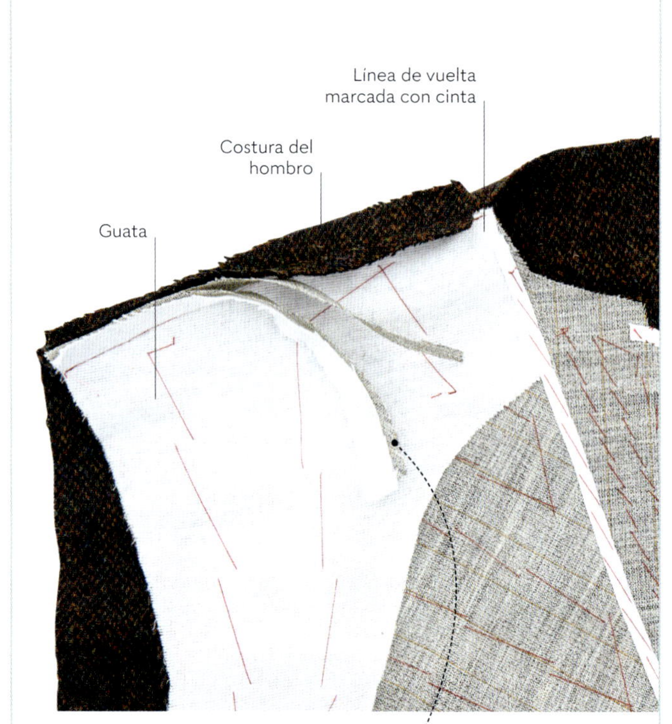

10 Cose el delantero y la espalda por el hombro. Recorta la entretela de sastre y plancha la costura abierta.

11 Cose las mangas por la costura corta. Plancha la costura abierta y cose a través del dobladillo una tira de entretela de sastre de 4 cm de ancho cortada al bies.

12 Haz la costura larga de la manga y plánchala abierta. Dobla el bajo hacia arriba y cose las esquinas en inglete.

13 Inserta las mangas. Recorta la entretela de sastre y la guata en la costura de la sisa. Añade el chorizo en la corona de la manga (p. 142).

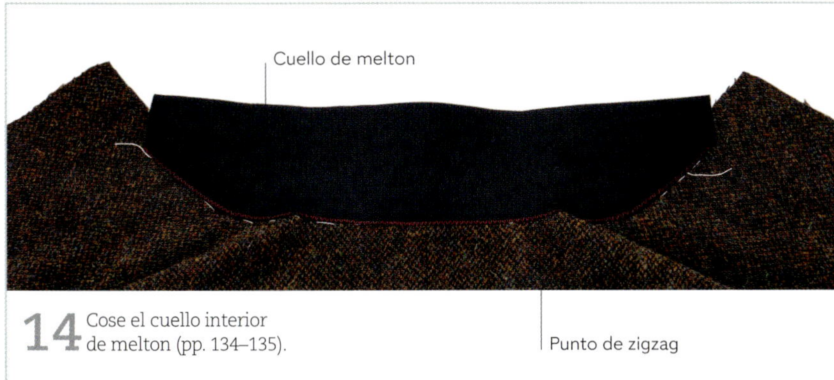

14 Cose el cuello interior de melton (pp. 134–135).

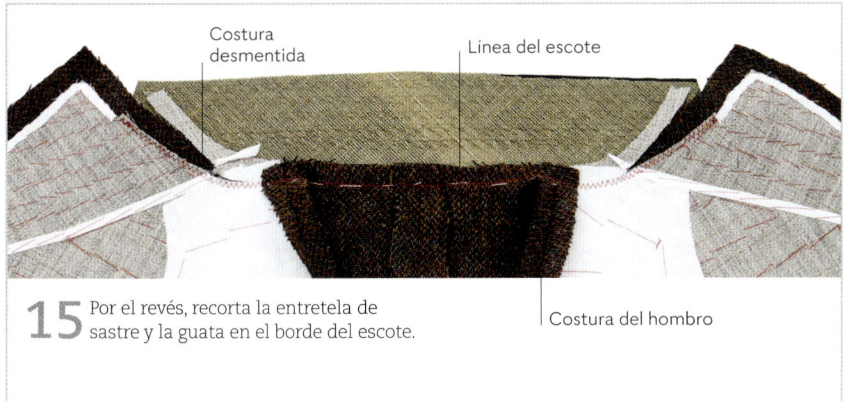

15 Por el revés, recorta la entretela de sastre y la guata en el borde del escote.

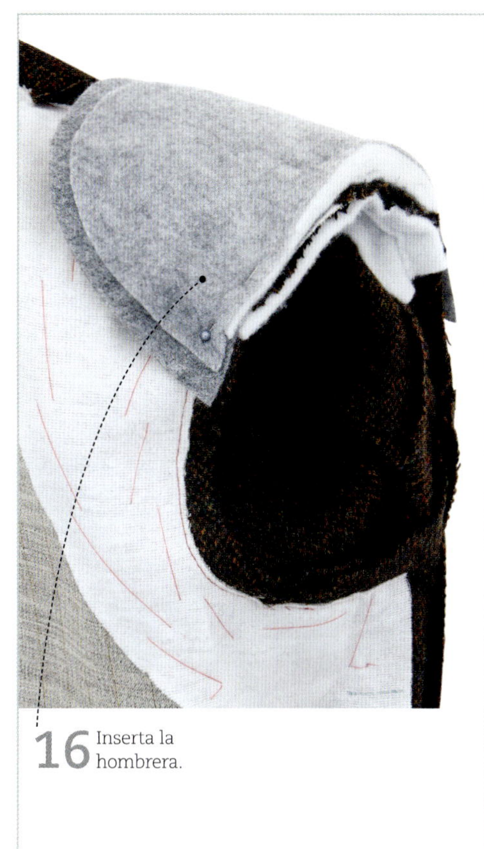

16 Inserta la hombrera.

17 Cose el cuello exterior y vuelve el borde del centro del delantero sobre el cuello de melton (véanse pp. 134–135). Prende con alfileres.

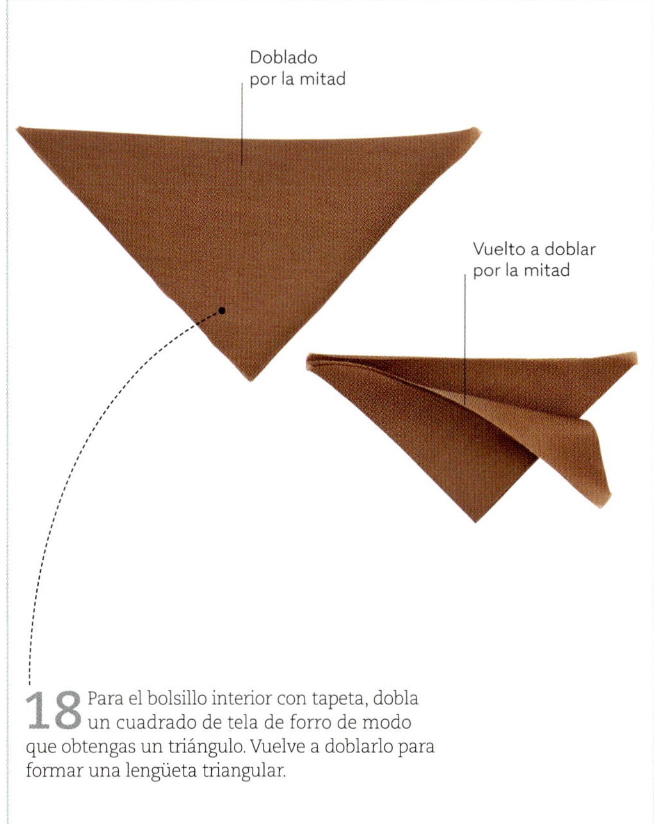

18 Para el bolsillo interior con tapeta, dobla un cuadrado de tela de forro de modo que obtengas un triángulo. Vuelve a doblarlo para formar una lengüeta triangular.

19 Haz el bolsillo interior con tapeta en el delantero izquierdo, según queda puesta la chaqueta (p. 164).

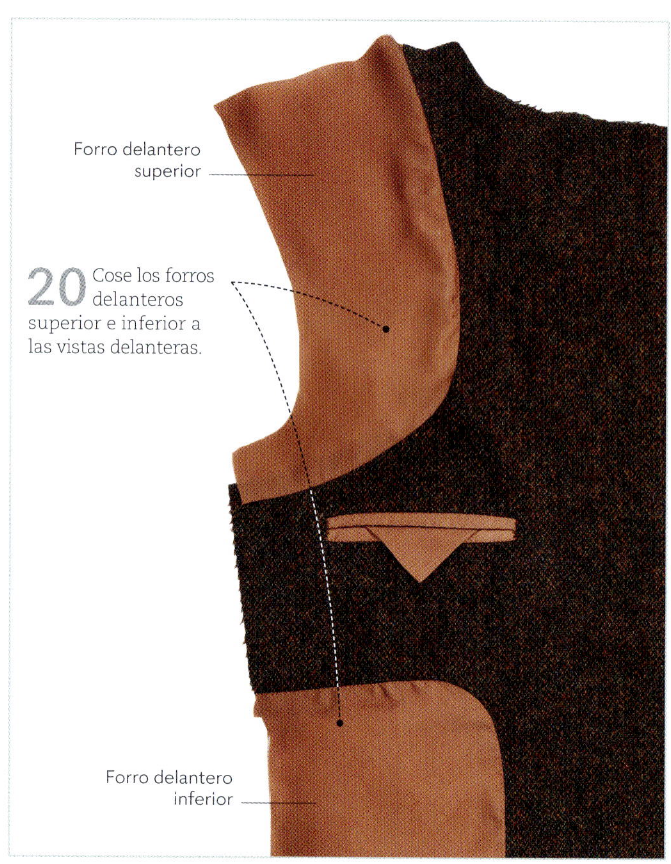

20 Cose los forros delanteros superior e inferior a las vistas delanteras.

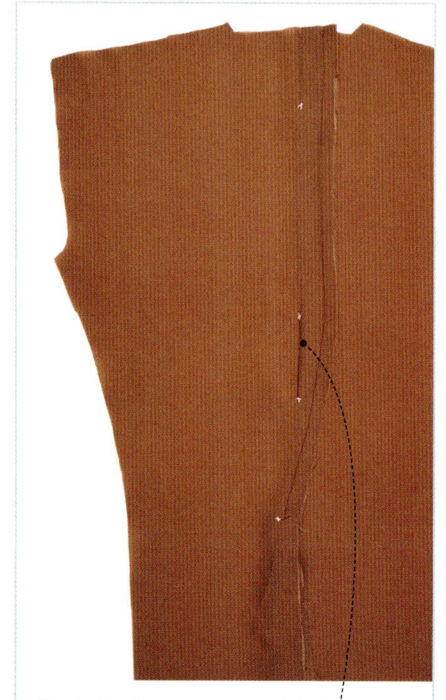

21 Haz la costura central de la espalda del forro hasta el punto inferior. Cose entre los otros puntos, para formar un pliegue.

22 Cose los forros y luego el forro entero a la vista.

23 Haz la costura del hombro.

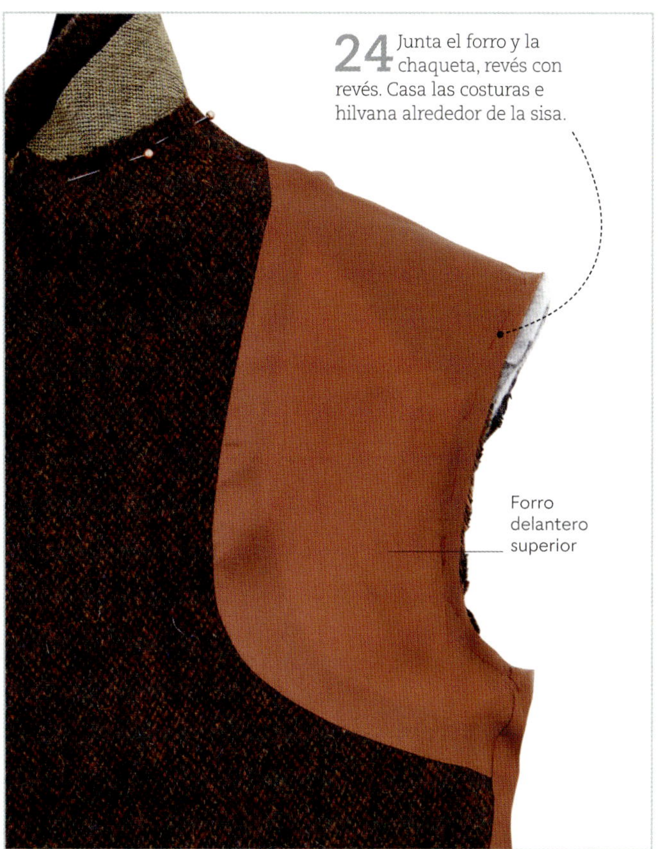

24 Junta el forro y la chaqueta, revés con revés. Casa las costuras e hilvana alrededor de la sisa.

25 Une el forro y la chaqueta con un hilván en el escote.

26 Vuelve los bordes de la chaqueta y la vista delanteros y cóselos.

27 Cose a mano los bordes prendidos con alfileres.

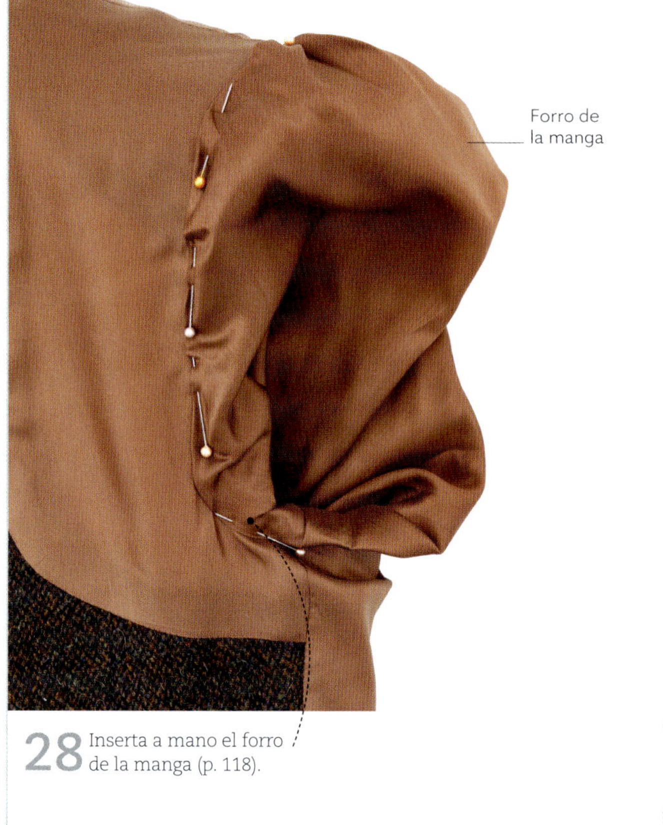

28 Inserta a mano el forro de la manga (p. 118).

29 Aplica una tira de entretela de 5 cm de ancho cortada al bies al dobladillo de la chaqueta y vuelve el bajo hacia arriba.

30 Dobla el bajo de la vista en el centro del delantero y cóselo a mano. Remete el borde del forro en el dobladillo, préndelo con alfileres y cóselo para sujetarlo. Así formarás un pliegue que hará el *blazer* más cómodo de llevar.

31 Dobla los bordes de la abertura central de la espalda. Dobla en inglete el lado izquierdo y cose el dobladillo. Cose a máquina la parte superior de la abertura.

32 Tira del forro y colócalo a lo largo de la abertura. Dobla el margen de costura del forro y préndelo con alfileres alrededor de la abertura. Sigue el dobladillo del forro desde el delantero y crea un pequeño pliegue en los bordes que haga la prenda más cómoda de llevar. Cóselo (pp. 120–121).

33 Antes de terminar el forro de la manga, haz los ojales en la abertura de esta y cose los botones más pequeños.

34 Cose el forro al dobladillo de la manga a punto de jareta vertical.

35 Haz los ojales en el delantero izquierdo, según queda puesta la prenda. Cose los botones donde corresponda. Da un último toque de plancha al *blazer*.

PATRÓN DE ABRIGO CÁMEL

Abrigo cámel

Un abrigo cámel largo nunca pasa de moda. ¿Por qué no probar esta versión de un clásico atemporal confeccionada con paño de lana y técnicas de sastrería híbrida, combinando entretelas termoadhesivas y picadas a máquina? Con su línea sobria, larga abertura trasera y bolsillos interiores con solapa, este abrigo totalmente forrado es una prenda maravillosa que dará categoría a cualquier fondo de armario de invierno.

TÉCNICAS EMPLEADAS Sastreria hibrida **pp. 216–219**, Pinza sencilla **p. 114**, Poner un cuello **p. 136**, Forro junto a una abertura montada **pp. 120–121**, Insertar una manga sastre con chorizo **p. 142**, Bolsillo interior con vivo y solapa **p. 171** Forro de manga insertado a mano **p. 118**, Dobladillos a mano **p. 177**, Botones **p. 189**, Ojales **pp. 192–197**

NIVEL DE DIFICULTAD

Avanzado Es una prenda fantástica para practicar técnicas de sastrería híbrida.

MATERIALES NECESARIOS

- Patrón (en las pp. 12–13 encontrarás instrucciones para descargar tu talla)
- 3,5–4 m de paño de lana de 150 cm de ancho
- 2,5–3 m de tela de forro de 150 cm de ancho
- 2 m de entretela termoadhesiva de punto
- 50 cm de entretela termoadhesiva con inserción de trama
- 50 cm de entretela de sastre
- 4 m de cinta termoadhesiva al hilo
- 2 m de cinta termoadhesiva al bies
- 1 carrete de hilo multiusos
- 1 par de hombreras
- 1 trozo de guata para la corona de las mangas
- 3 botones de 38 mm de diámetro

CARACTERÍSTICAS DE LA PRENDA

Este abrigo recto de botonadura simple queda por debajo de la rodilla y tiene una pinza delantera y bolsillos interiores con tapeta. La abertura de la espalda es muy larga, para facilitar el paso al caminar. Se abrocha con tres botones.

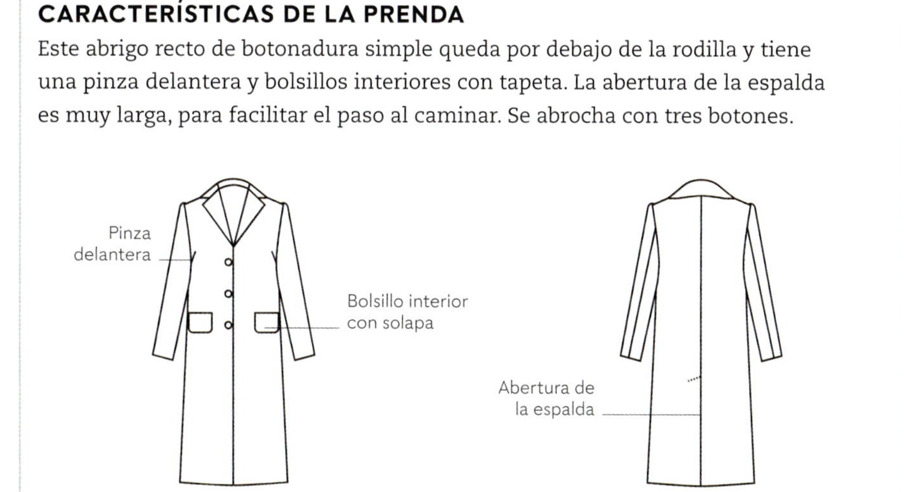

PAÑO DE LANA

FORRO DE VISCOSA

◄ Para este modelo se ha usado un paño 100% lana en un tono cámel clásico, un color neutro que jamás pasa de moda y combina con todo. Esta tela cálida y sufrida no se arruga ni se marca con facilidad, por lo que el abrigo será duradero además de elegante. El forro es de viscosa y un poco más claro.

LANA HERVIDA

FORRO DE ACETATO

▲ El abrigo también quedará fantástico con lana hervida, una opción más barata y disponible en muchos colores. Es fácil de coser, por lo que sería una buena elección si se trata de tu primer abrigo. Combínala con un forro de acetato de un color similar.

1 Confecciona la glasilla del abrigo (pp. 86–87) y pruébatela. ¿Cómo te queda? ¿Es demasiado larga? ¿Tienen las mangas la longitud adecuada? ¿Te podrás poner el abrigo con un jersey debajo? Haz los ajustes que sean necesarios.

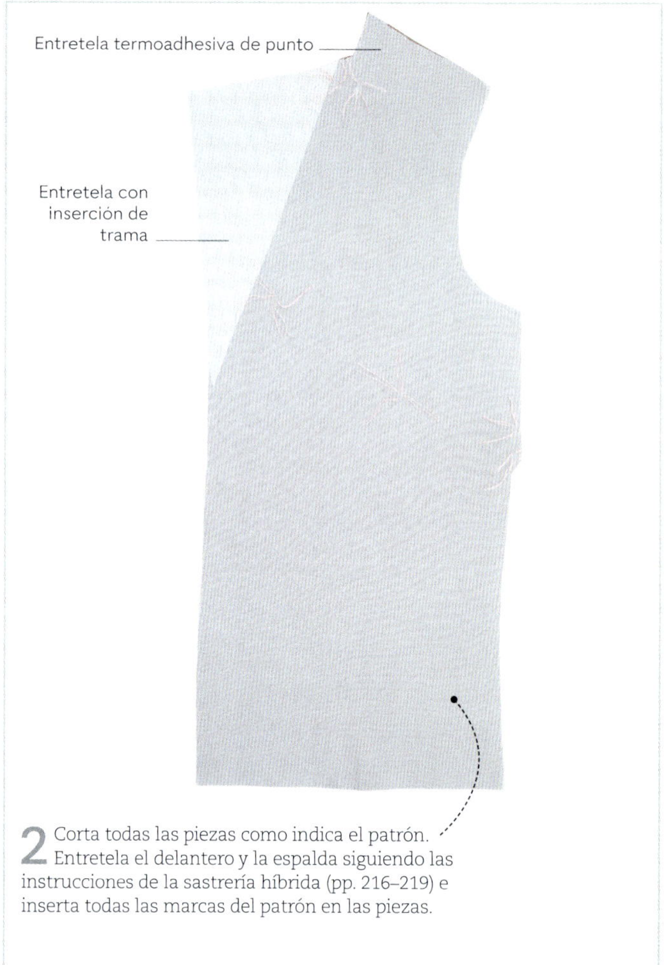

2 Corta todas las piezas como indica el patrón. Entretela el delantero y la espalda siguiendo las instrucciones de la sastrería híbrida (pp. 216–219) e inserta todas las marcas del patrón en las piezas.

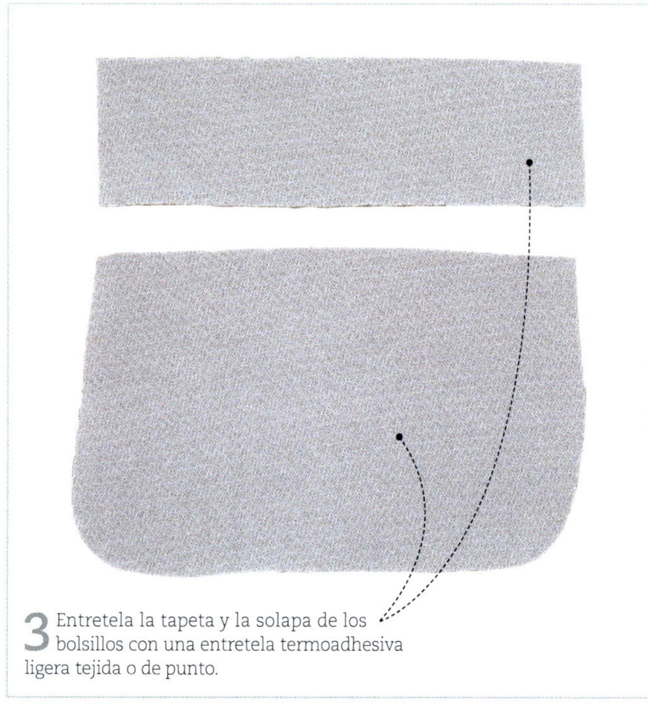

3 Entretela la tapeta y la solapa de los bolsillos con una entretela termoadhesiva ligera tejida o de punto.

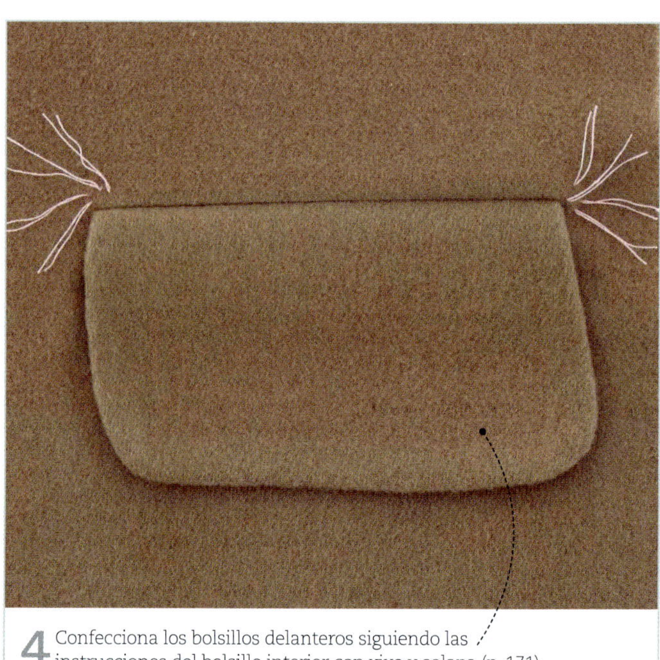

4 Confecciona los bolsillos delanteros siguiendo las instrucciones del bolsillo interior con vivo y solapa (p. 171).

5 Haz la costura central de la espalda hasta el punto sobre la abertura. Haz un corte en la costura para poder doblar el borde derecho de la abertura sobre el izquierdo. Entretela el borde izquierdo de la abertura. Plancha la costura abierta.

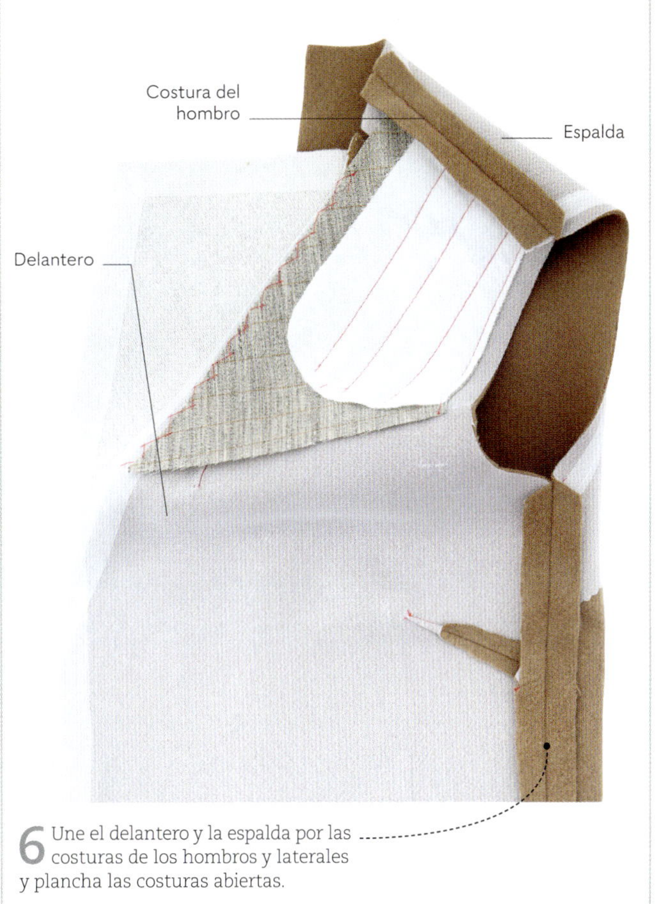

6 Une el delantero y la espalda por las costuras de los hombros y laterales y plancha las costuras abiertas.

7 Entretela el cuello interior y una de las tirillas con la entretela con inserción de trama. Cose la tirilla al cuello.

8 Cose el cuello interior al escote trasero del abrigo. Asegúrate de que las marcas del patrón casen (p. 136).

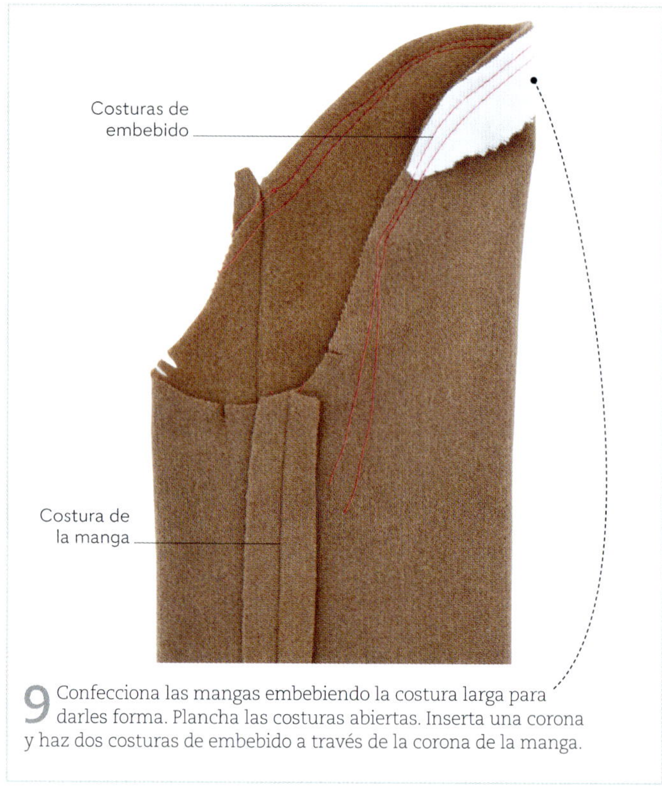

9 Confecciona las mangas embebiendo la costura larga para darles forma. Plancha las costuras abiertas. Inserta una corona y haz dos costuras de embebido a través de la corona de la manga.

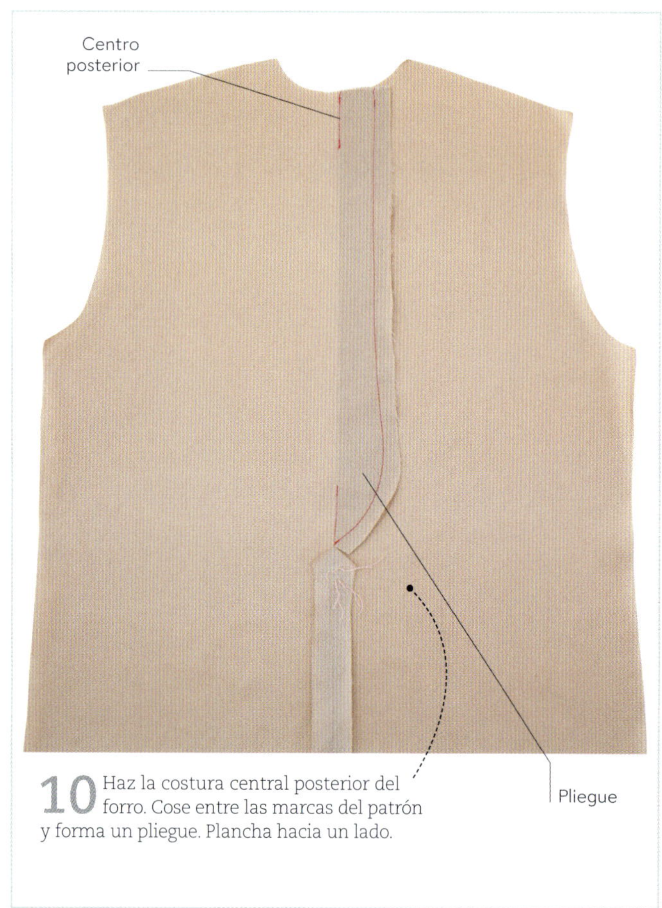

10 Haz la costura central posterior del forro. Cose entre las marcas del patrón y forma un pliegue. Plancha hacia un lado.

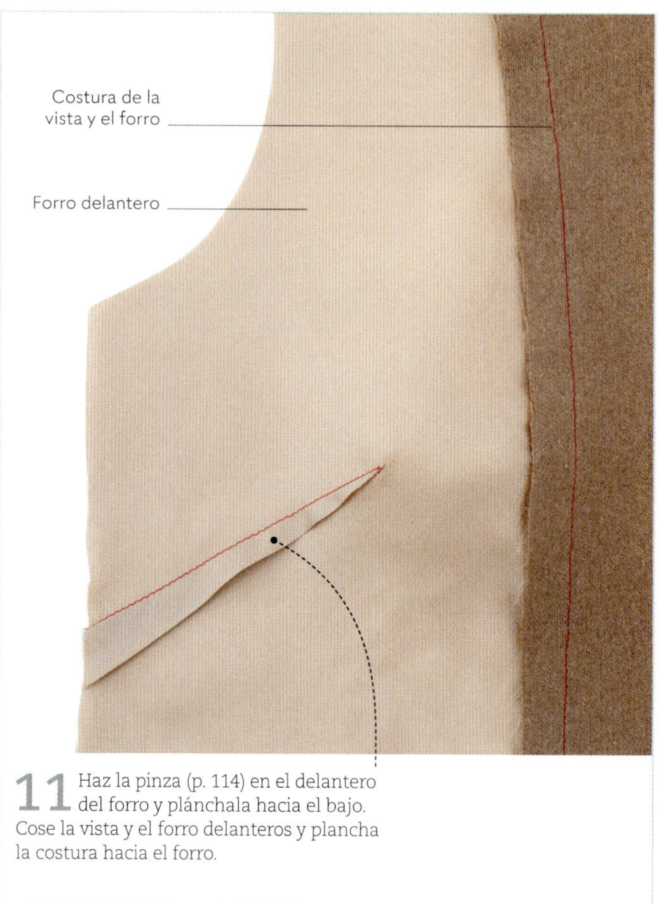

11 Haz la pinza (p. 114) en el delantero del forro y plánchala hacia el bajo. Cose la vista y el forro delanteros y plancha la costura hacia el forro.

12 Une los forros delantero y trasero por las costuras de los hombros y laterales.

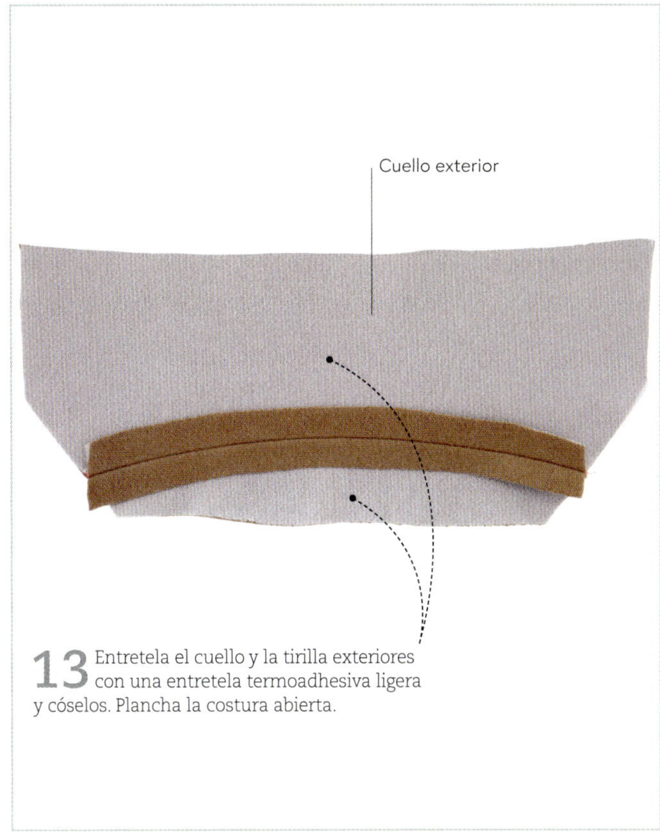

13 Entretela el cuello y la tirilla exteriores con una entretela termoadhesiva ligera y cóselos. Plancha la costura abierta.

14 Cose el cuello y la tirilla exteriores al forro y la vista delanteros. Asegúrate de casar todas las marcas del patrón.

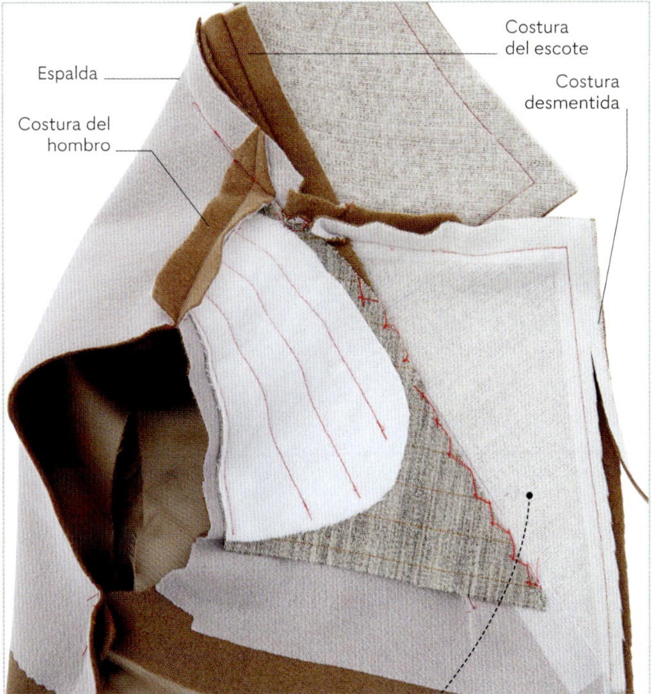

15 Junta los cuellos y las vistas delanteras encarados del derecho. Cose el abrigo comenzando por los cuellos y, luego, las vistas. Corta y desmiente la costura, vuelve del derecho y plancha. Afianza las costuras del escote (p. 136).

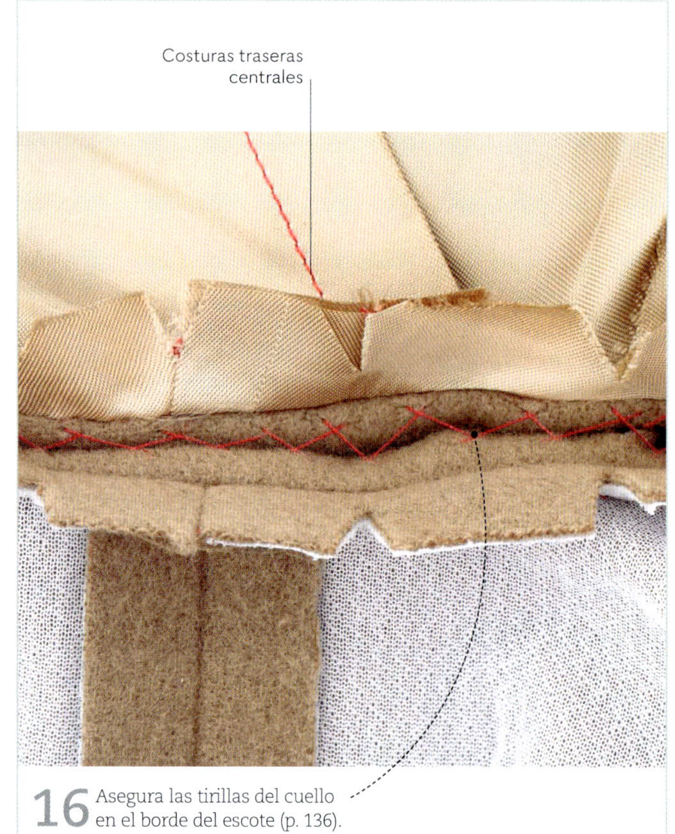

16 Asegura las tirillas del cuello en el borde del escote (p. 136).

17 Inserta las mangas en las sisas (p. 142) y, a continuación, inserta las hombreras (p. 143).

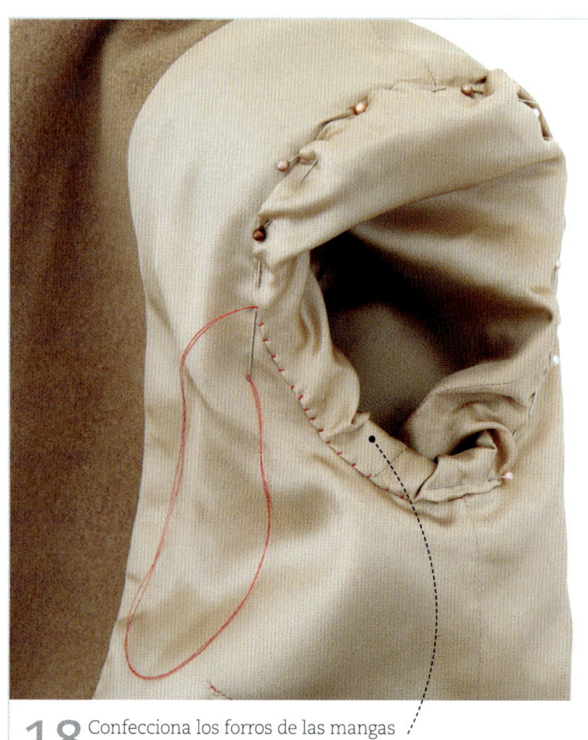

18 Confecciona los forros de las mangas e insértalos en las sisas (p. 118).

19 Pruébate el abrigo y nivela el bajo. Vuelve el bajo del abrigo 4 cm. Aplica una tira de entretela termoadhesiva de 5 cm en lo que será el interior del dobladillo. Haz un corte en el centro del delantero para reducir el volumen en la costura entre la vista y el abrigo.

20 Dobla los bordes de la abertura trasera como se muestra en la imagen. Dobla en inglete el lado izquierdo y cóselo a mano para asegurarlo.

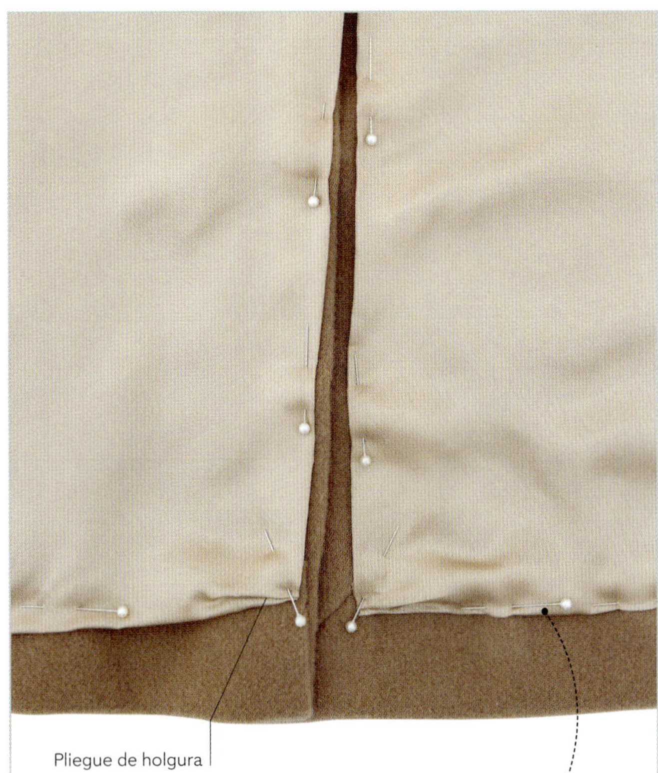

21 Pon el forro sobre la abertura, dobla los bordes y cóselos a mano. En el bajo, vuelve el forro 1,5 cm y sube el pliegue 3 cm más. Fíjalo a punto de lado.

22 Fija el forro a la manga a punto de jareta vertical.

23 Haz los ojales y cose los botones en las marcas centrales del delantero.

24 Da un último toque de plancha al derecho del cuello y las solapas.

PATRÓN DE ABRIGO HASTA LA RODILLA

Abrigo hasta la rodilla

Este abrigo corto es ideal para llevar a diario y combina muy bien con la falda (pp. 222–227) y el pantalón (pp. 228–239). Los generosos bolsillos de parche le dan un aire informal, mientras que el cuello y los botones de terciopelo ponen un toque de lujo y crean un bonito contraste de texturas con el paño de lana. Este abrigo requiere una tela pesada, como paño de lana, *tweed* o franela, que garantice una caída y una forma elegantes, además de calidez.

TÉCNICAS EMPLEADAS Sastrería híbrida **pp. 216–219**, Pinza sencilla **p. 114**, Cuello bajo **p. 130**, Insertar una manga sastre con chorizo **p. 142**, Bolsillos de parche **pp. 160–163**, Forro de manga insertado a mano **p. 118**, Dobladillos a mano **p. 177**, Botones forrados **p. 191**, Automáticos **p. 199**

NIVEL DE DIFICULTAD

Medio Este abrigo comprende todas las técnicas del abrigo cámel, excepto la de forrar los bordes de una abertura, que es más complicada.

MATERIALES NECESARIOS

- Patrón (en las pp. 12–13 encontrarás instrucciones para descargar tu talla)
- 2,5–3 m de tela de 150 cm de ancho
- 2,5–3 m de tela de forro de 150 cm de ancho
- 2 m de entretela termoadhesiva de punto
- 1 m de entretela termoadhesiva con inserción de trama
- 50 cm de entretela de sastre
- 50 cm de guata
- 75 cm de terciopelo de algodón de 115 cm de ancho
- 3 m de cinta termoadhesiva al hilo
- 2 m de tira de bies
- 1 carrete de hilo multiusos
- 1 par de hombreras
- 4 botones forrados de 5 cm de diámetro

CARACTERÍSTICAS DE LA PRENDA

Se trata de un abrigo recto hasta la rodilla con grandes bolsillos de parche cosidos a la costura lateral. El cuello bebé y los botones de terciopelo le dan el toque de estilo final.

PAÑO DE LANA

FORRO DE VISCOSA

TERCIOPELO DE ALGODÓN

◀ Este abrigo se ha confeccionado con un paño 100% lana, al que el cuello y los botones de terciopelo dan un toque lujoso. No uses terciopelo de seda, porque es dificilísimo de coser. El forro de viscosa es de un tono similar al del paño.

PAÑO DE LANA CON TEXTURA

FORRO DE ACETATO

▲ El abrigo también quedará fantástico con un paño de lana con textura, un *tweed*, una franela o una pana gruesa. Si prefieres un cuello más llamativo, prueba a confeccionarlo con pelo sintético.

1 Confecciona la glasilla del abrigo (pp. 86–87) y pruébatela. Comprueba la posición de los bolsillos, el ancho de hombros y la longitud de las mangas.

2 Corta todas las piezas e inserta las marcas del patrón.

3 Sigue el método de sastrería híbrida (pp. 216–219) y aplica las entretelas termoadhesivas en el delantero, la espalda, el cuello inferior y los bolsillos.

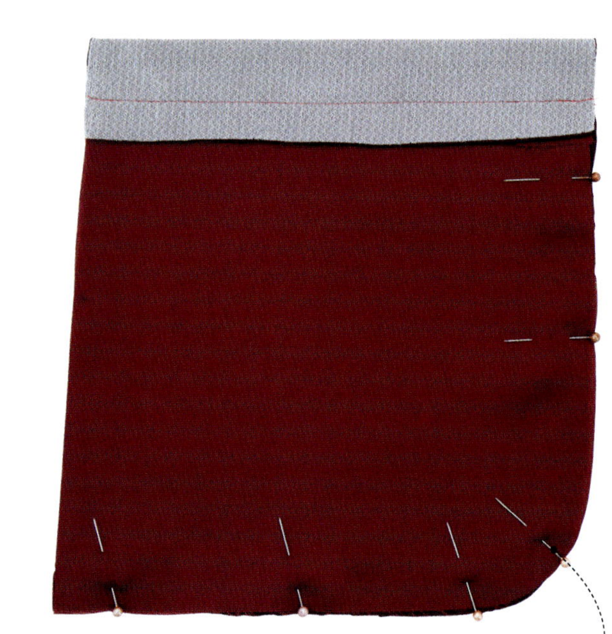

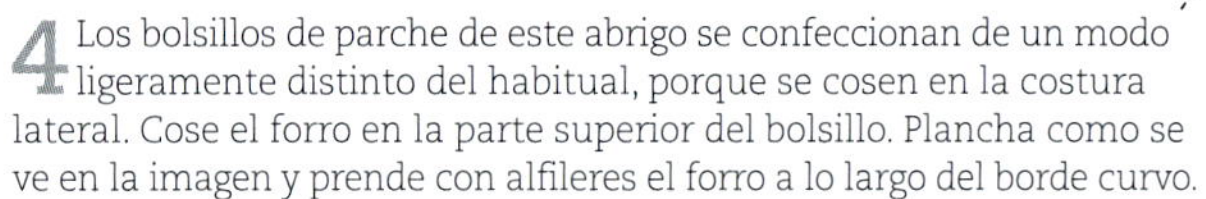

4 Los bolsillos de parche de este abrigo se confeccionan de un modo ligeramente distinto del habitual, porque se cosen en la costura lateral. Cose el forro en la parte superior del bolsillo. Plancha como se ve en la imagen y prende con alfileres el forro a lo largo del borde curvo.

5 Cose alrededor del borde curvo. Haz muescas y piquetes en la curva. Deja abierto el borde recto largo.

6 Vuelve el bolsillo del derecho y plánchalo.

7 Haz la pinza (p. 114) en el delantero del abrigo, corta para abrirla y plánchala.

8 Prende los bolsillos con alfileres en el delantero, casando las marcas del patrón. Haz un pespunte a lo largo del borde curvo para afianzarlo.

9 Haz la costura central posterior.

10 Cose el delantero y la espalda por los hombros y los lados, y plancha las costuras abiertas.

11 Sigue los pasos 9, 17 y 18 del abrigo cámel para confeccionar e insertar las mangas (pp. 282 y 282).

Escote

Costura del hombro

Sisa

Delantero

Costura lateral

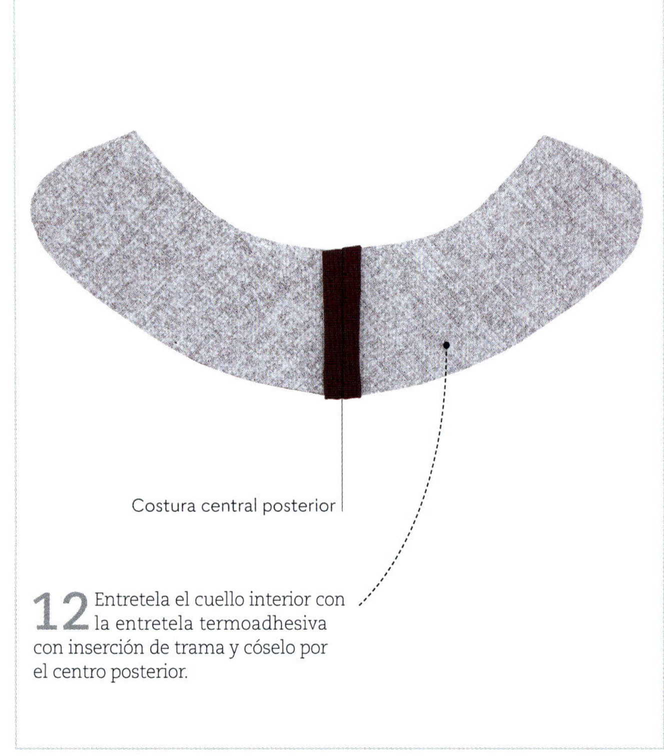

12 Entretela el cuello interior con la entretela termoadhesiva con inserción de trama y cóselo por el centro posterior.

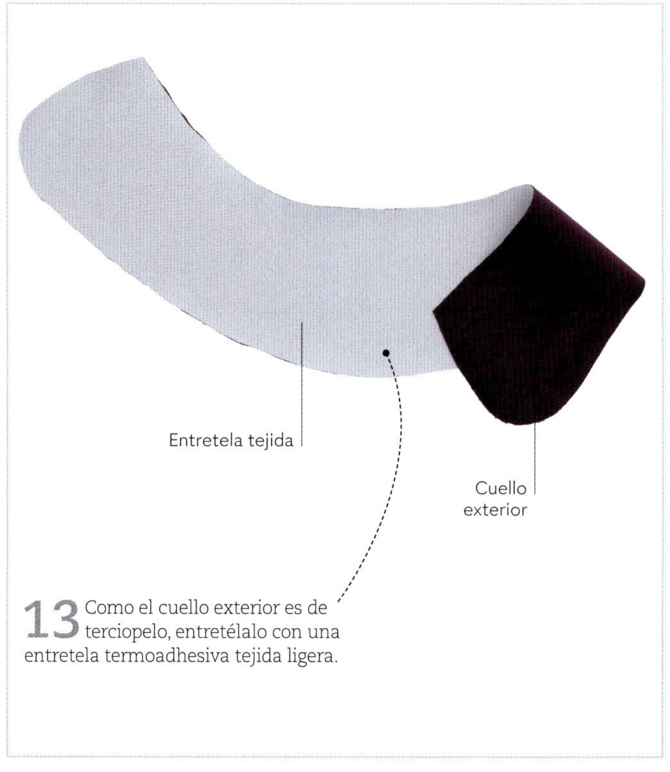

13 Como el cuello exterior es de terciopelo, entretélalo con una entretela termoadhesiva tejida ligera.

14 Cose los cuellos exterior e interior y recorta el margen de la costura. Desmiente la costura por el lado del cuello interior y haz muescas en las curvas, de modo que el cuello se vuelva con facilidad.

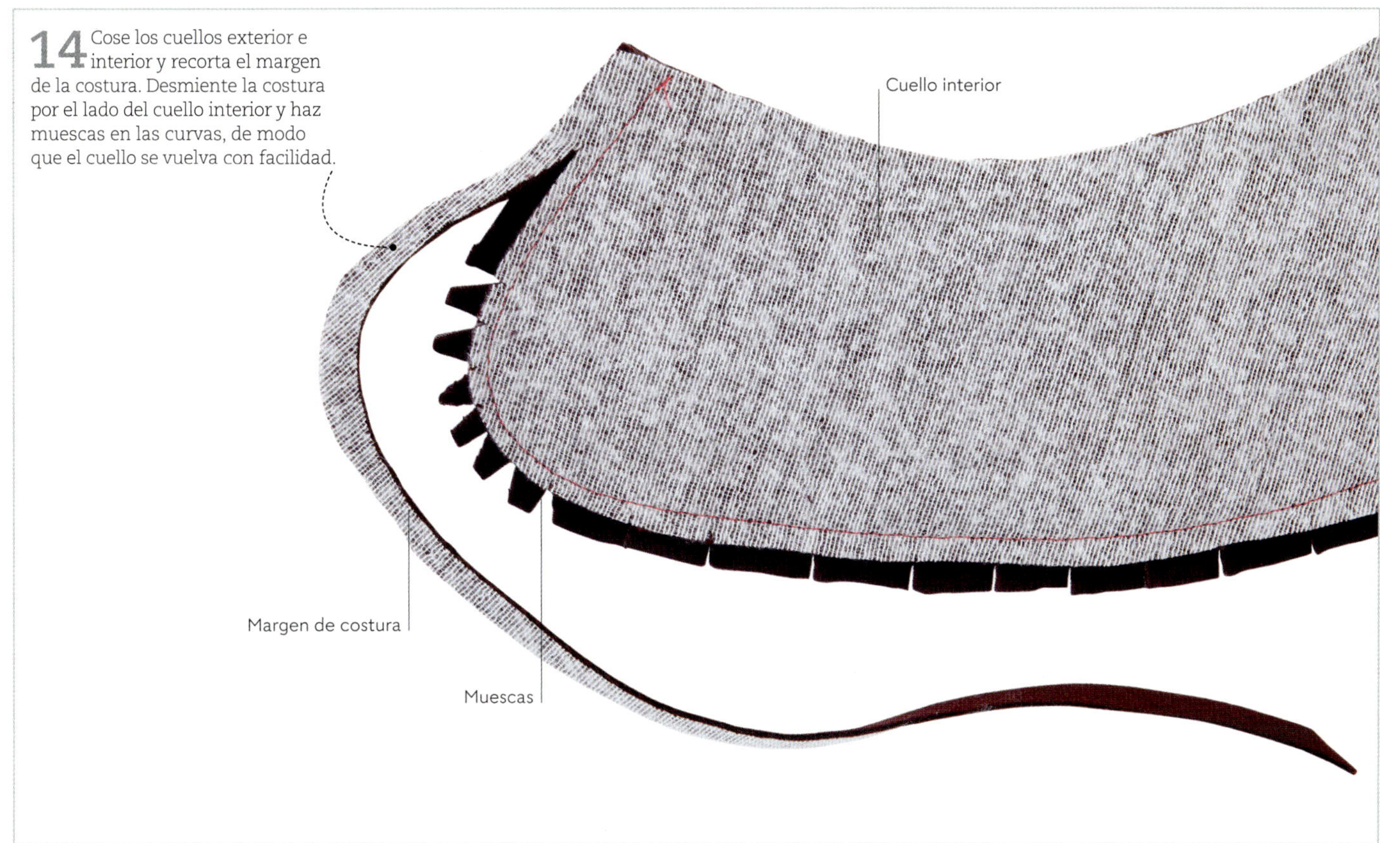

15 Vuelve del derecho y plancha.

16 Hilvana el cuello al escote del abrigo.

17 Cose los forros y las vistas como en los pasos 11–12 del abrigo cámel (pp. 280–281).

18 Cose la vista y el forro al abrigo por el delantero y el escote, envolviendo el cuello como en el paso 14 del abrigo cámel (p. 281).

19 Haz muescas y desmiente la costura del cuello en el escote.

20 Vuelve del derecho y plancha.

21 Cose el forro al dobladillo de la manga y al del abrigo a punto de jareta vertical.

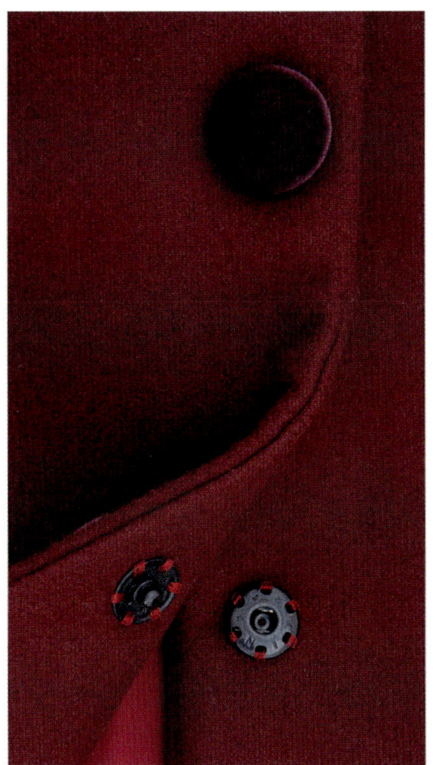

22 Si la tela del abrigo es gruesa, prueba a abrocharlo con automáticos (p. 199). Forra los botones (p. 191) a juego con el cuello y cóselos sobre los automáticos.

23 Para terminar, plancha el abrigo con mucho cuidado. ¡Ya solo falta lucirlo!

Glosario

abridor de ojales Pequeño cincel muy afilado para abrir los ojales cosidos a máquina cortando limpiamente la tela.

acetato Tejido sintético muy utilizado para forros.

acrílico Tejido sintético parecido a la lana.

agremán Hilo sobre el que se cosen los ojales a mano.

algodón Tejido ligero, barato y duradero, muy utilizado para prendas de vestir, hecho con fibras obtenidas de la borra que rodea las semillas de la planta del mismo nombre.

automáticos Cierres compuestos por una pieza con una bolita que encaja a presión en otra pieza.

badajo de sastre Utensilio de madera utilizado para alisar arrugas en telas gruesas tras aplicar vapor.

bajo Borde inferior de una prenda o de una parte de ella (por ejemplo, la manga), correspondiente a la línea de doblez del dobladillo. *Véase también* dobladillo.

bastilla Punto de costura con puntadas uniformes separadas por espacios de la misma longitud que se utiliza para coser y embeber.

bies o **sesgo** Línea de corte de la tela en diagonal, es decir, en un ángulo de 45 grados con la trama y la urdimbre. La tela cortada al bies tiene mejor caída. *Véanse también* hilo y contrahílo.

bies o **tira de bies** Tira estrecha de tela cortada al bies, utilizada para ribetear bordes y márgenes de costura.

cachemir La más lujosa de las lanas.

caída Manera en que cuelga una tela. Varía según el tipo de tejido y la dirección de corte.

calibre de costura Utensilio con un deslizador ajustable que se usa para pequeñas medidas, como la anchura de dobladillos o márgenes de costura.

cambray Tela ligera de algodón con la urdimbre de distinto color.

canesú Pieza de la parte superior de un vestido o una camisa de la cual cuelga el resto.

canilla Carrete que se coloca bajo la placa de agujas de la máquina de coser y en el que se devana el hilo.

canto Borde de la tela cortada que debe rematarse para evitar que se deshilache.

canto de costura Borde sin rematar de los márgenes de una costura.

chalí Tela fina de lana con una textura superficial irregular.

chifón Tela de seda resistente, fina y transparente.

cinta métrica Cinta flexible similar a una regla blanda.

cinta termoadhesiva Cinta que se adhiere aplicando calor con la plancha, usada para estabilizar bordes y también como alternativa a una costura de refuerzo.

cinturilla Banda de tela que se cose a la cintura de una prenda para darle un acabado pulido.

contrahílo Dirección de los hilos de la trama, perpendicular al hilo.

corchete Cierre de metal compuesto por dos piezas, una con forma de gancho y otra de presilla, que se cosen en bordes que se solapan de manera que no se ven por el derecho de la prenda.

cortahílos Utensilio de corte que funciona con un muelle, empleado para cortar cabos de hilo.

costura Hilera de puntadas mediante las cuales se unen los bordes de dos piezas de tela.

costura cargada *véase* costura sobrecargada.

costura de embebido Costura a máquina con puntadas largas usada para fruncir y estrechar la tela cuando la distancia entre muescas es mayor en un margen de costura que en el otro.

costura de refuerzo Costura recta a máquina que se hace dentro de un margen de costura para evitar que ceda o se abra la tela.

costura en el canal Costura recta hecha por el derecho de la labor a lo largo del surco o «canal» formado por una costura anterior, utilizada para afianzar vistas y cinturillas.

costura en retroceso Costura a máquina que consiste en coser hacia atrás sobre una hilera de puntadas para afianzar los hilos.

costura francesa Costura doble que se utiliza tradicionalmente en telas de seda y transparentes. Primero se hace una costura por el derecho y luego otra por el revés, envolviendo la anterior.

costura pespunteada Costura acabada con un pespunte paralelo como adorno, utilizada tanto en prendas de vestir como en tapicería.

costura recta Costura sencilla a máquina utilizada para coser en la mayoría de ocasiones. El largo de puntada se puede modificar en función de la tela.

costura sobrecargada También llamada cargada, es una costura muy fuerte, con dos hileras de puntadas por el derecho. Oculta los cantos y evita el deshilachado.

costura sobrecargada interior Costura a máquina con la que se une una vista a los márgenes de costura de manera que resulte invisible por el derecho. Hace que la vista quede plana.

cremallera Sistema de cierre habitual en prendas de vestir, compuesto por dos cintas o galones provistas de dientes de plástico o de metal que se traban con un tirador. Se fabrican cremalleras en muchos colores, medidas y grosores.

crepé Tejido ligero hecho con fibras retorcidas.

cuello de botón Parte inferior alargada de algunos botones que les permite deslizarse en el ojal una vez abrochados.

cuerpo Parte superior de una prenda que cubre el torso.

dedal Capuchón de metal o de plástico que se coloca en la punta del dedo que empuja la aguja al coser.

denim Tela fuerte de ligamento de sarga con la urdimbre de color y la trama blanca, también llamada tela vaquera.

derecho Cara externa de una tela y parte de una prenda que queda a la vista.

descosedor Pequeño utensilio con un gancho que sirve para cortar puntadas y deshacer costuras.

desmentir Cortar uno de los márgenes de una costura hasta reducir su anchura a la mitad para evitar que la costura abulte demasiado.

dobladillo Borde de la tela que se vuelve hacia dentro y se remata y se cose a mano o a máquina.

drapeado Caída de la tela en pliegues fluidos, dispuestos con elegancia.

dupión Tela de seda 100% con numerosos nudillos en la trama.

embeber Distribuir la tela al unir dos costuras de distinta longitud para que encajen, por ejemplo, al coser una manga a la sisa.

enhebrador Utensilio que introduce el hilo a través del ojo de la aguja, muy útil para enhebrar agujas de ojo pequeño.

entretela Tela que se coloca entre la prenda y una vista para darle cuerpo y reforzarla. Hay entretelas de diferente grosor y termoadhesivas (que se pegan aplicando calor) o no termoadhesivas (que se han de coser).

entretela de sastre o **de picar** Tejido basto de distintos grosores utilizado en la sastrería artesanal como entretela cosida mediante la técnica del picado.

espiguilla Tela tejida pasando el hilo de la trama por encima y por debajo de la urdimbre de manera escalonada, con lo que se obtiene un dibujo en zigzag.

esquina a inglete o **en inglete** Costura de la tela doblada en diagonal en una esquina. Para que no abulte, hay que recortar la tela antes o después de coser.

estambre Tejido de lana ligero y fuerte hecho con fibras largas de alta calidad.

festón Punto de costura a mano que se hace sobre bordes acabados para rematarlos o como adorno.

fibras Filamentos relativamente cortos y de escaso grosor tanto naturales como artificiales, como el algodón, la lana, el lino o el poliéster, con los que se forman los hilos.

forro Tela con la que se cubre el interior de una prenda para darle un buen acabado y ocultar las costuras.

franela Tela de lana o algodón con la superficie ligeramente cepillada.

frunces Arrugas formadas en la tela al tirar de los cabos sueltos de dos o más hileras paralelas de bastillas. De este modo se reduce la anchura de una pieza para ajustarla al espacio requerido o se plisa la tela con fines decorativos.

gabardina Tela resistente con una textura rayada característica.

glasilla Prenda de prueba confeccionada según el patrón en percal u otra tela barata para comprobar el ajuste y hacer las modificaciones necesarias.

grogrén Tela fuerte acordonada, usada para hacer galones y cintas.

guarniciones o **fornituras** Artículos de mercería necesarios para completar una prenda, como botones, cremalleras o elásticos, que suelen especificarse en el sobre del patrón.

habutai Seda fina y suave japonesa.

hilo o **recto hilo** Dirección de los hilos de la urdimbre, paralela a los orillos.

hilos flojos continuos Método para marcar líneas y pliegues consistente en hilvanar el patrón a la tela con una serie de puntadas poco tensas que se cortan antes de retirar el patrón. También se conoce como hilván de sastre.

hilos flojos sueltos Marcas hechas con puntadas sueltas para transferir símbolos del patrón a la tela.

hilván Costura provisional utilizada para sujetar dos piezas de tela o para transferir marcas del patrón.

hilván de sastre *véase* hilos flojos continuos.

inglete Línea diagonal formada al plegar dos bordes de tela que se encuentran en una esquina. *Véase también* esquina a inglete.

jaboncillo o **jabón de sastre** Pieza de esteatita cuadrada o triangular utilizada para marcar las telas. Se fabrica en varios colores, y sus trazos se borran con un simple cepillado.

lana Fibra natural animal, disponible en una gran variedad de grosores, tejidos y texturas. Es cálida y confortable, resistente a las arrugas y adecuada para trajes.

ligamento Manera en que se entrecruzan los hilos en el telar para crear las telas.

línea de corte Línea continua de los patrones como guía para cortar la tela.

línea de costura Línea del patrón que indica por dónde hay que coser; suele estar a 1,5 cm de distancia de la línea de corte.

línea del bajo Línea de doblez del dobladillo del borde inferior de una prenda.

lino Fibra natural derivada del tallo de la planta del mismo nombre con la que se obtienen tejidos de una gran variedad de pesos y calidades.

lorza Doblez o pliegue cosido, usualmente al hilo, como adorno o para acortar una prenda.

madrás Tela de algodón de cuadros irregulares en colores vivos, originaria de India.

manga encajada Manga ajustada en torno a la sisa.

marcas del patrón Símbolos impresos en los patrones de papel para indicar la dirección y el doblez de la tela, y detalles de la confección como pinzas, muescas y lorzas. Estas deberían transferirse a la tela con jaboncillo o hilos flojos.

margen de costura Cantidad de tela que se añade en el patrón en las partes que deben coserse; suele ser de 1,5 cm.

margen del bajo Cantidad de tela que se destina al dobladillo del borde inferior de una prenda.

medio queso Especie de cojín firme que se usa para planchar las partes curvas y con forma de las prendas.

mohair Tejido de lana velluda utilizado para chaquetas, abrigos y artículos de decoración del hogar. El hilo también se usa para tricotar jerséis.

muesca Marca del patrón en forma de V utilizada para alinear una pieza con otra; también, corte de la misma forma que se hace para reducir el grosor de la tela en los márgenes de las costuras.

muselina Tela fina de tejido simple y abierto.

ojal Abertura en la que se inserta un botón para abrochar una prenda. Hoy los ojales se suelen coser a máquina, pero también se pueden coser a mano o ribetear con un vivo para reforzarlos o con fines decorativos.

ojal de sastre *véase* ojal en ojo de cerradura.

ojal en ojo de cerradura Tipo de ojal con un extremo cuadrado y el otro redondeado formando un ojete para alojar el cuello del botón sin deformar la tela. Se suele usar en chaquetas.

organza Tela fina y brillante de seda o poliéster.

orillo Cada uno de los bordes acabados en fábrica de una tela, paralelos a la urdimbre.

remalladora o **máquina *overlocker*** Máquina utilizada para coser, rematar y recortar rápidamente los cantos de la tela en una sola acción, dando así un acabado profesional a las prendas. Se le puede acoplar una gran variedad de accesorios que le permiten realizar muchas más funciones.

pana Tela de pelo cortado suave, similar al terciopelo, con unos surcos característicos.

paño de planchar Pieza de muselina u organza que se coloca sobre la tela para evitar marcas o quemaduras al planchar.

papel carbón de modista Papel entintado por una cara que se usa junto con una ruleta marcadora para transferir marcas del patrón a las telas. Se fabrica en varios colores.

patrón multitalla Patrón cuyas piezas llevan impresas las líneas de corte correspondientes a varias tallas.

pelo Vello formado por gazas, o lazadas, cortadas durante el proceso de fabricación en una de las caras de una tela, como el terciopelo.

percal Tela de ligamento simple, generalmente sin blanquear.

pespunte Punto de costura fuerte que presenta una puntada doble por el revés, usado para coser y también como adorno en torno a bordes, a veces con un hilo de distinto color.

pespunte picado Costura a mano con puntaditas muy menudas separadas por amplios espacios. Se suele emplear para realzar bordes en una prenda acabada.

pinza Pliegue cosido con un extremo puntiagudo que se utiliza para dar forma a la tela y hacer que se ajuste a la silueta. Las pinzas pueden ser de varios tipos y se usan sobre todo en prendas femeninas.

pinza de contorno También llamada pinza doble, equivale a dos pinzas unidas por la parte más ancha. Se usa para entallar, es decir, dar forma a la cintura de una prenda.

pinza de lorza Lorza abierta (cosida solo en parte), que se usa para dar vuelo o amplitud a una prenda en el pecho, la espalda o la cadera. *Véase también* lorza.

pinza doble *véase* pinza de contorno.

piquillo Remate de los cantos idóneo para telas que no se deshilachan mucho, consistente en cortarlos con tijeras dentadas, de manera que se forma una serie de picos en el borde.

pivotar Técnica para coser esquinas a máquina. Al llegar a la esquina marcada, se detiene la máquina con la aguja introducida en la tela, luego se levanta el prensatelas, se gira la tela y se baja el prensatelas para seguir cosiendo.

plegadora de bies Utensilio para doblar de manera uniforme los bordes de una tira de bies, que luego se puede planchar para hacer un ribete o un vivo.

pliegue Doblez de la tela, a veces cosido en parte.

poliéster Fibra sintética inarrugable.

prensacosturas Utensilio de madera para alisar las arrugas en telas gruesas tras aplicar vapor.

prensatelas Accesorio de la máquina de coser que sujeta la tela sobre la placa de agujas mientras se cose. Puede ser de muchos tipos.

prensatelas para cremalleras Tipo de prensatelas estrecho y con una sola pata que se puede colocar a uno u otro lado de la aguja.

puntada de remate Puntada de la máquina de coser con la que se traban los hilos superior e inferior al final de una costura, para impedir que esta se deshaga.

punto o **género de punto** Tejido de hilo de algodón o de lana tricotado para darle elasticidad.

punto de cruz Punto de costura a mano formado por dos puntadas que se entrecruzan en forma de aspa utilizado para sujetar pliegues y asegurar forros.

punto de dobladillo invisible También

llamado punto deslizado, es similar al punto de escapulario, pero se hace de derecha a izquierda. Se usa sobre todo para coser dobladillos.

punto de escapulario Punto de costura a mano utilizado para coser el dobladillo de bajos y forros. Se hace de izquierda a derecha.

punto de jareta escondido Punto de costura a mano usado para unir una tela a otra con puntadas diminutas, sobre todo en dobladillos. A máquina, consiste en dos o tres puntadas rectas seguidas de una puntada de zigzag ancha.

punto de jareta vertical Punto de costura a mano fuerte y seguro, usado para unir de modo permanente dos capas de tela, principalmente para coser forros y tiras de bies.

punto de ojal Punto de costura a mano, similar al festón, con el que se envuelven los cantos de un ojal para rematarlos y reforzarlos. A máquina, los ojales se hacen con un punto de zigzag muy tupido.

punto de zigzag Punto de costura a máquina, de largo y ancho de puntada variables, utilizado para rematar cantos de costuras y con fines decorativos.

punto deslizado *véase* punto de dobladillo invisible.

punto elástico Punto de costura a máquina adecuado para tejidos de punto que dan de sí y para controlar telas difíciles. Se hace dando dos puntadas hacia delante y una hacia atrás, de modo que cada una se repite tres veces.

raso Tipo de ligamento, también llamado satén, en que el hilo de la trama pasa por debajo de cuatro hilos de la urdimbre y luego de uno alternativamente.

raya Línea formada en la tela al planchar un doblez o pliegue, como en las perneras de algunos pantalones.

rayón Tela de fibra de celulosa regenerada, a menudo mezclada con otras fibras. También se le llama viscosa.

remate Hong Kong Método para rematar cantos, especialmente en telas de lana y lino, envolviéndolos con un bies.

revés Cara posterior de una tela y también el interior de una prenda.

rodillo de planchar Utensilio tubular para planchar las costuras abiertas en telas que tienden a quedarse marcadas con facilidad.

ruleta de marcar Utensilio usado junto con papel carbón de modista para calcar las marcas del patrón en la tela.

sarga Tela de ligamento de sarga, que produce un efecto rayado diagonal en relieve.

satén Tela brillante de ligamento de raso o de satén. *Véanse también* ligamento y raso.

seda Hilo devanado del capullo del gusano de seda con el que se tejen telas suaves y lujosas.

seda cruda Seda natural cuyos hilos conservan irregularidades o nudillos.

sharps Agujas que suelen usarse para coser a mano.

sisa Abertura de una prenda para pasar el brazo o insertar la manga.

sobrehilado a mano Punto de costura que se hace dando una serie de puntadas sobre el canto de la tela para evitar que se deshilache.

sobrehilado a máquina Punto hecho con remalladora para rematar cantos y márgenes de costura que también se usa para coser piezas en todo tipo de telas.

solapa de bolsillo Pieza de tela que se cose encima de la abertura de un bolsillo y la oculta, o parte superior de un bolsillo de parche vuelta hacia fuera.

tafetán Tela de tejido simple, suave y con aspecto crujiente.

tapeta Tira de tela que se añade en los bordes de una abertura y en la que se cosen los botones, los automáticos o la cremallera; también se usa para ribetear bolsillos interiores.

tartán Tela de ligamento de sarga hecha con hilos retorcidos, tradicionalmente usada para *kilts*. También se conoce como tela escocesa.

tejido simple El tipo de tejido de ligamento más sencillo, en el que el hilo de la trama pasa por debajo de un hilo de la urdimbre y luego por encima de otro sucesivamente. *Véase también* ligamento.

tela de camisería Tela de algodón fina y tupida, con urdimbre y trama de colores.

terciopelo Tela de pelo cortado suave y lujosa.

trabilla de cinturón Anilla formada generalmente por una tira de tela que se cose en la cintura para pasar y sostener un cinturón.

trama Conjunto de los hilos que se entrecruzan con los de la urdimbre en las telas tejidas.

tweed Tejido rústico tradicional de origen británico, con trama y urdimbre muy evidentes. El *tweed* moderno contiene una mezcla de hilos de lana gruesos y moteados, a menudo de colores vivos.

urdimbre Conjunto de los hilos de las telas tejidas que discurren en sentido longitudinal.

vichy Tela ligera de algodón de cuadros de dos colores.

viso Capa de tela que se aplica a la tela principal antes de confeccionar la prenda para que abrigue más y tenga más cuerpo. Luego, las dos capas se tratan como si fueran una sola. Suele usarse en abrigos y chaquetas.

vista Tela que se añade en el interior de una prenda para ocultar cantos, por ejemplo, en sisas y escotes; suele ser una pieza cosida, pero a veces consiste en una prolongación de la tela principal.

viveado Método para rematar cantos de una prenda o una costura envolviéndolos con una tira de bies, una cinta o un galón.

Índice

T

U

V

Z

Agradecimientos

AGRADECIMIENTOS DE LA AUTORA

Ningún libro podría escribirse sin ayuda y motivación externas. Me gustaría dar las gracias a Jackie Boddy y Linda Walters por sus contribuciones con las muestras y las glasillas, y especialmente a mi marido Nigel por su apoyo. Gracias también a Deborah Shepherd, de Janome UK Ltd, así como a Vliesline, Prym, Linton tweed, Fabworks, Misan y Marvic, Emma y Tom Forge, y Emma Hill. También me gustaría dar las gracias al maravilloso equipo de DK, especialmente a Lucy Sienkowska, Zara Anvari y Glenda Fisher.

SOBRE LA AUTORA

Alison Smith se formó como profesora de moda y tejidos, y enseñó durante muchos años en una de las mayores escuelas de Birmingham, donde fue jefa de departamento. En 1992 creó la Escuela de Costura –la primera de este tipo en Reino Unido–, en la que enseña todos los aspectos de la costura, incluidos corte y confección, sastrería y corsetería. Alison también ha colaborado con la Liberty Sewing School de Londres y en la escuela de costura de Janome en Stockport.

En 2004, Alison abrió una tienda de telas en Ashby de la Zouch para complementar la Escuela de Costura, y en 2013 fue galardonada por el Gobierno británico por sus servicios a la costura y la corsetería. En 2019, Alison puso en marcha su propia plataforma de formación en línea, la School of Sewing Members Club, donde publica un nuevo vídeo cada viernes. Esta plataforma en línea cubre desde técnicas de costura hasta pruebas de ajuste, e incluye sesiones de costura. También imparte cursos en línea para Craftsy.com y escribe para varias revistas especializadas. Ha escrito libros para DK, como *El gran libro de la costura* y *Confección. Guía completa paso a paso.*

Alison ha dejado su tienda para concentrarse en la enseñanza y la escritura. Vive en Leicestershire con su marido y tiene dos hijos.

www.schoolofsewing.co.uk
www.schoolofsewingmembersclub.co.uk

AGRADECIMIENTOS DE LA EDITORIAL

DK desea dar las gracias a Kathryn Glendenning por la corrección de pruebas, a Vanessa Bird por la elaboración del índice analítico, a Eleanor Ridsdale por el trabajo de desarrollo del diseño, a XAB Design por la organización adicional de la fotografía y la dirección artística, y a MIG Pattern Cutting por la creación de los patrones del proyecto.

La editorial también desea dar las gracias a las siguientes empresas por proporcionar máquinas de coser, artículos de mercería y telas: Janome UK Ltd, EQS, Vliesline, Prym, Linton tweed, Fabworks, Misan and Marvic, Adjustoform, Guttermann threads, The Button Company, YKK zips, Graham Smith Fabrics, Fabulous Fabric, Simplicity patterns, and Freudenberg Nonwovens LP.

Por su trabajo en *El gran libro de la costura*, DK desea dar las gracias a: Alice Chadwick-Jones, Alice Horne, Alison Gardner, Amy Child, Anjali Sachar, Ankita Sharma, Anukriti Arora, Anurag Trivedi, Arani Sinha, Ariane Durkin, Arunesh Talapatra, Beki Lamb, Bob Bridle, Caroline de Souza, Charlotte Johnson, Chhaya Sajwan, Christine Keilty, Dawn Henderson, Devangana Ojha, Elaine Hewson, Elma Aquino, Hansa Babra, Heather Haynes, Ishita Sareen, Janashree Singha, Jomin Johny, Kanupriya Lal, Karen Constanti, Katie Hardwicke, Laura Knox, Louise Brigenshaw, Madhurika Bhardwaj, Manish Chandra Upreti, Mary-Clare Jerram, Meenal Goel, Nisha Shaw, Nityanand Kumar, Nonita Saha, Norma MacMillan Peter Anderson, Priyadarshini Gogoi, Rajdeep Singh, Rajesh Singh Adhikari, Roshni Kapur, Ruth Jenkinson, Satish Gaur, Shashwati Tia Sarkar, Shipra Jain, Soma B. Chowdhury, Sourabh Challariya, Syed Md Farhan, Victoria Charles, Vikas Sachdeva y Virien Chopra.

Por su trabajo en *Confección. Guía completa paso a paso*, DK desea expresar su agradecimiento a: Alicia Ingty, Alison Shackleton, Amy Slack, Angela Baynham, Ankita Gupta, Anurag Trivedi, Charlotte Johnson, Christine Keilty, Claire Cross, Glenda Fernandes, Glenda Fisher, Hannah Moore, Hilary Mandleberg, Ira Sharma, Janashree Singha, Jane Bull, Jane Ewart, Jennifer Murray, Laura Palosuo, Lucy Philpott, Manish Chandra Upreti, Mansi Nagdev, Marianne Markham, Marie Lorimer, Mary Ling, Mary-Clare Jerram, Maxine Pedliham, Millie Andrew, Nand Kishor Archarya, Navidita Thapa, Neha Ruth Samuel, Nicola Powling, Pankaj Sharma, Paula Keogh, Penny Smith, Peter Stephens, Rajdeep Singh, Rebecca Fallowfield, Ruth Jenkinson, Ruth O'Rourke, Satish Gaur, Seyhan Esen, Soma B. Chowdhury, Sunil Sharma, Tarun Sharma y Zaurin Thoidingjam.

DK LONDON
Dirección de adquisiciones Zara Anvari
Coordinación editorial Clare Double
Edición sénior Lucy Sienkowska
Diseño sénior Glenda Fisher
Asistencia de diseño Izzy Poulson
Producción editorial David Almond
Producción sénior Luca Bazzoli
Coordinación de cubiertas y material de ventas Emily Cannings
Dirección de arte Maxine Pedliham
Dirección de publicaciones Katie Cowan

Edición Emma Hill
Diseño Emma Forge y Tom Forge
Diseño de cubierta Eleanor Ridsdale
Fotografía Ruth Jenkinson

DK DELHI
Edición Ankita Gupta
Coordinación editorial Saloni Singh
Asistencia de edición de arte Devina Pagay y Rajoshi Chakraborty
Edición de arte del proyecto Roshni Kapoor
Edición de arte sénior Bhavika Mathur y Devika Awasthi
Coordinación de arte Neha Ahuja Chowdhry
Maquetación Satish Gaur, Manish Upreti y Nityanand Kumar
Coordinación de maqueta Pushpak Tyagi
Dirección de preproducción Balwant Singh
Dirección de producción Pankaj Sharma
Dirección creativa Malavika Talukder

DE LA EDICIÓN EN ESPAÑOL
Servicios editoriales deleatur, s.l.
Traducción Joan Andreano Weyland, Montserrat Asensio Fernández, Milagros Martínez y María Ángeles Martínez de Marigorta
Diseño de cubierta Sara García Pérez
Coordinación de proyecto Helena Peña Del Valle
Dirección editorial Elsa Vicente

Publicado originalmente en Gran Bretaña en 2024 por Dorling Kindersley Limited DK, One Embassy Gardens, 8 Viaduct Gardens, London, SW11 7BW

Parte de Penguin Random House

Título original: *The Tailoring Book*
Primera edición 2024

ISBN: 978-0-5938-5013-8

Impreso y encuadernado en China

Este libro se ha impreso con papel certificado por el Forest Stewardship Council™ como parte del compromiso de DK por un futuro sostenible.
Para más información, visita www.dk.com/uk/information/sustainability.